教育部人文社会科学重点研究基地
黑龙江大学俄罗斯语言文学与文化研究中心

学术丛书

术语学理论与实践丛书

框架术语学理论
与实践精品选译

邱碧华　编译

黑龙江大学出版社
HEILONGJIANG UNIVERSITY PRESS
哈尔滨

图书在版编目（CIP）数据

框架术语学理论与实践精品选译 / 邱碧华编译 . --
哈尔滨 ： 黑龙江大学出版社，2023.4
ISBN 978-7-5686-0808-4

Ⅰ . ①框… Ⅱ . ①邱… Ⅲ . ①术语学—研究 Ⅳ .
① H083

中国版本图书馆 CIP 数据核字（2022）第 067518 号

框架术语学理论与实践精品选译
KUANGJIA SHUYUXUE LILUN YU SHIJIAN JINGPIN XUANYI
邱碧华　编译

策划编辑	张微微	
责任编辑	王瑞琦　张　迪　蔡莹雪	
出版发行	黑龙江大学出版社	
地　　址	哈尔滨市南岗区学府三道街 36 号	
印　　刷	三河市佳星印装有限公司	
开　　本	720 毫米 ×1000 毫米　1/16	
印　　张	34.5	
字　　数	616 千	
版　　次	2023 年 4 月第 1 版	
印　　次	2023 年 4 月第 1 次印刷	
书　　号	ISBN 978-7-5686-0808-4	
定　　价	139.00 元	

本书如有印装错误请与本社联系更换，联系电话：0451-86608666。

中译者序

　　现代术语学诞生于 20 世纪 30 年代，以奥地利人欧根·维斯特（Eugen Wüster）划时代的博士论文《在工程技术中（特别是在电工学中）的国际语言规范》（"Internationale Sprachnormung in der Technik, besonders in der Elektrotechnik"）的出版为标志。欧根·维斯特首先于 1972 年 5 月 25 日在维也纳大学的一次演讲中，而后又在 1972 年 8 月 22 日于哥本哈根召开的应用语言学第三届国际大会期间，提出了"普通术语学是跨语言科学、逻辑学、本体论、信息学以及各门具体科学的边缘科学"（Die Allegemeine Terminologielehre — ein Grenzgebiet zwischen Sprachwissenschaft, Logik, Ontologie, Informatik und den Sachwissenschaften）的思想，这标志着普通术语学思想的初步形成。20 世纪 70 年代中期，国际术语信息中心（Infoterm）在维也纳成立，它对推动普通术语学理论（General Theory of Terminology, GTT）的进一步发展建立了卓越功勋，并在全世界范围内开展对术语原则和方法的巩固性工作，这种主要以 ISO 原则标准为基础的指导性活动大大促进了术语原则向实践的转化。普通术语学理论在本质上是规定性的，但是，它是术语学领域出现的第一个理论性建议，并为全世界的术语数据编纂和规范工作设立了最初的原则，它的目标是实现科学语言的标准化以及在科学技术领域中实现无歧义的清晰交流。

　　在 20 世纪 70 年代初到 20 世纪 90 年代之间的时间里，可以说，术语学在理论和实践的发展上比较平缓，没有太多的理论争鸣，维斯特的后继者们继承了普通术语学的思想并推动其进一步发展，他们对维斯特的理念进行诠释，并继续他所倡导的国际性的术语标准化工作。

　　然而，令人惊讶的是，在术语学理论多年不活跃之后，近些年突然涌现出对术语学已经确定的原则的批评思潮及一些建议，这些建议提出了想替代传统术语学理论的新方法。2003 年，在欧洲举办的几次术语学研讨会都证明了这一点，这些研讨会专门致力重新建立术语学理论的基础，或者与语言学或词典学形成对照，尤其是在布拉格召开的语言学家国际代表大会期间举办的术语学理论工作坊、在英国萨里举行的第十四届欧洲专用语言（Language for Specific Purposes，LSP）研讨会、在法国巴黎召开的关于术语学作为一门科学学科的系列学术报告会、在葡萄牙里斯本召开的葡萄牙语语言协会关于术语学理论的圆桌会议，以及欧洲术语学协会同在里斯本召开的术语学和词典学研讨会①。

在 20 世纪 90 年代初，作为对普通术语学理论的一种批评，社会术语学（socioterminology）和术语学交流理论（Communicative Theory of Terminology）在欧洲出现。这两种理论都提供了针对术语的更为现实的看法，它们的阐述都立足于术语在交流情境中的实际使用情况。于是，术语学理论开始从规定性方法向描述性方法演变，人们越来越注重从社会、语言和认知的角度去研究专业语言单元。与此同时，随着语言学理论经历某种认知性的转变（cognitive shift），研究者们的研究兴趣也越来越放在语言背后潜在的概念网络上，语言学家们也开始探索句法和语义之间的交界面，这种研究趋势也悄悄渗透到术语学领域中。由于追求术语标准化目标的普通术语学理论无法满足人们在现实社会中对术语工作的需求（例如在专业翻译领域中），除了上述两种理论导向之外，术语学领域中还逐渐出现了基于认知的术语学理论。基于认知的术语学理论也关注处于文本和语篇 / 话语中的术语，但与此同时，它们竭力将认知语言学和心理学的理论前提整合到术语学领域中来。这些理论的代表就是社会认知术语学（Sociocognitive Terminology）和框架术语学（Frame-Based Terminology，FBT）。

框架术语学是近 20 年来发展起来的一种术语学的认知方法，它由西班牙格拉纳达大学著名术语学家和语言学家帕梅拉·费伯·贝尼特斯（Pamela Faber Benítez）教授及其同事于 2005 年提出，与术语学交流理论和社会认知术语学在理论前提上共享许多契合点。例如，框架术语学也认为：传统术语学试图在术语（term）和词汇（word）之间找出区别的理想目标并不切实可行；研究专业知识单元的最佳方式是研究它们在文本中的行为。鉴于专业语言文本的一般性功能是进行知识传播，这些文本往往符合"模板"（template）的模式，这样也方便读者理解，而且它们通常含有更多重复性的术语、措词、句子，甚至是完整的段落。这些都是专业翻译人员在使用翻译记忆库时可以加以利用的资源。科技文本通常富含科技术语，因为科技文本含有丰富的专业语言单元，其使用的句法结构也是独一无二的。

在科技领域中，人们所使用的专业语言单元大多采用复合名词的形式，而且这些单元具有特定于这个领域的含义以及句法价态（syntactic valence）或者组合值（combinatory value）。自然，这类名词性措词的配置可能会因语言而异。在科技文本中，这类单元具有较大的密度，这表明，域特定知识的组成部分可以在具体的情境下

① Cabré T. Theories of terminology: their description, prescription and explanation［J］. Terminology, 2003, 9(2): 163-199.

得到激活。因此，如果想对内容丰富的术语文本有所了解，人们就需要了解具体的域（domain）、域内的概念、文本中的命题性关系以及域中概念之间的关系。这是创建用户可接受的目标语言文本的第一步。所有这些理念都是框架术语学力图实现的目标。

顾名思义，框架术语学利用了框架语义学（Frame Semantics）的某些理念，以便构建"专业域"（specialized domain）并创建非语言特定的表示形式。这种配置结构的基础是不同语言专业文本背后所潜在的概念化含义，因此，这种构造有助于人们对专业知识的获取。

在术语学和语言学中，关于域的概念都存在许多争议。如何看待专业概念类别的结构——被人们一直视为术语学中的一个关键性问题。现代术语学之父欧根·维斯特倡导的普通术语学理论选择采用名称学的（onomasiological）而非语义学的（semasiological）方法对术语条目进行组织。但是，在普通术语学理论所倡导的概念表示类型中，人们并没有考虑从心理学角度创建具有充分解释性的表示形式。

虽然域对于术语学交流理论和社会认知术语学也至关重要，但是，这两种术语学方法对域的重视，尚未伴以应该如何对这些结构进行构思、设计和组织的系统思考。一般而言，这些结构仅被术语学家们视为直觉的产物，然后，术语学家们与领域专家们就这些直觉的产物进行协商并加以验证，对域的研究就结束了。

就概念域（conceptual domain）而言，术语学中似乎存在两种观点，但它们不一定相互不兼容。域有时指"知识领域"（knowledge area）本身，有时则指专业领域内的"概念类别"（category of concept）。显然，对域的定义会对其内部结构的形成产生显著影响。然而，我们所需要的其实是一种"类别模型"或"类别结构"，以便我们可以在更广泛的意义上现实地将其应用于语言当中。

下面谈一下框架术语学的方法论基础。"框架"（frame）是一种以经验为基础的认知结构"装置"。它们为语言中词汇的存在提供了背景知识及动机，以及词汇在话语／语篇中使用的方式。但是，除此之外，"框架"还具有明确专业语言单元潜在的语义和句法行为的优点。这必然包括对概念关系以及术语组合潜力的描述。框架语义学及其实际应用"框架网项目"（FrameNet Project）表明，想要真正理解语言中词汇的含义，人们就必须先了解作为词汇用法基础的语义框架或者概念结构。很显然，这种论断对于专业语言单元来说也适用。

框架术语学的研究侧重于：（1）概念性组织；（2）术语单元的多维度性质；（3）使用多语言语料库提取语义和句法信息。在框架术语学中，概念网络以其背后潜在的"域事件"（domain event）为基础，这种事件为在专业领域中发生的"行动"（action）和"过程"（process）以及参与这些行动和过程的"实体"（entity）生成模板。

　　框架术语学的方法是：综合运用"自上而下"（top-down）和"自下而上"（bottom-up）的方法来推导出域的概念系统。自上而下的方法包括从专业词典和其他参考材料中寻找信息，并辅之以求助相关领域的专家。自下而上的方法包括从各种语言的语料库文本中提取信息，尤其是提取与域相关的信息。

　　通过以上这两种并行的方式，框架术语学对某个"知识域事件"（knowledge-domain event）背后的基本"概念框架"（conceptual framework）进行规范。域的最通用或者基础性的类别（category）是在"原型域事件"（prototypical domain event）或者"行动－环境交界面"（action-environment interface）中得到配置的。这就提供了一个可以适用于所有信息结构级别的"模板"。由于术语条目中的信息在内部和外部都是一致的，人们就得到了一种有助于并强化知识获取的结构。

　　这种方法的基本前提之一是：对专业域的描述是以它们通常发生的事件为基础的，所有这些事件可以得到表示。每一个知识领域都有自己的事件模板（参见图1）。

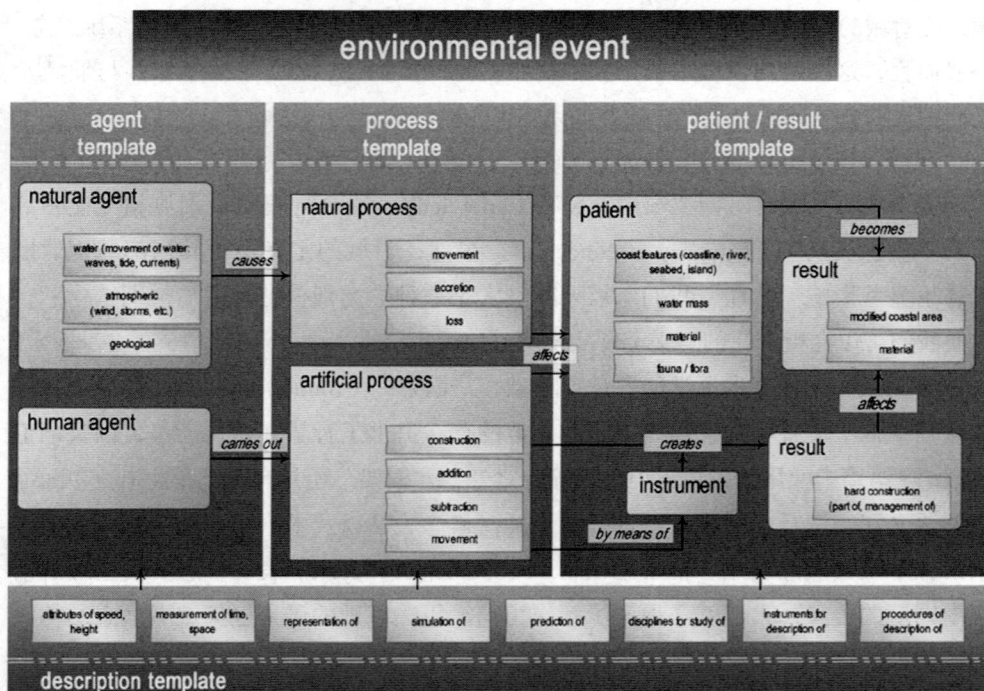

图 1　EcoLexicon 中的事件模板

　　"属类别"（generic category）是在域事件或者行动－环境交界面中得到配置的，它为组织更为具体的概念提供了一个框架。每一个类别中的具体概念都在一个网络中得到组织，在这个网络中，它们通过垂直［层级（hierarchical）］和水平［非层级（non-hierarchical）］的关系得以连接。

因此，在事件中每一个"子域"（subdomain）的特征都借助具有一组原型概念关系的模板得到了描述。从逻辑学上说，这就把重点放在了术语定义上，而且把这些定义视为"微型知识表示"（miniknowledge representation）或者"框架"。这类定义不是采用剪切和粘贴的方式从其他资源中输入的，恰恰相反，它们是以从语料库分析中提取的数据为基础的，这是关于术语范式和组合关系的信息的主要来源。EcoLexicon 是西班牙环境科学术语知识库，也是框架术语学理论在实践中的具体应用。以下 EcoLexicon 中对 erosion（侵蚀）这个概念的描述反映了这个术语知识库的定义信息来源。

erosion（侵蚀）是一个在"环境事件"（environmental event）上下文语境中与过程模板相吻合的过程。过程在一段时间内发生，而且可以分为较小的片段或者阶段。它可以发生在一年的特定季节里，并可能朝着某个方向发生。它被某种"作用者/施事者"（agent）［例如"自然力"（natural force）］诱导，并影响到特定的地理位置或者环境实体，从而产生某种结果，而且，这种结果通常在"受影响的实体"中得到修改。

框架术语学研究语料库数据［例如来自专业语言文本的"语汇索引"（concordance）］，并将其用于详细阐述术语的定义，获取在一种或者多种语言中术语组合潜力的信息。同时，根据所涉及的语言及其术语形成规则，采用不同的方式激活并提取命题性表示。这种论元[①]结构（argument construction）提供了语言中"从句表达"的基本方法。

例如，我们可以把"X 导致 Y"（X causes Y）这样的结构看成语言的基本单元。依据学者戈德堡（Goldberg）的观点，涉及基本论元结构的构造与动态场景有关，即经验丰富的"格式塔"[②]，例如某人自愿把某物转移给他人、某人导致某物移动或者改变状态、某人正在体验某物、某物移动等。戈德堡建议把语言的基本子句类型组织成一个内部成员相互关联的网络，与此同时，语义结构也以尽可能通用的方式与特定的形式进行配对。在对专业语言文本中的句法进行分析以及对定义模板进行规范时，遵循戈德堡的见解非常有用。

---

① 跟谓词搭配的名词称为"论元"。每一个动词都有自己的论元结构，从而规定哪些论元是必需的，而哪些是任选的，还规定论元在句子里的语法功能（如主语、宾语等）以及论元与动词的语义关系（如施事、受事等）。简单来说，在语言学中，论元就是指一个句子中带有名词性的词。

② 假使有一种经验的现象，它的每一成分都牵连到其他成分，而且每一成分之所以有其特性，是因为它和其他部分具有关系，这种现象便称为"格式塔"。

因此，对定义中所编码的信息进行组织和构建，可以依据其感性突显度以及与同一类别内其他相关概念的定义中信息配置的关系进行。学者马丁（Martin）也重申，将框架用作定义模型，可以提供更加一致、灵活和完整的表示形式。

框架术语学的另一个重要方面是：它具有在专业概念表示中发挥图像作用的优点。它阐述了如何把对专业实体的语言描述和图形描述联系起来并使这二者得以融合，从而突出概念的多维度性质以及专业领域内的概念关系。框架术语学提倡多模式的概念描述方式，其中，术语编纂定义中的结构化信息与图像中的视觉信息紧密配合，以方便用户更好地了解复杂和具有动态性的概念系统。

框架术语学所采用的图像以象似性（iconicity）、抽象性和动态性为标准，是指代和表示专业概念特定属性的方式。

21 世纪以来，框架术语学逐渐成型，它在西班牙和世界术语学界引起了很大的反响。2019 年，帕梅拉·费伯·贝尼特斯教授及其研究团队又将框架术语学进一步发展为"面向翻译的术语学"（Translation-Oriented Terminology，TOT）。现在的框架术语学又融入了现代语言学的最新发展成果，以及认知科学、脑神经科学、心理学和文化学等多种理论要素，与认知语言学的紧密结合也有力推动了这一学科的发展。

近 20 年来，框架术语学在西班牙国家层面（例如 EcoLexicon 这个西班牙环境科学术语大型知识库）以及国际层面（例如北大西洋公约组织的术语管理）上都得到了广泛应用。而且，框架术语学研究一直得到西班牙经济与竞争力部（Spanish Ministry of Economy and Competitiveness）［例如"术语增强型翻译的认知和神经学基础"（Cognitive and Neurological Bases for Terminology-Enhanced Translation，CONTENT）FF2014-52740-P 项目、FFI 2011-22397 项目、FFI2008-06080-C03-01/FILO 项目、FFI2017-89127-P 项目等等］和西班牙教育、文化与体育部（Spanish Ministry of Education, Culture, and Sports）（例如 FPU 计划等）的大力资助，并且，这种理论和实践已经渗透到对法律领域的专业知识进行表示和跨文化研究的广阔领域中，其研究成果也被欧洲各大国际著名出版社［例如约翰·本杰明出版社（John Benjamins）、施普林格出版社（Springer-Verlag）、劳特利奇出版社（Routledge）和德古意特出版社（De Gruyter）等］纷纷出版。

2016 年 4 月，在美国加利福尼亚州召开的第七届国际笔译与口译大会（The 7th International Congress of Translation & Interpretation，CITI 7）上，费伯教授做了题为《框架术语学：EcoLexicon 教程》（"Frame Based Terminology：An EcoLexicon Tutorial"）的学术演讲，从而进一步扩大了框架术语学对全世界的广泛影响。2020

年，《术语扩展含义分析可以揭示动词语义框架的结构》（"What the Analysis of Extended Meaning of Terms Can Reveal about Verb Semantic Frame"）一文，更是对美国著名认知语言学家戈德堡的语言学思想的新突破。

　　本部译文集是对框架术语学的主要学术思想及实践的介绍。其中所有文章的翻译都得到西班牙著名术语学家帕梅拉·费伯·贝尼特斯教授及其他作者的授权。费伯教授对译文集的翻译工作始终给予充分的支持与鼓励。译文集中文章的收录时间截至 2020 年，其中的理论与示例如 EcoLexicon 的页面截图等与发展至今的最新成果相比，可能存在些许不同，提及的机构与文件的名称等可能经历多次变化——对于这些内容，读者应以阅读此书时的实际情况为准。

　　译著的最终得以完成，首先感谢全国科学技术名词审定委员会领导和同志们的大力支持，尤其是裴亚军、代晓明、温昌斌等领导的一贯支持，以及黑龙江大学俄罗斯语言文学与文化研究中心主任叶其松的支持、鼓励和具体帮助。此外，从此译著的交稿、联系版权到最后的付梓成书，都离不开黑龙江大学出版社编辑同志张微微、王瑞琦、张迪、蔡莹雪的高度负责的工作，在此我也表示由衷的谢忱！

邱碧华

于北京

全国科学技术名词审定委员会事务中心

2020 年 03 月 01 日

目　录

框架术语学：EcoLexicon 教程

P. 费伯（Pamela Faber）[①]

2016 年 4 月 7 日，在美国加利福尼亚州，帕梅拉·费伯·贝尼特斯（Pamela Faber Benítez）教授在第七届国际笔译与口译大会（The 7th International Congress of Translation & Interpretation，CITI 7）期间做了题为 "Frame Based Terminology: an EcoLexicon Tutorial"（《框架术语学：EcoLexicon 教程》）的演讲，强调了以 "框架" 为基础的术语学研究及其应用的重要性。该演讲旨在向未来的翻译工作者介绍术语学以及使用电子术语资源（如 EcoLexicon）的优点和重要性。EcoLexicon 这个术语知识库中的材料是按照框架术语学（Frame-Based Terminology）这一认知术语学方法进行组织的。

费伯教授以授课的方式向学生和听众介绍了在真实世界的应用中研究术语学（Terminology）的重要性，强调术语学理应保持一种描述性的方法，这种方法需要考虑社会、语言和认知方面的因素。她还强调，文化因素对于概念组织也很重要，目前术语学理论领域中的情形与当前语言使用的实际趋势还不太吻合。

以下是对帕梅拉·费伯教授在演讲中阐述的学术思想的摘要：

您想成为翻译工作者吗？如果您想成为翻译工作者，您就必须知道术语学是什么，因为如果您不这样做，您将无法理解文本。作为一名翻译工作者，有时您不得不去翻译一些没有人想去翻译的文本，这就意味着，您必须让自己成为一名某个非常奇怪的，而且对您来说完全陌生的学科的专家。例如，如何翻译关于防波堤、港口、海岸结构设计的文本，甚至是医学领域里的文本？我现在研究的术语项目涉及的是工程领域和工程术语，为什么呢？因为医生总是很忙，工程师却好一些，所以，当您需要一位专家和工程师时，您总是可以找到的，而医生总是很难有时间给您。

为什么我们需要术语学理论？术语只是一堆单词吗？不，不是的，它是我们头脑里的东西，是我们联系事物的方式，是我们考虑问题的方式，以及我们组织世界的方式。

[①] 这篇编译文章是对 P. 费伯教授在 2016 年于第七届国际笔译与口译大会期间所做演讲的整理，相关文章请见 http://idiomas.ens.uabc.mx/plurilinkgua/docs/v12/1/PLKG_12_1_FrameBasedTerminology_34-41. pdf，经费伯教授本人授权编译。——译者注

您必须想到这一点，因为一切事物都处于"分类"当中。如果您曾经经历过我刚刚经历过的机场安检过程——您需要把您行李箱里的所有东西例如液体进行分类。现在，其中一些液体是非产品类型的液体。水是一种液体，但根据安全标准，您的面霜可能也是一种液体，甚至连您的口红也可能算是一种液体。因此，我们的头脑中的类别是根据上下文语境而变化的，这就是我们需要对术语问题进行深入思考的原因。

在我们的项目中，我们对"海岸结构"进行了分类，对影响或者对我们的环境发挥作用的"过程"进行了分类，我们不仅必须知道个别的单词和概念，还必须知道这些东西是如何相互联系的，这样我们才能快速检索到它们——这就是框架术语学所探讨的东西。框架术语学将一系列的语法、概念化的语义模型作为基础，这些模型基于语言学理论，但并非研究语法或者主语 – 谓语动词 – 宾语，它们是以对所有语言来说都通用的语义结构为基础的。

现在您可能会问：术语表、词典之类的东西数不胜数，为什么我们还需要另一种这类的东西？因为我们的这种东西的确是有些不同的，它是一个为翻译人员提供便利的专业语言在线可视词库。它以"框架"和"类别"之间相互关联的方式为基础，因为它旨在可视化/形象化地表示概念信息，您能从中获得关于术语及其相关术语的定义。

举例而言，在 EcoLexicon 这个西班牙环境科学术语知识库中，您可以看到 lithosphere（岩石圈）这个单词，对应页面显示出一个准确的定义，您还可以访问与 lithosphere 有关的所有概念——它是什么类型（type_of）、它包含什么内容、它由什么构成等等，以及与 lithosphere 相关的图形信息和图像，图 1 中，不同语言的相关单词都表示 lithosphere。

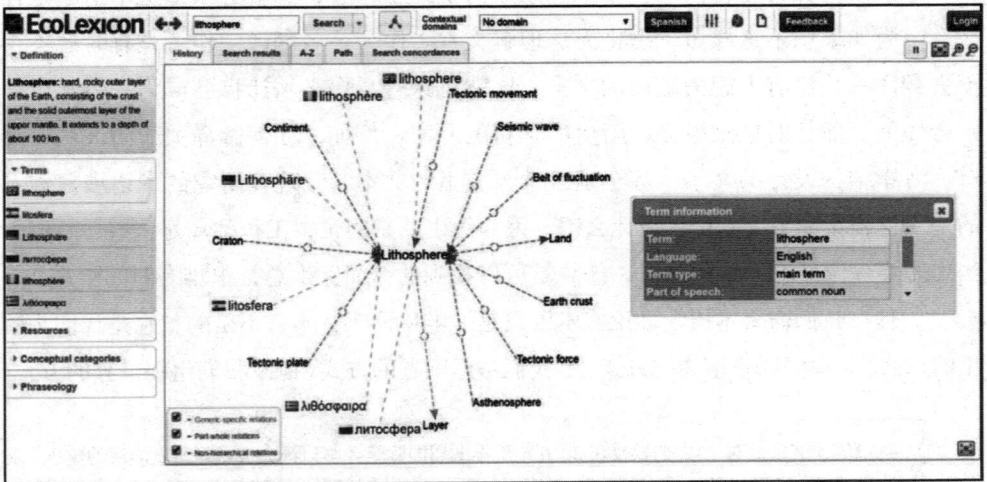

图 1　EcoLexicon 中的 lithosphere

　　EcoLexicon 为用户提供法语、德语、英语、西班牙语、俄语版本，我们已经配备了五六种语言，但大多数术语都采用英语和西班牙语版本。我们有一万五千到两万个术语和三四千个概念，这已经很多了，因为我们已经研究了很长时间，您也可以访问语料库信息，它们为 lithosphere 一词提供了上下文语境，如图 2 所示。

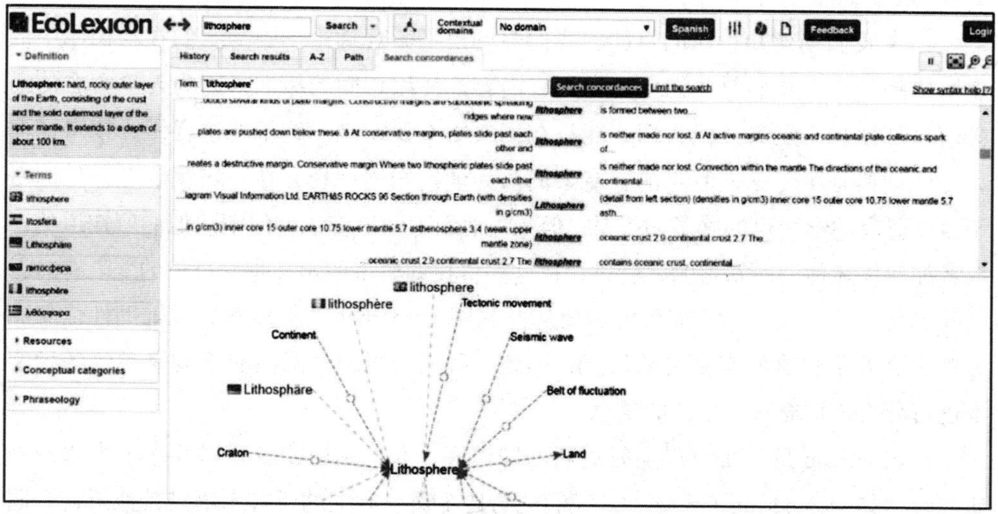

图 2　EcoLexicon 中 lithosphere 的语汇索引

　　框架术语学基于三个"微观理论"（microtheory）。在此，您可能会想：什么是微观理论？嗯，我们必须思考我们应该如何表示语义信息，由此产生了"语义微观理论"（semantic microtheory）——我们不能采用任何老方法。然后，我们必须思考我们应该如何表示语言信息，以及翻译人员需要知道什么样的语言信息类型，这就涉及"句法微观理论"（syntactic microtheory）。再然后是"语用微观理论"（pragmatic microtheory）——这真的很"酷"，因为还没有人关心过文化与术语学之间的问题。

　　就术语学中的文化问题，在这里可以举一个例子——对"风"（wind）的分类。如果您研究一下"风"的名称，您就会惊奇地发现：它是受到文化约束的。人们用隐喻这一手段对它施加了不少影响，因为"风"是一种作用者 / 施事者（agent），我们可以把风想象成一个人，或者某种凶恶的实体。人们经常赋予"风"负面的名字，很少赋予它正面的内涵，似乎每个人都讨厌"风"。举例而言，北非文化中有"魔鬼风"（devil wind）一说，这就是术语的文化方面。

　　另一个例子是，并非在所有的语言中，针对"山"（mountain）、"河"（river）

或者"谷"（valley）等等人们都以相同的地理特征进行描述，在新几内亚语中就没有关于"山"的词汇，所以，当人们问当地人"您怎么称呼它？"时，他们的回答是他们对它不感兴趣，所以没有给它取个名字。人们有不同的方式来指称"这些土地上的隆起物，但它们不是真正意义上的山"（these bumps in the land but they're not really mountains）。

出于我们创建知识库的目的，我们强调语义微观理论，因为我们在知识库中的表示依赖于它。我们对知识库中的所有内容都使用相同的标准，因为几乎所有的语义信息都依赖于定义，但我们不能只在词典中查找定义，绝不能这样做。技术词典和专业词典是由专家们制定的，专家们认为他们知道一切，在一定程度上，他们对于自己研究的学科也的确了如指掌。但是，他们不知道应该如何阐述他们所知道的，或者如何描述他们所知道的，所以，在这些科技词典里的定义是"可怕的"。有时，当我们想查找定义时，我们可能需要从互联网（Internet）上搜索其他辅助性信息。有些定义并不包含所有必要的信息，因此，我们必须通过对具有不同来源的各种文本进行分析来扩充我们自己的信息。

EcoLexicon 是一个可以实时更新的知识库，我们术语团队会对某一个术语展开研究，例如 weathering（风化）。我们把与这个概念有关的所有术语与其他语言、同义词或者语法类别进行链接（见图 3）。

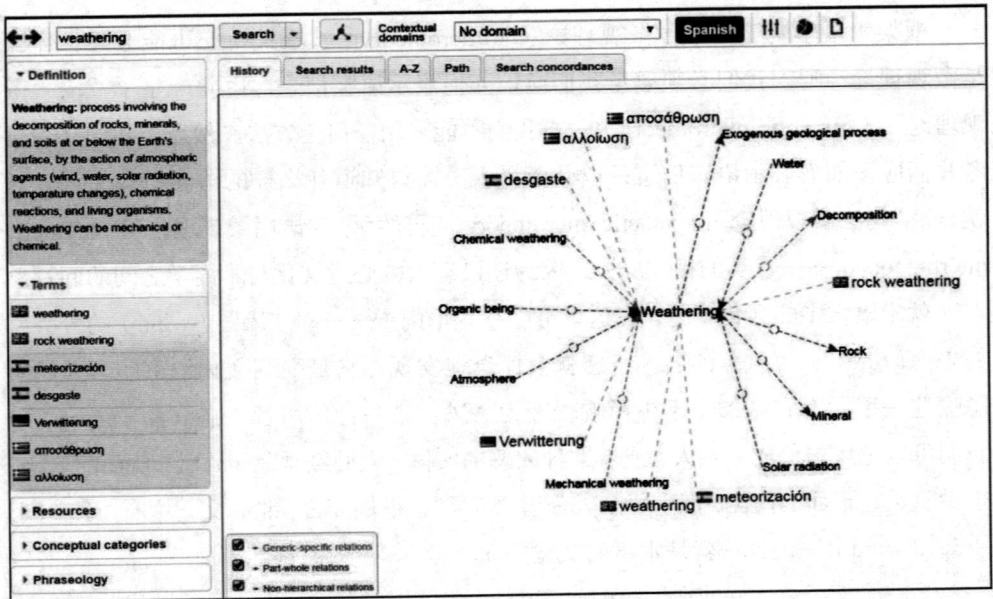

图 3　EcoLexicon 中 weathering 的搜索结果

目前，我们的知识库不包括语汇索引（concordance），因为在某些时候，我们觉得做出语汇索引有点太难了，它需要大量的工作。所以，我们决定将整个语料库上传到互联网上，用户可以使用语料库并自行获得语汇索引，这样效果会更好一些。

在术语学课上，学生最难理解的是：有这么一个概念，有不少术语都指称这个概念。所以，这就是当我们提到一个概念时，我们总是用大写字母来表示这个概念的原因。我们的术语库中还包含图形信息，以便让用户对这个术语有更好的理解。这些举措对于人们都很有帮助，因为有些事物真的不能用语言表示出来，您必须使用图片。所以，在我们的网页上，我们为 weathering（风化）配了图片，它们也会实时显示。

我们的信息中包括以下定义：

Weathering：process involving the decomposition of rocks, minerals, and soils at or below the Earth's surface, by the action of atmospheric agents (wind, water, solar radiation, temperature changes), chemical reactions, and living organisms. Weathering can be mechanical or chemical.［风化：通过大气中的作用者（风、水、太阳辐射、温度变化）的行动、化学反应和生物（有机）体的作用，在地球表面或者地下分解岩石、矿物和土壤的过程。风化可以是机械性的，也可以是化学性的。］

用户只需看一下这个定义就能明白，"风化"是一种过程，一种"组成过程"（composition process）。这个定义告诉我们这个过程影响（affect）了什么，那就是矿物、土壤和岩石；它告诉我们这个"过程"是由谁或者什么造成的，这可以是大气中的作用者、化学物质或者生物（有机）体；它也告诉我们有哪些类型的"风化"。所有这些信息都必须处理得井然有序；这就是个秘密。真的，当我们在 EcoLexicon 中下一个定义时，这些工作都是在进行重新概念化：我们想要表示什么样的定义，以及我们需要在严格定义的清单中放入什么内容。在我们的定义中，最重要的是"的_种类"（type_of）和"的_部分"（part_of）关系（见图 4），因为借助它们，我们可以实现最基本的概念化，换句话说，它们创建层级结构。其他关系类型也很有趣，但人们不经常使用它们进行知识表示。

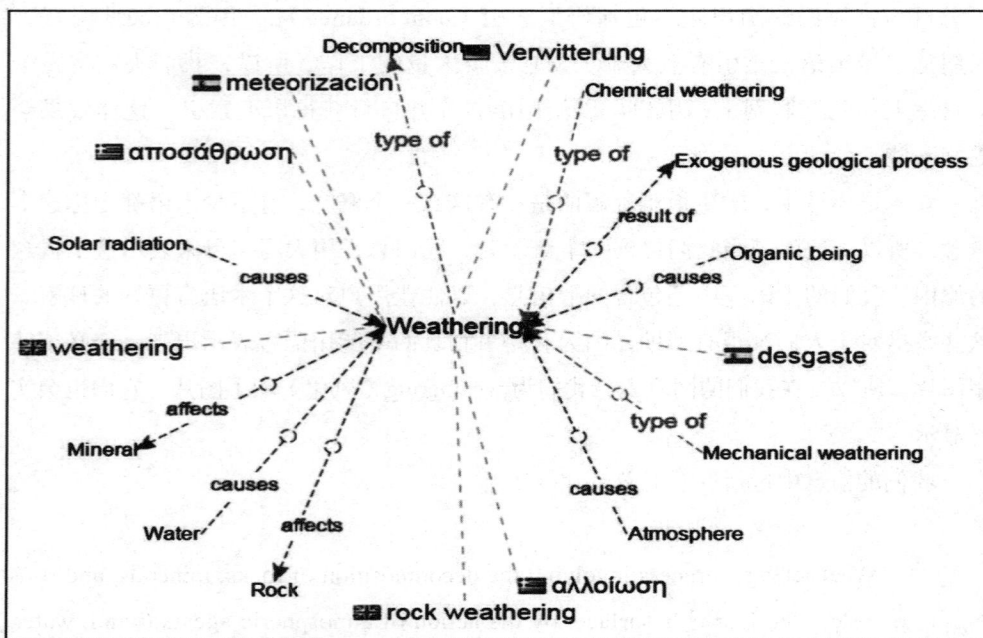

图 4   EcoLexicon 中有关 weathering（风化）的属种关系（type of）
和非层级关系（causes 和 affects）

　　为了得到这些定义，我们从不同来源中获取信息，并将其上传到我们的知识库。在认真分析的基础上，我们确定某种信息是涉及作用者 / 施事者、过程还是结果等非常常规的东西，或者在一般性框架中，这种信息也算是涉及环境科学领域的信息，等等。"风化"的有趣之处在于：它是一个过程。环境科学领域中的所有过程都具有相同的模式、相同的模板、相同的作用者 / 施事者以及相同的受到影响的事物。"风化"是一种过程，它有时是物理性、机械性或者生物性的；它侵袭岩石和矿物；它对所在领域的相关事物都产生（cause）影响。当然，人们会在电脑上看到这一幕，不过这还不够有趣。这就是为什么您会继续看到概念化的表示。但是，由于这个定义并不完美，我们还必须为它补充相关的文本信息。我查阅了关于"风化"的语料库信息，发现"风化"也会影响土壤（soil），而不单影响岩石和矿物。因此，我们就把这条信息添加到定义中，现在，EcoLexicon 中"风化"的定义就形成了。

　　我们的网站提供了广泛的功能，例如：您可以从一种语言切换到另一种语言；新的版本与现代互联网浏览器兼容；您可以保存和访问定义中所使用的外部 URL［user requirements language（用户需求语言）］；某些术语条目中包括措词

（phraseology）；您可以对任何一个给定术语可能包含的表示级别进行调整；您还可以对这个网站进行自定义，以获取针对任何一个术语的某些深层的含义。

　　这就是我们过去十年来一直在做的工作，我很希望能永远做这种工作，但因为我现在已经上了年纪，所以很难尝试新的东西了。幸运的是，我有很多同行，我也设法让更多的人对术语学产生兴趣。我们正在着手一个新的项目，这个项目涉及的是：借助核磁共振成像（NMR-imaging，MRI）技术对受试者进行实验，针对地质学领域中的术语，找出专家和非专家之间在脑电波模式上的差异。我们发现，男性专家在处理相同类型的信息时，他们头脑中的活动的确与不是专家的男性不同。于是，我们在文字和图片中既使用了专业信息，又使用了非专业信息。我们渴望做更多的工作，因为这项工作太伟大了，也许我们可以再开展一项涉及女性的研究工作。

　　感谢你们的聆听。

　　费伯教授的这个演讲引起了与会者的浓厚兴趣，它必将促进术语学、笔译学、口译学、语料库语言学和神经语言学（neurolinguistics）领域内的进一步研究。

参考文献：

[1] FABER B P. Frame Based Terminology: an EcoLexicon Tutorial = EcoLexicon base de conocimiento terminológico[C/OL]//Ponencia presentada en el VII Congreso Internacional de Traducción e Interpretación. Facultad de Idiomas, Ensenada, Baja California, México. México, 2016. http://manila.ugr.es/es/index.html.

[2] LUGO T J C, MOLINA L R. Lecture review "Frame Based Terminology: an EcoLexicon Tutorial"[J]. Plurilinkgua, 2016, 12(1): 34-41.

术语学和专业翻译领域的认知转变

P. 费伯（Pamela Faber）[①]

摘　要：本文给出了对术语学理论发展的回顾和批判性分析，特别是从科学和技术翻译的角度。近十年来，专业语言的研究正在经历认知转变，这有助于我们更加强调"含义"的重要性，以及更加关注一般情况下作为文本和语言基础的概念结构。术语学理论似乎正在从规定性方法向着描述性方法演变，并且越来越注重从社会、语言和认知的角度研究专业语言单元。与此相呼应，我们开始听到新的声音，这些声音从专业语言和翻译的角度，为人们提供了貌似不同但具有互补性的观点。

关键词：术语学，科技翻译，认知主义，含义，描述性

1　导言

术语或者专业语言不仅仅是通用语言的一种技术性实例或者特例。在当今重视科学和技术的社会中，人们对专业知识概念进行命名、结构化、描述和翻译的方式，已经让术语问题成为人们关注的焦点。

科学和技术文本中的信息以术语或者专业知识单元的形式获得了编码，人们可以将这些术语和专业知识单元视为通向更为复杂的知识结构的接入点。然而，它们只表示"冰山的一角"。在"水面"之下，还伸展着一个非常灿烂丰富的"概念域"（conceptual domain）的"触角"，它们代表着隐含在文本信息中的知识。为了翻译这种类型的专业语言文本，翻译人员必须"超越"位于个体术语层面上的表面对应关系，并且能够建立针对整个知识结构的跨语言参照物（"语际参照"）。只有这样，他们才能达到在目标语言中创建等效文本所必需的理解水平。

---

① 这篇文章英文名为"The Cognitive Shift in Terminology and Specialized Translation"。原文见西班牙格拉纳达大学 (University of Granada) LexiCon 研究团队（LexiCon Research Group）的出版物网站 (http://lexicon.ugr.es/publications)（2009 年）。——译者注

2　专业知识获取

翻译人员真正需要拥有多少知识才能翻译出质量较高的专业文本？这一点已经在翻译界引起了很多争论。甚至似乎有些人认为，这类文本只能由这个专业领域的专家们去翻译，因为他们认为，翻译人员不可能掌握必要的专业知识。

对于那些第二语言水平尚可的专家们来说，鉴于他们对术语语言对应物的了解，他们尽力翻译好专业文本，这样的情况并不罕见，不过，他们通常发现，采用另一种语言来动手撰写专业文章却远非易事。与此同时，有些翻译人员认为，他们所掌握的有关两种语言的句法和语义知识，可以为他们正确翻译科学或者技术文本提供足够的保证，故而，他们无须再做其他任何的事先准备或者文献查阅工作。这样的"想当然"通常注定是要失败的。

造成这种结果的原因在于：专业语言知识并不是由一系列"不透水"的隔层组成的。术语单元（terminological unit）及其对应关系既具有"范式结构"（聚合结构）（paradigmatic structure），又具有"组合关系结构"（syntagmatic structure）。换句话说，术语不仅代表着专业性的概念，还在通用语言中具有句法和搭配的模式。从这个意义来说，仅仅知道在术语层面上的对应关系，还是远远不够的，因为当人们把这些单元插入到恰当的（或者不恰当的）上下文中时，就会引发连锁反应，从而对文本的各个层面都产生影响。反过来，如果想达到一定程度的文本理解水平，光靠语言知识本身也不够，翻译人员还必须知道文本所涉及的概念实体（conceptual entity）的类型、它们所参与的事件，以及它们是如何相互影响的。

一般而言，获取专业领域的知识要比获取语言知识更快，而且更可行，因为语言知识要稍微复杂一些，因此，掌握它所需花费的时间也要长得多。然而，这意味着专业文本的翻译人员还必须是潜在的术语学家（术语师），并且他们能够把实施术语管理当成一种获取知识的手段。这就是我们对术语和专业知识表示的理解是成功进行科技翻译的关键因素的原因之一。

3　术语学作为一门学科

术语学是一门相对新兴的学科。它的诞生是出于人们促进专业交流和翻译，以及在不同语言群体且具有相似或者不同知识水平的文本用户之间进行知识转移的需要。这个领域的理论建议大部分是以实践为基础的，产生于对术语表、专业词典以及术语和翻译资源进行精心制作的需要：

作为一个具有明确前提的学科领域，术语学源于技术人员和科学家对其学科领域的概念和术语进行统一的需求，以促进专业交流和知识转移。（Cabré 2000a）

正是出于这个原因，术语学一直是一门寻找理论的学科，其前提是：能够解释一种或者多种语言中的专业知识表示、类别组织及其描述，以及术语单元的语义和句法行为。多年以来，对一系列理论原则的追求已经让术语学家们自问：是否应该把术语学视为哲学、社会学、认知科学或者语言学（仅举几例）的一个分支？

在这里，与其说术语学可能起源于上述任何一个或者全部的学科，我们倒不如持这样一种观点：术语学在本质上是一种语言和认知活动。在这种意义上，术语（term）是在专业知识文本的框架内传达概念含义的语言单元。在理解术语的本质时，传递含义的过程与术语所指称的概念一样重要。所以，我们要对术语单元进行语言分析。由于可以采用多种方式进行这种类型的分析，我们有必要选择最适合研究对象的语言学方法。这种方法应该以词汇为中心（lexically-centered）、以使用为基础（usage-based），并关注含义和概念化表示。正如我们将会看到的，认知语言学方法（cognitive linguistic approach）就属于这种情况。

在术语学的发展史上，术语学和语言学在很大程度上是相互忽视的。在术语学发展的最初阶段，术语学关注的是坚持自身与其他知识领域的相互独立，并将自己建设成一门完全独立的学科。鉴于这个目标，术语学家们竭尽全力地强调术语学和语言学两者之间的差异性，甚至到了断言术语不是词语（word）的程度。与此同时，语言学理论在很大程度上也忽略了对术语的研究，这可能是由于专业语言一直且通常仅仅被看成是通用语言的一种特殊情况。人们认为不值得对术语进行认真研究，因为人们假定：任何适用于通用语言的事物也会适用于专业语言。

但是，当我们对术语学本身进行研究的时候，我们能为专业语言、科技翻译和一般意义上的语言得出一些有趣的结论。就术语学本身而言，如果对它的研究是在语言学模型的框架内进行的，那么，它自然很容易受到语言分析的影响。奇怪的是，就在几年以前，这种似乎"毫无冒犯之意的"申明却在术语学界引起了轰动。产生这种现象的原因是：术语学的第一个粗略建议是把"规范化"（normalization）作为它的首要目标。为了实现通过标准化而达到的完全无歧义的交流，人们付出了巨大的努力——追求在术语和概念之间实现具有"单义性"（univocity）或者"一对一"

（one-to-one）的参照对应关系。鉴于在专业知识领域中，大多数的术语都指称着代表这个领域中对象的概念，这一事实似乎意味着，术语学最初为自己设立的目标是可能实现的。然而，人们很快就发现，这个目标更像是一个"乌托邦"式的、可望而不可即的梦想，而非可以抵达的现实。

4　术语学理论（Theory of Terminology）

正如我们在术语学文献中经常观察到的，terminology 这个词，是可以采用大写字母或者小写字母开头的。当 terminology 以小写的 t 开头时，它指的是任一专业知识领域中的单元；当它以大写的 T 开头时，它指的是对专业语言的一种研究。通常情况下，术语学理论（terminology theory）可以分为"规定性的"（prescriptive）或者"描述性的"（descriptive）。"普通术语学理论"（General Theory of Terminology, GTT）在本质上是规定性的，这一理论享有术语学领域中第一个理论性建议的美誉。在本文后面的部分我们将看到，后来对普通术语学理论做出反应的那些理论则是描述性的，而且，由于它们关注术语（terminology）的社会、交际/交流和认知方面，它们越来越倾向于将认知语言学的前提纳入到术语学领域中来。这些理论所提出的设想则更具有现实性，因为它们是对实际使用的，并且在文本中起作用的术语进行分析。由此，人们可能会说，这一系列的新的理论建议代表了术语学领域中的认知性转变。

4.1　普通术语学理论

术语学由欧根·维斯特（Eugen Wüster）于 20 世纪 30 年代提出，他发表了著作《机器工具：跨语言的基本概念词典》（*The Machine Tool, An Interlingual Dictionary of Basic Concepts*）（Wüster 1968b）[①]，它是一部按照系统化方式进行组织的法文 – 英文版的标准化术语词典（带有德语增补版），旨在用作未来技术词典的样板。

这部多卷的著作孕育了普通术语学理论，它为术语数据的编纂和描述设立了最初的原则，以期实现科学语言的标准化。普通术语学理论后来由维斯特在维也纳的后继者做出了进一步发展，他们对维斯特的理念进行诠释并继续他未竟的事业。尽管多年以来，在术语学领域中，普通术语学理论为人们提供了唯一一套编纂术语数

---

① 《机器工具：跨语言的基本概念词典》完成于 20 世纪 60 年代后期，费伯教授这里指的应该是维斯特的博士论文《在工程技术中（特别是在电工学中）的国际语言规范》（"Internationale Sprachnormung in der Technik, besonders in der Elektrotechnik"）（1931），它标志着现代术语学的历史起点。——译者注

据的原则和理论前提，但是，它对术语单元在语义方面的僵化看法，预示着它对专业知识概念进行统一表示的理念具有局限性，而且，它没有考虑到概念的多维度性质，更不用说甚至从未尝试对专业语言的句法和语用学特点进行解释说明——它们被认为是与术语学不相关的。从这个意义上讲，普通术语学理论不能有效地应用于翻译领域中。

普通术语学理论关注用于描述和组织术语信息的专业知识概念。在普通术语学的理论框架内，概念被看成是与语言名称（术语）相分离的——概念是指向现实世界中（客体）对象（object）的抽象化的认知实体，而术语只是它们的语言标签。

在努力为术语学争取获得"半独立"地位的过程中，人们对专业语言和通用语言进行区分，以及对术语和词语进行区分。这种极端强调差异性的做法，似乎常常在传递着这样一种观念，即：术语甚至根本就不是语言，相反，它是指代现实世界中的概念的抽象符号。

普通术语学理论的基本理念之一（Wüster 1979；Felber 1984），就是主张专业语言中的术语与通用语言中的词语具有内在的差异性，这是因为在术语和概念之间存在单义性的指称关系（monosemic reference）。换句话说，普通术语学理论一般主张，借助术语或者专业语言单元与所指称的专业概念之间的"单义对应关系"（single-meaning relationship），以及通过蕴含这个概念的文本中"形式"和"内容"之间的稳定性，某个术语或者专业语言单元可以与通用语言中的词语区分开来（Pavel and Nolet 2001）。

但是，这是专业交流中极为理想化的"想象"。即使是对专业语言文本进行最粗略的浏览，人们也会发现，术语变化出现得非常频繁，而且，这种变化似乎源于专业交流中产生的参数（限制因素），例如说话者的知识水平和威望、文本的功能及其内容等等。一个概念通常可以采用不止一个的术语来指称，而且，相同的语言形式可以用来指称不止一个的概念。此外，术语具有独特的句法预测能力，根据它们概念化的侧重点，它们在文本中的作用也可能不同。这是在所有语言的文本中都会发生的事情，也是翻译人员不可避免需要处理的问题。

由于维斯特把术语的功能看成是为概念创建名称并对其实施标准化，句法（syntax）不被看成属于术语学的范畴。在普通术语学的理论背景下，对术语的考察还必须是共时性的（synchronic），而不考虑术语的历时性（diachronic）维度。维斯特追求的主要目标（Cabré 2003）是：

①通过对术语进行标准化来消除技术语言中的歧义性，以求使标准化的术语成为有效的交流工具；

②使所有使用技术语言的用户确信标准化术语的好处；

③为了所有实际的目的，把术语学确立为一门学科，并赋予它科学的地位。

学者卡布雷（Cabré）（2000a）正确地指出，在术语学领域中一直缺乏具有创新性的理论贡献，因为直到前不久，术语学领域还缺少理论性的大讨论或者对抗性的意见。造成术语学发展缓慢的另一个可能性原因，则是其他知识领域（例如语言学）中的专家们对术语学研究缺乏兴趣：

> 第五个原因——它可以解释（传统术语学）既定原则的持续同质性——是其他科学领域（例如语言学、心理学、哲学和科学史，甚至是对交流和话语的研究）的专家们对术语学缺乏兴趣。多年以来，术语学把自己看成满足特定需求的简单实践，或者看成自身符号与语言符号没有关系的知识领域。

然而，自20世纪90年代以来，人们提出了新的见解和学术思想，这无疑为把术语学纳入更为广阔的社会、交际和语言背景中铺平了道路。根据学者洛姆（L'Homme）等人（2003）的说法，这种术语学方法的例子包括社会术语学（socioterminology）（Boulanger 1991；Guespin 1991；Gaudin 1993，2003）、术语学交流（交流／交际术语学）理论（Communicative Theory of Terminology）（Cabré 2000ab，2001ab，2003；Cabré et al. 1998）和社会认知术语学（Sociocognitive Terminology）（Temmerman 1997，2000，2001，2006）。

4.2　社会术语学和术语学交流理论

在20世纪90年代初期，社会术语学和术语学交流理论作为对普通术语学理论"独霸天下"的一种反应（反作用力）而出现在人们的视野中。这两种理论都提供了针对术语的更为现实的看法，因为它们的阐述都立足于术语在交流情境中的实际使用情况。这两种理论都对话语（语篇）（discourse）中的术语单元（terminological unit）进行了描述，并分析了生成不同类型文本的社会和话语条件。

4.2.1　社会术语学

正如戈丹（Gaudin）（1993）所指出的，社会术语学将社会语言学原则应用到术语学理论中，并通过在不同使用背景下对术语变体进行识别来解释术语的变化。变化参数（parameter of variation）以社会和种族（文化群体）的标准为基础。依照这种标准，在专家或者行家之间的沟通中，人们可以为同一个概念生成不同的术语，也可以为同一个术语生成多个概念。

依据学者皮卡拉（Pihkala）（2001）的研究，社会术语学方法侧重于专业语言交流的社会和情境方面，这些因素可能会对专家之间的交流产生影响，并引起术语的变化。根据社会术语学家们的观点，标准化是一种"不可能实现的妄想"（chimera），因为语言是在不断变化的。一词多义现象（polysemy）和同义词（synonymy）不可避免地会出现在术语和专业文本之中，使用这个术语而不是另一个术语——这可以反映出一组用户的知识水平、社会和职业状况，甚至说话者之间的权力关系。术语的变化也指出了这样一个事实，即：概念系统和定义不是静态的。这是任何渴望具有解释充分性的理论都必须面对的现实。在这一方面，社会术语学与学者格雷戈里（Gregory）和卡洛尔（Carroll）（1978）提出的依据用途和用户（的需求）来描述语言特征变化的观点不谋而合，尽管社会术语学家们没有明确提及及参考过这类文献。虽然社会术语学并不渴望获得独立的理论地位，但是，它的重要性在于它为其他术语学的描述性理论开了先河，这些术语学理论也考虑到了社会和交流的因素，并且，它们的理论原则是以术语在专业话语中的具体运用为基础的。

4.2.2　术语学交流理论

术语学交流理论的提出（Cabré 1999，2000ab，2001ab，2003；Cabré et al. 1998）使语言学和术语学开始紧密靠拢。这个理论导向要比社会术语学更加雄心勃勃，它努力从社会、语言和认知的角度解释专业语言单元的复杂性。

根据学者卡布雷（2003）的说法，术语学理论应该为人们对术语单元的研究提供方法论框架。她强调了这样一个事实，即：专业知识单元是多维度的，它们具有认知成分、语言成分和社会交际成分。在这一方面，它们起的作用与通用语言中的词语一样。专业知识单元的特殊性在于：它们受到一系列认知、句法和语用（pragmatic）的约束，这些约束肯定了它们在某个专业领域中的成员资格。

从这个意义上讲，术语学交流理论把术语单元看成是"条件的集合"（set of conditions）（Cabré 2003），它源于其特定的知识领域、概念结构、含义、词汇和句法的结构和价态（valence）以及产生专业话语 / 语篇（specialized discourse）的交流语境等。

卡布雷（2003）提出了"多门理论"（Theory of the Doors）。这是一个隐喻，代表了访问、分析和理解术语单元（terminological unit）的可能方式。卡布雷将术语单元与"多面体"进行类比，"多面体"是具有不同侧面的立方体。与此相类似，我们也可以说，术语单元具有三个维度：认知维度、语言维度和交际 / 交流维度。而且，每一个维度都为人们提供了一扇单独的"门"，人们可以通过这扇"门"对术语单元进行访问。但是，人们对"门"（或者侧重点）的选择并不意味着必须拒绝另外两种视角，其他两个维度仍然存在于背景之中。卡布雷表示，术语学交流理论通过"语言门"与术语单元发生联系，但始终是在专业交流的总体环境中进行的。

目前，作为一种可行的并且正在发挥作用的术语学理论，术语学交流理论可能是替代普通术语学理论的最佳候选者。它推动人们对术语学的各个方面（例如概念关系、术语变量、术语提取以及不同语言学模型在术语学中的应用）开展有价值的整体性研究，并有助于人们把术语学视为一个领域而使其发挥应有的作用；与此同时，人们开始质疑过去在术语学领域中不容动摇的普通术语学的理论前提。

然而，术语学交流理论并非没有缺点。尽管这一理论清楚地描述了术语单元的性质，并且提到了术语的句法结构和价态，但是它避开了选择任何特定的语言学模型。术语学交流理论与语言学之间的关系，更多的是与各种语言学模型之间的"轻度调情"（并未进行认真的考虑），而不是与任何一种语言学模型保持"单配"的"忠诚"的关系。

而且，术语学交流理论的概念化语义学（conceptual semantics）观点，也需要得到进一步阐释。尽管术语学交流理论以一种非常通用的方式将其语义学观点定位在概念表示的基础之上，在需要对这类表示的创建方式、它们看起来是什么样子以及可能具有哪些限制性进行解释的时候，这一理论还是有点含糊不清：

　　［……］专业话语 / 语篇展现的是有组织的知识结构。这种结构可以表示为由知识节点（node of knowledge）形成的概念图，这些知识节点可以由不同类型的表达单元（unit of expression）以及这些节点之间的关系来表示（Cabré 2003）。

在这个构架当中，术语单元之所以被认可，是因为它们代表这种结构中的知识节点，而且，它们在这种结构中具有特殊的含义。如果这些因素是术语身份（term status）存在的先决条件，那么，人们就会想到，概念化表示、知识结构或者本体以及类别组织（category organization）应该是术语学交流理论极为重要的组成部分。然而事实并非如此。

　　术语学交流理论需要进一步阐释的另一个领域就是语义学含义（semantic meaning）。依据术语学交流理论，在默认情况下，词汇单元（lexical unit）是通用的，而且，当出现在特定类型的话语/语篇中时，它具有特殊的含义。某个术语单元被认为是某个词汇单元的特殊含义，因为术语单元的含义是从"词汇单元的信息集合"中提取出来的（Cabré 2003）。有了这么一种申明，术语学交流理论似乎也就避开了"什么是专业含义（specialized meaning）及其组成部分"这个问题。针对这个问题，我们可以找到唯一线索的时候，就是当卡布雷（2003）指出术语含义（terminological meaning）是由特定的"根据每一种言语行为的条件而选择的语义特征"组成的时候，这似乎是在含蓄地说，她赞成某种类型的语义分解（semantic decomposition）。但是，这只是我们的一种猜测，因为卡布雷并没有明确提及专业语言单元的语义分析问题。这是一种相当舒适和安全的"姿态"——这样做就可以把需要在这一方面做出的所有决定都归还到词汇语义学（Lexical Semantics）领域中去。在这一领域中，就词义（word meaning）的性质以及应该如何对其进行分析等问题，人们已经存在着相当大的分歧了。

4.3　基于认知的术语学理论（Cognitive-Based Theories of Terminology）

　　在过去十年中，语言学理论似乎经历了某种认知性的转变（cognitive shift）（Evans and Green 2006），它将研究者们的视线越来越引向对语言背后潜在的概念网络的关注上。"语言形式不能脱离其含义而进行分析"这一事实，导致语言学家们开始探索句法与语义之间的交界面（Faber and Mairal 1999）。这种研究趋势也正在术语学领域中悄悄发展着。基于认知的术语学理论虽然在某种程度上与术语学交流理论相类似，但这两种理论之间也有不同之处。在翻译背景下，出现这样一些理论绝非偶然。尽管在事实上，基于认知的术语学理论也关注文本和语篇/话语中的术语，与此同时，这一理论还竭力将认知语言学（cognitive linguistics）和心理学的理论前提整合到对类别结构的阐述以及对概念的描述中去。这些理论提案是社会认知术语学（Temmerman 1997，2000，2006）和框架术语学（Frame-Based Terminology）（Faber et al. 2005，2006，2007）。

4.3.1　社会认知术语学

随着学者泰默尔曼（Temmerman）（1997，2000）所倡导的社会认知术语学的出现，来自认知语义学（cognitive semantics）的理论见解［例如"原型结构"（prototype structure）和"隐喻/比喻"（metaphor）］开始对术语学理论产生影响。社会认知术语学（Temmerman 2000）侧重研究在特定领域的语言中术语的认知潜能，也研究在话语/语篇中与言语、情景和认知语境有关的术语变量以及在广泛交流环境中的术语变化（Temmerman et al. 2005）。

泰默尔曼（2000）曾经对普通术语学理论有过批评，她从生命科学中为人们提供实例，以证明普通术语学理论的基本原则的不切实际，说明这一理论不能描述在诸如专业翻译等交流场合中实际使用的专业语言或者对其进行解释。普通术语学理论中遭到"猛烈攻击"的理论假定如下：

① 概念对其语言名称/指称而言具有中心作用；

② 概念和类别（category）之间具有明确的界限；

③ 术语定义应该始终是内涵式的（intensional）；

④ 追求单义性的指称关系（monosemic reference）是术语学中的规则，其中，术语和概念之间存在"一对一"的对应关系；

⑤ 人们对专业语言只能进行共时性（synchronically）研究。

泰默尔曼（2000）认为，上述这些假定是没有根据的，并且断言：

① 我们不能把语言看成是与概念相脱节的，因为语言在对类别的构思中起着至关重要的作用；

② 许多类别之间的界限都比较模糊，因而无法进行明确定义；

③ 最佳的定义结构及其类型不应该仅局限于一种模式，而应最终取决于所定义的概念；

④ 一词多义现象和同义词经常在专业语言中出现，因此，在任何现实的术语分析中必须将其包括在内；

⑤ 类别、概念以及术语都会随着时间的推移而发生演变，因此，应该采用历时性（diachronic）的方法对它们进行研究。从这个意义上说，认知模型（cognitive model）在新思想的发展中起着重要作用。

上述这些原则声明构成了社会认知术语学的起点。这种理论也与戈丹的社会术语学以及卡布雷的术语学交流理论相一致，因为它提倡描述性的而非规定性的术语学方法，同时把"术语"视为术语分析的起点。但是，与其他术语学方法一样，社会认知术语学也很少提及术语的句法行为。

社会认知术语学与其他理论的不同之处，就在于它对概念化组织（conceptual organization）的强调，以及它从认知语言学方法的角度对类别结构（category structure）的关注。众所周知，普通术语学理论的概念系统是按照"是 _ 一种"（is_a）和"的 _ 部分"（part_of）的概念关系进行组织的，而社会认知术语学的"类别"则具有"原型结构"（prototype structure），概念化表示最初采用认知模型的形式。另一个重大区别则是：社会认知术语学可能是第一个真正采纳历史性或者历时性维度对术语进行考察的方法。

泰默尔曼（1997，2001）对来自生物学的同一个总体领域的三个概念进行了分析，她得出的结论是，其中只有一个概念可以利用普通术语学理论的方法进行充分描述，而另外两个概念则更适合采用社会认知术语学的方法进行描述。她声称，社会认知术语学方法不太重视定义概念的传统方式［"属术语"（generic term）和"区分性特征"（differentiating feature）］，它更为侧重从文本语料库中术语的实际使用中提取术语定义。描述概念的方式可以根据许多不同的参数（例如被定义的类别类型、文本发送者和接收者的知识水平以及术语库用户的个人特色）而发生变化（Temmerman and Kerremans 2003）。

类别结构是"原型化的"（prototypical），在这个理论构架当中，对概念之间的关系表示采用了认知语言学所倡导的"理想化的认知模型"（idealized cognitive model，ICM）的形式。这种分类模型（model of categorization）基于罗施（Rosch）的"原型理论"（Prototype Theory）（1978），这个理论采用"典型性程度"（degree of typicality）作为概念类别或者"域"（domain）的配置模式，而不太提及它们的内部结构、它们所包含的信息类型或者所形成的网络。但是，概念类别的内部结构也是很重要的，因为它可能会影响并限制任何类型的"域间映射"（interdomain mapping）。

依据原型理论，概念图采用的是一系列同心圆的形式，在其中，人们凭直觉把概念放置在离"原型中心"（prototypical center）更近一些或者更远一些的位置上。然而，无论是"原型"还是"理想化的认知模型"，都不能为组合数据（syntagmatic data）提供解释，它们也没有解决如何确定某个概念中相关的原型中心或者在心理上

（觉得）真实的示意图的含义问题。这种表示方法的明显缺点是：（1）完全不受约束 / 限制；（2）它们是基于概念关系的开放式的清单；（3）"理想化的认知模型"和 / 或者"原型类别"的生成结果，似乎在很大程度上以建造者的直觉为基础。

　　在社会认知术语学中，也许最让人感兴趣的部分，是它从历时性的角度对术语和概念进行研究，并以此作为对普通术语学理论只提倡共时性分析的回应。例如，泰默尔曼等学者（2005）对 splicing（剪接）一词进行过研究，以确定该词含义的演变历史，尤其是该词含义随时间的演变、该词在不同文化群体中的使用情况以及在通用语言和专业语言中的存在情况。从这个意义上说，泰默尔曼的这项研究为以下事实提供了支持："隐喻 / 比喻建模"（metaphorical modeling）是在人们创建科学术语时有意识或者无意识地使用的一种机制。这样做的目的是让人们对由科学出版物中出现的术语及其描述带来的认知性问题有一个更为深入的了解。

　　最近几年来，社会认知术语学开始对"本体"（ontology）进行关注，并将其作为实现"概念化表示"的一种更加可行的方法。人们把这种术语学和本体的组合称为"术语本体编纂学"（termontography）。"术语本体编纂学"是一个混合式的术语，它将术语、本体和术语编纂（学）进行了组合，其目的是将本体与多语言术语信息联系起来，并将本体整合到术语资源中去。泰默尔曼和克雷曼斯（Kerremans）（2003）将术语本体编纂学描述为一种多学科的方法，在其中，他们把用于多语言术语分析的理论和方法（Temmerman 2000）与用于本体分析的方法及指南进行了结合（Fernández et al. 1997；Sure and Studer 2003）。

　　正如泰默尔曼所概述的那样，术语本体编纂学似乎在很大程度上归功于学者迈耶（Ingrid Meyer）（Meyer et al. 1992；Meyer and McHaffie 1994；Meyer Eck and Skuce 1997；Bowker and L'Homme 2004）所做的工作。作为早期的术语学家之一，迈耶认为，如果术语库的组织和概念与人脑中的表示方式具有相似之处的话，那么，术语库将对人类更加有用：

　　　　术语库如果包含比现在更为丰富和更具结构化的概念组件的话，它将更加有用处，而且是对更为广泛的人群甚至是机器有用（Meyer，Bowker and Eck 1992）。

当术语库（term base）成长为迈耶所构想的术语知识库（terminological knowledge

base）的时候，它们就能对数据进行增强，因为概念和名称通过有意义的关系相互连接在了一起。虽然在术语知识库中，人们还是纳入了传统的属种关系（generic-specific relationship）和部分–整体关系（part-whole relationship），但人们更加强调其他类型的关系［例如因果（cause-effect）关系、对象–功能（object-function）关系等］，因为这些关系丰富了所形成的知识结构（Bowker and L'Homme 2004），它们更为对概念的多维度表示打开了大门。

在社会术语学构架内，克雷曼斯（Kerremans）等学者（2004）指出，在建立（领）域特定（domain-specific）的概念化模型（conceptual model）或者本体之前，人们有必要对"类别"及其现存的各种相互关系有一个很好的了解，而且，这与所关注领域中的任何文化或者语言的因素无关。这些类别称为"理解单元"（unit of understanding，UoU）。但是，当语言和文化的因素在所有概念化水平上都对心理表征（思维表示）（mental representation）有所渗透的时候，人们可能会理所当然地质疑"纯粹"的"理解单元"的存在。就算我们假设确实存在着这种独立于语言之外的"实体"，人们可能还会问它们实际上采用哪种形式存在。

尽管术语本体编纂学来自社会认知术语学的土壤，在过去几年中，它似乎已经远远超越了社会认知术语学的理论假设，以至于在现在看来，它已经拥有了自己的生命，而且已经演变为一个完全不同的实体。在社会认知术语学者最近发表的一些文章（例如 Kerremans，Temmerman and Zhao 2005）里，他们所描述的复杂的知识工程技术和本体创建过程，已经与泰默尔曼（2001）早期描述的、相当初步的"认知模型分析"（cognitive model analysis）几乎没有什么关系了。就目前而言，术语本体编纂学似乎已经完全"蜕变"，以至于它与社会认知术语学的最初前提几乎没有相似之处了。

例如，目前，术语本体编纂学提出的概念化表示形式是借助计算机实现的本体形式。它并没有提及原型、理想化的认知模型或者"呈辐射状的类别"（radial category），所有这些早期的理念似乎都"在混乱中遗失了"（shuffle）。说实话，这未必是一件坏事，因为在计算机应用程序中，人们无法采用认知语言学的表示方法（可能除了"框架"之外）进行有效的工作。将社会认知术语学者在最近的文章里描述的"本体工程"（ontology engineering）与社会认知术语学所倡导的概念表示进行协调，这的确是一件极其困难的事情。克雷曼斯等学者（2004）所提到的术语本体编纂学概念关系的示例［例如 has_subtype（有 _ 子类型）和 is_kind_of（是 _ 的一类）］似乎与社会认知术语学一直力图避开的、传统术语学所提倡的属种关系非常相似。这似乎表明，虽然"原型"是一个非常诱人的概念，但是，将其作为"类别组织"的一种模式还是不可行的，因为，归根结底，它们还是要依赖于术语学家的主观评估。而且，人们也不可能定义出"原型类别中心"的确切性质，或者对如何客观地判断原型化的程度做出解释。

最后，如前所述，与其他术语学理论一样，社会认知术语学的理论刻意避开了如何对待句法（syntax）这个话题。究其原因，可能是任何一种语法分析——无论是通用语言的还是专业语言的——都必须显式地或者隐式地以一种句法理论为基础，然而，到目前为止，在总体上，术语（学）和句法之间几乎还没有打过交道。

4.3.2　框架术语学

框架术语学（Faber et al. 2005，2006，2007）是近些年来发展起来的一种术语学的认知方法，它与术语学交流理论和社会认知术语学在理论前提上具有许多契合点。例如，框架术语学也认为：传统术语学试图在术语和词汇之间找出区别的努力不再富有成果，也并不切实可行；研究专业知识单元的最佳方式是研究它们在文本中的行为。由于专业语言文本的一般功能是进行知识传播，这些文本往往符合"模板"（template）的模式，以便读者理解；而且，它们通常也含有更多重复性的术语、措词短语、句子，甚至是完整的段落。这些都是专业翻译人员在使用翻译记忆库时可以加以利用的资源。科学和技术文本通常富含科技术语，因为科技文本具有丰富的专业语言单元，而且，就其所使用的句法结构而言，它们也是独一无二的。

在科技领域中，人们所使用的专业语言单元大多数采用复合名词的形式进行表示，而且，这些单元具有特定于这个领域的含义以及句法价态（syntactic valence）或者组合值（combinatory value）。自然，这类名词性措词的配置可能会因语言而异。在科技文本中，这类单元的密集度表明，特定领域知识的组成部分可以在具体的情境中得到激活。因此，如果想对内容丰富的术语文本有所了解，我们就需要了解具体的域、域内的概念、文本中的命题性关系以及域中概念之间的关系。这是创建人们可接受的目标语言文本的第一步。所有这些要素都是框架术语学研究的目标。

4.3.2.1　概念类别和类别设计

顾名思义，框架术语学采纳了框架语义学（Frame Semantics）的某些理念（Fillmore 1976，1982，1985；Fillmore and Atkins 1992），以便构建"专业域"

（specialized domain）并创建非特定语言的表示形式。这种配置结构的基础是不同语言专业文本背后的概念化含义，因此，这种构造有助于人们对专业知识的获取。

在术语学和语言学中，关于"域"的概念存在许多争议。如何看待专业概念类别的结构——这一直被人们视为术语学中的一个关键性问题。现代术语学之父欧根·维斯特（Eugen Wüster）所倡导的普通术语学理论（Wüster 1968）选择采用名称学的（onomasiological）方法对术语条目进行组织，而非采用语义学的（semasiological）方法进行组织。但是，在普通术语学理论所倡导的概念表示类型中，人们没有考虑从心理学角度创建具有充分解释性的表示形式。

虽然域对于术语学交流理论和社会认知术语学也至关重要，但是，这两种术语学方法对域的重视尚未伴以系统思考应该如何对这种结构进行构思、设计和组织。例如，即使在最好的术语手册中，人们也从未真正解释过如何开发这类结构配置的问题。一般而言，这些结构仅被视为术语学家们直觉的产物，然后，术语学家们与领域专家们就这些直觉的产物进行协商并加以验证，也就可以了。

就概念域而言，在术语学中似乎存在两种观点，它们不一定相互不兼容。域有时是指"知识领域"（knowledge area）本身，有时则是指专业领域内的"概念类别"（category of concept）。显然，对域的不同定义会对其内部结构的形成产生显著影响。然而，我们所需要的，其实是一种"类别模型"和"类别结构"，以便我们可以在更广泛的意义上现实地将其应用于语言当中。

如果有关域的概念在术语学中是模棱两可的，那么，在语言学中的情况则更是如此。在许多语言学模型中，"概念结构"根本就没有人提及，甚至就不被认为是一个问题。但是，鉴于语言和思想之间存在着密切的关系，人们可能会认为，为了更好地理解语言，我们必须理解语言形式所指称的概念。这在任何一种语际调解过程（例如翻译）中都非常重要。从这个意义上讲，认知语言学方法的优点是：它将概念化结构视为语言的基本组成部分，而且针对这个问题做出研究。

确实，"类别结构"（structure of category）是一个经常被人提起的话题，从这个意义上说，不少学者已经就类别结构应该如何组织提出了不少建议（Green and Evans 2006）。但是，到头来，人们达成的唯一共识是："类别"实际上可以是任何东西，而且，"类别成员"的结构几乎不受任何约束。

虽然我们很难生成关于概念类别和类别设计的确定的详细目录，但是，我们可以提出一些不太模棱两可的模型。语言学文献常常给人留下一种印象：语言似乎只能反映杯子、鸟儿、单身汉或者商业交易等等这些世界上令人乏味的东西。因此，我们所需要的类别和类别结构模型，应该在更广泛的范围内、立足于现实需求地对语言进行运用。

尽管域的理念对于认知语言学来说是至关重要的，域的不确定性也是最令人头疼的问题之一（Croft 1993）。也许，在我们着手规范域之前，应该听听学者戈德堡（Goldberg）（1998）的观点，即这个世界被分割成了"离散"的"事件"（event）类型，这与学者朗格克（Langacker）（1991）的"概念原型"（conceptual archetype）相呼应。在这里，对这类"事件"类型进行的组织是以语义为基础的，因为句法本身不足以说明含义的差异性（Mairal and Faber 2002）。

朗格克（2000）将"认知域"（cognitive domain）看成是对任何类型或者任何程度的复杂性进行的概念化，它们表示由语言表达唤起的知识和经验的多重领域。因此，构成语言含义基础的最重要的域，应该存在于说话者对当前上下文语境的理解之中。这种观点是与当前流行的"情境认知"（situated cognition）的理念相一致的。但是，这种对认知域的较为宽松的解释，有助于形成某种"临时性的"规范，也就是：语言学家们以类似于魔术师被迫从帽子中变出兔子的方式来产生域。

认知语言学和社会认知术语学的类别模型是以罗施（1978）的原型理论为基础的，这种理论将"典型性程度"（degree of typicality）当作概念类别或者域的配置模式。在许多研究中，即使有些学者经常提到"特定的域"（specific domain），却很少有人提及其内部的结构、所包含信息的类型或者所形成的网络。

但是，概念类别的内部结构也很重要，因为它可能会影响并限制任何类型的"域间映射"（interdomain mapping）。如前所述，依据原型理论，概念图采用的是一系列同心圆的形式，在其中，人们凭直觉把概念放在离原型中心更近一些或者更远一些的位置上。

学者盖拉特（Geeraerts）（1995）提到了三种概念域形式化表示的主要形式：由拉科夫（Lakoff）（1987）推广的"辐射状集合模型"（the radial set model）、由朗格克（1987）定义的"示意图网络"（schematic network），以及由盖拉特（1989）引入的"重叠集合模型"（the overlapping sets model）。尽管存在着一些表面上的差异，盖拉特认为，这三种模式实际上都是"符号变式"（notational variant），因为它们全都可以对显著性效应（salience effect）、隐喻和转喻、层级语义连接，以及在多义性直觉和分析性定义之间的差异进行解释说明。

但是，问题可能出在"分析"本身上，因为这些明确描述的表示形式都没有给组合数据提供一席之地，它们也没有解决如何确定某个概念中相关的原型中心或者如何确定在心理上感觉真实的示意图含义这类的问题，也从来没有对真正应该实现的做法以及促成这类决定的标准进行过规范。

4.3.2.2　框架术语学的方法论基础

"框架"是一种以经验为基础的认知结构"装置"，它们为语言中词汇的存在提供了背景知识及动机，以及提供了词汇在话语/语篇中的使用方式。但是，除此之外，框架还具有明确专业语言单元潜在的语义和句法行为的优点。这必然包括了对概念关系以及术语组合潜力的描述。框架语义学及其实际应用"框架网项目"（FrameNet Project）（Fillmore and Atkins 1998；Fillmore et al. 2003；Ruppenhofer et al. 2006）表明，想要真正理解语言中词汇的含义，人们就必须首先了解作为这些词汇用法基础的语义框架或者概念结构。很显然，这种论断对于专业语言单元来说也是适用的。

框架术语学的研究侧重于：（1）概念性组织；（2）术语单元的多维度性质；（3）使用多语言语料库提取语义和句法信息。在框架术语学中，概念网络以其背后潜在的"域事件"为基础，这种事件为在专业领域中发生的"行动"（action）和"过程"（process）以及参与这些行动和过程的"实体"（entity）生成"模板"。

框架术语学的方法是：综合运用"自上而下"（top-down）和"自下而上"（bottom-up）的方法来推导出域的概念系统。自下而上的方法包括从各种语言的语料库文本中提取信息，尤其是提取与域相关的信息。自上而下的方法则包括从专业词典和其他参考材料中寻找信息，并辅之以从相关领域专家那里获得帮助。

通过以上两种并行的方式，框架术语学对某个"知识域事件"（knowledge-domain event）背后的基本"概念框架"（conceptual framework）进行规范（Faber and Jiménez 2002；Faber et al. 2006）。域的最通用或者基础性的类别是在"原型域事件"（prototypical domain event）或者"行动－环境交界面"（action-environment interface）中得到配置的（Barsalou 2003）。这就提供了一个可以适用于所有信息结构级别的"模板"。由于术语条目中的信息在内部和外部都是一致的，因而得到了一种有助于并增强知识获取的结构（Faber et al. 2007）。

这种方法的基本前提之一是：对专业域的描述是以它们通常发生的事件为基础的，由此，这些事件可以得到表示（Grinev and Klepalchenko 1999）。所以，每一个知识领域都有自己的事件模板（见图1）。

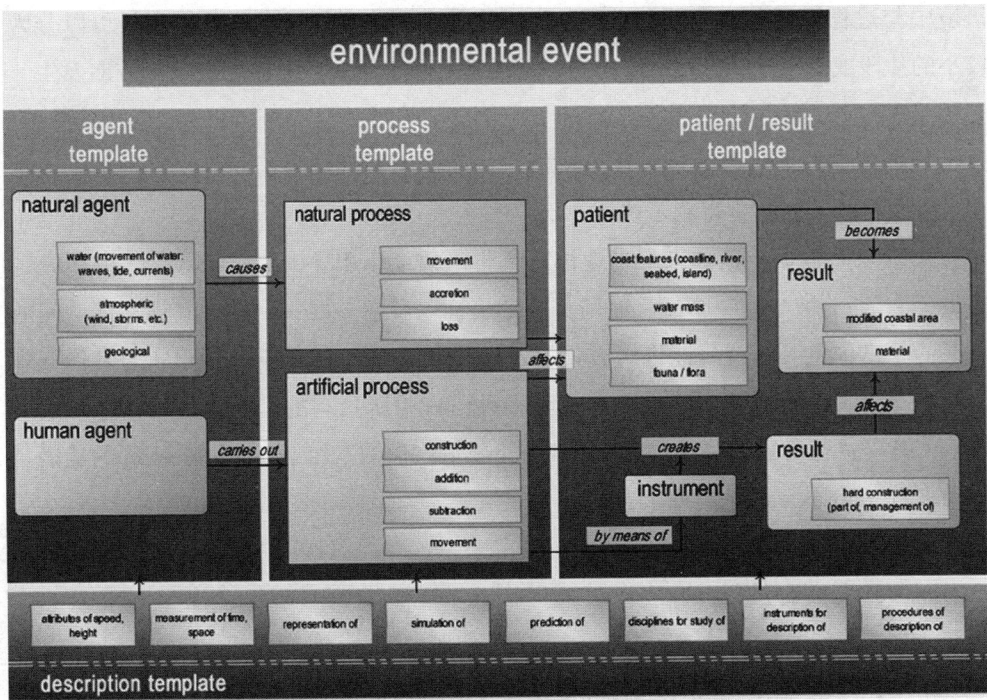

图 1　EcoLexicon 中的事件模板

　　所以，"属类别"（generic category）是在域事件或者行动－环境交界面中得到配置的（Barsalou 2003；Faber et al. 2005），它为对更为具体的概念进行组织提供了一个框架。每一个类别中的具体概念都在一个网络中得到组织，在这个网络中，它们通过垂直［层级（hierarchical）］和水平［非层级（non-hierarchical）］关系得以连接。

　　因此，事件中的每一个"子域"（subdomain）的特征，都通过具有一组原型概念关系的模板得到了描述。从逻辑上说，这就把重点放在了术语定义上，而且把这些定义视为"微型知识表示"（miniknowledge representation）或者"框架"。这类定义不是从其他资源中采用剪切和粘贴的方式输入的，恰恰相反，它们是以从语料库分析中提取的数据为基础的，这是关于术语纵聚合（paradigmatic）和横组合（syntagmatic）信息的主要来源。EcoLexicon 是西班牙环境科学术语知识库，也是框架术语学理论在实践中的具体应用，以下 EcoLexicon 中对 erosion（侵蚀）这个概念的描述就反映出这个术语知识库的定义信息来源。

　　erosion（侵蚀）是一个在"海洋工程事件"（coastal engineering event）上下文

语境中与过程模板相吻合的"过程"。过程是在一段时间内发生的，而且可以分为较小的片段或者阶段。它可以发生在一年的特定季节里，并可能朝着某个方向发生。它被某种"作用者／施事者"（agent）［例如"自然力"（natural force）］诱导，并影响到特定的地理位置或者环境实体，从而产生某种结果，而且，这种结果通常在"受影响的实体"中得到了修改。

对语料库数据［例如来自专业语言文本的语汇索引（concordance）］的研究，提供了 erosion 被当作一个过程时所具有的属性以及它与同一个域中其他实体之间的关系的丰富信息。这些属性将构成关于 erosion 的定义，有助于绘制出它与其他概念之间的概念关系，并提供它在一种或者多种语言中所具有的组合潜力的信息。通过对语汇索引进行分析，可以得出以下关于 erosion 的信息（以下含有 erosion 的英语句子均来自 EcoLexicon 语料库）：

erosion 是一种过程：

（1）...dies is a result of soil weathering and **erosion** processes...

［（1）……死亡是土壤风化和**侵蚀**过程的结果……］

erosion 持续的时间可以短、适中或者较长：

（2）...a community exhibits greater *long-term* **erosion** or accretion:...

（3）...E & Balasch, J.C.（1988）. *Medium-term* **erosion** rates in a small scarcely vegeta...

（4）...as subject to both *long-* and *short-term* **erosion**, and understanding the causes of...

［（2）……一个群落表现出更大的*长期*侵蚀或者堆积：……

（3）……F. & Balasch, J. C.（1988）：小型稀有植物类的*中期*侵蚀率……

（4）……受到*长期*和*短期*侵蚀，并了解……的原因……］

erosion 是一个与时间有关的过程，因此，它所持续的时间可以通过参考"时段"（period）或"情节"（episode）或者通过指定季节来表示：

erosion 是可以用"时间"来衡量的：

（5）... a multiple change of accumulation and **erosion** *periods*, which reflects tectonic...

［（5）……积聚和**侵蚀**时期的多重变化，反映了构造上的……］

erosion 可以根据季节发生：

（6）...the contrast between *summer* and *winter* **erosion** rates is stark. Predicted values...

（7）...of summertime deposition and *wintertime* **erosion** ［Lee et al.（1999）］. This type...

［（6）……*夏季*和*冬季***侵蚀**率之间形成鲜明对比。预测值……

（7）……*夏季*沉积和*冬季***侵蚀**的影响（Lee et al. 1999）。 这个类型……］

erosion 可以根据受影响的实体［可以是地理位置（geographical location），也可以是海洋动物（marine fauna）］进行分类：

地理位置：

（8）…Coastal submergence and *marsh fringe* **erosion**. Journal of Coastal Research, 2（...）...

（9）...Processes and mechanisms of *river bank* **erosion**. In: R.D.Hey, J.C.Bathurst and...

（10）...impact of afforestation on *stream bank* **erosion** and channel form. Earth Surface...

（11）...severity, and causes of *coastal bluff* **erosion** on the Cape Cod Bay shore of Tru...

［（8）……沿海淹没和*沼泽边缘***侵蚀**。《海岸研究》，2（……）……

（9）……*河岸***侵蚀**的过程和机理。R.D. Hey，J.C. Bathurst 和……

（10）……植树造林对*河岸***侵蚀**和河道形态的影响。地表……

（11）……特鲁的科德角湾海岸*沿海陡崖***侵蚀**的……、严重程度和原因……］

海洋动物：

（12）...see ICES,1996) 2.1. Fin erosion *Fin* **erosion** is a pathological symptom common...

［（12）……参见 ICES，1996)2.1.鳍状糜烂: *鳍状***糜烂**是一种常见的病理症状……］

erosion 是一个具有空间运动和方向性的过程：

（13）... on Cape Cod Bay resulted in *downdrift* **erosion** for approximately 5 600 linear ...

（14）... is near base level 1. *Downward* **erosion** is less dominant 2. ...

（15）... Rainfall (1 / m^2) and *vertical* **erosion** / acretion (cm) in Enmedio Island ...

［（13）……在科德角湾上造成了大约 5 600 种线性*向下漂移的***侵蚀**……

（14）……接近基础水平 1. *向下***侵蚀**较少占主导地位 2. ……

（15）……降雨（1 / m^2）和恩梅迪奥岛的*垂直***侵蚀** / 堆积（cm）……］

erosion 是一种由自然动因或者人为因素引起的过程：

（16）...glacial environments: nivation; *eolian* **erosion** and deposition; and fluvial eros...

（17）...sediments from *wind*, *water*, or *ice* **erosion**. Given more time, these soils wi...

（18）...urbances, for instance by *flood-induced* **erosion**, redistribution of sediment or ...

（19）...the most important cause of *human-induced* **erosion** is interruption of sediment ...

（20）...coastal bluffs and episodic, *storm-induced* **erosion** of dunes and barrier beaches...

（21）...24 acres per year, while *wave-induced* **erosion** is approximately nine acres...

[（16）……冰川环境：雪蚀；*风蚀*和沉积；*河流侵蚀*……

（17）……*风、水或者冰***侵蚀**形成的沉积物。如果时间更长，这些土壤会……

（18）……城市化，例如，*洪水引起的***侵蚀**，沉积物的重新分配或者……

（19）……*人为引起的***侵蚀**的最重要原因是沉积物……

（20）……和由*暴风雨引起的*沙丘和沿岸沙滩**侵蚀**……

（21）……每年 24 英亩，而*波浪引起的***侵蚀**约 9 英亩……]

关于 erosion 的基本信息会在语料库中出现更为具体的术语时被激活，而这些术语则是 erosion 的下义词。这些复杂的名词形式实际上是压缩了的命题，它们具有自己的句法。其扩展形式见表 1 和表 2。

表 1   "引起的"侵蚀

Term	Verb	Agent (Arg1) ［作用者/施事者（论元1）］	Result (Arg2) ［结果（论元2）］
storm-induced erosion （暴风雨引起的侵蚀）	INDUCE（引起）	storm	erosion
human-induced erosion （人为引起的侵蚀）	INDUCE	humans	erosion
wave-induced erosion （波浪引起的侵蚀）	INDUCE	wave	erosion

表 2　"发生的"侵蚀

Term	Verb	Process (Arg1) ［过程（论元 1）］	Location (Arg2) ［地点（论元 2）］
river bank erosion （河岸侵蚀）	OCCUR（发生）	erosion	river bank
marsh fringe erosion （沼泽边缘侵蚀）	OCCUR	erosion	marsh fringe
coastal bluff erosion （沿海陡崖侵蚀）	OCCUR	erosion	coastal bluff

　　可以根据所涉及的语言及其术语形成规则，采用不同的方式激活这些命题性表示。这种"论元结构"（argument construction）提供了语言中"从句表达"的基本手段。表 1 就是这种结构的一个示例：X 导致 Y（X causes Y）。这样的结构可以看成是语言的基本单元。依据学者戈德堡（1995）的观点：

　　　　尤其是，涉及基本"论元结构"的构造与动态场景有关——经验丰富的"格式塔"①。例如，某人自愿把某物转移给他人、某人导致某物移动或者改变状态、某人正在体验某物、某物移动等等。

　　戈德堡建议使语言的基本子句类型形成一个相互关联的网络，与此同时，把语义结构也以尽可能通用的方式与特定的形式进行配对。在对专业语言文本中的句法进行分析以及对定义模板进行规范时，戈德堡的见解非常有用。

　　因此，对定义中编码的信息的组织和构建，可以依据其感性突显度以及与同一类别内其他相关概念的定义中信息配置的关系进行（Faber et al. 2001；Faber 2002）。学者马丁（Martin）（1998）也重申，将框架用作定义模型，可以提供更加一致、灵活和完整的表示形式。

4.3.2.3　图像的使用

　　框架术语学的另一个重要方面是：它具有在专业概念表示中发挥图像作用的优点。它阐述了如何把对专业实体的语言描述和图形描述联系起来并使这二者得以融

---

　　①　假使有一种经验的现象，它的每一成分都牵连到其他成分，而且每一成分之所以有其特性，是因为它和其他部分具有关系，这种现象便称为"格式塔"。——译者注

合，从而突出概念的多维度性质以及专业领域内的概念关系（Faber et al. 2007）。框架术语学提倡多模式的概念描述方式，其中，术语编纂定义中的结构化信息与图像中的视觉信息紧密配合，以便让用户更好地了解复杂和具有动态性（dynamism）的概念系统。

在传统意义上，可根据图像的形态将图像分类为照片、绘图、动画、视频、图表、图示、图形、视图等（Darian 2001; Monterde 2002）。但是，根据图像最显著的功能（Anglin et al. 2004）或者图像与其代表的真实世界之间的关系对图像进行分类，则更具有现实意义。图像的分类体系基于象似性（iconicity）、抽象性（abstraction）和动态性的标准，并以此作为指代和表示专业概念特定属性的方式（Prieto Velasco 2005）：

——象似性是指图解中的图标式图像要与抽象化表示的概念属性在现实世界中所对应的对象相像；

——图解中的抽象性涉及的是一个程度问题，是指识别和表示所代表的概念所需付出的认知努力（Levie and Lentz 1982；Park and Hopkins 1993；Rieber 1994）；

——动态性意味着对运动的表示（即视频和动画，以及分别显示上一级过程不同阶段的图像）。但是，如果这种表示说明的是组成这个过程的一系列离散的步骤，那么，它不一定必须包括明显的运动。

通过这种方式，框架术语学尽量为人们提供完整描述术语所必需的全面信息，并且将其包含在完全规范化的术语条目中。

参考文献：

[1] ANGLIN G, VAEZ H, CUNNINGHAM K. Visual representations and learning: the role of static and animated graphics[M]//JONASSEN D. Handbook of Research on Educational Communications and Technology. Hillsdale, NJ: Lawrence Erlbaum, 2004: 755-794.

[2] ATKINS S, RUNDELL M, HIROAKI S. The contribution of Framenet to practical lexicography[J]. International Journal of Lexicography, 2003, 16(3): 334-357.

[3] BARSALOU L W. Situated simulation in the human conceptual system[J]. Language and Cognitive Processes, 2003, 18(5-6): 513-562.

[4] BOULANGER J C. Une lecture socioculturelle de la terminologie[J]. Cahiers de Linguistique Sociale, 1991, 18: 13-30.

[5]　BOWKER L, L'HOMME M. Ingrid Meyer, terminologist (1957-2004)[J]. Terminology, 2004, 10(2): 183-188.

[6]　BOWKER L, MEYER I. Beyond "textbook" concept systems: handling multidimensionality in a new generation of term banks[M]//SCHMITZ K D. TKE'93: Terminology and Knowledge Engineering. Frankfurt: Indeks Verlag, 1993: 123-137.

[7]　CABRÉ C M T. Terminology. Theory, methods, applications[M]. DECESARIS J A trans. Amsterdam: John Benjamins, 1999.

[8]　CABRÉ C M T. Elements for a theory of terminology: towards an alternative paradigm[J]. Terminology, 2000a, 6(1): 35-57.

[9]　CABRÉ C M T. Sur la représentation mentale des concepts: bases pour une tentative de modélisation[M]//BÉJOINT H, THOIRON P. Le sens en terminologie. Lyon: Presses Universitaires de Lyon, 2000b: 20-39.

[10] CABRÉ C M T. Sumario de principios que configuran la nueva propuesta teórica[C]// CABRÉ C M T, FELIU J. La terminología científicotécnica: reconocimiento, análisis y extracción de información formal y semántica (DGES PB96-0293). Barcelona: Institut Universitari de Lingüística Aplicada. Universitat Pompeu Fabra, 2001a: 17-26.

[11] CABRÉ C M T. Consecuencias metodológicas de la propuesta teórica (I)[C]//CABRÉ C M T, FELIU J. La terminología científico-técnica: reconocimiento, análisis y extracción de información formal y semántica (DGES PB96-0293). Barcelona: Institut Universitari de Lingüística Aplicada. Universitat Pompeu Fabra, 2001b: 27-36.

[12] CABRÉ C M T. Theories of terminology: their description, prescription and explanation[J]. Terminology, 2003, 9(2): 163-199.

[13] CABRÉ C M T, FELIU J. Terminología y cognición: II Simposio Internacional de Verano de Terminología (13-16 de julio 1999)[M]. Barcelona: Institut Universitari de Lingüística Aplicada, 2001a.

[14] CABRÉ C M T, FELIU J. La terminología científico-técnica: reconocimiento, análisis y extracción de información formal y semántica[M]. Barcelona: Institut Universitari de Lingüística Aplicada, 2001b.

[15] CABRÉ C M T, FREIXA J, LORENTE M, et al. La terminologia hoy: replanteamento o diversificacion. Terminologia e integracao[J]. Organon, 1998, 12(26): 33-41.

[16] CROFT W. The role of domains in the interpretation of metaphors and metonymies[J]. Cognitive Linguistics, 1993, 4(4): 335-370.

[17] DARIAN S. More than meets the eye: the role of visuals in science textbooks[J]. LSP & Professional Communication, 2001, 1(1): 10-36.

[18] EVANS V, GREEN M. Cognitive linguistics: an introduction[M]. Edinburgh: Edinburgh University Press, 2006.

[19] FABER P. Terminographic definition and concept representation[M]//MAIA B. Training the Language Services Provider for the New Millennium. Oporto (Portugal): University of Oporto, 2002: 343-354.

[20] FABER P, HURTADO C J. Investigar en terminología[M]. Granada: Comares, 2002.

[21] FABER P, LEÓN-ARAÚZ P, VELASCO J A P, et al. Linking images and words: the description of specialized concepts[J]. International Journal of Lexicography, 2007, 20: 39-65.

[22] FABER P, RODRÍGUEZ C L, SÁNCHEZ M I T. Utilización de técnicas de corpus en la representación del conocimiento medico[J]. Terminology, 2001, 7(2): 167-197.

[23] FABER P, MAIRAL R. Constructing a lexicon of English verbs[M]. Berlin: Mouton de Gruyter, 1999.

[24] FABER P, LINARES C M, EXPÓSITO M V. Framing terminology: a process-oriented approach[J/CD]. META, 2005, 50 (4).

[25] FABER P, MARTÍNEZ S M, PRIETO M R C, et al. Process-oriented terminology management in the domain of Coastal Engineering[J]. Terminology, 2006, 12(2): 189-213.

[26] FELBER H. Terminology manual[M]. París: UNESCO & INFOTERM, 1984.

[27] FERNANDEZ M, GÓMÉZ-PÉREZ A, JURISTA N. METHONTOLOGY: From ontological art towards ontological engineering workshop on Ontological Engineering[C]//AAAI 97. Spring Symposium Series. Stanford, 1997.

[28] FILLMORE C J. Frame semantics and the nature of language[J]//HARNAD S R, STEKLIS H D, LANCASTER J. Origins and Evolution of Language and Speech. Annals of the NY Academy of Sciences, 1976, 280: 20-32.

[29] FILLMORE C J. Frame semantics[M]//The Linguistic Society of Korea. Linguistics in the Morning Calm. Seoul: Hanshin, 1982: 111-137.

[30] FILLMORE C J. Frames and the semantics of understanding[J]. Quaderni di Semantica, 1985, 6(2): 222-254.

[31] FILLMORE C J, ATKINS S. Towards a frame-based organization of the lexicon: the semantics of RISK and its neighbors[M]//LEHRER A, KITTAY E. Frames, Fields, and Contrast: New Essays in Semantics and Lexical Organization. Hillsdale, NJ: Lawrence Erlbaum, 1992: 75-102.

[32] FILLMORE C J, ATKINS S. FrameNet and lexicographic relevance[C]//Proceedings of the ELRA Conference on Linguistic Resources. Granada, 1998: 417-423.

[33] FILLMORE C J, JOHNSON C R, PETRUCK M. Background to Framenet[J]. International Journal of Lexicography, 2003, 16(3): 235-250.

[34] FILLMORE C J, PETRUCK M, RUPPENHOFER J, et al. Framenet in action: the case of attaching[J]. International Journal of Lexicography, 2003, 16(3): 298-332.

[35] GAUDIN F. Terminologie et travail scientifique: mouvement des signes, mouvement des connaissances[J]. Cahiers de linguistique sociale, 1991(18): 111-132.

[36] GAUDIN F. Pour une socioterminologie: Des problèmes pratiques aux pratiques institutionnelles[M]. Rouen: Publications de l'Université de Rouen, 1993.

[37] GAUDIN F. Socioterminologie: Une approche sociolinguistique de la terminologie[M]. Bruxelles: Duculot, 2003.

[38] GEERAERTS D. Representational models in cognitive semantics[J]. Folia Linguistica: Acta Societatis Linguisticae Europaeae, 1995, XXIX(1-2): 21-41.

[39] GOLDBERG A. A construction grammar approach to argument structure[M]. Chicago: University of Chicago Press, 1995.

[40] GOLDBERG A. Patterns of experience in patterns of language[M]//TOMASELLO M. The New Psychology of Language. Hillsdale, NJ: Lawrence Erlbaum, 1998: 203-219.

[41] GREGORY M, CARROLL S. Language and situation[M]. London: Routledge & Kegan Paul, 1978.

[42] GRINEV S, KLEPALCHENKO I. Terminological approach to knowledge representation[C]//SANDRINI P. TKE '99: Proceedings of the 5th International Congress on Terminology and Knowledge Engineering. Innsbruck, Austria. Vienna: TermNet, 1999: 147-151.

[43] GUESPIN L. La circulation terminologique et les rapports entre science, technique et production[J]. Cahiers de Linguistique Sociale, 1991: 59-79.

[44] KERREMANS K, TEMMERMAN R, TUMMERS J. Discussion on the requirements

for a workbench supporting termontography[C]//WILLIAMS G, VESSIER S. Proceedings of the XIth Euralex International Congress 2004, 6-10 July. Lorient, France. Lorient: Université de Bretagne-Sud, 2004: 559-570.

[45] KERREMANS K, TEMMERMAN R, ZHAO G. Terminology and knowledge engineering in fraud detection[C]//Proceedings of the International Conference on Terminology and Knowledge Engineering. Copenhagen, 2005.

[46] LAKOFF G. Women, fire, and dangerous things[M]. Chicago: University of Chicago Press, 1987.

[47] LANGACKER R. Foundations of cognitive grammar[M]. Stanford: Stanford University Press, 1999.

[48] LANGACKER R. Concept, image and symbol. The Cognitive basis of grammar [M]. Berlin: Mouton, 2001.

[49] LANGACKER R. The contextual basis of cognitive semantics[M]//NUYTS J, PEDERSON E. Language and Conceptualization. Cambridge: Cambridge University Press, 1997: 227-252.

[50] LANGACKER R. Estructura de la cláusula en la gramática cognoscitiva[J]. Revista Española de Lingüística Aplicada, 2000(Monográfico): 19-65.

[51] LEVIE W H, LENTZ R. Effects of text illustrations: a review of research[J]. Educational Communication and Technology Journal, 1982, 30: 195-232.

[52] L 'HOMME M C. Capturing the lexical structure in special subject fields with verbs and verbal derivatives: a model for specialized lexicography[J]. International Journal of Lexicography, 2003: 16(4): 403-422.

[53] MAIRAL R, FABER P. Functional grammar and lexical templates[M]//MAIRAL R, PÉREZ M J. New Perspectives on Argument Structure in Functional Grammar. Berlin: Mouton de Gruyter, 2002: 39-94.

[54] MARTIN W. Frame-based lexicons and the making of dictionaries[C]//CORINO E, MARELLO C, ONESTI C. Proceedings of the Twelfth EURALEX International Congress. Accademia della Crusca, Università di Torino. Alessandria: Edizioni dell'Orso, 2006: 281-293.

[55] MEYER I, BOWKER L, ECK K. COGNITERM: An experiment in building a knowledge-based term bank[C]//Proceedings of the Fifth EURALEX International

Congress. Tampere, 1992: 159-172.

[56] MEYER I, ECK K, SKUCE D. Systematic concept analysis within a knowledge-based approach to terminology[M]//WRIGHT S E, BUDIN G. Handbook of Terminology Management. Amsterdam/Philadelphia: John Benjamins, 1997: 98-118.

[57] MEYER I, MCHCHAFFIE B. De la focalisation à l'amplification: nouvelles perspectives de représentation des données terminologiques[M]//CLAS A, BOUILLON P. TA-TAO: Recherches de pointe et applications immédiates. Montréal: Les Presses de l'Université de Montréal, 1994: 425-440.

[58] MONTERDE R A M. La importancia de la ilustración para la traducción técnica[M]// GARCÍA G C, et al. Manual de Documentación, Terminología y Traducción especializada. Madrid: Arco/Libros, 2004: 259-274.

[59] PARK O, HOPKINS R. Instructional conditions for using animated visual displays: a review[J]. Instructional Science, 1993, 22: 1-24.

[60] PAVEL S, NOLET D. Précis de terminologie/The handbook of terminology[M]. Adapted into English by Christine Leonhardt. Hull: Public Works and Government Services of Canada, 2001.

[61] PIHKALA T. Socioterminology[C/OL]. Terminfo 1/2001 — Summaries, Nordterm 2001. http://www.tsk.fi/fi/ti/ti101_teksti.html.

[62] PRIETO V J A. El papel de la información gráfica en la descripción de conceptos en la Ingeniería de puertos y costas. Paper presented at the Jornadas Hispano-Rusas[C]. Granada, 2005.

[63] RIEBER L P. Computers, graphics, and learning[M]. Madison, WI: Brown & Benchmark, 1994.

[64] ROSCH E. Principles of categorization[M]//ROSCH E, LLOYD B B. Cognition and Categorization. Hillsdale, N.J: Erlbaum, 1978: 27-48.

[65] RUPPENHOFER J, ELLSWORTH M, PETRUCK M R L, et al. FrameNet II: Extended Theory and Practice[EB/OL]. http://framenet.icsi.berkeley.edu/index.php?option=com-wrapp er&Itemid=126.

[66] SKUCE D, LETHBRIDGE T C. CODE4: A unified system for managing conceptual knowledge[J]. International Journal of Human-Computer Studies, 1995, 42: 413-451.

[67] SMITH E E. Theories of semantic memory[M]//ESTES W K. Handbook of Learning

and Cognitive Processes, Vol. 6. Hillsdale NJ: Lawrence Erlbaum, 1978: 1-56.

[68] STAMBUK A. Metaphor in scientific communication[J]. META XLIII 3, 1998: 1-7.

[69] STREHLOW R. Terminological standardization in the physical sciences[M]// SONNEVELD H B, LOENING K L. Terminology: Applications in Interdisciplinary Communication. Amsterdam/Philadelphia: John Benjamins, 1993: 127-140.

[70] SURE Y, STUDER R. A methodology for ontology-based knowledge management[M]// DAVIS J, FENSEL D, VAN HARMELEN F. Towards the Semantic Web. Ontology-Driven Knowledge Management. Chichester: John Wiley & Sons, 2003: 33-46.

[71] TEMMERMAN R. Sociocultural situatedness of terminology in the life sciences: the history of splicing[M]//ZLATEV J, ZIEMKE T, FRANK R, et al. Body, Language and Mind. Vol II. Interrelations between Biology, Linguistics and Culture. Berlin: Mouton de Gruyter, 2006.

[72] TEMMERMAN R. Questioning the univocity ideal. The difference between sociocognitive Terminology and traditional Terminology[J]. Journal of Linguistics, 1997, 18: 51-91.

[73] TEMMERMAN R. Towards new ways of terminology description[M]. Amsterdam/ Philadelphia: John Benjamins, 2000.

[74] TEMMERMAN R. Sociocognitive terminology theory[M]//CABRÉ M T, FELIU J. Terminología y Cognición. Barcelona: Universitat Pompeu Fabra, 2001: 75-92.

[75] TEMMERMAN R, KERREMANS K. Termontography: ontology building and the sociocognitive approach to terminology description[C]//Prague CIL17 Conference. Prague, 2003.

[76] TEMMERMAN R, KERREMANS K, VANDERVOORT V. La termontographie en contexte(s)[C]//Actes des Septièmes Journées scientifiques du Réseau Lexicologie, terminologie, traduction, Brussels, Belgium. Brussels, 2005.

[77] WRIGHT S E, BUDIN G. Handbook of terminology management[M]. Vol. 1 and 2. Amsterdam: John Benjamins, 2001.

[78] WÜSTER E. Introducción a la Teoría General de la Terminología y a la Lexicografía Terminográfica[M]. Barcelona: IULA, 1998.

[79] WÜSTER E. The machine tool. An interlingual dictionary of basic concepts[M]. London: Technical Press, 1968.

术 语 学

P. 费伯（Pamela Faber）和 S. 蒙特罗 – 马丁内斯（Silvia Montero-Martínez）①

1　引言

术语学是对专业概念（specialized concept）及其语言指称（linguistic designation）或者术语的研究。这些"专业知识单元"（specialized knowledge unit）是认知过程发展以及专业语言群体中专家进行交流所产生的结果（Sager 1997）。术语工作重在对具有专业领域特殊性的知识结构进行描述，并且研究它们在不同交流环境中是如何传播的。术语工作还涉及在术语数据库、词典和词汇表等术语资源中对术语的含义和用法进行组织和记录，以及进行文本解码和文本生成的工作。

从理论和应用的角度来看，术语学与专业翻译的关系颇为密切，因为在专业文本中富含足量的术语，这些术语与文本接收者的知识水平的适应程度，则是决定翻译质量的重要因素之一。从这个意义上讲，人们通常把术语问题视为翻译过程中必须面对和解决的一个问题。这就意味着，从事专业文本翻译的翻译人员必须也是"隐形"的术语学家，他们必须具备进行术语管理运作的能力，并将之作为一种获取知识的手段。正是出于这个原因，他们应该在翻译技术、计算机辅助工具以及资源使用方面受到广泛的培训（Alcina 2008；Candel-Mora 2011；Candel-Mora 2014）。专业翻译人员必须知道如何对所有可用的资源进行使用，以期在分析和处理源文本期间以及在生成和修订目标文本期间，成功地处理好自己所面对的术语问题。

用于翻译目的的术语工作则称为"面向翻译的术语学"（Translation-Oriented Terminology，TOT）（Muráth 2010；Thélen 2015）。随着翻译过程的计算机化以及需要翻译的专业文本越来越多（Vargas-Sierra 2011），面向翻译的术语学的实用性得到了广泛认可。依据国际标准化组织的相关标准（ISO 12616：2002），面向翻译的术语学的目标是通过使翻译人员做到以下几点来促进翻译的发展：（1）对术语进行记

---

① 这篇文章英文名为 "Terminology"。原文见 *The Routledge Handbook of Spanish Translation Studies*（Valdeón R A, et al. London: Routledge，2019）或者西班牙格拉纳达大学（University of Granada）LexiCon 研究团队（LexiCon Research Group）的出版物网站（http://lexicon.ugr.es/publications）（2019 年）。——译者注

录和系统化；（2）随着时间的推移持续使用术语；（3）更有效地对多种语言进行处理。在面向翻译的术语学实践活动中，人们经常遇到的问题是：翻译人员对"术语单元"（terminological unit）不太熟悉，这主要是因为他们对术语在话语/语篇（discourse）中的含义不太清楚，或者，更可能是因为他们不知道源语言中的术语与目标语言中的术语之间存在着什么样的可能性对应（Rodríguez-Camacho 2002；Cabré et al. 2002）。除此之外，由于缺乏可靠的术语资源，翻译人员不得不运用信息管理技能来解决自己所面临的翻译问题，甚至需要自己创造相关的术语资源。在翻译工作过程中，资深翻译人员总结出了一些行之有效的策略，以完成以下任务：

- 对语篇/话语中的专业概念进行识别和理解；
- 创建、评估信息资源并对其进行协调；
- 在专业知识领域中规范术语之间的跨语言对应关系；
- 进行数据管理，以便在将来的翻译工作中再度使用。

广义而言，面向翻译的术语学实践工作有两种类型：（1）临时性的术语工作；（2）积极主动的术语工作（Lusicky and Wissik 2015）。其中，临时性的术语工作提倡"具体问题具体分析"，它包括在翻译过程中对从源文本里提取出来的、数量有限的术语进行收集、理解和处理的工作。积极主动的术语工作则相反，它是在翻译之前发生的，因此，它需要以文本为基础，以便于翻译人员通过文本来对未来的翻译需求进行评估，然后对可能在未来的翻译中出现的特定领域的概念进行收集和描述。所以，面向翻译的术语学实践工作以过程为基础，它应该与翻译人员所从事的一系列活动相关联。面向翻译的术语学实践工作的流程包括以下活动（Chiocchetti et al. 2013）：

- 需求评估和资源收集；
- 术语提取和术语选择；
- 术语研究（对源语言和目标语言中的概念和术语进行描述、对比分析和文献归档）；
- 修订；
- 详细说明术语条目/记录（entry）；
- 质量保证；
- 维护；
- 传播。

虽然这些活动可以按照上述顺序进行，但在翻译和修订过程中，它们可能以循环的形式反复出现。如果翻译人员是在个人数据库的背景下进行工作的，那么，上述的某些步骤（例如质量保证、维护、传播）之间则可能或多或少地具有一些相关性，或者（翻译人员）也可以完全将它们忽略掉。面向翻译的术语学实践活动是术语学研究的对象，尤其是在这些活动与"翻译能力"（translation competence）这一概念产生了紧密联系之后（PACTE 2014，2015；Bolaños-Medina and Monterde-Rey 2010）。

事实上，在翻译过程中开展术语工作的能力被公认为是翻译能力的有机组成部分（Faber 2003；EMT 2009；Montero-Martínez and Faber 2009）。翻译中的术语能力指的是翻译人员能够很快地获取术语所代表的知识，同时为目标语言中的专业概念找到最佳对应物。这是一种习得的技能，因为翻译人员不是术语学家，而是促进跨语言交流（语际交流）（interlinguistic communication）的语言调解者。

因此，为了对术语进行准确的理解和表示，翻译人员必须制定出相应的策略，以期在多语言文本的背景下为术语找到合适的多语言对应物。此外，他们还应该知道如何对知识资源进行评估和使用，以期产生最佳的翻译效果。翻译过程的具体特征决定了翻译人员所需要的术语能力类型。

这篇论述将介绍西班牙语世界中面向翻译的术语学理论和实践的发展，同时概述翻译领域研究的最新趋势，从而折射出术语学研究的最新发展。

2　历史回顾：术语学理论

在（西班牙）多语言交流的背景下，目前有两种术语学理论对人们描述、分析和表示术语的方式产生了重要影响。首先是由位于巴塞罗那庞培法布拉大学［University Pompeu Fabra（Barcelona）］的卡布雷（María Teresa Cabré）教授倡导的"术语学交流理论"（Communicative Theory of Terminology, CTT），其次就是由格拉纳达大学的费伯（Pamela Faber）教授提出的"框架术语学"（Frame-Based Terminology, FBT）。这两种理论具有互补性，都是针对专业知识概念及关系提出的设想，都研究这些概念及关系的术语指称/名称（terminological designation）以及它们在专业文本中是如何被激活的。

2.1　术语学交流理论

卡布雷教授拉开了西班牙术语学历史全景的序幕（Cabré 1993，1999a，1999b，2000），她创建了术语学交流理论。术语学交流理论是一种描述性的方法，它研究在文本中出现的术语及其变体，并设想专业知识单元的多维度特色，同时研究如何对这些知识单元进行表示和分析。

　　依照术语学交流理论，"术语单元"（terminological unit）被视为从某一确定的知识领域、概念结构、含义、词汇和句法的结构和价态（valence），以及专业话语／语篇的交际语境中衍生出的"一系列条件"（set of condition）（Cabré 2003）。卡布雷教授在 2003 年提出了"多门理论"（Theory of the Doors）——这是一个比喻，卡布雷教授通过这个比喻来表示人们对术语单元进行访问、分析和理解的多种可能方式。她将一个术语单元比喻成一个"多面体"（polyhedron），这个"多面体"具有三个维度：认知维度、语言维度和交际维度。每一个维度都是一扇单独的"门"，人们可以通过这扇"门"对术语单元进行访问。根据卡布雷教授的说法，术语学交流理论是通过"语言"这扇"门"去接近专业知识单元的。术语学交流理论最重要的方面之一，就是通过激活特定专业领域的知识结构或者上下文语境来在文本内对术语单元进行分析，在这里，知识的传递是在具有相同或者不同知识水平的用户之间进行的。这显然有助于术语学交流理论在专业翻译领域中的应用。

2.1.1　术语学交流理论和翻译

　　根据卡布雷（2004）教授的观点，"翻译（学）"（Translation）和"术语（学）"（Terminology）都源于人们为了满足信息和交流需求而开展的实践活动。"翻译活动"和"术语活动"这两种活动是很相似的，因为它们都是跨学科的，而且也都是将语言学、认知学和交流科学／传播学（communication science）的知识融合在了一起（Cabré 2000）。然而，这二者之所以不同，是因为术语（学）就其本身而言并不是一种言语行为，而是一种用于专业交流的工具。虽然翻译（学）主要侧重于交流沟通的过程，但是术语对于翻译人员来说至关重要，因为通过它才能激活专业文本所传达的知识结构，术语是实现术语单元跨语言（语际）转换以及实现知识编码的手段（Cabré 2004；Velasquez 2002）。

　　根据卡布雷（2010）教授的观点，翻译工作可能牵涉到四个层次的术语活动。在第一个层次上，翻译人员对术语工作的参与是被动的，他们要为解决自己的问题去寻求资源；在第二个层次上，翻译人员需要利用他们的词汇学知识，提出一个新词来填补目标语言中的空白；在第三个层次上，翻译人员需要充当"临时术语师（术语学家）"（ad hoc terminologist）一职，将问题定位在该领域的概念结构上，并根据术语形成的模式，采用一个新术语来填充术语之间的空隙（terminological gap）；在第四个层次上，翻译人员需要从自己的数据库中提取信息来解决问题，这些数据库中包含他们在过去的翻译工作中使用过的术语。

2.1.2　术语学交流理论的术语资源

　　术语学交流理论是一个颇具影响力的术语学理论，它对全世界的术语分析和管理工作产生了深远影响。Terminus（terminus.iula.upf.edu）就是术语学交流理论的实际应用。它是一个用于术语管理的网络应用程序，主要为术语师（术语学家）（terminologist）和术语编纂师（terminographer）提供服务，他们可以利用这个术语工具开展术语项目的创建和管理工作。这个术语管理网络应用程序是术语学交流理论的术语工作系列实现了计算化的反映（Cabré，Montané and Nazar 2013）。从服务于翻译目的的角度来看，这个网络应用程序也会对专业翻译人员大有裨益——他们可以利用这个术语工具把自己在某一专业领域里积累下来的文本翻译经验记录下来，以便创建个人资源库。

2.2　框架术语学

　　与术语学交流理论一样，框架术语学（Faber，León-Araúz and Prieto-Velasco 2009；Faber 2011, 2012, 2015）也是一种描述性的和受文本驱动的（text-driven）方法，因此，这种术语学方法承认术语变体以及多义词的存在。然而，框架术语学更具有认知导向，因为它在翻译过程中更加强调概念结构和语义关系（semantic relation），以提高（翻译人员）对知识的获取能力。框架术语学假设一种"非语言特定的"（non-language-specific）知识结构，人们可以利用它把术语连接到相同的专业概念上。框架术语学理论着重研究：（1）概念组织；（2）术语单元的多维性质；（3）通过使用多语言语料库来提取语义和句法信息。

　　更具体地说，框架术语学理论运用"框架"（frame）的概念（Fillmore 1985），"框架"在此定义为一种把与植根于特定文化的场景、"情境"或者"事件"相关联的"实体"联系起来的知识结构。翻译人员必须在目标语言的文本里再现这些"框架"，它们是以下面的一系列微观理论为基础的：（1）侧重于术语含义的语义学微观理论；（2）用于分析专业话语/语篇中术语结构及其搭配的句法微观理论；以及（3）一种语用微观理论，它解释了专业交流传播的文化和语境参数（parameter）（Faber 2015）。上述每一种微观理论都与术语条目中的信息、专业单元之间的关系以及它们所指称的概念有关。

　　框架术语学认为，关于获取、检索和掌握专业知识以及对专业知识资源进行设计的理论假设（Faber 2011；Faber and León-Aráuz 2014；Faber，León-Araúz，and Reimerink 2014），应该以知识在人脑中的概念化过程以及人脑对语义信息的组织为基础（Faber et al. 2014）。因此，在此涉及的关键性问题，就是如何对专业概念进行表示，以便为翻译人员提供对其含义的理解，并有助于翻译人员对这个专业概念在专业领域内的位置有充分的了解。数据类别中的信息通过概念网络的可视化过程相互连接了起来，并得以增强；在概念网络中，概念通过层级关系（hierarchical relation）和非层级关系（non-hierarchical relation）连接了起来。对专业实体（specialized entity）的语言化和图形化描述，在知识表示中起着重要作用，尤其是当我们把这二者融合起来以突出概念的多维度本性以及概念之间关系的时候。

对于必须参与主动性术语工作的专业翻译人员来说，框架术语学中的许多理论假设都非常有用。尽管进行语料库分析和上下文语境数据分析是翻译人员从事高质量翻译工作的关键性因素，大多数翻译工作者仍然倾向于依赖双语的专业词典进行工作，并希望自己能从这些词典中找到正确的翻译对应物。但是，鉴于目前编纂术语资源所采用的大多数技术手段落后于现代技术的发展，就在个人数据库中创建关于术语含义及其用途的信息而言，在语料库中进行搜索和查询通常更有效。

EcoLexicon（ecolexicon.ugr.es）是框架术语学的实际应用，这是一个可以自由访问的环境科学多模态术语知识库（Faber，León-Araúz，and Reimerink 2014）。EcoLexicon 以"视觉/可视化百科全书"（visual thesaurus）的形式对环境专业领域的概念结构进行表示，在这个知识库中，环境科学中的概念在语义网络中进行配置。EcoLexicon 包含六种语言表示的术语，而且，每一个条目都包含涉及概念、语言和管理的信息。对于那些希望拓展自己的环境科学知识，以便在翻译工作中更好地理解相关文本的翻译人员来说，这个术语知识库特别有用。

3 研究专题和方法

3.1 需求评估和资源收集

在面向翻译的术语学中，"需求评估"（needs assessment）和"资源收集"（resource collection）是密切相关的，因为双方存在着相互依赖的关系。翻译人员必须了解应该如何对可用资源进行访问和使用。依据学者帕斯托尔（Pastor）和阿尔西纳（Alcina）（2010）的观点，由于翻译人员没有接受过如何充分利用电子资源搜索功能的培训，在翻译过程的每一个阶段中，他们通常并不知道哪些资源最有用。正如学者穆尼奥斯（Durán-Muñoz）（2010，2012）所观察到的情况，翻译人员更倾向于使用双语资源而不是单语资源，所以，他们更可能选择在双语专业词典里查询或者在一些网络搜索引擎中进行搜索。就术语条目中的"数据域 / 数据字段"（data field）来说，穆尼奥斯的研究结果表明，针对翻译目的而言，定义、（语言）等效物、域规范（domain specification）、上下文示例以及措词信息，则最具有实用性并最能（为翻译人员）提供有用信息。

这种类型的需求分析与"词典编纂学功能理论"（Function Theory of Lexicography，FTL）有关（Bergenholtz and Tarp 2003；Tarp 2008）。在西班牙，学者富埃尔特斯（Fuertes）和塔尔普（Tarp）（2014）将这一理论应用到自己的术语编纂（Terminography）工作里，在两位学者名为《专业在线词典的理论与实践：词典编纂学对术语编纂学》（*Theory and Practice of Specialised Online Dictionaries: Lexicography versus Terminography*）的论著中，他们介绍了词典编纂学功能理论的基本前提，同时对一系列在线词典和术语库进行了分析和评估。这部论著的主要贡献在于它的实践特色，作者在书中强调用户的需求和技术的进步，这有助于唤起人们对这些问题的关注并对专业词典进行改进。

在西班牙存在着这样的现实：人们在创建知识资源时，通常很少考虑到目标用户群的需求。学者卡斯特罗（Buendía-Castro）和费伯在其 2014 年的文章《搭配词典：一种比较分析》（"Collocation Dictionaries：A Comparative Analysis"）里对这一现实做了强调，他们对一套西班牙语和英语单语搭配词典进行了分析。经过分析发现，上述这些资源在以下方面存在着显著差异：（1）搭配编码的类型；（2）提供的搭配信息类型；（3）在词典微观或者宏观结构中搭配词放置的位置。为了满足翻译人员翻译和生成文本的需要，上述学者得出的结论是：在词典条目和用法说明里，应该为用户提供更为多样的方式，以便提高信息检索和搭配分类的质量，也更方便用户对各种搭配进行访问。

3.2　术语识别和提取

当翻译人员阅读并处理一篇专业文本时，他们会发现，在术语和术语措词（terminological phrase）中通常存在着语义和句法的复杂性。因此，对翻译人员来说，做到下面这一点则很具有必要性：能够对文本中的术语进行识别，并在上下文中对其进行检查。在翻译过程中，"术语识别"发生在"术语提取"之前。这两个过程都涉及从源语言文本里选择出术语，然后，不仅要对它们进行分析和翻译，还要为"特定的域"（specific domain）构建术语（总体）并对其进行管理。一般来说，大多数的翻译人员要么手动完成这项工作，要么使用带有其各自优缺点的术语提取应用软件（term-extraction application）（Estopá 2009）。正如学者谢拉和巴尔加斯（Vargas-Sierra）（2011）强调过的那样，术语活动（Terminology）现在是一种以语料库为基础的活动，人们通常采用半自动化的术语提取器（term extractor）作为辅助手段对专业知识进行提取。TermoStat、Taas 和 LexTerm 都是目前比较流行的开放源代码（提供源程序）（open-source）的术语提取器。

　　当需要对从语料库里提取出来的术语清单进行验证时，人们对提取出来的候选术语是否具有"术语身份"（termhood）进行的判断，则不可避免地要依赖于用户自己的洞察能力，或者要依赖于某个稳定的"词汇单元"与某些特定专业领域的概念之间所具有的相关性程度（Kageura and Umino 1996）。尽管借助定义可以理想化地定性和定量地测量或者至少检测到某种属性，人们还是不具备充要条件来确定单个或者多个单词组成的词汇单元（a single or multi-word unit）是这个专业领域当中的术语。很显然，如果用户自己具有这个专业领域的足够知识，能够了解到与这个特定领域最相关的概念，那么，对于这些用户来说，以这些概念为基础"追踪"（map）到相关的术语，也就容易多了。 这也是作为一名翻译人员，他 / 她应该成为某些专业领域的专家的原因之一。

　　正如卡布雷教授和学者埃斯托帕（Estopà）在 2003 年观察到的那样，用户所具有的专业背景及其具体目标决定了他 / 她对专业知识单元的识别程度。上述学者们发现，由专业专家识别为术语的词汇单元并不一定要与翻译人员所选择出来的术语相一致，因为翻译人员更倾向于把那些他们认为最可能充当翻译资源且有助于解决其翻译难题的词汇单元识别出来。可见，对于术语身份的洞察是非常具有主观性的，而且，这还取决于洞察者的实际需求和优先性。在翻译过程中对术语身份的判断，需要以翻译人员所具有的特定专业知识水平以及他 / 她在这个专业领域里所积累的专业经验为基础。

　　框架术语学对术语身份所具有的灵活性观念，可以扩展到它对"措词"（phraseme）或者"多词表达"（multi-word expression）的看法上。卡斯特罗和费伯教授在 2015 年对一套英语 – 西班牙语双语法律词典中所包含的措词信息进行了考察，以评估它们对翻译人员而言所具有的潜在用途。虽然这种类型的信息对于专业法律翻译工作至关重要，但是，两位研究者发现，大多数这类词典所包含的措词信息都很少。有一个例外却很值得人们注意，那就是学者埃斯托帕、休斯（Hughes）和坎波斯（Campos）等在 2012 年得出的结论，这些学者经过研究发现，这种双语的法律词典最能满足翻译人员的翻译需求。一部符合翻译人员需要的法律词典应该能够为用户提供各种访问"措词单元"（phraseological unit）的方法，而且，它应该在每一个条目中配有措词信息分类，以使用户可以更有效地进行信息检索。此外，这类词典还应该包含对措词单元的简短描述，以方便用户更好地理解这些措词单元的含义、它们在不同上下文语境中的用法，以及它们在目标语言及其文化背景中的上下文对应关系。学者马丁内斯（Montero-Martínez）和卡斯特罗在 2017 年提出了"言语搭配的语义分类"（semantic classification of verbal collocations）的观点，以期增强翻译人员在翻译过程中对专业知识的获取和编纂整理能力。

3.3　概念和术语描述

翻译人员必须能够把从文本中提取出来的术语与现实世界中的单个概念或者若干概念联系起来，并且还要掌握在文本中使用这些术语的方法。与过去采用传统方式存储在术语库里的传统数据相比，根据国际标准化组织的关于"面向翻译的术语编纂"（Translation-Oriented Terminology，TOT）的标准（ISO 12616），今天的翻译工作者需要存储的数据集则更为广泛（例如措词 / 用语、上下文语境、文本片段等）。人们可以把术语分为条目中的主要术语、同义词、变体、措词单元等。与术语信息相关的数据类别包括语法、用法和（语言）等效物，与概念相关的描述信息则包括定义、解释、上下文背景和图形。

这些对于翻译工作而言很具有重要性的"类别"（category）一直是我们研究的重点。"概念描述"（concept description）可以采用的形式有：定义（San Martin 2016）、上下文形式的解释（Faber and León-Araúz 2016）、概念图（concept map）（Faber 2011；León-Araúz, Faber, and Montero-Martínez 2012），以及 / 或者图形图像（graphical image）（Prieto-Velasco 2009；Prieto-Velasco, and Faber 2012；Reimerink, León-Araúz, and Faber 2016）。上述这些都是知识表示的形式（modality），它们都允许翻译人员在不同语言的术语之间建立起全部的或者部分的对应关系。如果（在不同语言的术语之间）无法建立起等效关系（equivalence），那么，翻译人员就必须采用另一种策略，例如引用非翻译性术语（non-translated term）、意译（paraphrase）、创造新词，或者把这些策略结合起来（De Groot 2006）。

在"概念和术语描述"这一专题下，面向翻译的术语学感兴趣的话题包括：概念组织和表示、语义分析、术语变体及其参数，以及新词的创建和翻译。

3.3.1　概念建模和组织

虽然翻译人员普遍认识到"域规范"（专业特殊性）（domain specification）［本质性信息（essential information）］和语义关系［所需信息（desirable information）］的重要性（Durán-Muñoz 2012），但是，在通常情况下，"概念结构的表示"（representation of concept structure）不是面向翻译的术语学的一部分。即便是在积极主动的术语工作（pro-active terminology work）中，翻译人员自己建造的个人术语库，通常也是以语义学（semasiologically）为基础［以术语为基础（term-based）］进行组织的，而不是以名称学（onomasiologically）为基础［以概念为基础（concept-based）］的。尽管有的时候，他们的个人术语库也可能是二者的混合形式（Bowker 2015）。即使是大型的知识资源，也很少包括"概念化表示"（conceptual representation），尽管它们可以帮助翻译人员快速获得专业领域的知识（Faber et al. 2006）。

虽然人们按照惯例地把概念系统设想成一组结构化的、以树形图的形式组织成种类（class）和子种类（sub-class）的概念（Cabré 1999b），但是，在现实情况中，概念组织远比简单的层级关系（hierarchy）复杂得多（Faber 2011）。例如，在EcoLexicon 这样的术语知识库里，它的概念化表示则是采取与表示可视化百科全书相同的方式进行的，也就是采用图像形式传达概念的语义关系信息，这为翻译人员在翻译工作中获取知识和提高翻译效率提供了极大的便利（García-Aragón, Buendía-Castro, and López-Rodríguez 2014；López-Rodriguez, Buendía-Castro, and García-Aragón 2012；López-Rodríguez, Prieto-Velasco，and Tercedor-Sánchez 2013）。

在这一方面，框架术语学设想，在"定义模板"（definitional template）的基础上对专业领域进行配置，并为专业知识概念创建（与具体情境相联系的）定位表示（situated representation）。术语知识库里的这些"网络"是以其背后的"域事件"（domain event）以及基于层级和非层级形式的封闭式的语义关系为基础的，其中的概念关系以及概念的组合潜力是通过语料库分析（León-Araúz, Faber, and Montero-Martínez 2012）和建立知识模式（knowledge pattern）的方法提　取　的（Tercedor-Sánchez and López-Rodríguez 2008；López-Rodríguez 2009；León-Araúz, Reimerink, and Faber 2009；Reimerink, García-Quesada, and Montero-Martínez 2012；San Martín 2014）。

3.3.2 语义分析

术语单元的语义是专业翻译中的一个重要课题。因为翻译人员必须先从源语言文本中提取（原有的）含义（meaning），然后再用目标语言进行编码。由于专业文本的语义含量主要集中在它的术语（term）而不是它的句法（syntax）上，因而在翻译过程中就要涉及对术语及其搭配的显性的（explicit）［或者隐性的（implicit）］语义分析。描述性的术语学方法，例如术语学交流理论和框架术语学，都注重术语的语义分析及其语言侧面（Faber and L'Homme 2014），并且都强调这一事实：人们必须在术语的使用环境中对其进行观察与研究。这种分析方法集中考察的是较大片段的话语/语篇，它也关注言语（speech）中除了名词之外的其他部分，例如形容词或者动词（Buendía-Castro, Sánchez-Cárdenas，and León-Araúz 2014）。

举例而言，在对专业话语/语篇进行跨语言的理解和建构时，动词就起着非常重要的作用。因为我们的知识的很大一部分是由"事件"（event）和"状况/状态"（state）组成的，而许多事件和状况/状态在语言上是采用动词表示的。在这一方面，依据学者洛伦特（Lorente）（2000）的观点，在文本中占有优势的某一组动词，它们在很大程度上决定了这份文本的性质及内容。洛伦特还指出，即使动词本身不是术语单元，它们也可以在上下文语境中获得专业性的（价）值。洛伦特为专业语篇提出了以下动词类型:（1）表现性动词（performative verb）（与文本功能相关的动词,如"讨论""陈述"等）；（2）涉及逻辑关系的动词（verb of logical relations）（起连接作用的动词）；（3）措词动词（phraseological verb）（搭配中的动词以及使行动和过程词汇化的固定措词）；（4）准术语动词（quasi-terminological verb）（针对某专业领域典型化编码过程的动词）（Lorente 2002，2007）。对此，学者坎波（Alonso-Campo）和阿劳凯（Renau-Arauque）在2013年提出了一种检测动词专业化用法的、以语料库模式分析（Corpus Pattern Analysis，CPA）为基础的方法。这些学者的研究结果表明，动词的专业化用法往往在特定的模式中有所反映；而且，他们还发现，词汇专业化对上下文语境的依赖程度形成了一个连续统一体。

由于动词是用言语表达和构建文本的"认知节点"（cognitive node），它们为作为"插槽填充物"（filler of the slots）的"术语"设置场景。实际上，专业知识单元的语义特征与动词含义相互作用，并对动词含义有所限制，这样就减少了多义词现象的发生，并将其限定在某种意义上（Sánchez-Cárdenas and Buendía-Castro 2012）。与这种观点相适应，学者卡斯特罗在2013年描述了一种从英语和西班牙语中选择动词措词单元（verb phraseological unit）对应关系的方法，其基本思想是：人们可以对专业文本中的动词及论元（argument）进行分类，并将其组织成一组针对某特定专业领域的具有典型性的概念语义类别（conceptual semantic category）。这样一来，动词的含义（verb meaning）就会受到占据"论元插槽"（argument slot）的术语含义（meaning of the term）的限制（Buendía-Castro，Sánchez-Cárdenas and León-Araúz 2014）。当来自相同词汇域的动词趋向于与相同概念类别中的术语进行组合的时候，人们对文本片段的预测和翻译就会变得容易一些。

3.3.3　术语变体

专业文本翻译人员遇到的一个重要问题就是术语变体。当同一个专业概念面临多个（语言）对应关系时，通常需要人们跳出自己的思维局限而进行更为客观的思考（think outside the box），以求找到最适合该文本和话语背景的术语。翻译人员通常必须选择的是一种变体而不是在专业词典中找到的对应物。当词典中列出了若干种选择的时候，一般很少会包含关于搭配限制的任何信息。因此，这就需要翻译人员必须掌握一定的标准，以便做出最佳的选择。

当某个概念具有不同的语言指称/名称的时候，就会出现名称的变体形式。由于不同语言的名称变体（denominative variant）之间很少存在完全对应的关系，了解这些变体出现的原因以及它们所对应的变体参数至关重要。术语变体（terminological variation）具有极高的研究价值，因为它为人们提供了考察概念化的动态过程以及了解交际语境的不同类型的机会。术语变体是术语学交流理论（Freixa 2002，2006；Fernández-Silva，Freixa，and Cabré 2011）以及框架术语学的研究重点（Tercedor-Sánchez 2011；Tercedor-Sánchez，López-Rodríguez，and Prieto-Velasco 2014；León-Aráuz and Faber 2014；León-Araúz 2015）——这一点不足为奇。

术语学交流理论和框架术语学都对下列事实进行了强调：概念系统以及分类（categorization）是处于动态之中的，并且随时可能发生变化。"动态性"（dynamicity）构成了"术语是通过持续的内在过程产生的"这一理念的基础，而"持续的内在过程"在很大程度上取决于上下文语境（Faber 2011）。虽然，使用某些类型的变体通常并不会对交流活动造成较大的影响，例如，词语形态学变体（morphological variant）、正字法变体（orthographic variant）、省略变体（ellipted variant）等（Freixa 2014），但是，术语变体会对"含义"产生影响。学者弗雷克萨（Freixa）在2006年对造成变体的原因做出了以下分类：（1）方言性的，基于起源；（2）功能性的，基于"语域"

（register）；（3）话语性的（discursive），基于风格；（4）语际性的（跨语言的），基于语言之间的联系；（5）认知性的，基于不同的概念化（conceptualization）。

在对这些类型的变体进行研究时，人们大多专注于对"认知变体"（cognitive variation）的研究，在这里就涉及"语义"的变化，因为它体现了对概念进行考察的特定视角。从这个意义上说，我们在对同一个概念进行命名的过程中，在不同的角度上都可以发现动态性的存在——无论是从感知程度上还是从认知水平上对专业领域进行考察（Fernández-Silva，Freixa，and Cabré 2011）。

具体而言，在术语学交流理论中，学者弗雷克萨－席尔瓦（Fernández-Silva）和卡布雷等（Freixa 2002，2006；Freixa，Fernández-Silva，and Cabré 2008；Fernández-Silva，Freixa，and Cabré 2009，2011）探讨了专业文本名称变体背后的动机。名称变体不仅在形式上有所不同，而且在语义上也有所差异，因为它们突出的是概念含义的不同方面（Freixa 2002）。

在这个意义上，学者弗雷克萨－席尔瓦和卡布雷（2011）将这种现象描述为"概念化多维度的语言反映"（linguistic reflection of conceptual multidimensionality），在这里，人们可以依据不同的观点或者方面对概念进行分类（Bowker 1997；Rogers 2004；León-Araúz 2009）。这对于进行"领域建模"具有重要影响，而且在"多词术语"（multi-word term）中体现得特别明显——这些术语的形式反映了它们的动机，即起源于与某种特定交流情境相关联的语境/背景因素（Fernández-Silva，Freixa，and Cabré 2009）。

（概念化的）多维度性以及由此产生的术语变化也是框架术语学开展研究的重要课题。VariMed（varimed.ugr.es）这个针对医疗领域的术语库就是这类研究的实践产物。在这个术语库里，经过分析可知：医疗交流领域中的名称变体是词汇创造力的源泉，而这种创造力则产生于"与情境相关的概念化"（situated conceptualization）所固有的动态活力（Tercedor-Sánchez，López-Rodríguez，and Prieto-Velasco 2014；Tercedor-Sánchez and Prieto-Velasco 2013）。（概念化的）多维度性是产生术语变体的主要原因之一——人们对特定概念维度的关注会反映在概念的语言指称/名称（linguistic designation）上。在 VariMed 以及 EcoLexicon 这样的术语（知识）库中，大家依照学者普斯捷约夫斯基（Pustejovksy）（1995）关于 qualia（可感受的特性）的观点，对认知变体进行了分析和分类（Prieto-Velasco and Tercedor-Sánchez 2014）。

为了能解释在术语学中上下文语境的变化，学者桑切斯（Tercedor-Sánchez）

（2011）对以"观察方式"提案［（ways-of-seeing，WOS）proposal］为基础的心理语言学研究（Croft and Cruse 2004）进行了回顾。桑切斯解释了一个与情境相关的动态视角是如何"触发"具有感知或者功能性基础的概念属性的行动的。在术语学中，这些"观察方式"被编码成反映术语变化的组合性的（syntagmatic）和复合性的（compound）术语单元。根据学者桑切斯和罗德里格斯（López-Rodríguez）的研究（Tercedor-Sánchez and López-Rodríguez 2012），人们可以对医学概念采用不同的方式进行词汇化，但这要取决于(这个医学概念)所凸显的概念侧面(facet of the concept)。被选择的这一概念侧面，可以反映某个专业领域或者文本发送者所做的优先选择。

3.3.4　新词（Neologism）

卡布雷（1999a）教授对"通用语言新词"（general language neologism）和"术语新词"（terminological neologism）进行了区分。术语新词是由于在某种语言中需要某种指称 / 名称而新创造的术语或者术语措词。随着科学和技术的迅猛发展，新的概念以及指称它们的新术语自然就产生了。事实上，如果没有新的术语，则不可能产生专业化的知识，也不可能在专业领域中传播新的研究进展（Cabré, Estopà, and Vargas 2012）。

但如果是出于翻译的目的，新近创造出来的术语也可能会给人带来麻烦。因为新术语很少能够很快地出现在专业性的词典和术语库中，而且，在通常情况下，在目标语言中也缺乏与新术语相对应的等效物。事实上，如何对新词进行翻译，已经被人们描述成在非文学翻译和专业翻译领域中存在的最大问题（Newmark 1988）。翻译人员经常会遇到这种情况：针对源语言中新创造的术语所指派的新概念，在目标语言中找不到术语来命名它。因此，翻译工作者就必须做个决定：是使用来源于术语所在上下文语境定义中的"属术语"（generic term），还是只简单地进行"语义转借"，或者仅依靠对源语言中术语的改编来进行解释性的或者描述性的翻译。在特殊情况下，为了填补专业领域的词汇空白，翻译人员甚至还可能决定推荐一个新的术语——这里涉及的就是一个"二次术语形成"（secondary term formation）的案例，其中包括在目标语言中为源语言中的专业知识单元创建等效物。但是，新术语的形成也应该符合目标语言系统中的构词规则。学者多明格斯（Fernández-Domínguez）在 2016 年对此进行了论证，他研究了橄榄油工业领域中英语 – 西班牙语术语的形态和语义特征，并对其进行了对比分析。

　　就如何制定出最佳的翻译策略而言，有时它取决于目标语言接受和吸收外来词汇的能力。虽然近乎一半的英语包含从其他语言借来的词汇，但像西班牙语或者法语这类的语言，却可能对从其他语言和文化中吸收词汇的做法持保守和谨慎的态度。诚然，这种倾向与现代世界中科学和技术术语的层出不穷很不相称（Montero-Martínez，Fuertes-Olivera，and García de Quesada 2001）。

　　目前，英语是人们进行专业知识转移时主要使用的语言——显而易见，这一事实制约了在其他语言中（专业）新词汇单元的创建。这种现实也意味着，我们应该对西班牙语（以及其他罗曼语族/拉丁语系的语言）中的术语和术语新词进行研究，以评估它们对英语在术语生成方面的依赖性（terminological dependency）（Humbley and García-Palacios 2012）。为此，学者伊瓦涅斯（Sánchez-Ibáñez）和帕拉西奥斯（García-Palacios）在2014年以阿尔茨海默病研究领域中的一组新词的语义特征为基础，针对与阿尔茨海默病相关的西班牙语对英语的术语依赖性进行了测量。他们发现，从英语导入（到西班牙语里）的（术语）单元包含一系列的语言不对称性，这影响了专业领域的概念化配置。研究结果表明，这两种语言在语义特征上的某些一致性与在西班牙语等效物中检测到的术语依赖性程度之间，存在着显著但并不精确的相关性。学者文森特（Sanz-Vicente）（2012）等人的研究也获得了类似的结果，这些学者研究了"二次术语"的形成，主要以遥感领域中英语名词复合词的西班牙语翻译为考察对象。

　　正如卡布雷、埃斯托帕和巴尔加斯（Vargas）（2012）这些学者所强调的那样，近年来，"新词"（neology）已经成为一个重要的研究热点。为了更好地对这一课题展开研究，西班牙为加泰罗尼亚语和西班牙语创建了"新词观察"（Observatori Neología，OBNEO）机构，围绕这一课题涌现出的出版物的数量之多也令人瞩目。新词工作的实施，不仅为专业翻译提供了便利，而且也有助于词典的及时更新、"术语绑定"（terminology binding）、信息和知识的管理，以及科学知识的传播等活动的开展。

3.4　术语条目/记录的详细说明和设计

　　翻译人员个人术语库中的术语条目/记录，由他/她根据自己所需要了解的术语信息而表示的数据字段（数据域）组成，其中的条目/记录可以根据需要进行简洁或者详细的拟定。从广义上说，在此存在着三组可能的数据类别：（1）术语以及与术语相关的数据；（2）与概念相关的数据；（3）管理型数据。但是，如果是出于翻译目的，那么，最基本的数据类别则是：术语类型的数据、专业领域、定义、上下文示例、多语言对应物以及多模态的信息。

3.4.1　定义

"术语编纂定义"（terminographic definition）是专业概念的语言描述，它以概念分析为基础，因此，它是一种"陈述"（statement），是一种在理想情况下为用户提供的获取概念含义的途径。定义将术语与概念之间的"参照"（reference）关系固定住，尽管它只是通过语言的手段。与此同时，它在知识结构中创建了与其他概念之间的关系，并对此做出声明。在术语学中，一个好的定义应该通过陈述用于识别概念的特征，来对处于某个概念系统中的概念进行定位和分类。在翻译环境里，专业概念的定义对于翻译人员来说极为有益，因为它方便翻译人员获取知识，并允许翻译人员掌握的知识达到某个特定专业领域知识的必要阈值。

从术语学交流理论的角度来看，卡布雷（1993）教授曾经提出过以下类型的定义，这些定义在内容和所描述的对象上有所不同：（1）定义某个词汇单元（lexical unit）的"语言（学）定义"（linguistic definition）；（2）定义现实世界实体的"本体定义"（ontological definition）；（3）在专业领域概念系统中定义概念的"术语定义"（terminological definition）。虽然，专业知识单元的定义倾向于第三种，但是，术语资源中的定义往往不符合制定定义的标准（UNE 1-066 *Principios y métodos* 和 UNE 1-070 *Vocabulario de la terminología*）（Azarian and Tebé 2011）。如果定义信息是经由文本分析和语料库分析而得来的——在这两个过程中，术语含义是在上下文语境中得到分析的——那么这种情况能改善一些。

框架术语学则强调：定义应该具有其宏观结构和微观结构的一致性/连贯性。换句话说，定义中包含的信息不仅应该阐述充分，而且应该与系统内对其他相似概念所下的定义中包含的信息保持一致。人们可以把"定义"看成是"微观的知识表示"（mini-knowledge representation），它需要为每一个类别拟定出"定义框架"（definitional frame）或者"模板"（Faber and Tercedor-Sánchez 2001；Faber et al. 2007）。与术语学交流理论类似，框架术语学也主张采用语料库分析的方法为定义提取概念信息。更具体地说，就是采用"知识模式"（knowledge pattern）（Barrière 2004）在语料库中进行搜索，以识别出概念之间的语义关系，并将它们包含在定义之中（León-Aráuz, Reimerink, and Faber 2009）。学者阿卡斯塔（Acosta）和谢拉（Sierra）（2011）以及阿吉拉尔（Aguilar）（Acosta, Sierra and Aguilar 2015）的研究也同样表明：西班牙语中的"定义语境"（definitional context）也可以通过"词义之间的上下义关系"（hyponymy-hyperonymy relation）的定义进行自动提取。

在选择定义信息时，上下文语境是至关重要的——依据不同的上下文，人们可以对某个概念进行不同的分类，因此，框架术语学主张生成具有灵活性的定义，以便更好地对（概念的）多维度性进行说明（León-Araúz and San Martín 2012）。仅凭单独的一个定义是不足以把参与不同概念框架（conceptual frame）的多维度概念描述清楚的（San Martín and León-Araúz 2013）。为概念构建的、"重新置于上下文中的定义"（recontextualized definition），则能适应上下文语境的变化，并能更好地满足用户的需求。基于"语境术语"（contextonym）分析而得到的语境变化，可以采用调制（modulation）、透视化（perspectivization）和子概念化（subconceptualization）来表征（San Martín 2016）。

3.4.2　上下文信息

如前所述，在翻译工作中，最有价值的数据类型之一，就是与上下文语境相关的信息。在面向翻译的术语学实践工作系列中，我们建议把上下文信息包含在术语条目里。但是，对于应该如何对上下文语境进行分类的问题，我们暂且模糊处理，因为目前还没有获得普遍接受的关于上下文语境的定义（Faber and León-Araúz 2016）。

在术语学交流理论中，人们也一直承认术语的上下文语境在术语记录中的重要性（Cabré et al. 2004）——它不仅有助于人们对文本的理解和对文本进行编码（Estopà et al. 2006），而且有助于进行自动化的信息检索（Araya and Vivaldi 2004）。学者阿拉尔孔（Alarcón）、巴赫（Bach）和谢拉（2007）曾经提出过一种自动提取"定义性上下文语境"（definitional context）的方法，它包括：（1）提取定义模式；（2）过滤掉不相关的背景；（3）对诸如术语、定义模式和语用模式（pragmatic pattern）之类的构成要素进行识别。

在框架术语学理论中，对上下文语境的研究也处于核心位置上。因为人们对专业知识单元的理解，只能通过参考构成其基础的概念框架方可实现；而构成概念框架的要素，则是依据上下文语境选择出来的（Reimerink, García-Quesada, and Montero-Martínez 2012）。框架术语学将上下文语境划分为"本地化的/局部性的"（local）语境或者"全球化的/全局性的"（global）语境。本地化的/局部性的上下文语境通常仅限于术语自身的词汇，或者术语周边的少量词汇，或者与术语存在着句法依赖关系的词汇。与此相比，全球化的 / 全局性的上下文语境则可以涵盖整篇文本甚至超出这篇文本，它指的是（正式或非正式的）交流情境（communicative situation）、反映在交流情境中的概念化网络，或者是某种文化——文本在这种文化中得以诠释。基于句法、语义或者语用等因素，我们还可以对上述两种上下文语境继续进行细分（Faber and León-Araúz 2016）。

3.4.3 图形信息

语言信息不是描述概念的唯一手段。图像也可以用来对概念进行描述，尤其在工程、建筑和医学等领域中。（在术语知识库中）采用各种类型的可视化表示，不仅可以帮助人们增强对文本的理解力，还可以对其他数据域中的语言信息进行补充（Faber et al. 2007；Prieto-Velasco and López-Rodríguez 2009；Reimerink, León-Araúz, and Faber 2016）。虽然，按照传统方式，人们是依据图像的形态（照片、图画、视频、图表等）对其进行分类的（Monterde 2002），但是，更为有效的对图像信息进行分类的方式，则是以图像与图像自身代表的真实世界实体之间的关系为基础的，也就是要以象似性（iconicity）、抽象性和动态性为标准（Prieto-Velasco 2009；Prieto-Velasco and Faber 2012）。

框架术语学提倡对专业概念进行"多模式的描述"（multimodel description），其中包括为了便于用户的更好理解而把定义中的信息与图像中的视觉信息进行匹配。因此，图像的类型也可能根据文本的专业化水平而变化，而且，它们的特征应该与概念最显著的特征相对应（Reimerink, León-Araúz, and Faber 2016）。由此可见，图像应该包含在术语条目中，这样不仅与概念相适应，也方便了用户的使用。

3.5 质量保证：标准化和协调

翻译质量是一个涉及面比较广泛的话题，它覆盖了翻译过程的所有阶段。在翻译的后期阶段，旨在保证翻译质量的标准化任务包括修订（revising）和拼写检查。在专业翻译中，修订工作还包括对文本连贯性的评估，这里面就包括核实工作——翻译人员需要核查目标语言文本中的术语含义，并检查它在何种程度上与源语言文本中（术语）的含义相对应。从这个意义上讲，翻译记忆软件（翻译存储器）（translation memory）具有术语核查的特色功能（Vargas-Sierra 2011）。然而，为了获得满意的翻译结果，在整个翻译过程中，翻译人员有必要进行临时性的（*ad hoc*）和积极主动的（pro-active）术语管理工作。

　　由此可见，翻译人员应该对相关标准中提到的富有成效的实践案例有所熟悉。学者阿尔辛娜（Alcina）（2015）对目前应用于翻译和术语学理论与实践中的 ISO 标准进行了考察。与面向翻译的术语学关系最直接的国际标准，就是"ISO 26162：2012"（管理术语、知识和内容的系统——术语管理系统的设计、生效和维护）［ISO 26162: 2012（Systems to manage terminology, knowledge and content — Design, implementation and maintenance of terminology management systems）］以及"ISO 12616：2002"（面向翻译的术语编纂学）［ISO 12616：2002（Translation-Oriented Terminography）］。

　　与标准化工作密切相关的就是对概念进行协调（harmonization）的工作。但是，这种工作与标准化工作有所不同：对概念的协调工作可以为人们提供不同的（术语）变体，而且，它提供的（术语）用法采用的是推荐性的形式（不强求人们采纳），旨在帮助人们减少交流中的歧义。学者穆尼奥斯在 2014 年对跨领域的协调工作进行了研究，她的研究主要涉及不同专业领域的"语内协调"（intralingual harmonization），尤其涉及法律领域。

4　未来的方向

　　术语工作已经成为专业翻译过程中越来越重要的组成部分。这篇论述介绍了面向翻译的术语学的全景，具体反映在近期西班牙语世界所进行的相关研究中。谈到面向翻译的术语学未来的发展方向，我们应该把重点放在研究翻译人员在其翻译工作中如何对术语、术语管理系统和知识资源进行访问、理解以及如何与这三者相互作用的不同方式上。虽然这种以过程为导向的（process-oriented）研究很复杂，但是，这是创建解决与术语相关的问题以及满足翻译实践需求的更为详细的清单的唯一方法，而且，它也能为改进和完善术语工具和翻译工具及其相关资源带来益处。除此之外，面向翻译的术语学还需要研究驱动术语意识的认知参数，以及研究人们对不同语言的术语之间的语间对应关系（interlinguistic correspondence）的感知能力。如果谈到面向翻译的术语学需要进一步开展的研究，我们还应该关注"初级术语 / 一次术语"（primary term）和"二次术语"的形成过程，而且还要研究在不同专业知识背景下某种优势语言的术语发生（terminogenesis）情况。

　　在面向翻译的术语学的以产品为导向（product-oriented）的研究中，我们则应该更为深入地对专业文本中专业知识单元的句法和语义（semantics）进行探讨，因为目前人们对术语措词和词的搭配（collocation）之间的界限尚不清楚。把术语在知识资源中的表现方式与其在文本中的表现方式进行比较，对这一方面的研究也是至关重要的，因为（术语的）含义可以根据术语所在的上下文语境而发生变化。面向翻译的术语学应该对概念由来及其规范的语料库分析方法进行深入研究，因为这类信息对翻译工作而言不可或缺。

如果就更为广泛的以翻译为导向的（translation-oriented）研究范围而言，面向翻译的术语学则还需要从口译过程的角度对术语问题进行研究。面向翻译的术语学还应该加强以理论为基础的研究，并且关注术语学理论和实践的最新进展。另外，笔译人员和口译人员能在多大程度上采用相似或者不同的方式对术语进行处理和管理，以及这些专业翻译人员是否共享相同的术语工具和术语策略——对于这些问题的探讨也会充满无穷乐趣。

最后，我们可以把以过程为导向和以产品为导向的研究成果运用到翻译培训的计划中去，在翻译培训的背景下，针对其教学模式和培训策略开展实验性研究。高校翻译专业的本科生和研究生则需要掌握术语以及与术语相关的技能，以便具有更强的实力应对快速变化的市场，充满自信地去迎接内容多样、专业化程度日趋增强并且与现代技术紧密结合的专业实践的挑战。

推荐性阅读：

为了更好地了解西班牙语世界的术语学理论，读者们有必要阅读卡布雷（1999a，1999b）教授的《术语学：理论、方法和应用》（1999a. *La terminología: Representación y comunicación. Elementos para una teoría de base comunicativa y otros artículos*）（1999b. *Terminology: Theory, Methods and Applications*）等介绍术语学交流理论的描述性方法的著作，以及费伯（2012）教授以描述性方法为基础的框架术语学的学术思想著作——《术语学和专业语言的认知语言学观点》（*A Cognitive Linguistics View of Terminology and Specialized Language*）。以下提到的研究成果，表明在术语学研究中还需要进一步探索的研究思路：

卡布雷教授等人（Cabré, María Teresa, Rosa Estopà, and Chelo Vargas）在 2012 年的研究成果——《专业交流中的新词》（*Neology in Specialized Communication*）。国际术语学杂志《术语学》（*Terminology*）的这一期特刊包括了近些年来对"新词"这一课题的众多侧面的研究。《术语学》这一期特刊中的文章都侧重研究语言变化，并且对这种变化背后的原因进行了探究。学者们都强调了如何借助术语来表述知识的发展。这类"新词"的出现代表着社会的不断变化，它们是语言生命力的明确标志。

费伯教授团队（Faber Pamela and Pilar León-Araúz 2016）的近期研究成果——《专业知识表示与语境参数化》（"Specialized Knowledge Representation and the Parameterization of Context"）。这篇研究成果说明：在专业文本中，术语单元的含义取决于上下文语境。这篇论述展示了如何在分类系统（taxonomy）中对上下文语境进行参数化，也就是在局部性和全局性范围的基础上，将上下文语境进一步细分为句法、语义和语用（pragmatic）等"侧面"。这些方面涵盖了对不同类型的术语信息的规范化，例如"谓词 - 论元结构"（predicate-argument structure）、搭配（collocation）、语义关系、术语变体、语法和词汇衔接、交际情境、专业领域和文化方面。

学者赫苏斯（Fernández-Domínguez Jesús）（2016）的最新研究成果——《英语和西班牙语术语形成过程的形态语义学研究》（"A Morphosemantic Investigation of Term Formation Processes in English and Spanish"）。长期以来，人们对"术语形成"（term formation）和"术语发生"（terminogenesis）的研究很少，尤其是从对比角度进行的研究，赫苏斯的研究则弥补了这一不足，他不仅以一套连贯的方法论为基础，而且对"术语语义"（term semantics）做出了解释。这篇文章论述的是：采用语料库分析技术对术语发生过程的派生特征（derivational feature）以及橄榄油行业术语的语义特征进行分析，目的是把英语和西班牙语中的这些专业知识单元的形式和含义联系起来。

学者萨贝拉、弗雷克萨以及卡布雷教授（2011）合写的论文——《通过术语变体分析认知动态过程的推荐性方法》（"A Proposed Method for Analysing the Dynamics of Cognition through Term Variation"）。这篇文章介绍了这样一种方法——它可以有效地描述在专业文本语料库中检测到的术语变化的"概念激发模式"（conceptually motivated pattern），分析以专业知识单元的形式反映的概念信息，并提供系统说明概念和概念结构的灵活性框架。

学者凯洛（2011）的研究成果——《面向翻译的术语管理和信息通信技术：现在和未来》（"Translation-Oriented Terminology Management and ICTs: Present and Future"）。为了高效地完成翻译任务，专业翻译人员必须具备有效获取专业知识、解决术语问题以及管理与术语相关的信息的能力。凯洛的文章讨论了术语管理及其计算机化工作台（workbench）的不同方面——所有这些方面均与信息通信技术（Information and Communication Technology，ICT）和面向翻译的术语学所肩负的任务有关。这篇文章对与术语管理相关的翻译实践类型进行了描述和划分，其中包括可在特定任务中使用的软件。①

参考文献：

[1] ACOSTA O, GERARDO S, CÉSAR A. Extraction of definitional contexts using lexical relations[J]. International Journal of Computer Applications, 2011, 34 (6): 46-53.

[2] ACOSTA O. Extracting definitional contexts in Spanish through the identification of hyponymy-hyperonymy relations[M]//ZIZKA J, DAREN F. Modern Computational Models of Semantic Discovery in Natural Language. Hershey: IGI Global, 2015: 48-72.

[3] ALARCÓN R, BACH C, GERARDO S. Extracción de contextos definitorios en corpus especializados: hacia la elaboración de una herramienta de ayuda terminográfica[J]. Revista Española de Lingüística, 2007, 37: 247-277.

[4] ALCARAZ-VARO E, HUGHES B, CAMPOS M Á. Diccionario de términos jurídicos. A dictionary of legal terms: inglés-espanol, Spanish-English[M]. 11th ed. Barcelona: Ariel, 2012.

[5] ALCINA A. Translation technologies. Scope, tools, and resources[J]. Target, 2008, 20(1): 79-102.

[6] ALCINA A. Estándares y formatos de intercambio en terminología[J]. Revista Tradumática, 2015, 13: 571-583.

[7] ALONSO-CAMPO A, RENAU-ARAQUE I. Corpus pattern analysis in determining specialised uses of verbal lexical units[J]. Terminalia, 2013, 7: 26-33.

[8] ARAYA R, VIVALDI J. Mercedes: a term-in-context highlighter[C]//Proceedings of the Fourth International Conference on Language Resources and Evaluation (LREC 2004). Lisbon: European Languages Resources Association, 2004: 445-448.

[9] AZARIAN J, TEBÉ C. La metodología de elaboración de definiciones terminológicas en vocabularios normalizados: análisis en normas UNE[J]. Debate Terminológico, 2011, 7: 2-23.

---

① 这项研究是在项目 FF2017-52740-P——"用于翻译环境文本的术语工具"（Herramientas Terminológicas Orientadas hacia la Traducción de Textos Medioambientales, TOTEM）——的框架内进行的，该项目由西班牙经济与竞争力部（Spanish Ministry of Economy and Competitiveness）资助。

[10] BARRIÈRE C. Building a concept hierarchy from corpus analysis[J]. Terminology, 2004,10(2): 241-264.

[11] BERGENHOLTZ H, TARP S. Two opposing theories: on H.E. Wiegand's recent discovery of lexicographic functions[J]. Hermes. Journal of Linguistics, 2003, 31: 171-196.

[12] BOLAÑOS-MEDINA A, MONTERDE-REY A M. Sistema de competencias terminológicas mínimas para la integración de la docencia de la traducción científica y técnica y de la terminología[M]//UTRERA S B, LÓPEZ R G. Estudios de traducción: Perspectivas. Zinaida Lvóvskaya, in memoriam. Berlin: Peter Lang, 2010: 131-146.

[13] BOWKER L. Multidimensional classification of concepts and terms[M]//WRIGHT S E, BUDIN G. Handbook of Terminology Management. Amsterdam/Philadelphia: John Benjamins, 1997: 131-143.

[14] BOWKER L. Terminology and translation[M]//KOCKAERT H, STEURS F. Handbook of Terminology. Amsterdam/Philadelphia: John Benjamins, 2015: 304-323.

[15] BUENDÍA-CASTRO M. Phraseology in specialized language and its representation in environmental knowledge resources[D]. Granada: University of Granada, 2013.

[16] BUENDÍA-CASTRO M, FABER P. Collocation dictionaries: a comparative analysis[J]. MonTI. Monografías de traducción e interpretación, 2014, 6: 203-235.

[17] BUENDÍA-CASTRO M. Phraseological units in English-Spanish legal dictionaries: a comparative study[J]. Fachsprache: International Journal of Specialized Communication, 2015, XXXVII (3-4): 161-175.

[18] BUENDÍA-CASTRO M, SÁNCHEZ-CÁRDENAS B, LEÓN-ARAÚZ P. The role of conceptual categories for argument structure prediction[C]//Communication, Cognition and Cybernetics. Selected Papers from the 31st International Conference of the Spanish Association of Applied Linguistics(AESLA). La Laguna: University of La Laguna, 2014: 879-903.

[19] CABRÉ M T. La terminología. Teoría, métodos, aplicaciones[M]. Barcelona: Antártida, 1993.

[20] CABRÉ M T. La terminología: Representación y comunicación. Elementos para una teoría de base comunicativa y otros artículos[M]. Barcelona: Institut Universitari de Lingüística Aplicada, 1999a.

[21] CABRÉ M T. Terminology: theory, methods and applications[M]. Amsterdam/

Philadelphia: John Benjamins, 1999b.

[22] CABRÉ M T. Terminologie et linguistique: La théorie des portes[J]. Terminologies Nouvelles, 2000, 21: 10-15.

[23] CABRÉ M T. Theories of terminology. Their description, prescription and explanation[J]. Terminology, 2003, 9(2): 163-200.

[24] CABRÉ M T. La terminología en la traducción especializada[M]//GARCÍA C G, YEBRA V G. Manual de documentación y terminología para la traducción especializada. Madrid: Arco, 2004: 89-122.

[25] CABRÉ M T. Terminology and translation[M]//VAN DOORSLAER L, GAMBIER Y. Handbook of Translation Studies. Amsterdam/Philadelphia: John Benjamins, 2010: 356-365.

[26] CABRÉ M T, MONTANÉ M A, NAZAR R. TERMINUS, the terminologist's workstation: an integral system for the production of glossaries[M]//CARMEN-STEFANIA S, IVANCIU N. Ruxandra Constantinescu-Stefanel, and Antoaneta Lorentz. La formation en terminologie. Bucharest: Editura, 2013: 443-454.

[27] CABRÉ M T, BACH C, ESTOPÁ R, et al. The GENOMA-KB Project: towards the integration of concepts, terms, textual corpora and entities[C]//Proceedings of the Fourth International Conference on Language Resources and Evaluation (LREC 2004). Lisbon: European Languages Resources Association, 2004: 87-90.

[28] CABRÉ M T, ESTOPÁ R. On the units of specialized meaning used in professional communication[J]. Terminology Science & Research, 2003, 14: 15-27.

[29] CABRÉ M T, ESTOPÁ R, FREIXA J, et al. Les necessitats terminològiques del traductor científic[C]//CHABÁS J, GASER R, REY J. Translating Science. Proceedings 2nd International Conference on Specialized Translation, February 28-March 2, 2002. Barcelona: University Pompeu Fabra, 2002: 165-174.

[30] CABRÉ M T, ESTOPÁ R, VARGAS C. Neology in specialized communication[J]. Terminology, 2012, 18(1): 1-8.

[31] CANDEL-MORA M Á. Computer-assisted translation and terminology management: tools and resources[M]//SUAU F, PENNOCK B. Interdisciplinarity and Languages: Current Issues in Research, Teaching, Professional Applications and ICT. Bern: Peter Lang, 2011: 145-160.

[32] CANDEL-MORA M Á. Adaptación de la tecnología para la gestión terminológica

desde la perspectiva de la traducción[M]//VARGAS-SIERRA C. TIC, trabajo colaborativo e interacción en Terminología y Traducción. Granada: Comares, 2014: 47-56.

[33] CHIOCCHETTI E B H-O, LÖCKINGER G, LUŠICKY V, et al. Guidelines for collaborative legal/administrative terminology work[M]. Bolzano/Bozen: EURAC, 2013.

[34] CROFT W, CRUSE A D. Cognitive linguistics[M]. Cambridge: Cambridge University Press, 2004.

[35] DURÁN-MUÑOZ I. Specialized lexicographical resources: a survey of translators' needs[C]//GRANGER S, PAQUOT M. eLexicography in the 21st Century: New Challenges, New Applications. Proceedings of ELEX2009. Cahiers du Cental, vol. 7. Louvain-La-Neuve: Presses Universitaires de Louvain, 2010: 55-66.

[36] DURÁN-MUÑOZ I. Meeting translators' needs: translation-oriented terminological management and applications[J]. Journal of Specialized Translation, 2012, 18: 77-92.

[37] DURÁN-MUÑOZ I. Cross-domain harmonization. A case study with adventure activities in legal and tourism domains in Spain[M]//TEMMERMAN R, VAN CAMPENHOUDT M. Dynamics and Terminology. Amsterdam/Philadelphia: John Benjamins, 2014: 61-78.

[38] ESTOPÀ R. Los extractores de terminología: logros y escollos[M]//ALCINA A, VALERO E, RAMBLA E. Terminología y sociedad del conocimiento. Bern: Peter Lang, 2009: 117-146.

[39] ESTOPÀ R, MARTÍ J, BURGOS D, et al. La identificación de unidades terminológicas en contexto: de la teoría a la práctica[M]//CABRÉ M T, BACH C, MARTÍ J. Terminología y derecho: complejidad de la comunicación multilingüe: V Actividades de IULATERM de Verano (4-14 de julio de 2005). Barcelona: IULA, 2006.

[40] European Master's in Translation—EMT. Competences for professional translators, experts in multilingual and multimedia communication[EB/OL]. DGT. European Commission. 2009. http://ec.europa.eu/dgs/translation/programmes/emt/key_documents/emt_competences_translators_en.pdf.

[41] FABER P. Terminological competence and enhanced knowledge acquisition[J]. Research in Language, 2003, 1: 95-116.

[42] FABER P. The dynamics of specialized knowledge representation: simulational

reconstruction or the perception-action interface[J]. Terminology, 2011, 17(1): 9-29.

[43] FABER P. A cognitive linguistics view of terminology and specialized language[M]. Berlin/New York: De Gruyter, 2012.

[44] FABER P. Frames as a framework for terminology[M]//KOCKAERT H J, STEURS F. Handbook of Terminology. Amsterdam/Philadelphia: John Benjamins, 2015: 14-33.

[45] FABER P, LEÓN-ARÁUZ P. From cognition to culture-bound terminology[M]// TEMMERMAN R, VAN CAMPENHOUDT M. Dynamics and Terminology. Amsterdam/Philadelphia: John Benjamins, 2014: 135-158.

[46] FABER P, LEÓN-ARÁUZ P. Specialized knowledge representation and the parameterization of context[J/OL]. Frontiers in Psychology, 2016, 7 (00196). doi:10.3389/fpsyg.2016.00196.

[47] FABER P, LEÓN-ARÁUZ P, PRIETO-VELASCO J A. Semantic relations, dynamicity, and terminological knowledge bases[J]. Current Issues in Language Studies, 2009, 1(1): 1-23.

[48] FABER P, LEÓN-ARÁUZ P, PRIETO-VELASCO J A, et al. Linking images and words: the description of specialized concepts[J]. International Journal of Lexicography, 2007, 20(1): 39-65.

[49] FABER P, LEÓN-ARÁUZ P, REIMERINK A. Representing environmental knowledge in EcoLexicon[M]//BÁRCENA E, READ T, ARUS J. Languages for Specific Purposes in the Digital Era. Berlin: Springer, 2014: 267-301.

[50] FABER P, L'HOMME M C. Lexical semantic approaches to terminology. An introduction[J]. Terminology, 2014, 20(2): 143-150.

[51] FABER P, MONTERO-MARTÍNEZ S, CASTRO-PRIETO M R, et al. Process-oriented terminology management in the domain of coastal engineering[J]. Terminology, 2006, 12(2): 189-213.

[52] FABER P, TERCEDOR-SÁNCHEZ M. Codifying conceptual information in descriptive terminology management[J]. Meta: Translators' Journal, 2001, 46(1): 192-204.

[53] FABER P, VERDEJO J, LEÓN-ARÁUZ P, et al. Neural substrates of specialized knowledge representation: an fMRIStudy[J]. Revue française de linguistique appliquée, 2014, 19(1): 15-32.

[54] FERNÁNDEZ-DOMÍNGUEZ J. A morphosemantic investigation of term formation

processes in English and Spanish[J]. Languages in Contrast, 2016, 16(1): 54-83.

[55] FERNÁNDEZ-SILVA S, FREIXA J, CABRÉ M T. The multiple motivation in the denomination of concepts[C]//Terminology Science & Research 20. Vienna: International Network for Terminology, 2009.

[56] FERNÁNDEZ-SILVA S, FREIXA J, CABRÉ M T. A proposed method for analysing the dynamics of cognition through term variation[J]. Terminology, 2011, 17(1): 49-73.

[57] FILLMORE C. Frames and the semantics of understanding[J]. Quaderni di Semantica, 1985, 6: 22-254.

[58] FREIXA J. Reflexiones acerca de las causas de la variación denominativa en terminología[M]//RAMOS G G, PÉREZ M F. Panorama actual de la terminología. Granada: Comares, 2002: 107-115.

[59] FREIXA J. Causes of denominative variation in terminology. A typology proposal[J]. Terminology, 2006, 12(1): 51-77.

[60] FREIXA J. La variación denominativa en terminología: tipos y causas[M]//ISQUERDO A N, CORNO G O M D. As ciências do léxico: lexicologia, lexicografia, terminología. Mantovani Dal Corno. Campo Grande: UFMS, 2014: 311-329.

[61] FREIXA J, FERNÁNDEZ-SILVA S, CABRÉ M T. La multiplicité des chemins dénominatifs[J]. Meta: Translators' Journal, 2008, 53(4): 731-747.

[62] FUERTES-OLIVERA P A, TARP S. Theory and practice of specialised online dictionaries: lexicography versus terminography[M]. Berlin/New York: De Gruyter, 2014.

[63] GARCÍA-ARAGÓN A, BUENDÍA-CASTRO M, LÓPEZ-RODRÍGUEZ C I. Evaluación de una base de conocimiento terminológica sobre el medio ambiente en el aula de la traducción especializada[M]//VARGAS-SIERRA C. TIC, trabajo colaborativo e interacción en Terminología y Traducción. Granada: Comares, 2014: 447-487.

[64] HUMBLEY J, GARCÍA-PALACIOS J. Neology and terminological dependency[J]. Terminology, 2012, 18(1): 59-85.

[65] KAGEURA K, UMINO B. Methods of automatic term recognition[J]. Terminology, 1996, 3: 259-289.

[66] LEÓN-ARAÚZ P. Representación multidimensional del conocimiento especializado:

el uso de marcos desde la macroestructura hasta la microestructura[D]. Granada: University of Granada, 2009.

[67] LEÓN-ARAÚZ P. Term variation in the psychiatric domain. transparency and multidimensionality[M]//TEN HACKEN P, PANOCOVÁ R. Word Formation and Transparency in Medical English. Newcastle-upon-Tyne: Cambridge Scholars, 2015: 33-54.

[68] LEÓN-ARAÚZ P, FABER P. Context and terminology in the multilingual semantic web[M]//BUITELAAR P, PCIMIANO P. Towards the Multilingual Semantic Web. Berlin: Springer, 2014: 31-47.

[69] LEÓN-ARAÚZ P, FABER P, MONTERO-MARTÍNEZ S. Specialized language semantics[M]//FABER P. A cognitive linguistics view of terminology and specialized language. Berlin: De Gruyter, 2012: 95-175.

[70] LEÓN-ARAÚZ P, REIMERINK A, FABER P. Knowledge extraction on multidimensional concepts: corpus pattern analysis (CPA) and concordances[C/OL]// 8ème Conférence Internationale Terminologie et Intelligence Artificielle. Toulouse, 2009. http://ceur-ws.org/Vol-578/paper24.pdf.

[71] LEÓN-ARAÚZ P, MARTÍN A S. Multidimensional categorization in terminological definitions[C]//FJELD R V, TORJUSEN J M. Proceedings of the 15th EURALEX International Congress. Oslo: EURALEX, 2012: 578-584.

[72] LÓPEZ-RODRÍGUEZ, INÉS C. Extracción y representación de conocimiento a partir de corpus[M]//VALERO E, ALCINA A. Terminología y sociedad del conocimiento. Bern: Peter Lang, 2009: 341-374.

[73] LÓPEZ-RODRÍGUEZ, INÉS C, BUENDÍA-CASTRO M, et al. User needs to the test: evaluating a terminological knowledge base on the environment by trainee translators[J]. JoSTrans. The Journal of Specialized Translation, 2012, 18: 57-76.

[74] LÓPEZ-RODRÍGUEZ, INÉS C, PRIETO-VELASCO J A, et al. Multimodal representation of specialized knowledge in ontology-based terminological databases. The case of EcoLexicon[J]. The Journal of Specialized Translation, 2013, 20: 49-67.

[75] LORENTE M. Tipología verbal y textos especializados[M]//GONZÁLEZ M, SOUTO M. Cuestiones conceptuales y metodológicas de la lingüística. Santiago de Compostela: University of Santiago de Compostela, 2000: 143-153.

[76] LORENTE M. Verbos y discurso especializado[J]. Estudios de Lingüística Española,

2002, 16.

[77] LORENTE M. Les unitats verbals dels textos especialitzats. Redefinició d'una proposta de classificació[M]//LORENTE M, ESTOPÀ R, FREIXA J, et al. Estudis de lingüístics i de lingüística aplicada en honor de Mª Teresa Cabré Castellví, vol. 2. Barcelona: IULA, 2007: 365-380.

[78] LUŠICKY V, WISSIK T. Procedural manual on terminology. Translation-Oriented Terminology Work[EB/OL]. 2015. https://cordis.europa.eu.

[79] MONTERDE-REY, MARÍA A. Ejercicios de introducción a la terminology para traductores e intérpretes[M]. Las Palmas: University of Las Palmas de Gran Canaria, 2002.

[80] MONTERO-MARTÍNEZ S, BUENDÍA-CASTRO M. Clasificación semántica de colocaciones verbales para la adquisición y codificación de conocimiento experto: el caso de los riesgos naturales[J]. Revista Española de Lingüística Aplicada (RESLA), 2017, 30(1): 240-272.

[81] MONTERO-MARTÍNEZ S, FABER P. Terminological competence in translation[J]. Terminology, 2009, 15(1): 88-104.

[82] MONTERO-MARTÍNEZ S, FUERTES-OLIVERA P, QUESADA M G. The translator as "language planner": syntactic calquing in an English-Spanish translation of chemical engineering[J]. Meta, 2001, 46(4): 687-698.

[83] MURÁTH J. Translation-oriented terminology work in Hungary[M]//THELEN M, STEURS F. Terminology in Everyday Life. Amsterdam/Philadelphia: John Benjamins, 2010: 47-59.

[84] NEWMARK P. A textbook of translation[M]. New York: Prentice-Hall, 1988.

[85] PACTE. First results of PACTE group's experimental research on translation competence acquisition. The acquisition of declarative knowledge of translation[J]. MonTI. Monografías de traducción e interpretación, 2014, 1: 85-115.

[86] PACTE. Results of PACTE's experimental research on the acquisition of translation competence. The acquisition of declarative and procedural knowledge in translation. The dynamic translation index[J]. Translation Spaces, 2015, 4(1): 29-53.

[87] PASTOR V, ALCINA A. Search techniques in electronic dictionaries. A classification for translators[J]. International Journal of Lexicography, 2010, 23(3): 333-357.

[88] PRIETO-VELASCO, ANTONIO J. Traducción e imagen: la información visual en

textos especializados[M]. Granada: Tragacanto, 2009.

[89] PRIETO-VELASCO, ANTONIO J, FABER P. Graphical information[M]//FABER P. A Cognitive Linguistics View of Terminology and Specialized Language. Berlin: De Gruyter, 2012: 225-248.

[90] PRIETO-VELASCO, ANTONIO J, LÓPEZ-RODRÍGUEZ C I. Managing graphic information in terminological knowledge bases[J]. Terminology, 2009, 15(2): 179-213.

[91] PRIETO-VELASCO, ANTONIO J, TERCEDOR-SÁNCHEZ M. La naturaleza situada de los conceptos médicos: por una representación multimodal del dolor[M]// VARGAS-SIERRA C. TIC, trabajo colaborativo e interacción en Terminología y Traducción. Granada: Comares, 2014: 575-590.

[92] PUSTEJOVKSY J. The generative lexicon[M]. Cambridge: MIT Press, 1995.

[93] REIMERINK A, QUESADA M G, MONTERO-MARTÍNEZ S. Contextual selection for term entries[M]//FABER P. A Cognitive Linguistics View of Terminology and Specialized Language. Berlin: De Gruyter, 2012: 208-223.

[94] REIMERINK A, LEÓN-ARAÚZ P, FABER P. Image selection and annotation for an environmental knowledge base[J]. Language Resources and Evaluation, 2016: 1-32.

[95] RODRÍGUEZ-CAMACHO E. La Terminología en la formación de un traductor especializado[M]//GUERRERO G, PÉREZ M F. Panorama Actual de la Terminología. Granada: Comares, 2002: 307-326.

[96] ROGERS M. Multidimensionality in concept systems. A bilingual textual perspective[J]. Terminology, 2004, 10(2): 215-240.

[97] SAGER J. Term formation[M]//WRIGHT S E, BUDIN G. Handbook of Terminology Management. Amsterdam/Philadelphia: John Benjamins, 1997: 25-41.

[98] SAN MARTÍN A. KWIC corpora as a source of specialized definitional information. A pilot study[C/OL]//ZAGHOUANI W. Actes Du CEC-TAL'2013. 2014. https://www.qatar.cmu.edu.

[99] SAN MARTÍN A. La representación de la variación contextual mediante definiciones terminológicas flexibles[D]. Granada: University of Granada, 2016.

[100] SAN MARTÍN A, LEÓN-ARAÚZ P. Flexible terminological definitions and conceptual frames[C/OL]//SEPPÄLÄ S, RUTTENBERG A. Proceedings of the International Workshop on Definitions in Ontologies (DO 2013). 2013. http://ceur-ws.

org/Vol-1061/.

[101] SÁNCHEZ-CÁRDENAS B, BUENDÍA-CASTRO M. Inclusion of verbal syntagmatic patterns in specialized dictionaries: the case of EcoLexicon[C]//FJELD R V, TORJUSEN J M. Proceedings of the 15th EURALEX International Congress. Oslo: EURALEX, 2012: 554-562.

[102] SÁNCHEZ-IBÁÑEZ M, GARCÍA-PALACIOS J. Semantic characterization of terms as a trace of terminological dependency[J]. Terminology, 2014, 20(2): 171-197.

[103] SANZ-VICENTE L. Approaching secondary term formation through the analysis of multiword units. An English-Spanish contrastive study[J]. Terminology, 2012, 18(1): 105-127.

[104] TARP S. Lexicography in the borderland between knowledge and non-knowledge. General lexicographical theory with particular focus on learner's lexicography[M]. Tübingen: Max Niemeyer, 2008.

[105] TERCEDOR-SÁNCHEZ M. The cognitive dynamics of terminological variation[J]. Terminology, 2011, 17(2): 181-197.

[106] TERCEDOR-SÁNCHEZ M, LÓPEZ-RODRÍGUEZ C I. Integrating corpus data in dynamic knowledge bases the puertoterm project[J]. Terminology, 2008, 14(2): 159-182.

[107] TERCEDOR-SÁNCHEZ M, LÓPEZ-RODRÍGUEZ C I. Access to health in an intercultural setting: the role of corpora and images in grasping term variation[J]. Linguistica Antverpiensia, New Series—Themes in Translation Studies, 2012(11): 247-268.

[108] TERCEDOR-SÁNCHEZ M, LÓPEZ-RODRÍGUEZ C I, PRIETO-VELASCO J A. También los pacientes hacen terminología: retos del Proyecto VariMed[J]. Panace@: Revista de Medicina, Lenguaje y Traducción, 2014, 25(39): 95-103.

[109] TERCEDOR-SÁNCHEZ M, PRIETO-VELASCO J A. Las barreras en la comunicación médico-paciente: el proyecto VARIMED[M]//LÓPEZ A B M, GUTIÉRREZ I J, ROBLEDO M I M. Translating Culture; Traduire la Culture; Traducir la Cultura: De barreras culturales en la traducción científica y técnica. Granada: Comares, 2013: 593-606.

[110] THÉLEN M. The interaction between terminology and translation or where terminology and translation meet[J]. Trans-kom, 2015, 8(2): 347-381.

[111] VARGAS-SIERRA C. Translation-oriented terminology management and ICTs: present and future[M]//JIMÉNEZ F S, PENNOCK B. Interdisciplinarity and Languages: Current Issues in Research, Teaching, Professional Applications and ICT. Bern: Peter Lang, 2011: 45-64.

[112] VELASQUEZ G. La traducción y la terminología en la comunicación bilingüe mediada[J]. Meta, 2002, 47(3): 444-459.

专业知识表示：从术语到框架

P. 费伯（Pamela Faber）和 M. 卡贝扎－加西亚（Melania Cabezas-García）①

　　摘　要：要理解专业话语，就需要识别和激活以文本为基础的知识结构。因此，对知识进行拓展和强化是专业翻译过程的重要组成部分。这篇论文探讨了如何从框架术语学的角度解决术语含义分析的问题。框架术语学是一种针对特定专业领域语言的认知方法，这种方法将"专业知识表示"直接与认知语言学和认知语义学联系起来。在这项研究中，我们采用"三阶段"的步骤对"上下文语境扩展"进行了探索：从单个术语到多词术语，从多词术语到措词，以及从措词到框架。研究结果表明，我们的这种方法为识别以专业文本为基础的知识结构提供了有价值的启发。

　　关键词：上下文语境扩展，框架，多词术语，措词，专业话语

1　引言

　　翻译中的一个重要问题，就是如何在跨语言以及在文本的各个层次上实现含义（meaning）的相同性。就科技文本的翻译而言，其翻译质量的好坏在很大程度上取决于翻译者能否找到用于传达文本信息的专业语言单元或者最佳的术语对应关系。这些单元可以是单个术语（single term）或者多词术语（multi-word term），它们指称（designate）专业领域中的对象（object）、事件（event）、过程（process）和属性（attribute）（Faber 2012）。

　　术语、具有语义学意义的"术语簇"（semantic cluster of term）及其"构造"（configuration）激活了某个知识领域概念结构的各个部分（Sager et al. 1980），这个知识领域在源语言（source language）和目标语言（target language）的文化中都存在。如果这两种语言文化都具有指称这些"实体"的术语，那么，我们就可以假定翻译

---

　　①　这篇文章英文名为"Specialized Knowledge Representation: From Terms to Frames"。原文见西班牙格拉纳达大学（University of Granada）LexiCon 研究团队（LexiCon Research Group）的出版物网站（http://lexicon.ugr.es/publications）（2019 年）。——译者注

者对这些文本的翻译具有适当程度的准确性。翻译者首先必须对文本中正在发生的事情及其传达的信息有所了解，然后，他／她需要对术语之间的对应关系进行识别，并找到连接它们的最准确的方法，以便突出显示文本中明确表示的概念之间的语义关系。

因此，理解专业话语有赖于文本接收者掌握并激活构成文本基础的知识结构的能力。如果文本接收者不是这个知识领域的专家的话（正如在专业翻译场景中经常发生的情况），那么，他／她就必须具备尽快获得这个特定领域的必要知识的能力（Faber 2012）。

在翻译过程中，翻译者必须对文本中各个层次上的专业知识单元及其关系进行分析。虽然一些概念及其关系的含义在文本的表面结构中显而易见，但是，这仅仅是"冰山一角"。在（文本）表面（结构）之下则潜伏着整个含义的世界，翻译者必须能够对此有所觉察。为了将新信息整合到"语义式记忆"（semantic memory）中去，翻译者必须对来自源语言文本的相关数据进行概括或者抽象。因此，（对文本的）理解就依靠翻译者能够成功地构建出对专业知识领域中一个或者多个部分／片段（segment）的思维表示／心理表征（mental representation）。所以，"知识的扩展和加强"（the expansion and enhancement of knowledge）是专业翻译过程的重要组成部分（Faber 2015）。

读者眼前的这篇论文探讨了如何从"框架术语学"（Frame-Based Terminology，FBT）（Faber 2012，2015）的角度解决对术语含义进行分析的问题，这种方法是针对特定领域语言的一种认知方法，将专业知识表示直接与认知语言学（cognitive linguistics）以及认知语义学（cognitive semantics）联系在了一起。在框架术语学中，知识获取（knowledge acquisition）涉及对含义的逐步拓展，它从术语级别（term-level）开始，逐渐发展到措词水平（phrase level），最后引起对整个知识框架的编纂整理（codification）。

2　理论背景

要想了解知识是如何进行配置和拓展的，我们有必要从了解大脑开始。神经科学研究已经为我们揭示了专家们如何对存储的知识进行检索和激活的谜底（Quillian 1969；Anderson 1983；Gallese and Lakoff 2005；Patterson et al. 2007；Meteyard et al. 2012；Kiefer and Pulvermüller 2012）。正是有了这个根据，费伯教授等人在2014年进行了一项 fMRI 试验性研究（a pilot fMRI study），他们请地质学专家和这个领域的初学者都执行一系列的任务，例如把地质工具与它们的功能联系起来，同时把工具与图像联系起来，然后，他们针对这两组人的大脑激活图像进行比较。结果表明，专家的知识（expert knowledge）涉及"超模态的概念表示"（a supramodal conceptual representation），它超越了视觉或者听觉等"感觉输入模态"（sensory input modality）。由此，我们可以发现，"概念表示"（conceptual representation）具有"多重输入水平"（multiple levels of input）（Binder and Desai 2011），而且，这些输入不仅仅来自感觉官能。

很多研究表明，在顶级层次上，存在着一种"非特定模态的模式表示"（non-modality-specific schematic representation），每当有必要时，它就会逐渐被"感觉运动情感输入"（sensory-motor-affective input）充实（Patterson et al. 2007）。费伯教授等人在 2014 年强调"语境化"（contextualization）和"情境"（situation）在专业知识加工中所起的关键性作用，因为专家们（尽管不是新手）激活的大脑区域是与人的心理意象（mental imagery）、情景记忆（episodic memory）以及情境／语境表征（context representation）密切相关的区域。尽管还存在着需要进行深入研究的必要性，不过，费伯教授等人（2014）已经证实，探索上下文信息如何被激活从而为非专家群体创建"框架"（frame）提供便利——这种需求是存在的。

与此相适应，框架术语学运用了"框架"的理念（Minsky 1975；Fillmore 1985，2006），这一理念被定义为一种"图式"（schema）或者"知识结构"（knowledge structure），这种结构跟与"特定场景"（particular scene）相关的要素和实体相关联，是人类经验的一部分。因此，"框架"是人类从长期记忆中重新找回的、用来理解世界的有组织的"知识包"（package of knowledge）（Faber 2012）。鉴于概念不可能在真空中存在，只有当它们彼此相关并整合到日益复杂的知识构造中时，它们才更有意义。构建框架的经验包括：从具有相似性的上下文语境和情景当中获得存储的知识，并运用这些知识对复杂的事件进行理解，同时找到处理它们的办法。

在术语学中，人们还强调"把概念嵌入／融入情境中去"的有用性，并将其当作丰富概念表示的一种方式（Dubuc and Lauriston 1997；Faber 2012；Temmerman 2013）。虽然人们通常把上下文语境看成某个单词或者措词之前或者之后的部分／片段（Lyons 1995），但是，上下文语境也可以是某种相关的情况／情景、事件或者信息，这些都可以帮助用户理解反映特定知识概况的某些事物（Kecskes 2014；Faber and León-Araúz 2016）。因此，在从概念到框架的多个层次上，我们都应该对上下文语境进行具体说明。

3　多词术语和上下文语境扩展

众所周知，"多词术语"（multi-word term，MWT）指的是由多个单词组成的术语。如果采用英语，多词术语可以具有不同的长度：（i）两种构成部分［transboundary pollution（越境污染）］；（ii）三种构成部分［surface water pollution（地表水污染）］；（iii）四种构成部分［wood-burning-stove pollution（燃木炉污染）］；甚至（iv）五种构成部分［volatile organic compounds pollution source（挥发性有机化合物污染源）］。虽然从理论上讲，多词术语可以依照这种方式一直构成下去，但是，由于对文本接收者有认知要求，因而一个长于四个或者最多五个单词的多词术语已经极为罕见。

就英语而言，这些复杂的（英语）术语类似于一种专家速记（法）（shorthand），由于文本的发送者和接收者在知识水平上大体相当，因而无须再做进一步的解释。于是，用户不得不对多词术语的含义进行"剖析"（unpack），而且需要准确获取这些多词术语构成部分之间的关系。为此，用户们必须在思维上激活某类"专业事件"（specialized event）或者框架，在其中，人们对"参与者"（participant）之间的关系做了具体说明。尽管对于本领域的专家而言，这样相对容易一些，不过，对于非专家的用户来说，这么做绝非易事。

因此，合乎逻辑的推论是：对术语含义（terminological meaning）的理解过程，开始于术语所指称的概念本身，并且被认为是上下文语境的逐步扩展。首先，有一个术语及其"微观上下文语境"（micro-context）（Cabezas-García and Faber 2018）存在，它们可以进一步扩展为一组相关的多词术语。正如我们将会看到的，随后可以通过在这些多词术语之间插入隐含信息（implicit information），再通过在它们之间以及在它们与其他专业知识单元之间建立起明确的关系来进行剖析。我们将会看到，这将引起较大规模的知识结构或者框架的规范化。

3.1　从单个术语到多词术语

"上下文语境扩展"（context expansion）最初发生于单个术语经历进一步的详述规范并变成多词术语之时。在专业语言中，大多数的多词术语都采用"内向（向心）型复合名词"（endocentric noun compound）的形式（Nakov 2013），例如，"气候变化"（climate change）。

"内向（向心）型多词术语"（endocentric MWT）信息丰富，因为它们指向语义类别（semantic category）之间以及内部的关系。一般来说，内向（向心）型多词术语是其"中心词"（head）含义实现了"专业化"（specialization）。这也就意味着，我们通常可以把"术语结构"（term structure）用作自动提取相关概念层级结构（conceptual hierarchy）以及语义下义关系子类型（hyponymy subtype）信息的方法（Sager et al. 1980）。例如，"船舶源海洋污染"（vessel-source marine pollution）是"海洋污染"的其中一种，当然也是"污染"的其中一种。说到进一步的语义表征（semantic characterization），我们还可以说"污染物**影响**了海洋，这种污染是**由船只造成的**"（pollution *affects* the sea and *is caused by* vessels）。

在像英语这样在形态学上比较贫乏的语言当中，内向（向心）型多词术语可以采用长度可变的名词序列或者"堆叠"的形式。在英语中，采用一系列名词进行冗长的前置修饰（pre-modification）（也可以采用形容词甚至整个短语进行修饰）是一种常见的方法，用于对特定专业领域的知识进行压缩和汇集（Sager et al. 1980；Štekauere et al. 2012；Fernández-Domínguez 2016）。

"概念专业化"（concept specialization）涉及一种"插槽填充机制"（slot-filling mechanism）——人们把修饰词（modifier）插入"名词中心词图式"（head-noun schema）的"插槽"（slot）之中，这也被称为"概念专业化的微观上下文语境"（Cabezas-García and Faber 2018）。在一个多词术语中，修饰词与定义中明确说明的"名词中心词"（head noun）的基本含义直接相关，并且据此（对多词术语）进行解释。在第二阶段，人们则使用"世界性知识"（world knowledge）来扩展中心词的上下文语境及其解释。

例如，在"污染"（pollution）这一具体情况中，其上下文语境扩展就是从其定义开始的：

> （1）**"污染"**出现在某种**物质**［插槽2］的**环境**［插槽1］中，其**性质**［插槽3］、**来源**［插槽4］、**位置**［插槽5］或者**数量**［插槽6］会对环境或者生物的健康产生**不良影响**［插槽7］。

因此，"污染"的一般性概念（普遍概念）是根据7个"插槽"含义进行定义的：（i）环境（environment）；（ii）物质（substance）；（iii）（物质的）性质［nature（of substance）］；（iv）（物质的）来源［source（of substance）］；（v）（物质的）位置［location（of substance）］；（vi）（物质的）数量［quantity（of substance）］；（vii）不良影响（undesirable effect）。所有这些插槽都还未得到规

范／详细说明，因此，允许采用粗体的术语下义词（hyponym of the term）进行填充。当一个或者多个这样的插槽变得更加具体的时候，就会产生作为"污染"的下义词的多词术语。表1展示了与每一个插槽相对应的多词术语的集合的例子。

表1　关于"污染"的下义词多词术语

定义插槽：污染	多词术语
环境	空气污染，水污染，土壤污染，海运污染，海洋污染
物质	石油（燃油）污染，颗粒物污染，固体废物污染，营养物质污染
（物质的）性质	挥发性有机物污染
（物质的）来源	点源污染，非点源污染，燃木炉灶污染，工业污染，与交通有关的空气污染
（物质的）位置	跨界污染，越境污染
（物质的）数量	严重的空气污染
不良影响	氧耗污染，热污染

如表1所示，这里对"污染"的"尚未做规范的含义／尚未做详细说明的含义"（underspecified meaning）是一种具有多种可能性的丰富资源，因为它预示了可以指称（designate）更为具体的"污染"类型的多词术语的子类别。这样做有利于翻译人员理解"污染"的不同维度或者可以设想"污染"过程发生的不同视角。

掌握可以填补这些插槽的"实体"（entity）类型的知识，有助于我们对多词术语进行理解。做到这一点很重要，因为在这些情况下，我们无法利用句法来对含义进行阐明。这种情形在诸如"水污染"（water pollution）和"燃油污染"（oil pollution）的复合词中尤为明显。虽然"水污染"和"燃油污染"具有相同的句法结构即"名词＋名词"（N＋N），甚至结合了"液体"（liquid）和"过程"（process）这样的一般性的语义类别，但是，它们的修饰词和中心词之间的语义关系是明显不同的，这在它们的定义插槽中得到了反映。这意味着，"水"是受影响的"实体"或者受污染的"受事者／承受者"（patient），而"燃油"却是污染的"施事者／作用者"（agent）（Cabezas-García and León-Aráuz 2018）。

尽管"水"和"燃油"属于"液体"这一相同语义类别，不过，人们对"水污染"和"燃油污染"的准确解释，除其他方面之外，主要取决于人们对"可食用液体"（ingestible liquid）和"不可食用液体"（non-ingestible liquid）这二者之间的概念性区别和功能性区别的把握。饮用水是生命不可或缺的，对污染高度敏感。相反，生物体不可摄取且用作燃料的燃油，却会对水产生负面影响，因为燃油是对海洋生物造成破坏的污染剂。

以上是对用户必须掌握的一般性常识的基本示例，用户必须能够获取和激活这些一般性常识，才可能正确解释这两个术语。这也意味着，为了使这类信息在某种程度上可用，我们必须对至少一部分的语义结构表示进行编码，并通过实用性的信息对其进行丰富。仅有句法和表面形式是不够的（Štekauer et al. 2012；Buendía Castro and Faber 2016）。

举例而言，在从英语到另一种语言的科学和技术翻译中，在通常情况下，翻译者并不具备与源语言文本接收者相同水平的专业知识。当翻译人员把英语翻译为形态丰富的（morphologically-rich）语言（例如西班牙语或者法语）时［在这类语言中，人们不提倡使用"名词堆叠"（noun-stacking）的形式］，他们就必须让多词术语的组成部分之间的关系清晰明确，在此，翻译人员通常采用的是形容词或者介词后置修饰（post-modification）的形式（Maniez 2009；Daille 2017）。以西班牙语为例，人们一般把英语 water pollution（水污染）翻译为 contaminación **del** agua，而把 oil pollution（燃油污染）翻译为 contaminación **por** hidrocarburos。介词 de［of］和 por［by］用来对英语多词术语中隐含的概念关系进行编码。

3.2　从多词术语水平到措词水平

多词术语还以其"隐含的命题"（concealed proposition）为特征，这些命题可以在术语形成过程中被推断出来（Levi 1978）。这意味着，多词术语也可以被进一步扩展，特别是由于其中许多术语是"谓词删除"（predicate deletion）［例如，transboundary pollution（跨界污染）而不是"pollution crosses boundaries"（污染跨越了边界）］或者"谓词名词化"［例如，chemical water pollution（化学水污染）而不是"chemicals pollute water"（化学物质污染了水）］的结果。示例的这两个术语的形成过程都具有"谓词论元结构"（predicate-argument structure）。

众所周知，谓词论元结构指的是"论辩词汇项（词项）"（argument-taking lexical item）的词汇表示（Levin 2013）。它们通常是典型的动词及其名词化。"论元结构"（argument structure）的规范涉及确认词汇项可以采用的论元的数量、句法表达（syntactic expression）以及论元与谓词的语义关系。

尽管句法表达是特定于语言的，语义关系（semantic relation）却不是。我们可以把语义关系理解为"语义角色"（semantic role），例如施事者/作用者、受事者/

承受者、手段 / 工具（instrument）、体验者 / 感受者（experiencer）、地点 / 位置等。虽然，大多数语言学家倾向于相信——至少在某种形式上——提出"语义角色"这一理念是一个好想法，但是，在语义角色的数量、性质和功能等问题上，人们的看法却存在着很大的分歧。目前，人们为语义角色而开列的清单，与运用它们的理论一样多（Van Valin and La Polla 1997；Gildea and Jurafsky 2002；Fillmore et al. 2003；Palmer et al. 2005）。

如果看一下"污染"的论元结构，我们就会发现，它所具有的论元数量及语义类型在其不同语言的对应物（即 polluer、verschmutzen、contaminar、inquinare、polua 等）中是相同的。在所有的语言文化中，"污染"都是以"污染的作用者 / 施事者"（污染剂）（polluting agent）和"受污染（或者受到影响）的实体"［polluted（or affected）entity］为特征的。因此，关于"污染"的命题表示法是一种 tertium comparationis（比较第三项 / 对比用的参照物）（相比较的两个事物具有共有的性质），它可以用作语义对等（semantic equivalence）的基础（Buendía Castro and Faber 2016）。实际上，在各种机器翻译应用程序中，人们至少已经借助某种形式使用了这种类型的呈现方式和信息。提取这些论元及其语义种类（semantic class）和组合的一种方法，就是通过语料库分析。

在我们就"污染"问题进行的术语研究中，我们用来提取语言信息的语料库是 EcoLexicon 英语语料库（EcoLexicon English Corpus）（超过 54 000 000 个单词），这个语料库随后通过由 Lexical Computing 编辑的、取自互联网文本的英语 enTenTen 语料库（English TenTen corpus）进行了验证。这个英语语料库包含超过 190 亿个单词，并被 UTF-8 参数文件（UTF-8 parameter file）采用 TreeTagger 进行标记，其中的语言信息是通过 Sketch Engine 应用软件（www.sketchengine.eu）自动提取的。这个语料库最有用的功能之一就是"单词草图"（word sketch）——它是语料库驱动形成的对单词语法和搭配行为的自动摘要（Kilgarriff et al. 2014）。

基于从"污染"及其不同形式的语汇索引（concordance）中提取出来的语料库信息，表 2 显示了属于人类活动、工业、废物、化学、气体排放、车辆和微生物（human activity, industry, waste, chemical, gas emission, vehicle, and microorganism）这些最常见的语义类别的"污染作用者 / 施事者"（polluting agent）或者"污染物"（contaminant）。

与此相反，第二个论元则是"受污染的实体"，由空气、水和土壤（air, water, and soil）的不同规范组成。

表 2　"污染"论元的语义类别

论元 1 污染作用者 / 施事者	污染物
人类活动	[活动] 压裂，钻孔，开采
工业地点	[位置 / 地点] 工厂，发电厂，矿山
废物	[固体] 垃圾，垃圾填埋场，污泥 [液体] 污水，废水，径流（runoff）
化学（污染）	[元素] 汞，碳，氮，磷 [天然混合物] 煤，燃油，石油 [人工混合物] 农药，肥料
气体排放	[工业来源] 气体，烟气 [车辆] 排出的废气
车辆	[陆地车辆] 汽车，柴油车辆 [水上车辆] 集装箱船，油轮 [航空器] 飞机，喷气式飞机
微生物	细菌
污染	
论元 2 受污染的实体	环境要素 / 位置（地点）
环境	环境
水	[水] 水，地下水，饮用水 [水体] 含水层，河流，海洋，溪流，小河，分水岭 （watershed），湖泊
空气	[气体] 空气，电波，大气
土壤	[土壤] 土地，土壤，地面，地球

　　重要的不是使谓词（predicate）及其名词化在句法上得以实现，而是实现"语义角色"和"类别"的组合——它们反映了人类进行的污染活动（因为隐含的作用者是人类）以及发生"污染"的三个主要环境区域（空气、水和土壤）。由此可见，框架是由语义角色和类别｛在上述情况下，则为"污染作用者 / 施事者"（"污染物"）和"受污染的实体"［"环境要素 / 位置（地点）"］｝以及它们之间的关系的组合生成的。

3.3　从措词水平到框架水平

读者对专业语言中措词的理解，取决于他们对其进行扩展的能力，以便能让它们与更广泛的上下文语境或者框架相适应。然而，在这里存在的问题是：框架似乎是"滑头 / 靠不住的"的"顾客"。每一个人都在谈论它们，但是除了经常用到的商业贸易的示例之外（Fillmore 1982），人们很少能提供出其他的实例。然而，在专业语言中，框架也是存在的，而且，它们可以为知识领域（例如环境领域）提供规范（Faber 2012，2015）。

一般来说，框架是一种思维表示 / 心理表征，它涉及对某个概念或者一组相关概念的知识进行组织。框架中的要素是通过不同类型的语义关系进行连接的（Minsky 1975；Fillmore 1985, 2006；Faber 2012, 2015）。

"专业语言框架的规范"（the specification of a specialized language frame）是对涉及的空间和其中发生的"事件"以及参与这些"事件"的"实体"进行的描述。学者巴斯（Busse）（2012）在"概念框架"（concept frame）和"谓词框架"（predicative frame）之间做了有用的区分。概念框架主要是指由名词和名词短语指称的概念。概念框架表示"实体"的性质和属性。就这样，它们为"类别"和"类别结构"（category structure）的表示提供了一种通用格式（Barsalou 1992）。而与此相比，谓词框架则描述"行动"和"过程"，这些"行动"和"过程"是由动词及其名词化表示的。它们从情况类型和参与者的角度，对"事件"和事情的状态进行表示。

显而易见，由于谓词框架是由各种概念组成的，因而它们之间的关系更为紧密。所以，谓词框架对于理解文本来说最有用。它们不仅源于单个的动词，而且产生于在单个语义空间中汇聚的动词含义的一般性配置。就专业语言而言，这听起来似乎挺奇怪，因为在专业语言中人们很少把动词看成术语，当然，人们通常也不把动词包含在专业知识资源里（L'Homme 1998；Buendía Castro 2013）。但是，对于含义而言，通用语言动词的作用至关重要，因为在通常情况下，它们在专业文本中将概念联系了起来。

例如，在有 5 400 千万个以上单词的 EcoLexicon 语料库中的 703 个最常见的动词里，只有 10 个动词不具有通用语言的含义［反硝化、絮凝、杂化、矿化、成核、加氧、光合作用、增溶、（使）下降和过冷］（denitrify, flocculate, hybridize, mineralize, nucleate, oxygenate, photosynthesize, solubilize, subduct, and supercool），而其他的动词都是通用语言动词（例如积累、增加、发展、产生、消失、污染等）（e.g.

accumulate, increase, develop, produce, vanish, pollute etc.），人们也在专业文本中使用这些动词，并令术语作为它们的论元。这些动词的含义构成了环境中发生的事件以及我们如何谈论这些事件的基础。

在术语学中，即使人们从未认为动词（尤其是通用语言动词）很重要，它们确实反映了环境实体是如何相互作用的。我们认为，这些动词代表了"概念化的不变量"（conceptual invariant），而且，这些不变量存在于大多数有文字记载的语言文化当中。在维尔茨比卡（Ana Wierzbicka）、米勒（George Miller）和阿普雷斯扬（Juri Apresjan）等语言学家的著作中，大多数语言中被词汇化的这种独特的"初始化"（beginner）或者语义接近于"原语"（primitive）的存在，一直都是一个常量。而存储在专门词汇（lexicon）中的这种文化共享的知识，则是由稳定的参考点（参照依据）（point of reference）组成的，而且，这些参考点构成了一幅我们宇宙现象的认知图。

在先前的"词汇语法模型"（Lexical Grammar Model）框架内开展的研究中，费伯教授和学者迈拉尔（Mairal）（1999）曾经对 12 000 种通用语言动词的语义和句法结构进行了分析和分类——他们首先在英语中然后在西班牙语中进行。由此产生了以下普通词汇域（general lexical domain）：存在（使存在、发生）[EXISTENCE（be, happen）]，变化（成为、改变）[CHANGE（become, change）]，拥有（有）[POSSESSION（have）]，言语/讲话（说、谈）[SPEECH（say, talk）]，情绪（感觉）[EMOTION（feel）]，动作（做、制作）[ACTION（do, make）]，认知（知道、思考）[COGNITION（know, think）]，运动（移动、走、来）[MOVEMENT（move, go, come）]，物理知觉（看、听、尝、闻、摸）[PHYSICAL PERCEPTION（see, hear, taste, smell, touch）]，操纵（使用）[MANIPULATION（use）]，接触/碰撞（击中、折断）[CONTACT/IMPACT（hit, break）]和位置（放置、在）[POSITION（to put, to be）]。其他的类别包括灯光（LIGHT）、声音（SOUND）、身体功能（BODY FUNCTION）、天气（WEATHER）等。

费伯和迈拉尔这两位学者（1999）使用上述动词分类清单对词汇域中最普遍的、与环境（领域）有关的行动和过程进行了分类，如词汇语法模型所述，这些行动和过程源自对定义的分解（factorization）。这样做突出强调了环境（领域）中最重要的行动和过程，以及在这些事件框架（event frame）中具有典型性的参与者的语义类别。

举例而言，当对 EcoLexicon 语料库中的 703 个最常见的动词进行分析时，学者们发现，大多数动词都属于"变化"、"运动"、"存在"、"拥有"、"位置"、"碰撞"

和"操纵"（CHANGE、MOVEMENT、EXISTENCE、POSSESSION、POSITION、IMPACT，and MANIPULATION）这些词汇域、维度和子维度。表3列出了属于这些词汇域的一些动词。

表3　词汇域中动词的组织

词汇域	动词示例
变化［成为/改变］	减轻，增加，加重，改善，澄清，减少，变形，丰富，污染，弄脏，等等
运动［移动］	旋转，振动，倾倒，刺入，浸入，螺旋式的上升，搅拌，摇动，使转动，等等
存在［使存在/存在］	预防，产生，消除，起源，发生，中断，启动，抑制，居住，等等
拥有［使具有］	吸收，捕捉，紧贴，收集，保存，累积，沥干，诱捕，交换，抓取，抓握，收获，等等
位置［处于某一状态/地方/位置］	阻塞，覆盖，倾倒，嵌入，装入，包裹，包住，并置，放置，插入，替换，等等
操纵［使用］	燃烧，消耗，施加，消费，排出，点燃，辐照，回收，粘贴，使用，利用，等等
碰撞［击中/折断］	推敲，击打，使劲推，粉碎，破裂，等等

值得注意的是，这里没有（频繁）使用的动词是属于"情感"、"感官知觉"和"言语"（FEELING, SENSORY PERCEPTION，and SPEECH）域的。更为有趣的是，同一个词汇域中的动词，更倾向于与相同或者相似语义类别中的专业知识单元——例如液体物质、固体物质、化学元素、天气事件、地形、水体等（LIQUID SUBSTANCE, SOLID SUBSTANCE, CHEMICAL ELEMENT, WEATHER EVENT, LANDFORM, WATER BODY etc.）——进行组合。

费伯和迈拉尔两位学者（1999）强调了一个事实："变化"（CHANGE）是最重要的环境过程之一。"变化"是一个具有多个维度的词汇域，这些维度特定于时间、空间和评估参数的变化（例如变得更好、变得更糟、变得更大、变得更小等）。例如，"污染"就属于这个词汇域。表4显示的是"变化"这个词汇域的一个片段（"使某事/

物变得更糟"）（to cause something to become worse）。

表 4　在"变化"词汇域中词汇维度上的一个片段——"使事情变得更糟"

> **"变化"的词汇域**
> 使某事 / 物变得更糟（不纯 / 危险 / 不洁）
> 污染 / 弄脏 / 毒害（**contaminate**）会使某人 / 某物不够洁净，从而使其变得更糟。
> 　污染（**pollute**）通过向其中添加有害物质来弄脏某物（尤其是水 / 空气 / 土壤），从而危害到生物体的健康。
> 　掺假（**adulterate**）会降低某物的质量，从而污染某物（特别是食品）并欺骗用户。
> 　使变质（**taint**），污染某物以至于使其变质或者损坏。
> 投毒（**poison**）通过向某人 / 某物添加有害物质来毒害某人 / 某物，使其死亡或者造成他人 / 他物死亡。
> 感染（**infect**）用致病的微生物污染某人 / 某物。

　　我们可以看出，"污染"、"投毒"和"感染"是"污染 / 弄脏 / 毒害"的下义词（hyponym），"污染 / 弄脏 / 毒害"是这个子维度上最具普遍意义的术语。"污染"、"投毒"和"感染"之间的区别在于主体是实施"污染"的物质还是受到"污染"的物质。当对动词的语义（和句法）特征也做了详细说明的时候，在给定含义范围的词汇化过程中，人们就可以利用这种类型的词汇组织，对每一个说话者可做选择的范围进行编纂。

　　在这里所做的假设是，相同词汇子维度中的动词具有相似的句法，甚至更为重要的（假设）是，它们与相同语义类型的论元组合在一起。在专业语言情况下，这些通用语言动词的多义性受到了限制，因为在本文的论述内容中，它们的含义范围仅限定在环境科学（Environmental Science）领域里。但是，动词的含义并不受句法的限制，而受其论元性质的制约，这些论元属于一组特定的概念类别，例如地形、化学元素、大气现象、水体、植物（LANDFORM, CHEMICAL ELEMENT, ATMOSPHERIC PHENOMENON, WATER BODY, PLANT）等。

　　"污染"这一框架还可以进一步扩展，以包括对"污染"进行改善的动词。例如，采取多义性的通用语言动词"冲洗"（flush）来表示"清洁"这一行为。依据是关注液体的运动（流动）还是关注行动的结果（清洁），来决定这个动词是"运动"词汇域还是"变化"词汇域的成员。虽然"冲洗"这个动词是多义性的，但是，它在环境科学中仅具有一种含义，其论元的语义性质将其含义限定为"在液体介质中的一种运动"。具体定义如下：

（2）*冲洗*以使**液体**流入／流过［运动］某个**地方**，并对**某物**的这个地方进行清洁［变化］（*flush* to cause a **liquid** to flow into/through ［MOVEMENT］ a **place**, cleaning it ［CHANGE］ of **something**）。

因此，"冲洗"这个动词激活了具有三个论元或者"参与者"的框架：（i）一种液体；（ii）一个地方；（iii）一种（不良的）物质。在 EcoLexicon 语料库里，这些"论元槽"（argument slot）由以下语义类别中的术语填充，如表 5 所示。

表5　可以填充"冲洗"论元槽的术语和语义类别

*冲洗*以使**液体（通常是水）**流入／流过某个**地方**，并对**某物**的这个地方进行清洁		
论元 1: 液体	论元 2: 地方	论元 3: 物质
天气事件→暴雨／降雨	水体→ **封闭式**→潟湖，池塘，湖泊 **半封闭式**→河口，港口，盆地，河堤，河流，海湾 **开放式**→海滩，海峡，斜坡，礁石	**固体物质**→沉积物，沙子，沿海物质
水→水 **成分**→淡水，盐水，卤水，海水 **速度**→瀑布 **量**→洪水		**液体物质**→土壤水，酸，溶解性金属
		化学元素→镁，钠
		有害物质→污染物，致污物，有机物，有害盐，酸，溶解性金属

从上文可以看出，每一个"定义槽"（definitional slot）都可能由一组特定的语义类型和子类型填充。从这个意义上说，每一个论元都会产生一个"微本体"（miniontology）。被激活的框架与"水运动进入水体"有关，从而可以清洗那个通常带有有害物质的地方。在这个意义上讲，"冲洗"是一个与"污染"有关的谓词，它提供了一个"子框架"（subframe），这个子框架把表示环境中实体的"语义类别簇"（cluster of semantic category）联系了起来。

显而易见，这种类型的"上下文语境规范"（context specification）增强了（这些内容的）可理解性，因为它标出了参与事件的实体的类型。在这里，我们的重点放在由动词表示的行动和过程上。如前所述，当专业知识单元填充了各自的论元槽时，这些通用语言动词的含义就受到了其论元语义类别的制约。这一点有力地说明了谓词框架所具有的关系潜力（relational potential）及其对专业知识获取的重要意义。

4　结论

在这篇论文中，我们阐述的是：如何把知识获取设想成含义的渐进扩展——它从术语水平开始，继而发展到措词水平，最后导致对整个知识框架的编码(编纂整理)。从这个意义上讲，透过单个术语的定义，我们可以预测如何在多词术语中潜在地指定单个术语的含义（Cabezas-García and Faber 2018）。指称过程的多词术语，可以依据其谓词论元结构进行表示。我们没有过分强调探索语义类型及其组合的重要性，然而，语义（而不是句法）可以消除专业文本中多词术语和措词的歧义性（Buendía Castro and Faber 2016）。这一点在对措词水平和框架水平的分析中表现得也很明显——我们发现，语义类别和语义角色是知识激活（knowledge activation）的基础。

正如在我们对"污染"的分析中所反映的，人们还必须仔细研究专业文本中通用语言动词的语义，因为它们显示了我们怎样才能将专业知识单元组合在一起，并在专业领域中对基本活动、过程和事件进行编码。对上下文语境进行规范是阐释文本中术语含义的一种方法。这篇论文中给出的示例，则进一步强调了把语言用作"概念化写照"（conceptual mirror）以反映专业知识的组织和配置方式的可用性。①

参考文献：

[1]　ANDERSON J R. The architecture of cognition[M]. Hillsdale: Lawrence Erlbaum, 1983.

[2]　BINDER J R, DESAI R H. The neurobiology of semantic memory[J]. Trends in Cognitive Sciences, 2011, 15(11): 527-536.

[3]　BUENDÍA C M. Phraseology in specialized language and its representation in environmental knowledge resources[D]. Granada: University of Granada, 2013.

[4]　BUENDÍA C M, FABER P. Phraseological correspondence in English and Spanish

　　① 这项研究是作为项目 FFI2017-89127-P——"面向翻译的环境文本术语工具"（Translation-Oriented Terminology Tools for Environmental Texts, TOTEM）——的一部分进行的，该研究项目由西班牙经济与竞争力部（Spanish Ministry of Economy and Competitiveness）资助，西班牙教育部（Spanish Ministry of Education）也向第二作者提供了一项 FPU 补助。

specialized texts[M]//PASTOR G C. Computerised and Corpus-based Approaches to Phraseology: Monolingual and Multilingual Perspectives = Fraseología computacional y basada en corpus: perspectivas monolingües y multilingües. Geneva: Tradulex, 2016: 391-398.

[5] BUSSE D. Frame-semantik: ein kompendium[M]. Berlin and Boston: De Gruyter, 2012.

[6] CABEZAS-GARCÍA M, FABER P. Phraseology in specialized resources: an approach to complex nominals[J]. Lexicography, 2018, 5(1): 55-83.

[7] CABEZAS-GARCÍA M, LEÓN-ARAÚZ P. Towards the inference of semantic relations in complex nominals: a pilot study[C]//Proceedings of the 11th International Conference on Language Resources and Evaluation (LREC 2018). Miyazaki: ELRA, 2018: 2511-2518.

[8] DAILLE B. Term variation in specialized corpora: characterisation, automatic discovery and applications[M]//Terminology and Lexicography Research and Practice, vol. 19. Amsterdam and Philadelphia: John Benjamins, 2017.

[9] DUBUC R, LAURISTON A. Terms and contexts[M]//WRIGHT S E, BUDIN G. Handbook of Terminology Management: Basic Aspects of Terminology Management, vol. 1. Amsterdam and Philadelphia: John Benjamins, 1997: 80-87.

[10] FABER P. A cognitive linguistics view of terminology and specialized language[M]. Berlin and New York: Mouton de Gruyter, 2012.

[11] FABER P. Frames as a framework for terminology[M]//KOCKAERT H J, STEURS F. Handbook of Terminology, vol. 1. Amsterdam and Philadelphia: John Benjamins Publishing Company, 2015: 14-33.

[12] FABER P, LEÓN-ARAÚZ P. Specialized knowledge representation and the parameterization of context[J]. Frontiers in Psychology, 2016, 7(196): 1-20.

[13] FABER P, USÓN R M. Constructing a lexicon of English verbs[M]. Berlin: Mouton de Gruyter, 1999.

[14] FABER P, et al. Neural substrates of specialized knowledge representation: an fMRI study[J]. Revue française de linguistique appliquée, 2014, 19(1): 15-32.

[15] FERNÁNDEZ-DOMÍNGUEZ J. A morphosemantic investigation of term formation processes in English and Spanish[J]. Languages in Contrast, 2016, 16(1): 54-83.

[16] FILLMORE C J. Frame semantics[M]//The Linguistic Society of Korea. Linguistics in the Morning Calm. Seoul: Hanshin, 1982: 111-137.

[17] FILLMORE C J. Frames and the semantics of understanding[J]. Quaderni di Semantica, 1985, 6(2): 222-254.

[18] FILLMORE C J. Frame semantics[M]//GEERAERTS D. Cognitive Linguistics. Basic Readings. Berlin and Boston: De Gruyter, 2006: 373-400.

[19] FILLMORE C J, JOHNSON C R, PETRUCK M R L. Background to FrameNet[J]. International Journal of Lexicography, 2003, 16(3): 235-250.

[20] GALLESE V, LAKOFF G. The brain's concepts: the role of the sensory-motor system in conceptual knowledge[J]. Cognitive Neuropsychology, 2005, 22(3-4): 455-479.

[21] GILDEA D, JURAFSKY D. Automatic labeling of semantic roles[J]. Computational Linguistics, 2002, 28(3): 245-288.

[22] KECSKES I. Intercultural pragmatics[M]. Oxford and New York: Oxford University Press, 2014.

[23] KIEFER M, PULVERMÜLLER F. Conceptual representations in mind and brain: theoretical developments, current evidence and future directions[J]. Cortex, 2012, 48(7): 805-825.

[24] KILGARRIFF A, et al. The Sketch Engine: ten years on[J]. Lexicography, 2014, 1(1): 7-36.

[25] LEVI J. The syntax and semantics of complex nominals[M]. New York: Academic Press, 1978.

[26] LEVIN B. Argument structure[M]//ARONOFF M. Oxford Bibliographies in Linguistics. New York: Oxford University Press, 2013.

[27] L'HOMME M-C. Le statut du verbe en langue de spécialité et sa description lexicographique[J]. Cahiers de lexicologie, 1998, 73(2): 61-84.

[28] LYONS J. Linguistic semantics: an introduction[M]. Cambridge and New York: Cambridge University Press, 1995.

[29] MANIEZ F. L'adjectif dénominal en langue de spécialité: étude du domaine de la médecine[J]. Revue française de linguistique appliquée, 2009, 14(2): 117-130.

[30] METEYARD L, et al. Coming of age: a review of embodiment and the neuroscience of semantics[J]. Cortex, 2012, 48(7): 788-804.

[31] MINSKY M. A framework for representing knowledge[M]//WINSTON P H. The Psychology of Computer Vision. New York: McGraw-Hill, 1975: 211-277.

[32] NAKOV P. On the interpretation of noun compounds: syntax, semantics, and entailment[J]. Natural Language Engineering, 2013, 19(3): 291-330.

[33] PALMER M G D, KINGSBURY P. The Proposition Bank: an annotated corpus of semantic roles[J]. Computational Linguistics, 2005, 31(1): 71-106.

[34] PATTERSON K, NESTOR P J, ROGERS T T. Where do you know what you know? The representation of semantic knowledge in the human brain[J]. Nature Reviews Neuroscience, 2007, 8: 976-987.

[35] QUILLIAN R. The teachable language comprehender[J]. Communications of the ACM, 1969, 12(8): 459-476.

[36] SAGER J C, DUNGWORTH D, MCDONALD P F. English special languages. Principles and practice in science and technology[M]. Wiesbaden: Brandstetter Verlag, 1980.

[37] ŠTEKAUER P V S, KÖRTVÉLYESSY L. Word-formation in the world's languages: a typological survey[M]. Cambridge: Cambridge University Press, 2012.

[38] TEMMERMAN R. Primary and secondary term creation and the process of understanding. Presentation given at the international seminar Application of Cognitive Terminology Theories in Terminology Management[C]. Zagreb, 27-28 September 2013.

[39] VAN VALIN R D, LAPOLLA R J. Syntax: structure, meaning, and function[M]. Cambridge: Cambridge University Press, 1997.

写在风中：术语中的文化变量

P. 费伯（Pamela Faber）和 L. M. 鲁尔（Laura Medina Rull）[①]

1　引言

语言、文化和概念化（conceptualization）之间的交界面，是认知语言学（Cognitive Linguistics）和文化语言学（Cultural Linguistics）明确关注的焦点（Palmer 1996；Sarifian 2011）。文化中包含了特定社会文化群体共有的信念、行为、对象、传统、语言以及其他特征。作为文化传播的主要手段，语言对共享的文化知识进行编码，而这些共享的文化知识可以通过词语或者术语的含义在自身最广博的意义上得到反映。在认知语言学中，含义通过概念化来识别，而概念化涵盖了任何类型的心理经验（Langacker 2007）。因此，含义被视为"非语言特定的"（not specifically linguistic）广泛知识体系的接入点（Langacker 2014）。这一论断不仅适用于通用语言，而且也适用于专业语言。

本文探讨了"风"（wind）这一概念类别（category）的文化维度。从气象学角度来看，学者们通常根据以下因素对"风"进行分类：空间规模、速度、方向、发生区域和造成的影响。这些参数中有不少是从文化观念中派生出来的，尤其是当"风"在某个地域或者地区具有典型性的时候。我们对词典定义的分析以及对从环境科学专业文本语料库中提取出来的微观上下文语境的研究都反映出，概念关系是用来描述"局部风"（local wind）的共同核心。这些关系也构成了形成"风"这一概念的"文化框架"（cultural frame）或者"语义模板"（*semplate*）（Burenhult and Levinson 2008）的基础。

虽然术语或者专业含义单元（specialized meaning unit）始终具有文化的维度（Temmerman and Campenhoudt 2014），但是，它们通常不被视为文化考察的对象。环境科学中的概念就属于这种情况，例如"地理地貌"（geographic landform）〔例

---

① 这篇文章英文名为"Written in the Wind：Cultural Variation in Terminology"。原文见西班牙格拉纳达大学（University of Granada）LexiCon 研究团队（LexiCon Research Group）的出版物网站（http://lexicon.ugr.es/publications）（2017 年）。——译者注

如"湿地"（wetland）、（Faber and León-Araúz 2014），以及气象现象，例如"风"（wind）。学者泰默尔曼（Temmerman）（2000）和费尔南德斯－席尔瓦（Fernández-Silva）、弗雷沙（Freixa）以及卡布雷（Cabré）（2014）的研究都强调："科学类别"（scientific category）是以文化的、躯体（身体状态）的／实体的（bodily）和感性的事实为基础的。

　　本文的研究运用框架术语学（Frame-Based Terminology，FBT）（Faber 2012，2014）的理论前提，对涉及不同类型的"局部风"（local wind）的术语进行了分析，并建立起一套含义参数，用以构建和丰富对属于大气现象类别的概念进行定义的文化模式。这些参数强调了"风"作为一种气象力量的文化维度。

2　框架术语学

　　框架术语学是一种术语学的认知方法，它直接将专业知识表示与认知语言学和认知语义学联系起来（Faber 2011，2012），其方法论结合了心理学和语言学模型及其理论前提，例如词汇语法模型（Lexical Grammar Model）（Faber and Mairal 1999；Martín Mingorance 1990）、框架语义学（Frame Semantics）（Fillmore 1985；Fillmore 2006）、生成词汇学（Generative Lexicon）（Pustejovsky 1995）以及情境认知理论（Situated Cognition）（Barsalou 2003，2008）。

　　更具体地说，框架术语学方法将"框架"这一理念用作"经验的图式化（一种知识结构），它在概念水平上得以表示并保存在长期的记忆中，还与嵌入特定文化的场景、情境甚至人类经验有关的要素和实体相联系"（Evans 2007）。"框架"的优势在于：它强调了非层级的（non-hierarchical）和层级的（hierarchical）概念关系（Faber 2014）。

　　正如在 EcoLexicon（西班牙环境科学术语知识库）（ecolexicon.ugr.es）（Faber 2012；Faber，León and Reimerink 2014）中所反映的那样，文化环境对语义网络会产生影响，即使在存在着紧密联系的语言文化中，人们也已经发现——在所使用的环境科学术语之间存在着差异性。但是，在术语含义中添加文化成分，这要比（在一种文化中）容纳指称其他具有文化特定性的新概念的术语，还要复杂得多。究其原因，则是某些概念类别与某种语言使用者的生长环境存在着联系，这些概念的含义经常从特定地域（或者地区）所独具的特色中衍生出来，有的甚至源自这个地区所发生的具有典型性的天气现象。

3　文化框架和"风"的概念

EcoLexicon 知识库中针对语言而提出的"泛欧（洲）"（pan-European）概念系统规范，要求它具有与最重要的语义类别相关的"文化框架"（cultural frame）或者文化配置分类方法。"文化框架"与所谓的"设计原则"（design principle）（O'Meara and Bohnemeyer 2008）、"模板"（template）、"模型"（model）、"模式"（schema）或者"框架"（frame）存在着直接联系（Brown 2008；Burenhult 2008；Cablitz 2008；Levinson 2008）。在 EcoLexicon 中，"框架"是一种表示形式，它整合了把关于某个类别或者一组类别的"语义概括"（semantic generalization）组合起来的各种方式。相比之下，"模板"则是同一类别个体成员的表示模式。学者布伦胡特（Burenhult）和莱文森（Levinson）（2008）提出了"语义模板"（*semplate*）这一术语，它指的是文化主题（cultural theme）或者语言模式（linguistic pattern）被强加给环境以对类别进行创建、协调、再分类或者对比。

在框架术语学中，概念化被视为一种由人类感知（human perception）调节的动态过程。这意味着，每一个术语定义都构成了一个"微型知识表示"（mini-knowledge representation），而这个"微型知识表示"则是以如何对专业性概念进行感知、加工和理解为基础的。在此，起影响作用的因素包括：感知者的知识水平、专业概念与感知者日常生活的相关性、这个概念在感知者的环境中所起的作用以及定位、感知者每天与这个概念发生互动的频率、这个概念所具有的潜在操作性和可用性。此外，"感知"（perception）在定义构建中所起的作用至关重要，因为"感官信息"（sensory information）和"文化感知"（cultural perception）（以获取上下文知识的形式）会对概念化起约束和指导作用。

这些论断由具体化或者基础性的认知假设支持，这种假设将"理解"（understanding）等同于"感觉和运动模拟"（sensory and motor simulation）（Faber 2011；Tercedor Sánchez，Faber and D'Angiulli 2011）。它声称，在感觉运动系统（sensorimotor system）与物理世界之间存在的相互作用构成了认知的基础。

在认知神经科学（cognitive neuroscience）中，现在有大量研究都在探索这样一个问题：感觉和运动信息是否（以及在多大程度上）是语义表示及其加工的一部分？（Meteyard et al. 2012）支持这种观点的理论目前可以排成一个连续统一体。一方面，占主流的理论声称：语义信息是符号性的（symbolic），而且采用一种通用的表示格式进行了编码，它与感觉和运动系统无关（Quillian 1969；Anderson 1983）。而在另一方面，比较激进的理论则强调：概念完全以感知和行动为基础，因此，它们完全依赖于感觉和运动系统（Gallese and Lakoff 2005）。但是，在我们看来（Faber et al. 2014），现实情况存在于上述两者之间（Meteyard et al. 2012；Kiefer and Pulvermüller 2012）。学者帕特森（Patterson）等人（2007）提出了一种语义表示的"超模态"（supramodal）格式——尽管它是从跨感觉和运动输入的映射中得出的，但它是"模态不变的"（modality-invariant）。

在术语学中，这种"超模态表示"（supramodal representation）的相关性则表现为由不同学者提出的类别模式（category schema）或者模板（Faber 2012；Faber et al. 2014；Roche et al. 2009；Leonardi 2010；Temmerman 2000）。这与学者宾德（Binder）和德赛（Desai）（2011）的观点相吻合，他们指出，"概念化表示"（conceptual representation）具有多重输入级别。其中，最顶层由"（示意）图（表）示"（schematic representation）组成，当需要时，它们可由受感觉运动影响的（sensorymotor-affective）输入进行充实。有些学者（Lambon Ralph et al. 2010）将这些模态不变的"表示"与地理地图进行过对比，他们发现，其中每一种类型（地质、政治、语言等）的地图都对相同的图表/网格（chart/grid）系统进行了编码，但是，每一种类型又都存在着各自不同的特色。

因此，当我们遇到物理对象或者某种力量（例如"风"）时，虽然对它的表示处于所有类别成员共享的框架之内，但是，我们的感官还是可以通过感知和行动来表示它。这种"顶层模式"（top-level schema）虽然同时限制了感知输入，但也是从感觉运动映射那里起源的。鉴于对对象的加工处理涉及检索感觉模态（sensory modality）的属性信息，我们不能孤立地激活专业知识概念，而应该将其理解为"情境"事件（"situated" event）的一部分，在这个"情境"事件中，感知、文化和其他多种动态性的因素共同起着作用。

4　作为一种文化和气象概念的"风"

"风"既是一种气象概念又是一种文化概念。自古以来，人们就一直在努力理解这种现象，并期望能对它有所控制。人们在对"大气"（atmosphere）产生科学认识之前，就已经意识到，不同的"风"会对他们的日常生活及其质量产生一定的影响。实际上，世界各地的人们为"风"起的名字多种多样，这反映出"风"在人类感知中所具有的显著性。

尽管"风"是看不见的，但它仍然具有像任何地理地形一样的真实性。在古代，人们给予"风"一种超自然的解释。千年以来，大多数文明都通过创造一个或者多个掌管"风"的神来诠释这一现象。这样的解释则又支持了流传于民间的一种信念，即："风"一定来自某个地方，甚至它一定有自己的栖身之地。

由于"风"的种类很多，针对"风"这个术语，人们经常采用复数形式。几个世纪以来，关于"风"的起源及其活动的神话，早已深深植根于不同的文化信仰体系之中。文化的不同导致存在着对"风"的各种解释，而且，这些解释也已经成为各种神话的一部分。例如，在土著居民的传说中，"风"通常起源于火山、山洞、大海中的孔洞或者来自"神"的呼吸（De Villiers 2006）。根据希腊神话，"风"驻留在"风神群岛"（Aeolian Islands）里，并由海神波塞冬（Poseidon）之子"风之神"埃俄罗斯（Aeolus）守护着。实际上，奥德修斯（Odysseus）（古希腊荷马史诗《奥德赛》的主人公）在旅行中，采用与中国"风神"（风婆）和日本"风神"相同的方式，把"风"装在袋子里——中国"风神"和日本"风神"是将"风"塞到袋子里并扛在肩上的。

另外，希腊人还创立了一个系统来解释不同类型的"风"。他们是这样做的：把每一种"风"（以及由此产生的天气条件）都与某种"神"联系起来。在这个系统中，埃俄罗斯是"风之神"，他通过将"四种风"（the four winds）"囚禁"在色雷斯群岛（the islands of Thrace）上他自己的洞穴里来控制他们。在这"四种风"中：博雷亚斯（Boreas）是"北风"，是冬季寒冷空气的带来者；泽费罗斯（Zephyrus）是"西风"，他带来了春天和暖的清风和夏初凉爽的微风；诺特斯（Notus）是"南风"，他是夏末和秋季暴风雨的始作俑者；欧鲁斯（Eurus）是"东风"，他与希腊三个季节中的任何一个都不相关（Forrester 1982；Trckova-Flamee 2002）。

罗马人采用了希腊文化的大多数元素，尽管到了他们这里，有一些名称已经做了更改，不过，他们仍旧保留了这种由"风神"组成的等级系统（hierarchical system）来对"风"进行诠释。埃俄罗斯是"风"的守护者；阿基洛/圣佩特里奥（Aquilo/Septentrio）是"北风"；法沃纽斯（Favonius）是"西风"；奥斯特（Auster）是"南风"；萨博叟兰纳斯（Subsolanus）则为"东风"。罗马众神也与希腊神极为相似，它们借用了希腊神的属性，并经常与之混为一谈（Forrester 1982；Gill 2015）。

令人奇怪的是，在波利尼西亚神话（Polynesian mythology）中，竟然也有类似的"风神"等级体系。毛伊（Maui）是一个强大的"神"，他统治着"风神"：大阿罗阿（Tua-Uo-Loa）是"南风之神"；马图（Matuu）是"北风之神"；马塔·乌波拉（Mata Upola）是"东风之神"；汤加（Tonga）则是"西南风之神"。那轻柔的微风叫菲萨嘎（Fisaga），人们允许他自由自在地存在。

在不同的文化中，"方向"（direction）似乎是对"风"进行组织的最基本的参数。这一点在古代文化里得到了反映——"航海"一直是人类的一项重要活动，所以要借助"方向"这一参数来反映不同类型的"风"的起源及其发生方式。次要参数则是"强度"（intensity）和"时间性"（temporality）。这种基本分类很重要，因为它奠定了后续科学分类的基础。

随着对天气知识的逐渐掌握，人们还提出了对"风"的各种科学分类。根据学者阿伦斯（Ahrens）（2008）的研究，在大气中存在着各种规模的循环（circulation）。气象学家通常根据这些空气运动的大小和范围对它们进行分类。在某些地区，全年的"风"主要来自一个方向，而在其他一些地区，风向则随季节而变化。在另外一些地区，"风"是如此多变，以至于人们辨别不出任何模式。然而，尽管存在着这些差异，"风"在大体上可以分为三大类：（1）全年以相同方向吹遍世界各地的"行星风"（planetary wind）或者"永久风"（permanent wind）；（2）随季节变化而改变方向的"周期性风"（periodic wind）；（3）通常会影响小型区域的"局部风"。

但是，即使是在对"风"的类型具有高度技术性的分类中，仍然包含用来描述"风"的两个最基本的参数，即"方向性"（directionality）和"强度"。这两个参数还体现在"风"的通用语言定义中："可感知的空气自然运动，尤其是采取从某个特定方向吹出的气流形式"（the perceptible natural movement of air, especially in the form of a current of air blowing from a particular direction）[《牛津高阶英语词典》（*Oxford Advanced Learner's Dictionary*）]。这段定义中对空气运动的感知（即强度）以及方向性的提及，其实确定了感知者的存在，他/她在给定的地点/位置（location）和特定的方向上，与他/她所在环境中的天气要素发生了联系。在这里，还存在着一个隐含的中性感知水平，依据这个水平，"风"的存在可以被正面地也可以被负面地感知，这取决于它与默认值的具体偏差。

正是因为对"风"的定义取决于感知者及其定位，所以，"风"的存在不是虚无的。由于人们看不到"风"，通过"风"对景观以及对景观中居民的影响，人们可以对"风"进行评估。"博福特风级"（the Beaufort wind scale）就是从官方角度确认了"知觉"（perception）和"交互作用"（interaction）在对"风"的评估中起到的作用。这套标准由英国海军上将博福特（Beaufort）于 17 世纪[①]创立，它利用视觉、听觉和触觉

---

① 原文疑有误，此处应为 19 世纪。——译者注

观测来确定风速。这套标准的用户通过寻找"风"对陆地和海洋环境，以及对感知者的特定影响，来对风速进行确定。

在海洋环境中，人们依据"风"与波浪的关系来测量"风"的影响。"风"是一种导致海洋条件形成的"因果力"（causal force），它反映在海浪的大小以及白浪、浪花和泡沫出现的相对数量上，所有这些现象在视觉上都是可以感知到的。相比之下，"风"对陆地的影响，则可以从旗帜、烟雾和树木的动态变化中观察到。但是，人的其他感觉在此也起着作用，因为标准中包括听觉刺激（例如叶子沙沙作响）和触觉刺激（"风"吹在裸露的皮肤上的感觉）。此外，这套标准中还包括执行动作的能力，例如感知者逆风行走、打开雨伞或者驾驶车辆。这种对"风"的强度的评估尤其以感知者与其周围环境的"互动"（interaction）为基础。

这种"互动"（相互作用）至关重要，因为"风"的"行动"（action）和作用会对景观以及景观中的居民产生重大影响。根据学者英戈尔德（Ingold）（2007，2010）的研究，"风"是一种塑造景观的力量，因为它可以播撒种子、侵蚀地表上的物质并影响植被的生长。与其他天气因素一起，"风"影响着人类的日常生活以及行为。

一般而言，"风"是由于大气压力存在的差异而产生的空气流动。尽管压力梯度可能会在全球范围内发展，周期性发展的"加热"和"冷却"循环，也会产生局部或者区域性的风力系统。学者斯达勒（Stull）（2015）观察到，每一个地点都有创造或者改变"风"的独特景观（峡谷、山脉等）。

在我们的这项研究中，我们将重点放在"局部风"上，鉴于它们是受文化约束的对象，它们会影响到栖息地、建筑物、农作物甚至人们对出行交通工具的选择。在许多情况下，局部风对人类有益或者具有破坏性的本质都反映在局部风的名称中，而这又与局部风的方向、发生区域或者对景观及其居民的影响有关。

5　定义解析与分析

作为对"风"的文化维度的研究的一部分，我们从专业词典和百科全书中提取了51种关于局部风的词典定义。根据学者莱昂（León）、费伯和蒙特罗（Montero）（2012）的研究，词典中的信息构成了一种"词汇概念网络"（lexical-conceptual network），它与所表达的知识直接相关。像 sirocco（从非洲吹向南欧一带的非洲热风）和 foehn（焚风）这样的、会对很大的地理区域造成影响的局部风，我们则没有将其收进语料库。

做这样的处理更易于对受某些"风"影响的人群进行划定，从而能突出文化和术语之间的密切关系。

对专业含义定义进行规范和使其结构化，是建立专业概念语义网络并由此创建专业语言语义的关键性因素。根据学者赫斯特（Hirst）（2009）的观点，一部采用了机器可读格式（machine-readable format）的词典可以为计算机化的词汇表（computational lexicon）提供资料源。人们也可以将其用作构建语义层级结构的基础，因为在定义中，"属"（genus）指称了所定义词汇的上位概念，而"区别性特征"（differentiating feature）则代表着使这个概念不同于同一个概念类别中其他（概念）成员的属性。某个词语的含义构成了访问某个概念或者某类概念结构的接入点。因此，定义可以看作是对微型知识的表示，反映了每一个类别的典型的定义"框架"或者"模板"的存在。我们用来分析定义的方法，是以迪克（Dik）（1978）的"逐步词汇分解法"（stepwise lexical decomposition）为基础的（Faber and Mairal 1999）。

我们从专业知识资源［例如《环境科学技术词典》（*The Dictionary of Environmental Science and Technology*）、《环境与生态词典》（*The Dictionary of Environment and Ecology*）、《环境词典》（*The Environment Dictionary*）、《麦格劳·希尔环境科学词典》（*The McGraw Hill Dictionary of Environmental Science*）等］中检索出各类局部风的定义，然后对其进行了分析和研究。依据"风"的名称、（发生的）位置/地点、强度和人们的承受能力，我们对"风"进行了分类。我们假定局部风的名称和定义能够反映文化观念。

此外，我们还编辑了由 24 255 961 个单词组成的专业文本语料库。这个语料库中的材料由来自教科书、专业和半专业性文章、百科全书中的条目以及环境科学和其他相关领域（例如气象学、海岸工程、水文学等）中的术语资源组成。

"风"的定义和"风"的类型则产生了一组核心概念关系，这些关系存在于所有的定义中，因此，它们提供了对"风"进行描述的基本参数。这种"关系簇"（cluster of relations）是我们在此分析的"风"所共有的。毫不奇怪，它们反映了文化因素和气象学描述参数的融合。

如表 1 所示，作为一般性概念，"风"是一种流动的空气。它的特点是具有一定的位置/地点和方向。它的"原型性行动"（prototypical action）是"吹/刮"（blow）。

表1 "风"这个概念的定义模板

风	
是 _ 一种（is_a）	移动的空气
的 _ 行动（action_of）	吹
的 _ 位置 / 地点（location_of）	风通常吹的位置 / 地点
的 _ 方向（direction_of）	产生风的方向

作为表示（空气）运动的动词，对"吹 / 刮"的定义会根据行动的受事者（effector）而有所不同。"作用者 / 施事者"（agent）可以是人类（通过噘起的嘴唇排出空气），也可以是气象学上的力（meteorological force），例如"风"（通过移动产生了气流）。这种将人类与气象因素都作为空气运动（吹 / 刮）的作用者 / 施事者的平行性对照，则有利于人们生成将"风"拟人化的图像，如图1所示，这幅图将人类与气象因素共同作为作用者 / 施事者而进行了融合。

图1 "风"的拟人化

在上文关于"风"这个概念的通用定义模板中，其他参数则是两个文化性参数：位置 / 地点和方向。位置 / 地点具体是指感知者生活和进行日常活动的空间或者所处的景观环境，而方向则是指感知者在这个空间内的定位。

如前所述，在大多数的科学分类中，"风"分为三类：行星风、周期性风和局部风。我们这项研究重点关注的是局部风，因为它们作为一种受文化约束的对象，会影响所在地区居民的生活习惯和文化习俗。我们对 51 种局部风的分析表明，除了"风"的通用定义模板中的信息之外，对它们的定义还包含表 2 中的概念关系。

表2　"局部风"这一概念的定义模板

局部风	
一般性参数	
是 _ 一种	风
的 _ 行动	吹
的 _ 位置 / 地点	常吹局部风的地理位置 / 地点
的 _ 方向	产生局部风的方向
特殊性参数	
的 _ 强度（intensify_of）	风的力度
的 _ 时间（time_of）	一年中产生风的时间
的 _ 持续时间（duration_of）	风的持续时间
的 _ 结果（result_of）	由风引发的结果（造成的影响）
的 _ 温度（temperature_of）	出现局部风时的环境温度
的 _ 水 _ 含量（water_content_of）	风的湿度

　　分析结果表明，"局部风"这个概念最显著（特定）的参数是强度（intensity）、（发生）时间（time）、持续时间（duration）、产生的结果（result）、温度（temperature）和水含量（water content）。"风"的这些属性对于这个地区的居民而言至关重要，因为他们需要知道当地的局部风出现的时间或者季节、持续多长时间，以及出现时的环境是热还是冷、力度是强还是弱、给人的感受是湿润还是干燥。这些因素能够让他们预测空气运动所造成的影响。作为特定类型局部风的示例，表3则显示了对"寒风"（bise）定义的解析以及所激活的概念关系。

表3　对"寒风"定义的解析及其概念关系

"寒风"的定义	在瑞士中部地区（汝拉州与阿尔卑斯山之间的地区）和法国东部罗纳河谷上游吹的风，来自北部方向。它是一种在冬天吹的冷干风。与寒风有关的强烈干燥冷空气经常伴有厚厚的云层。然而，这种风在春天最常见，一般持续一到三天，通常会带来晴朗的天气。
是 _ 一种	风
的 _ 行动	吹
的 _ 位置 / 地点	瑞士中部地区，罗纳河谷上游
的 _ 方向	北部
的 _ 强度	强烈
的 _ 时间	冬季和春季
的 _ 持续时间	1—3 天
的 _ 结果	厚厚的云层，晴朗的天气
的 _ 温度	冷
的 _ 水 _ 含量	干燥

其他局部风的定义，也是由"风"的基本概念模板派生出来的。与"寒风"相似，它们也包含了这些额外的文化性信息。如前所述，这些概念关系所提供的信息，直接与"风"对当地环境的影响及其与景观和当地居民的相互作用有关。表4显示了对"道格特角风（医生角风）"［cape doctor（南非的一种强烈东南风）］的定义以及所激活的概念关系。

表4　"道格特角风（医生角风）"的定义模板

"道格特角风（医生角风）"（cape doctor）的定义	从春季（八月和九月）到夏季末（三月和四月），在南非南海岸吹的强烈而湿润的东南风。 在开普敦，它带来了"桌布"（tablecloth）（般的云层）——一种覆盖"桌山"（Table Mountain）的山丘云层，它还消除了空气污染。
是 _ 一种	风
的 _ 行动	吹
的 _ 位置 / 地点	南非南海岸，开普敦
的 _ 方向	东南部
的 _ 强度	强烈
的 _ 时间	从春季（八月和九月）到夏季末（三月和四月）
的 _ 持续时间	6—7 个月
的 _ 结果	云层，消除了空气污染
的 _ 温度	——
的 _ 水 _ 含量	湿润

表 4 中的定义激活了除温度以外的所有概念关系，在此，因为强度参数的显著性超过了温度（的显著性），所以温度在此对应默认值，即：既不热也不冷。而且，"道格特角风（医生角风）"这种东南局部风的名字就是这个地区的居民将"风"拟人化的一个例子。在这个例子中，这种强风（虽然强风通常是令人讨厌的）被拟人化为一位医生，因为据说它可以让这个地区的居民保持健康并对居民产生积极的医疗作用。更具体地说，它通过吹走烟雾和空气污染来保持天空的清洁。

"布里奇菲尔德风（砖工风）"（一种又干燥又热的北风）是席卷澳大利亚的狂风，这也是一个拟人化的例子。之所以出现这个名称，是因为在建设悉尼市的过程中，一股北部热风从砖砌厂中带出了一团团微红色的砖灰，它使所有的物体都呈现出微红色。这种"风"被概念化为一位工人将这股尘埃从制作砖块的场地上带走。另一个更带有农业含义的解释是："布里奇菲尔德风（砖工风）"这个名字来自这种"风"本身的热和干燥，它本身使土壤表面变得像砖一样硬（weatheronline.co.uk）。表 5 显示了"布里奇菲尔德风（砖工风）"的定义。

表 5   "布里奇菲尔德风（砖工风）"的定义模板

"布里奇菲尔德风（砖工风）"的定义	在夏季，从内地吹过澳大利亚南部海岸的炎热、干燥、多尘的北风。这是来自内地沙漠的热带空气向极地推进所致。当吹这种风时，经常会出现长时间的热浪。日气温可能会超过 40° C（104° F）。
是 _ 一种	风
的 _ 行动	吹
的 _ 位置 / 地点	澳大利亚：内地和南部海岸
的 _ 方向	北部
的 _ 强度	强烈
的 _ 时间	夏季
的 _ 持续时间	几天
的 _ 结果	高温，红尘
的 _ 温度	热，40° C（104° F）
的 _ 水 _ 含量	干燥

局部风的三个主要描述性参数是温度、强度和水含量，所有这些参数都易于借助科学仪器进行精确测量。更具体地说：温度是使用华氏或者摄氏温度计测量的；风速由风速计测量，单位为"千米 / 小时"；相对湿度则使用湿度计测量，通常以百分比表示。

然而，在"局部风"的定义中，这些参数并未采用词汇化的数字量度的形式出现，而是通过动态化的形容词得以表示，它们指代了被视为暂时性的或者可变的属性，或者指代在外部用作价值判断的属性，或者指代感官知觉可以感知到的经历属性（Tomaszczyk and Lewandowska-Tomaszczyk 1990）。因此，它们是主观的而不是客观的，并且反映了对"风"的分类起影响作用的某个说话者群体的共同文化观念。

这些形容词是可以分级的，因为它们允许程度和度量的规模比例变化。这表明，在这里存在着隐含的规范或者默认值——在这个示例中，它们是社会环境强加的，并且被说话者所在的群体不言明地接受了（Tomaszczyk and Lewandowska-Tomaszczyk 1990）。表6显示了温度、强度和水含量这三个描述性参数以及它们在局部风定义中被形容词词汇化了的分级标度。

同样，我们在此可以看到人类针对"风"所表现出来的文化素质和情感认同。这些因素是隐含在形容词当中的，例如："激烈的"（vehement）表明强烈的、愤怒的情绪；"怒号的"（howling）表示长时间的嚎叫哀哭，暗示愤怒或者痛苦的情绪。

表6　"局部风"的参数和分级标度

参数及其作为分级形容词的词汇化	
温度	凉爽 → 温暖 → 炎热 → 酷热 刺骨 → 非常冷 → 寒冷 → 凉爽
强度	轻微 → 柔和 → 和缓 → 阵风 → 狂风 怒号 / 强烈 → 激烈 / 暴烈 / 猛烈 → 狂风大作 → 飓风的力度
水含量	干燥 → 潮湿 → 阵雨式的 → 下雪式的

但是，这个分级标度是相对的。很显然，比较常见强风的地区与通常只出现较为温和的风的地区相比，人们对"风"的强度的感知有所不同。因此，这些参数不仅与地理位置相关联，也受到人们文化感知的影响。

6　语料库分析

我们下一步的工作，则是通过语料库分析来确认这些与局部风相关的概念关系。通过分析语言的上下文语境，我们可以获得大量关于这个术语含义以及用法的信息。为此，我们需要利用 Sketch Engine 对语汇索引（concordance）进行研究并生成"单词草图"（word sketch）。于是，我们编辑了一个含1 900万个单词的子语料库，它由 EcoLexicon 语料库中与"风"有关的文本组成。

　　我们对从语料库中提取出来的信息进行了语义分类和分析，这样做可以把概念置于构成"知识领域事件"（knowledge-domain event）的概念构架当中（Faber et al. 2006；Faber et al. 2007；Faber et al. 2012）。语汇索引则用来在这些文本中搜索描述"风"时最频繁出现的概念关系。

　　在此方面，一个有用的理念就是"知识模式"（knowledge pattern）（Barrière 2004b；Barrière and Agbago 2006），它指的是与术语及其概念结构有关的，并且独立于域的（domain-independent）显性"元语言信息"（metalinguistic information）。我们利用 Sketch Engine 的"制作语汇索引"（Make concordance）、"单词草图"、"汇编（词库）"（Thesaurus）等功能来提取数据以进行分析。图 2 显示了 Sketch Engine 的界面和"布里奇菲尔德风（砖工风）"（brickfielder）的一组语汇索引。

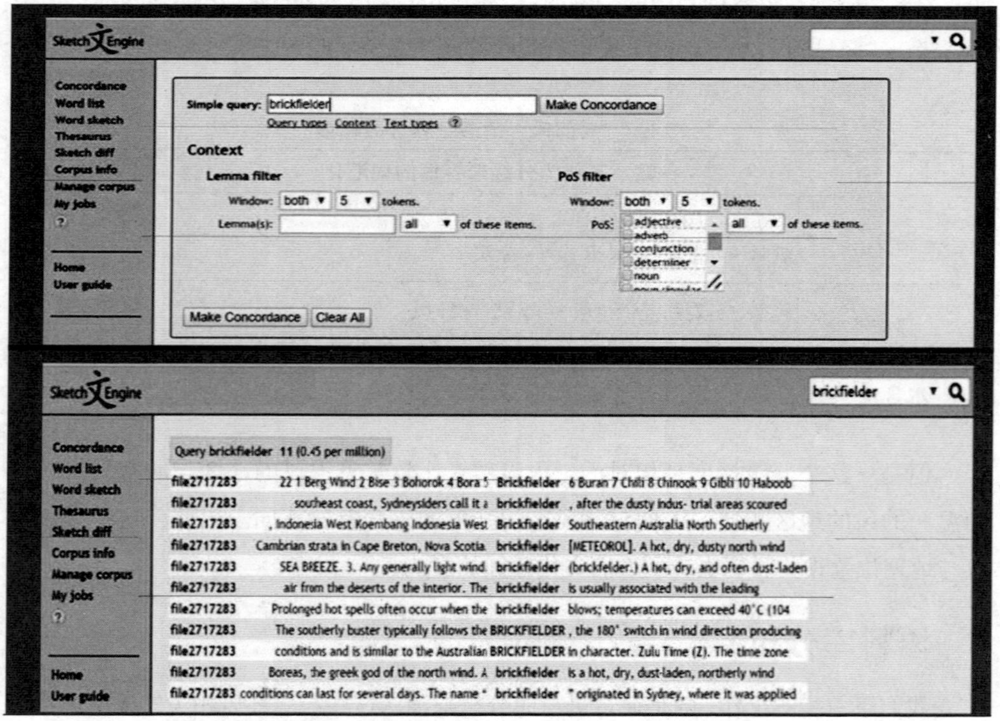

图 2　Sketch Engine 的界面和"布里奇菲尔德风（砖工风）"
（brickfielder）的一组语汇索引

　　"知识模式"是词汇标记（lexical marker），它们可以帮助读者充分理解某个概念的含义以及这个概念与其他概念的关系。当这些标记出现在所搜索的术语的附近语境中的文本中时，它们则预示了所搜索的术语与另外的术语之间可能存在的概念关系。表7显示了这些词汇标记可能反映的概念关系。

表7　在对"风"的描述中所使用的词汇标记

概念关系	词汇标记
是 _ 一种	被称为；是……一种；以……著称；一种……类型
的 _ 位置 / 地点	横穿过；沿着；在；占有优势；在……发现；（表示方向）越过 /（部分或全部覆盖）在……上面；在……上；穿过；在哪里
的 _ 方向	沿着；从……横穿过 / 上面穿过 / 越过 / 向 / 向着；相反方向；在……上面穿过；上山 / 下山
的 _ 行动	吹；带来；激起 / 吹起；携带；流动；发展；经历；发生
的 _ 时间	在……期间；……的季节 / 时间
的 _ 结果	因为；造成；归因于；形成；对……回应；产生；造成结果；带来；生成；……的效果；生产；送出

在从语料库文本中提取的语汇索引中，我们发现，局部风主要是根据以下的概念关系来描述的："是 _ 一种"（is_a）、"的 _ 位置 / 地点"（location_of）、"的 _ 方向"（direction_of）、"的 _ 行动"（action_of）、"的 _ 时间"（time_of）和"的 _ 结果"（result_of）。图3显示了语料库中它们的词汇标记出现的频率。

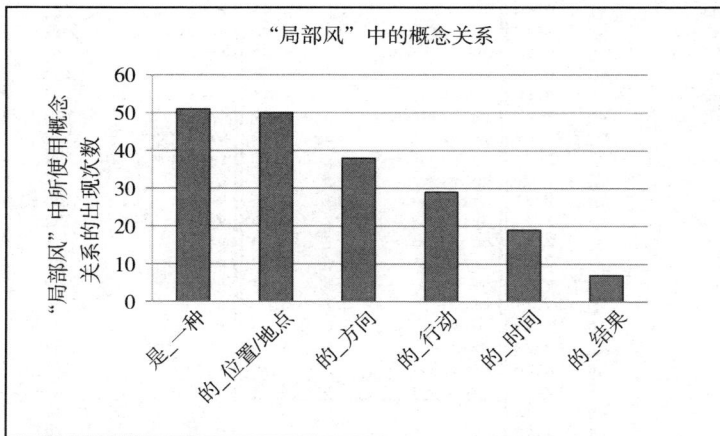

图3　在"局部风"定义中概念关系出现的频率

7 单词草图分析

"单词草图"是语料库自动生成的对单词语法和搭配行为的摘要。在图 4 中，针对"风"的各种搭配词是依据它们所在的句法关系（syntactic relation）进行分组的。例如，这些搭配包括以 wind 为语法主语时最常出现的动词、最常修饰 wind 的形容词以及 wind 所修饰的名词。这些信息证实了 wind 所发生的最具"原型化的行动"（prototypical action）是 blow（吹 / 刮）。如图 4 所示，wind 的其他词汇上的显著性行动都与具有因果关系的运动（drive, carry, push, move, transport）（驱动、搬运、推动、移动、运送）或者创造（cause, generate）（造成、产生）有关。这就凸显了一个事实，即："风"被概念化为一种力量，这也意味着它更容易被拟人化。

由图 4 可知，修饰 wind 的形容词则突出了它的强度水平（strong, light, moderate, weak, calm）（强、轻、中、弱、平静）。当 wind 用于修饰另一个名词时，则会产生一个"多词表达"（multiword expression），这种表达突出显示了通常与 "风"有关的品质或者属性。毫不奇怪，"风"最常见的两个属性是"速度"（speed）和"方向"。同样重要的还有对"风"可能引起的行动——例如 shear、blow、stress（剪切、吹塑、给……施加压力）——的名词化。

wind (noun) Alternative PoS: <u>verb</u> (718)
Corpus Winds freq = <u>23,811</u> (981.65 per million)

subject of			adj subject of			modifies		
	4,754	2.80		541	2.10		9,059	1.00
blow	468	11.47	light	58	11.26	speed	2,156	12.25
drive	122	9.37	strong	75	11.06	direction	530	10.42
carry	107	9.07	moderate	15	9.66	shear	352	10.15
cause	141	8.60	weak	21	9.63	blow	271	9.83
generate	63	8.31	calm	13	9.48	stress	249	9.42
push	45	8.17	geostrophic	9	9.01	turbine	175	9.21
force	46	8.11	westerly	7	8.68	power	204	9.16
speed	41	8.11	parallel	6	7.81	field	250	9.06
transport	40	7.97	dependent	8	7.69	farm	140	8.87
move	57	7.87	great	13	7.42	velocity	188	8.87
deposit	33	7.70	responsible	9	7.40	pattern	190	8.54
flow	40	7.69	relative	7	7.38	gust	87	8.24
bring	34	7.57	important	11	7.15	wave	186	8.15
exceed	35	7.54	able	7	7.06	vector	82	8.01
reach	41	7.53	common	7	6.93	vane	72	8.00
converge	28	7.53	constant	6	6.93	profile	91	7.94
weaken	28	7.50	less	6	6.71	erosion	89	7.89
tend	40	7.43	small	7	6.60	scale	90	7.52
come	40	7.35	similar	6	6.43	energy	102	7.50
pick	23	7.26	likely	6	6.41	component	76	7.45
top	23	7.26	high	7	6.16	flow	101	7.37
produce	48	7.23	such	6	4.11	system	197	7.29
create	29	7.17				rain	62	7.21
sweep	21	7.12				chill	38	7.09
rise	30	7.11				strength	43	7.07

图 4 wind 单词草图的一段摘录

8　词库分析（Thesaurus analysis）

另外，Sketch Engine 应用程序允许用户生成"标签云"（tag cloud），这种标签云可以显示与单词一起频繁出现的搭配。图 5 中的可视化表示就突出显示了从语料库中提取的关于 wind 的最基本信息。

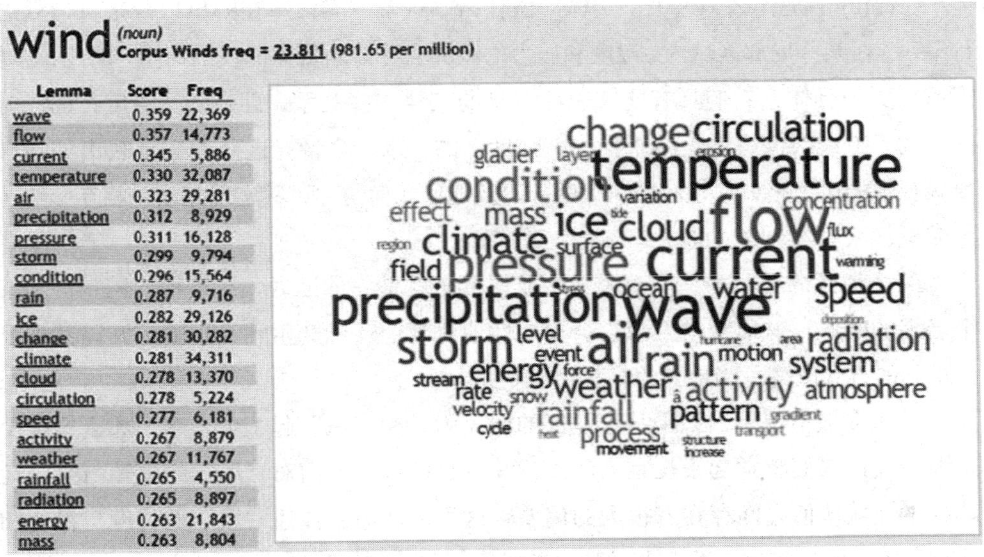

图 5　针对 wind 这个概念的标签云

从图 5 中的这种表示中，我们可以得到以下信息：

· Wind *causes* waves in the ocean.（风在海洋中**引起**波浪。）

· Wind *moves* by flowing.（风随着流动而**移动**。）

· Wind *is a* current of air.（风**是一种**气流。）

· Wind *has a* temperature.（风**具有**温度。）

· Wind *causes* precipitation（rain, ice）.［风**造成**降水（雨、冰）。］

这些数据突出显示了"风"的类型、行动、温度、造成的影响和水含量的重要性。因此，它部分确认了我们的定义分析结果。

9　局部风的文化特征

人们在日常的天气中都会与诸如"风"之类的气象力量进行互动。这种天气现象已经融入人类的生活经验当中，并以无数种方式影响着人们的日常生活。这在人们对气象力量（例如"风"）的文化感知中表现得很明显，而且也在语言的塑造中得到了体现。

用于描述"局部风"的模板通常从关于"风"的通用模板（即包含"是_一种"、"的_行动"、"的_位置/地点"和"的_方向"这些概念关系）中得出。这些关系可以为出现在感知者视野中的任何一种新对象提供描述性参数，而且，它们对这个"实体"（entity）是什么、这个"实体"做什么、这个"实体"在哪里以及来自何处进行编码。在某些局部区域内，温度和压力的差异会导致小规模的风的产生，因此，"局部风"更为具体，它们具有能够表征自身的其他一些关系，即：的_温度，的_时间，的_持续时间，的_结果，的_强度，的_水_含量。这些参数反映出处在当地景观中的居民是如何理解"风"的，以及他们如何与"风"实现互动（相互影响）并赋予"风"某些含义的。

某个地区的居民为"局部风"所取的名字就是一种证据。当某种"风"得到某个名字的时候，这通常是因为它会周期性地对某个环境产生重大影响，并以某种令人难忘的方式改变了当地人的日常生活。

在大多数情况下，如果某个地区的居民为某种"风"起了个名字，那么这很少是因为它让人们感觉起来是宜人的。就其本身而言，人们对"风"的感知与空气运动的中性默认值之间存在着很大的偏差。这可以从用来描述"风"的强度、温度和造成的影响的形容词中看出来，例如"激烈的、令人愤怒的、怒号的、酷热的"（vehement, angry, howling, scorching）等等。

人们对"局部风"的负面情绪占主导地位，这还可以从它们的名称中看出来。虽然在这些名称中有很多都是对风向（wind direction）［东南风（southeaster）、东北（暴）风（nor'easter）、西北风（nor'wester）］和发生的位置/地点［"由南美吹向大西洋的冷风"（pampero）、"帕帕加约风"（papagayo）、"特旺特佩克风"（tehuantepecer）］的词汇化，但是，在由从定义和语料库分析得到的概念关系所组成的模板中，我们则发现，还存在着一些具有其他特色的名称。

例如，体现了"的_行动"这种概念关系的"哈布尘暴"（haboob）这个单词是发生在苏丹的一种强风的名称，这种强风带来了大量的沙尘。haboob 这个名字来自阿拉伯语 habb（to blow）（吹/刮），从而突出了"风"的典型性活动。而"的_持续时间"这种概念关系则词汇化在"喀新风"（khamsin，一种非洲热风）这个单词上，khamsin 这个词源于阿拉伯语的 khamsun 或者 hamsin（五十），用来形容干燥多尘的非洲北部的大风预计持续的天数。概念关系"的_结果"则词汇化在诸如"黑风暴／风沙尘"（karaburan，春夏两季发生在中亚地区的猛烈东北风）和 rashabar（黑风）这类"风"的名字当中。"舵轮风"（helm wind）这个名字也属于这种情况，这个名字来自盎格鲁 – 撒克逊文化，helm 表示"头盔"或者"头部遮盖物"，它形象地描绘了这种局部风所形成的独特云层（Veale, Endfield and Naylor 2014）。其他的名称则反映了"风"产生的结果及其可能造成的损害。其中一个明显的例子就是"沉船风"（wreckhouse wind），它是在纽芬兰西南部发生的一种非常强烈而且极具危险性的风。如前所述，人们甚至可以把局部风的名称拟人化为一种具有社会角色的人类化身［如"布里奇菲尔德风（砖工风）""道格特角风（医生角风）"］。

　　有趣的是，把"风"看成一位医疗专业人员的理念，也词汇化在另一种局部风的名字里，这就是"弗里曼特尔医生"（Fremantle doctor），它是来自印度洋的午后海风，这种风让西澳大利亚的珀斯（Perth）变得凉爽——在炎热的夏季里，它缓解了这里的高温。最后，局部风还可能"化身"为凶狠的"超自然实体"，就像"魔鬼"［diablo（devil）］这种局部风的名字所反映的那样，它是一种来自旧金山湾东北方向的炎热、干燥的海上风。尽管并非拟人化，但将"风"概念化为负面对象的另一个示例为"西蒙风"（simoom）（非洲与亚洲沙漠地带的干热风），这是一种炎热、干燥、充满尘埃的风，它吹过阿拉伯沙漠，它的名字则来自阿拉伯语 samma［毒药（poison）］。作为造成疼痛或者死亡的手段／工具，"风"的这种负面手段／工具的维度也反映在对一些墨西哥风的命名中，例如"埃尔科多纳佐风"（el cordonazo，意为"圣弗朗西斯的鞭子"），它是墨西哥西海岸的一种南部飓风。

10　结论

　　本文在框架术语学的理论背景下，探讨了"风"这个概念类别的文化维度。我们研究的主要重点是"局部风"，因为它们作为一种受文化约束的对象，会对人类的栖息地／住所、建筑结构、农作物生长甚至旅行交通工具的选择产生影响。我们对词典定义的分析以及对从环境科学专业文本语料库中提取的微上下文语境的研究，强调了"风"的通用文化框架或者语义模板，这是在参照影响环境的文化主题或者语言模式的基础上，对类别进行创建、协调、分类或者对比。我们的研究对一系列的概念关系进行了规范，它们体现在定义、文本、文化信仰，甚至是局部风的名称当中。我们可以利用这些参数，对定义和体现属于大气现象类别的概念的文化分类

模式进行丰富。^①

参考文献：

[1] AHRENS C D. Essentials of meteorology: an invitation to the atmosphere[M]. Belmont CA: Brooks/Cole, 2008.

[2] ANDERSON J. The architecture of cognition[M]. Hillsdale, NJ: Lawrence Erlbaum, 1983.

[3] BARRIÈRE C. Knowledge-rich contexts discovery[C]//TAWFIK A H, GOODWIN S D. Proceedings of the 17th Conference of the Canadian Society for Computational Studies of Intelligence on Advances in Artificial Intelligence. Berlin/New York: Springer, 2004: 187-201.

[4] BARRIÈRE C, AGBAGO A. TerminoWeb: a software environment for term study in rich contexts[C]//Proceedings of the International Conference on Terminology, Standardisation and Technology Transfer (TSST 2006). Beijing, 2006: 103-113.

[5] BARSALOU L. Situated simulation in the human conceptual system[J]. Language and Cognitive Processes, 2003, 18(5/6): 513-562.

[6] BARSALOU L. Grounded cognition[J]. Annual Review of Psychology, 2008, 59: 617-645.

[7] BINDER J R, DESAI R H. The neurobiology of semantic memory[J]. Trends in Cognitive Sciences, 2011, 15(11): 527-536.

[8] BROWN P. Up, down, and across the land: landscape terms, place names, and spatial language in Tzeltal[J]. Language Sciences, 2008, 30: 151-181.

[9] BURENHULT N. Streams of words: hydrological lexicon in Jahail[J]. Language Sciences, 2008, 30: 182-199.

[10] BURENHULT N, LEVINSON S C. Language and landscape: a crosslinguistic perspective[J]. Language Sciences, 2008, 30: 135-150.

[11] CABLITZ G. When "what" is "where": a linguistic analysis of landscape terms, place

① 这项研究是在项目 FF2014-52740-P——"术语增强型翻译的认知和神经学基础"（Cognitive and Neurological Bases for Terminology-Enhanced Translation, CONTENT）—— 的框架内进行的，该项目由西班牙经济与竞争力部（Spanish Ministry of Economy and Competitiveness）资助，同时也从西班牙格拉纳达大学（University of Granada）获得了部分资金（研究介绍奖学金）（Beca de Introducción a la Investigación）。

names and body part terms in Marquesan (Oceanic, French Polynesia)[J]. Language Sciences, 2008, 30: 200-226.

[12] DE VILLIERS M. Windswept. The story of wind and weather[M]. New York: Walker Publishing Company, 2006.

[13] DIK S. Stepwise lexical decomposition[M]. Lisse: de Ridder, 1978.

[14] EVANS V. A glossary of cognitive linguistics[M]. Edinburgh: Edinburgh University Press, 2007.

[15] FABER P. The dynamics of specialized knowledge representation: simulational reconstruction or the perception-action interface[J]. Terminology, 2011, 17(1): 9-29.

[16] FABER P. A cognitive linguistics view of terminology and specialized language[M]. Berlin/New York: De Gruyter, 2012.

[17] FABER P. Frames as a framework for terminology[M]//KOCKAERT H J, STEURS F. Handbook of Terminology, Vol. 1. Amsterdam/Philadelphia: John Benjamins, 2014: 14-33.

[18] FABER P, MAIRAL R. Constructing a lexicon of English verbs[M]. Berlin/New York: Mouton de Gruyter, 1999.

[19] FABER P, LEÓN-ARAÚZ P, PRIETO J A, et al. Linking images and words: the description of specialized concepts[J]. International Journal of Lexicography, 2007, 20(1): 39-65.

[20] FABER P, LEÓN-ARAÚZ P. Specialized knowledge dynamics. From cognition to culture-bound terminology[M]//TEMMERMAN R, CAMPENHOUDT M. Dynamics and terminology. Amsterdam/Philadelphia: John Benjamins, 2014: 135-158.

[21] FABER P, LEÓN-ARAÚZ P, REIMERINK A A. Representing environmental knowledge in EcoLexicon[M]//BÁRCENA E, READ T, ARUS J. Languages for Specific Purposes in the Digital Era. Berlin/Heidelberg: Springer, 2014.

[22] FABER P, MONTERO S, CASTRO M R, et al. Process-oriented terminology management in the domain of coastal engineering[J]. Terminology, 2006, 12(2): 189-213.

[23] FABER P, VERDEJO J, LEÓN-ARAÚZ P, et al. Neural substrates of specialized knowledge representation: an fMRI study[J]. Revue Française de Linguistique Apliquée, 2014, 1(XIX): 15-32.

[24] FERNÁNDEZ-SILVA S, FREIXA J, CABRÉ M T. A proposed method for analyzing the dynamics of naming from an intralingual and interlingual perspective[M]// TEMMERMAN R, CAMPENHOUDT M. Dynamics and Terminology. An Interdisciplinary Perspective on Monolingual and Multilingual Culture-Bound Communication. Amsterdam/Philadelphia: John Benjamins, 2014: 183-211.

[25] FILLMORE C. Frames and the semantics of understanding[J]. Quaderni di Semantica, 1985, 6: 222-254.

[26] FILLMORE C. Frame semantics[M]//GEERAERTS D. Cognitive Linguistics: Basic Readings. Berlin/New York: Mouton de Gruyter, 2006: 373-400.

[27] FORRESTER F. Winds of the world[J]. Weatherwise, 1982(35): 204-210.

[28] GALLESE V, LAKOFF G. The brain's concepts: the role of the sensory-motor system in conceptual knowledge[J]. Cognitive Neuropsychology, 2005, 22(3/4): 455-479.

[29] HIRST G. Ontology and the lexicon[M]//STAAB S, STUDER R. Handbook on Ontologies. Berlin/Heidelberg: Springer, 2009: 269-292.

[30] INGOLD T. Earth, sky, wind and weather[J]. Journal of the Royal Anthropological Institute, 2007, 13: 19-38.

[31] INGOLD T. Footprints through the weather-world: walking, breathing, knowing[J]. Journal of the Royal Anthropological Institute, 2010, 16: 121-139.

[32] KIEFER M, PULVERMÜLLER F. Conceptual representations in mind and brain: theoretical developments, current evidence and future directions[J]. Cortex, 2012, 48: 805-825.

[33] LAMBON R M A, SAGE K, JONES R W, et al. Coherent concepts are computed in the anterior temporal lobes[J]. PNAS, 2010, 107(6): 2717-2722.

[34] LANGACKER R W. Culture, cognition and grammar[M]//PÜTZ M. Language Contact and Language Conflict. Amsterdam/Philadelphia: John Benjamins, 1994: 25-53.

[35] LANGACKER R W. Cognitive grammar[M]//GEERAERTS D, CUYCKENS H. The Oxford Handbook of Cognitive Linguistics. Oxford: Oxford University Press, 2007: 421-462.

[36] LANGACKER R W. Culture and cognition, lexicon and grammar[M]//YAMAGUCHI M, TAY D, BLOUNT B. Towards an Integration of Language, Culture and Cognition: Language in Cognitive, Historical, and Sociocultural Contexts. London: Palgrave

Macmillan, 2014: 27-49.

[37] LEONARDI N. Knowledge organisation in LSP texts and dictionaries: a case study[J]. LSP Journal, 2010, 1: 181-198.

[38] LEÓN-ARAÚZ P, FABER P, MONTERO S. Specialized language semantics[M]// FABER P. A Cognitive Linguistics View of Terminology and Specialized Language. Berlin/New York: Mouton de Gruyter, 2012: 95-175.

[39] LEVINSON S C. Landscape, seascape and the ontology of places on Rossel Island, Papua New Guinea[J]. Language Sciences, 2008, 30(2/3): 256-290.

[40] MARTIN-MINGORANCE L. Functional grammar and lexematics[M]// TOMASZCZYK J, LEWANDOWSKA-TOMASZCZYK B. Meaning and Lexicography. Amsterdam/Philadelphia: John Benjamins, 1990: 227-253.

[41] METEYARD L S, CUADRADO R, BAHRAMI B, et al. Coming of age: a review of embodiment and the neuroscience of semantics[J]. Cortex, 2012, 48: 788-804.

[42] O'MEARA C, BOHNEMEYER J. Complex landscape terms in Seri[J]. Language Sciences, 2008, 30: 316-339.

[43] PALMER G B. Toward a theory of cultural linguistics[M]. Austin, TX: University of Texas Press, 1996.

[44] PATTERSON K, NESTOR P J, ROGERS T T. Where do you know what you know? The representation of semantic knowledge in the human brain[J]. Nature Reviews Neuroscience, 2007, 8: 976-987.

[45] PUSTEJOVSKY J. The generative lexicon[M]. Cambridge MA: MIT Press, 1995.

[46] QUILLIAN M R. The teachable language comprehender[J]. Communications of the ACM, 1969, 12(8): 459-476.

[47] ROCHE C, CALBERG-CHALLOT M M, DAMAS L, et al. ONTOTERMINOLOGY: a new paradigm for terminology[C]//Paper presented at KEOD 2009—International Conference on Knowledge Engineering and Ontology Development. Funchal-Madeira, 2009.

[48] SHARIFIAN F. Cultural conceptualisations and language: theoretical framework and applications[M]. Amsterdam/Philadelphia: John Benjamins, 2011.

[49] STULL R. Meteorology for scientists and engineers[M]. Belmont CA: Brooks/Cole, 2015.

[50] TERCEDOR SÁNCHEZ M, FABER P, D'ANGIULLI A. The depiction of wheels by blind children: preliminary studies on pictorial metaphors, language, and embodied imagery[J]. Imagination, Cognition and Personality, 2012, 31(1-2): 113-128.

[51] TEMMERMAN R. Towards new ways of category description[M]. Amsterdam/ Philadelphia: John Benjamins, 2000.

[52] TEMMERMAN R, CAMPENHOUDT M. Dynamics and terminology[M]. Amsterdam/ Philadelphia: John Benjamins, 2014.

[53] TOMASZCZYK J, LEWANDOWSKA-TOMASZCZYK B. Meaning and lexicography[M]. Amsterdam/Philadelphia: John Benjamins, 1990.

[54] TRCKOVA-FLAMEE A. Gods of the winds[EB/OL]. 2002. [2006-01-05]. http://www. pantheon.org/articles/g/gods_of_the_winds.html.

[55] DVEALE L, ENDFIELD G, NAYLOR S. Knowing weather in place: the helm wind of cross fell[J]. Journal of Historical Geography, 2014, 45: 25-37.

专业知识动力学：从认知到受文化制约的术语学

P. 费伯（Pamela Faber）和 P. 莱昂 – 阿劳斯（Pilar León-Araúz）[①]

摘　要： 在模拟认知和与文化相关的术语学新理论的背景下，本文研究了专业概念以及概念系统的多维度表示形式。依据框架术语学的理论前提，"概念化"被视为受人类感知调节的动态过程。除此之外，过去认为是具有通用性的概念化类别（例如"自然地理实体"）也显示出受到文化观念约束的倾向。因此，在使用定义模板和对专业知识概念进行"情境表示"的基础上，我们可以使用与文化和情境模拟相关的上下文信息来对专业领域进行配置。

关键词： 动态性，多维度性，概念化的组织，认知理论，专业知识表示，术语动力学，受文化制约的术语学

1　引言

"动态性"（dynamicity）是运动的条件，因此，其特征在于不断的变化、活动或者进步。近些年来，不少研究术语学的学者都关注对专业知识理解的动态性研究。学者们这样做是自然而然的，因为人们普遍认为，动态性是任何类型的知识表示系统或者知识获取方案的重要组成部分。对概念化的动态性开展更为深入的研究，并进一步对人类感知乃至文化认知的本质进行考察，研究它们在专业知识环境中是如何影响概念系统的表示和术语的——这些的确是相当必要的。

众所周知，在术语学和专业交流领域中，人们主要关注的一直是概念化的组织。实际上，关于这个主题的学术文章层出不穷（Budin 1994；Puuronen 1995；Meyer, Eck and Skuce 1997；Pozzi 1999；Pilke 2001；Feliu 2004；Faber et al. 2007；León-

---

[①]　这篇文章英文名为 "Specialized Knowledge Dynamics: From Cognition to Culture-bound Terminology"。原文见 *Dynamics and Terminology: An Interdisciplinary Perspective on Monolingual and Multilingual Culture-Bound Communication*（Temmerman R, Van Campenhoudt M. Terminology and Lexicography Research and Practice, 16: 135-158. Amsterdam/Philadelphia: John Benjamins, 2014）或者西班牙格拉纳达大学（University of Granada）LexiCon 研究团队（LexiCon Research Group）的出版物网站（http://lexicon.ugr.es/publications）（2014 年）。——译者注

Araúz 2009；et al.）。术语（term）是指称我们在特定专业领域中对对象、质量以及过程实现概念化的专业知识单元——鉴于这一事实，任何一种术语学理论都应该追求在神经科学、心理学以及文化学方面的理论充分性。从这个意义上讲，涉及概念化过程以及大脑中语义信息组织的知识，都应该作为任何关于专业知识概念的检索和获取以及对专业知识资源进行设计的理论假设的基础。另外，由于"分类"（categorization）本身是一个动态的、依赖于上下文语境的过程，人们在表示及获取专业知识时也应该关注上下文语境的变化（León-Araúz, Reimerink and Aragón 2013），其中包括外部的因素（情境和文化这两个因素）和内部的认知因素，而且，所有这些因素之间都可以相互影响（House 2006）。

但是，迄今为止，在术语学领域里，人们还未真正关注到认知科学和认知神经科学方面的最新研究进展，而这些最新成果表明，关于人类认知的标准理论（standard theory of cognition）是不够充足的（Gallese and Lakoff 2005）。这些认知标准理论是以对实体、事件和过程的抽象的、无模态的表示为基础的，而这些表示并没有考虑到影响加工者（processor）的人为因素和上下文语境因素，更没有考虑到加工者的关注焦点以及他们所具有的文化背景知识。尽管如此，（传统）术语学所倡导的概念表示的主流方法所基于的理论，却与这些传统的认知理论是相同的。这在现今的许多术语学手册（terminology manual）以及对专业知识资源的设计中都有反映。

例如，在大多数的术语学手册中（例如：Cabré 1999；Pavel and Nolet 2001），学者们都提到了以下事实：术语工作的一部分是要在专家的帮助下对专业领域的概念系统进行精心设计，并需要使用到"专业叙词表"（specialized thesauri）。但是，至于这种表示形式是如何创建的、它所基于的前提是什么，却很少有学者说起。不少学者已经对概念系统目前的"形状"（shape）表达了不满（例如：Nuopponen 1994；Cabré 2000；Temmerman 2000）。学者罗杰斯（Rogers）（2004）就对一种事实提出了批评，即：在概念系统的表示中，每一个"节点"都按照惯例由"去上下文语境化的词素"（decontextualized lexeme）进行标记，尽管在事实上，以文本形式表示的知识在概念上是动态的，并且在语言上也是变化的。

人们可以理解，认知和文化方面的动态性是很难采用静态化的表示来捕捉和描绘的。也许正是出于这个原因，在术语资源的设计中，概念组织的显式表示确实具有重要作用。然而，大多数提供这类信息的资源，仅仅借助"树图"（tree diagram）

或者"括号图"（bracket diagram）的形式，并以"是 _ 一种"（is_a）或者"的 _ 种类"（type_of）表示的概念关系为基础，就获得了表示（例如图1）。

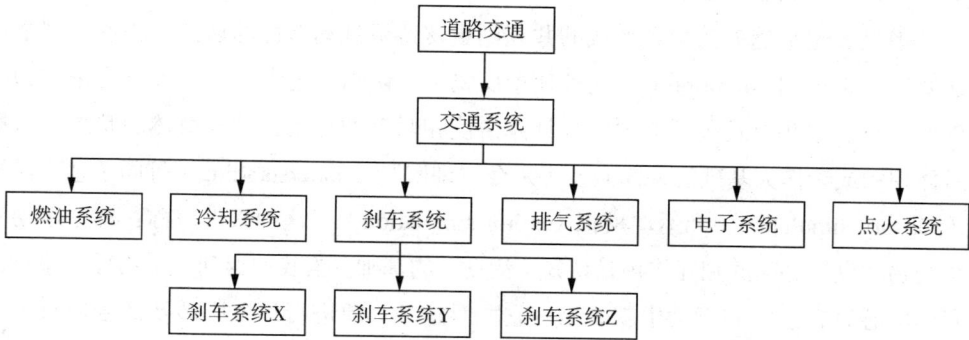

```
                    ┌──────────┐
                    │ 道路交通 │
                    └────┬─────┘
                         ↓
                    ┌──────────┐
                    │ 交通系统 │
                    └────┬─────┘
    ┌────────┬────────┬──┴─────┬────────┬────────┐
┌───────┐┌───────┐┌───────┐┌───────┐┌───────┐┌───────┐
│燃油系统││冷却系统││刹车系统││排气系统││电子系统││点火系统│
└───────┘└───────┘└───┬───┘└───────┘└───────┘└───────┘
              ┌────────┼────────┐
          ┌────────┐┌────────┐┌────────┐
          │刹车系统X││刹车系统Y││刹车系统Z│
          └────────┘└────────┘└────────┘
```

图1　标准概念层级结构的例子

然而，即使是这种类型的概念组织，在实践中也很少出现（Faber et al. 2006）。

即使当概念性表示被包含在内的时候，它们也并未与当今阐述概念化如何在头脑中发生的理论相呼应，因为"心理表征"（思维表示）（mental representation）要更为丰富和更具有灵活性。这种感知方面的丰富性部分源于概念加工和概念化本身所具有的内在动力，涉及随着时间的流逝而产生的变化（Langacker 2001）以及跨文化的变迁。

由于自身所具有的动态性质，对于专业知识的表示而言，"扎根认知理论"（grounded cognition theory）或者"情境认知理论"（situated cognition theory）至关重要。现在我们面临的问题是：如何把对心理过程本质的认识应用于并具体化到对专业知识概念的术语编纂表示中去。

2　新的认知理论

认知心理学以及神经科学领域中的最新研究都强调分类（categorization）、概念存储（concept storage）和检索以及认知加工的动态性本质（Louwerse and Jeuniaux 2010；Aziz-Zadeh and Damasio A 2008；Patterson, Nestor and Rogers 2007；Gallese and Lakoff 2005）。这些研究指出了标准认知理论（standard theory of cognition）所存在的不足，因为这类标准认知理论声称：知识存在于"语义记忆系统"（semantic memory system）之中，而语义记忆系统是与用于感知、行动和内省的大脑模态系统相分离的。依据标准认知理论，模态系统中的表征不会受到感知者和感知的上下文语境的很大影响，并且会被转换为非模态的符号（amodal symbol），但这些符号不是感知模式的特定特征，它们代表语义记忆中相关经验的知识（Barsalou 2008；Mahon and Caramazza 2008）。

但是，越来越多的学者形成的共识则更支持更具动态性的认知过程或者"情境认知"（situated cognition），这种理念反映了"认知"通常是以多种方式来作为基础的假设。这些方式包括模拟、与具体情境相联系的行动，甚至身体的状态。这里所体现的或者作为基础的认知假设，是令"理解"（understanding）等同于感官模拟（sensory simulation）和运动模拟（motor simulation）。这种假设声称：感觉运动系统与物理世界之间的相互作用是认知（活动）的基础。当我们遇到一个物理对象时，我们的感官在感知和行动中就表示着它。对这一对象进行加工则涉及部分捕获关于这些模式的属性信息，以便人们之后可以重新激活这类信息（Damasio A and Damasio H 1994）。

例如，为了表示"桃子"这个概念，视觉、动作、触觉、味觉和情绪的相关神经系统就部分重现了感知者对桃子的体验。这些"重现"（reenactment）或者"模拟"（simulation）与"心理意象"（mental imagery）不是一回事，心理意象是在工作记忆中有意识地被唤起的。与心理意象不同，这些"模拟"似乎是相对自动化的过程，它们超出了我们的意识（Simmons et al. 2005）。

迄今为止，脑成像实验（brain-imaging experiment）主要涉及的是日常对象，例如杯子、锤子、铅笔和食物，这些对象在被感知时就会触发人类对潜在动作的模拟。例如，杯子的手柄激活了抓握模拟（Tucker and Ellis 1998，2001），食物则会激活与味觉加工相关的大脑区域以及视觉皮层中表示物体形状的区域（Simmons et al. 2005）。因此，神经影像研究证实了"模拟"是概念加工的关键性部分（Martin 2007）。

这类"重现"不仅发生在对象本身在场的情况下，它们还能对单词和其他符号做出反应。因此，这似乎说明，模拟在概念知识的表示中起着中心性的作用（Barsalou 2003；Martin 2007）。正是出于这个原因，在术语学中，我们应该对这些研究成果加以考虑。据我们所知，很少有人针对专业概念做过这种类型的神经心理学实验，但是，我们没有理由认为大脑（针对专业概念）的工作原理会有所不同。

例如，当阅读关于曲棍球的文章时，（曲棍球）专家会产生新手所缺乏的"运动模拟"（motor simulation）（Holt and Beilock 2006）。如果（感知的）对象是验潮仪、雨量计或者风速计，则很可能产生相似的结果——在专家的大脑中将显示运动模拟。

但如果专家对这个对象并不熟悉，那么在他的大脑区域里就无法激活这种模拟。因此，关于"模拟交互作用"（simulated interaction）的信息是概念含义的重要组成部分。

这种"模拟"在本质上是与组成部分有关的，而不是整体性的。换句话说，它们不是连续流式的视频记录，而是包含了许多小型的感知要素，而且，这些要素是由各种经验模式产生的（Simmons et al. 2005）。我们大脑对对象的表示方式似乎也向我们表明，我们应该完善术语学领域中进行专业知识表示的方法，以便将上述这些信息考虑在内。

认知也依赖于文化因素，因为我们的经验模式以及知觉都不能与我们所居住的环境和我们以前存储的经验相分离。神经科学对文化现象的研究聚焦于认知和文化因素对分类的影响，而且，已经有研究表明：神经可塑性可能部分来源于文化经验（Reynolds Losin，Dapretto and Iacoboni 2010；Raizada et al. 2008）。这就意味着：文化实际上可以对大脑进行塑造。

3　术语学的动态性

到目前为止，学者们已经从多个角度对术语学的动态性特点进行了探讨。例如，学者们都认识到，随着专业领域知识的不断发展，用于描述其中概念的术语也发生了变化（Bowker and Pearson 2002；Kristiansens 2014）。在日本学者影浦峡（Kageura）（2002）的学术思想中，动态性是术语形成的一个属性（property），是术语增长思想的基础。在社会文化背景下，术语含义的历史演变也反映了术语动态性的特点，例如英语术语 splicing（Temmerman 1995，2008）。另外，鉴于术语含义的不断变化，人们可能需要以术语控制的形式进行人为干预（Oeser and Budin 1995）。但是，上述所有观点都基于这样一个事实——概念化或者概念形成本身就是具有动态性的。正是通过这种过程，我们接近并获取了知识。

就概念化的动态性这一专题，赖特（Wright）（2003）和安蒂亚（Antia）等学者（2005）参考的是学者达马西奥（A.Damasio）（1994）的观点，她们赞同达马西奥提出的概念形成模型的动态可变性。概念采取"稍纵即逝的感知"（fleeting perception）形式，这在本质上是指感知方面的"瞬时融合"（instantaneous convergence），它们在时空的指定"窗口"里结合在一起。由此得出的主要结论似乎是：概念源自一系列迭代（iterative）处理的事件，并且在大脑中处于持续不断的变动之中。

然而，语义记忆产生于大脑中的通用连接性（universal connectivity），并没有一个稳定的神经元结构——这一观点现在已经不再站得住脚了（Patterson, Nestor and Rogers 2007）。诚然，目前关于语义记忆的理论大都同意这样的观点——我们大部分的语义记忆都与感知和行动有关。但是，为了概括具有相似语义的概念，还必须有一个单一的融合区域或者"枢纽"存在，它支持以交互方式激活语义类别中的所有表示模式（Patterson，Nestor and Rogers 2007）。

在术语学领域中，上述这些理论具有得到广泛应用的可能性，虽然人们才刚刚开始对其进行探索。首先，与具体情境相关的概念化强调了这样一个事实，即：概念并不是孤立地被加工的，它们通常处于一定的背景情境和事件之中（Barsalou 2003）。这就表明，上下文语境在知识表示中起着至关重要的作用。在对实体进行感知的任何一个给定的时刻，人们也会感知到其周围的空间（的存在），包括存在于这个空间当中的作用者/施事者（agent）、对象和事件（Barsalou 2009）。

我们可以将上述理论直接用于对专业知识进行建模，以确保术语条目/记录的综合全面性。实际上，这些方法可以作为一种保护措施，用来防止在同一知识领域中遗漏掉与这个术语条目/记录紧密相关的其他概念。例如，"侵蚀"（erosion）是对地球表面的磨损，但是，无论是将其当作一个过程还是当作过程的结果，在进行概念化时，我们都不能把"侵蚀"设想成是孤立的。因为它是由自然力诱发的，它行动起来就像是个"人类作用者"（human agent）（风、水或者冰）似的，并通过导致某物（固体）挪开而影响到地理实体（地球表面）。此外，任何一种过程都会在一段时间内发生，并且可被分成较小的部分。从这个意义上说，"侵蚀"可能发生在一年中的特定季节里，并且可能朝着某个方向发生。

由冰产生的"侵蚀"现象（及其相关概念）更突出地、更具有典型性地反映在北极地区的语言文化中，由此可知，人们对"侵蚀"的认识也与文化有关。当用户希望获取关于"侵蚀"的知识时，所有这些经过上下文语境调整过的信息，都应该可用于为用户提供服务，帮助用户激活所需要的潜在信息。

虽然人们主要把动态性看成是涉及事件和行动这类概念的属性（Pilke 2001；Puuronen 1995；et al.），但是，正如将在本文后面看到的那样，"扎根认知"或者"情境认知"则意味着：涉及对象的概念（object concept）也是动态性的，因为它们是作为框架或者动态上下文语境的一部分而被加工的，从而突出了它们所参与的行动类型。这转而影响了我们如何对概念进行表示，以促进知识的获取和理解。

认知领域的研究结果表明，知识获取需要模拟人类与对象之间的交互作用，这就意味着，（在术语学中），用于定义对象的使用目的、预期目的以及使用结果的水平或者非层级的关系（例如"有 _ 功能""影响""有 _ 结果"等等），是与垂直的关系（例如"的 _ 种类"或者"的 _ 部分"）一样重要的。

　　因此，对对象的表示是与对过程的表示紧密相关的，因为如果不对对象所参与的事件进行模拟，我们就无法理解这些对象。然而，与文化相关的概念化在此也起着重要作用。在知识表示中，对象及其指称应该反映出跨学科和跨文化的上下文语境变化，以及由它们所确立的模糊的类别界线。

　　尽管有些学者可能认为，在表示专业领域的数据库及其系统中，涉及文化方面的知识不会发挥什么重要作用，实际上却并非如此，因为在任何一种本体揭示出的丰富多样性和特异性中，都有文化的成分（Srinivasan, Pepe and Rodriguez 2009）。无论是普通概念还是专业概念，它们常常与文化因素有关。其实这是一件很自然的事情，因为概念是精神的构造物，它们是在具有躯体并存在于具体地理位置上的人的意识里创造出来的（例如"湿地"的分类）。

　　从这种意义上说，"受文化制约的术语学"（culture-bound terminology）（Diki-Kidiri 2008，2014）最近作为一种专业概念化的新方法产生了，它强调每一个群体都以不同的方式对现实进行拼合。由此也就产生了特定于某种文化的概念和术语。在这种术语学方法看来，就连术语的变化，人们也不应该将其看成与概念和文化表征相分离的语言现象，因为它是专业知识表示及其分类具有动态性特点的一种体现（Fernández-Silva, Freixa and Cabré 2014）。

　　依据学者弗雷克萨（Freixa）（2002）的观点，术语的各种变体不仅在形式上有所不同，而且在语义上也是各不相同的，因为它们反映出的是人们理解这个概念的特定视角。例如，在地核和地幔之间的假想线可以称为"古登堡界面"（Gutenberg's discontinuity）或者"地核 – 地幔边界"（core-mantle boundary）。前一个术语强调的是命名这条假想线的人，而后一个术语则重点突出这条假想线所分成的两个部分。就接受者获取概念的方式而言，对这些术语进行的选择具有重要的认知后果（Fernández-Silva, Freixa and Cabré 2014）。因此，即使人们通常对术语变体的分析仅局限于关注其在地域或者语域上的差异性，这些术语变体仍可用作访问同一种实体的不同概念化的途径。

　　"多维度性质"（multidimensionality）不仅对概念的分类方式具有很大的影响，而且也极大影响了术语变体的产生。各种术语的不同可能源于文化上的差异性。例如，在西班牙语中，针对"碎石堆防波堤"（rubble-mound breakwater）这一概念，人们可以采用两种方法进行命名：dique de escollera（碎石堆防波堤）或者 dique en talud（斜坡上的防波堤）。dique de escollera 这个西班牙语术语是英语术语的直接对应词，因为这两者都侧重"物质材料"这一维度（碎石堆），而 dique en talud 这个西班牙术语侧重的则是这个防波堤所处的位置（斜坡）。所有的"碎石堆防波堤"（rubble-mound breakwater）都建筑在斜坡上，因此，由这个英语术语产生两种概念化也是具有可能性的，但只有在西班牙语中，这两种概念化才都以词汇化了的术语变体的形式出现。然而，尽管英语 rubble-mound 和西班牙语 escollera 表达的是"防波堤"的同一个维度（碎石堆），在西班牙语中，dique en talud 却是最常用的术语。因此，如果从跨语言的角度来研究术语变体的话，在探究不同的文化和语言如何对专业概念进行分类这一课题时，我们可以得出不少有趣的结果。

4 框架术语学和动态知识表示

如前所述，"模拟"代表了我们与实体之间实现相互影响的方式以及实体之间进行相互作用的方式。这就意味着，任何的专业知识概念都不能孤立地被激活，我们应该将其看成事件的一部分——在事件中，感知、文化和许多其他动态性的因素还可以引发不同的概念化。因此，当把这种理念应用于术语学和专业交流领域的时候，就会产生这样的结果——上下文语境或者情境是知识表示中的一种至关重要的因素。我们对某个概念的了解，最初为我们提供了对于我们来说具有意义的上下文语境或者事件。因此，一种有利于知识获取的知识资源，则应该为用户提供概念化的上下文语境或者情境，在这种情况下，这个概念与动态结构中的其他概念相关联，这样做可以有助于提高"行动－环境交界面"（action-environment interface）的工作效率。我们应该将概念化表示置于动态的上下文语境之中，以适应和支持用户对多样性目标的追求，而不是将其与上下文语境脱离以追求稳定性（Barsalou 2005）。

框架术语学（Faber et al. 2006；Faber et al. 2007；Faber 2012）所采用的"框架"，是对美国语言学家菲尔莫尔（Fillmore）所倡导版本的改良（Fillmore 1982，1985；Fillmore and Atkins 1992），它结合了认知语言学（Cognitive Linguistics）的理论前提，在对专业知识概念进行情境化表示和使用定义模板的基础上，对专业领域进行配置。认知神经科学（Cognitive Neuroscience）领域的最新研究也对专业领域的配置产生了影响。专业领域也以某种形式存在于我们的大脑之中，这一点不足为奇，大量研究"语义范畴特异性损伤"（category-specific semantic deficit）的学术成果都表明了这一点（Humphreys and Forde 2001; Caramazza and Mahon 2003; Martin 2007; Mahon and

Caramazza 2008, 2009, et al.）。

尽管最初的研究并未向我们提供关于"类别"（category）具有重要性的确凿证据，然而，域特定的（domain-specific）理论假设（Caramazza and Shelton 1998）则认为，对概念系统中的信息组织或者对大脑中概念性知识的组织产生"一阶约束"（first-order constraint）的是"对象域"（object domain）。在这个模型中，对象、域以及感觉、运动和情绪属性共同制约了对概念知识的组织。另外，在概念（水平）以及模式特定的视觉输入表示（水平）这两种水平上，对象域都对信息的组织产生了一阶约束（Mahon and Caramazza 2009）。尽管学者马洪（Mahon）和卡拉马扎（Caramazza）将"基本域"（basic domain）限定在具有与进化相关的历史的域（例如有生命的个体、无生命的个体、同种个体和工具）上，他们也观察到：域受到概念成员性质的限制／约束。显然，这些研究成果对于术语学有着重要意义。

从上述假设中，我们可以得出一个结论：并非所有的类别都是以相同的方式构建的，而且，对类别的组织受到类别本身性质的显著制约。在术语学中，可以采用两种不同的方式对"专业域"（specialized domain）进行构想。我们可以将域视为"概念类别"（conceptual category）（例如地理对象、海事构造等），也可以将其视为"专业知识领域"（specialized knowledge field）（例如地质领域、工程领域等）。另外，"类别结构"（category structure）不仅受到参照对象（referent）所处的环境或者人们与之发生联系的方式的影响，还直接受到文化群体成员此时此刻的、身体的和所处环境的语境的影响。上述这些因素都会导致在概念化上产生差异性，并且反映到专业领域的术语和类别上。

由于框架通常被定义为概念彼此相关的网络——通过一个概念就可以唤起整个系统（Fillmore and Atkins 1992），框架术语学根据知识动态化所涉及的不同要素来对不同水平的框架表示进行解释。框架术语学的实际应用是 EcoLexicon（西班牙环境科学术语知识库）（ecolexicon.ugr.es），它是一个多语言术语知识库，下文所展示的例子都来源于 EcoLexicon。

5　作为概念类别的域

在 EcoLexicon 中，"对象型概念"（object concept）被动态化地表示成嵌入在事件之中。它们存储在语义记忆里，语义记忆是陈述性记忆（declarative memory）的主要组成部分，其中包含关于对象以及单词含义的信息。术语学家在每一次试图制作概念图时，其实都是在试图建模我们思想中的一部分。对知识进行建模的方式，在很大程度上取决于人们对对象进行定义的方式、对象的主要特性、对象与其他概念的感知关系以及用户对对象的理解。

因此，当域是概念类别时，这些类别就受到了共享特性的类别成员的性质的制约。例如，"专业仪器"（specialized instrument）和"地理对象"（geographic object）的类别就完全不同。这就需要我们尽量以最少的信息来为每一个类别设计出各不相同的"类别模板"（category template）。但是，对类别的表示通常都很复杂，因为并非所有的"本体类别"（ontological category）都能采用相同的方式进行表示。这种情况的产生可以有多种原因，这些原因与实体的性质、人类感知的性质和文化背景有关。

5.1 仪器对象（Instrument object）

"对象表示"（the representation of object）的基本特征之一是它涉及这些对象是否可以进行操纵的知识。就"人造对象"（man-made object）而言，它们所具有的另一个重要特性就是它们的功能。这就意味着，专业工程仪器表示中的信息的重要部分显然要包含使用目的、操作过程以及得到的结果。另外，由于仪器通常是由零部件组成的，"整体－部分关系"（meronymy）也可能被激活。表1显示了仪器类别（instrument category）的定义模板。

表 1　仪器类别模板

仪器	
的 _ 类型（type_of）	仪器的类型
有 _ 部分（part_of）	仪器的零部件
有 _ 功能（has_function）	仪器的功能
有 _ 作用者 / 施事者（has_agent）	操作仪器的作用者 / 施事者

例如，"记录仪器"（recording instrument）［自记验潮仪（marigraph）、自记雨量计（pluviograph）、自动记风仪（anemograph）等］就是"仪器"的一种子类型。作为人造对象，"记录仪器"具有一定的功能（即"记录"），并涉及所记录的对象（潮汐、雨、风）。作为一种工具，它由人类操作，从而激活了一个"模拟框架"（simulation frame），在这个框架中，与感知者对这个人造对象的掌握程度有关的信息，则包括他/她对其进行操作并以某种方式运用其提取信息的能力。例如，图2显示了在 EcoLexicon 中对 pluviograph（自记雨量计）的表示。

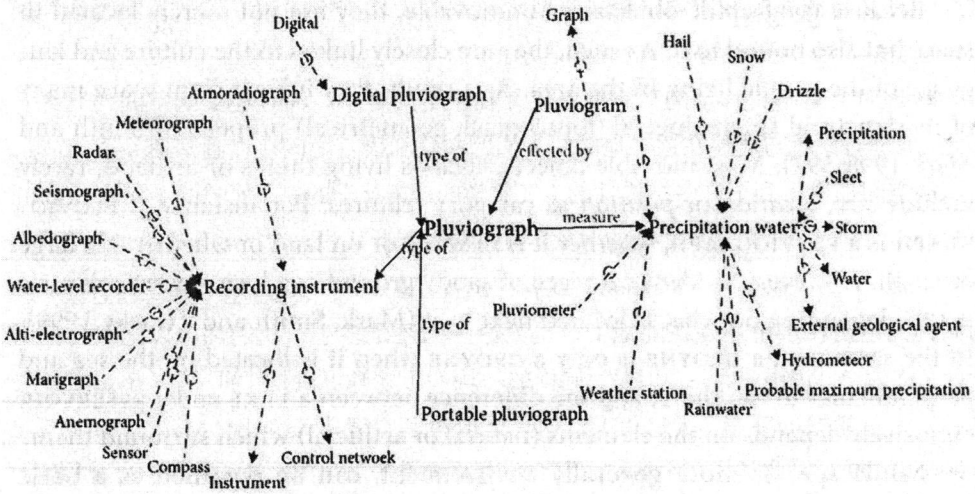

图 2　pluviograph 的语义网

在对 pluviograph 的表示中，包括"的_种类"（type_of）的信息。"自记雨量计"是一种记录仪器，并具有子类型，例如，"数字自记雨量计"（digital pluviograph）和"便携式自记雨量计"（portable pluviograph）。但是，它也构成了所谓的"记录事件"（recording event）的一部分，在这个事件中，人类作用者使仪器进行记录并生成对某种事物［降水（precipitation water）］的表示。在这个事件里，人们使用的记录仪器是一台"自记雨量计"，它可以产生（或者影响）一张雨量图（pluviogram）。从图 2 中我们可以看出，这个过程反映出以"表示"（represent）和"受_影响"（effected_by）为标记的非层级关系（non-hierarchical relation）。

显而易见，在当今世界日益全球化的背景下，人们都在积极努力地促进气象仪器以及气象信息的标准化，以期方便相互之间的交流，特别是在发生了灾难性事件的情况下，因此，在这类概念的表示中，文化因素并不是代表这类概念的重要因素。但是，在对这类数据进行感知和解释时，文化因素却是一个不可或缺的因素。例如，在西班牙南部半荒漠地区降落的大雨①，如果发生在英格兰北部地区，则会被认为是正常的。

5.2　地理对象（Geographic object）

"仪器域"（instrument domain）与"地理对象域"（geographic object domain）这类的"域"可以形成直接的对照，因为地理对象域要受到许多其他类型信息的限制，

---

① 这种现象在这个地区很罕见。——译者注

这些信息又与概念的性质紧密相关。地理对象可能采用不同的方式被人们感知和模拟，这自然会影响到它们的概念化和表示形式。

地理对象是不可移动的，它们不仅存在于空间之中，而且还受到空间的制约。因此，地理对象就与居住在这个地区的人们的文化和语言之间存在着密切关系，而且，它们从空间那里得到了许多结构性的（气象学的、拓扑学的、几何学的）特性（Smith and Mark 1998）。而大多数活动的对象（例如生物或者某些人造产物）却很少包含"大小"（size）、"地点"（location）或者"位置/地点"（position）这些类别特征。例如，无论是在水里还是在陆地上，也无论多大还是多小，我们都可以把"自记雨量计"称为"自记雨量计"。但是，同样的一块沙砾地则可以是"河岸"（rivertank），也可以是"峭壁的陡岸"（bluff），这具体取决于它旁边是什么（Mark，Smith and Tversky 1999）。以此类推：当 groyne 位于海边并垂直于海岸时，它只是一个"防波堤"；"湖泊"（lake）和"水库"（reservoir）之间的区别，只取决于环绕它们的要素（自然要素还是人工要素）。

"景观"（landscape）（或者说得更笼统一些——"环境"）可以视为是对"人类类别"（human categorization）进行再分类的基本域，因为就如同我们的身体一样，"环境"是我们赖以歇息和居住的地方（Burenhult and Levinson 2008）。它是人类活动的背景和场所，在这块空间里充满了用于定位和寻找道路的地标。虽然我们必须在"自然地理对象"（natural geographic object）和"人造地理对象"（artificial geographic object）之间做出区分，但是，就我们人类生存所依赖的基本环境部分而言，它还是产生了似乎包含了语义域（semantic domain）的概念。

5.2.1 自然地理对象

依据学者史密斯和马克（Smith and Mark 1999）的观点，自然地理对象的特征是以它们的位置/地点为基础的。它们通常依赖于大小或者比例，而且是在一个连续统一体（continuum）中进行划界的产物，其他的对象（包括人类作用者）也在这个连续统一体中生存和活动。自然地理对象的内部和外部边界的存在也就意味着——在此存在着"部分"之间的关系。而实际上，"整体–部分关系"而非"上下位关系"（上下义关系）（hyponymy）是对地理对象进行分类的一种常见方式（Burenhult and Levinson 2008）。因此，正如在表 2 的模板中所显示的，在 EcoLexicon 中，自然地理对象的原型是通过与空间、位置/地点、大小和边界这些维度相关联的四种不同的关系来描述的。

表 2　自然地理对象的类别模板

自然地理对象	
的 _ 类型（type_of）	地形的类型
有 _ 部分（has_part）	地形的部分
在 _ 位置 / 地点（located_at）	地形形成的地方
由 _ 界定（delimited_by）	地形的边界
的 _ 属性（attribute_of）	地形的形状（斜度 / 高度 / 岩石露头 / 土壤类型）

　　如图 3 所示，对"沼泽地环境"（marshland environment）的表示激活了一组与"仪器"（instrument）类别不同的关系集合。作为一个地理概念，"沼泽地环境"被表示为"被海洋或者河流'界定'（delimited by）"。"潟湖"（lagoon）、"潮滩"（tidal flat）和"沼泽"（marsh）也是位于"沼泽地环境"中的地理对象。这表明了它的规模，也意味着它可以包含多种多样的地理概念。作为"湿地"（wetland）的一种类型，"沼泽地"（marshland）也与文化因素息息相关，正如我们将会看到的，不同的语言文化因素影响了人们对"湿地"的理解，这来源于人们直接的文化背景。

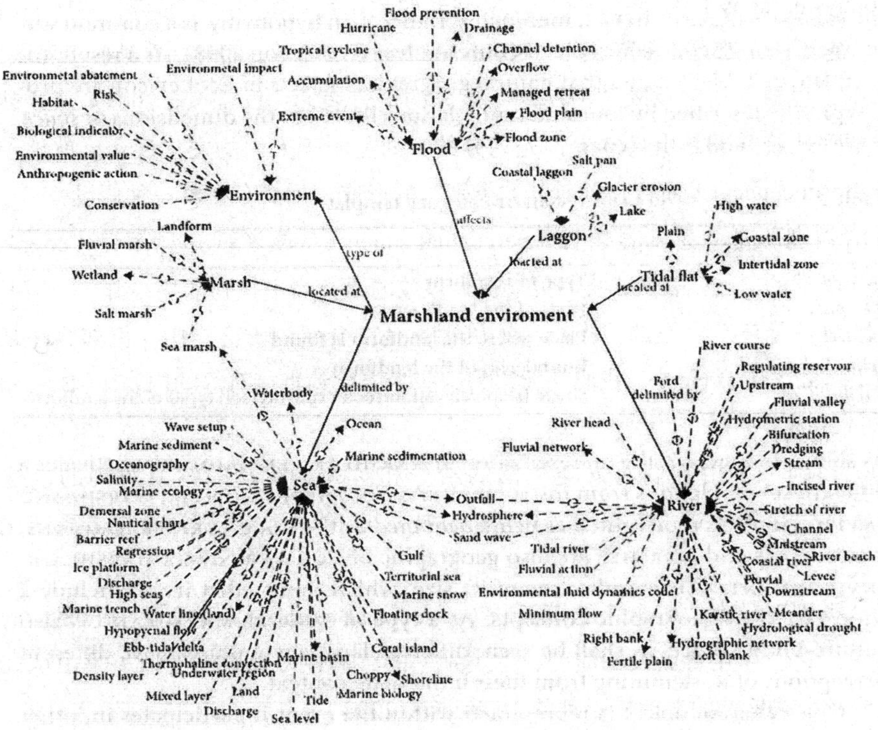

图 3　Marshland environment 的语义网

假定某个对象在其参与的事件中得到了表示，那么，其他的非层级关系也会包含在这个表示中，例如"受洪水影响"（affected_by floods）这一事实。在"沼泽地环境"这个一般性水平上，没有"整体－部分关系"这种关系的表示，因为依据"沼泽地环境"类型的不同，其组成成分会有所不同。

但是，作为一种"类别"，自然地理对象的结构并不总是那么简单明了。人们可能经常会认为，世界各地的自然地貌大致都是相同的，但实际情况是，在"语言"（被理解为"文化"的一种表现）创立地球的"描述性模型"以及把"什么"看成是地球的本质特色方面，存在着很大的"可塑性"（plasticity）（Burenhult and Levinson 2008）。很显然，这种可塑性可能会在一般和更为具体的水平上，为在不同语言文化群体之间建立起"映射"（mapping）关系造成困难。

有一种困难来自这样的事实：我们认为地球表面是客观连续的，因而将其细分为不同类型的对象。但是，这些划分以及用于此目的的标准，在不同的文化群体之间可能存在着很大的差异。直到不久以前，人们仍然认为，诸如"山""河"这样的实体是普遍性概念的候选物（Smith and Mark 2001）。然而，认知民族地文学（ethnophysiography）的研究表明，事实并非如此。就一座"山"而言，在所有的文化当中，它不一定都是一座"山"（Smith and Mark 2003），而且，在某些（异域的）语言当中，也缺乏用来反映"河"这个概念的语言表述（Levinson 2008）。这就意味着，地理地貌并不是由自然界预先划分的，而是源于人们的文化观念。就地貌概念（landform concept）而言，针对其"类别"的形成，主要存在着三种假设：

①"类别"是由感知显著性（perceptual salience）或者认知显著性（cognitive salience）驱动的，这就表明，我们可以在大多数的语言当中找到诸如"山"、"河"、"湖"或者"悬崖"之类的"类别"（尽管不是在全部的语言当中。例如，在某些异域的语言如 Yélî Dnye 中，我们就无法为这些术语找到直接对等的内容）（Burenhult and Levin 2008）；

②"类别"是由它们对人类生活的给予和对人类活动的约束驱动的，这就表明，依据生存的模式、生态环境甚至运输技术的不同，"类别"存在着系统化的变动形式；

③"类别"是由"概念化的模板"（conceptual template）和文化信念驱动的，这就表明，它们存在着更大的演变，"类别"的普遍性（如果有的话）是由认知、宇宙论或者宗教信仰的普遍性驱动的（Levinson 2008）。

毫不奇怪的是，对几种异域语言的分析表明，（自然地理对象）这种类别的结构，通常不只是上述某一种假设生成的结果，而是由三种假设生成的混合产物。而且，事情还可能更为复杂，因为混合产物中的因素可能也会有所不同，这具体取决于它们所反映的文化和语言的情况。由此，我们可以看出，文化因素在专业知识表示中也起着重要作用，例如在地理信息系统（geographic information system）领域中（Burenhult and Levinson 2008；Mark, Turk, and Stea 2010）——围绕着"景观"（这个自然地理对象），人们通常以英语为中心进行概念化。尽管 EcoLexicon 中还不包含非欧洲语言，"文化定位"（cultural situatedness）还是对我们的知识表示产生了影响，我们发现，即使在紧密相关的语言文化之间也存在着一定的差异性。即便是在同一个语言群体里，在如何对处于基础水平的科学概念进行分类的问题上，人们的观点也存在重大分歧。

举例而言，美国英语中的 watershed（流域）覆盖了整个河流盆地，而在英国和澳大利亚的英语中，watershed 的定义则更狭窄一些——仅指两个河流系统之间的分界线（分水线）。这也就意味着，在美国英语中的 watershed 的全部概念中，英国和澳大利亚科学家们可以看到好几条 watershed（分水线）。drainage basin（排水盆地）和 catchment area（集水区域）是表示美国英语中 watershed 含义的其他术语变体。它们之间有时互换使用，有时又都用作 watershed 的上义词（hyperonym），这依赖于人们是从广义上去理解 watershed，还是只把它当作 a dividing line（分界线）来使用。此外，这些术语变体还表达了概念的多维度性质，因为（当人们看到这个英语术语时），有的人关注的是"地表水是如何经由盆地被排掉的"这个维度，而有的人则关心"如何在盆地里集水"这个维度。

因此，使用物理边界对地球进行分割——通常这是不同文化中的词汇和概念之间的"鸿沟"的来源。但是，类别成员资格[①]也可能受到专业知识划分中使用的"抽象分界线"（abstract dividing line）的影响。我们为此可以提供的说明性示例，就是人们对"湿地"（wetland）的分类。鉴于"湿地"的多样性，科学家们很难为其建立一个单一的分类系统。因此，人们依据环境、地理、水文和生态等参数对它们进行了分类，从而使这个概念具有高度多维性。实际上，"湿地类别"（wetland category）的模糊性可能源于以下事实："湿地"本身就是一种处于水生生态系统和陆地生态系统之间的边界地貌，而且在不同的地理区域里存在不同的表现状态。

学者科沃丁（Cowardin）等人（1979）曾经建议采用的分类系统是最广为人知的。他们把"湿地"依照海洋、河口、河边、湖泊和沼泽等环境做了划分。他们

---

① 指的是有哪些概念可以归属到同一个类别里去。——译者注

的系统不包括由于人类活动而形成的湿地或者深水栖生地。然而，从库恩范式理论（Kuhn 1970）的意义上说，这个类别域已经发生了演变并进行了范式转换（paradigm shift），在"拉姆萨尔湿地类型分类系统"（Ramsar Classification System for Wetland Types）（Hails 1997）中，人们提出了新的划分类别，这个系统渴求涵盖世界上所有类型的湿地：海洋/滨海湿地、内陆湿地和人造湿地。此外，还存在着"非洲分类法"，这种分类系统是以湿地的具体多样性以及它们在景观中的位置为基础的。与此相对应，加拿大国家湿地工作组（Canadian National Wetlands Working Group）（1997）确定了五个类别：泥塘（bog）、低地沼泽（fen）、沼泽（marsh）、沼泽地（swamp）和浅水区域（shallow water）。

但是，在依照基本概念水平上的术语确立"命名类别"（naming category）的时候，人们可能又会产生一些混淆，因为这些术语已经高度本地化（localized）了（Rosch 1978）。人们使用或者滥用这些词汇的历史常常可以揭示出这些术语具有地区性的或者至少是大陆性的起源。近年来，人们采取了一些标准化的措施，但是，针对不同的人群，这些术语中的每一个都具有其特定的含义，许多本地化的术语不仅仍然被非专业人员使用着，而且也经常被科学家们广泛使用着（Mitsch and Gosselink 2011）。

例如，bogs 和 fens 通常在一起使用，它们共同指的是在欧洲被称为 mires 的"泥潭"这一事物，但在美国，这种自然地理对象却不被称为 mires。在欧洲，marshes 通常被称为 reed swamps（芦苇沼泽地），但在美国，marshes 并不以芦苇为主，而是以树木为主。南美洲的 wooden swamp（木沼泽地）的北欧式说法是 carr，而在英国它则被称为 wet woodland（湿林地）。

还有一些特定类型的湿地，它们仅在某些地理区域内占据主导地位，因而并非在所有的文化中都被词汇化了，例如澳大利亚的 billabong（死水潭）、非洲的 dambo（小块涝原草地）以及加拿大的 muskeg（泥岩沼泽地）。在这些具体情况下，我们仅在描述这些特定湿地的时候，才借用本地化了的术语。所以，当在文本中激活这些术语之一时，这个概念的与位置/地点相关的（location-related）类别功能将会受到约束。因此，在国际性的科学学术交流中，这些术语并不总是传达相同的含义。实际上，某些语言中并不存在某类概念的语言等效物。swamp 一词在俄语中就没有对应词，因为在俄罗斯很少能找到不是泥炭地（peatland）的森林湿地（forested wetland）（Mitsch and Gosselink 2011）。

在我们临时搭建的类别中，我们也可以观察到"湿地"分类的动态性特点。世界上大多数的"湿地"不是沿着海岸线分布的，而是分布在内陆地区。这些"湿地"在沿海地区则称为 nontidal wetland（非潮汐湿地），以与 coastal wetland（滨海湿地）这种不规范的术语区别开来。但是，研究内陆湿地的科学家们没有使用 nontidal wetland 这样的术语（Mitsch 2009）。

5.2.2　人造地理特征（Artificial geographic feature）

　　"人造地理特征"也可以构成一个相似的类别，因为它们与整个景观是合为一体的。但是，它们的类别模板（与别的模板）有着明显区别。首先，作为人造实体，人造地理对象会对景观产生作用，这与建造它们的目的有直接关系。其次，人造对象可能由不同的材料制成，而且，这些材料又与人造对象的功能和属性密切相关。由此，在人造地理对象的类别中就增加了"功能"（has_function）和"材料"（made_of）的维度，同时减少了对边界（delimited_by）的关注（见表 3）。

表 3　人造地理对象的类别模板

人造地理对象	
的 _ 类型（type_of）	建造物的类型
有 _ 部分（has_part）	建造物的部分
由 _ 制成（made_of）	建造物中使用的物质
在 _ 位置 / 地点（located_at）	建造物所在地
有 _ 功能（has_function）	建造物的功能
的 _ 属性（attribute_of）	建造物的形状、高度、渗透性等

　　如图 4 所示，"防波堤"（Groyne）是一种坚硬的沿海防御结构（Hard coastal defence structure），它可以用木头（Wood）、混凝土（Concrete）或者碎石（Rubble-mound）堆砌而成。它可以由"护道"（Berm）和"岩心"（Core）组成，并且可以具有多种功能，例如延缓沿岸地区的物质漂流。就"的 _ 类型"（type_of）这种关系而言，我们可以将它们视为通向"下级从属水平概念"（subordinate level concept）[例如"y 字形的防波堤"（y-shaped groyne）或者"高防波堤"（high groyne）]的访问途径 [我们观察到，"大小"（size）和"形状"（shape）仍然是人造地理对象的类别特征]。"防波堤"的表示中还包括"由 _ 界定"（delimibed_by）关系，但是，这次箭头指向的是相反的方向。"防波堤海湾**被防波堤界定**"（groyne bay *delimited_ by* groyne）这一命题，说明了人造地理概念不再具有明确的边界，相反，它们充当了自然地理对象的边界。

在这里，我们再一次发现，乍看起来，由人造地理对象组成的类别不容易受到文化变量的影响，但实际上，它与自然地理对象组成的类别一样受到文化因素的制约。一般来说，这种变化通常反映在位置、地点和功能这些维度上。首先，这个类别的结构在世界范围内并不同质。例如，"沿海防御结构"（coastal defence structure）通常分为三大类别："海岸－垂直结构"（shore-perpendicular structure）、"海岸－平行离岸结构"（shore-parallel offshore structure）和"海岸－平行岸上结构"（shore-parallel onshore structure）。这种分类是以地点（海岸）、位置（垂直或者平行）以及这个结构离海岸的距离（离岸或者岸上）为基础的。

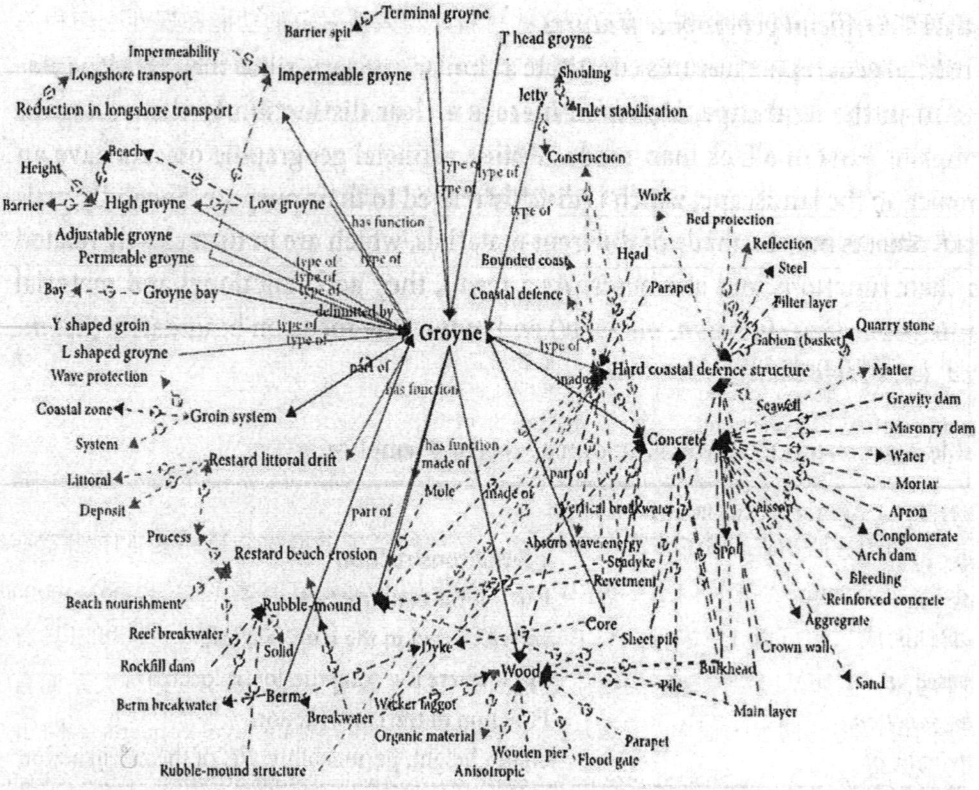

图 4　Groyne 的语义网

西班牙语中存在着类似的类别，但带有一些变化：defensas longitudinales（纵向防御）、defensas transversales（横向防御）和 defensas exentas（独立防御）。尽管不包括"地点"这一维度，但 longitudinales（纵向）和 transversales（横向）分别等效于 perpendicular（垂直）和 parallel（平行）。然而，在西班牙语中，这样的类别没有考虑到在岸上（onshore）和离岸（offshore）这样的表达中所隐含的区别，因为在上述三个表达中，exento（自由无拘束的 / 独立的）是唯一可以说明这个海岸结构离岸距离的修饰词，而实际上，它只意味着（这个"沿海防御结构"）是（与海岸）分开的。相应的，在澳大利亚的相关文本中，我们则找到了（针对"沿海防御结构"的）另一种类别：beach stabilization treatment structure（海滩稳定化处理结构）和 shore stabilization treatment structure（海岸稳定化处理结构），所有这些类别特征，指的都是这些结构的功能（即"稳定"）以及受到作用或者受到影响的实体（即"海岸"或者"海滩"）。

在上述领域中，即使在同一种语言（例如英语）之内，专业术语也可能受到地域变化的影响。例如，pier（码头 / 突堤）这个概念在北美五大湖（the Great Lakes）通常被称为 jetty，而实际上，jetty 是一种设计用来防止水道出现浅滩的结构，并不是休闲区域。但是，在英国英语中，jetty 是 wharf（码头）的同义词。与此形成对照，在美国英语中，pier 也可能是 dock 的同义词。然而，英国英语中的 dock 指的是在港口中用来装卸货物的水域，美国英语中将此称为 port（港口）。

在上述类别域中的地理变量通常是受概念激发的，而且主要基于"地点"和"功能"的维度。例如，dike（堤）位于河上时可以称为 levee（河堤），而 breakwater（防波堤）在其上面修有道路时，则可以称为 mole。与此相反，当 breakwater 作为 pier（码头）使用时，在英国英语中则被称为 quay（埠头），而在美国英语中则被称为 wharf。

人们建造沿海建筑会出于多种原因。此外，它们的功能可以根据所处的区域位置而发生变化。因此，在不同的语言文化圈子里，用于指称这些沿海建筑的术语则会在含义上产生细微差别。例如，jetty 经常具有与 breakwater 相同的形状，但是，这个概念所处的地点和具备的功能限制了自身具有的含义，从而限制了为它命名的方式。

6　作为专业知识领域的域（Domains as specialized knowledge fields）

如前所述，某个域中的概念在本质上要受到类别性质的制约。当我们把域设想为诸如化学、地质或者土木工程等专业知识领域的时候，鉴于存在着跨学科的差异性，新的制约因素会添加到这些域中，从而为它们提供了新的动力来源。正如学者克里斯蒂安森斯（Kristiansens）（2014）指出的那样，科学知识在本质上是动态的，而在学术领域中，鉴于多学科性质，科学概念及其术语也将随着时间的流逝而逐渐发展和变化。

就环境科学领域而言，情况也是如此。环境科学领域是一个相对崭新的知识领域，它对许多其他领域——从地理到土木工程领域——的知识具有依赖性。然而，尽管环境科学领域已经经历了某些范式的转变，我们还是希望深入研究多维度性质对它产生的影响，而不只是历时性地考察这个领域的动态发展，因为并非所有的学科都是从同一种视角出发对环境概念进行处理的。在 EcoLexicon 中，鉴于受到（环境科学）跨学科性质的约束，我们需要进一步增加涉及上下文语境的信息和背景情境，还需要对其中某些多功能的概念进行重新概念化（León-Araúz, Reimerink and Aragón 2013；León-Araúz and Faber 2010；León-Araúz, Magaña and Faber 2009）。在我们采用的方法中，我们重点关注概念化命题在以不同学科为导向的背景或者上下文语境域中所具有的显著特点。

从这个意义上说，目前在 EcoLexicon 中，我们正在建立与专业领域相关的"上下文语境约束"（contextual field-related constraint）以激活概念关系。这种"约束"可以应用于一般性的对象和过程，例如水、海洋、沉积（过程）、侵蚀（过程）等，以防止产生超量的信息。采取这样的措施基于以下事实：（环境科学的）多学科性质导致（这个领域的）类别边界模糊不清，而上下文语境域可以形成它们自己的层级结构。此外，这些结构也是动态灵活的，它们应该根据 EcoLexicon 这个知识库中所存储信息的类型及数量的变化而随时间逐步发展（León-Araúz and Magaña 2010）。从这个意义上说，我们可以把作为知识领域的域也看成是受文化因素制约的，因为它们可以折射出体现在各种文化当中的不同世界观，这也不可避免地影响了我们命名专业知识概念的方式。

7 结论

"动态性"是术语学中的关键问题之一，因为它构成了专业交流和知识表示的基础。然而，在现有的术语资源中，它却很少得到反映。造成这种情况的原因包括：人们难以采用（传统术语学）静态的"概念树"（conceptual tree）的形式来描述动态化的事件。因为这种（传统的）"概念表示"起源于标准认知理论，这些理论是以对实体、事件和过程的抽象和非模态表示为基础的。然而，现今从神经科学的最新研究中得出的、更加具有动态性的认知观点认为："理解"（understanding）主要是以感觉和运动模拟为基础的，并可能具有单个的"会聚区"（convergence zone），从而使得人们拥有对具有相似语义含义的概念进行概括的可能性。

除此之外，动态性还体现在实体的概念化以及在不同的语言文化圈中人们对实体的命名上，这些都受到了文化因素的制约。本文所举的实例表明，专业语言单元可以具有强大的文化成分，因此，我们应该把文化因素整合到对这些专业语言单元的概念化表示中去。合乎逻辑的推论是：我们不应该把术语变体看成与上下文语境和文化背景相分离的语言现象。

显而易见，上述结论可以在术语学中得到应用。术语的动态性给我们带来的启发包括：

① 我们不应该孤立地激活专业知识概念，而应该把它看成更大一些的结构、上下文语境或者事件的一部分来激活；

② 促进知识获取的专业知识资源应该为人们提供概念性的上下文语境或者情境——在其中，概念和术语在动态结构中也要与其他的概念和术语相关联，在这种动态结构中也要考虑到文化方面的信息；

③ 由于知识的获取和理解都需要对事物或者过程进行模拟，这就意味着，对对象的目标、使用目的、功能可供性、操作和使用结果进行定义的非层级关系是与"属种关系"（generic-specific relation）和"部分－整体关系"（part-whole relation）这样的层级关系一样重要的；

④ 研究表明，域特定的假设（Caramazza and Shelton 1998）也对术语学产生影响，因为这种假设声称，域受到其组成成员性质的制约。在术语学中，这反映在组成一般性表示模板的"概念关系簇"（cluster of conceptual relation）中，它们描述了不同类别的特征；

⑤ 文化差异至关重要，因为并非所有的文化群体都采用同一种方式去获取知识。术语变体通常是在概念层面上受到激发而产生的，并以描述域类别的相同特征为基础。这一见解能够为人们研究文化如何影响人类的分类活动做出宝贵的贡献。①

参考文献：

[1] ANTIA B E, BUDIN G, PICHT H, et al. Shaping translation: a view from terminology research[J/OL]. Meta, 2005, 50(4). DOI: 10.7202/019907ar.

---

① 这项研究由西班牙经济与竞争力部（Spanish Ministry of Economy and Competitiveness）资助（项目 FFI 2011-22397）。

[2] AZIZ-ZADEH L, ANTONIO D. Embodied semantics for actions: findings from functional brain imaging[J]. Journal of Physiology-Paris, 2008, 102(1-3): 35-39.

[3] BARSALOU L W. Situated simulation in the human conceptual system[J]. Language and Cognitive Processes, 2003, 18: 513-562.

[4] BARSALOU L W. Situated conceptualization[M]//HENRI C, CLAIRE L. Handbook of Categorization in Cognitive Science. St. Louis: Elsevier, 2005: 619-650.

[5] BARSALOU L W. Grounded cognition[J]. Annual Review of Psychology, 2008, 59: 617-645.

[6] BARSALOU L W. Simulation, situated conceptualization, and prediction[J]. Philosophical Transactions of the Royal Society B, 2009, 364(1521): 1281-1289.

[7] BOWKER L, PEARSON J. Working with specialized language. A practical guide to using corpora[M]. London/New York: Routledge, 2002.

[8] BUDIN G. Some hypotheses about concept representations[C]//MAGNAR B, et al. Applications and Implications of Current LSP Research. Proceedings 9th European Symposium on LSP. Bergen, 1994: 919-924.

[9] BURENHULT N, LEVINSON S C. Language and landscape: a crosslinguistic perspective[J]. Language Sciences, 2008, 30: 135-150.

[10] CABRÉ M T. Terminology. Theory, methods and applications[M]. SAGER J C, ed. DECESARIS J A, trans. Amsterdam: John Benjamins, 1999.

[11] CABRÉ M T. Elements for a theory of terminology: towards and alternative paradigm[J]. Terminology, 2000, 6(1): 35-57.

[12] CARAMAZZA A, MAHON B Z. The organization of conceptual knowledge: the evidence from category-specific semantic deficits[J]. Trends in Cognitive Sciences, 2003, 7(8): 354-361.

[13] CARAMAZZA A, SHELTON J R. Domain-specific knowledge systems in the brain: the animate-inanimate distinction[J]. Journal of Cognitive Neuroscience, 1998, 10: 1-34.

[14] COWARDIN L M, CARTER V, GOLET F C, et al. Classification of wetlands and deepwater habitats of the United States[Z]. Washington, D.C.: Fish and Wildlife Service, U.S. Department of the Interior, 1979.

[15] DAMASIO A. Descartes' error: emotion, reason, and the human brain[M]. New York:

Avon, 1994.

[16] DAMASIO A, DAMASIO H. Cortical systems for retrieval of concrete knowledge: the convergence zone framework[M]//KOCH C, DAVIS J. Large-Scale Neuronal Theories of the Brain. Cambridge, MA: MIT Press, 1994: 61-74.

[17] DIKI-KIDIRI M. Le vocabulaire scientifique dans les langues africaines. Pour une approche culturelle de la terminologie[M]. Paris: Karthala, 2008.

[18] FABER P. A cognitive linguistics view of terminology and specialized knowledge[M]. Berlin: de Gruyter, 2012.

[19] FABER P, LEÓN-ARAÚZ P, ANTONIO J, et al. Linking images and words: the description of specialized concepts[J]. International Journal of Lexicography, 2007, 20(1): 39-65.

[20] FABER P, MONTERO S, CASTRO M R, et al. Process-oriented terminology management in the domain of coastal engineering[J]. Terminology, 2006, 12(2): 189-213.

[21] FABER P, LINARES C M, EXPÓSITO M V. Framing terminology: a process-oriented approach[J]. Meta, 2005, 50(4).

[22] FELIU J. Relacions conceptuals I terminologia: analisi i proposta de deteccio semiautomatica[D]. Barcelona: IULA-UPF, 2004.

[23] FILLMORE C J. Frame semantics[M]//The Linguistic Society of Korea. Linguistics in the Morning Calm. Seoul: Hanshin, 1982: 111-137.

[24] FILLMORE C J. Frames and the semantics of understanding[J]. Quaderni di Semántica, 1985, 6(2): 222-254.

[25] FILLMORE C J, ATKINS B T S. Towards a frame-based lexicon: the semantics of risk and its neighbors[M]//LEHRER A, KITTAY E F. Frames, Fields and Contrasts. Hillsdale, NJ: Lawrence Erlbaum, 1992: 75-102.

[26] FREIXA J. La variació terminològica: anàlisi de la variació denominativa en textos de diferent grau d'especialització de l'àrea de medi ambient[D]. Barcelona: IULA-UPF, 2002.

[27] GALLESE V, LAKOFF G. The brain's concepts: the role of the sensory-motor system in conceptual knowledge[J]. Cognitive Neuropsychology, 2005, 22(3/4): 455-479.

[28] HAILS A J. Wetlands, biodiversity and the Ramsar Convention: the role of the

convention on wetlands in the conservation and wise use of biodiversity[M]. Gland, Switzerland: Ramsar Convention Bureau, 1997.

[29] HOLT L E, BEILOCK S L. Expertise and its embodiment: examining the impact of sensorimotor skill expertise on the representation of action-related text[J/OL]. Psychonomic Bulletin & Review, 2006, 13: 694-701. DOI: 10.3758/BF03193983.

[30] HOUSE J. Text and context in translation[J]. Journal of Pragmatics, 2006, 38: 338-358.

[31] HUMPHREYS G W, FORDE E M E. Hierarchies, similarity, and interactivity in object recognition: "category specific" neuropsychological deficits[J]. Behavioral and Brain Sciences, 2001, 24: 453-459.

[32] KAGEURA K. The dynamics of terminology[M]. Amsterdam: John Benjamins, 2002.

[33] KUHN T S. The structure of scientific revolutions[M]. Chicago: Chicago University Press, 1970.

[34] LANGACKER R. Dynamicity in grammar[J]. Axiomathes, 2001, 12: 7-33.

[35] LEÓN-ARAÚZ P, REIMERINK A, ARAGÓN A G. Dynamism and context in specialized knowledge[J]. Terminology, 19(1): 31-61.

[36] LEÓN-ARAÚZ P, FABER P. Natural and contextual constraints for domain-specific relations[C]//MITITELU V B, PEKAR V, BARBU E. Proceedings of the Workshop Semantic Relations. Theory and Applications. Valletta: 2010: 12-17.

[37] LEÓN-ARAÚZ P. Representación multidimensional de conocimiento especializado[D]. Granada: University of Granada, 2009.

[38] LEÓN-ARAÚZ P, MAGAÑA P. EcoLexicon: contextualizing an environmental ontology[C/CD]//Proceedings of the Terminology and Knowledge Engineering Conference (TKE). Dublin: Dublin City University, 2010.

[39] LEÓN-ARAÚZ P, MAGAÑA P, FABER P. Building the SISE: an environmental ontology[C]//HŘEBÍČEK J, HRADEC J, PELIKÁN E, et al. Proceedings of the European Conference Towards eEnvironment. Brno: Masaryk University, 2009: 16-23.

[40] LEVINSON S C. Landscape, seascape and the ontology of places on Rossel Island, Papua New Guinea[J/OL]. Language Sciences, 2008, 30(2/3): 256-290. DOI: 10.1016/j.langsci.2006.12.032.

[41] LOUWERSE M, JEUNIAUX P. The linguistic and embodied nature of conceptual processing[J]. Cognition, 2010, 114: 96-104.

[42] MAHON B Z, CARAMAZZA A. A critical look at the embodied cognition hypothesis and a new proposal for grounding conceptual content[J]. Journal of Physiology Paris, 2008, 102(1-3): 59-70.

[43] MAHON B Z, CARAMAZZA A. Concepts and categories: a cognitive neuropsychological perspective[J]. Annual Review of Psychology, 2009, 60: 27-51.

[44] MARK D M, SMITH B, TVERSKY B. Ontology and geographic objects: an empirical study of cognitive categorization[M]//FREKSA C, MARK D M. Spatial Information Theory. Cognitive and Computational Foundations of Geographic Information Science. Berlin Heidelberg: Springer, 1999: 283-298.

[45] MARK D M, TURK A G, STEA D. Ethnophysiography of arid lands categories for landscape features[M]//JOHNSON L M, HUNN E S. Landscape Ethnoecology: Concepts of Biotic and Physical Space. New York: Berghahn Books, 2010: 27-48.

[46] MARTIN A. The representation of object concepts in the brain[J]. Annual Review of Psychology, 2007, 58: 25-45.

[47] MEYER I K E, SKUCE D. Systematic concept analysis within a knowledge-based approach to terminology[M]//WRIGHT S E, BUDIN G. Handbook of Terminology Management. Amsterdam: John Benjamins, 1997: 98-118.

[48] MITSCH W J. Wetland ecosystems[M]. New York: John Wiley and Sons, 2009.

[49] MITSCH W J, GOSSELINK J G. Wetlands[M]. New York: John Wiley and Sons, 2011.

[50] National Wetlands Working Group. The Canadian wetland classification system: a revision of the wetlands of Canada[Z]. WARNER B G, RUBEC C D A, ed. Waterloo: Wetlands Research Centre, University of Waterloo, 1997.

[51] NUOPPONEN A. Causal relations in terminological knowledge representation[J]. Terminology Science and Research, 1994, 5(1): 36-44.

[52] OESER E, BUDIN G. Controlled conceptual dynamics: from ordinary language to scientific terminology—and back[J]. Terminology Science and Research, 1995, 6(2): 3-17.

[53] PATTERSON K, NESTOR P J, ROGERS T T. Where do you know what you know? The representation of semantic knowledge in the human brain[J]. Nature Reviews Neuroscience, 2007, 8: 976-988.

[54] PAVEL S, NOLET D. Handbook of terminology[M]. Canada: Minister of Public Works and Government Services, 2001.

[55] PILKE N. Field-specific features of dynamic concepts—what, when and why?[M]// MAYER F. Language for Special Purposes: Perspective for the New Millennium, I. Tübingen: Gunter Narr, 2001: 239-246.

[56] POZZI M. The concept of "concept" in terminology: a need for a new approach[C]// SANDRINI P. TKE'99 Terminology and Knowledge Engineering Proceedings. Fi International Congress on Terminology and Knowledge Engineering. Vienna: TermNet, 1999.

[57] PUURONEN N. On describing dynamic concepts—a philosophical and terminological approach[C]//BUDIN G. ITTF Proceedings of the 10th European LSP Symposium, II. Vienna: TermNet, 1995: 1093-1102.

[58] RAIZADA R D S, RICHARDS T L, MELTZOFF A, et al. Socioeconomic status predicts hemispheric specialisation of the young children[J]. Neuroimage, 2008, 40(3): 1392-1401.

[59] REYNOLDS L, DAPRETTO E M, IACOBONI M. Culture and neuroscience: additive or synergistic[J]. Social Cognitive and Affective Neuroscience, 2010, 5(2-3):148-158.

[60] ROGERS M. Multidimensionality in concepts systems[J]. Terminology, 2004, 10(2): 215-240.

[61] ROSCH E. Principles of categorization[M]//ROSCH E, LLOYD B B. Cognition and Categorization. Hillsdale, NJ: Erlbaum, 1978: 27-48.

[62] SIMMONS W K, MARTIN A, BARSALOU L W. Pictures of appetizing foods activate gustatory cortices for taste and reward[J]. Cerebral Cortex, 2005, 15: 1602-1608.

[63] SMITH B, MARK D. Ontology and geographic kinds[C]//POIKER T K, CHRISMAN N. Proceedings of the 8th International Symposium on Spatial Data Handling (SDH'98). Vancouver: International Geographical Union, 1998: 308-320.

[64] SMITH B, MARK D. Ontology with human subjects testing: an empirical investigation of geographic categories[J]. American Journal of Economics and Sociology, 1999, 582: 245-272.

[65] SMITH B, MARK D. Geographic categories: an ontological investigation[J]. International Journal of Geographical Information Science, 2001, 15(7): 591-612.

[66] SMITH B, MARK D. Do mountains exist? Towards an ontology of landforms[J]. Environment and Planning B: Planning and Design, 2003, 30(3): 411-427.

[67] SRINIVASAN R, PEPE A, RODRIGUEZ M A. A clustering-based semi-automated technique to build cultural ontologies[J]. Journal of the American Society of Information Science and Technology, 2009, 60(3): 608-620.

[68] TEMMERMAN R. The process of revitalisation of old words: "splicing", a case study in the extension of reference[J]. Terminology, 1995, 2(1): 107-128.

[69] TEMMERMAN R. Towards new ways of terminology description. the sociocognitive approach[M]. Amsterdam: John Benjamins, 2000.

[70] TEMMERMAN R. Sociocultural situatedness of terminology in the life sciences: the history of splicing[M]//FRANK R, DIRVEN R, ZLATEV J, et al. Language and Mind II. Interrelations between Biology, Linguistics and Culture. Berlin: Springer, 2008: 327-360.

[71] TUCKER M, ELLIS R. On the relations between seen objects and components of potential actions[J]. Journal of Experimental Psychology: Human Perception and Performance, 1998, 24: 830-846.

[72] TUCKER M, ELLIS R. The potentiation of grasp types during visual object categorization[J]. Visual Cognition, 2001, 8: 769-800.

[73] WRIGHT S E. From the semiotic triangle to the semantic web[J]. Journal of the International Institute for Terminology Research, 2003, 14: 111-135.

法律翻译中的框架术语

P. 费伯（Pamela Faber）和 A. 雷默林克（Arianne Reimerink）①

摘　要：法律语言的翻译要比科学技术的翻译复杂得多，因为人们面对的法律对象是执行动作的文本。因此，法律翻译工作者不仅需要关注法律术语，而且还必须考虑到文本本身的结构以及文本中所使用的动词及其表现行为。在这篇论述中，我们将探讨如何从框架术语学的角度来分析法律文本中的术语含义。框架术语学是一种针对领域特定语言的认知方法，它直接将专业知识表示与认知语言学和认知语义学联系了起来。在环境法背景下对国际协议的案例分析中，我们分析了动词的论元结构及其语义论元的概念类别，从而揭示出这种文本类型的语义特征。我们可以把动词及其语义论元的表现形式视为一种中间语言，并将其用作翻译的基础。

关键词：国际环境协议，框架术语学，谓词－论元结构

1　引言

翻译中遇到的一个重要问题，就是如何在跨语言的翻译以及在文本的各个层次上实现含义的相同。就专业文本而言，无论是科学文本还是法律文本，翻译质量的好坏在很大程度上取决于翻译者是否能够为用于传递文本信息的专业语言单元或者术语找到最佳的对应关系。然而，即使法律术语和科学术语都可以命名外部世界中的概念，但在本质上，它们却根本不同。科学术语通常指称具体的实体或者行为，而法律术语则指称人类创造的抽象或者形而上的（metaphysical）实体或者行为（Mattila 2006）。正如学者布拉纠斯（Brakjus）（1956）指出的那样，即使植物学文献对植物的描述不够准确，植物的本质也不会因之改变。但是，如果立法者采用不同的方

---

①　这篇文章英文名为"Framing Terminology in Legal Translation"。原文见 *International Journal of Legal Discourse*［4（1）:15-46.De Gruyter. 2019］或者西班牙格拉纳达大学（University of Granada）LexiCon 研究团队（LexiCon Research Group）的出版物网站（http://lexicon.ugr.es/publications）（2019年）。——译者注

式对法律行为进行描述或者解释，那么，现实社会则可能会发生变化。法律文本中的专门知识，一方面，作为表示行为的语言对象，自身包含在文献当中；而另一方面，也包含在整个法律体系当中，在这个体系中，法律行为发生并产生一定的效果。

在法律翻译中，源语言文化和目标语言文化在法律制度上的差异，会导致双方缺乏跨语言的等效术语（Cao 2007；David and Brierly 1985）。这是法律翻译中主要存在的问题——被某种法律系统视为基础性的类别和概念，在另一种法律系统看来却可能是完全陌生的。但是，在术语对应关系中存在着空白只是法律翻译中的一部分问题。真正的困难还要更深入一些，因为法律文本是一个"多姿多彩的实体"（many-splendored entity），它具有不同的层次，而且，这些层次是用"框架"（frame）进行组织的。从最一般的意义上讲，"框架"是一种心理表征（mental representation），它基于这样一种理念，即：（人类的）认知状态和过程是由某种"信息承载结构（表示）"［information-bearing structure（representation）］构成的，它们在（人的）思想/大脑中发生、转换和存储（Pitt 2017）。

在认知科学中，人们把"框架"视为人类从长期记忆中获得的、用来理解世界的、有组织的"知识包"（package of knowledge）。以框架形式构筑的经验涉及的是：运用从相似背景和情境中获得的知识，促进社会的交流互动，并帮助人们对复杂事件及其处理方式进行理解。框架早就在语言学中得到了运用。"框架语义学"（Frame Semantics）（Fillmore 1982；Filmore and Baker 2010）指的就是对自然语言的含义进行系统化描述的各种各样的方法。这种理论研究语言形式如何激发或者激活"框架型的知识"（frame knowledge），以及如何把通过这种方式激活了的框架整合到对包含这些语言形式的段落的理解中去。这个过程对于理解法律文本尤为有用，因为它包括了对"非语言信息"（non-linguistic information）的集成。

"法律框架"（legal frame）的核心是现实世界中的"事件"和"行动"，人类需要以某种方式对它们进行评估、描述和管理，而法律文件的形成，则以如何将这些活动词汇化并采用语言形式表达出来为基础。这不只是一个涉及术语和句法规则（syntax）的问题，还是一个涉及语义角色和类别的配置问题。

遗憾的是，许多学者常为缺乏语言之间的对应而惋惜（这一点也容易理解），因此，他们将自己的精力局限在研究如何汇编特殊的语法和独特的词汇特征上。

这样的语言结构包括冗余的文字、程式化的（通常是过时的）表达、外来词和拉丁语式的表达、句法的不连续性、非人称结构和被动结构、名词化和复杂的句子（Hiltunen 2012；Williams 2004）。尽管从写奇闻轶事的角度来看，上述这些语言结构很是有趣，不过，它们只能对已知的内容进行确认。正如学者阿蒂亚斯（Azuelos-Atias）（2017）指出过的，造成外行人士难以理解法律语言的原因，主要在于（法律文本）频繁地使用"不言明的"（implicit）专业信息。然而，"这不是律师对付法律界以外人士的'阴谋'：这是任何行业术语都具有的特征，这些行业术语如此丰富，以至于人们称之为'次语言'（sub-language）"（Azuelos-Atias 2017）。

这种对"半空杯子"（the half-empty glass）［而不是"半满杯子"（the half-full one）］式的强调则意味着：人们对于那些在法律文本中存在的、确实匹配的，或者至少在某种程度上彼此重叠的宏观文本结构（macrotextual structure）、概念组织（conceptual organization）以及隐含的知识结构研究得相当少；而实际上，在某种程度上，它们却是实现语言对应的基础。产生这种问题的部分原因在于：在法律翻译中，人们一般倾向于小心翼翼地围着语义和含义结构转，这可能是因为语义比句法更为混乱并且更难分析。然而，归根结底，"含义"（meaning）才是翻译所追求的东西。

在强调语境因素以及"比较法律分析"（comparative legal analysis）与翻译技术应用具有相关性的背景下，关于法律翻译的理论变得越来越复杂。但是，这些要素并不总是能"一体化"到包含着"关键性决策参数"（key parameter for decision-making）的"运作模式"（operational model）中去（Prieto Ramos 2014）。

但是，有一个例外，那就是法律翻译的"社会符号学方法"（sociosemiotic approach towards legal translation）（Cheng et al. 2014），这种方法涉及语言与法律、话语／语篇（discourse）与社会之间的相互作用（Cheng et al. 2014）。倡导这一方法的学者们提出了"翻译三角形"（Translational Triangle）的理念，旨在解决翻译问题。在法律翻译中，人们可以建立源术语和目标术语之间可能的等效关系，能否建立起来具体取决于这些术语是嵌入在相同的还是不同的"法律环境／语境"（legal context）之中。与"语境意识"（context-aware）有关的另一种法律翻译方法，则是学者拉莫斯（Prieto Ramos）运用的"功能主义"（functionalism）方法，拉莫斯提出了一种解决法律翻译问题的综合性模型，这个模型特别强调翻译的交流情境以及根据所涉及的法律制度、法律分支及其法律文本类型和体裁而进行的"法律宏观语境化"（legal macro-contextualization）（Prieto Ramos 2014）。

在这篇文章中，我们将采用一种认知方法来对这些社会符号学方法以及涉及语境意识的翻译方法进行一些补充。法律文本中所蕴含的专业知识单元及其关系必须得到更深层次的研究。虽然在（法律）文本的表面结构中，某些概念和关系的含义似乎一目了然，但实际上，这仅仅是"冰山的一角"。在这表面之下，存在着整个的含义世界，翻译工作者应该能够对其进行感知和访问。因此，作为法律含义的存储库，"法律术语（总体）"（legal terminology）具有更为广阔的范围，因为它不仅包括寻常的单个单词组成的单元以及多个单词组成的单元，而且可以扩展到（人类）整个身心的感知行为以及与法律文本类型有关的言语行为中去，而每一种言语行为都有特定的模板。

因此，我们应当将法律文件设想为具有宏观目标（例如授权、谴责、保证、批准等）的语言文件。我们应当看到，法律文件应该被视为由多个部分组成的对象，而每一个部分都可以分解为一系列的"含义簇"（meaning cluster）。这些含义簇由它们的"谓词－论元结构"（predicate-argument structure）及其相关的"词汇域"（lexical domain）和"论元"（argument）的概念类别组成。

在这篇文章中，我们将从"框架术语学"（Frame-Based Terminology, FBT）（Faber 2012；Faber 2015）的角度，探索如何分析法律文本中的术语含义的问题。框架术语学是一种针对特定领域语言的认知方法，它直接将专业知识表示与认知语言学和认知语义学联系起来。在框架术语学中，知识的获取是从术语层面 / 水平（term-level）开始的，然后发展到措词层面 / 水平（phrase level），最后导向对整个知识框架的整理（codification）。

这篇文章涉及的专业法律语境是国际环境法（international environmental law）。在从专业法律文本语料库及其文本模板特定部分的配置结构中获得的信息的基础上，我们探索如何通过术语的上下文语境的逐步扩展来导出专业知识框架（specialized knowledge frame）。由此获得的数据可以用于构建类别并创建框架，这些框架描述了法律领域中的一般"过程"（process）和"行动"（action）的特征。

2　"框架"的概念

如前所述，框架术语学是以框架语义学（Fillmore 1968；Fillmore 1982）为基础的。一般而言，框架语义学研究的是如何通过语言形式对框架知识进行激发或者激活，以及研究如何把通过上述方式激活的框架整合到人们对包含这些语言形式的段落的理解中去。这个过程包括了非语言信息的集成。虽然"框架"已经在广泛的学科范围里得到了应用，例如从语言学到社会心理学再到计算机科学，但是"框架"依旧像个"滑头／靠不住的顾客"（slippery customer），并不容易确定下来。更为麻烦的是，不同的研究者根据自己的目的对"框架"进行了改编。这就导致关于"框架是什么"、"框架由什么组成"以及"如何对框架进行规范"的观点和建议呈泛滥之势。

在 2014 年，加默施拉格（Gamerschlag）等人对学者布塞（Busse）（2012）在"概念框架"（concept frame）和"谓词框架"（predicative frame）之间进行区分的观点进行了强调。概念框架主要表示由名词和名词短语指称的实体。学者巴萨卢（Barsalou）（1992）曾经指出，框架是"类别表示"（representation of category）的一般性格式。依据彼得森（Petersen）和加默施拉格（2014）的观点，概念框架由一系列的"属性值对"（attribute-value pair）组成，其中每一个属性（attribute）都具体说明用来表征概念的某个特性（property）。

在法律领域中，举例而言，一份法律协议（legal agreement）就是一个概念类别。这个类别中的一个成员就是"条约"（treaty）这一概念，它的子类型（例如公约、合同、协议等）可以根据具体目的、参与者的人数以及内容而发生变化。

相比之下，谓词框架用于描述谓词（通常是动词及其名词化）。它们根据情境（situation）的类型和参与者的不同来对"事件"（event）和"事态"（state of affairs）进行表示。这种类型的框架源自学者菲尔莫尔（Fillmore）（1968）的"实例框架"（case frame），这种实例框架根据动词和从句论元的语义作用来对它们进行表征。当把框架指定为参与者介入的行动或者过程时——就提供了一个连接两个或者多个语义类别的谓词框架。

框架术语学不同于 FrameNet（Baker 2014），FrameNet 是以"菲尔莫尔框架"（Fillmore's frames）为基础的人机可读的英语词汇数据库，而框架术语学中假定的框架是非语言特定的（non-language specific），并且是从广泛的语言范围里由概念不变量派生出来的。许多语言学理论和方法中，正如学者阿普雷斯詹（Apresjan）（1993）、维兹比卡（Wierzbicka）（1996）、戈达德（Goddard）（2003）和范瓦林（Van Valin）（2006）所观察到的，都有对这类"近 – 原生态"（near-primitives）

的记录。

然而，人们可能会问——就法律翻译而言，上述提到的框架是否真的很重要？因为许多法律文本倾向于是针对特定文化的（culture-specific）。在法律领域中，非特定文化的框架（non-culture-specific frame）确实是不可行的。但是，探讨一下在具有法律体系的大多数语言文化（language-culture）当中可以存在哪种形式的框架——还是有可能的。这种框架的一个例子就是"正式批准"（ratify）框架，它为"正式批准"（ratification）这种"行动"（act）（参与者、对象、手段和效果）建立了关系情境（relational context）。这个框架的参与者是"当事方"（party）（通常是国家或者州等政治实体），对象则是当事方之间缔结的某种协议，例如条约/协定。由此，概念框架和谓词框架紧密相连。

以与通用语言（general language）词汇相同的方式，专业知识单元或者术语是在上下文语境中获得其含义的［尤其是在框架中，（专业知识单元或者术语）在过程、活动或者事件中的角色被突出，并且与同一个框架中的其他概念相关联］。在法律领域中，概念框架和谓词框架都对知识表示很有用处，因为"条约/协定"的概念框架是"正式批准"的谓词框架的参与者之一。这两种类型的框架都是固定点，翻译者都可以将其作为基础进行翻译，因为它们是在大多数文化中都存在的、非常普遍的结构。但是，本文的重点则主要放在对行动和事件进行编码的谓词框架上。

3　法律框架

在法律背景下，为某一特定情境、事件或者活动构建的框架，通常要涉及将其描述为由专业知识单元指称的法律概念的配置结构（configuration）。这样的概念可以是实体、属性、关系、行动或者过程。文本发送者的意图通常是将一种或者一系列的行动作为法律议题提出。某个事件的这种构造就涉及对参与者进行分类，并且通过参与者已经执行的或正在执行的，或者已经受到参与者影响的或正在受到参与者影响的行动，将它们联系起来。

以上就是在法律文件中使这类框架实现词汇化的情况。严格的词汇化则取决于每一种语言的句法结构和规则。因此，法律文件本身就可以被设想成是对某种情境的"翻译"，这就像我们人类每天都通过自己的感觉对信息进行"翻译"和加工一样。这就是我们通过识别概念并将概念放置在"含义簇"/"含义集群"（meaning cluster）中来理解世界的方式。

在法律框架中，法律术语及其配置可以对涉及"争议"（dispute）或者"犯罪"（crime）一类的主题进行定义，从而使有利于（或者不利于）相关当事方的判决易于获得。在环境法中，"犯罪"通常是指破坏环境的活动。环境法中涉及的"事件"，还可以指与所有参与者有关的、以某种方式采取行动以维护或者有利于环境而缔结的协议。这类事件由于可以从多个角度得到表述，因而可被视为一种（单语）翻译——在某种法律体系的语境下，人们可以根据特定的意图，将某一给定的真实事件由思想翻译成语言。

因此，在许多法律框架和法律文件的核心部分，我们可以发现在现实世界中发生的事件和行动，而且这些事件和行动都与"一般行动"（general action）、"感知"（perception）、"变化"（change）、"拥有"（possession），有时甚至与"感觉"（feeling）这类的通用词汇域（general lexical domain）有关。因此，叠加在对这些事件进行翻译的法律叙述之上的，则是一种或者多种的认知、感知、操纵和／或者言语行为，旨在促进交流以及对参与者及其行为进行定义和规范。

上述内容表明，法律文本中的动词是真实的术语，因为它们处于法律含义的中心／核心。就专业语言而言，上面的话可能听起来很奇怪——在专业语言中，通用语言的动词很少被视为术语——更不用说这里涉及的是法律术语——因此，专业知识资源中一般不包含动词。尽管如此，（在法律领域中）动词是至关重要的，因为它们的含义及其论元结构（argument structure）与法律概念息息相关。

为此，我们根据含义，对 12 000 个通用语言动词进行了语义分类。[①] 正如在"词汇语法模型"（Lexical Grammar Model, LGM）中描述过的那样，动词分类的"储备"（inventory）来自对定义的分解（definition factorization），并且可以通过语料库分析得到验证。这就产生了以下通用词汇域：存在（是、发生）[EXISTENCE（be, happen）]，变化（成为、改变）[CHANGE（become, change）]，拥有（有）[POSSESSION（have）]，讲话（说、谈）[SPEECH（say, talk）]，情绪（感觉）[EMOTION（feel）]，动作（做、制作）[ACTION（do, make）]，心理／精神知觉（知道、思考）[MENTAL PERCEPTION（know, think）]，运动（移动、去、来）[MOVEMENT（move, go, come）]，物理知觉（看、听、尝、闻、摸）[PHYSICAL PERCEPTION（see,

① 在之前的研究中，我们在词汇语法模型（Faber and Mairal 1999）的框架下，对 12 000 个通用语言动词的语义和句法结构进行了分析与归类。这项研究开始是在英语中进行的，之后在西班牙语中进行。

hear, taste, smell, touch）］，操纵（使用）［MANIPULATION（use）］，接触／碰撞（击中、折断）［CONTACT/IMPACT（hit, break）］和位置（放置、在）［POSITION（put, be）］。其他的类别包括灯光［LIGHT］、声音［SOUND］、身体功能［BODY FUNCTION］、天气［WEATHER］等。

我们的建议是：这些概念性种类（conceptual class）以及其中的动词都是法律文件的"驱动力"，我们可以将其理解为"物理知觉"、"认知"和"讲话"行为的"结构簇"（structured cluster），它们表示"存在"或者将要"存在的事态"（state of affairs），当事方由于通常希望通过某种方式对它们加以控制，因而可能会采取一些行动。在所涉及的法律文件的上下文语境及其结构中，以及在这份法律文件于法律体系文本类型中所处的位置上，我们必须考虑到这种被"激活"的命题（proposition）和语义类别的组合。

在这个上下文语境中的所有词汇域中，"讲话"可能是最重要的一个，因为法律文件是一种文本，它可以借助某些言语动词（speech verb）来表现一定的行动。它对人们在现实世界中通常必须以某种方式来控制、调节、改善或者产生作用的某种事态，进行"呈现"（present）、"证实"（affirm）、"正式批准"、"谴责"（denounce）等。表1列出了言语动词域的主要结构参数（structural parameter）和"子参数"（subparameter），这些参数也适用于西班牙语。

最适用于法律文本的维度（dimension）是"说某事是事实"（to say sth. is the case）和"出于某种目的说某事"（to say sth. for a certain purpose）。这些维度之所以重要，是因为它们包括了最明显的言语行为动词｛在奥斯汀（Austin）（1962）的"言语行为理论"（Speech Act Theory）的理论框架内［瑟尔（Searle）在1969年发展了这一理论］｝，而且，人们还把它们置于更为广阔的上下文语境中，因为法律语言中的"言语"也与身心的感知以及行动紧密相连。因此，以下事实显而易见：有许多言语动词［"承认"（recognize）、"认可"（acknowledge）、"认为"（consider）、"观察"（observe）、"注意"（note）等］也可以是认知类动词（cognition verb），甚至是视觉感知动词（visual perception verb），这具体取决于思想或者感知的实体是否能够说出（话来）／发声。作为动词，每一个都有一个特定的论元结构，这个结构可以对参与者的行动进行设定或者对阶段进行设置。

表 1 "言语" 词汇域的结构参数和子参数

言语：说 / 说出 / 告诉 / 谈话				
以某种方式说某事	持续时间	长 短		重复，坚持 提及
	速度	快速 缓慢		喋喋不休，胡言乱语（拉长调子）慢吞吞地说
	声调	大声 柔和		惊叫，大喊，吼叫 低语，嘀咕
	情绪	生气 骄傲		咆哮 自夸，吹嘘
正面地或者负面地说某事	正面地（说某事是这么回事）	说"是" 说某事是正确的	说某事会发生 说某事是肯定的 赞许地说	接受，同意 预言，预测 承诺，保证 赞扬，夸奖
		正面地说某人某事		
	负面地（说某事不是这么回事）	说"不" 负面地说某人某事 说坏事会发生		拒绝，排斥 批评，口头诽谤 警告，威胁
为某种目的说某事	以便他们做某事 从某人那里获得某物 告诉某人某事	 表达意见 / 判断 以便他们记住这件事 以便他们知道这件事 给这件事一个解释		命令，指导 询问，要求，请愿 推理 提醒 告知，通知 描述，讨论
采用某种方式说某事	电话，电报，传真，等等			
采用一种不同的语言说某事	翻译			

假设在相同词汇子维度内的动词具有相似的句法，甚至更重要的假设是，这些动词与论元的语义类型相结合。就专业语言而言，这些通用语言动词的多义性受到了限制（例如在环境科学领域中），因为它们的含义范围仅限于环境科学领域。但是，动词的含义不受句法的限制，而受其论元性质的限制——而这些论元属于一组特定的概念类别。

众所周知，"谓词论元结构"（predicate argument structure）指的是"论辩的词汇项（词项）"（argument-taking lexical item）的词汇表示（Levin 2013）。它们通常是典型的动词及其名词化。对动词的论元结构的规范，涉及确认该词汇项可以采用的论元数量、句法表达（syntactic expression）以及它们与谓词的语义关系。尽管句法表达是语言所特有的，语义关系却不是。我们可以把语义关系理解为"语义角色"（semantic role），例如"施事者 / 作用者"（agent）、"受事者 / 承受者"（patient）、"仪器 / 手段"（instrument）、"经验者 / 感受者"（experiencer）、"位置 / 地点"（location）、"目标 / 主题"（goal / theme）等。

举例而言，我们可以看到，在国际条约的结构中，人们所使用的大多数动词都有一个施事者 / 作用者（例如伙伴 / 民族 / 当事方）以及一个目标或者主题，这个目标或者主题将当前的情况或者过去的事件进行了编纂整理，并按照需求、威胁性、弱点、关注点等进行了分类。第二个论元可以采用命题的形式，也可以采用概述的（encapsulated）命题形式。我们同样可以看到，这些动词都是法律语言中的真实术语，而且为我们提供了用来理解法律文本的框架和上下文语境。

但是，除了语义角色之外，每一个论元还具有独立于语言的语义种类（semantic class）。这些语义种类或者概念则属于更大一些的结构（structure）或者"本体"（ontology），在人工智能的意义上，则将其定义为"概念化的规范"（the specification of a conceptualization）。本体则在层级结构（hierarchy）里将每一个论元置于上下文的语境（contextualize）之中。

4 环境法中的实例研究

在法律活动中，环境法是一个迅速发展的领域。它需要生成各种法律文件。环境法中涉及的犯罪涵盖了违反环境法的有关规定并对环境、环境中的居民及其健康造成重大损害或者带来风险的行为。为了阻止这类行为的发生并保护环境及其中的居民，相关的法律、指令（directive）、条约、议定书（protocol）、公约等应运而生。

环境犯罪中最突出的领域之一，就是"污染"（pollution）或者将有害物质向空气、水或者土壤中非法释放或者排放。在 EcoLexicon 术语知识库[①] 中，我们已经开始把涉及环境法的基本术语列为其中一部分了。虽然仍然不太完整，但我们的"库存"（inventory）正在迅速增长（见图 1）。

---

① 可参见 http://ecolexicon.ugr.es.。

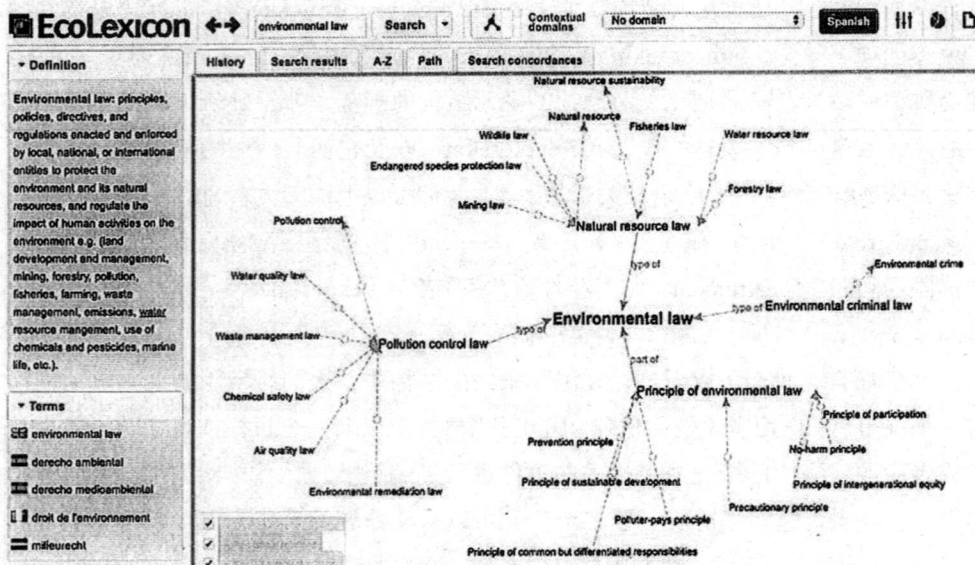

图 1　EcoLexicon 中的环境法概念网络

　　由于污染和环境犯罪、意外事故以及灾害都具有跨越国境的（cross-border）方面，许多涉及环境法的文件都是国际性的。它们或者是采用不同的语言同时创建的，或者是随后（通常从英语）再翻译而成的。这样的文本大多聚焦过程和行动（污染、毒害等），而且这些过程和行动被词汇化为动词或者动词的名词化。

　　因此，动词是这些文本的核心组成部分，我们应该把它们视为术语——它们是主要的结构性组成部分。对它们的论元结构及语义论元的概念类别进行分析，则有助于我们对某种类型文件（例如环境条约或者国际协议）的典型语义特征进行深入了解。通过这种方式，我们就可以强调法律框架中最突出的言语行为、行动和过程，以及典型参与者的语义类别。

　　我们这项研究使用的语料库是 EcoLexicon 术语知识库（9 208 695 个单词）中环境法语料库的一个子集，该子集共包含 338 958 个单词，并且专门由近 50 年来涉及气候变化、臭氧层、湿地、海洋倾倒（marine dumping）、生物多样性（biodiversity）、空气污染等内容的，已经正式签署的，最重要的国际环境协议组成。[①] 这些协议中既包含单边协议，也包含双边协议，大多数是法律框架、协议和公约。

　　这些协议虽然侧重于不同的法律问题，但它们的结构都很相似，都由序言和紧

① 截至原文成文时间。——译者注

随其后的、分成较大专题组的条款组成。可以推测到的是，每一个部分都包含属于相同或者相关词汇域和维度的动词，这就意味着，它们的论元结构也会是相似的。除此之外，在一般情况下，在每一个部分和子部分中找到的动词，都是传达这篇文本每个子部分的"施为性质"（涉及"行动作为"的性质）（performative nature）的动词。这种信息结构就生成了下面的模板或者框架（见表2）。

表2　国际环境协定的宏观结构

国际环境条约
1. 序言
2. 一般性条款
a. 定义 / 术语使用
b. 目标 / 范围
c. 原则 / 义务
3. 合作行动 / 行动计划
a. 措施
b. 规章制度
i. 处罚（责任，赔偿）
c. 监控方式
d. 交流
i. 信息交换
ii. 公众教育（提高认识）
e. 研究与开发
i. 能力建设 / 加强
ii. 技术开发 / 转让
4. 机构安排
a. 缔约方大会和会议
b. 秘书处
c. 附属机构
d. 财务协议
e. 议定书、附件和修正案的采纳
f. 表决权
g. 合规控制
h. 争端解决
5. 正式条款
a. 生效
b. 正式批准 / 通过 / 接受
c. 退出
d. 保管人（存放处）
e. 真实文本

　　毫不奇怪，大部分的变量是在表 2 中的第 3 部分中找到的，它的信息结构取决于所讨论的专题以及文件所具有的具体性和规范性。但是，即使各部分的信息可能有所不同，用于使行动实现词汇化的典型性动词，在很大程度上却是重合的或者相同的。

　　这些部分中的句子通常由两部分组成。句子的第 1 部分是一个由认知类动词或者言语动词支配的命题，第 2 部分也是一个命题，通常涉及的是与"污染"有关的内容，或者指明当前负面的事态，或者指明未来可能采取的行动。

4.1　环境条约的第 1 部分：序言

　　举例而言，如果我们看一下环境协定中的序言部分，就会发现以下动词（以 -ing 形式）的系统化重复：

序言结构示例：

本协约缔结方
认可（Acknowledging）地球气候的变化 [……]
注意（Noting）到历史和当前全球排放量的最大份额 [……]
注意（Noting）到气候变化的预测存在许多不确定性 [……]
认可（Acknowledging）气候变化的世界性呼吁 [……]
召回（Recalling）联合国宣言的相关规定 [……]
重申（Reaffirming）主权原则 [……]
承认（Recognizing）各国应通过有效的环境法案，[……]

　　绝大部分的动词都属于"视觉感知"、"认知"和"言语"的词汇域，这绝非偶然；而且，某些动词（例如"具结／承认"、"注意"和"考虑"）甚至可以（同时）属于这三个词汇域（见表 3）。在"认知"域中，"承认"、"考虑"和"认可"都属于"使用自己的思想来形成关于某种事物的观点（认为）"［to use one's mind to form an idea of something（think of）］的维度，它们只是按照确定性的程度进行了分类。在"言语"的词汇域中，也反映出一部分相同的结构。各个子维度之间的对应关系，也反映出"思想"（thought）和"语言"之间的紧密联系（见表 4）。

表 3 国际环境协定序言中最常用的动词和词汇域

序言中的动词	国际条约①
具结 / 承认［认知］［也包括言语和视觉感知］	奥尔胡斯，非洲－欧亚迁徙水鸟保护协定，阿尔卑斯，南极洲，巴塞罗那，巴塞尔，伯尔尼，布加勒斯特，卡塔赫纳，生物多样性公约，濒危野生动植物种国际贸易公约，巴黎，日内瓦空气，日内瓦木材，赫尔辛基 2014，赫尔辛基工业，伦敦，水俣，蒙特利尔，名古屋，奥斯帕，拉姆萨尔，斯德哥尔摩，联合国气候变化框架公约，联合国防治荒漠化公约
注意［认知］［也包括言语和视觉感知］	奥尔胡斯，南极洲，巴塞罗那，巴塞尔，伯尔尼，布加勒斯特，坎昆，日内瓦木材，赫尔辛基 2014，赫尔辛基工业，伦敦，水俣，蒙特利尔，巴黎，斯德哥尔摩，联合国防治荒漠化公约，联合国气候变化框架公约
召回［认知］［也包括言语］	奥尔胡斯，非洲－欧亚迁徙水鸟保护规定，南极洲，坎昆，卡塔赫纳，日内瓦木材，赫尔辛基 2014，赫尔辛基水，伦敦，水俣，名古屋，保护东北大西洋海洋环境公约，斯德哥尔摩，联合国防治荒漠化公约，联合国气候变化框架公约，维也纳
考虑［认知］［也包括言语和视觉感知］	奥尔胡斯，非洲－欧亚迁徙水鸟保护规定，南极洲，巴塞尔，伯尔尼，日内瓦空气，赫尔辛基工业，蒙特利尔，保护东北大西洋海洋环境公约，拉姆萨尔，联合国防治荒漠化公约
认可 / 承认［认知］［也包括言语］	奥尔胡斯，非洲－欧亚迁徙水鸟保护协定，生物多样性公约，蒙特利尔，名古屋，斯德哥尔摩，联合国防治荒漠化公约，联合国气候变化框架公约
重申［言语］	坎昆，卡塔赫纳，生物多样性公约，日内瓦木材，名古屋，斯德哥尔摩，联合国防治荒漠化公约，联合国气候变化框架公约
申明［言语］	巴塞尔，生物多样性公约，日内瓦空气，赫尔辛基工业，名古屋，巴黎，联合国防治荒漠化公约，联合国气候变化框架公约
强调［言语］	卡塔赫纳，多瑙河保护公约，赫尔辛基水，水俣，巴黎
渴望［感觉］	奥尔胡斯，伯尔尼，生物多样性公约，赫尔辛基 2014，拉姆萨尔

表 4 "心理 / 精神知觉"和"言语"词汇域的维度和子维度

心理 / 精神知觉：使用自己的思想来形成关于某种事物的观点［认为］，
认为某事是真实的［相信］ 认为某事可能是正确的［假设］ 在不知道某事是真实的情况下思考［猜测］ 认为某事可能不真实［怀疑］
言语：说某事是这么回事
说"是"［接受，同意］ 说某事是真实的［接受，认可，承认］ 说某事但不知道它是真实的［猜测］

---

① 表中条约名称多以签署地点或简称代替，部分条约的具体名称见文后附录。——译者注

"具结/承认"、"考虑"和"认可"也都属于"心理/精神知觉"的第一个子维度。如表5所示,"认为/考虑/以为"、"接受"、"承认"和"认可"都是"相信"的下义词(hyponym),"相信"是这个维度上最具一般性的术语。在更为具体的层面上,"接受"则是"认为/考虑/以为"的下义词,而"承认"和"认可"则是"接受"的下义词。

表5 "心理/精神知觉"的"认为某事是真实的"这一子维度的语义层级

相信 认为某事是真实的,即使无法对此进行证明。
认为/考虑/以为 相信某人/某物是那么回事(在认真考虑之后)。
接受 认为某事是真实的/合理的/令人满意的,并经常表示同意。
承认 接受某事是真实的、合法的或者重要的。
认可 接受某事的真相、存在或者重要性。

这些动词之间的差异主要取决于在法律文件的某个部分或者法律文件的特定上下文中,被"认为"、"承认"或者"认可"的实体是什么。这一情况在不同的语言中可能是相同的。当对动词的语义(和句法)特征也做了说明的时候,在给定含义范围的词汇化过程中,这种类型的词汇组织,可以为每一个文本发送者可获得的选择范围进行编码(整理)。

如前所述,我们假设相同词汇子维度上和(相同)知识框架里的动词具有相似的句法,甚至更为重要的假设是,当它们在相同的上下文语境中进行运作时,它们也会与相同语义类型的论元相结合。动词词类及其语义论元的表示形式,将是一种可以用作翻译基础的中间语言(国际法)(interlingua)。在专业语言情况下,这些通用语言动词天然具有的多义性受到了限制(例如在环境法领域中),因为它们的含义范围仅限于环境法领域,在这篇文章中,则只限制在环境条约这一领域内。

"认知"和"言语"这两个词汇域的相互联系则折射了我们思想和身体的本性,因为"感知"是人类构建世界的重要手段。在我们语料库的环境条约子集中,以句法形式提供的信息量是最少的,尽管强调这些动词的"子类别结构"(subcategorization structure)是受"条约"部分制约的是很重要的。

例如,在国际环境协定的序言中,这些动词通常以带有名词短语(noun phrase,NP)的现在分词或者以从句的形式出现。但是,就翻译目的而言,人们更感兴趣的则是每个"插槽"(slot)中论元的语义类别。

举例而言,表6显示了在环境法和国际环境条约的范围内"承认"的论元结构。

表6 "承认"的论元结构

承认接受"某事是真实的、合法的或者重要的"		
论元1：作用者/施事者	论元2：主题	
［国家］ 缔约方（《议定书》/《协约》）	［属性］ **正面值** 重要性	 增强［变化］ 促进［操作］ 发展［创建］ 建立［创建］ 整合［位置］
	利益 有用性	价格，费用［货币］ 信息［言语］
	拥有 必要性 需要	 合作［行动］ 促进，支持，增强，学习［认知］ 发展［创建］ 加强［变化］
	时间 紧急 **情感** 希求	 措施……［行动_控制］ 建立［创建］ 扩展［变化］ 协调［行动］ 分享［拥有］
	关心	污染，排放，等等 ［污染_实体］
	行动 努力	 减少［变化］ 适应［变化］ 传播［拥有］

在这些协议的序言中，当事各方正在采取"承认""认可""注意"等行动，以显示出对某种事态的意识和察觉，因此，在这里主要使用了"认知"动词，其后接着的第二个论元是一个命题（或者扼要概括的命题），如表7中的内容：

表7 序言中"承认"的论元结构的词汇表达示例

一阶	承认（合作伙伴）施事者/作用者（需要）主题
二阶	改善（合作伙伴）施事者/作用者（合作）目标
承认	迫切需要提高国际合作的有效性和协调性
承认	国际合作的有效性和协调性亟待提高

对于"认可"来说，情况也是如此，它是一个处于与"承认"所在词汇域中同一维度上的动词。我们可以说，"施为行为"（涉及"行动作为"的行为）（performative act）是"承认"与"改善"的结合，其中第一组行为依赖于第二组行为，第二组行为是第一组行为的主题（theme）。

4.2　环境条约的第 2 部分：一般性条款

环境条约的第 2 部分通常包含与协议中术语的使用、协议的范围和目标以及协议各方应该遵守的一般原则及义务相关的信息。这些信息并非总是以相同的顺序提供的，而且，有的时候仅给出小标题，以便把这一部分分成三个子部分。但是，大多数的国际环境协议都包含了与这些内容相关的一些信息。

为了定义术语（见表 8 中的示例），在大多数情况下使用"认知"词汇域中动词含义的简单表示。第二个论元或者是第一个论元的上义词以及附加的解释，或者是封闭的下义词列表。论元的语义类别始终包括承担协议任务的协议缔约方和相关的机构团体，以及必须受到保护的地理区域或者物种，此外还有必须要处理的污染以及对保护类型的定义。由于这些协议都是国际协议，它们也包括与"越境转移"（transboundary movement）（出口、进口等）有关的语义类别。

表 8　环境条约中术语定义的示例

定义 / 术语用法示例
就本公约而言，
"缔约方"**是指**：除非［……］，本公约的缔约方
"公约秘书处"**是指**根据条款第 IX 条设立的机构［……］
"对海洋环境的污染"**是指**由人［……］把物质或者能源引入海洋环境［……］
"出口"**是指**从一个缔约方有意越境转移到［……］

通常按照逻辑顺序给出定义，将相同语义类别的所有定义都放在一起，从最一般的概念过渡到最具体的概念（见表 9）。

表 9　摘自《濒危野生动植物种国际贸易公约》（CITES）（1983）中术语的使用

"贸易"是指出口、再出口、进口和从海上引进；
"再出口"是指原先进口的任何标本的出口；
"从海上引进"是指标本输入某个国家［……］

　　在所有与环境相关的国际协议中，某个"范围"（scope）或者涉及"目标"（objective）的子部分都能被找到。"范围"通常通过例如"覆盖"（cover）和"应用"（apply）（属于"存在"这个词汇域）这类的动词来表示；而"目标"则通过例如"贡献"（contribute）（属于"拥有"这个词汇域）、"保证"（guarantee）（属于"言语"这个词汇域）、"保护"（protect）、"保留"（preserve）（属于"存在"这个词汇域：导致继续存在）这类动词来表示。动词或者采用简单的现在时态，或者与情态动词结合。在一份国际协议的范围内，第一个论元通常属于"行为_控制_文件"（action_control_doc）（惯例、议定书）的语义类别，而第二个论元则要么涉及地理区域"位置/地点"（location），例如：（高山地区、非洲－欧亚大陆水鸟迁徙体系的区域），要么涉及"活的_生物体"（living_organism）（例如濒危物种）或者"污染_施事者"（polluting_agent）（例如废物）的语义类别。

　　如果有"目标"这一子部分，那么，第一个论元则属于"人类_团体"（human_group）这一类别（政党、国家、本协议的缔约方），而第二个论元则可以依据协议的目的而有不同的分类（见表10）。

表10　"目标/范围"子部分摘录

目标/范围的示例
本协定的地理范围是非洲－欧亚大陆（水鸟）迁徙体系的范围［……］正如所描述和描绘的，　此协约**应该涵盖**高山地区［……］
本协约**适用于**该地区的南极海洋生物资源［……］
本议定书**应该适用于**越境转移、过境［……］
［……］本议定书的目标**是确保**适当的保护级别。本协约的目标**是保护**南极海洋生物资源。为了［……］，每一个缔约方**应该保证**获得信息的权利［……］

　　"原则/义务"（principle/obligation）子部分通常涉及三种不同类型的信息：（1）各方对协议对象所承担的一般性义务；（2）各方有义务根据协议去适应当地的法律；以及（3）对协议的一些限制，即：协议对各方可能采取的行动不干涉的部分。

　　上述（1）中动词的词汇域、论元结构以及论元的语义类别与第3部分所描述的非常相似，尽管"论元槽"（argument slot）中充满了在类别层级结构（category hierarchy）中最通用的选项。第一个论元始终是协议的当事方（属于"人类_团体"），动词的词汇域和"目标"子部分中的词汇域基本相同，第二个论元则是协议的对象（见表11中的示例1、2、3、4）。

表 11 "原则 / 义务"子部分的一段摘录

原则 / 义务的示例
1. 缔约方**应该采取**协调措施,将迁徙水鸟物种保持在良好的保护状态或者恢复到这种状态。
2. 缔约各方**应该奉行**一项维护和保护阿尔卑斯山的全面政策［……］。
3. 每一个缔约方**应该**在国际环境决策过程中**促进**本协约原则的实施［……］。
4. 除依照本公约的有关规定之外,各缔约方**不得允许**买卖附录一、附录二和附录三所列物种的标本［……］。
5. 每一个缔约方**应该采取**必要的立法、监管措施以及其他**措施**,包括采取在实施的规定之间实现兼容的措施［……］。
6. 各国**拥有**［……］主权,有权根据本国的环境政策开采本国的资源。
7. 本议定书的任何规定均**不应该**以任何方式**影响**各国根据国际法而建立的领海主权［……］。

对于前文(2)而言,第一个论元还是当事方,谓词则是"存在"词汇域中的动词［更具体地说,是"使事物开始存在"(to cause something to begin to exist)］,例如,"实现 / 使生效"(implement)或者"引入"(introduce)。第二个论元［"措施"(measure)、"条款"(provision)、"行动"(action)］则可以包含在"行为 _ 控制"(action_control)这一语义类别中。

最后,在前文(3)中存在两种可能性:(a)协议的每一个当事方或者国家(人类 _ 团体)都具有(词汇域:"拥有")采取行动的主权(词汇域:"原则");或者(b)缔结的公约或者协议(词汇域:"行为 _ 控制 _ 文件")不得影响(词汇域:"变化")各方的主权(词汇域:"原则")。

4.3 环境条约的第 3 部分:合作行动 / 行动计划

在这些条约和协议第 3 部分中的情况则与前面的截然不同:在这一部分中,其重点在于描述(目前)存在,而且应该改变的负面事态("污染")。在这里的中心动词之一就是"污染",这是"变化"词汇域中的一个动词［"使事情变得更糟"(to change something for the worse)］。它的论元结构具有与其在不同语言中的对应物(也就是 poluer、verschmutzen、contaminar、inquinare 或者 polua)相同数量和相同语义类型的论元。在所有的语言文化中,"污染"的特征都是具有"污染施事者 / 作用者"(a polluting agent)和"被污染(或者受影响)的实体"［a polluted(or affected)entity］。

同样,"污染"的命题表示可以用作实现语义对等(semantic equivalence)的基础。根据从"污染"及其不同形式的语汇索引(concordance)中提取出的语料信息,表 12 显示的是最常见的、属于"人类活动"(human activity)、"工业"(industry)、

"废物"（waste）、"化学"（chemical）、"气体排放"（gas emission）、"车辆"（vehicle）和"微生物"（microorganism）等语义类别的污染施事者 / 作用者或者致污物（contaminant）。与此相反，第二个论元则是受污染的实体，由不同规格的空气、水和土壤组成。

表 12　"污染"论元的语义分类

论元 1　污染施事者 / 作用者	污染物
人类活动 工业位置 废物 化学 气体排放物 交通工具 微生物	［活动］压裂，钻探，采矿 ［位置］工厂，发电厂，矿山 ［固体］垃圾，垃圾填埋场，淤泥 ［液体］污水，废水，径流 ［元素］汞，碳，氮，磷 ［天然混合物］煤，原油，石油 ［人工混合物］农药，化肥 ［工业源］气体，烟气 ［车辆源］废气 ［陆地交通工具］小汽车，柴油车辆 ［水上交通工具］集装箱船，油轮 ［空中交通工具］飞机，喷气式飞机 细菌
污染	
论元 2　受污染的实体	环境因素 / 地点
环境 水 空气 土壤	环境 ［水］水，地下水，饮用水 ［水体］含水层，河流，海洋，溪流，小河，分水岭，湖泊 ［气体］空气，气浪，大气 ［土壤］土地，土壤，地面，地球

"污染"是法律行为必须通过某种方式加以改善、纠正和 / 或者治理的情况。重要的不是谓词及其名词化在句法上应该如何实现，而是应当如何对语义类别进行组合，这些类别反映了人类的污染行为（因为隐含的主体是人类）以及发生污染的三个主要环境领域（空气、水和土壤）。因此，框架是通过语义类别［在这种情况下为"污染施事者 / 作用者"和"环境实体 / 空间"（environmental entity / space）］及其之间的关系组合生成的。

这个框架是环境条约文件第 3 部分中上下文的重要组成部分，其中描述了涉及措施、规章制度、监控方式、交流以及研究与开发的合作行动或者行动计划。在这里，典型的句子也包含两个命题，但是它们的语义组合是不同的。除了第一个命题中的"认知 / 言语"之外，含义簇的变化更大，因为在条约的这一部分中，人们的目标是采取某种积极的方式来控制污染。因此，条约各方都在"实施 / 确立 / 开发"

（implement / establish/develop）措施。第一个命题中的谓词属于"致使存在"（causative existence）词汇域，或者表示创建诸如行动、措施、指南（guideline）等事物。同样重要的是属于"操作/操纵"这个词汇域的一类动词，例如控制（control）、调节（regulate）和监控（monitor）（见表 13）。

表 13　国际环境条约第 3 部分中的谓词、词汇域、论元及其语义类别

	第一论元	谓词	第二论元
存在［创建］	［**人类 _ 团体**］缔结各方	实施	［**行动 _ 控制**］行动，措施，议定书 ［**行动 _ 控制 _ 文件**］计划，程序，规定，公约
		开发	［**行动**］策略，方法 ［**行动 _ 控制 _ 文件**］程序，指南
	［**人类 _ 团体**］缔结各方，理事会，委员会，组织	建立	［**手段 _ 措施**］标准 ［**手段**］机制
	［**文件 _ 法律**］条约协议，法律，条款		［**行动 _ 控制 _ 文件**］程序 ［**文件 _ 法律**］框架
操纵	［**行动 _ 控制**］措施，议定书	控制	［**条件 _ 负面**］污染
	［**人类 _ 团体**］国家		［**污染 _ 作用者 / 施事者**］温室气体，汞，排放物，泄漏物，外来物种，危害物
	［**人类 _ 团体**］委员会 ［**文件 _ 法律**］条约，法律	调节	［**位置 / 地点**］海洋环境 ［**过程**］水管理
	［**过程**］程序，系统 ［**设备**］监测站	监控	［**条件 _ 负面**］污染 ［**污染 _ 作用者 / 施事者**］臭氧 ［**位置 / 地点**］森林
变化［使某物变小］	［**行动**］程序，活动	减少	［**条件 _ 负面**］污染 ［**污染 _ 作用者 / 施事者**］排放物，泄漏物
	［**行动 _ 变化**］废物处理 ［**行动 _ 控制**］措施，**手段**］技术	减轻	［**条件 _ 负面**］污染 ［**污染 _ 作用者 / 施事者**］ 气候变化 温室气体排放 ［**污染 _ 结果**］干旱
	［**行动 _ 控制**］措施	减弱	［**条件 _ 负面**］污染 ［**污染 _ 作用者 / 施事者**］富营养化 ［**污染 _ 结果**］不良影响
变化［使某事变大］	［**人类 _ 团体**］伙伴，国家	强化	［**行动 _ 团体**］合作，参与
存在［使某物不存在］	［**人类 _ 团体**］伙伴，政府	加强	［**行动 _ 团体**］合作，联网工作
	［**人类 _ 团体**］缔结各方	消除	［**条件 _ 负面**］污染 ［**污染 _ 作用者 / 施事者**］排放物，泄漏物 ［**污染 _ 结果**］破坏
		根除	［**污染 _ 结果**］贫困，外来物种
存在［使某事不发生］	［**人类 _ 团体**］缔结各方 ［**行动 _ 控制 _ 文件**］协约	阻止	［**条件 _ 负面**］污染 ［**污染 _ 作用者 / 施事者**］排放物，泄漏物，事故 ［**污染 _ 结果**］破坏

　　这个条约的第 3 部分是最复杂的，因为在此专门提到了要实施的行动。因此，在这里，自然而然地应该有一系列原型化的 / 典型的（prototypical）作用者 / 施事者、行动以及主题或者目标。我们可以看出，第一个论元或者作用者 / 施事者始终是一个人或者一组人，他们依序执行四个步骤（见表 14）。

表 14　国际环境条约第 3 部分中的四步操作顺序

步骤 1　**存在 _ 开始**：实施，开发，确立
步骤 2　**操作**：控制，调节，监控
步骤 3　**变化**
3.1［使某物变小］减少，缓和，减轻
3.2［使某物变大］巩固，加强
步骤 4　**存在 _ 结束**
4.1［使某物不存在］消除，根除
4.2［使某物不发生］阻止

　　就这样，他们创建了一个框架。这是实现语言之间对应的基础。就具有自己法律制度的绝大多数语言来说，它们都具有与动词类别及其维度相对应的词汇以及可以激活的语义类别。这是可以为人们提供某些有益见解并便利法律文本翻译的少数几种分析方法之一。

4.4　环境条约的第 4 部分：机构安排

　　前面第 3 部分显示出了最大的变化，因为第 3 部分的信息结构取决于它所处理的特定主题，第 4 部分则具有与第 1 部分和第 2 部分类似的、更为常规或者正式的结构。但是，将这些信息结构划分为子部分的方式则取决于每份文件的特定性和监管效力。如表 16 所示，国际环境协定第 4 部分涉及的内容，几乎总是协议缔约方召开的会议及其会晤、秘书处和一些附属机构的设立及运作、协议缔约方之间财务协定的缔约、新的议定书或者修正案何时以及如何被采纳、表决权的履行、合规控制（compliance control）以及争端解决等。在许多这样的子部分里，人们还考虑了如何进行信息交换、何时和如何通知各当事方以及选择什么样的时间范围等。

　　协议缔约方召开的会议及其会晤、秘书处和附属机构这些内容，则以三种想法为基础，而且呈现出了类似的信息结构：创建、职能以及时间框架（见表 15）。

表 15　缔约方大会的创建、职能及其会议（摘自联合国 1992 年《生物多样性公约》第 23 条）

> 1. 特此设立缔约国会议。［……］缔约国会议第一次会议应由联合国环境规划署执行主任于本公约生效后一年内召开。［……］
> 4. 缔约国会议［……］，为此应
> 　（a）［……］规定递送资料的递送格式及间隔时间
> 　（b）审查按照第二十五条提供的关于生物多样性的科学、技术和工艺咨询意见［……］

　　尽管不同机构的信息结构是相似的，但它们的功能却不同。这一点则通过所使用的动词所在的词汇域来显示。缔约方召开大会的职能，则采用例如"考虑"、"审查"（review）［属于"认知"词汇域］以及"建立"、"采用"（adopt）、"制定"（make）、"承担"（undertake）和"通过"（approve）［属于"致使存在"词汇域］这样的动词实现了词汇化。

　　秘书处一般承担安排会议、准备和提交报告、进行工作协调、接收信息并进行交流等职能，附属机构如科学理事会则承担对技术进行识别、准备评估和提出建议并回答相关问题的职能。

　　协议缔约方之间的财务协定通常涉及的是各方应该怎样以及在何种程度上提供财务资源。例如，在《〈生物多样性公约〉卡塔赫纳生物安全议定书》（*Cartagena Protocol on Biosafety to the Convention on Biological Diversity*）（Montreal 2000）中，缔约各方召开的会议应当考虑到缔约方中发展中国家的需求，发达国家可以提供额外的财政资源。这种区别也就导致需要对"什么是发达国家"进行定义，例如，我们可以在《生物多样性公约》（联合国 1992）［*Convention on Biological Diversity*（United Nations 1992）］中找到这样的话："缔约各方召开的会议应当确定出一个发达国家缔约方的列表……"

　　在关于采纳新议定书及其附件或者可能的修正案的子部分中，每一个缔约方都可以提出新的议定书、附件或者修正案，然后由秘书处在特定的时间范围内通知其他缔约方，最后，在缔约各方召开的会议上，可以通过票数的多少来决定是否采纳它们。与表决权有关的子部分通常是简短的，通常指的是缔约方有谁及其可以在多大权限范围内进行表决。

　　在合规控制这一子部分中，缔约各方召开的大会应当考虑并通过促进合规的程序，以及处理不合规的程序；或者，缔约各方大会的相关会议应当对各方的行为是否符合公约、议定书、措施和/或者建议进行评估。

　　最后，为了解决争端，缔约各方应当通过谈判来寻求解决方案或者请求调解。

如果找不到解决方案，那么应当将争端申请仲裁。当事缔约方可以接受仲裁程序或者其他解决争端的方式。（表 16 给出了一些例子，展示了第 4 部分所包含的词汇域和语义类别的信息。）

表 16 国际环境协定第 4 部分中的子部分、谓词、词汇域、论元 / 参数和语义类别

第一论元	谓词	第二论元
缔约方大会		
［**人类 _ 团体**］缔约方大会，各方会议	进行审核，考虑［**认知**］	［**行动 _ 控制**］行动，措施，议定书，实施 ［**目标 _ 言语**］报告
	建立，发展，创建 ［**致使存在**］	［**人类 _ 团体**］工作组，附属机构 ［**目标 _ 言语**］推荐性建议 ［**行动 _ 控制 _ 文件**］程序，准则
	采纳，通过［**致使存在**］	［**行动 _ 控制 _ 文件**］议定书，附件
	执行［**行动**］	［**手段 _ 财政**］预算
［**人类 _ 团体**］缔约方大会	举行［**拥有**］	［**过程**］功能 ［**人类 _ 团体**］会议
秘书处		
［**人类 _ 团体**］缔约方大会 ［**行动 _ 控制 _ 文件**］公约，议定书	建立［**致使存在**］	［**人类 _ 团体**］秘书处
［**人类 _ 团体**］缔约方大会 ［**人类 _ 团体**］秘书处	决定［**认知**］	［**手段 _ 财政**］预算
	召集［**言语**］	［**人类 _ 团体**］会议 ［**过程**］功能
	执行［**行动**］	［**目标 _ 言语 _ 文件**］报告，附录 ［**目标 _ 言语**］推荐
	准备［**致使存在**］呈交，发表 ［**言语**］	
	分发［**拥有**］	
	协调［**行动**］	［**人类 _ 团体**］机构
附属机构		
［**人类 _ 团体**］附属机构，科学理事会	提供［**拥有**］	［**行动 _ 控制 _ 文件**］议定书
	提供［**拥有**］	［**目标 _ 言语**］建议，评估
	组成［**拥有**］	［**人类**］代表
	识别［**认知**］	［**手段**］技术，专有技术
	准备［**行动**］	
	报告［**言语**］	［**目标 _ 认知**］信息
	回答［**言语**］	［**目标 _ 言语**］问题
［**人类 _ 团体**］缔约各方	做出［**拥有**］	［**目标 _ 认知**］决定

续表

第一论元	谓词	第二论元
财务协议		
［人类_团体］缔约各方 ［人类_团体］缔约方大会 ［人类_团体］国家，缔约各方 ［人类_团体］缔约方大会	采纳［拥有］ 考虑 ［认知］ 提供［拥有］ 确定，决定，建立 ［认知］	［原则_财政］财务规则 ［目标_认知］需要 ［手段_财政］资源，支持 ［行动_控制］政策，策略，计划
议定书、附件和修正案的采纳		
［人类_团体］缔约各方 ［人类_团体］缔约各方 ［人类_团体］存放处，秘书处	采纳［拥有］ 提议［言语］ 交流，通知［言语］ 提交［拥有］	［行动_控制_文件］议定书，附件，修正案 ［目标_言语］修订 ［目标_言语］正式批准，接受，通过
表决权		
［人类_团体］欧洲经济共同体，经济团体 ［人类_团体］缔约各方	行使［行动］ 拥有［拥有］	［原则］权利 ［目标_言语］投票
合规控制		
［人类_团体］会议，各方 ［人类_团体］缔约方大会 ［人类_团体］缔约方大会 ［人类_团体］各方	评估，监控［控制］ 承担［行动］ 通过［言语］ 报告［言语］	［行动_控制］合规，实施 ［行动_认知］评估 ［目标_控制］程序 ［行动_控制］措施
争端解决		
［人类_团体］缔约各方	寻求［拥有］ 要求［言语］	［目标_认知］（解决纷争的）协议，解决办法 ［过程］调解

4.5　环境条约的第5部分：正式条款

与上一部分一样，甚至更是如此——环境条约第5部分的内容是非常遵循惯例的，在我们的语料库中的大多数的协议中，这一部分的句法结构和动词都是重复使用的。协议过程分为几个步骤进行。

第一步，当事各方于特定的时间和地点在协议上签字："……协议应该自［日期］至［日期］在［地点］签字。"第二步，正式批准、接受或通过（属于词汇域［言语］：对某事说"是"）协议："……协议应接受［州/组织］的正式批准、接受或通过。"然后，做进一步解释说明："正式批准、接受或通过的文书［文件_行动］应交付于保存人保存［拥有］"。再下一步，协议生效："……协议应在交存［数字］份批准书后的［数字］天后生效……"在随后的文字中，通常有一个关于退出或者废除（denunciation）的小节："……当事方可随时通过书面形式通知存放处以废除/退出本协定/议定书。"

（本文）语料库中的某些协议还提及原始版本的真实性及其他语言的对应译文，并对"存放处"的功能进行了定义：存放处主要与协议的原始版本［行动_控制_文件］的存放［位置］有关，接收［拥有］正式批准、接受、通过和退出［行动_文件］的工具，以及通知［言语］协议的其他各方。

5　结论

法律所使用的语言及其翻译要比科技翻译复杂得多，因为（人们面对的）法律客体是执行行动的文本。因此，我们有必要考虑文本本身的结构以及文本中的动词及其表现行为。显然，这是一项艰巨的任务，这也是许多学者声称"进行法律翻译是不可能的"（legal translation is impossible）的原因（Ainsworth 2014）。从这方面来看，克服寻找翻译对应物这一困难的唯一方法，就是在不同文化的法律文本中寻找共同点，而非寻找它们之间的分歧。

对共性/共同特征的追求必须要以人类共有的基本行为以及结构化的语义类别为基础，而其中的许多类别存在于所有文化当中。当我们把这些类别以"簇"（cluster）的形式加以组织，或者以"本体"的形式进行结构化的时候，它们就可以用作语义结构的基础，而每一种语言都可以根据其自身的语法和句法规则自然而然地将它们词汇化。

然而，即使每一种文化的结构配置具有相似性，我们也必须在每一种文化的法律文件类型学（typology of legal documents）的背景下，来对这些结构进行仔细考虑。况且，这种语义和文本世界之间的结合和融合，使得法律翻译如此独特而又如此艰难。但是，当我们把聚光灯投射到更为广泛的上下文语境中时，我们发现，这给我们考察来自不同文化的文本提供了新的视角，并且使我们在这些文本之间建立起语义桥梁成为可能。

从这个意义上讲，框架术语学在法律文本中的谓词论元结构研究的应用是对法律翻译的社会句法和上下文感知方法的补充。框架术语学提供了一种方法，来提取与人类互动和交流直接相关的根本知识结构，从而聚焦文化现象之间的同一性（sameness）——"半满杯子"，同时并未忽视文化现象的错综复杂。

附录　我们语料库中的国际环境协议

《在环境问题上获取信息、公众参与决策和诉诸法律的公约》，奥尔胡斯，1998 年。

"加强行动德班平台特设工作组"，德班，2014 年。

《处理北海油污和其他有害物质合作协议》，波恩，1983 年。

《非洲 – 欧亚迁徙水鸟保护协定》，波恩，2015 年。

《阿尔卑斯公约》，阿尔卑斯环境部长会议，贝希特斯加登，1989 年。

《巴厘岛行动计划》，联合国，巴厘岛，2007 年。

《控制危险废料越境转移及其处置巴塞尔公约》，巴塞尔，1989 年。

《〈生物多样性公约〉卡塔赫纳生物安全议定书》，蒙特利尔，2000 年。

《保护地中海海洋环境和沿海地区公约》，巴塞罗那，2004 年。

《保护东北大西洋海洋环境公约》，1992 年；《溢油预防管理与对策》，2007 年。

《生物多样性公约》，联合国，里约热内卢，1992 年。

《多瑙河保护与可持续利用合作公约》，索非亚，1994 年。

《远距离越境空气污染公约》，日内瓦，1979 年。

《南极海洋生物资源养护公约》，堪培拉，1980 年。

《保护欧洲野生动物与自然栖息地公约》，伯尔尼，1979 年。

《防止倾倒废物及其他物质污染海洋的公约》，伦敦、墨西哥城、莫斯科和华盛顿，

1972 年。

《跨界水道和国际湖泊保护与利用公约》，赫尔辛基，1992 年。

《保护黑海免受污染公约》，布加勒斯特，1992 年。

《哥本哈根协议》，联合国，哥本哈根，2009 年。

《波罗的海地区海洋环境保护公约》，赫尔辛基，1992 年。

《工业事故跨界影响公约》，赫尔辛基，1992 年。

《关于特别是作为水禽栖息地的国际重要湿地公约》，拉姆萨尔，1971 年。

《联合国关于在发生严重干旱和 / 或荒漠化的国家特别是在非洲防治荒漠化的公约》，联合国，巴黎，1994 年。

《保护东北大西洋海岸和水域免受污染的合作协定》，里斯本，1990 年。

《保护臭氧层维也纳公约手册》，1985 年；第十版，内罗毕，2016 年。

《国际热带木材协定》，联合国，日内瓦，2006 年。

《〈联合国气候变化框架公约〉京都议定书》，京都，1997 年。

《关于汞的水俣公约》，联合国，熊本，2013 年。

《关于消耗臭氧层物质的蒙特利尔议定书》，蒙特利尔，1987 年。

《〈生物多样性公约〉关于获取遗传资源和公正公平分享其利用所产生惠益的名古屋议定书》，联合国，名古屋，2010 年。

《巴黎协定》（基于《联合国气候变化框架公约》），巴黎，2015 年。

《关于持久性有机污染物的斯德哥尔摩公约》，斯德哥尔摩，2001 年。

《坎昆协议：在〈联合国气候变化框架公约〉下长期合作行动公约特设工作组的工作成果》，坎昆，2011 年。

《联合国气候变化框架公约》，联合国，纽约，1992 年。

参考文献：

[1]　AINSWORTH J. Lost in translation? Linguistic diversity and the elusive quest for plain meaning in the law[M]//CHENG L, SIN K-K, WAGNER A. The Ashgate Hand-Book of Legal Translation. London: Ashgate, 2014: 43-55.

[2]　APRESJAN J C. Systemic lexicography as a basis of dictionary-making[J]. Journal of

the Dictionary Society of America, 1993, 14: 79-87.

[3] AUSTIN J L. How to do things with words[M]. Cambridge: Harvard University Press, 1962.

[4] AZUELOS-ATIAS S, YE N. On drafting, interpreting, and translating legal texts across languages and cultures[J]. International Journal of Legal Discourse, 2017, 2(1):1-12.

[5] BAKER C. FrameNet: a knowledge base for natural language processing[C]// Proceedings of Frame Semantics in NLP: A Workshop in Honor of Chuck Fillmore (1929-2014). Baltimore, MD: Association for Computational Linguistics, 2014: 1-5.

[6] BARSALOU L. Frames, concepts, and conceptual fields[M]//LEHRER A, KITTAY E F. Frames, Fields, and Contrasts. Mahwah, NJ: Lawrence Erlbaum Associates Publishers, 1992: 21-74.

[7] BRAKHUS S. Sprogstrid og lovsprog[M]. Oslo: Universitetsforlaget, 1956.

[8] BUSSE D. Frame-semantik. Ein kompendium[M]. Berlin: de Gruyter, 2012.

[9] CAO D. Translating law[M]. Clevedon, Buffalo & Toronto: Multilingual Matters Ltd., 2007.

[10] FILLMORE C J. Frame semantics[M]//Linguistic Society of Korea. Linguistics in the Morning Calm. Seoul: Hanshin Publishing, 1982: 111-137.

[11] CHENG L, SIN K-K, CHENG W. Legal translation: a sociosemiotic approach[J]. Semiotica, 2014, 200: 165-184.

[12] CLIFF G. Semantic primes within and across languages[M]//WILLEMS D, DEFRANCQ B, COLLEMAN T, et al. Contrastive Analysis in Language. London: Palgrave Macmillan, 2003.

[13] DAVID R, BRIERLY J E C. Major legal systems in the world today[M]. 3rd ed. London: Stevens & Sons, 1985.

[14] FABER P. A cognitive linguistics view of terminology and specialized language[M]. Berlin & Boston: de Gruyter, 2012.

[15] FABER P. Frames as a framework for terminology[M]//KOCKAERT H J, STEURS F. Handbook of Terminology. Amsterdam: John Benjamins, 2015: 14-33.

[16] FABER P, USÓN R M. Constructing a lexicon of English verbs[M]. Berlin: Mouton de

Gruyter, 1999.

[17] FILLMORE C J. The case for case[M]//BACH E, ROBERT T, HARMS R T. Universals in Linguistic Theory. New York: Holt, Rinehart and Winston, 1968: 1-89.

[18] FILLMORE C J, BAKER C. A frames approach to semantic analysis[M]//HEINE B, NARROG H. The Oxford Handbook of Linguistic Analysis. Oxford: Oxford University Press, 2010: 313-339.

[19] GAMERSCHLAG T, GERLAND D, OSSWALD R, et al. Frames and concept types. Applications in language and philosophy[J]. Studies in Linguistics and Philosophy, 2014, 94.

[20] HILTUNEN R. The grammar and structure of legal texts[M]//SOLAN L M, TIERSMA P M. The Oxford Handbook of Language and Law. Oxford: Oxford University Press, 2012: 39-51.

[21] LEVIN B. Argument structure[M]//ARONOFF M. Oxford Bibliographies in Linguistics. New York: Oxford University Press, 2013.

[22] MATTILA H. Comparative legal linguistics[M]. Aldershot: Ashgate, 2006.

[23] PETERSEN W, GAMERSCHLAG T. Why chocolate eggs can taste old but not oval: a frame-theoretic analysis of inferential evidentials[M]//GAMERSCHLAG T, GERLAND D, OSSWALD R, et al. Frames and Concept Types. Applications in Language, Cognition, and Philosophy Studies in Linguistics and Philosophy. Heidelberg, New York, Dordrecht & London: Springer, 2014: 94.

[24] PITT D. Mental representation[M/OL]//ZALTA E N. The Stanford Encyclopedia of Philosophy. 2017. https://plato.stanford.edu/.

[25] PRIETO R F. Parameters for problem-solving in legal translation: implications for legal lexicography and institutional terminology management[M]//CHENG L, SIN K-K, WAGNER A. The Ashgate Handbook of Legal Translation. London: Ashgate, 2014: 121-134.

[26] SEARLE J R. Speech acts: an essay in the philosophy of language[M]. Cambridge: Cambridge University Press, 1969.

[27] Secretariat of the Convention on Biological Diversity. Cartagena protocol on biosafety

to the convention on biological diversity[Z]. Montreal, 2000.

[28] United Nations. Convention on biological diversity[Z]. Rio de Janeiro, 1992.

[29] VALIN V, ROBERT D. Some universals of very semantics[M]//MAIRAL R, GIL J. Linguistic Universals (2007). Cambridge: Cambridge University Press, 2006: 155-178.

[30] WIERZBICKA A. Semantics: primes and universals[M]. Oxford: Oxford University Press, 1996.

[31] WILLIAMS C. Legal English and plain language: an introduction[J]. ESP Across Cultures, 2004(1): 111-124.

专业知识表示的动力学：
模拟重建或者"感知－行动交界面"

P. 费伯（Pamela Faber）[①]

摘　要：动态性是运动的条件，因此，动态性具有不断变化、活动或者进步的特征。由此，人们通常认为，动态性是任何类型的知识表示系统或者知识获取场景的重要组成部分。这就意味着，我们最好重新反思一下术语学中的概念表示形式并对其做出改进，以便使其更好地反映人类思想和大脑中概念化的本质。从这个意义上讲，最新的认知科学理论给我们带来了启迪，它们强调认知过程中被激活的情境化的或者有根据的体验。依据这些理论，含义的构建在很大程度上是依赖于提供给理解者的感知模拟信息的。因此，我们可以把促进知识获取的专业知识表示看作一种"情境模型"或者事件，它能够使理解者使用交流信息来更好地实现与世界的互动。

关键词：知识表示，知识获取，情境认知，概念体系，术语资源

1　引言

"动态性"（dynamicity）是运动的条件，因此，它的特征是不断的变化、活动或者进步。如果我们在术语学文献中对"动态的"（dynamic）这个词的出现频率进行检查，就会发现，它在关键词列表中的出现频率很高。这是很自然的，因为"专业语言"（specialized language）是具有动态性的，所以对它的表示也理应如此。由此，人们认为动态性是任何类型的"知识表示系统"（knowledge representation system）或者"知识获取场景"（knowledge acquisition scenario）的重要组成部分。但是，"概

---

① 这篇文章英文名为 "The Dynamics of Specialized Knowledge Representation: Simulational Reconstruction or the Perception-action Interface"。原文见 *Terminology*［17（1）：9-29. John Benjamins Publishing Company］或者西班牙格拉纳达大学（University of Granada）LexiCon 研究团队（LexiCon Research Group）的出版物网站（http://lexicon.ugr.es/publications）（2011 年）。——译者注

念化"（conceptualization）本身的动态性，以及"人类感知"（human perception）的本质是如何影响"专业知识上下文语境"（specialized knowledge context）中概念系统的表示的——针对这些问题的研究还需要再深入一些。

众所周知，"术语学"（Terminology）和"专业交流学"（Specialized Communication）中的概念组织一直是学者们研究的焦点。实际上，针对这一主题，各国学者纷纷著文，都给予了极大的关注（Budin 1994；Puuronen 1995；Meyer and Mackintosh 1996；Meyer，Eck and Skuce 1997；Pozzi 1999；Pilke 2001；Feliu 2004；Tebe 2005；Faber et al. 2007；León 2009; et al.）。鉴于"术语"（term）指称在某个专业领域（specialized domain）中我们对对象、质量、状态和过程实现概念化的"专业知识单元"（specialized knowledge unit），任何一种术语学理论都应该追求在心理学和神经科学方面的充分性。从这个意义上讲，大脑中概念化过程的知识以及语义信息的组织，应该构成涉及对专业知识的访问、检索和获取，以及对专业知识资源进行设计的一切理论假设的基础。

确实如此，从维斯特（Wüster）（1968）开始，术语学理论的基本前提之一就是对术语资源进行"概念化组织"（conceptual organization）。虽然许多资源并没有提供针对专业知识领域概念组织的图示化表示（graphical representation），但是，概念化信息以定义和与术语有关的信息的形式一直包含在术语条目之中。尽管如此，迄今为止，在术语学领域中，人们还没有认真考虑过认知科学领域和认知神经科学（cognitive neuroscience）方面的最新研究进展。这些领域的最新研究表明，标准认知理论（standard theory of cognition）是不够充分的（Gallese and Lakoff 2005）。众所周知，标准认知理论是以实体（entity）、事件（event）和过程（process）的抽象、非模态表示（amodal representation）为基础的，这些"表示"并没有考虑加工者（processor）的人为因素和情境因素，也不关心加工者的关注焦点以及所处的时空状况（spatiotemporal situation）。颇具巧合的是，这些传统（尽管不够充分）的认知理论与术语学中占主流的被概念表示法视为基础的理论同出一辙。这一点在术语学教科书以及专业知识资源的设计中有所反映。

例如，许多术语学手册提到了以下事实：术语工作的一部分是在专家的帮助下，采用"专业叙词表"（specialized thesauri）对专业领域的概念系统进行图示化表示：

概念系统由组织成"概念种类"（concept class）的"结构化概念集合"（structured set of concept）组成，其主要的概念等级和子类别以及同一等级的概念是基于它们共享的特征或者在现实中的用法而关联在一起的……其结构通常采用"树形图"（tree diagram）进行表示（Cabré 1999）。

在术语工作中，在给定学科领域中获得的知识是根据构成学科领域的概念之间的"层级关系"（hierarchical relationship）和"关联／联想关系"（associative relationship）进行结构化的（Pavel and Nolet 2001）。

但是，关于这种"表示"（representation）是如何创建的以及它所基于的前提是什么，人们几乎没有提到过。不少学者都对当前概念系统的"形状"（shape）表示出不满意（例如：Nuopponen 1994；Cabré 2000；Temmerman 2000）。学者罗杰斯（Rogers）（2004）就批评过这样的事实：在概念系统表示中的每一个"节点"（node）在传统上都由"脱离上下文语境的词素"（decontextualized lexeme）进行标记——尽管在事实上，知识是在文本中得到表示的，它在概念上是动态的并且在语言上是变化的。当然，我们完全可以理解：动态性很难捕获到，而且只有采用静态表示形式予以描绘，人们才觉得可信。也许正是出于这个原因，针对当前的理论状态，学者们确实很难提出建议或者具有可行性的替代方案。

在对术语资源的阐述中，采用更明确的方式对概念组织进行表示（explicit representation）似乎没有发挥什么重要作用。的确，大多数提供这类信息的资源主要以"是＿一种"（is_a）或者"的＿种类"（type_of）概念关系为基础，但这两种概念关系仅仅向人们提供了对某个专业领域的概述。这种概述通常由"树形图"或者"括号图"（bracket diagram）形式的"概念图形表示"（graphical representation of concepts）组成。但是，即使是这种类型的概念组织也很少见。人们在互联网上可以获取的绝大部分术语资源都极少包含关于专业知识概念在较大的"知识配置"（knowledge configuration）中所处位置的信息（Faber et al. 2006）。

即使其中包括了概念化的表示，它们也并不与现今关于概念化如何在人脑中发生的理论解释相对应。实际上，"心理表征"（思维表示）（mental representation）

要比概念结构的表示更加丰富和灵活。这种"可觉察到的丰富性"（perceived richness）（以及对其进行描述的困难性）的存在，若究其产生的部分原因，则是在概念加工和概念化过程中存在"固有的动态性"（inherent dynamicity），这种固有的动态性随着时间的流逝而变化（Langacker 2001）。

因为专业知识表示具有动态的性质，因此，"扎根认知理论"（grounded cognition theory）或者"情境认知理论"（situated cognition theory）的理念对于专业知识的表示至关重要，这是术语学和专业交流研究的主要重点。正因为知识资源应该尽可能地反映概念类别以及在大脑中的实际加工过程，术语学家应该注意到了认知科学方面的最新进展，并相应地努力为专业知识的表示建立模型——现在已经是时候了。目前面临的问题是：我们如何把对心理过程（脑力劳动过程）（mental process）本质的认识，应用到对专业知识概念的表示中去？

2 关于"认知"的新理论

认知心理学和认知神经科学方面的最新研究都强调"分类"（categorization）、"概念存储和检索"（concept storage and retrieval）以及"认知加工"（cognitive processing）的动态性本质（Louwerse and Jeuniaux 2010；Aziz-Zadeh and Damasio 2008；Patterson，Nestor and Rogers 2007；Gallese and Lakoff 2005）。上述最新研究都强调了标准认知理论所存在的不足，标准认知理论声称：知识存在于"语义记忆系统"（semantic memory system）中，而这个系统是与大脑用来感知、行动和内省的"模态系统"（modal system）相分离的。根据标准认知理论，模态系统中的"表示"不受感知者和感知上下文语境的太大影响，它们被转换为"非模态符号"（amodal symbol），这些符号不是"感知模式"（mode of perception）所特有的。这些符号代表着语义记忆中关于经验的知识（Barsalou 2008；Mahon and Caramazza 2008）。

但是，越来越多的学者达成的共识却支持更具动态性的认知过程或者"情境认知"（situated cognition）。这里反映了这样的假设："认知"（cognition）通常是以多种方式为基础的。这些方式包括模拟（simulation）、情境化的行动（situated action），甚至身体状态（bodily state）。"具体化"（embodied）或者扎根认知假设把"理解"（understanding）等同于"感觉与运动模拟"（sensory and motor simulation）。这种假设声称，"感觉运动系统"（sensorimotor system）与物理世界之间的相互作用构成了"认知"的基础。当我们遇到一个物理对象时，我们的感官在感知和行动中对其予以表示。对对象的加工涉及部分捕获关于这些模态的属性信息，以便在今后可以重新激活这些信息（Damasio and Damasio 1994）。

举例而言，为了表示"桃子"（PEACH）这个概念，主管视觉、行动、触觉、味觉和情绪的神经系统就会部分重现感知者对桃子的体验。这些"重现"（reenactment）或者"模拟"与"心理意象"（mental imagery）不是一码事，因为后者是在工作记忆中有意识唤起的。与"心理意象"不同，这些"模拟"似乎是相对自动化的过程，它们超出了我们的意识（Simmons，Martin and Barsalou 2005）

迄今为止，脑成像实验（brain-imaging experiment）已经广泛涉及日常生活中的对象，例如杯子、锤子、铅笔和食物，这些对象在被感知时，就会触发人们对潜在动作的模拟。例如：杯子的手柄可以激活"抓握模拟"（grasping simulation）（Tucker and Ellis 1998，2001）；食物会激活与味觉加工有关的大脑区域以及表示对象形状的视觉皮层区域（Simmons，Martin and Barsalou 2005）。因此，神经影像研究（neuroimaging research）证实了"模拟"是概念加工的关键部分（Martin 2001，2007）。当表示有关对象的概念化知识时，代表它们属性的大脑区域在感知和行动过程中就会活跃起来。尤其是代表对象的形状和颜色的大脑区域，它们体现的运动以及作用者/施事者（agent）对它们执行的动作就会变得活跃，从而在概念上代表这些特性。

这类"重现"不仅会发生在物体本身在场的情况下，还会发生在对单词和其他符号做出的反应中。因此，这似乎说明，"模拟"在概念知识的表示中起着中心作用（Barsalou 2003；Martin 2001，2007）。正是出于这个原因，我们应该在术语学中考虑到这一点。据我所知，很少有学者采用专业概念进行这种神经心理学实验（neuropsychological experiment），但是，我们没有理由认为大脑（针对专业概念）的工作原理会有所不同。

例如，当阅读关于曲棍球的文章时，专家会产生新手所缺乏的"运动模拟"（motor simulation）（Holt and Beilock 2006）。如果对象是潮汐计、重力计或者风速计，相似的结果很可能产生——专家的大脑中将显示运动模拟。但如果专家对这个对象并不熟悉，那么，他/她的大脑区域里就无法激活这种模拟。因此，关于"模拟交互"（simulated interaction）的信息是概念含义的重要组成部分。

这种"模拟"在本质上是与组成部分有关的，并不具有整体性。换句话说，它们不是"连续流式的"（continuous streamed）视频记录，而是包含了许多小型的感知要素，而且，这些要素是从各种经验模式中产生的（Simmons et al. 2005）。我们大脑对对象的表示方式似乎也表明，我们应该完善当前在术语学中进行专业知识表示的方法，以便将上述信息考虑在内。

3 术语的动态性

然而，我们可能会问自己：这种关于"认知"的动态研究，无论多么有价值，在术语学和专业交流中，能否产生任何具有可行性的应用？对于术语的动态性（terminological dynamicity），我们已经从多种角度进行了探讨。例如，随着专业领域知识的不断发展，用于描述其中概念的术语也发生了变化（Bowker and Pearson 2002）。正如日本学者影浦峡（Kageura）（2002）所探讨过的，"动态性"是术语形成的一个属性，它奠定了"术语发生"（emergence of term）思想的基础，这些术语通过不断进行的"内化过程"（intrinsic process）连贯地成为新的形式。充满活力的"动态化"（dynamism）还反映在社会文化背景下术语含义的历史演变中［例如英语术语 splicing（剪接）（Temmerman 1995，2007）］。此外，术语的动态性及其含义的不断变化，还可能需要人们通过术语控制的形式进行人为干预（Felber 1988；Oeser and Budin 1995）。但是，在所有这些动态化观点的背后存在着这样一个事实："概念化"或者"概念形成"（concept formation）本身就是动态性的，正是通过这个"过程"，我们接近并获取知识。

就"动态的概念化"（dynamic conceptualization）这一专题，赖特（Wright）（2003）和安蒂亚（Antia）等学者（2005）参考的是学者达马西奥（A. Damasio）（1994）的理念，她们赞同其早期关于概念形成模型具有动态可变性的观点。达马西奥所描述的记忆模型（model of memory）是可以重构的。概念采取"稍纵即逝的"（fleeting）感知形式，这在本质上是指感知方面的"瞬时融合"（instantaneous convergence），这些感知方面在给定的时间和空间点上结合在一起。由此得出的主要结论似乎是：概念源自一系列"迭代处理的事件"（iterative processing event），并且在人脑中处于持续不断的变动之中。乍看起来，这种"极端的动态化"（extreme dynamism）似乎在实际中很难得到应用，因为人们不可能捕捉到一个永无止境的运动过程，而且它是如此的个性化。

　　然而，"语义记忆源自大脑中没有稳定神经元体系结构的通用连接性（universal connectivity）"这一观点已经不再站得住脚了（Patterson, Nestor and Rogers 2007）。诚然，目前关于语义记忆的理论大多同意这样的观点：我们大部分的语义记忆都与感知和行动有关；为了能够对具有相似语义含义的概念进行归纳，一个单一的融合区域（a single convergence zone）或者"枢纽"（hub）必须存在，它支持以交互方式激活语义类别的所有表示模式（Patterson，Nestor and Rogers 2007）。

　　我们的问题是：这些理论是如何影响或者应用于术语工作的，包括术语资源是如何创造出来的。实际上，这些理论在术语学中具有一系列的可能性应用，虽然这些应用刚刚开始被探索。首先，与具体情境相关的概念化强调了这样一个事实，即：概念并不是孤立地被加工的，它们通常处于一定的情境背景和事件之中（Barsalou 2003）。这就表明，上下文语境在知识表示中至关重要。在对实体进行感知的任何一个给定的时刻，人们也会感知到实体周围的空间，包括存在于其中的施事者／作用者（agent）、对象和事件（Barsalou 2009）。

　　上述理论可以直接应用于专业知识的"建模"（modeling）之中，以确保术语条目／记录的全面性。实际上，它可以作为一种保护措施，用来防止在同一知识领域中"遗漏掉"其他与之紧密相关的概念。例如，"侵蚀"（erosion）是对地球表面的磨损，但是，无论是将其概念化为一个过程还是这个过程的结果，我们都不能孤立地想到"侵蚀"。因为它是由一种作用者／施事者（风、水或者冰）引起的，这一作用者／施事者（风、水或者冰）通过导致某物（固体）移开而影响到地理实体（地球表面）。而且，任何过程都会在一段时间内发生，这个过程可以分为较小的部分。从这个意义上说，"侵蚀"可能发生在一年中的特定季节里，而且可能朝着某个方向发生。当用户希望获得所有关于"侵蚀"的知识时，我们就应该把这些信息提供给用户，为可能激活他们所需要的其他信息提供条件。概念的含义是可以在线（on-line）构建的，并且受上下文语境的调节。

　　其次，尽管"动态性"主要被认为是事件和行动概念的一个属性（Pilke 2001；Puuronen 1995；et al.），在本文后面我们将看到，"扎根认知"或者"情境认知"意味着"对象型概念"（object concept）也是动态的，因为它们是作为框架或者动态的上下文语境的一部分被加工的，这样做能突出它们参与的行动的类型。这一认知反过来对我们应该如何表示概念以促进知识获取和理解的方式产生影响。

最后，认知领域的研究结果表明，知识获取需要模拟人与对象之间的交互活动，这表明，（在术语学中，）用于定义对象的使用目的、预期目的以及使用结果的水平（horizontal）或者非层级类型的（non-horizontal）关系［例如"有 _ 功能"（has_function）、"影响"（affects）、"有 _ 结果"（has_result）等］是与垂直（vertical）或者层级类型的（hierarchical）的关系［例如"的 _ 种类"（type_of）或者"的 _ 部分"（part_of）］一样重要的。

4　框架术语学和动态知识表示

"模拟"代表了我们与实体之间相互影响的方式以及实体之间实现互动的方式。这就意味着，我们不能单独激活任何专业知识概念，而只能将其作为事件的一部分来激活。当我们把这一理念应用于术语学和专业交流领域时，其结果就是：要使上下文语境或者情境（situation）成为知识表示中的关键因素。我们对概念的了解最初为我们提供了有意义的上下文语境或者事件。因此，促进知识获取的知识资源应该提供概念化的上下文语境或者情境——在这里，一个概念与其他处于动态结构中的概念相互关联，从而提高了"行动 – 环境交界面"（action-environment interface）的使用效率。"概念表示"应该实现动态性的"上下文语境化"（contextualized），而非使其脱离上下文语境和保持稳定，这样才能支持和适应用户对多样性目标的追求（Barsalou 2005）。

框架术语学（Frame-Based Terminology, FBT）（Faber，Marquez and Vega 2005；Faber et al. 2006；Faber，Leon，Prieto and Reimerink 2007）采用了美国语言学家C.J.菲尔莫尔（C. J. Fillmore）针对"框架"（frame）的改良版本（Fillmore 1982，1985；Fillmore and Atkins 1992）以及认知语言学（Cognitive Linguistics）的前提，在"定义模板"（definitional template）的基础上配置专业领域，并为专业知识概念创建"置身于情境中的表示"（situated representation）。学者（Rodriguez）（2004）曾经强调，在认知语义学（Cognitive Semantics）和针对"类别特定的语义缺陷"（category-specific semantic deficit）而开展的神经心理学研究（neuropsychological research）之间存在着兼容性。

4.1　事件表示

在框架术语学中，"概念网络"（conceptual network）是以其背后的"域事件"

（domain event）以及层级结构和非层级结构语义关系组成的封闭式清单为基础的。我们已经运用上述这些前提构建了名为 EcoLexicon（http://ecolexicon.ugr.es）的环境科学术语知识库。我们的工作重点是从语料库分析中提取概念关系并研究概念的组合潜力。"原型域事件"（prototypical domain event）或者"行动－环境交界面"（Barsalou 2003）为我们提供了适用于信息结构所有级别的模板（template）。

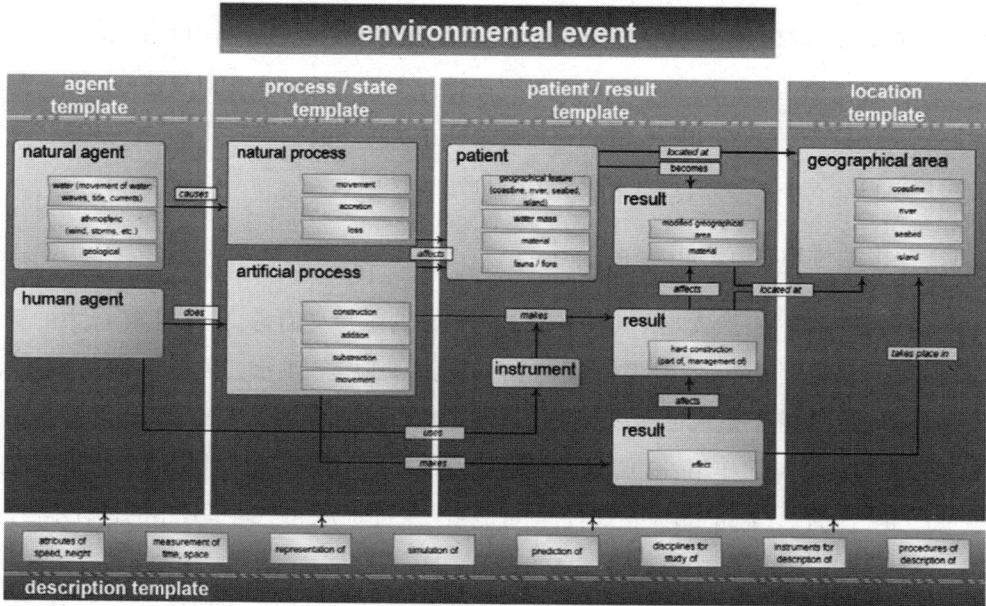

图 1　EcoLexicon 中的"环境事件"模板

在 EcoLexicon 中，人们可以借助从"顶级类别"（top-level category）到更为具体的关系结构的方式对知识进行访问。"最高的属级别"（the most generic level）是"环境事件"（environmental event），它为这个知识库中所有概念的组织提供了一个框架。正如图 1 所示，"环境事件"被概念化为由一个作用者 / 施事者（"自然"或者"人类"）发起的动态过程。这个过程影响"承受者 / 受事者"（patient）〔某个"环境实体"（environmental entity）〕并产生"结果"（result）。这些类别（category）（"作用者 / 施事者""过程""承受者 / 受事者"等）是这个专业领域特有的概念角色。另外，还有一些"外围类别"（peripheral category），其中包括在环境事件中经常使用的工具 / 仪器 / 设施 / 手段（instrument）；还有一个类别包含"主要事件"（main event）中关于测量（measurement）、分析（analysis）和过程描述（description of the process）的概念。由于概念类别是与涉及事件的知识绑定在一起的，因而这种基于事件的（event-based）的表示形式有助于用户在文本处理中获取知识。

"事件知识"（与事件相关联的知识）（event knowledge）为理解带来的益处可以在书面交流中得到证实，因为理解者对于事件的把握在句子加工中起着核心作用。这种知识在尽可能早的时候，就与"结构性的解释"（structural interpretation）产生了相互作用（Elman 2009）。很显然，术语（term）无论指称对象还是过程，都是针对更为广泛的事件知识的最有用的线索。在这一方面，对具体术语的选择，完全可以对可能发生的事件范围的期望和预测产生制约。

4.1.1　极端性事件（Extreme event）

例如，就其"自然灾难"（natural disaster）这个意义而言，EcoLexicon 中的概念之一是"极端性事件"。环境领域中的灾难包括大地震、洪水、巨大的海浪、飓风、龙卷风等等以及它们造成的恶果。"极端性事件"这一概念非常复杂，因为它是引发某个过程的"自然作用者 / 施事者"（natural agent）［例如，地震或者火山喷发就会产生"海啸"（tsunami）］，但它也可能是在某个时间和空间里发生的过程本身。图 2 显示了 EcoLexicon 中对这类信息的表示。

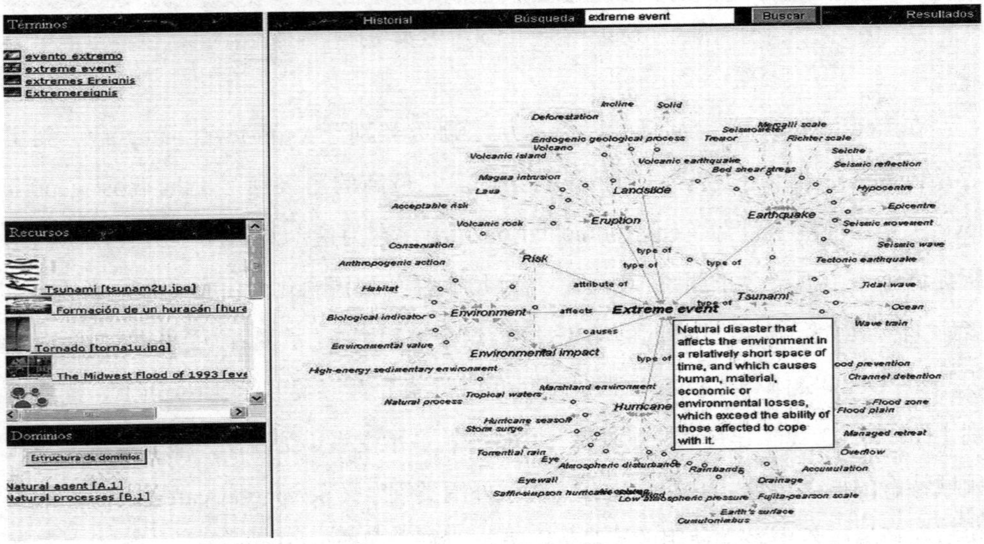

图 2　EcoLexicon 中"极端性事件"的表示

如图 2 所示，所有最接近"中心概念"（central concept）的概念都通过一系列明确命名的"概念关系"[例如"的_种类"（type_of）、"造成"（causes）、"影响"（affects）等]来与中心概念发生连接。这些概念关系是定义中隐含信息的"图式化表示"（graphical representation），当用户把光标放在主要概念上时，这类信息就会出现。

由于"极端性事件"是一个非常笼统的概念，与之发生联系的唯一可视信息是关于其子类型["飓风"（hurricane）、"龙卷风"（tornado）、"地震"（earthquake）、"洪水"（flood）等]的可视信息。所以，在这个概念级别上的大多数关系都是"的_种类"。但是，"极端性事件"也可以激活"一般性事件"（general event）框架中具有典型性的非层级关系（non-hierarchical relation）。就其自身而言，其主要的属性为"风险"（Risk）、"影响"环境，并"造成"环境受到影响的结果。至于"的_种类"关系，我们可以把它们看成通向更具原型化的、处于基本级别上的概念的访问途径（Rosch 1978），这些基本概念确实具有心理意象，并且可以激活具体的上下文语境。上述一组子类型（飓风、龙卷风、洪水、海啸等）采取"星座"（constellation）的形式，每一个"星座"都有其自己的从属概念（subordinate concept）和概念关系集合，它们对更为具体的"子事件知识"（sub-event knowledge）及其表示进行编码。

4.1.2　重新上下文语境化："飓风"

根据学者巴萨鲁（Barsalou）（2005）的观点，某个给定的概念可以产生许多置身于不同情境的"概念化"，而且，每一种"概念化"都为不同环境下的不同情况进行了"量身定制"（tailored）。因此，我们可以说，上下文语境是触发或者约束知识的一种动态结构。我们可以随时把任何一个更为具体的"子事件"当作中心，对概括了自然灾难的"一般性事件"进行"重新上下文语境化"（recontextualization）。例如，当用户对"极端性事件"的表示进行重新上下文语境化以关注"飓风"时，结果表现为图 3 中的形式。

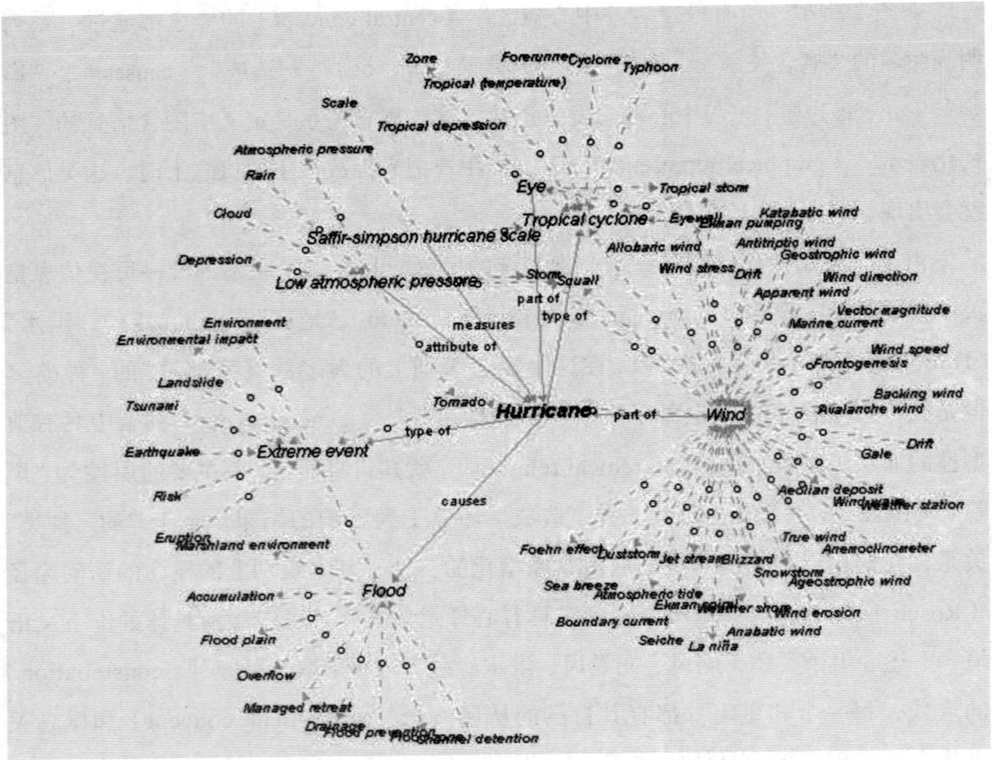

图 3 EcoLexicon 中"飓风"的表示

　　这类对极端性事件的上下文语境重构仍然包含先前的一部分信息，但是改变了用户关注的焦点，以便让"飓风"处于此刻关注的中心。除了传达"飓风"是一种极端性事件这一事实之外，这种新的表示方式还强调了"风"（Wind）和"洪水"是当前这个事件的"关键性参与者"这个事实。"风"是"飓风"的一部分，而且"飓风"导致"洪水"的泛滥。"风"和"洪水"是易于模拟的两个概念——这一点并不令人惊讶，因为它们直接影响到人类的生命和健康。这里还提到了"低气压"（low atmospheric pressure）的属性——它构成了与"飓风"实现"专家级"互动的一个重要方面——以及用来量度"飓风"的等级［萨菲尔－辛普森飓风等级（Saffir-Simpson hurricane scale）］。

4.2　对象表示

我们也可以把"对象型概念"动态化地表示为事件的某些部分，它们存储在语义记忆中，是"陈述性记忆"（declarative memory）的主要部分，其中包含关于对象和词汇含义的信息。这是术语学家思想的一部分（至少是其中的一小部分），是术语学家每次试图制作一幅概念图时都尝试建模的思想源泉。如何为知识建模——在很大程度上取决于我们对对象的定义方式、对象具有的重要特性、对象与其他概念之间的"感知关系"（perceived relation），以及用户理解对象的方式。

因此，"对象表示"（the representation of object）的根本的基础性特征之一，就是我们需要掌握这些对象是否可以操纵以及如何才能操纵它们的知识。在"人造对象"（man-made object）的情况下，其他重要特性也要考虑：这些对象具有什么样的功能，或者如何运用这些功能。这也意味着，在对"专业工程仪器"（specialized engineering instrument）的表示中，很显然，"人类如何使用这些仪器"、"这些仪器的使用出于何种目的"以及"操纵的结果是什么"等内容，都构成了信息的重要组成部分。

举例而言，"记录仪"（recording instrument）[例如（记录潮汐的）自动记潮仪（marigraph）、自记雨量计（pluviograph）、风速仪（anemograph）等]是"仪器"（instrument）的子类型。作为人工可操作的人造产物，一台"记录仪"具有"功能"（即"记录"），它也需要具有记录的"对象"[潮汐（tide）、雨（rain）、风（wind）等]。作为一种工具，它极容易受到人类的交互影响，而且，它可以激活一个"模拟框架"（simulation frame），在这个框架中，感知者对这台仪器的了解大都涉及他/她操作这台仪器的能力以及从仪器的使用中获取信息的能力。

例如，图 4 所示的 EcoLexicon 中"自记雨量计"的表示。

对"自记雨量计"的表示中，自然包含"的_种类"关系的信息。一台"自记雨量计"是一种"记录仪器"，而且它具有子类型，例如"数字自记雨量计"（digital pluviograph）和"便携式自记雨量计"（portable pluviograph）。但是，它也是所谓的"记录事件"（recording event）的一部分，在这个事件中，一个"人类作用者"（human agent）让"仪器"记录并生成对某物[例如"降雨"（rainfall）]的一种表示。在这个事件中，使用的"记录仪"是一台"自记雨量计"，它会生成（或者影响）一张"雨量图"（pluviogram）。如图 4 所示，这个过程反映在"表示"（represents）和"受_影响"（effected_by）这两个非层级关系之中。

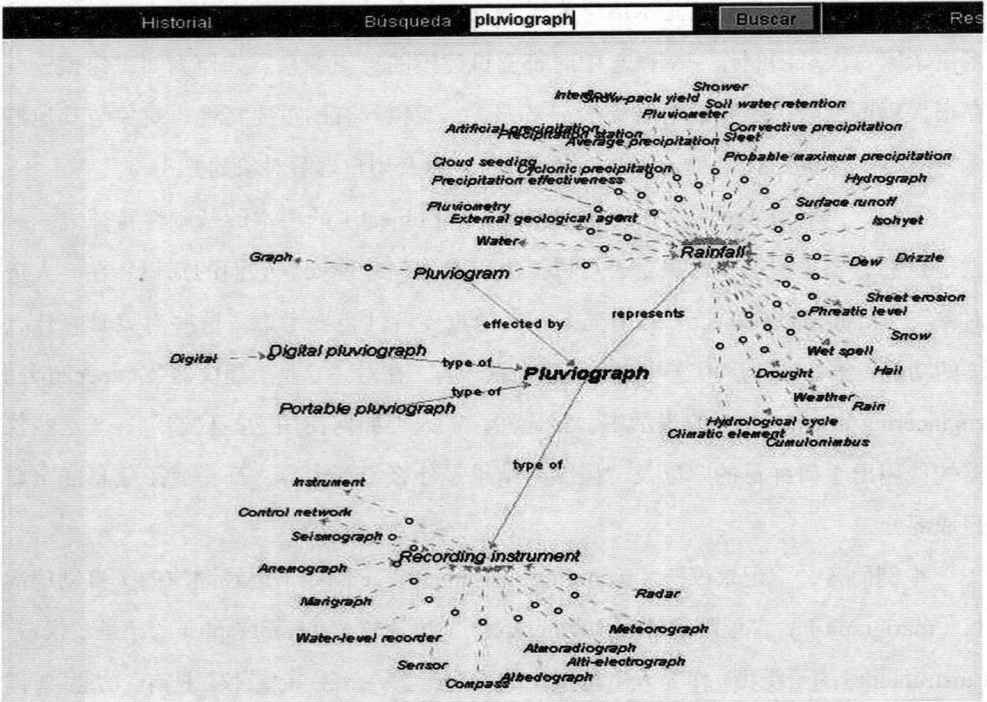

图 4　EcoLexicon 中"自记雨量计"的表示

4.3　域特定的表示（Domain-specific representation）

认知神经科学的最新研究成果，也对专业领域及其知识组织具有重要意义。无论是作为概念类别［例如："地理对象"（geographic object）、"风暴事件"（storm-event）、"海事建造物"（maritime construction）等］还是作为专业知识领域［例如"地质学"（geology）、"工程学"（engineering）等］，"域"（domain）和"域结构"（domain structure）对于任何一种术语学理论和专业交流领域来说都是至关重要的。"域"也以某种形式存在于人的大脑之中，这并不令人惊讶，这一点已经被针对"特定类别语义缺陷"（category-specific semantic deficit）的大量研究成果证实（Warrington and McCarthy 1983，1987；Warrington and Shallice 1984；Humphreys and Forde 2001；Caramazza and Mahon 2003；Martin 2007；Mahon and Caramazza 2008，2009；et al.）。

尽管早期的研究并未提供类别具有重要作用的确凿证据，但是，"域特定的假设"（domain-specific hypothesis）（Caramazza and Shelton 1998）认为："对象域"（object domain）对概念系统内信息的组织或者大脑中概念知识的组织具有"一阶约束"（the first-order constraint）作用。在这个模型中，对象域以及感官（sensory）、运动驱动（motor）和情感特性（emotional property）共同限制了对概念化知识的组织。另外，对象域是在概念水平以及"特定于模式的视觉输入表示"（modality-specific visual input representation）水平上对信息组织进行一阶约束的（Mahon and Caramazza 2009）。虽然学者马洪（Mahon）和卡拉马扎（Caramazza）将"基本域"（basic domain）限定为具有进化相关历史的域（例如有生命的个体、无生命的个体、同种个体和工具），但是，他们观察到，域受到概念成员性质的限制。显然，这一点对术语学来说具有重要意义。

从上述假设中，我们可以得出一个结论：并非所有的类别都是以相同的方式构成的，而且，对类别进行的组织要受到类别本身性质的显著制约。因此，我们对类别成员（category member）的共享属性进行的分析，可以为我们生成针对每个类别的"通用表示模板"（general representational template），这样一来，我们对类别成员的定义就更为系统化了。通过这种方式，我们为"定义"（definition）提供了更为统一的结构，这种结构对编码在概念系统中的信息进行了补充，而且直接涉及并激发了域背后的基础性事件结构。我们甚至可以把这样的模板看成一种"概念化的语法"（conceptual grammar）（Faber，Leon，Prieto and Reimerink 2007）。但是，"类别模板"（category template）是由依赖于类别性质的不同"概念关系簇"（cluster of conceptual relations）组成的。

4.3.1 作为概念类别的域（Domains as conceptual categories）

在术语学中，存在两种不同的方式来对"专业域"（specialized domain）进行构想。人们或者把域看成概念类别，或者将其看成专业知识领域。当域是概念类别时，类别就受到共享属性的类别成员性质的限制。例如，"专业仪器"（specialized instrument）和"地理对象"（geographic object）这两个类别就完全不同。这在反映它们与其他实体相互联系的概念关系中可以观察到。

如前所述，"仪器/工具域"（instrument domain）主要受到与"操纵"、"功能"和"结果"相关的属性信息的制约。这与诸如"地理对象"［"河口"（estuary）、"沼泽地"（marshland）、"河道"（channel）等］之类的域形成了鲜明对比，后者受到其他类型信息的约束，而且，这些信息与概念性质直接相关。正如学者史密斯（smith）和马克（mark）（1999）曾经指出的，"地理对象"具有的特殊性如下：

——在本质上，"地理对象"与它们在空间里的"位置"［"的_位置"（location_of）］有关；

——"地理对象"通常取决于"大小"或者"比例"［"的_尺寸"（size_of）］；

——"地理对象"通常是在连续体内"界定"［"被_界定"（delimited_by）］的产物，其中包括其他含"人类作用者"在内的、生活并且移动着的对象。

这类"关系簇"（cluster of relations）的形成源于这样一个事实：模拟"地理对象"的方式，可能与模拟"仪器"、"大气现象"（atmospheric phenomenon）、"海岸防御结构"（costal defense structure）或者"海洋动物区系"（marine fauna）的方式不同，由此影响了它们的概念化及其表示形式。尽管针对这个专题我们还需要做进一步的研究，不过，对"地理对象"的模拟通常会涉及对与"位置"和"方向"有关的大脑区域的激活。因此，在这一类别中，我们的研究重点放在了与"空间定位"（spatial orientation）有关的信息上。

如图5所示，对"沼泽地环境"（marshland environment）的表示激活了与"事件"和"灾难"有关的一组不同的概念关系。作为地理概念，"沼泽地环境"被表示为"被'海洋'或者'河流'界定"（delimited by the sea or a river）。这是一个受"洪水"（Flood）影响的环境地区。"潟湖"（Lagoon）、"潮滩"（Tidal flat）和"沼泽"（Marsh）也是位于"沼泽地环境"中的地理对象。这表明，"沼泽地环境"具有足够的大小，同时这也意味着，它可以包含比较广泛的地理概念。

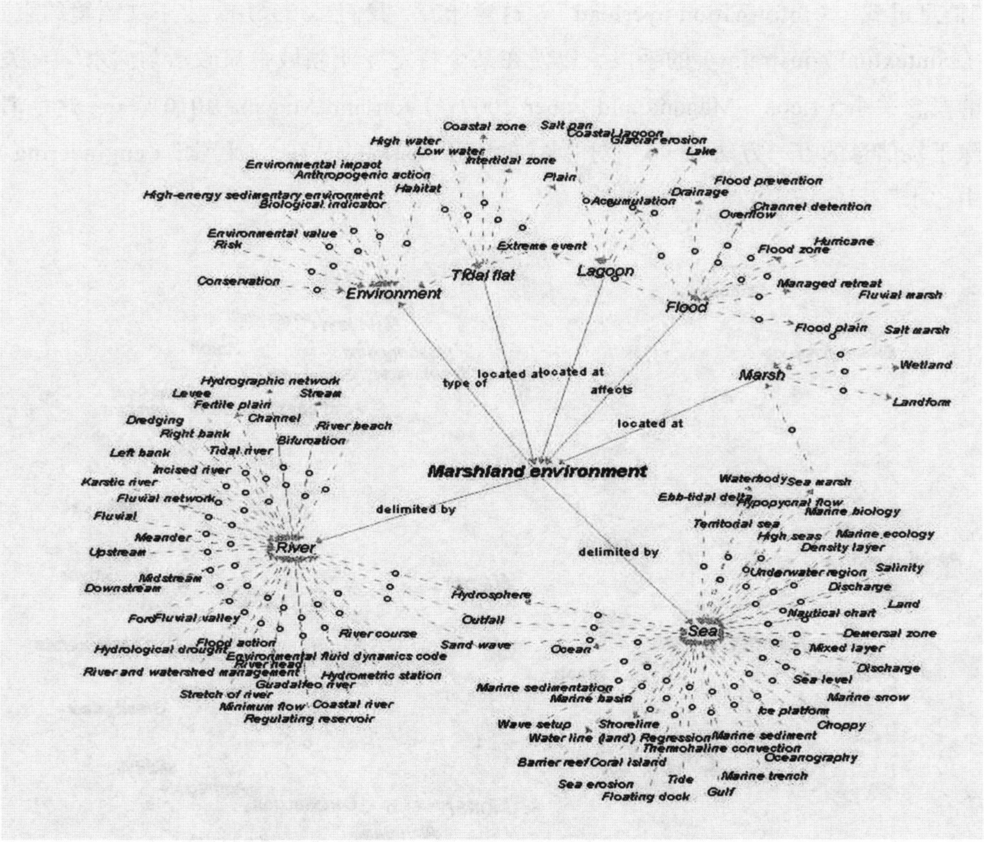

图 5　EcoLexicon 中"沼泽地"的表示

4.3.2　作为专业知识领域的域（Domains as specialized knowledge fields）

如前所述，某个域中的概念在本质上要受到域性质的制约。当我们把域设想为诸如化学、地质或者土木工程等专业知识领域的时候，我们就获得了更为广泛的上下文语境，由此，这些具有多种用途或者多种功能的概念，也需要在重置后的上下文语境中获得理解（Leon，Magaña and Faber 2009；Leon and Magaña 2010）。这是动态性的另一个来源。

例如，虽然"水"（Water）本身并不是一个专业概念，但是，由于它对于许多具有专业性的环境过程以及对象表示而言至关重要，人们必须将其包含在所有环境科学知识库中。鉴于"水"是一个参与许多其他环境科学概念表示的概念，我们必须把与这个概念相连接的概念化信息置于（具体的）上下文语境之中，以免产生

"信息过载"（information overload）。这意味着，我们必须采用"上下文语境约束"（contextual constraint）的手段，以便在某个特定专业领域中只激活与"水"有关的概念关系（Leon，Magaña and Faber 2009；Leon and Magaña 2010）——这是消除干扰信息的唯一方法。图 6 中对"水"的表示，强调的是在"工程学"（engineering）中"水"起的作用。

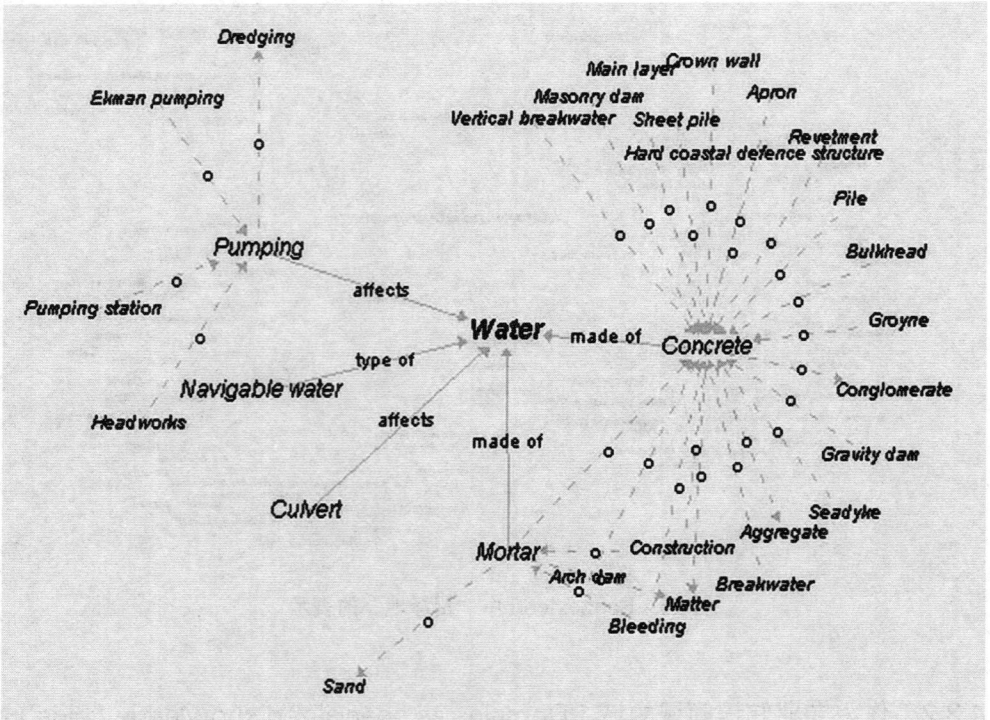

图 6　"工程学"上下文语境中"水"的表示

更具体地说，图 6 强调了以下事实："水"是"工程结构"（engineering structure）的一种建筑材料，人们在"汲水"（Pumping）和"疏浚 / 清淤"（Dredging）等过程中会用到它。因此，在这里，最重要的概念关系是"由 _ 制成"（made_of）和"影响"。相比之下，当在"地质学"（Geology）的上下文语境中对"水"进行重新关联时，它的表示则会大不相同，因为在这种情况下，"水"如何与"土壤"（soil）和"景观"（landscape）相互作用的信息更为重要，所以，另一组概念和关系被激活了。具体见图 7。

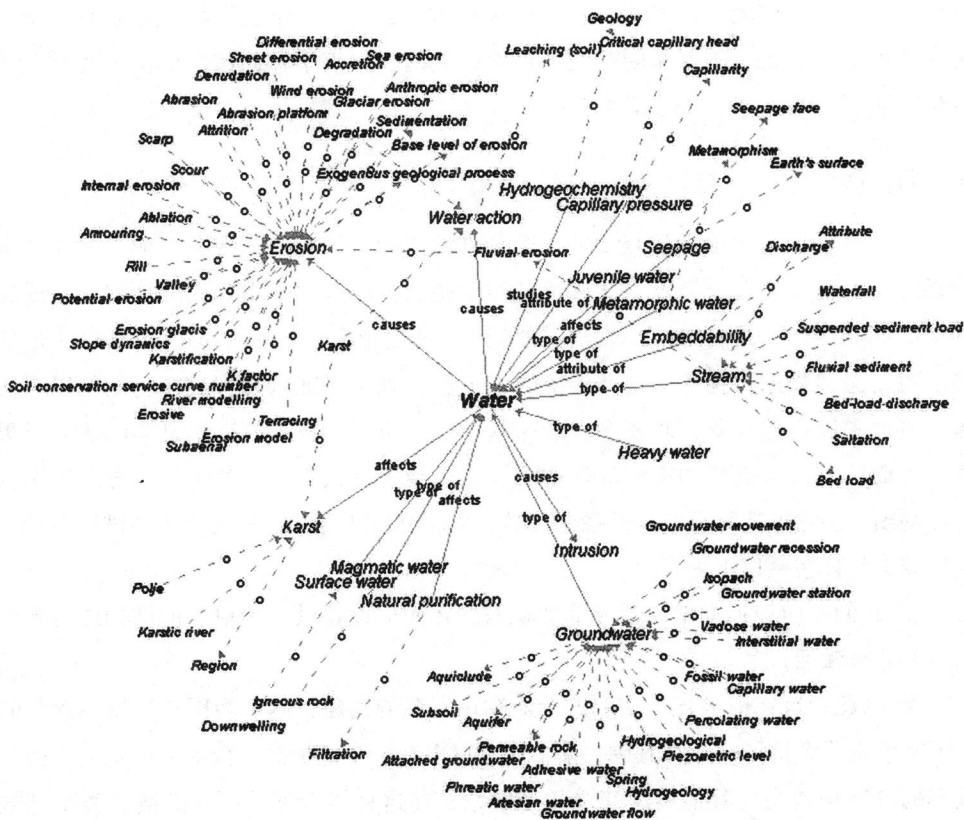

图 7　"地质学"上下文语境中"水"的表示

　　显然，概念关系的数量从这个网络到那个网络也是变化的。关系类型也会有所不同，它们根据每一种语义角色而凸显"水"内部结构的变化性质。例如，在工程学中，与"水"有关的大多数关系是"由＿制成"和"影响"关系，而在地质学中，"造成"和"的＿种类"关系则是最重要的概念关系（Leon and Faber 2010）。

　　从这个意义上来说，在 EcoLexicon 中，目前在激活概念关系方面，我们正在探索建立与上下文语境相关的约束性（constraint）的可能性，并且将它应用于对一般性的对象和过程——例如"水"、"海洋"、"沉积物"（sedimentation）、"侵蚀"等等——进行的表示上，这样可以避免产生过量的信息。

　　尽管如此，我们进行"重新上下文语境化"时，并没有对不同的上下文语境域（contextual domain）进行明确区分，因为它们是可以共享某些概念性命题的。这主要基于以下事实：（环境科学领域所具有的）多学科性质造成类别的边界具有模糊性，因此，上下文语境域可以形成自己的层级结构；另外，上下文语境域也是具有动态灵活性的结构，将会随着时间的流逝，根据我们知识库中存储信息的类型和数量的变化而演变（León and Magaña 2010）。

5 结论

"动态性"是术语学研究中的一个关键性课题，因为它是专业交流和知识表示的根源。但是，（迄今为止）这一特点很少能在术语资源中得到充分体现。造成这种情况的原因之一是（传统）术语学使用的"概念树"（conceptual tree）这一形式难以对动态过程进行描述。这类传统的表示形式源于标准认知理论，它们是以对实体、事件和过程的抽象、非模态表示为基础的。然而，从神经科学最新的研究成果中，人们可以得出更具动态性的认知观点。这种观点认为："理解"主要基于感觉和运动模拟，它可能具有单一的融合区域，从而有可能对术语及其动态性进行概括。这种观点具体包括以下内容：

① 我们不应该孤立地激活专业知识概念，而应该将其作为更大的结构或者事件的一部分来激活；

② 因此，旨在促进知识获取的专业知识资源的构建，应该为用户提供概念化的上下文语境或者情境——在其中，某个概念可以在一个能提高"行动－环境交界面"效率的动态结构中与其他概念建立相互联系，在这种情形下，所有的概念类型都被看成动态化的，因为它们是过程或者事件的一部分；

③ 由于知识的获取和理解都需要模拟，这就意味着，用来对目标、目的、能力以及对对象的操纵和使用结果进行定义的非层级关系是与"属种层级关系"（hierarchical generic specific relation）和"部分－整体关系"（part-whole relation）一样重要的；

④ 诸如"域特定的假设"这样的研究，也会对术语学产生影响（Caramazza and Shelton 1998），因为它断言域受其成员性质的限制；在术语学中，这个理念在概念关系簇中体现出来，这些概念关系构成了通用表示模板，用于描述不同的类别。

上述所有结论都已经在 EcoLexicon 的具体实例中得到了验证。EcoLexicon 是一种按概念化组织的、基于框架的术语资源，鉴于这个术语知识库把概念当作较大知识结构的一部分来表示，同时允许动态化过程的存在（例如将知识表示进行重新上下文语境化），它有助于用户获取知识。

上述结论还指出了这样一个事实：对专业知识概念的表示应该在某种程度上包

含动态性的特点。只有这样，术语资源才能更加有效并促进知识的获取。①

参考文献：

[1] ANTIA B E, BUDIN G, PICHT P, et al. Shaping translation: a view from terminology research[J/OL]. META, 2005, 50(4). http:id.erudit.org/iderudit/019907ar.

[2] AZIZ-ZADEH L, DAMASIO A. Embodied semantics for actions: findings from functional brain imaging[J]. Journal of Physiology-Paris, 2008, 102: 35-39.

[3] BARSALOU L W. Perceptual symbol systems[J]. Behavior and Brain Sciences, 1999, 22: 577-660.

[4] BARSALOU L W. Situated simulation in the human conceptual system[J]. Language and Cognitive Processes, 2003, 18: 513-662.

[5] BARSALOU L W. Situated conceptualization[M]//COHEN H, LEFEBVRE C. Handbook of Categorization in Cognitive Science. St. Louis: Elsevier, 2005.

[6] BARSALOU L W. Grounded cognition[J]. Annual Review of Psychology, 2008, 59: 617-645.

[7] BARSALOU L W. Simulation, situated conceptualization, and prediction[J]. Philosophical Transactions of the Royal Society B, 2009: 1281-1289.

[8] BARSALOU L W, BREAZEAL C, SMITH L B. Cognition as coordinated noncognition[J]. Cognitive Processing, 2007, 8(2): 79-91.

[9] BOWKER L, PEARSON J. Working with specialized language. A practical guide to using corpora[M]. London/New York: Routledge, 2002.

[10] BUDIN G. Some hypotheses about concept representations[C]//Proceedings of the 9th European Symposium on LSP. Bergen, Norway, 2-6 August, 1993. Bergen: Fagbokforlaget, 1994.

[11] CABRÉ M T. Terminology theory, methods and applications[M]. Amsterdam/ Philadelphia: John Benjamins, 1999.

[12] CABRÉ M T. Theories of terminology[J]. Terminology, 2000, 6(1): 35-57.

[13] CARAMAZZA A, MAHON B Z. The organization of conceptual knowledge: the

---

① 这项研究由西班牙科学和创新部（Spanish Ministry of Science and Innovation）资助（项目 FFI2008-06080-C03-01/FILO）。

evidence of category-specific semantic deficits[J]. Trends in Cognitive Sciences, 2003, 7(8): 354-361.

[14] CARAMAZZA A, SHELTON J R. Domain specific knowledge systems in the brain: the animate-inanimate distinction[J]. Journal of Cognitive Neuroscience, 1998, 10: 1-34.

[15] DAMASIO A. Descartes' error: emotion, reason, and the human brain[M]. New York: Avon, 1994.

[16] DAMASIO A, DAMASIO H. Cortical systems for retrieval of concrete knowledge: the convergence zone framework[M]//KOCH C, DAVIS J. Large-scale Neuronal Theories of the Brain. Cambridge, MA: MIT Press, 1994.

[17] ELMAN J L. On the meaning words and dinosaur bones: lexical knowledge without a lexicon[J]. Cognitive Science, 2009, 33: 547-582.

[18] FABER P, LEÓN P, PRIETO J A, et al. Linking images and words: the description of specialized concepts[J]. International Journal of Lexicography, 2007, 20: 39-65.

[19] FABER P, MÁRQUEZ C, VEGA M. Framing terminology: a process-oriented approach[J]. META, 2005, 50(4).

[20] FABER P, MONTERO S, CASTRO M R, et al. Process-oriented terminology management in the domain of coastal engineering[J]. Terminology, 2006, 12(2): 189-213.

[21] FELBER H. Korollierte Begriffsdynamik[M]. Berlin: Cedefop, 1988.

[22] FELIU J. Relacions conceptuals i terminologia: analisi i proposta de deteccio semiautomatica[D]. Barcelona: Universidad Pompeu Fabra, Instituto Universitario de Linguistica Aplicada (IULA), 2004.

[23] FILLMORE C J. Frame semantics[M]//Linguistics Society of Korea. Linguistics in the Morning Calm. Seoul: Hanshin, 1982.

[24] FILLMORE C J. Frames and the semantics of understanding[J]. Quaderni di Semántica, 1985, 6(2): 222-254.

[25] FILLMORE C J, ATKINS B T S. Towards a frame-based lexicon: the semantics of risk and its neighbours[M]//LEHRER A, KITTAY E. Frames, Fields and Contrasts. Hillsdale, NJ: Lawrence Erlbaum, 1992.

[26] GALLESE V, LAKOFF G. The brain's concepts: the role of the sensory-motor system

in conceptual knowledge[J]. Cognitive Neuropsychology, 2005, 22(3/4): 455-479.

[27] GLENBERG A M. What memory is for[J]. Behavioral and Brain Sciences, 1997, 20: 1-55.

[28] HOLT L E, BEILOCK S L. Expertise and its embodiment: examining the impact of sensorimotor skill expertise on the representation of action-related text[J]. Psychonomic Bulletin and Review, 2006, 13: 694-701.

[29] HUMPHREYS G W, FORDE E M. Hierarchies, similarity, and interactivity in object recognition: "category specific" neuropsychological deficits[J]. Behavioral and Brain Sciences, 2001, 24: 453-459.

[30] KAGEURA K. The dynamics of terminology[M]. Amsterdam/Philadelphia: John Benjamins, 2002.

[31] LANGACKER R. Dynamicity in grammar[J]. Axiomathes, 2001, 12: 7-33.

[32] LEÓN P. Representación Multidimensional de Conocimiento Especializado[D]. Granada: University of Granada, 2009.

[33] LEÓN P, FABER P. Natural and contextual constraints for domain-specific relations[C]//Proceedings of LREC 2010 (Workshop: Semantic Relations. Theory and Applications), May 18-21, 2010, Valetta, Malta.

[34] LEÓN P, MAGAÑA P. EcoLexicon: contextualizing an environmental ontology[C]// Proceedings of the Terminology and Knowledge Engineering Conference(TKE), August 12-13, 2010, Dublin, Ireland.

[35] LEÓN P, MAGAÑA P, FABER P. Building the SISE: an environmental ontology[M/OL]// HŘEBÍČEK J, HRADEC J, PELIKÁN E, et al. Towards eEnvironment (Challenges of SEIS and SISE: integrating environmental knowledge in Europe). http://www. e-envi2009.org/proceedings/.

[36] LOUWERSE M M, JEUNIAUX P. The linguistic and embodied nature of conceptual processing[J]. Cognition, 2010, 114: 96-104.

[37] MAHON M Z, CARAMAZZA A. A critical look at the embodied cognition hypothesis and a new proposal for grounding conceptual content[J]. Journal of Physiology-Paris, 2008, 102: 59-70.

[38] MAHON M Z, CARAMAZZA A. Concepts and categories: a cognitive neuropsychological perspective[J]. Annual Review of Psychology, 2009, 60: 27-51.

[39] MARTIN A. Functional neuroimaging of semantic memory[M]//CABEZA R, KINGSTONE A. Handbook of Functional NeuroImaging of Cognition. Cambridge, MA: MIT Press, 2001.

[40] MARTIN A. The representation of object concepts in the brain[J]. Annual Review of Psychology, 2007, 58: 25-45.

[41] MEYER I, MACKINTOSH K. Refining the terminographer's concept-analysis methods: how can phraseology help?[J]. Terminology, 1996, 3(1): 1-26.

[42] MEYER I, ECK K, SKUCE D. Systematic concept analysis within a knowledgebased approach to terminology[M]//WRIGHT S E, BUDIN G. Handbook of Terminology Management. Amsterdam/Philadelphia: John Benjamins, 1997.

[43] NUOPPONEN A. Causal relations in terminological knowledge representation[J]. Terminology Science and Research, 1994, 5(1): 36-44.

[44] OESER E, BUDIN G. Controlled conceptual dynamics: from ordinary language to scientific terminology—and back[J]. Terminology Science and Research, 1995, 6(2): 3-17.

[45] PATTERSON K, NESTOR P J, ROGERS T T. Where do you know what you know? The representation of semantic knowledge in the human brain[J]. Nature Reviews Neuroscience, 2007, 8: 976-988.

[46] PAVEL S, NOLET D. Handbook of terminology[M]. Canada: Canadian Government Publishing, 2001.

[47] PILKE N. Field-specific features of dynamic concepts—what, when and why[M]//MAYER F. Language for special purposes: perspective for the new millennium. Tübingen: Gunter Narr, 2001.

[48] POZZI M. The concept of "concept" in terminology: a need for a new approach[C]//SANDRINI P. TKE'99 Terminology and Knowledge Engineering Proceedings, Fifth International Congress on Terminology and Knowledge Engineering, August 23-27, 1999. Vienna: TermNet, 1999.

[49] PUURONEN N. On describing dynamic concepts—a philosophical and terminological approach[C]//BUDIN G. ITTF Proceedings of the 10th European LSP Symposium. Vienna: TermNet, 1995.

[50] RODRIGUEZ A L. Aspects of cognitive linguistics and neurolinguistics: conceptual

structure and category-specific semantic deficits[J]. Estudios Ingleses de la Universidad Complutense, 2004, 12: 43-62.

[51] ROGERS M. Multidimensionality in concepts systems[J]. Terminology, 2004, 10(2): 215-240.

[52] ROSCH E. Principles of categorization[M]//ROSCH E, LLOYD B B. Cognition and Categorization. Hillsdale, NJ: Erlbaum, 1978.

[53] SIMMONS W K, MARTIN A, BARSALOU L W. Pictures of appetizing foods activate gustatory cortices for taste and reward[J]. Cerebral Cortex, 2005, 15: 1602-1608.

[54] SMITH B, MARK D. Ontology with human subjects testing: an empirical investigation of geographic categories[J]. American Journal of Economics and Sociology, 1999, 582: 245-272.

[55] TEBE C. La representacio conceptual en terminologia: l'atribucio tematica en els bancs de dades terminologiques[D]. Barcelona: Universidad Pompeu Fabra, Instituto Universitario de Lingüística Aplicada (IULA), 2005.

[56] TEMMERMAN R. The process of revitalisation of old words: "splicing", a case study in the extension of reference[J]. Terminology, 1995, 2(1): 107-128.

[57] TEMMERMAN R. Towards new ways of terminology description. The sociocognitive approach[M]. Amsterdam/Philadelphia: John Benjamins, 2000.

[58] TEMMERMAN R. Sociocultural situatedness of terminology in the life sciences: the history of splicing[M]//FRANK R, DIRVEN R, ZLATEV J, et al. Language and Mind. Vol II. Interrelations between Biology, Linguistics and Culture. Berlin: Springer, 2007.

[59] TUCKER M, ELLIS R. On the relations between seen objects and components of potential actions[J]. Journal of Experimental Psychology: Human Perception and Performance, 1998, 24: 830-946.

[60] TUCKER M, ELLIS R. The potentiation of grasp types during visual object categorization[J]. Visual Cognition, 2001, 8: 769-800.

[61] WARRINGTON E K, MCCARTHY R. Category specific access dysphasia[J]. Brain, 1983, 106: 859-878.

[62] WARRINGTON E K, MCCARTHY R. Categories of knowledge: further fractionations and an attempted integration[J]. Brain, 1987, 110: 1273-1296.

[63] WARRINGTON E K, SHALLICE T. Category-specific semantic impairment[J]. Brain,

1984, 107: 829-854.

[64] WRIGHT S E. From the semiotic triangle to the semantic web[J]. Journal of the International Institute for Terminology Research, 2003, 14: 111-135.

[65] WÜSTER E. The machine tool: an interlingual dictionary of basic concepts[M]. London: Technical Press, 1968.

EcoLexicon 中的知识表示

P. 费伯（Pamela Faber）、P. 莱昂－阿劳斯（Pilar León-Araúz）

和 A. 雷默林克（Arianne Reimerink）[①]

摘　要： EcoLexicon 是一个针对环境科学的多语言术语知识库，它为用户提供了一个内部一致的信息系统，从而可以满足人们在专业语言和概念方面的广泛需求。我们这项研究主要集中在"概念化建模"（conceptual modelling）上，以便为人们提供用户友好的多模式界面。动态化的界面结合了概念、语言和图形化的信息，并且，它主要"托管"（hosted）在最近已经与本体相关联的关系数据库中。在开发这个术语知识库时，我们面临的主要挑战之一是由"域"产生的信息过载。这不仅是因为域涉及的专业范围很广，还因为域涉及的多个维度不总是相互兼容，这些维度的存在依赖于上下文语境。因此，我们根据两个涉及上下文语境的因素（域成员资格和语义角色）对超载的概念进行了重新概念化。

关键词： 术语知识库，专业知识表示，动态性

1　引　言

EcoLexicon[②] 是关于环境科学的多语言知识资源。到目前为止，它共包含 3 115 个概念和 11 678 个西班牙语、英语和德语术语。[③] 现在，我们正在添加另外两种语言：现代希腊语和俄语。这个术语知识库面向翻译、技术文档撰写人、环境科学专家等用户群体，这些用户可以通过友好的可视界面对其进行访问，在这个界面上，概念、语言和图形化信息有各自的不同模块。

---

① 这篇文章英文名为 "Knowledge Representation in EcoLexicon"。原文见西班牙格拉纳达大学（University of Granada）LexiCon 研究团队（LexiCon Research Group）的出版物网站（http://lexicon.ugr.es/publications）（2011 年）。——译者注

② http://manila.ugr.es/visual.。

③ 截至原文成文时间。——译者注

EcoLexicon 中的每一个条目都为用户提供了广泛且相互关联的信息。图 1 显示了"防波堤"（Groyne）这一条目的相关信息。用户不必同时查看所有信息——可以根据自己的具体需要来浏览不同的窗口和资源。

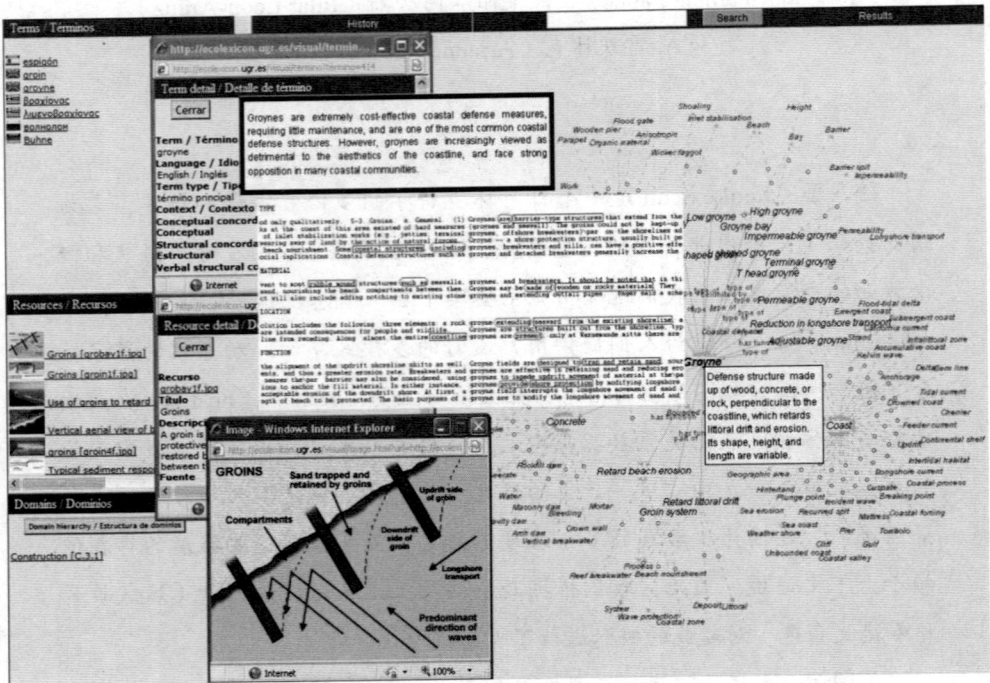

图 1　EcoLexicon 的用户界面

在西班牙语"域"（Dominios）这一标签下，"本体结构"（ontological structure）显示了某个概念在分级层次结构中的确切位置。例如，"防波堤"是一种构造（Groyne is a Construction）（见窗口左下角插图）。当用户把光标放在这个概念上时，界面将显示这个概念的定义。在这里，所有的定义都以"类别模板"（category template）为原型（Faber et al. 2007），这种模板约束了定义所要包含的要素。"防波堤"作为一种人造物理对象，我们给它的定义是概念关系在语言上的表达，例如"是_一种"（is_a）、"由_制成"（made_of）和"有_功能"（has_function）。当单击某个术语时，界面上就会出现上下文信息（见图 1 中的顶部窗口）以及语汇索引（concordance）（见图 1 中顶部窗口的下面），并向不同的用户传递他们所需要的概念和语言方面的信息。当单击 Recursos（资源）框（图 1 中间左边的地方）中的链接时，图示化的资源将显示出来，这些资源是根据定义信息选择的。

在"更具细粒度的精确级别"（a more fine-grained level）上，概念关系将在相关概念的动态化网络中显示（窗口的右侧）。Términos（术语）标签下的术语单元分别采用英语和西班牙语命名：英语 groyne 及其变体 groin 以及西班牙语 espigón（图1 左上角）。

2 环境事件

在宏观结构水平上，我们把从某个专业域语料库中提取的所有知识都以"框架结构"（frame-like structure）或者"原型域事件"（prototypical domain event）［即"环境事件"（Environmental Event, EE）；见图 2］的方式进行了组织。

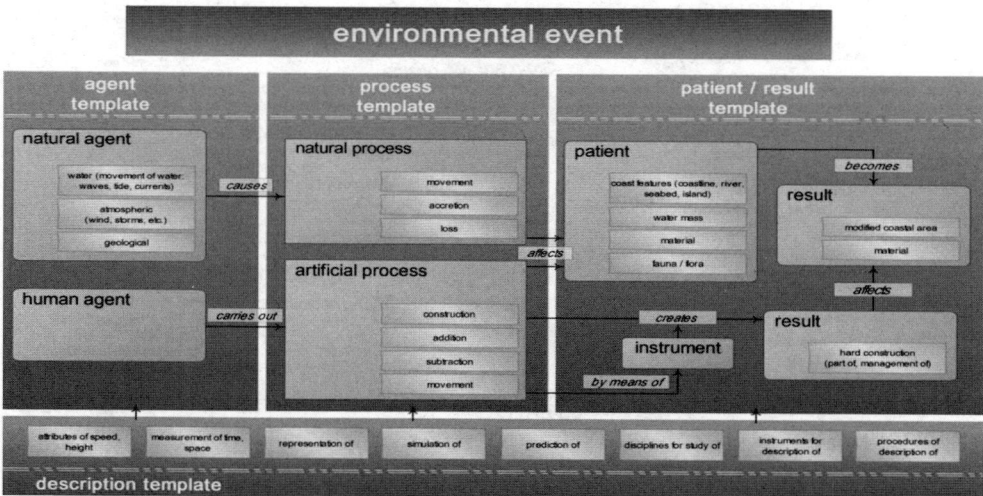

图 2　环境事件（Faber et al. 2005，2006，2007）

环境事件提供了适用于所有信息结构水平的基本模板。环境事件是一个动态的概念化过程，由"作用者 / 施事者"（agent）（"自然"或者"人类"）发起，并影响特定类型的"承受者 / 受事者"（patient）［某个"环境实体"（environmental entity）］，而且在某个地理区域里产生了结果。这些"宏观性的类别"（macro-category）［施事者、过程、受事者 / 结果和位置（地点）］（agent à process à patient/result, and location）是这个专业领域特有的语义角色特征，并且，环境事件为用户提供了一个模型，用来表示它们在更为具体的级别上的相互关系。

3 概念关系

从更具细粒度的角度来看，"概念"是借助一套封闭的语义关系（特别为环境领域构想的）出现在动态网络中的，这个网络将它们与所有的相关概念联系起来。图3显示了"防波堤"（Groyne）的概念网络，它通过垂直关系［"的_种类"（type_of）、"是_部分"（part_of）］以及水平关系［"有_功能"（has_function）、"在_位置"（locate_at）］这两种层级关系与其他概念相关联。

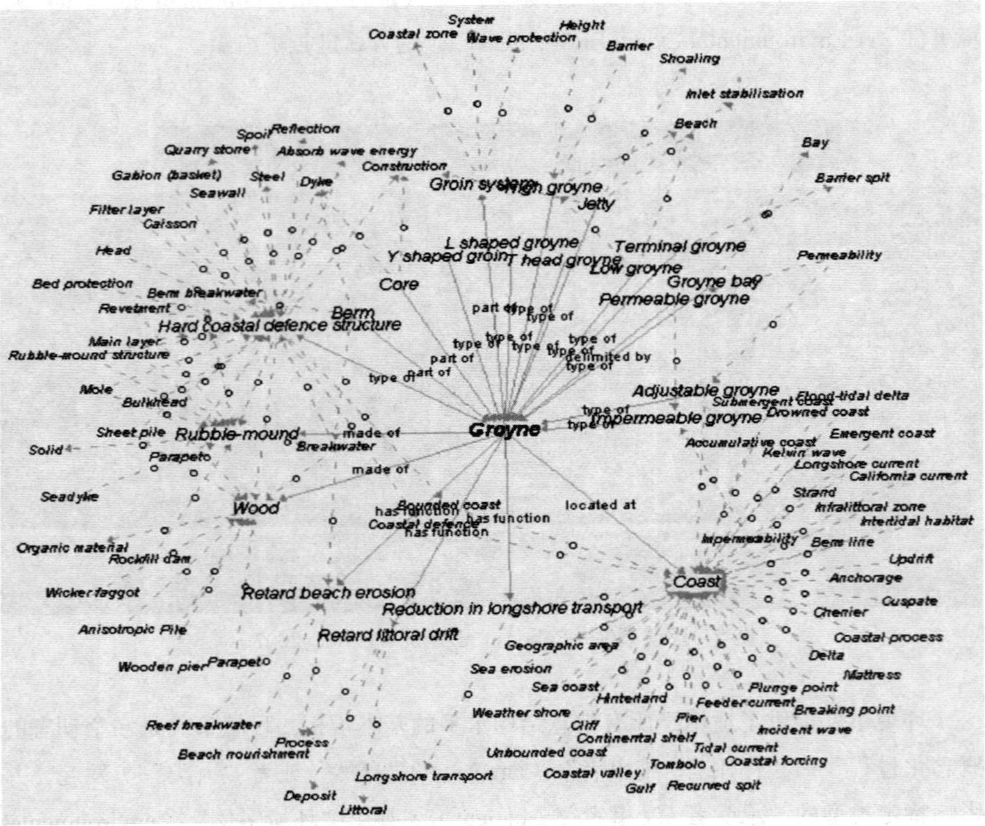

图3 "防波堤"（Groyne）的概念网络

根据我们的语料库数据可知，概念关系依赖于概念类型（concept type）及其形成关系的能力（relational power）。表1显示了与每一个概念命题（concept proposition）中可以连接的要素相关联的关系类型（León-Araúz 2009；León-Araúz and Faber 2010）。

表 1　关系类型

概念关系	概念 1	概念 2	示例
的 _ 类型 （type_of）	物理实体 （physical entity） 心理实体 （mental entity） 过程（process）	物理实体 心理实体 过程	砌石坝 堤坝的 _ 一种类型 （Masonry dam type_of dam）
的 _ 部分 （part_of）	物理实体 心理实体	物理实体 心理实体	防波堤的 _ 主层部分 （Main layer part_of breakwater） 微生物学 生物学的 _ 一部分 （Microbiology part_of biology）
的 _ 阶段 （phase_of）	过程	过程	疏浚的 _ 汲水阶段 （pumping phase_of dredging）
由 _ 组成 （made_of）	物理实体	物理实体	空气由 _ 气体组成 （air made_of gas）
在 _ 位置 （located_at）	物理实体	物理实体	码头位于 _ 运河旁 （jetty located_at canal）
在 _ 发生 （takes_place_at）	过程	过程	沿海运输发生在 _ 海上 （Littoral transport takes_place_at sea）
由 _ 界定 （delimited_by）	物理实体	物理实体	河口由 _ 层顶界定 （estratosfera delimited_by estratopausa）
的 _ 结果 （result_of）	过程	过程	沉降的 _ 沉积结果 （aggradation result_of sedimentation）
造成 （causes）	物理实体	过程	水造成侵蚀 （water causes erosion）
影响 （affects）	物理实体 心理实体 物理实体 心理实体 过程 过程	过程 实体 实体 过程	防波堤影响沿海运输 （groyne affects littoral transport） 农药影响水 （pesticide affects water） 波浪影响防波堤 （Wave affects groyne） 降水影响侵蚀 （precipitation affects erosion）
有 _ 功能 （has_function）	实体	过程	含水层具有 _ 为人类提供供应的功能 （aquifer has_function human supply）
的 _ 属性 （attribute_of）	属性（property） 属性	实体 过程	平原的 _（涉及）深渊属性 （abyssal attribute_of plain） 过程的 _（涉及）人类属性 （anthropic attribute_of process）

除了表 1 中显示的那些概念关系之外，某些概念关系还具有自己的层级结构。例如，has_function 和 affects（影响）这两类概念关系就包含更为具体的知识，这些知识通过"域特定的"（domain-specific）动词，例如 studies（研究）、represents（表示）、measures（测量）、effected_by（由……影响）［起"心理实体"（mental entity）或者"工具/手段"的功能］或者 erodes（侵蚀）、changes_state_of（改变_……的_状态）等［针对"过程"（process）或者"实体"（entity），以更具体的方式影响他人（或者物）］进行编码。

依据上述标准，概念性质本身决定了它对某些语义关系具有激活潜能，但与此同时，语义关系也决定了哪一类概念可以属于同一概念命题，这导致以下这些可能组合的产生（见图 4）。

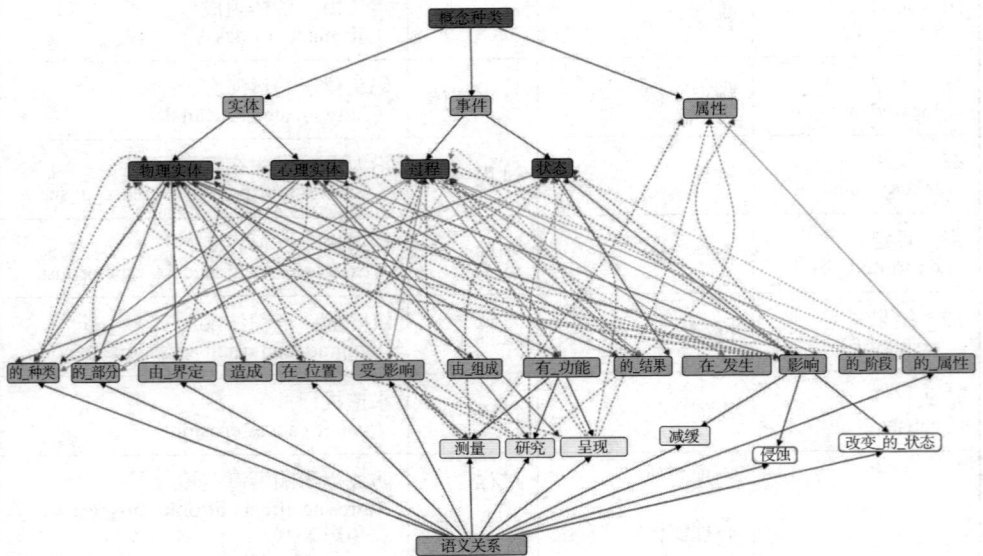

图 4　组合潜能

这种组合潜能体现了与概念性质方面相关的某些约束。例如，某个"过程"可以激活"被_影响"关系，但只能在这样的前提下——这个"过程"与一个"物理实体"相关联。然而，如果这个"过程"激活了"影响"关系，我们则可以将它链接到实体、事件和属性上。

4　域本体

我们这个术语知识库中的数据主要托管在关系数据库（relational database，

RDB）中。这种广泛应用的建模方式可以使平台得到快速布局，并可以从很早的阶段就为系统提供数据。尽管如此，"关系建模"（relational modeling）仍然存在一些局限性，其中之一就是其表示现实世界实体的能力有限，因为它无法推断出自然人的隐性知识（natural human implicit knowledge）：这就是"本体"（ontology）作为强大的表示模型得以诞生的原因。但是，在我们运用的方法中，我们强调将语义信息存储在本体中而将其余信息留在关系数据库中的重要性。只有这样，我们才可以继续使用新的本体系统（ontological system），同时又为旧的系统（legacy system）提供数据。

我们的本体中的上层分级（upper-level class）对应环境事件中描述的基本语义角色［施事者—过程—受事者—结果—地点（agent-process-patient-result-location）］。如图 5 所示，所有分级构成了一个从各自级别中派生出来的"一般知识层级结构"（general knowledge hierarchy）。这个结构可以帮助用户更好地了解环境事件的复杂性，因为它给出了这个域以过程为导向的（process-oriented）一般性概述。

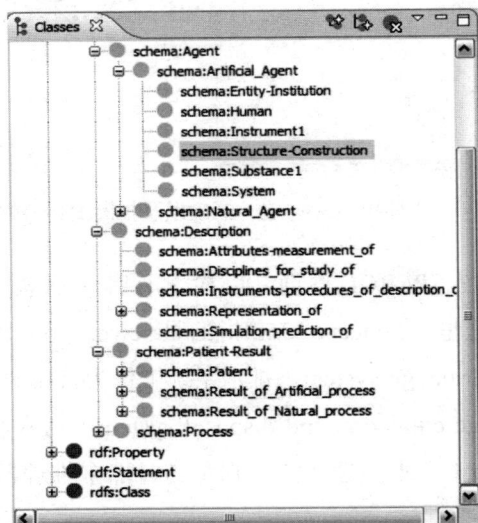

图 5　本体分级

图 5 中的这些概念关系是特地为我们的环境科学术语知识库构想的，它们可以通过由属性特征（property characteristics）提供的"万维网本体语言语义表达"（OWL semantic expressiveness）来增强。这是本体的主要优点之一——它使推

理和推断成为可能。例如，"的 _ 部分"关系可以从传递性（transitivity）中受益，如图 6 所示。

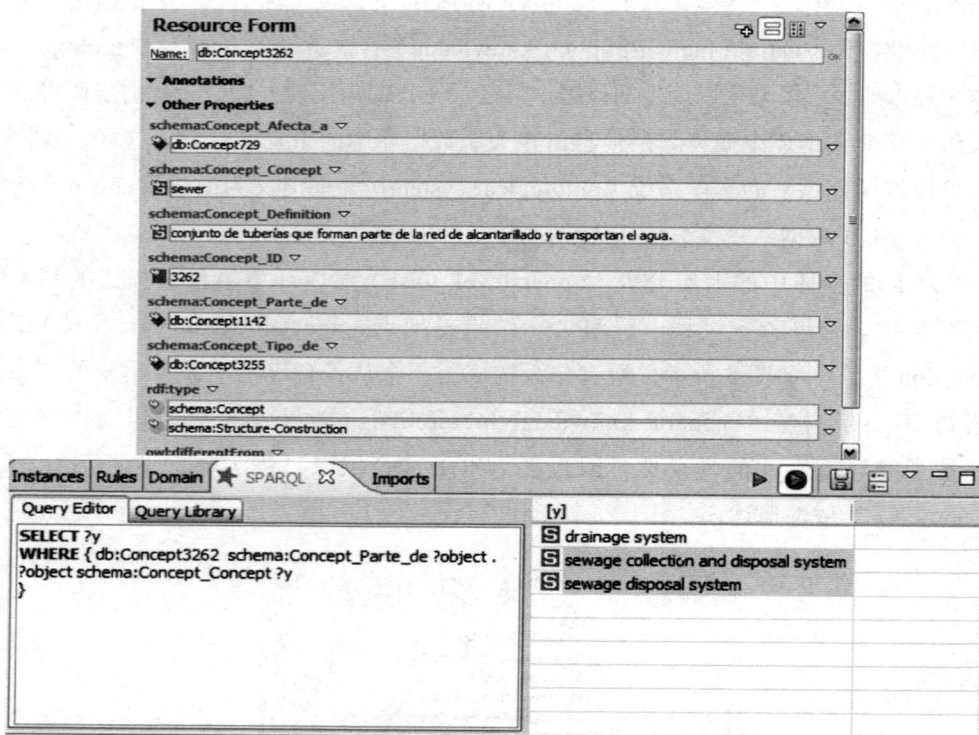

图 6 本体中 sewer 这一概念以及推断的传递性

在图 6 中进行的是 SPARQL 查询，以检索有哪些概念是 Concept 3262 的一部分（part_of），在这里，Concept 3262 指的是 sewer（污水管 / 下水道）这个概念。 在图 6 的右侧，drainage system（排水系统）作为直接的"的 _ 部分"关系被检索了出来，而 sewage collection and disposal system（污水收集及处理系统）和 sewage disposal system（污水处理系统）则是通过耶拿推理器（Jena reasoner）隐式推断出的。

5 定义

在 EcoLexicon 中，概念的定义是依据环境事件施加的限制以及概念关系清单来详细阐述的。我们根据"类别成员资格"（category membership）使某些相似的概念聚集在不同的模板中。例如，在图 7 中，关于 GROYNE（防波堤）的定义性陈述（definitional statement）就是以 HARD COASTAL DEFENSE STRUCTURE（坚固的海岸防御结构）这一类别模板所定义的概念关系的数量和类型为基础的。围绕 GROYNE 的所有同级概念都使用了相同的模板。作为"功能性的施事者实体"（functional agentive entity），所有的 HARD COASTAL DEFENCE STRUCTURE 都需要使用以下信息来进行整体性描述：（1）采用 IS_A（是＿一种）关系标记类别成员资格；（2）凡是 MADE_OF（由＿制成）材料，都采用 CONSTRUCTION MATERIAL（建筑材料）类的值来描述；（3）突出它们的位置，因为如果 GROYNE 不 located_at（位于）海上，那么它就不是 GROYNE（防波堤）；（4）特别强调它们的建造目的。

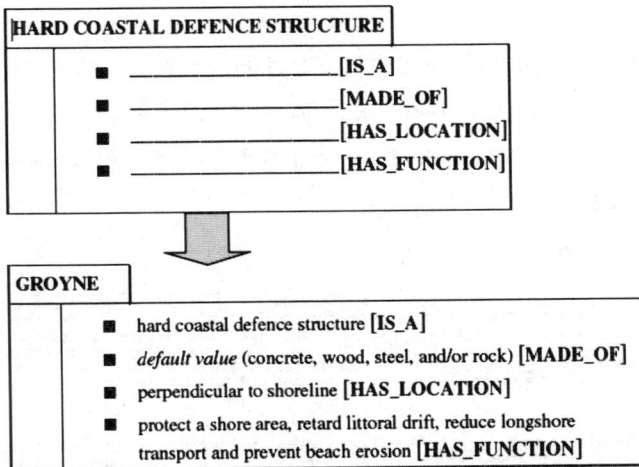

图 7　激活 GROYNE 的 HARD COASTAL DEFENCE STRUCTURE 模板产生的 GROYNE 定义

6　语言和图形信息

除了概念、概念化网络、定义和术语之外，EcoLexicon 还为用户提供其他信息：语言性上下文语境（linguistic context）、语汇索引和图像（image）。语言性上下文语境可以帮助用户提高对专业域的理解水平。这个术语知识库中包含的语言上下文语境信息超出了定义中关系所传递的信息。例如，在表 2 中，Groyne 不仅被定义为 coastal defence structure（海岸防御结构），还包含其他相关信息：它们具有成本效益（cost-affective）、许多沿海社区可能更喜欢其他的解决方案等。

表 2 “防波堤”的语言性上下文语境

（建造）防波堤是极具成本效益的海岸防御措施，它几乎不需要维护，是最常见的海岸防御结构之一。然而，越来越多的人认为，防波堤对海岸线的美观造成损害，而且，在许多沿海社区里，人们都强烈反对建造防波堤。

EcoLexicon 的每一个条目都包含三种类型的语汇索引：概念性的（conceptual）、措词性的（phraseological）和言语性的（verbal）。这些语汇索引允许用户从不同的角度拓展他们的知识。概念性的语汇索引显示了在实际使用术语时概念性关系是如何被激活的；措词性的语汇索引有助于用户接触到专业性的语篇 / 话语（specialized discourse）；言语性的语汇索引突出了最常见的言语搭配形式，从而同时提供了语言性和概念化的信息。

图 8 显示了 GROYNE 这一条目中的概念性的语汇索引。诸如 designed to（设计用来……）和 provide（提供） 这样的语言标记，就很明确地将概念与其功能 / 作用（FUNCTION）——trap and retain sand（收集并保留沙子）和 shore protection（海岸保护）——联系了起来。

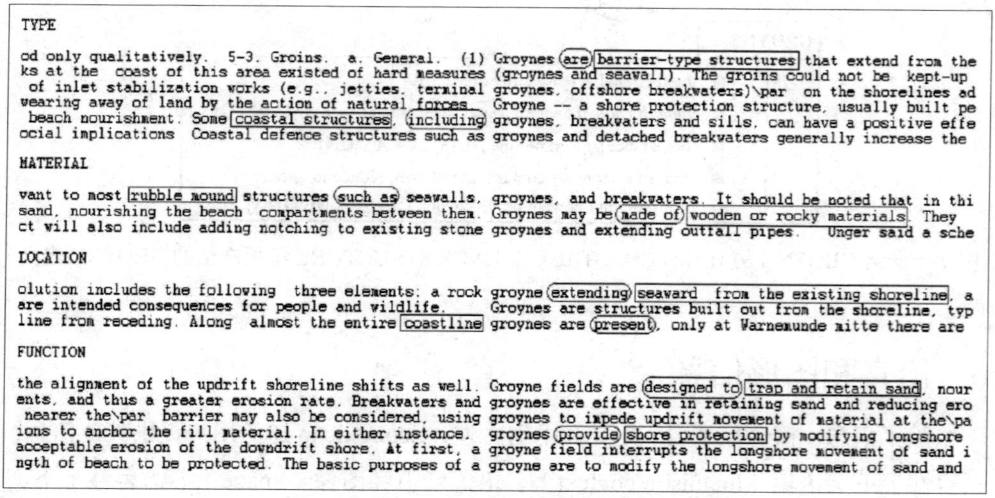
TYPE

od only qualitatively. 5-3. Groins. a. General. (1) Groynes are barrier-type structures that extend from the
ks at the coast of this area existed of hard measures (groynes and seawall). The groins could not be kept-up
of inlet stabilization works (e.g., jetties, terminal groynes, offshore breakwaters)\par on the shorelines ad
wearing away of land by the action of natural forces. Groyne -- a shore protection structure, usually built pe
beach nourishment. Some coastal structures, including groynes, breakwaters and sills, can have a positive effe
ocial implications Coastal defence structures such as groynes and detached breakwaters generally increase the

MATERIAL

vant to most rubble mound structures such as seawalls, groynes, and breakwaters. It should be noted that in thi
sand, nourishing the beach compartments between them. Groynes may be made of wooden or rocky materials. They
ct will also include adding notching to existing stone groynes and extending outfall pipes. Unger said a sche

LOCATION

olution includes the following three elements: a rock groyne extending seaward from the existing shoreline, a
are intended consequences for people and wildlife. Groynes are structures built out from the shoreline, typ
line from receding. Along almost the entire coastline groynes are present, only at Warnemunde mitte there are

FUNCTION

the alignment of the updrift shoreline shifts as well. Groyne fields are designed to trap and retain sand, nour
ents, and thus a greater erosion rate. Breakwaters and groynes are effective in retaining sand and reducing ero
nearer the\par barrier may also be considered, using groynes to impede updrift movement of material at the\pa
ions to anchor the fill material. In either instance, groynes provide shore protection by modifying longshore
acceptable erosion of the downdrift shore. At first, a groyne field interrupts the longshore movement of sand i
ngth of beach to be protected. The basic purposes of a groyne are to modify the longshore movement of sand and

图 8 GROYNE 条目中的概念性的语汇索引

最后，添加到条目中的第三种上下文语境信息就是图像。这些图像是根据它们最显著的功能选择出来的（Anglin et al. 2004；Faber et al. 2007），或者根据它们与自身代表的“现实世界实体”（real-world entity）之间的关系选择出来的，用来说明概念可以表达的各种关系。表 3 中的例子展示了如何将几个图像与 GROYNE 定义中所表达的概念关系明确关联起来。

表3　"防波堤"这一概念的语言和图形化描述信息的融合

防波堤	
形状角色 构成角色 形状角色 目的性角色	• 坚固的海岸防护结构［是_一种］ • 默认值（混凝土、木材、钢铁和/或岩石）［由_制造］ • 垂直于海岸线［有_位置］ • 保护海岸，延缓沿岸沉积物漂流，减少长途运输和防止海滩侵蚀［有_作用/功能］

7　信息过载（Overinformation）

在知识表示（knowledge representation）中，人们通常根据不同侧面或者维度对概念进行分类。这种现象普遍被称为"多维度性"（multidimensionality）（Kageura 1997）。"多维度表示"（representation of multidimensionality）可以为人们获取知识提供帮助，因为它在同一概念系统中为人们提供了不同视角。但是，并非所有的维度都总是可以同时获得表示，因为对它们的激活依赖于上下文语境。众多事件中涉及的某些多功能/多用途的概念情况就是如此，例如 Water（水）这个概念。在 EcoLexicon 中，如果对 Water 这个具有多功能/多用途的概念处理不恰当的话，就会引起大量的"信息过载"（见图9），而且也会危及人们对知识的获取。

学者叶（Yeh）和巴萨鲁（Barsalou）（2006）指出，当我们不把"情境"（situation）忽视掉而把它们整合到认知任务中去的时候，认知加工就会变得更加易于处理了。同样，任何一个专业域都反映了不同的情境，在这些情境中，某些概念性维度或多或少会凸显出来。因此，一个更为可信的表示系统，则应该根据概念置于具体情境中的性质来考虑如何进行"重新概念化"（reconceptualization）。"概念化表示"（conceptual representation）应该实现动态的"上下文语境化"（contextualized），而非追求"去上下文语境化"（decontextualized）和稳定性，只有这样才能支持用户的多元化目标需求（Barsalou 2005）。在 EcoLexicon 中，过载的概念可以根据两个上下文因素——域成员资格（domain membership）和语义角色（semantic role）——实现重新概念化。

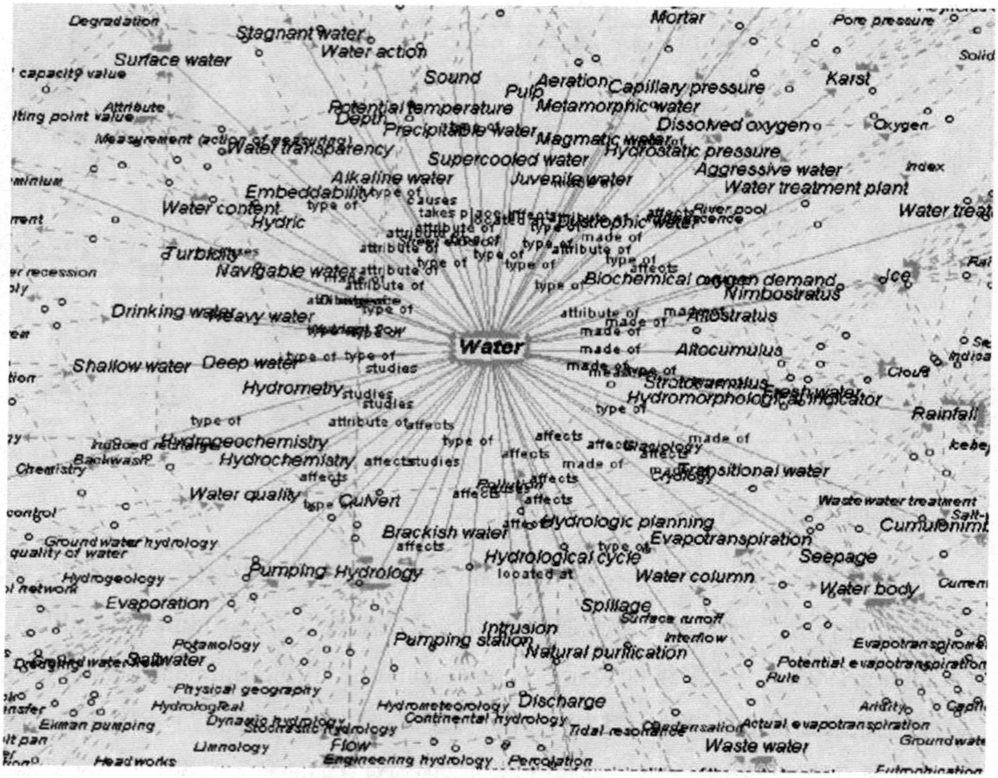

图 9　Water 概念网络中的信息过载

8　基于角色的重新概念化（Role-based reconceptualization）

在给定的命题中，"基于角色的关系约束"（role-based relational constraint）根据各自的视角而应用于个体概念。例如，在"WATER CYCLE *affects* WATER"（水循环影响水）这一概念命题中，WATER 就是一个"承受者/受事者"。但是，如果要使"基于角色的域"（role-based domain）与 WATER CYCLE（水循环）这个概念相关联的话，则还需要用到"基于作用者/施事者的约束"（agent-based constraint）。基于角色的约束适用于非层级关系（non-hierarchical relation），因为无论概念是作用者/施事者还是承受者/受事者，层级关系（hierarchical relation）始终处于被激活了的状态（León-Araúz and Faber 2010）。此外，这种约束只能用于第一层级，因为它们关注的是某个特定的概念，而不是整个概念化命题。在下列图中，Water 概念的过载网络（见图 10）根据"作用者 / 施事者角色"（agent role）而受到约束（限制）（见图 11）。

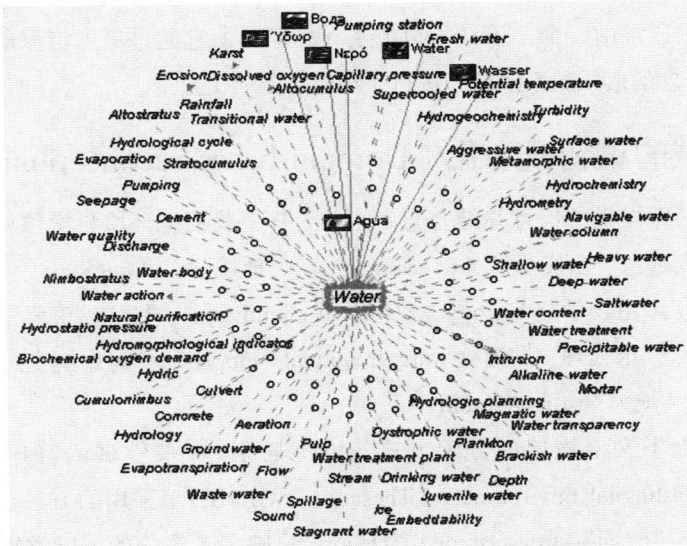

图 10　Water 无（语义）角色时的概念网络

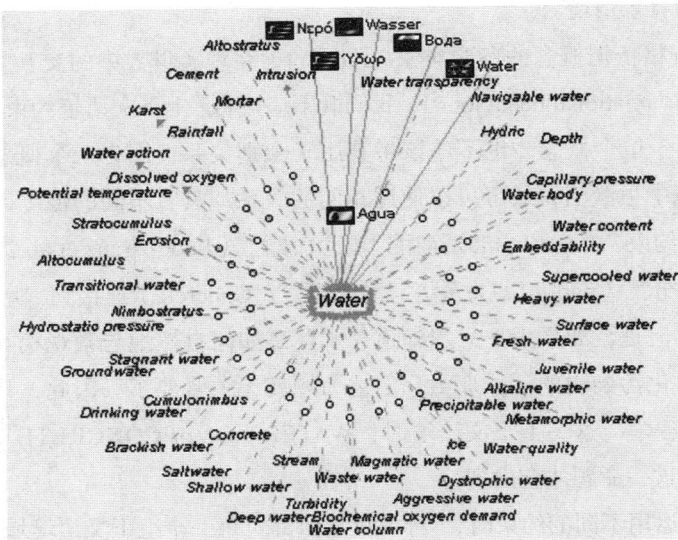

图 11　Water 基于作用者 / 施事者（语义角色）的概念网络

实际上，想实现对知识的有意义的重新概念化，靠基于角色的域（以语义角色为基础的域）本身，是远远不够的。在无（语义）角色时的概念网络中，Water 这一概念似乎与 72 个概念相关联，而在基于作用者 / 施事者（语义角色）的概念网络中，Water 则大概与 50 个概念相关联。尽管这二者已经有所区别，Water 这个概念仍然显得超载，尤其是在显示第二层级时。不管怎样，"上下文语境域"（contextual domain）虽然通常由一个（语义）角色主导，但是，它通过更加定量的方式对多功能 / 多用途概念的形成关系的能力进行了约束（限制）。

9 基于域的重新概念化（Domain-based reconceptualization）

根据语料库提供的信息并结合与专家的合作，我们把环境科学领域划分为不同的上下文语境域："水文学"（hydrology）、"地质学"（geology）、"气象学"（meteorology）、"生物学"（biology）、"化学"（chemistry）、"建造 / 工程"（construction / engineering）、"水处理 / 供应"（water treatment / supply）、"海岸演变过程"（coastal processes）和"航海"（navigation）。

我们对上下文语境域的分配方式与欧洲通用 / 一般性多语言环境科学词库（General Multilingual Environmental Thesaurus，GEMET）采用的方法相似，后者的结构以主题和"叙词"（descriptor）为基础，反映了系统化的、以类别或者学科为导向的观点（GEMET 2004）。这些方法为我们提供了一些线索，以简化在现实中可能产生概念的背景情境。

域成员资格依据概念的参照对象（referent）在现实世界中的交互方式来限制概念的关系行为（relational behaviour）。我们既不应该将"上下文语境约束"（contextual constraint）用于单个概念，也不应该将其用于个别关系，因为一个概念可以在不同的上下文语境中被激活，或者可以使用相同的关系却具有不同的值（value）。我们反而可以将"约束"（constraint）运用到概念命题上（León-Araúz et al. 2009）。例如，通过"的 _ 部分"（part_of）关系将"混凝土"（Concrete）连接到"水"（Water）这一概念上。但是，如果用户只想知道"水"是如何自然地与景观相互作用或者如何利用它来净化污染物的话，那么，上述命题就无关紧要了。因此，只有在用户选择"建造 / 工程学"这一上下文语境时，WATER *part_of* CONCRETE（水是混凝土的 _ 一部分）这一命题才会出现。

所以，当运用不同的约束时，"水"仅显示针对每一个上下文语境域的相关维度。在图 12 中，"水"仅与属于"建造 / 工程学"这一上下文语境的命题相连接。

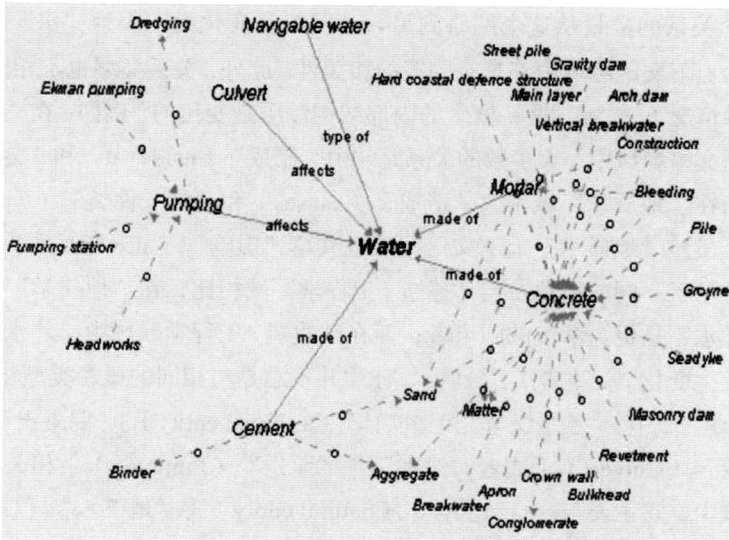

图 12　在"建造 / 工程学"上下文语境域中的 Water 概念

但在图 13 中，"地质学"的上下文语境则显示了 Water 这一概念与其他概念构成的新的关系结构。

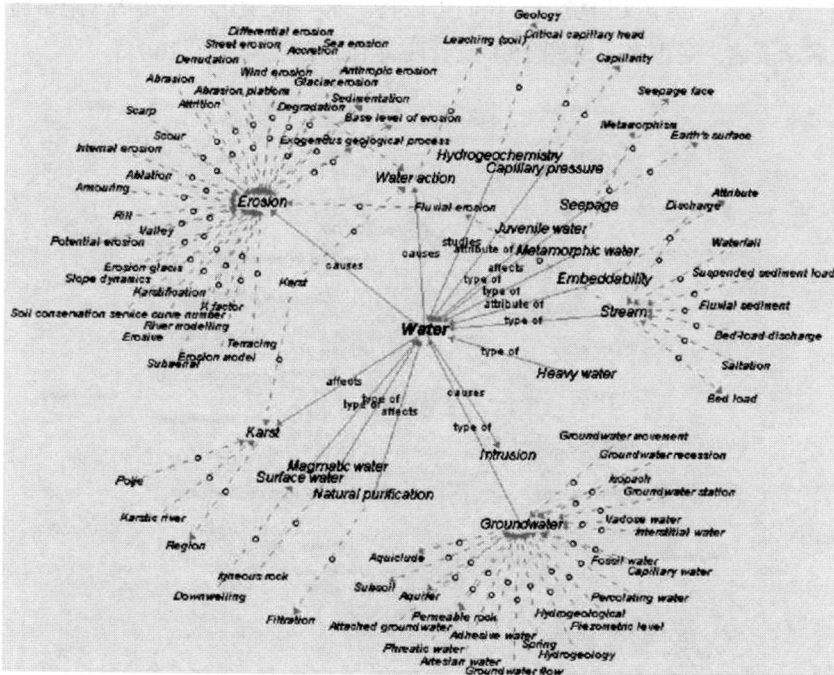

图 13　"地质学"上下文语境域中的 Water 概念

概念关系的数量从这个网络到另一个网络是变化的，因为"水"这一概念并非在所有的上下文语境域中都具有同等的相关性。此外，关系类型也不相同，这也说明，在每一种情况下，"水"这一概念的内部结构性质是变化的。例如，在"建造/工程学"这一上下文语境域中，大多数的关系是"由_制成"（made_of）和"影响"（affects）关系；而在"地质学"域中，"造成"（causes）和"的_种类"（type_of）关系更为突出。虽然"地质学"上下文语境域也共享"影响"（affects）关系，但是，其箭头方向显示了不同的视角：与"建造/工程学"域相比，在"地质学"域的上下文语境中，"水"是更为活泼的施事者；而在"建造/工程学"域中，"水"这一概念则更容易发生变化（受事者）。最后，"水"并不总是与相同的概念类型相关联。在"建造/工程学"域中，"水"仅与"人造实体"（artificial entity）["混凝土"（Concrete）、"排水管"（Culvert）]或者"过程"["泵送"（Pumping）]相关联；而在"地质学"域中，它主要与"自然实体"（natural entity）["地下水"（Groundwater）]或者"过程"["侵蚀"（Erosion）、"渗漏"（Seepage）]相关联。

10 "基于角色"和"基于域"的重新概念化的交叉

基于角色的约束和基于上下文语境域的约束交叉后产生新的重新概念化。例如，在"水文学"上下文语境中，我们可以将"水"框架化为作用者/施事者（见图14）或者承受者/受事者（见图15）或者两者兼而有之（见图16）。

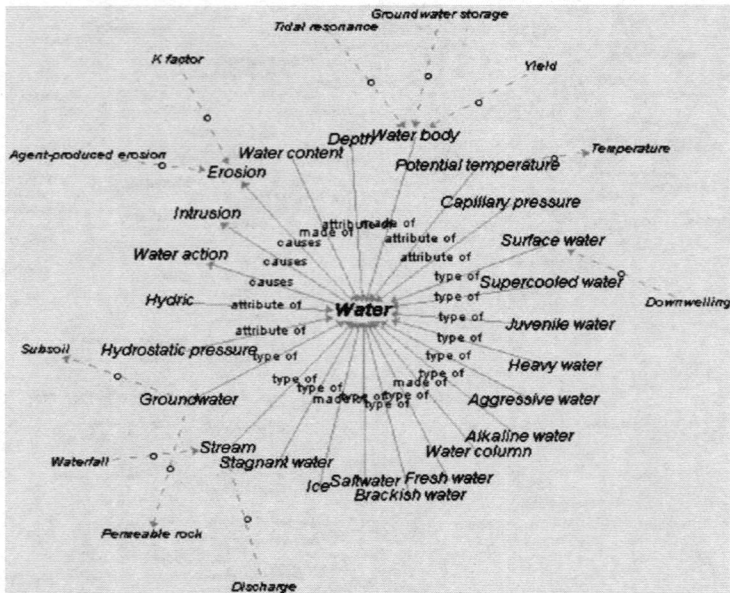

图14　Water 在"水文学"域中作为作用者/施事者的重新概念化

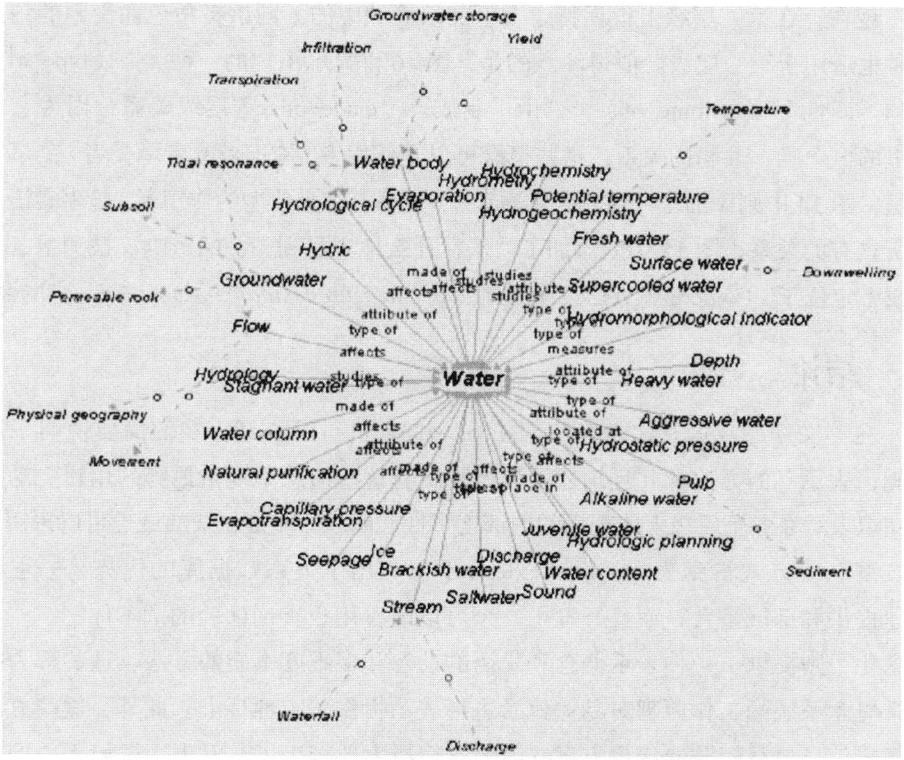

图 15　Water 在"水文学"域中作为承受者 / 受事者的重新概念化

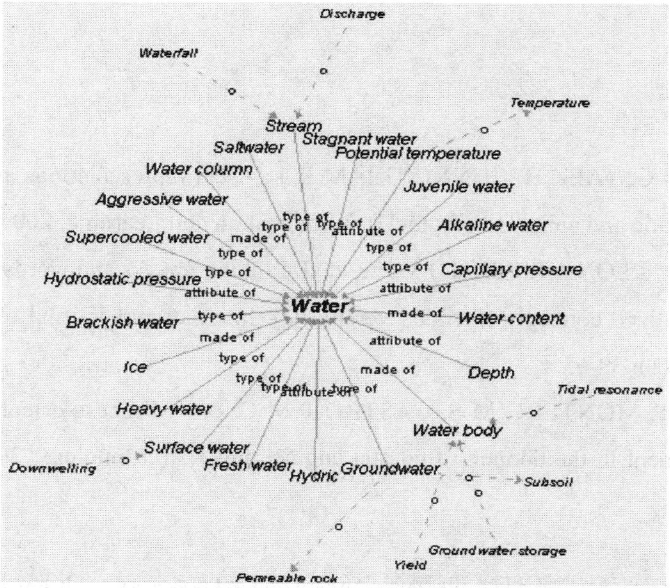

图 16　Water 在"水文学"域中同时作为作用者 / 施事者和承受者 / 受事者的重新概念化

现在，在第一层级上根据特定上下文语境域中的不同语义角色而受到的约束，同时也适用于第二层级。值得注意的是，图 16 仅显示了"的_种类"（type_of）、"的_属性"（attribute_of）、"由_制成"（made_of）等层级关系，因为它们是这里的概念唯一共享的关系，这些概念可以是作用者/施事者或者承受者/受事者。但是，图 14 中则添加了"造成"（causes）关系，它是典型的作用者/施事者语义角色所具有的关系，图 15 中则添加了"水在什么地方受到……的影响、被测量、被研究或者定位于"（where WATER is *affected_by*, *measured*, *studied* or *located_at*）的命题。

11　结论

在本文中，我们从多个角度对 EcoLexicon 进行了介绍。我们简要说明了用于"知识表示"的方法，并且阐述了如何将所有这些信息呈现给最终的用户。动态化的知识表示在各个层级上体现出的内部连贯性表明，即使是复杂的域也可以采用"用户友好"的方式得到表示。EcoLexicon 不仅利用了关系数据库的优势——它可以快速提供和部署平台，而且开发了一个可以改善用户查询体验的"本体"。"重新概念化"则提供了一种表示概念和术语的动态和多维度本质的方法。这些都为按照人类概念系统的工作原理对专业概念进行表示提供了定性标准。此外，这些方法也是解决信息过载问题的定量方案，因为它们极大地减少了与上下文语境无关的信息干扰。①

参考文献：

[1] ANGLIN G, VAEZ H, CUNNINGHAM K L.Visual representations and learning: the role of static and animated graphic[J]. Visualization and Learning, 2004, 33: 865-917.

[2] FABER P, LEÓN A P, PRIETO V J A, et al. Linking images and words: the description of specialized concepts(extended version)[J]. International Journal of Lexicography, 2007, 20(1): 39-65.

[3] FABER P, MONTERO M S, CASTRO P M C, et al. Process-oriented terminology management in the domain of coastal engineering[J]. Terminology, 2006, 12(2): 189-213.

---

①　这项研究得到了西班牙科学和创新部（Spanish Ministry of Science and Innovation）项目 FFI2008-06080-C03-01/FILO 的支持。

[4] FABER P, MÁRQUEZ L C, VEGA E M. Framing terminology: a process-oriented approach[J/CD]. META, 2005, 50(4).

[5] GEMET. About GEMET. General Multilingual Environmental Thesaurus[EB/OL]. 2004. http://www.eionet.europa.eu/gemet/about.

[6] KAGEURA K. Multifaceted/Multidimensional concept systems[M]//WRIGHT S E, BUDIN G. Handbook of Terminology Management: Basic Aspects of Terminology Management. Ámsterdam/Philadelphia: John Benjamins, 1997: 119-132.

[7] LEÓN A P, FABER P. Natural and contextual constraints for domain-specific relations[C]//Proceedings of semantic relations. Theory and applications. Malta, 2010.

[8] LEÓN A P. Representación multidimensional del conocimiento especializado: el uso de marcos desde la macroestructura hasta la microestructura[D]. Granada: University of Granada, 2009.

[9] LEÓN A P, MAGAÑA R P, FABER P. Managing inner and outer overinformation in EcoLexicon: an environmental ontology[C]//Proceedings of the 8th International Conference on Terminology and Artificial Intelligence. Toulouse, 2009.

[10] YEH W, BARSALOU L W. The situated nature of concepts[J]. American Journal of Psychology, 2006, 119: 349-384.

在 EcoLexicon 中将专业知识和一般知识联系起来

P. 费伯（Pamela Faber）和 A. S. 马丁（Antonio San Martín）①

摘　要： 有些学者对"本体"进行了批评，认为它们要求的工作量太大，或者认为它们不够灵活，因而无法捕捉"现实"的动态活力和复杂性。然而，就算对"现实"的任何描述都不完美，"本体"仍然是一种最能近似地反映被概念化的"域"的知识表示。实际上，由于在一般知识领域和专业知识领域中都需要进行知识管理和知识共享，"本体"已经越来越成为人们关注的焦点。EcoLexicon 是环境科学中基于框架的可视化术语知识库，其知识存储在关系数据库中，并且正在逐步发展为"形式本体"的状态。本文描述了这个知识资源中所使用的概念建模技术，以及能够使之"上下文语境化"并与一般知识结构及其资源建立联系的潜在理论前提。

关键词： EcoLexicon，本体，计算机化的知识表示，基于框架，概念建模，上下文语境化

1　引言

人们需要语义信息（术语）的显式模型（explicit model）来促进信息交换——对于这一点，大家已经取得共识。其中的一种方法就是借助"本体"（ontology），我们可以将"本体"视为针对某个"域"（domain）的共享模型，这个模型可以对一组用户共有的视域（view）进行编码。一个"域特定的本体"（domain-specific ontology）是由某特定领域中的概念及其实例以及它们之间的关系和属性组成的，是一种用于存储和传播专业知识的新手段（Hsieh et al. 2010）。

因此，我们可以把"概念结构化的术语数据库"（conceptually-structured terminological database）视为知识资源，因为术语单元（terminological unit）是在

---

① 这篇文章英文名为 "Linking Specialized Knowledge and General Knowledge in EcoLexicon"。原文见西班牙格拉纳达大学（University of Granada）LexiCon 研究团队（LexiCon Research Group）的出版物网站（http://lexicon.ugr.es/publications）（2011 年）。——译者注

学科领域中编码知识的专业词汇项（specialized vocabulary item）。但是，为了让任何一种知识资源都能具备心理上的和解释上的充分性，其潜在的"概念化"（conceptualization）及其设计就必须与特定用户群体的需求和期望值保持一致，而这些特定用户群体的主要目标通常是获取相关专业领域的知识。显然，为了使专业知识更具有意义，它们就必须具有结构上的连贯一致性。这种一致性是可以通过与一般知识的结构（general knowledge structure）进行显式连接（explicit connection）而获得增强的。

但是，专业知识库目前存在的问题之一就是：它们是作为独立产品被创造出来的，而且，它们似乎与"上层本体"（upper-level ontology）中表示的一般知识有所区别。上层本体由一般概念和属性组成，它们可以成为对域特定的本体进行上下文语境化的有价值的工具，因为它们可以并且应该得到扩展，以便让一般知识和专业知识之间的联系变得更加明确（Tripathi and Babaie 2008）。这样有利于人们对数据进行获取和重复使用。

然而，一个一再出现的问题是：普通大众对基本科学概念的描述，常常与科学家和工程师们的描述不一致。针对同一个概念，其定义可能五花八门，实际上，定义的制定取决于目标用户组的知识水平。有的时候，在某种程度上，这些（针对同一个概念的）定义之间似乎不存在什么关联。例如，学者利普舒尔茨（Lipschultz）和里特曼（Litman）（2010）发现，根据物理学知识，在 WordNet（词网）中被定义为"力"（force）的许多实体实际上并不是"力"。因此，人们经常需要通过手动或者自动化的方式，对从一般的词汇资源中提取的"的_种类"（type_of）层级结构进行修正。出于这个原因，将域特定的本体明确链接到一般的知识资源上就需要"概念建模"（conceptual modeling）技术。借助这些技术，一般定义可被"定制"（tailor），以便顺利地得到扩展，并包含和编码针对相同概念的专业知识表示——从更具专业化的专家角度上看，这更为有效。

由此，这就要求"本体构建"（ontology building）要以从域特定的文本语料库和术语编纂资源中提取的信息为基础，同时需要专家的"验证"（validation）而非"引导"（elicitation）。由于专家通常并不知道应该怎样以系统化的方式阐述他们的知识，因而在本体中建模形成的知识与文本中记载的相同知识之间经常存在很大的差距（Eriksson 2007）。针对这个问题，从自然语言文本中提取概念化的表示是一种解决方法。依据认知语义学（Cognitive Semantics）（Talmy 2000）原理可知，"词汇含义"（lexical meaning）是"概念化结构"（conceptual structure）的表现。"一般词汇项"（general lexical item）和"专业词汇项"（specialized lexical item）都可以看作展现出典型效果且具有不同但相关含义的概念类别。在这一方面，本体构建和概念建模都可以在合理的理论原则的基础上从对"语言概念"（linguistic concept）的语义分析中获益。

2 本体

"本体"这一术语最初起源于哲学领域，指的是从某种视角解释世界的"特定类别系统"（particular system of category）。因此，它是"一个结构化的世界模型"（a constructed world model）。然而，在术语学中，"本体"在其人工智能意义上则被定义为"概念化的明确规范"（explicit specification of a conceptualization）（Gruber 1995）。学者格鲁伯（Gruber）（1995）在"表示本体"（representation ontology）和"内容本体"（content ontology）之间进行了区分。"表示本体"提供了一个"框架"（framework），但是，它们缺乏关于如何表示"域"（domain）的指导。相比之下，"内容本体"就如何描述"域"提出了自己的主张。

近年来，人们在"形式本体"（formal ontology）和"语言本体"（linguistic ontology）之间也做了区分，这两者在形式化的程度和规模上各不相同。"形式本体"要比"语言本体"小得多，它是"一种受控的词汇表"（a controlled vocabulary），是一种用来表达概念化规范的表示语言。这种语言拥有自己的语法，有助于"域"中术语的表达，它包含与某个术语和其他术语的结合方式有关的"形式化约束"（formal constraint）。因此，"形式本体"是一套严格定义的术语和概念，用于描述和表示某个知识领域，它也包括一系列的关系、特性（property）和值（value）。

相比之下，"语言本体"通常要大得多，而且强烈依赖于语言，因为它们关注在一种或者多种语言中使用的单词。WordNet（Fellbaum 1993，1998）可能是最著名的"语言本体"，因为其上层的单词经常被用作"形式本体"中的顶级概念。因此，"语言本体"可以为"形式本体"提供基础。

很显然，在术语学中，人们最为优先考虑的事情之一就是尽可能地以标准化的方式对数据进行定义。"本体"具有将一种或者多种语言的语言表示固定到同一种概念化表示上的优势，从而增强了数据间的"互操作性"（interoperability）。因此，"专业域本体"（specialized domain ontology）有助于消除人们在概念和术语方面的混淆。它们规范了一系列"属概念"（generic concept），这些概念描述了"域"及其定义和相互关系的特征。目前，人们普遍认为，构建这样的"域模型"（domain model）

对于开发基于知识的（knowledge-based）系统至关重要。对"域骨架"（the skeleton of the domain）的最初设计是一项产生深远影响的重要任务。

3　概念建模

　　"概念建模"是出于理解和交流的目的而形式化地描述物理世界和社会世界的各个方面的活动。因此，"概念建模者"（conceptual modeler）必须决定要在模型中包含和不包含现实世界中的哪些方面，还要确定模型中的每一个方面所需要的详细化程度（Kotiadis and Robinson 2008）。完成这些操作所需要采取的方式则取决于潜在用户或者利益相关者的需求、需要建模的域的情况，以及想要实现的目标。因此，形成一套具有原则性的概念建模技术是精心设计出有助于获取知识和理解资源的必要条件。在理想情况下，这类资源可以通过帮助非专家型用户关注和捕获基本知识来增强他们对给定领域的理解。只有对专业知识的描述建立在非专家型用户已经拥有的核心知识的基础上时，我们才可能实现这一点。

3.1　信息提取（Information extraction）

　　在设计某个域的概念化结构时，我们需要处理的第一个问题就是提取概念组织可以依赖的信息。如前所述，有些学者更喜欢通过有组织的访谈或者问卷调查的方式，从所属领域的专家那里收集信息。这样一来，在与一组领域专家针对概念进行讨论之后，人们就可以凭直觉设计出知识结构。但这种方法的缺点是：所收集到的意见是有限的。另外，虽然专家们的确在其特定的专业领域里拥有渊博的知识，但是，他们不是"元认知"（metacognition）意义上的专家。换句话说，他们可能对自己的领域非常了解，但是他们并没有意识到自己是怎样知道这些知识或者是如何构建这种知识的。

　　提取领域知识的另一种方法是使用专业文本和利用知识丰富的上下文语境（Meyer 2001）。在这种基于文本的（text-based）方法中，概念化结构是基于语言信息进行规范的。因此，语言结构被看作概念结构的反映（Langacker 1987）。

3.2　置于具体情境中的表示（Situated representation）

　　当术语在文本中被激活时，它们会把各种各样潜在的概念关系和知识结构"调动"（set in motion）起来。实际上，上下文语境触发某些机制——这些机制使某些关系比其他关系更为突出。根据学者巴萨鲁（Barsalou）（2005）的研究，某个给定的概念可以产生许多位于不同情境的概念化，而且，每一种概念化都针对不同环境下的不同实例进行了"量身定制"。因此，上下文语境可以说是"激活"或者"约束"（restrict）知识的动态化结构。这就意味着，某个"域本体"（domain ontology）中最通用（the most generic）或者顶级的类别（top-level category）可以在"原型域事件"（prototypical domain event）或者"行动－环境交界面"（action-environment interface）中得以配置（Barsalou 2003），其结果就是产生了适用于所有信息结构层级的"模板"（template）或者"框架"。术语条目（term entry）中的信息是具有内部和外部的连贯一致性的，由此产生的通用框架（general frame）能够改善用户对知识的获取（Faber et al. 2007）。这也有助于我们明确一般知识与专业知识之间的联系。

在术语学中，将上述这些理念结合在一起的理论方法被称为"框架术语学"（Frame-Based Terminology, FBT）（Faber et al. 2006，2007；Faber 2009，2010）。框架术语学采用了框架语义学（Frame Semantics）的某些观念（Fillmore 1982，1985，2006；Fillmore and Atkins 1992，1998）来对专业域进行构建并创建"非语言特定的表示"（non-language-specific representation）。不同语言的专业文本所基于的概念含义构成了这种配置的基础。框架术语学专注于以下方面：（i）概念组织；（ii）术语单元的多维度性质；（iii）通过使用多语言语料库来提取语义和句法信息。因此，框架术语学的概念网络是以基础性的域事件为基础的，这个域事件为专业领域中发生的"行动"（action）和"过程"（process）以及参与其中的"实体"（entity）生成模板。这一术语学理论方法的实际应用，就是以环境科学为基础的、被称为 EcoLexicon（http://ecolexicon.ugr.es）的术语知识库。

4 EcoLexicon

EcoLexicon 是环境科学的可视化词库（thesaurus），其中的知识内容正在逐步发展为形式本体的状态（León et al. 2008；León and Magaña 2010）。EcoLexicon 是一个关于环境科学的多语言知识资源，尽管目前正在添加更多语言的术语，现在还只含有 3 147 个概念以及 14 142 个西班牙语、英语和德语术语（Faber et al. 2006，2007）。[①] 这个资源对语言专家和领域专家以及普通公众等用户群体来说都适用。人们可以通过用户友好的界面对其进行访问，这个界面包括 ThinkMap 概念化表示以及

---

① 截至原文成文时间。——译者注。

其他涉及术语、图形和概念的信息。

图 1 显示了 EcoLexicon 中针对 groyne（防波堤）这一概念的条目，groyne 是一种海岸防御结构，可以延缓沿岸漂流和侵蚀。用户不必同时查看所有这些信息，他们可以根据自己的需要来浏览不同的窗口及查阅数据。

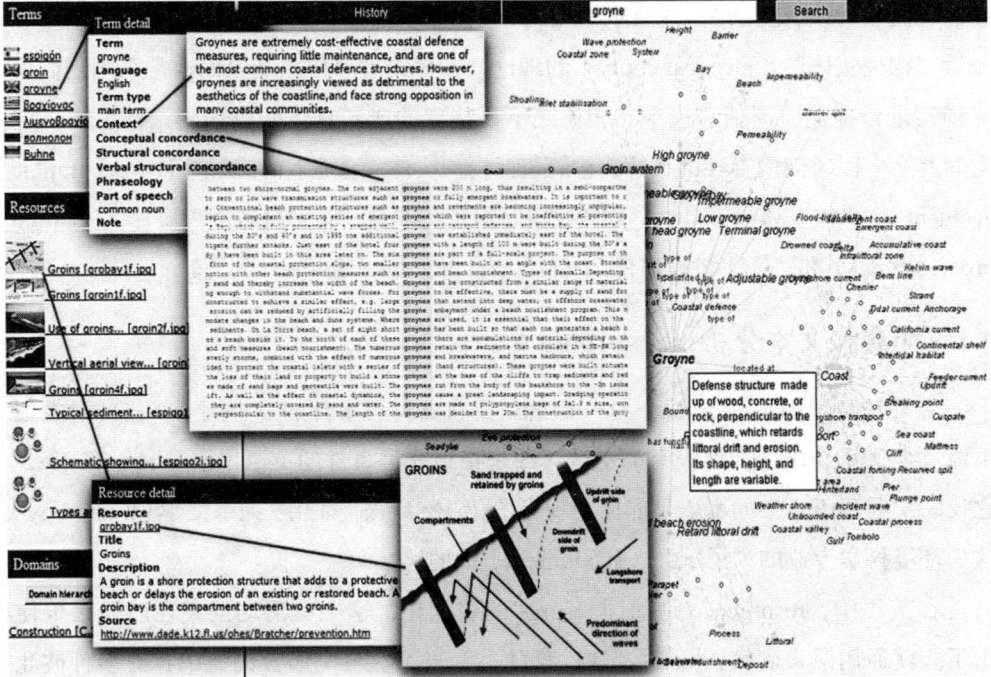

图 1 EcoLexicon 用户界面

这个环境科学知识库的"本体"主要是围绕对"物理对象"（physical object）和"过程"［例如 Alluvial fan（冲积扇）、Erosion（侵蚀）、Weathering（风化）等］的直接表示而组织起来的。这套基础性的概念充当"脚手架"（scaffold），其自然语言描述为"数据查询"（data querying）、"数据集成"以及"数据推理"提供了语义基础（Samwald et al. 2010）。在这个知识库中，我们根据自然语言定义对环境科学概念进行了整理，它们在视觉上表示为由层级和非层级结构的语义关系组成的网络，而这些自然语言定义是我们从多语言语料库中采用半自动方式提取的。尽管为了实现更复杂的推理过程，我们仍然需要对这种表示形式做进一步的丰富和系统化，目前，这种表示形式已经可以将 EcoLexicon 与其他本体和资源连接起来了。

鉴于 EcoLexicon 的概念化设计是以从专业文本中提取的信息以及术语定义结构为基础的，我们可以把它视为"基于语言的本体"（linguistically-based ontology）。在环境科学知识域中，处于顶层的概念（top-level concept）是"对象"（object）、"事件"（event）、"属性"（attribute）和"关系"（relation）。概念可以是具体的或者抽象的、简单的或者复杂的。在 EcoLexicon 中，抽象概念（abstract concept）包括用于测量"物理实体"（physical entity）的理论、方程式和单位。专家们通常采用它们来对现实进行描述、评估和模拟。相比之下，物理的或者具体的概念则是指占用一定空间并在一段时间内存在的概念。它们包括自然实体、地理上的意外事件（geographic accident）、水体（water body）、建筑物以及可能参与其中的"自然过程事件"（natural process event）和"人工过程事件"（artificial process event）。

4.1　词典和文本分析：resurgence

在环境科学中，resurgence 这一概念就是自然过程事件的一个例子，指的是在地下流动但又重新出现在地表上的水流。用来指称这类事件的英语术语是 resurgence，它反映了通用语言中的术语是如何实现术语化，然后被"征用"到水文学（hydrology）这一环境科学专业的"子域"（subdomain）中的。

在英语中，resurgence 是动词 resurge 的名词化，这个英语动词现在已经很少使用了。就通用语言而言，resurgence（源自 resurge）在各类语言词典中具有多种彼此相关的定义：

（1）bringing into activity or prominence（变得活跃或者突出）（WordNet）；

（2）reappearance and growth of something that was common in the past（过去常见事物的再现和生长）（*Longman*）；

（3）the act of rising again（再次上升的行动）（*Merriam Websters*）；

（4）a continuing after interruption（中断一段时间之后的继续）（*American Heritage*）。

由此可以看出，这些关于 resurgence 的通用语言定义是应该作为专业语言含义的核心的，因为这样可以方便用户以先前的知识为基础来获取专业知识。因此，resurgence 在这里的专业含义应该基于"一个向上运动的事件"（an upwards motion event）［rising（上升）］，这个事件涉及实体在（中断）一段时间之后的"重新出现"

（re-emergence）（reappearance）。我们可以对 resurgence 的这种基本含义进行"建模"，然后通过更改其"子类别框架"（subcategorization frame）和"谓词－论元结构"（predicate-argument structure）来进行一般描述或者专业描述。

依据布伊特拉尔（Buitelaar）等（2009）学者的观点，对"谓词－论元结构"的分析应该构成任何以语言为基础的"本体"命题不可或缺的组成部分。术语学研究通常关注"对象型概念"（object concept），在大多数情况下，对象型概念在语言上都以名词形式（nominal form）表示。但是，在对跨语言的专业话语/语篇（specialized discourse）进行理解和构建时，动词却起着非常重要的作用（L'Homme 2003）。这是由以下事实造成的：我们知识中的相当一部分是由事件和状态组成的，在其中，许多事件和状态在语言上是通过动词表示出来的。

这些动词为以术语的形式出场的专业概念设置了场景（scene），这些术语又填充了这些动词或者语义谓词的"论元插槽"（argument slot）。虽然专业语言动词相对较少，但是，许多术语是从动词派生出来的名词化形式。"论元"（argument）的选择约束通常取决于"谓词"（predicate）所属的含义区域。"谓词论元"的性质是其含义向其他域扩展的结果。

resurge 是一个带有一个论元的不及物动词［something resurges（某事复发）］，因此，resurgence 在通用语言文本中被激活时，也只具有一个论元［resurgence of something（某事的复发）］。我们从 BNC[①] 中检索到的语汇索引（concordance）表明，就通用语言而言，这个论元属于下列类别之一：

表 1　Resurgence 的论元结构

Resurgence of	Argument 1	
	DEMAND（for）[（对……）需求]	*heroin*（海洛因），*insurance*（保险），*computer package*（计算机程序包）
	INTEREST（in）[（对……）有兴趣]	*someone's work*（某人的工作），*fashion*（时尚），*religion*（宗教），*cult*（狂热的崇拜）
	TENDENCY（towards）[（对……）的倾向]	*nonconformism*［不信奉国教（尤指英国国教）］，*feminism*（女权主义），*power*（权力），*hostility*（敌意），*rebellion*（叛乱）
	PHYSICAL MANIFESTATION（物理表现）	*disease*（疾病），*symptoms*（症状）

---

① British National Corpus，英国国家语料库。——译者注

如表 1 所示，DEMAND（需求）、INTEREST（兴趣）和 TENDENCY（倾向）都是抽象性的概念，它们在一段时间内"不在场"之后还可以重新出现。实际上，与 resurgence 有关的唯一"具体实体"（concrete entity）是 disease（疾病）和 symptoms（症状），它们属于 PHYSICAL MANIFESTATION（物理表现）类别。

这与我们从（为研究项目而创建的）语料库中检索到的上下文语境信息恰好相反，在这里的上下文语境中，resurgence 的论元是"水道"（watercourse）[stream（溪流）] 或者"位置"（location）[（point）（地点）]（见表 2）。

表 2　专业文本中对 Resurgence 的激活

The self-purification ability of a **resurgence** <u>stream</u> has been investigated by taking samples along the course of a channeled tract（**回潮溪流**的自我净化能力已经通过沿通道的采样过程得到了研究。）
The point where the <u>stream</u> flows out from under the ground is called the **resurgence**. [溪流从地下流出来的（地）点称为**回潮**点。]
The field survey is conducted under conditions that range from moderate to high flow during a wet period so the dominant **resurgence** <u>points</u> are active.（实地调查是在潮湿阶段从中等流量到高流量的条件下进行的，因此，主要的**回潮**点是活跃的。）
Precise vertical and horizontal locations of the key **resurgence** <u>points</u> and any features that potentially indicate groundwater elevations are surveyed.（对关键**回潮**点精确的垂直和水平位置以及可能指示地下水高度的任何特征都进行了调查。）
Before turning south, cross the moor east to the <u>stream</u> descending in a series of minor waterfalls from the large **resurgence**, where all the streams disappearing in the area on Ingleborough return to daylight. [在向南流动之前，穿过沼泽地带向东到达溪流，它在大的**回潮（复苏）**中以一系列小型瀑布顺流而下，在这里，从英格伯勒（Ingleborough）地区消失的所有溪流都再现于日光之中。]

如表 2 所示，在专业文本中，resurgence 的论元或者是复苏的实体（溪流）[the entity that resurges（stream）]，或者是河流或水道再次出现的位置（location），或者是从地下重新涌出的地点（point）。这些内容与为这个概念提供的专业语言定义相符，例如：

·return of a river that was running underground, back to the surface（一条在地下流淌的河流又流回地面）（http://www.buzzle.com/articles/geography-terms-glossary-of-geography-terms-and-definitions.html）；

·re-emergence of groundwater through a karst feature, a part or all of whose waters are derived from surface inflow into ponors at higher levels（*Florida Spring Classification System and Spring Glossary*）（通过喀斯特地貌重新出现的地下水，其中一部分或者全部的水是地表水在地势较高的地方流入溶井汇成的）（《佛罗里达春季分类系统和春季词汇表》）；

·point where an underground stream reappears at the surface to become a surface stream（*McGraw-Hill Dictionary of Scientific and Technical Terms*）（地下水流重新出现在地表成为地表水流的地点）（《麦格劳－希尔科技语词典》）。

上述这些定义可用来对新定义进行详细说明，这些新定义与我们知识库中相关术语的定义相一致，是对通用语言定义的扩展和说明。

EcoLexicon 中的非语言类信息（non-linguistic information）是以从文本和词典中提取的信息为基础的，因此，概念的"含义定义"（meaning definition）在知识库的结构中起着核心作用。含义定义被编码为一组命题，这些命题反映了概念与其他概念的"关系含义"（relational meaning）或者"关联"（association）。正是出于这个原因，我们不能像在建造许多术语库时人们常做的那样——将定义从其他资源中随意剪切和粘贴（cut-and-paste）过来。

含义定义的最终文本应该以"概念关系模板"（template of conceptual relation）为模型，以反映它与知识库中其他类似事件之间的关系。在上述示例中，resurgence 这一概念将具有与环境科学中表示液体"向上"和"向下"运动的其他类型的概念［例如 upwelling（上升流）和 downwelling（下降流）］相同的模板。这个模板将由"的_种类"（type_of）、"由_影响"（effected_by）和"在_发生"（takes_place_in）关系组成。

4.2　EcoLexicon 中的 resurgence 概念

在 EcoLexicon 中，resurgence 用于编码由自然力发起、在时间和空间中发生、可能受自然实体影响的过程。因此，它被描述为"Reappearance［type_of movement］of a stream or water course［effector_of movement］, whose flow had previously disappeared underground［location_of movement］, but which now has surfaced［location_of movement］."（溪流或者水道［运动的受影响者］的再现［运动的种类］，它们先前已经消失在地下［运动的位置］，但现在又浮出地表［运动的位置］。）。在

这个示例中，这种运动也受其通过的"介质"（medium）的影响［affected_by Soil_properties］（受"土壤_特性"的影响）。图 2 显示了 EcoLexicon 中对 resurgence 这一概念的语义表示。

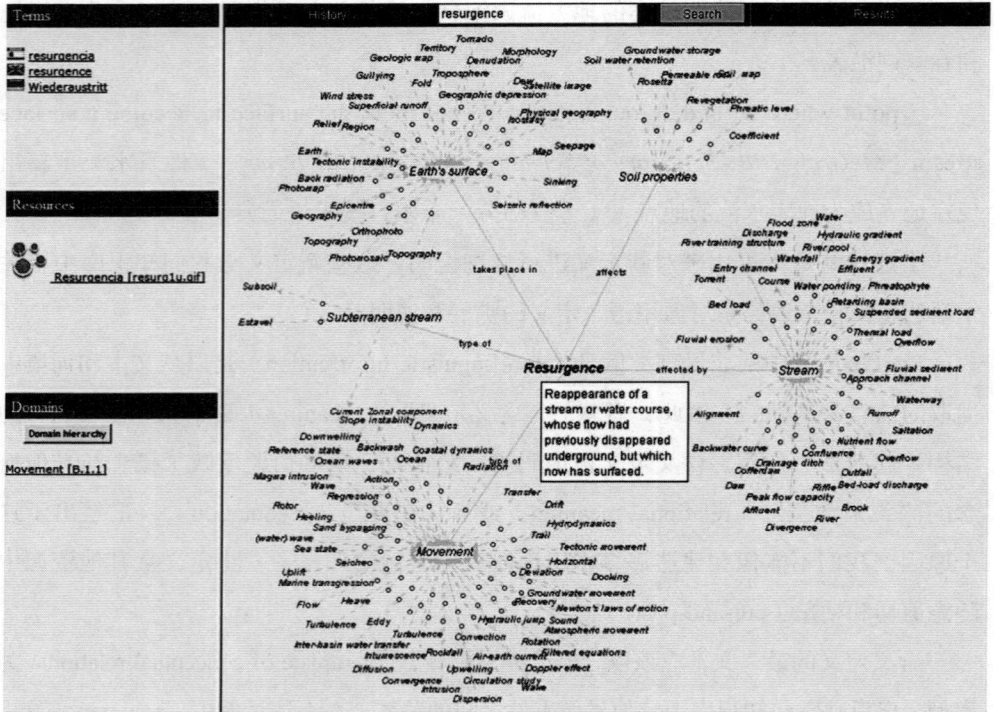

图 2　EcoLexicon 中 resurgence 的表示

这个语义网络基于以下基本命题：

　　· resurgence *type_of* Subterranean stream（……**类型的**地下溪流）；

　　· resurgence *type_of* Movement（……**类型的**运动）；

　　· resurgence *effected_by* Stream（**受溪流影响**）；

　　· resurgence *takes_place_in* Earth's surface（**在地球表面上发生**）；

　　· Soil properties *affect* resurgence（**土壤性质影响地下溪流的再现**）。

　　因此，resurgence 既是一种"运动"（movement）又是"运动着的实体"（the moving entity）。它既是地下溪流的一种（a type of Subterranean stream），又是受河流影响的向上运动（the flowing upwards movement effected by the stream）。这在其定义的核心部分 reappearance（再现）中反映得很清楚。reappearance 是溪流朝地球表

面向上运动的结果。

　　就语言（和认知）而言，通常只有当实体进入我们的知觉时，它才"开始存在"（begin to exist）。因此，人们采用了许多名词化的形式（nominal form）对事件以及事件造成的结果进行了编码。故而，在 EcoLexicon 中，这类复杂事件包括 erosion、sedimentation、glaciation、flooding、construction 等等（侵蚀、沉积、冰川作用、洪水、建造等），它们被学者普斯特约夫斯基（Pustejovsky）（1995，2005）视为"点对象"（DOT object），并且在实现事件结果词汇化的过程中产生了多义性。

　　当我们把 resurgence 重新置于上下文语境中，以集中精力关注 subterranean stream（地下溪流）的时候，EcoLexicon 中对 resurgence 的表示就会得到调整，并采取图 3 所示的形式。

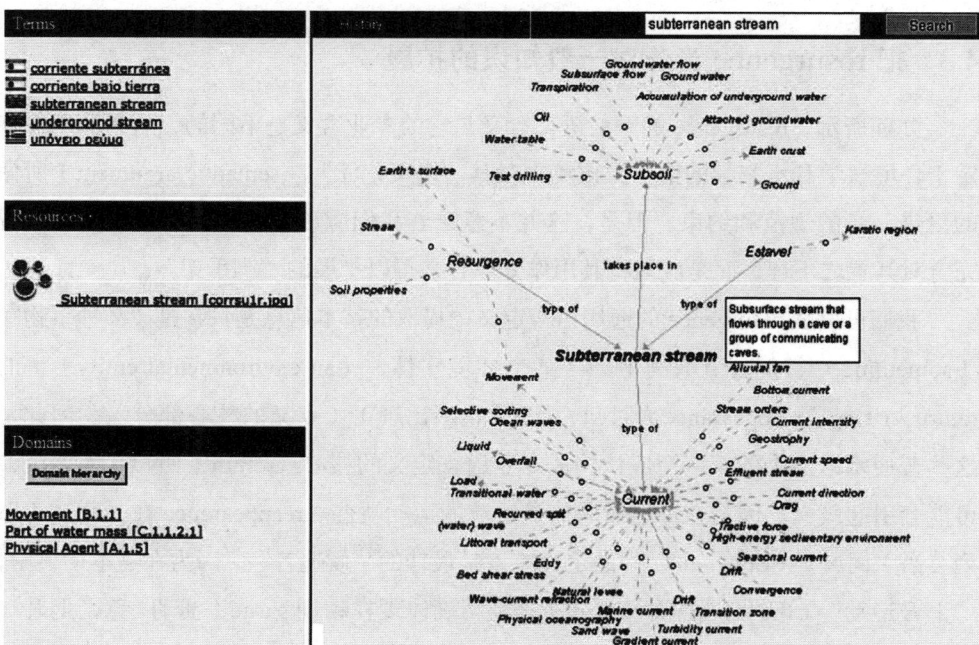

图 3　EcoLexicon 中 subterranean stream（地下溪流）的表示

　　在图 3 中，resurgence 隐退到了背景里，用户可以在知识框架中看到它所处的位置，但是它现在处于不同的上下文语境中。现在的重点是它的论元，在这个示例中则为 subterranean stream（地下溪流），其定义为"a subsurface stream that flows through a cave or a group of communicating caves"（流过一个洞穴或者一组相通的洞穴的地下溪流）。

作为一种"海岸实体"（coastal entity），这个概念还具有另一种类型的模板。这个模板应该包括这样一种描述：把这类实体当作一个或者多个对象进行表示、它们的主要特征与其他特征之间的关系、组成部分和子部分之间的关系、在地理区域中所处的绝对位置和相对位置，以及针对某个特定应用领域所做设计的其他描述。例如，stream（溪流）是 watercourse（水道）［例如 channel（河道）或者 bed（河床）］中的水流。这个类别的每一个特例都具有名称，course（路线）［x、y geometry（x、y 几何形状）］、mouth（口）、source（源）、tributaries（支流）（编号 n）以及沿其路线坐落的城市。同样，它受到 ridges（山脊）、flows through valleys（流经山谷）等地理位置的制约。因此，用来表示其核心概念关系的集合将含有更多与位置类型有关而不是与运动类型有关的信息。

4.3　把 resurgence 当作对一般知识的扩展

如前所示，resurgence 的一般语言含义与它的专业含义是不同的，后者源于在特定于环境科学和水文学的上下文语境中对其"语义论元"（semantic argument）所做的更进一步的规范和约束。但是，这并不意味着我们应该把一般含义忽略掉，或者完全对其置之不理，而是应该将其用作专业含义得以扩展的"脚手架"。

我们可以从 resurgence 的通用语言定义中提取的基本信息是：它是"某种事物"（something）［在这个示例中为"某个环境实体"（an environmental entity）］的 return / rising / reappearance（回归 / 上升 / 重新出现）（定义的核心部分）。因此，这些普通术语当中的某一个应该构成专业语言定义的核心。return（回归）太笼统，可能会引起歧义，因为它可能表示的是溪流的运动轨迹。reappearance 在《朗文（系列英语）词典》（Longman）中的定义应该是最佳的"候选者"，因为在这本词典中，"上升运动"（the rising movement）已经明确体现在动词 surge（涌动 / 急剧上升）的一般含义里，而动词 surge 是 resurgence 这个术语形态结构的一部分。rising 在《韦氏词典》（Merriam Websters）中的含义中也隐含"地下溪流重新出现（re-emerge）在地面上"这一事实。在《美国传统词典》（American Heritage）中，"中断后的继续"（the continuing after interruption）这一含义也被编码在 re-emergence 这一普通术语中了。

出于这些原因，在 EcoLexicon 中，resurgence 这一概念被定义为"reappearance of a stream or watercourse, whose flow had previously disappeared underground, but which now has surfaced"（溪流或者水道的再现，它们先前已经消失在地下，但现在又浮出地表）。通过这样的方式，我们就可以把对专业语言概念的描述看成对通用语言描述的一种扩展。

5　结论

本文阐述了如何在 EcoLexicon 这个基于环境科学且概念结构化的术语知识库中对概念进行建模。这个术语资源追求具有心理学上和解释上的充分性，因为其基础的概念化及设计旨在追求以最佳并有效的方式在专业领域中获得知识。显而易见，为了更有成效，专业知识的结构必须连贯一致，但也应该与一般知识的结构明确地联系起来。

EcoLexicon 可以说是一种语言本体，因为它与语言密切相关，并且聚焦多种语言的术语。本体在术语学中占据重要地位，因为它们将一种或者多种语言的语言（学）表示形式固定到相同的概念表示上，这有助于消除概念和术语的混淆。在今天，人们普遍认为，构建这样的域模型对于开发基于知识的（knowledge-based）系统至关重要。①

参考文献：

[1]　BARSALOU L W. Situated simulation in the human conceptual system[J]. Language and Cognitive Processes, 2003, 18: 513-662.

[2]　BARSALOU L W. Situated conceptualization[M]//COHEN H, LEFEBVRE C. Handbook of Categorization in Cognitive Science. St. Louis: Elsevier, 2005.

[3]　BUITELAAR P, CIMIANO P, HAASE P, et al. Towards linguistically grounded ontologies[C]//Proceedings of the ESWC. 2009: 111-125.

[4]　ERIKSSON H. The semantic document approach to combining documents and ontologies[J]. International Journal of Human-Computer Studies, 2007, 65: 624-639.

[5]　FABER P. The cognitive shift in terminology and specialized translation[J/OL]. MonTI (1), 2009: 107-134. http://hdl.handle.net/10045/13039.

①　这项研究得到了西班牙科学和创新部（Spanish Ministry of Science and Innovation）的资助（项目 FFI2008-06080-C03-01/FILO）。

[6] FABER P. The dynamics of specialized knowledge representation: simulational reconstruction or the perception-action interface[C/OL]//Paper Presented at the Third Terminology Seminar in Brussels, The Dynamics of Terms in Specialized Communication, 2010. http://lexicon.ugr.es/pub/faber-dyn.

[7] FABER P, LEÓN A P, PRIETO V, et al. Linking images and words: the description of specialized concepts[J/OL]. International Journal of Lexicography, 2007, 20: 39-65. http://lexicon.ugr.es/pub/faberetal2007.

[8] FABER P, MONTERO S, CASTRO R, et al. Process-oriented terminology management in the domain of Coastal Engineering[J/OL]. Terminology, 2006, 12 (2): 189-213. http://lexicon.ugr.es/pub/faberetal2006.

[9] FELLBAUM C. English verbs as a semantic net[C]//MILLER G, BECKWITH R, FELLBAUM C, et al. Five Papers on WordNet™. CSL Report 43, July 1990. Revised March 1993.

[10] FELLBAUM C. WordNet: an electronic lexical database[M]. Cambridge: MIT Press, 1998.

[11] FILLMORE C J. Frame semantics[M]//The Linguistic Society of Korea. Linguistics in the Morning Calm. Seoul: Hanshin, 1982: 111-137.

[12] FILLMORE C J. Frames and the semantics of understanding[J]. Quaderni di Semántica, 1985, 6(2): 222-254.

[13] FILLMORE C J. Frame semantics[M]//GEERAERTS D. Cognitive Linguistics: Basic Readings. Berlin/New York: Mouton de Gruyter, 2006: 373-400.

[14] FILLMORE C J, ATKINS S. Towards a frame-based organization of the lexicon: the semantics of RISK and its neighbors[M]//LEHRER A, KITTAY E. Frames, Fields, and Contrast: New Essays in Semantics and Lexical Organization. Hillsdale: Lawrence Erlbaum, 1992: 75-102.

[15] FILLMORE C J, ATKINS S. FrameNet and lexicographic relevance[C]//Proceedings of the ELRA Conference on Linguistic Resources. Granada, 1998: 417-423.

[16] GRUBER T R. Toward principles for the design of ontologies used for knowledge sharing[J]. International Journal of Human and Computer Studies, 1995, 43(5/6): 907-928.

[17] HSIEH S, LIN H T, CHI N W, et al. Enabling the development of base domain ontology through extraction of knowledge from engineering domain handbooks[J]. Advanced Engineering Informatics, 2011(25): 288-296.

[18] KINGSTON J. Multi-perspective ontologies: resolving common ontology development problems[J]. Expert Systems with Applications, 2008, 34: 541-550.

[19] KOTIADIS K, ROBINSON S. Conceptual modeling: knowledge acquisition and model abstraction[C]//MASON S J, HILL R R, MÖNCH L, et al. Proceedings of the 2008 Winter Simulation Conference, Miami Florida, 7-10 December 2008. Austin: IEEE Press, 2008.

[20] LANGACKER R. Foundations of cognitive grammar, Volume I[M]. Stanford CA: Stanford University Press, 1987.

[21] LEÓN P, MAGAÑA P. EcoLexicon: contextualizing an environmental ontology[C/OL]// Proceedings of the Terminology and Knowledge Engineering Conference (TKE). Dublin, 2010. http://lexicon.ugr.es/pub/leonmagana2010.

[22] LEÓN P, MAGAÑA P, FABER P. Building the SISE: an environmental ontology [C/OL]// HŘEBÍČEK J, HRADEC J, PELIKÁN E, et al. Towards eEnvironment (Challenges of SEIS and SISE: Integrating Environmental Knowledge in Europe), 2009. http:/www. e-envi2009.org/proceedings.

[23] L'HOMME M C. Capturing the lexical structure in special subject fields with verbs and verbal derivatives. A model for specialized lexicography[J]. International Journal of Lexicography, 2003, 16(4): 403-422.

[24] LIPSCHULTZ M, LITMAN D. Correcting scientific knowledge in a general-purpose ontology[M]//ALEVEN V, KAY J, MOSTOW J. Intelligent Tutoring Systems (ITS), Part II. LNCS, vol. 6095. Berlin/Heidelberg: Springer, 2010: 374-376.

[25] MEYER I. Extracting knowledge-rich contexts for terminography: a conceptual and methodological framework[M]//BOURIGAULT D, JACQUEMIN C, L'HOMME M C. Recent Advances in Computational Terminology. Amsterdam: John Benjamins, 2001: 279-302.

[26] PUSTEJOVSKY J. The generative lexicon[M]. Cambridge, MA: MIT Press, 1995.

[27] PUSTEJOVSKY J. A survey of dot objects[EB/OL]. 2005. https://citeseerx.ist.psu.edu/

viewdoc/download;jsessionid=321CF7EE8AC6BE6886187782CCD620AF?doi=10.1.1.208.7525&rep=rep1&type=pdf.

[28] SAMWALD M, CHEN H, RUTTENBERG A, et al. Semantic SenseLab: implementing the vision of the semantic web in neuroscience[J]. Artificial Intelligence in Medicine, 2010, 48: 21-28.

[29] TALMY L. Toward a cognitive semantics[M]. Cambridge, MA: MIT Press, 2000.

[30] TRIPATHI A, BABAIE H A. Developing a modular hydrogeology ontology by extending the SWEET upper-level ontologies[J]. Computers & Geosciences, 2008, 34: 1022-1033.

环境科学专业域中的因果关系

P. 莱昂－阿劳斯（Pilar León-Araúz）和 P. 费伯（Pamela Faber）[①]

　　摘　要：EcoLexicon 是一个多语言术语知识库，它以不同的格式表示环境科学领域中的概念及其关系。在本文中，我们展示了如何借助 NooJ 这类自然语言处理应用程序使我们过去开发的提取和表示一些语义关系的手动过程实现部分自动化。针对因果关系，我们设计了各种基于图示的微型语法，以便匹配和注释语料库。通过这种方式，我们可以提取因果关系命题，并识别出在环境科学上下文语境中主要充当原因和结果角色的术语。最后，这些语法还可以用于估量环境科学的四个不同知识域中的因果关系命题的原型。

　　关键词：知识提取，因果关系，语义原型，环境科学

1　引言

　　EcoLexicon[②] 是一个多语言术语知识库（terminological knowledge base，TKB），它采用不同的格式［即本体、概念网络、受控的语言定义（controlled-language definition）、图形化资源和语言上下文语境（例如知识丰富的上下文信息和语汇索引）］对环境科学中的概念及其关系进行表示。到目前为止，它拥有 3 343 个概念和 17 413 个术语，分别采用英语、西班牙语、德语、法语、现代希腊语、俄语和荷兰语表示。[③] 在本文中，我们将展示如何借助诸如 NooJ 这类的自然语言处理（natural language processing，NLP）应用程序（Silberztein 2003），使某些在提取和表示语义关系时开发的手动过程实现部分自动化。

---

　　① 这篇文章英文名为 "Causality in the Specialized Domain of the Environment"。原文见西班牙格拉纳达大学（University of Granada）LexiCon 研究团队（LexiCon Research Group）的出版物网站（http://lexicon.ugr.es/publications）（2012 年）。——译者注

　　② http://ecolexicon.ugr.es.。

　　③ 截至原文成文时间。——译者注

2 EcoLexicon 中的语义关系

除了"下义关系"（hyponymic relation）之外，我们的语义关系库存里还包括六种类型的"整体 – 部分关系"（meronymy）以及"非层级关系"（non-hierarchical relation），例如"影响"（affects）、"的 _ 结果"（result_of）、"造成"（causes）引导的关系等，它们最能代表环境科学领域的动态性活力（León-Araúz and Faber 2010）。到目前为止，EcoLexicon 中所有的概念性命题（超过 6 000 个）都是从语料库（500 万个单词）中手动提取的，并且采用语义网络的形式进行了表示。但是，如果我们运用的知识提取技术更加系统化和具有半自动化的话，"知识表示"（knowledge representation）则会更为客观和富有成效。然而，实现这一点需要有一套定义明确的选择标准，并将"手动识别"（manul identification）作为基础，以确定哪些信息类型是有用的、为什么有用，以及我们应该如何构建它们。

2.1 从语料库中提取语义关系

长期以来，众多研究表明，采用"知识模式"（knowledge pattern, KP）是提取语义关系最可靠的方法之一（Condamines 2002；Marshman et al. 2002；Barrière 2004；Barrière and Abago 2006；Cimiano and Staab 2006）。"知识模式"这个术语是由学者迈耶（Meyer）（2001）创造的，它指的是在真实文本中编码在命题里的术语之间存在的"词汇句法模式"（lexico-syntactic pattern）。

从学者赫斯特（Hearst）（1992）的分析开始，探讨知识模式的文献已经数不胜数。然而，尽管知识模式很受学者们的青睐，人们却从未对它们进行充分的研究和开发。如学者鲍克（Bowker）（2004）所述，在出现噪声（noise）和静音（silence）、模式变量（pattern variation）、回指（anaphora）、域（domain）和语言的依赖性方面，术语知识库仍然存在着较大的问题。此外，在术语知识库中，并非所有的关系都在相同的深度上得到了分析。传达下义关系的模式是学者们最常研究的课题，因为它们在对"类别"（categorization）和"属性继承性"（property inheritance）的研究中起着重要作用（Barrière 2004）。尽管如此，即使有不少学者已经识别出了非层级关系的知识模式（non-hierarchical KP），在学者们的研究中，这些知识模式还从未得到系统化（Aussenac-Gilles 2000）。

知识模式主要用来从通用语言文本中提取信息，但是也用来在某些专业领域［例如医学（Rosario and Hearst 2004；Vintar and Buitelaar 2003；Embarek and

Ferret 2008；Khoo et al. 1999）或者生物制药学（biopharmaceutics）领域（Marshman 2002）] 的研究中。然而，据我们所知，针对环境科学领域，与知识模式相关的研究尚未开展。

所有与知识模式有关的方法似乎都表明，将知识模式运用于知识提取，需要包含一系列的补充性步骤。但是，在具体步骤中应该采取什么样的顺序，则因研究目标 [例如识别 "术语对"（term pair）、发现新的知识模式、搜索已知的知识模式以发现新的术语对等等] 的不同而异。在术语学中，学者迈耶（2001）建议：首先应该为每一种语义关系识别出一组初始化的知识模式，然后对这些模式进行测试并确认另外的模式，接下来对可用于减少噪声和静音的约束（限制）（restriction）进行定义。作为我们研究的一部分，上述所有步骤都是通过手动语料库分析完成的。

例如，在图 1 中，我们显示了采用上述方法而得到的第一步结果。我们搜索诸如 erosion（侵蚀）之类的专业术语，收集最有意义的语汇索引（concordance），并根据它们表达的关系对它们进行分类。然后，我们对知识模式进行收集，例如在图 1 中找到的知识模式：associated with（与……相关）、agent for（……的作用者 / 施事者）、can / may also cause（可以 / 可能也引起）、can be due to（可以归因于）、one of the causes of（……原因之一）、responsible for（为……负责）、lead to（导致）等。接下来的一步则涉及重新使用这些知识模式以便发现新的术语对，在这之后，我们使用 "种子术语"（seed term）重新启动这个过程，旨在发现新的知识模式。鉴于翻译人员和技术文档撰写人等可能会觉得这类信息有用，我们也把这些信息显示给用户。

```
Caused_by

1     , Alabama. Significant storm surge and resultant beach erosion were  associated with Ivan's landfall. However
2    nd climate  on the Castellón coast, the main agent for erosion is wave action, and this is therefore responsi
3    f a stream. The first  factor, rain, is the agent for erosion, but the degree of erosion is governed by  oth
4    rts (BW) and semiarid steppe (BS), wind can also cause erosion and deposition in environments where sediments
5    etty. Reflection of waves from a jetty may  also cause erosion of adjacent shorelines. However, erosion furthe
6    oastal zone management. However, in some cases coastal erosion\par  can be due to construction projects that a
7    tude of about 0,3 M m3 per year. Acute erosion Acute  erosion due to storm surges  (waves and water levels at
8    er. Mangrove removal is also reported to cause coastal erosion and change sedimentation patterns and shoreline
9    [edit] Erosion  Surface runoff is one of the causes of erosion of the earth's surface. Reduced  crop producti
10   pes. Local disturbances, for instance by flood-induced erosion, redistribution of sediment or accumulation of
11   ors and human-induced factors  responsible for coastal erosion and highlight the time and space patterns withi
12   ocess is typical of a cyclical process of storm-caused erosion in winter, followed by progradation\par  owing
13   can cause excessive wave action that can lead to beach erosion. Trash dumped from boats can be washed up onto
14    that have reached base level develop broad valleys by erosion caused by meandering channels. The stream chann

Affects

15    ing these sensitive creatures.  In some cases, coastal erosion can have adverse effects on water quality and h
16   ine Depositional Coasts  The erosion of coastlines and erosion of sediments being carried to the  shoreline b
17    use of dredged material to restore beaches damaged by erosion. EPA works with the U.S. Coast Guard to regulat
18   reasonable points, though when push comes to shove and erosion threatens buildings, traditional beach maintena
19   ks and arches found on irregular rocky coastlines; and erosion provides the material which forms deltas and ba
20    near the base of the cliff. Constant undercutting and erosion causes the cliffs to retreat landward.

Has_location

21    ed by the position of sand accumulation\par  and beach erosion around littoral barriers. A coastal structure i
22   hes. Kuenen (1950) estimates\par  that beach and cliff erosion along all coasts of the world totals about 0.12g
23   ce and divergence of wave energy over an offshore bar, erosion downdrift of a structure such as a groin, sudde
24   proportional to the longshore transport rate, and\par  erosion takes place downdrift at about the same rate. T
```

图 1   erosion（侵蚀）的语汇索引

在手动识别知识模式的过程中，我们遇到了一些问题：某些知识模式具有"多义性"（polysemic nature），这些知识模式并不总是传递相同的语义关系，如 formed by（由……构成）（León-Aráuz and Reimerink 2010）；或者，由于"回指"（anaphora）现象的存在，知识模式会与一个不完整的命题发生联系。尽管如此，我们的研究还是有所发现：对有意义的语汇索引的正确识别，取决于文本中任何一个知识模式前后的语义和句法结构。

2.2　在概念网络中表示语义关系

在 EcoLexicon 中，概念之间的语义关系会根据概念的内在性质及其关系能力施加的自然约束而得到激活。语义关系的激活还取决于"上下文语境约束"（contextual constraint），这主要源于"多维度性"（multidimensionality）造成的"侧面不兼容"（facet incompatibility）［更多的详细阐述请参见学者莱昂－阿劳斯（León-Aráuz）和费伯（Faber）教授于 2010 年发表的文章《环境科学领域中的知识提取和多维度性》（"Knowledge extraction and multidimensionality in the environmental domain"）］。简而言之，基于"概念命题"中"概念"的类型，只有某一组关系可能适用。例如，某个"物质实体"（physical entity）只可能是一种"过程"（process）产生的结果，而不可能是另一种实体产生的结果，这种情况发生的前提是：只有当这个物质实体扮演的是"受事者/承受者"（patient）而不是"施事者/作用者"（agent）这个（语义）角色的时候。

另外，环境科学领域中的概念具有多个维度，而且，这些维度之间通常是不兼容的，因为对它们的激活[1]依赖于具体的上下文语境。例如，尽管 Water（水）包含在诸如 <Concrete *made_of* Water>（<水*制成*混凝土>）和 <Water *causes* Erosion>（<水*造成*侵蚀>）这类的命题当中，不过，很显然，我们不应该把这些命题都放在同一个语义网络里。因此，即使某个概念可能是多个命题的一部分，在某个确定的上下文语境中，被激活的只应该是其中的一组命题。基于这些原因，我们将环境科学领域划分为"领域特定的"（field-specific）"上下文语境子域"（contextual subdomain），例如：水文学（hydrology）、地质学（geology）、海洋学（oceanography）、土壤科学（soil sciences）、大气科学（atmospheric sciences）等。

---

① 即某个概念处于哪个具体维度上。——译者注

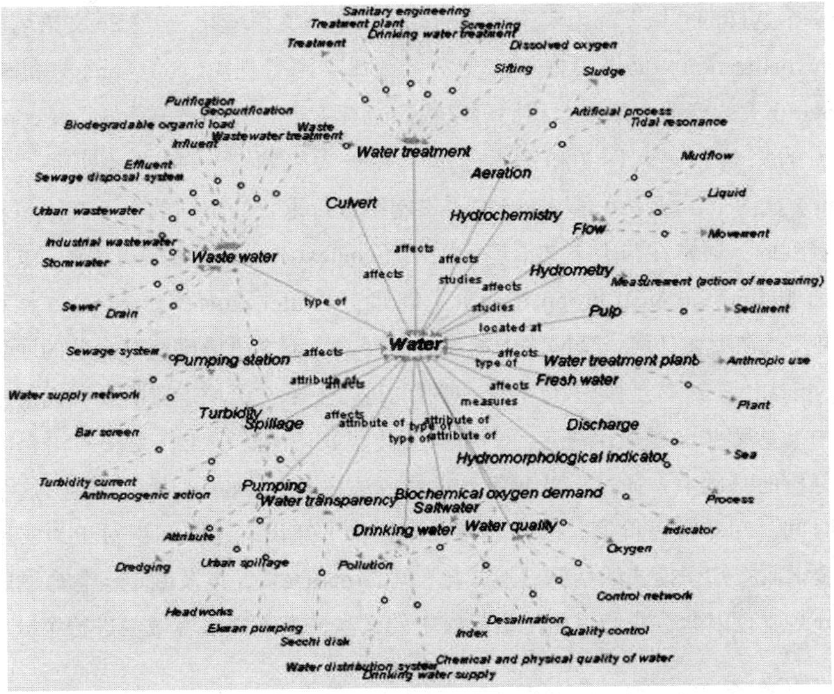

图2 "大气科学"子域中的 Water（水）

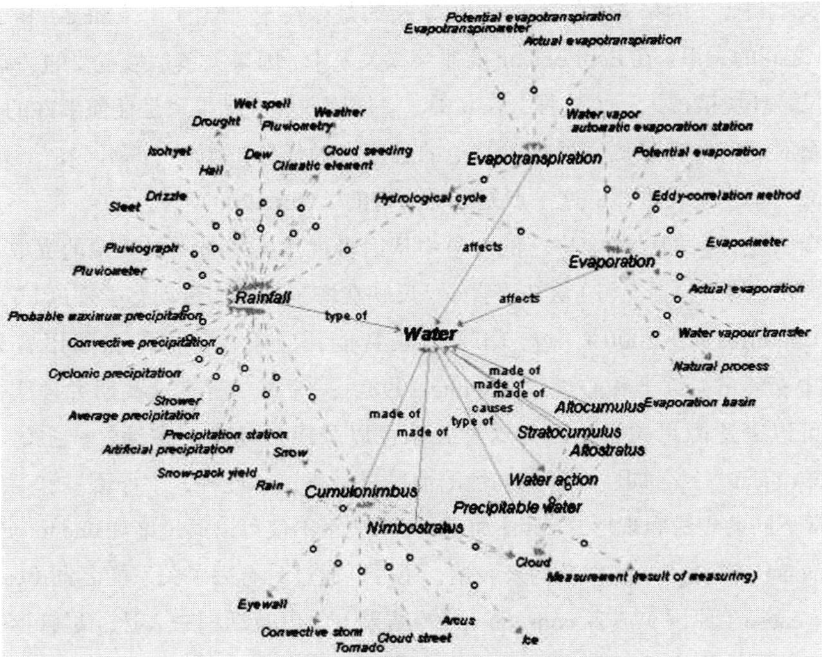

图3 "水处理"子域中的 Water（水）

每一个这样的"域"都为实现概念的"重新上下文语境化"（上下文语境重置）（recontextualization）提供了框架。在学者莱昂－阿劳斯（León-Araúz）和 S. 马丁（San Martín）的相关文章中，我们可以找到所有关于"上下文语境域"（contextual domain）的完整列表。图 2 和图 3 显示了在"大气科学"和"水处理"（water treatment）这两个子域中，对 Water 的语义网络进行重置的不同的上下文语境。正如我们所看到的，通常在与上下文语境无关的（context-free）搜索中可以激活的 Water 的原型命题（prototypical proposition）［例如：<Water *causes* Erosion>（<水*造成侵蚀*>）］，在上述任何一个网络中都没有出现，上下文语境反而对命题的原型状态（prototypicality）进行了调整。因此，对概念进行上下文语境重置需要我们对应该在每个域中激活哪些命题做出决定。到目前为止，我们的这项工作是在对语料库进行搜索和分析的基础上，通过手动和凭直觉的方法在 EcoLexicon 中完成的。这个过程虽然费时间，却非常有价值，因为它为我们提供了知识，这些知识对于为实现语料库自动搜索而将知识模式的结构"形式化"（formalize），以及确定概念命题的原型来说十分必要。因此，我们目前把语料库中的文本在上下文语境域中进行了分类。

3 因果关系

广义上讲，"因果关系"（causality）指的是存在于"原因"（cause）和"结果"（effect）之间的关系。在 EcoLexicon 的非层级关系中，因果关系是最重要的关系之一。显而易见，环境被视为一个过程，在其中，"原因"和"结果"是任何事件的核心。因果关系对于解决自然语言处理中其他的难度大的任务［例如"问题回答"（question answering）］也至关重要，这一点是不足为奇的（Girju 2003）。

迄今为止，人们已经在广泛的学科中从诸多视角出发对因果关系的提取和表示进行了研究，其中包括：（i）认知语言学，反映在塔尔米的力量动态学理论（Talmy's Force Dynamics）（2000）中；（ii）人工智能，应用在不同的自然语言处理应用程序中；（iii）哲学和心理学（White 1990）；等等。所有这些研究证实：有许多方法可以表达因果关系，因为这种关系可以采用被动性、主动性、主语－宾语（subject-object）、名词性或者动词性的命题进行表达。此外，"原因"和"结果"具有非常不同的句法表现形式。具体而言，因果关系不仅可以通过诸如 due to（归因于）或者 because of（由于）这种结构来表达，还可以通过具有因果关系的名词（causative noun）［cause（原因）或者 consequence（结果）］以及动词来表达。尽管存在着许多引起因果关系的动词［例如 cause（造成 / 导致）、generate（产生）、lead（引导 /

导致）、produce（产生）等］，它们的句法行为是可以变化的。由此得到的结论是：只使用一种语法不足以对它们的补充性结构实现形式化。这就使得研究者们从不同的侧面对因果关系进行分类。例如，布兰寇（Blanco）等学者（2008）将这些关系分为"影响"（influence）、"条件"（condition）、"后果"（consequence）和"原因"（reason）。相比之下，学者讷斯塔塞（Nastase）（2003）则基于"原因"（cause）、"结果"（effect）、"目的"（purpose）、"蕴涵"（entailment）、"允许"（enablement）、"减损"（detraction）和"预防/阻止"（prevention）这些因素对因果关系进行了分类。在秋（Khoo）等学者（2002）看来，因果关系也是复杂和具有多个侧面的。这些学者针对"原因"、"效果/影响"、"所涉及的主体/主语"（subjects involved）、"条件"（condition）、"模式/方式"（modality）这些关系中所涉及的每一种因果关系类别都使用了"模板"（template），并提供了带有明确模式的分类，例如：副词［so（如此），hence（因此），therefore（所以）］，介词［because of（由于）］和具有从属意义［as（因为），since（既然）］的因果关系连接，从句的合成连接［that's why（那就是为什么……），the result was（结果是……）］，具有因果关系的动词［break（弄破），kill（弄死）］，结果性的结构，条件性的和具有因果关系的副词、形容词，以及介词。

学者格鸠（Girju）（2003）也提出，因果关系结构（causative construction）可能是显性的，但也可能是隐性的。格鸠教授的关注点主要放在对含糊（不明确）的动词因果关系模式（verbal causation pattern）的研究上。她提供了60个具有因果关系的动词，并将它们分类为"简单的使役动词"（simple causatives）［cause, lead to（导致），bring about（引起/导致），generate, make（制造），force（强迫），allow（允许）］、"结果性因果关系动词"（resultative causatives）［kill（杀死）、melt（融化）、dry（使干燥）等］以及"手段性因果关系动词"（instrumental causatives）［poison（毒害）、hang（悬挂）、punch（打孔）、clean（清理）］。这种对"原因"和"结果"的识别主要源于词网（WordNet）中动词的及物性。

3.1 EcoLexicon 的因果关系语法（Causal grammars for EcoLexicon）

在 EcoLexicon 中，我们借助 NooJ 这个应用程序，开发了一系列基于知识模式的"微型语法"（micro-grammar）。NooJ 是一种开发环境，用来构建大范围的自然语言描述以及大型语料库（Silberztein 2003）。与基于"正则表达式"（regular expression）的手动搜索相比，NooJ 语法的主要优点是：它具有"递归性"（recursivity）以及采用不同"标签"（tag）来注释语料库的可能性，这些标签可以在批量处理任务中重复使用。我们使用 NooJ 解析器（NooJ parser）在一个具有 1 200 000 个单词的语料库中对因果关系句法结构（causal syntactic structure）进行识别。我们已经把语料库手动分为四个上下文语境域，每一个域约有 300 000 个单词："大气科学"、"海岸工程学"（coastal engineering）、"海洋学"和"土壤科学"。

如前所述，我们可以采用许多不同的方式对因果关系进行表达，而且，在一个因果关系命题中，其组成要素的语义角色和特征以及它们的句法行为，可以根据结构和顺序的不同而改变。例如，在命题"<X *causes* Y>"（<X *造成 / 导致* Y>）中，X 是原因，而 Y 是造成的结果 / 影响，而在"<X *caused by* Y>"（<X *由* Y *引起* >）中，X 是结果 / 影响，而 Y 是原因。这就是针对因果关系的实现，我们开发了一系列而不是仅一种微型语法的原因。除了寻找具有因果关系的知识模式之外，我们还希望提取出涉及的要素，无论它们是原因还是结果，也不管它们是否已经存储在我们的术语知识库中了。

因此，当语料库与基于图示的微型语法结构相匹配时，我们就可以对语料库进行注释，并提取整个因果关系命题以及起着原因和结果作用的环境科学术语。

到目前为止，我们已经为以下结构开发了五种微型语法："<X *causes* Y>, <X *caused by* Y>, <X *is the cause of* Y>, <*the cause of* X *is* Y>, 和 <X *causes* Y *to* Z>"（<X *造成 / 导致* Y>、<X *由* Y *引起* >、<X *是* Y *的原因* >、<X *的原因是* Y> 和 <X *导致* Y *产生* Z>）。当然，这些结构中的成分，并不局限于起着原因作用的动词或者名词，还包括其他具有使役作用的动词和名词。但是，我们没有把格鸠（2003）整理的 60个动词都包括在内，因为每一个动词都需要得到不同的关注，将来我们再将它们分别整理。况且，这些动词中的某些动词在 EcoLexicon 中对应的是其他的域特定关系。

处理因果关系的第一种方法，就是只关注"<X *caused by* Y>"（<X *由* Y *引起* >）这种结构。尽管还有不少处理语料库中因果关系的方法，仅从这项初步研究中，我们就已经得到令人惊讶的丰硕成果了。

出于想提高效率的考虑，我们第一步的工作是制定出一种"语法"，以规范最基本的因果关系（见图 4）。通过遵循不同的路径，这种语法可以对因果关系进行提取。如图 4 所示，因果关系可以表示为 cause、produce、generate 的分词形式［具有可选性的是，其前面可以带有 to be 及其任何的屈折形式（inflected form）］，然后，后面再跟着四种介词结构（from，by，because of，due to）之一。但是，因果关系也可以通过 derive（派生）及其任何的屈折形式来表达，后面跟的是介词 from。再者，因果关系也可以由形容词短语 due to 引导。我们找出了与这种语法相匹配的所有发生概率，并采用标签 <CAUSE + Rel> 对其进行了注释。我们从整个语料库中提取了 960 个因果关系，并且发现了有意义的因果关系句子，如图 5 所示。

　　但是，我们也发现，并非上述所有的形式都是有效的因果关系命题，因为在有些时候，这些因果关系表达并没有把两个专业术语联系起来，例如 X 被表示为 this、that 这样的情况等。因此，我们设计了一个更为复杂的微型语法，重新使用 <CAUSE + Rel>（原因＋关系从句）这一注释来连接 X［EFFECT（结果／影响）］和 Y［CAUSE（原因）］（见图 6）。

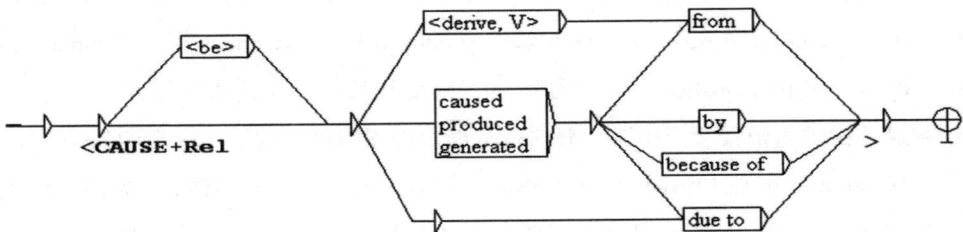

图 4　因果关系的核心语法

Flash flooding due to extremely heavy rains
Most storm-related damage was caused by wind, wind-blown rain and tornadoes
Sustained winds of tropical storm force produced by Rita
The most familiar sea level changes are produced by astronomical tides
Earthquakes are shock waves caused by abrupt movements of the earth's crust
Local wind patterns (sometimes caused by structures and urban development)
Sediment fluxes generated by incident waves
Currents are usually due to tides| and river flows
Internal waves are generated by wind energy
Tsunami can also be caused by landslides
Vapor transfer in soil due to air movement

图 5　与 <CAUSE + Rel>（因果关系）语法匹配的因果关系命题

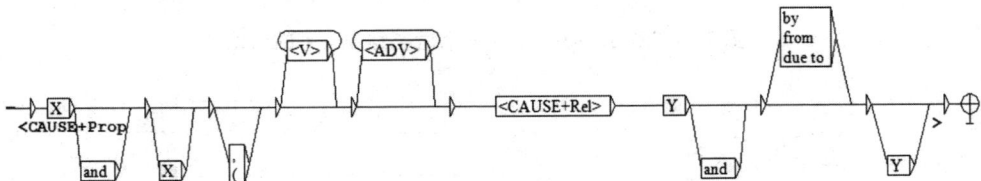

图 6　因果关系命题的语法

　　这种语法考虑到在同一种因果关系命题中具有多种结果和／或者原因的可能性｜例如，chemical solution **and** mechanical abrasion caused by some organisms or dune erosion produced by storm waves *and* water level ［某些生物体造成的化学性溶解*和*机械性磨蚀或者由暴风骇浪*和*水位（升降）导致的沙丘侵蚀。］。｝这就是在这里出现了两处由连词 and（和／与）连接的 X 和 Y 的原因，另外还带有某些在 <CAUSE + Rel> 中已经使用了的介词。这种语法也包括标点符号，例如逗号和括号，因为它们经常出现在结果和原因的连接之间，例如 "local wind patterns（sometimes caused by structures and urban development）"［局部风模式（有时是由构造物和城市发展引起的）］。此外，这种微型语法还考虑到在 EFFECT 和 <CAUSE + Rel> 之间加上一个或多个动词［<V>（verb）］和／或者一个或多个副词［<ADV>（adverbial）］的情况。

因此，这种语法能够识别出诸如 continental glaciers *possibly* caused by a warming climate、"coastal erosion *may be mainly* produced by wave attack"、"tsunami *can also be* caused by landslides"（"*可能*由气候变暖致使产生的大陆冰川" "海岸侵蚀*可能主要*由海浪侵袭产生" "海啸*也可能*由山崩滑坡引起"）这类的句子。请注意，在 can also be 这种情况中，can also 对应 <V> <ADV>（<动词> <副词>），而 be 则借助 <CAUSE + Rel> 语法进行匹配。这些语法一旦被识别出来，将会被注释为 <CAUSE + Prop>（<原因 + 命题>）。在图 7 和图 8 中，被突出显示的要素是两个不同的子图示（sub-graph），它们描述了作为专业术语的 X［EFFECT（结果）］和 Y［CAUSE（原因）］所具有的可能性句法结构。

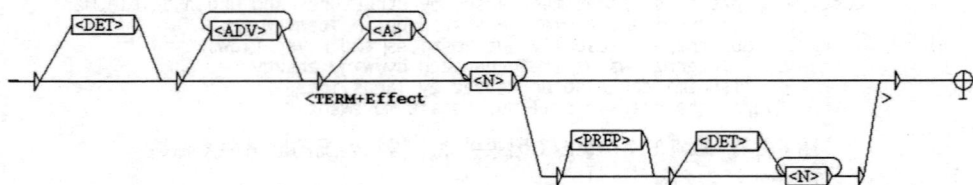

图 7 <TERM+Effect>（< 术语 + 结果 >）的语法

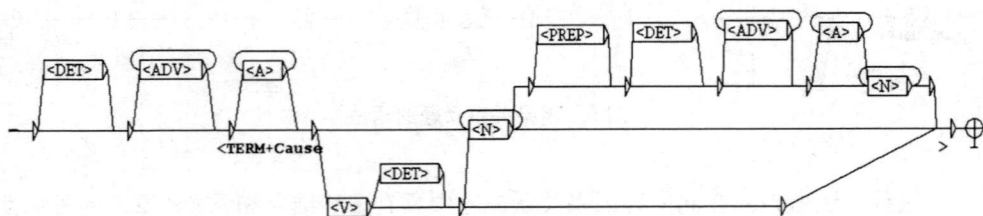

图 8 <TERM+Cause>（< 术语 + 原因 >）的语法

众所周知，专业知识单元（specialized knowledge unit）通常是"多词术语"（multi-word term），它们可以由两个名词 [例如 beach erosion（海滩侵蚀 ）] 组成，也可以是形容词和名词的组合[例如 detached breakwater(独立式的防波堤)]，或者采用介词结构句式[例如 the gravitation of the moon(月球引力)]组成。另外，当把这些结构插入文本中时，人们还可以采用副词或者形容词对它们进行修饰。严格说来，副词和形容词不是"术语措词"（terminological phraseme）的一部分，因此，我们不把它们包含在 <TERM + Effect>（< 术语 + 结果 >）和 <TERM + Cause>（< 术语 + 原因 >）的注释中，而让它们出现在语法中，用来识别整个命题。

借助这样的结构，我们可以把各种充当原因和结果的多词术语识别出来。例如，在 **delta land loss** *caused by* **rising sea level**（因**海平面上升**而造成的**三角洲土地流失**）这个结构中，通过遵循路径 <N>（noun）（< 名词 >），我们识别出了结果，而通过 <A>（adjective）<N>（< 形容词 >< 名词 >），我们识别出了原因。在 **cliff retreat**, *caused by unusually* **severe winter storms**（**异常严重的冬季风暴**造成的**悬崖凹进**）这个结构中，其结果和原因分别通过路径 <N> 和 <A><N> 重新得到恢复。尽管存在着副词 [unusually（不寻常地 / 异常地）]，但这个结构仍然具有与语法相匹配的可能性，只是没有恢复成术语的一部分。我们还可以找到更为复杂的句子，例如在 **rates of subsidence** *caused by* **compaction of newly deposited sediment**（由**新留存的沉积物压实**而引起的**沉降率**）中，其结果现在遵循路径 <N><PREP><N>（< 名词 >< 介词 >< 名词 >），而原因遵循 <N><PREP><A><N>（< 名词 >< 介词 >< 形容词 >< 名词 >）的路径。另外，通过包括"动词命题"（verbal proposition）在内的附加路径，我们也可以对原因进行定义，以便识别诸如 **environmental damages** *caused by* **dredging the river**（**疏浚河道**所造成的**环境损害**）（<V><DET><N>）（< 动词 >< 限定词 >< 名词 >）这类的措词。

3.2　EcoLexicon 中的因果命题

在对所有采用 <CAUSE + Prop>（< 原因 + 命题 >）注释的句子进行搜索之后，我们得到了 347 个命题，这些命题是通过把"结果"和"原因"当作专业术语的形式化描述 [<TERM + Effect>（< 术语 + 结果 >）和 <TERM + Cause>（< 术语 + 原因 >）] 而从最初的 960 个因果关系中过滤出来的。因此，这三个"标签"（<CAUSE + Prop>、<TERM + Effect> 和 <TERM + Cause>）帮助我们为每一个概念从语料库中提取出所有具有意义的因果关系命题，并自动将它们显示给用户。更为有趣的是，我们甚至还有可能在每一个域中提取出所有的"因果（关系）对"（effect-cause pair），并估量某些因果关系命题的原型。

例如，表1给出了在四个上下文语境域中最常见的原因和结果简化分类表。

表1　在四个上下文语境域中的原因和结果

	Cause（原因）	Effect（结果/影响/效果）
Atmospheric sciences（大气科学）	tropical cyclones（热带气旋），swells（海浪），hurricane（飓风），wind（风），storm（风暴），storm surge（风暴潮），heavy rains（大雨），floods（洪水），typhoon（台风），thunderstorms（雷暴）	floods（洪水），storm surge（风暴潮），waves（波浪），tropical storm force winds（热带风暴级的风），rise in ocean level（海平面上升），swells（海浪），adiabatic changes（绝热变化）
Coastal Engineering（海岸工程学）	glaciers（冰川），tides（潮汐），gravitation（引力），tropical storms（热带风暴），wind（风），groundwater withdrawal（地下水开采），tectonic movements（构造运动），dams（水坝），rising sea level（海平面上升），changes in wave energy（波能的变化），tidal currents（潮流），offshore transport（离岸运输），recession of the beach（海滩衰退），seawall（海塘），waves（海浪），scour（冲刷），wave action（波浪运动），wave attack（波浪冲击），longshore transport（沿岸运输），erosion（侵蚀）	fall of water levels（水位下降），wind（风），water level changes（水位变化），eustatic rise in sea level（海平面上升），tsunamis（海啸），salt weathering（盐风化），ocean waves（海浪），changes in sea level（海平面变化），antidunes（逆行沙丘），waves（波浪），currents（潮流），longshore sand transport（沿岸输沙），erosion（侵蚀）
Oceanography（海洋学）	tectonic forces（构造力），seawater（海水），wind energy（风能），wind（风），landslides（山体滑坡），tidal currents（潮流），gravitation（引力），wave swell（掀起波浪），faulting（断层作用）	storm surge（风暴潮），tsunami（海啸），waves（波浪），tides（潮汐），wind（风），estuaries［（形成）河口湾］
Soil sciences（土壤科学）	electrical polarity of the water molecule（水分子的极性），vegetation canopy（植被冠层），pressure gradient（压力梯度），gravitation（重力），downward seepage（向下渗流），vapor pressure（蒸汽压），osmosis（渗透），wind（风）	rise of the water table（地下水位上升），sand columns（沙柱），intermolecular forces in liquid water（液态水的分子间力），transpiration（蒸腾作用），wind（风）

如表 1 所示，这四个域共享许多相同的原因和结果，它们可以由 <X caused by Y>（<X 由 Y 引起 >）命题检测到。另外，环境科学域所具有的多维度性质也反映在某些概念当中，而且，这些概念［例如 wind（风）、tide（潮汐）、current（潮流）、flood（洪水）等］即使在同一个域内，也可以既是原因又是结果。有趣的是，在这四个域中，wind 都可能既充当原因又充当结果。然而，wind 的原型角色在此期间发生了变化。图 9 和图 10 显示了 wind 在每一个语料库中作为原因和结果的标准评分。利用 Nooj 的统计模块而获得的标准评分则显示了高于或者低于平均值的标准偏差。这与在 EcoLexicon 中用来使语义网络实现上下文语境重置的原型化理念很相似。就这样，根据图 9 和图 10，wind 作为结果的命题主要出现在"大气科学"文本中；而 wind 作为原因的命题，在"大气科学"和"海洋学"文本中出现得都很频繁。因此，这个概念需要在语义网络中重新进行上下文语境化。

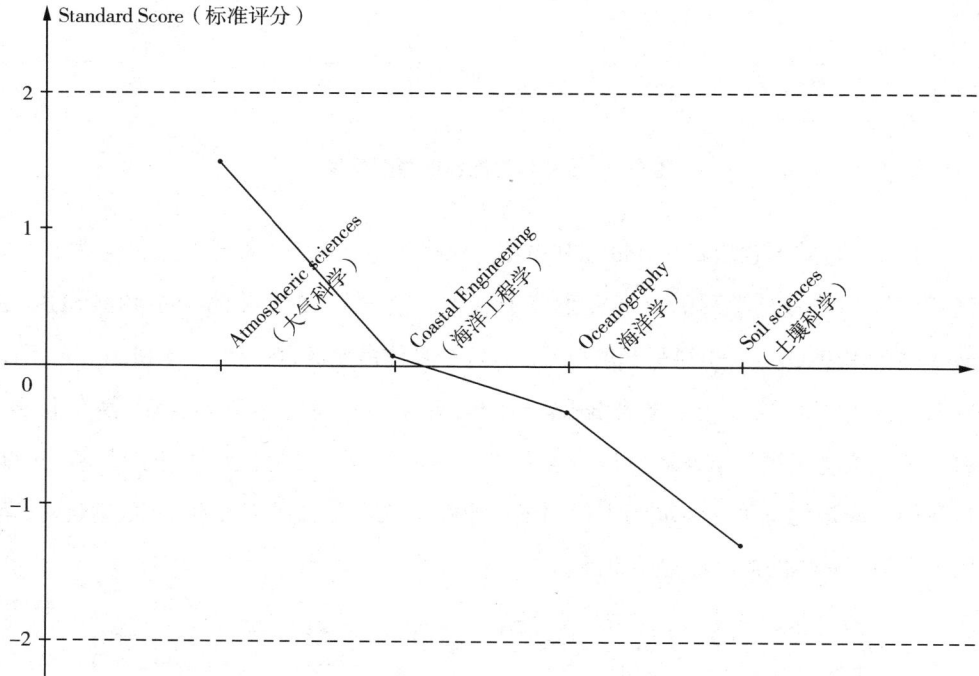

图 9　wind 作为结果的原型化理念

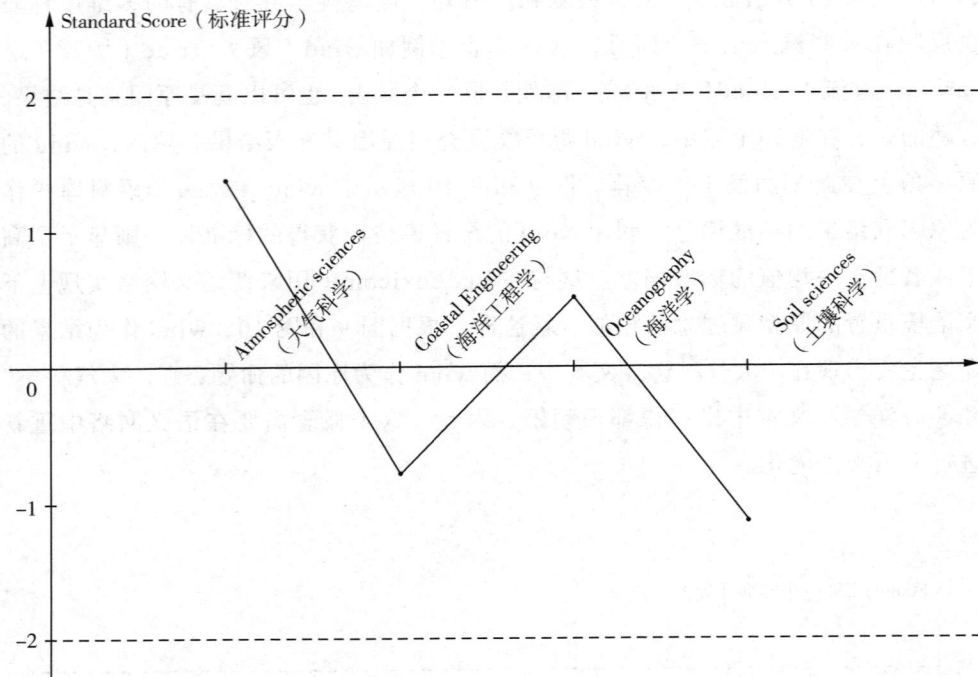

图 10　wind 作为原因的原型化理念

　　但是，这并不意味着，wind 在其中作为原因的每一个因果关系命题只存在于"大气科学"和"海洋学"的上下文语境子域中。就与 wind 有关的 <STORM SURGE *caused by* WIND>（＜由风**引起的**风暴＞）这个具体命题而言，如图 11 所示，它不仅应该包含在"海洋学"上下文语境重置后的语义网络中（而不应该包含在"大气科学"的上下文语境子域中），还应该包含在"海岸工程学"的上下文语境子域中。这就是我们不应该把上下文语境约束运用于单个概念或者单种语义关系，而应该将其运用于完整而具体的概念命题的原因。

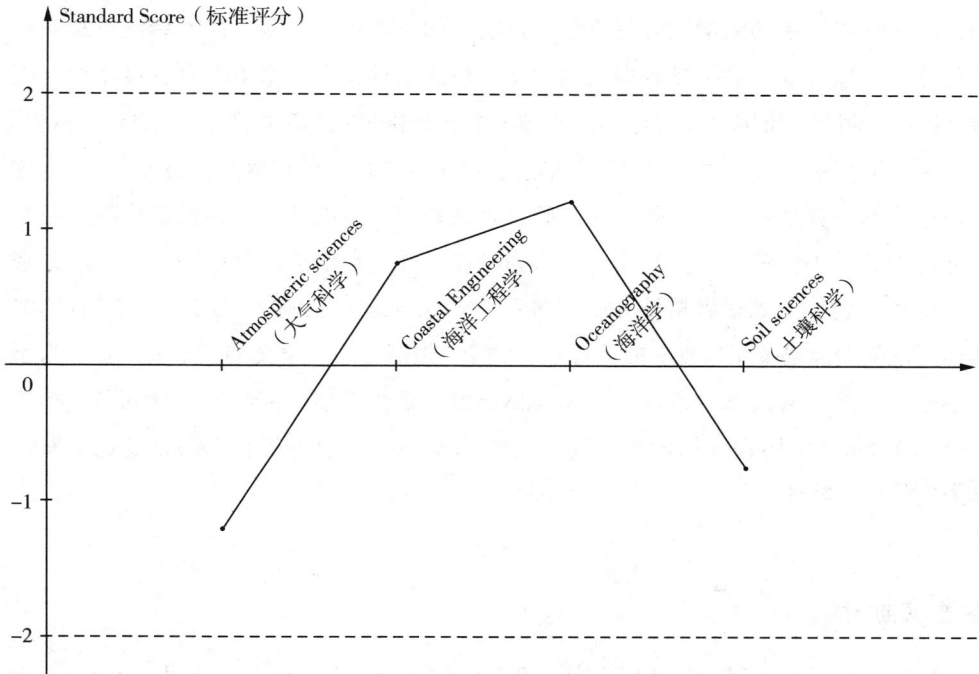

图 11 <STORM SURGE *caused by* WIND>（＜由风引起的风暴＞）的原型化理念

4 结论和今后的工作

在这篇文章中，我们展示了如何通过对知识模式的句法结构进行形式化描述以及借助自然语言处理应用程序来强化基于知识模式的语料库分析。虽然在发现新的模式以反映真实文本中的语义关系的过程中，我们仍然需要通过手动进行操作，但是，由此获得的知识可以在自动化过程中得到重新利用。这样一来，词汇资源中的知识表示也就可以不过度依赖直觉。

在不远的将来，我们计划把这些模式应用在 EcoLexicon 中的整个语料库上。一旦把语料库中的资源分类到上下文语境域中，我们将使用这些因果关系微型语法对其进行处理，与此同时，我们将为术语知识库中的其他语义关系设计新的微型语法。这是一个循环过程，因为如果能将"关系型微型语法"（relational micro-grammar）应用在每一个域中最具原型结构的术语对上的话，语料库所采用的分类结构的有效性就会得到证实。

我们下一步的工作将是对可能出现的噪声和静音现象进行识别，并最终以最高的标准对这些结果的精确度进行测量。目前，如何消除具有多义性的结构对我们来说仍然是一项挑战。除了具有多义性的知识模式之外，专业术语本身也可能给人们带来困惑。例如，当用户搜索与 wave［波（浪）］相关的原型命题时，在"土壤科学"上下文语境域中则会产生"误报"的信息。产生这一现象的原因是：虽然 wave 是这个域中普遍存在的术语，但是，它在此仅表现物理学上的意义，并没有反映它与海洋之间的关系（波浪）。我们凭直觉认为，可以通过在语法部分中添加语义成分来解决这些问题。正如学者格鸠和摩尔多瓦（Moldovan）（2002）所述，在对有哪些实体可以借助因果关系实现有效连接进行约束/限制方面，语义特征至关重要。为了实现这个目的，两位学者使用的是 WordNet 的一系列功能。但我们的计划是：构建一个基于 NooJ 应用程序的词典，其中包含 EcoLexicon 中的所有术语以及定义概念和类别的语义特征。[①]

参考文献：

[1] AUSSENAC-GILLES N, SÉGUELA P. Les relations sémantiques: du linguistique au formel[J]. Cahiers de Grammaire 25, Sémantique et Corpus, 2000: 175-198.

[2] BARRIÈRE C, AGBAGO A. TerminoWeb: a software environment for term study in rich contexts[C]//International Conference on Terminology, Standardization and Technology Transfer. Beijing, 2006: 103-113.

[3] BARRIÈRE C. Building a concept hierarchy from corpus analysis[J]. Terminology, 2004, 10(2): 241-263.

[4] BLANCO E, CASTELL N, MOLDOVAN D. Causal relation extraction[C]//Proceedings of the Sixth International Conference on Language Resources and Evaluation (LREC'08). Marrakech, 2008.

[5] BOWKER L. Lexical knowledge patterns, semantic relations, and language varieties: exploring the possibilities for refining information retrieval in an international context[J]. Cataloging and Classification Quarterly, 2004, 37(1): 153-171.

[6] CIMIANO P, STAAB S. Learning concept hierarchies from text with a guided

① 这项研究是在项目 FFI2011-22397——"动态网络中的知识表示"［RECORD: Representación del Conocimiento en Redes Dinámicas（Knowledge Representation in Dynamic Networks）］——的框架内进行的，该项目由西班牙科学和创新部（Spanish Ministry of Science and Innovation）资助。

agglomerative clustering algorithm[C]//Workshop on Learning and Extending Lexical Ontologies with Machine Learning Methods. Bonn, 2005.

[7] CONDAMINES A. Corpus analysis and conceptual relation patterns[J]. Terminology, 2002, 8: 141-162.

[8] EMBAREK M, FERRET O. Learning patterns for building resources about semantic relations in the medical domain[C]//Proceedings of the Sixth International Conference on Language Resources and Evaluation (LREC 08). Marrakech: ELRA, 2008.

[9] GIRJU R. Automatic detection of causal relations for question answering[C]// Proceedings of the 41st Annual Meeting of the Association for Computational Linguistics (ACL 2003). Workshop on "Multilingual Summarization and Question Answering—Machine Learning and Beyond". Sapporo, 2003.

[10] GIRJU R, MOLDOVAN D. Text mining for causal relations[C]//Proceedings of the International Florida Artificial Intelligence Research Society (FLAIRS 2002). Pensacola, 2002.

[11] HEARST M A. Automatic acquisition of hyponyms from large text corpora[C]// Proceedings of the 14th International Conference on Computational Linguistics (COLING-1992). New York, 1992.

[12] KHOO C, CHAN S, NIU Y, et al. A method for extracting causal knowledge from textual databases[J]. Singapore Journal of Library and Information Management, 1999, 28: 48-63.

[13] KHOO C, CHAN S, NIU Y. The many facets of the cause-effect relation[M]//GREEN R, BEAN C A, MYAENG S H. The Semantics of Relationships: an Interdisciplinary Perspective. Berlin: Springer, 2002: 51-70.

[14] LEÓN-ARAÚZ P, FABER P. Natural and contextual constraints for domain-specific relations[C]//VERGINICA B M, VIKTOR P, EDUARD B. Proceedings of the Workshop Semantic Relations. Theory and Applications. Valletta, 2010: 12-17.

[15] LEÓN-ARAÚZ P, REIMERINK A. Knowledge extraction and multidimensionality in the environmental domain[C]//Proceedings of the Terminology and Knowledge Engineering (TKE) Conference 2010. Dublin: Dublin City University, 2010.

[16] LEÓN-ARAÚZ P, SAN MARTÍN A. Distinguishing polysemy from contextual variation in terminographic definitions[C]//Proceedings of the 10th International

Conference of AELFE. Valencia: AELFE, 2011.

[17] MARSHMAN E, MORGAN T, MEYER I. French patterns for expressing concept relations[J]. Terminology, 2002, 8: 1-29.

[18] MARSHMAN E. The cause relation in biopharmaceutical texts: some English knowledge patterns[C]//Proceedings of Terminology and Knowledge Engineering, TKE. Nancy, 2002: 89-94.

[19] MEYER I. Extracting knowledge-rich contexts for terminography: a conceptual and methodological framework[M]//BOURIGAULT D, JACQUEMIN C, L'HOMME M C. Recent Advances in Computational Terminology. Amsterdam: John Benjamins, 2001: 279-302.

[20] NASTASE V. Semantic relations across syntactic levels[D]. Ottawa: University of Ottawa, 2003.

[21] ROSARIO B, HEARST M. Classifying semantic relations in bioscience text[C]// Association for Computational Linguistics Annual Meeting(ACL-04); 20040721-26; Barcelona(ES). Barcelona, 2004.

[22] SILBERZTEIN M. NooJ manual[EB/OL]. 2003. http://www.nooj4nlp.net.

[23] TALMY L. Toward a cognitive semantics[M]. Massachusetts: MIT Press, 2000.

[24] VINTAR S, BUITELAAR P. Semantic relations in concept-based cross-language medical information retrieval[C]//Proceedings of the ECML/PKDD Workshop on Adaptive Text Extraction and Mining(ATEM), Germany. 2003.

[25] WHITE P. Ideas about causation in philosophy and psychology[J]. Psychological Bulletin, 1990, 108(1): 3-18.

EcoLexicon：新特色和挑战

P. 费伯（Pamela Faber）、P. 莱昂 – 阿劳斯（Pilar León-Araúz）
和 A. 雷默林克（Arianne Reimerink）①

摘　要：EcoLexicon 是一个西班牙创建的环境科学术语知识库，共含有六种语言：英语、法语、德语、现代希腊语、俄语和西班牙语。它是西班牙著名术语学家和语言学家费伯教授"框架术语学"理论的实际应用：它将美国语言学家 C. J. 菲尔莫尔"框架语义学"的一些理念进行了改版，并在认知语言学框架的基础上，加上环境科学专业领域的定义模板配置，从而为专业领域的概念创建出了适合具体环境的知识表示。其"子事件"概念结构的规范和词汇单元的描述，采用的是"自上而下"和"自下而上"的方法，从一个范围广泛的资源里提取信息。这包括语料库的使用、从专业资源里分解出定义，以及使用知识模式提取出概念关系。这个术语知识库类似于一个可视化专业词典，它提供的条目采用语义网络的形式，并指派环境科学领域概念之间的关系。所有条目都链接到相应的"子事件"和概念类别上。与条目对应的概念、图形和语言信息的结构，是以背后的"概念框架"为基础的。图像信息包括照片、图像和视频，而语言信息不仅包含每个术语的语法范畴，还包含与语法相关的上下文语境信息。这个术语知识库也提供了访问为其开发的专业语料库的途径，并创建了搜索引擎以提供查询服务。在不久的将来，EcoLexicon 面临的挑战之一就是如何将其纳入到 Linguistic Linked Open Data Cloud（采用语言学方式链接的开放数据云）里。本文旨在介绍 EcoLexicon 的最新情况。

关键词：EcoLexicon，术语，知识表示，术语知识库，框架术语学理论，以语言学方式链接的开放数据云

---

① 这篇编译文章英文名为 "EcoLexicon: New Features and Challenges"。原文见西班牙格拉纳达大学（University of Granada）LexiCon 研究团队（LexiCon Research Group）的出版物网站（http://lexicon.ugr. es/publications）（2016 年）。——译者注

1 引言

帕梅拉·费伯·贝尼特斯（Pamela Faber Benítez）教授是一位美国籍西班牙语言学家。她自 2001 年起担任西班牙格拉纳达大学（University of Granada）笔译与口译中心主任。费伯教授最著名的学术思想就是"功能词汇模型"（Functional Lexematic Model）和"框架术语学"（Frame-Based Terminology，FBT）认知理论。以框架术语学理论为指导，费伯教授于 2003 年左右承担了由西班牙经济与竞争力部（Spanish Ministry of Economy and Competitiveness）资助的西班牙环境科学术语知识库即 EcoLexicon 的建造。2016 年，费伯教授及其项目组撰文介绍了 EcoLexicon 的最新面貌和它在未来面临的挑战。

EcoLexicon 是一个西班牙环境科学领域的多语种可视化词典（环境科学术语知识库）（Faber，León-Araúz，and Reimerink 2014）。它实际上是框架术语学（Faber et al. 2011；Faber 2012，2015）——一种利用"框架语义学"（Fillmore 1985；Fillmore and Atkins 1992）的某些理念，构建专业知识领域并创建"非语言特定表示的"（non-language-specific representation）专业知识表示的理论——的实际应用。框架术语学聚焦于：（i）概念组织；（ii）专业知识单元的多维度性质；以及（iii）利用多语语料库提取语义和句法信息。EcoLexicon 是一个内部连贯的信息系统，它是根据宏观和微观结构水平上的概念理论和语言学假设来组织的。

从可视化的角度来看，EcoLexicon 中的每一个概念都出现在一个将其与所有相关概念联系起来的网络之中。EcoLexicon 中的语义网络以一个潜在的"域事件"（domain event）为基础，域事件为环境专业领域里最典型的"事件"（event）和"状态"（state）以及参与这些事件和状态的"实体"（entity）生成"模板"（template）。之所以选择这种类型的可视化，是因为专家们觉得，语义网络是在智能环境里"捕获"（capture）和"封装"（encapsulate）大量语义信息的最有效的表示方法（Peters and Shrobe 2003）。每一个概念所产生的知识表示，都是从"静态知识源"（static knowledge source）（例如多语种文本和其他环境领域的知识资源）里提取出来的。

EcoLexicon 目前有 3 599 个概念，以及 20 106 个采用西班牙语、英语、德语、法语、现代希腊语和俄语表示的术语，更多语种的术语还在添加当中。[①] 这一术语资源是为语言学和学科领域的专家以及普通大众设计的。在这些目标用户里，翻译人员、

---

① 截至原文成文时间。——译者注

科技写作者和环境科学领域的专家等，则更需要了解专业的环境科学的概念，以便从事专业化或者半专业化的文本写作或者翻译工作。

2 框架术语学

框架术语学是用于创建 EcoLexicon 这一术语知识库的理论方法。它是以认知语义学（cognitive semantics）（Geeraerts 2010）和情境认知（situated cognition）（Barsalou 2008）为基础的，环境科学领域的专业知识以命题和知识框架的形式得以构建和存储，并被组织在一个"本体结构"（ontological structure）里。

框架术语学是一种以认知为导向的术语学理论。它的前提是：在科技交流中，专业知识单元可以激活与用户背景知识相一致的特定领域的"语义框架"（semantic frame）。这种框架的规范是以下面一组微观理论为基础的：（i）语义微观理论；（ii）句法微观理论；（iii）语用微观理论（pragmatic micro-theory）。每一种微观理论都与术语条目里的信息、专业知识单元之间的关系以及它们所指明的概念相关（Faber 2015）。

更具体地说，语义微观理论涉及的是内部和外部知识表示的问题。内部知识表示反映在一个定义模板中，用于在对每一个专业知识单元的描述中构建含义部分和语义关系；外部知识表示是一个以特定领域为基础的"本体"（ontology），其顶层概念是客体对象、事件、属性和各种关系。这个本体以物理对象和"过程"（process）（例如冲积扇、防波堤、侵蚀、风化等等）的概念表示为基础。这组概念构成了一副"脚手架"（scaffold），对这些概念的自然语言描述则为数据查询、数据集成和数据推断提供了语义基础（Samwald et al. 2010）。

句法微观理论则是以事件为基础的，它以"谓词 – 论元"（predicate-argument）结构的形式出现。事件的性质取决于激活实体之间关系的谓词（predicate）。根据框架术语学的理论可知，术语与其他术语之间的关系具有一种语法，例如基于图形的微观语法，它不仅显示了不同语言中层级和非层级关系的表现方法，而且还可以为信息检索服务，以标记语料库中的文本。

语用微观理论则是一种"上下文语境理论"（theory of context），它既可以与语言有关，也可以在语言之外。一般认为，语言的语境发生在术语出现的前后 5 个词项的范围之内。上下文语境信息在一个术语知识库的设计阶段中是至关重要的，因为提供上下文语境信息可以：（i）消除术语的歧义性；（ii）便于定义公式；（iii）便于添加语言用法；（iv）便于给概念建模；（v）便于提取术语。这样的上下文语境信息很重要，因为它显示了术语是如何以搭配和搭配模式的形式在特定的文本里被激活和使用的。相比之下,语言之外的上下文语境(extralinguistic context)则指向文化知识、人类感知和信仰之类,因为许多专业知识单元具有重要的文化维度。"文化情境性"(cultural situatedness)对语义网的形成也有着不容忽视的影响,因为某些概念范畴(类别)与语言使用者的生活环境有关,概念的含义很可能会从特定地理区域的特点里衍生出来,比如某个区域中通常发生的天气现象。

综上所述,在这些理论前提的基础上,与十几年前首创时期相比,EcoLexicon不断得到改进并取得了重大发展。以下主要对 EcoLexicon 在 2016 年的面貌做一介绍,以期为读者进一步了解西班牙术语学实践的最新前沿提供一个窗口。

3 EcoLexicon 的用户界面

EcoLexicon 通过一个带有不同模块的可视化界面与用户进行交互作用,这些模块提供了关于概念、语言和图形方面的信息。在这里,用户可以对窗口进行浏览并选择与他们的需求最相关的数据,而不必查看所有信息。

图 1 显示了 EcoLexicon 中英文术语 Fan(扇)这个条目。当用户打开应用程序时,界面上会出现三个区域。顶部的水平栏允许用户使用术语 / 概念(term / concept)进行搜索。屏幕左侧的竖栏则提供了关于如何搜索概念的信息,也就是关于如何搜索概念的定义(definition)、术语名称(term designation)、相关资源(associated resource)、所具有的一般性概念角色(general conceptual role)和措词(phraseology)等方面的信息。

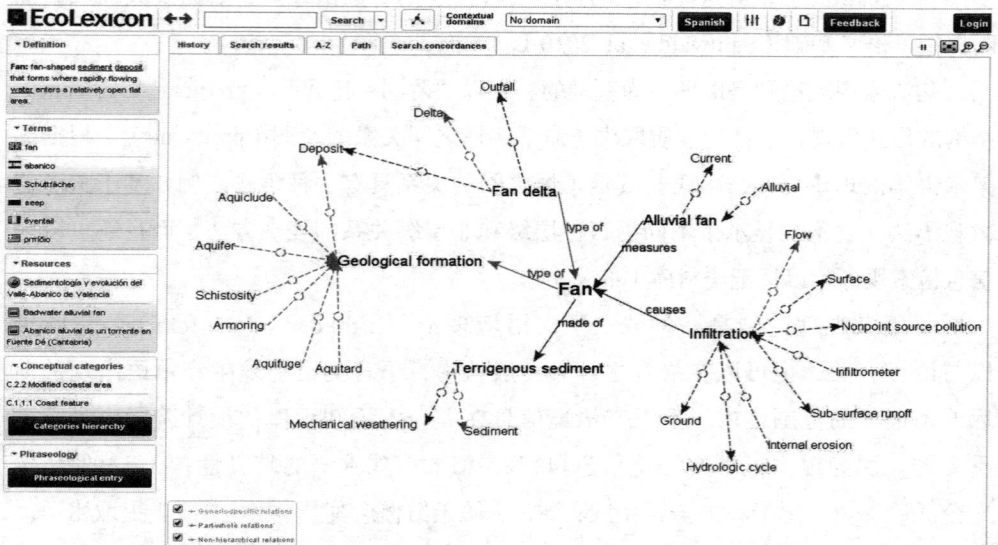

图 1　EcoLexicon 中英文术语 Fan(扇)的用户界面

左侧顶部的方框显示了概念的定义。每一个定义都明确表明了这个概念的所属类别，反映了这个概念与其他概念的关系，并指明了这个概念的基本属性和特征。因此，概念定义实质上是概念图中显示的关系结构的语言编码。每个定义中的单词通过超链接与它们在知识库中的对应概念相连接。

顶部方框下面的方框则显示了采用各种语言表示的术语（图1中显示的是英语），它们指称所搜索的概念。这项列表是按照语言和术语类型（首选术语项、同义词、术语变体、首字母缩写等）进行组织的。每个术语的左边都放置了一面国旗，表明使用该语言的国家。点击这个术语，用户可以发现关于语言、术语类型、词性和语汇索引等更多的语言信息。

左侧第三个方框提供的是与每个概念/术语相关的资源［图像、文档、统一资源定位符（URLs）、音像资料等等］。左侧第四个方框则显示了"环境事件"（Environmental Event, EE）里某个概念通常具有的一般性概念角色。"环境事件"是一个基本模板，在这个模板里，环境科学领域中的任何一种过程都被假想成是由一个"作用者/施事者"（agent）启动的，它会对某个环境实体［作为"承受者/受事者"（patient）］产生影响，并产生出一种"结果"（通常是在一个地理区域里）。每一个概念都与一个或者多个"概念类别"（conceptual category）相关联，这些类别显示成一个列表。这个方框里还包含一个"类别层级结构"（Category hierarchy）图标（icon），它以分层格式展示概念，用户可以对这里的"节点"（node）进行扩展或者收缩。

左侧最下面的"措词"（Phraseology）框在2016年正处于构建中，它显示一份在不同措词模式下最常与所搜索术语一起使用的动词列表。到2016年为止，这个选项只适用于少量术语，譬如"飓风"（hurricane）（见图2）。

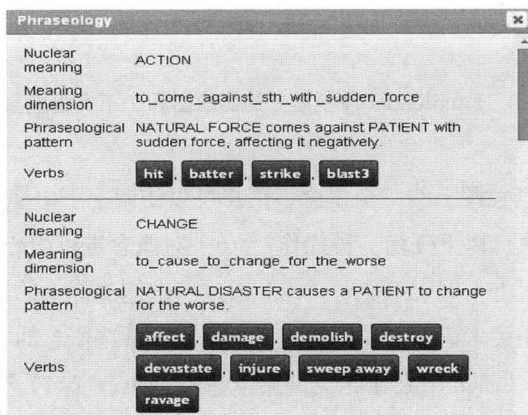

图2　关于术语 hurricane（飓风）的措词信息

图 1 的中心区域有以下"标签"（tab）：（i）所访问过的概念 / 术语的历史记录（history）；（ii）最近的查询结果（search result）；（iii）按字母顺序排列的（A-Z）术语；（iv）两个概念之间的最短路径（path）；以及（v）某个术语的语汇索引（concordance）。

EcoLexicon 用户界面的中心屏幕上显示概念图以及图标，这些图标允许用户按照自己的需求进行配置和实现个性化。在这里，标准化的知识表示模式显示为一个多层级的语义网络，被搜索的概念处于中心，这个语义网络背后的所有概念都以某种方式与这个被搜索的概念相关联。

当用户点击概念图中的任何一个概念［例如 Fan delta（冲积扇）］时，这个语义网络就会重新排列。在这个新概念图（图 3）中，Fan delta（冲积扇）及其相关的概念一起位于图的中心。

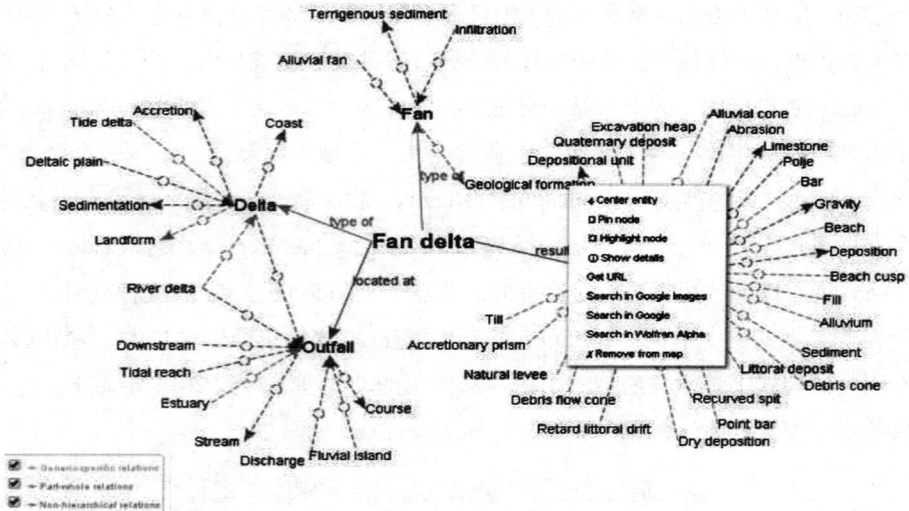

图 3　Fan delta（冲积扇）的概念图和上下文语境菜单

通过右键点击概念图上的一个概念，用户可以访问上下语境文菜单（见图 3）。这个菜单可以用来执行以下任何一种操作：（i）对概念进行中心定位；（ii）通过将节点拖动到某个位置上来固定节点；（iii）通过点击侧边栏上的选择项来展示这个概念的细节（定义、相关术语、来源等等）；（iv）为所选概念的直接访问生成统一资源定位符（URL）；（v）用来在相关网站上进行搜索；（vi）从概念图上删除某个概念及其相关概念。根据每个终端用户的特定需求，这些操作可以通过提供丰富的概念化信息来增强概念表示的能力。

EcoLexicon 还包括图标，如缩放概念图、缩小概念图和实现概念图的全屏，以使概念图的可视化实现个性化。另外，用户可以通过相关操作使语义网络中概念的自动排列失效，从而被允许通过拖动概念到自己所需的位置上来重新配置概念图。

借助"设置"（Settings）这个图标，用户还可以建立更具深度的网络，以进一步对语义网络进行自定义，从而实现概念层级的最大化。同样，用户还可以决定他们是否希望使所有语义关系的名称实现可视化，因为在默认情况下，"关系标签"（relation label）只有在关系包含中心概念时才会出现。如果这个值被激活，那么所有关系都会用标签显示。

4　信息过载和多重空间

环境科学领域涉及的范围很广，而且具有多维度的特点。此外，在 EcoLexicon 这个术语知识库里，人们需要表示的概念性命题数量很大。这些因素最终导致了这个术语知识库"信息超载"（information overload）。在 2016 年，项目组已经通过定量和定性的方法让这个问题得到了不同程度的解决，具体方法如下：（i）允许用户"过滤"（filter）造成网络过载的关系类型；（ii）依据以专业领域为基础并受上下文语境约束的概念性理解，为用户提供"重置的上下文语境"（recontextualized）视图；（iii）提供对可视化概念行为进行访问的不同模式（网络模式、树形模式和路径模式）。

概念图（图 1 和图 3）的左下角有一个文本框，它允许用户识别 EcoLexicon 中的三个概念关系类别：（i）Generic-specific relations（一般 – 专业关系）对应"下义关系"［的 _ 种类（type_of）］；（ii）Part-whole relations 对应"部分 – 整体关系"［的 _ 部分（part_of）］；（iii）非层级关系（non-hierarchical relations）［有 _ 功能，在 _ 位置，造成，影响，的 _ 结果（has_function, located_at, causes, affects, result_of）］。这些关系在 2016 年时正处于修订状态，修订的目的是使其更为精确，并能为用户提供更大的关系功能。每一个标签左边的复选框可以用来激活或者禁用某种关系类型的可视化，从而允许用户过滤基于关系类型的过载网络信息。通过从下拉菜单中选择一个"上下文语境域"（contextual domain）（图 1 中的上功能区），界面上就可以直观显示出重置后的上下文网络。

这是一种解决信息过载问题的定性方法，同时提高了这个术语知识库多维度的表达能力。上下文网络的重新调整是根据概念关系行为的变化来实现的。概念性命题不可能代表概念的所有维度，它们是依据自身在不同学科领域里的显著性而被激活或者受到约束的（León-Araúz et al. 2013）。

5 自然语言的定义

在 EcoLexicon 中，定义是以 EcoLexicon 中概念所建立的最具代表性的概念命题为基础的。每一个概念命题都看成概念的一种特征，而每一种特征的代表性则是由分派给这个被定义概念的类别决定的。每一个类别都具有描述其代表性的一组概念关系，它们在一个定义模板里采用示意图来表示（León-Araúz，Faber，and Montero Martínez 2012）。

当把模板应用于某个具体概念时，这个概念可能只"继承"（inherit）与模板中已定义的概念之间的关系，或者激活一个比模板里的概念更为具体的概念。举个例子，HARD_COASTAL_DEFENCE_STRUCTURE（坚固的_海岸_防护_结构）（表1）的模板应用于 GROYNE（防波堤）（表2）的定义——它是这个类别的成员。

表1 HARD_COASTAL_DEFENCE_STRUCTURE 的定义模板（León-Araúz et al. 2012）

HARD_COASTAL_DEFENCE_STRUCTURE	
type_of	CONSTRUCTION
located_at	SHORELINE
made_of	MATERIAL

表2 应用 HARD_COASTAL_DEFENCE_STRUCTURE 定义模板后的
GROYNE 定义（León-Araúz et al. 2012）

GROYNE	
Hard coastal defence structure made of concrete, wood, steel and/or rock perpendicular to the shoreline, built to protect a shore area, retard littoral drift, reduce longshore transport and prevent beach erosion.	
type_of	HARD COASTAL DEFENCE STRUCTURE
located_at	PERPENDICULAR TO SHORELINE
made_of	CONCRETE WOOD METAL ROCK
has_function	SHORE PROTECTION LITTORAL DRIFT RETARDATION LONGSHORE TRANSPORT REDUCTION BEACH EROSION PREVENTION

正如前面解释过的，环境科学具有多维度的特性，这就造成一些概念会在不同的上下文语境中呈现出较大的变化，从而可能导致这个术语知识库信息过载。然而，如果依据特定概念域中的命题去减少信息的显示，那么信息过载的情况就可以避免。因为视选择的上下文语境域的不同，这些具有多功能的概念所体现出来的行为也有所不同，而这些因素都会对概念定义产生影响（San Martín and León-Araúz 2013）。

2016 年，费伯教授领导的项目组正在研究如何创建"灵活性定义"（flexible definition）。"灵活性定义"指的是一个针对同一个概念的定义系统，它由环境科学领域里的一个一般性定义外加一组由它派生出来的并且与上下文语境相关的定义组成。这个定义系统表明了这个概念在不同子领域里的状态（San Martin 2016）。图 4 显示了在 EcoLexicon 这个环境科学术语知识库里 SAND（沙子）这个条目所产生的定义结果。

表 3　EcoLexicon 中 SAND（沙子）的灵活定义摘要

SAND（沙子）	
Environment as a whole（作为整体的环境科学）	Mineral material consisting mainly of particles of quartz ranging in size of 0.05-2 mm.（矿物质，主要由大小在 0.05—2 毫米的石英颗粒组成。）
Geology（地质学）	Sediment consisting mainly of particles of quartz ranging in size of 0.05-2 mm that is part of the soil and can be found in great quantities in beaches, river beds, the seabed, and deserts.（沉积物主要由直径为 0.05—2 毫米的石英颗粒组成，它是土壤的一部分，可在海滩、河床、海床和沙漠中大量发现。）
Soil Sciences（土壤科学）	Unconsolidated inorganic soil component consisting mainly of particles of quartz ranging in size of 0.05-2 mm that are the result of weathering and erosion. It renders soils light, acidic, and permeable.（未固结的无机土壤成分，主要由风化和侵蚀导致的直径范围为 0.05—2 毫米的石英颗粒组成。它使土壤疏松，具有酸性和渗透性。）
Civil Engineering（土木工程学）	Natural construction aggregate consisting mainly of particles of quartz ranging in size of 0.05-2 mm that is mixed with cement, lime and other materials to produce concrete and mortar.（天然建筑集料，主要由大小在 0.05—2 毫米的石英颗粒组成，将其与水泥、石灰和其他材料混合以生产混凝土和砂浆。）

6 EcoLexicon 语料库

在 EcoLexicon 中，为了提取语言和概念知识，项目组专门编制了一个专业语料库，而且对其进行了分类和标记，以便为用户提供一种直接和灵活访问语料库的方法。目前，这个语料库已经拥有超过 5 000 万个单词，语料库的每一个文本都根据一组基于 XML 的元数据（见图 4）做了标记。这些标记包含与语言文本、作者、出版日期、读者用户、上下文语境域、关键字等有关的信息。

```xml
<?xml version="1.0" ?>
- <metadata xmlns:xsi="http://www.w3.org/2001/XMLSchema-instanc
    xmlns:eco="http://manila.ugr.es/tags/0.1">
  - <header>
      <dc:title>Coastal Engineering Manual Part 1 Chapter 2 History of (
      <dc:creator>US Army Corps of Engineers</dc:creator>
      <eco:respon>adm</eco:respon>
      <dc:date>2002-04-30</dc:date>
      <eco:country>us</eco:country>
      <eco:domain>3.2.3</eco:domain>
      <dc:subject>coastal engineering</dc:subject>
      <dc:subject>history</dc:subject>
      <dc:subject>evolution</dc:subject>
      <dc:subject>military</dc:subject>
      <dc:subject>civil engineering</dc:subject>
      <eco:user>s</eco:user>
      <eco:text>book</eco:text>
      <dc:language>en</dc:language>
      <eco:variant>am</eco:variant>
      <eco:note />
    </header>
    <body>History of Coastal Engineering I-3-i Chapter 3 EM 1110-2-11
```

图 4　语料库元数据

这一做法允许用户依据实用性因素（例如上下文语境域）来对语料库查询进行限制。这样一来，用户就可以在不同的上下文语境里比较同一个术语的不同用法。图 5 中显示了 Environmental Engineering（环境工程）文本里 sediment（沉积物）的语汇索引，图 6 中显示的则是 sediment 这个术语在 Oceanography（海洋学）的上下文语境里的语汇索引。另外，在将来，这个语料库还会扩展，并带有 POS 标记的注释，以支持更丰富的查询功能。

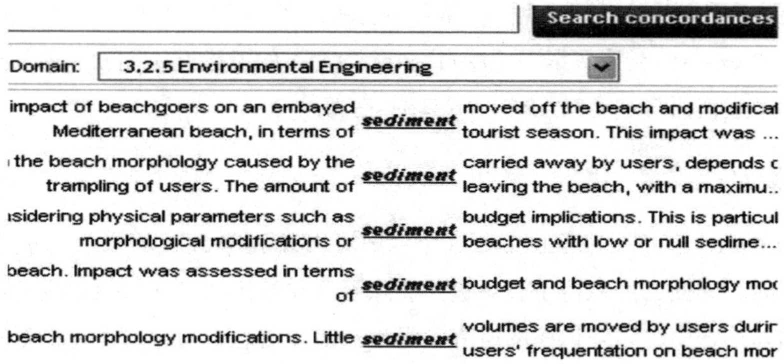

图 5　Environmental Engineering 里 sediment 的语汇索引

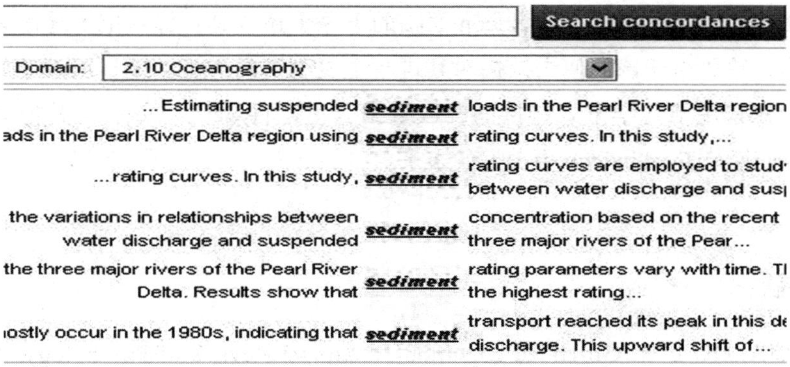

图 6　Oceanography 里 sediment 的语汇索引

7　EcoLexicon 在 2016 年所面临的挑战

除了扩展措词模块并为所有的多功能概念创建灵活性定义之外，EcoLexicon 这个环境科学术语知识库面临的主要挑战之一就是如何将现有资源整合到采用语言学方式链接的开放数据云（Linguistic Linked Open Data Cloud）里去。

"链接数据"（Linked Data）是在语义网（Semantic Web）上发布和连接结构化资源，并创建共享信息空间的一个重要倡议。然而，如何在数据源之间建立语义关系规范仍然是一个棘手的问题。

首先，这个术语知识库需要转换成"资源描述框架本体"［（Resource Description Framework）RDF ontology］，以便将其链接到其他资源上。其次，需要设计出将其他资源链接到 EcoLexicon 这个术语知识库上的方法。费伯教授领导的项目组设想，在不久的将来，EcoLexicon 将通过三种方式得到改进，以期更好地为人们提供服务：

（i）继续提供当前的"万维网"（Web）应用服务；（ii）提供另一种可以让人们浏览"EcoLexicon–链接数据"（EcoLexicon-LD）的万维网应用；（iii）拥有"资源描述框架查询语言"（SPARQL）终端；等等。

8　结束语

在过去的十年中，EcoLexicon 这个西班牙环境科学领域的术语知识库在环境科学知识表示方面已经取得了长足进步。除了添加新概念、新知识和改进现有的模块——例如给这个术语知识库的所有条目添加措词信息、增加与环境科学专业语料库相关的访问链接以提供上下文语境信息——之外，项目组还为 EcoLexicon 增加了其他与万维网相关的选项（例如可以在相关网站里进行搜索），尽量扩大更符合用户实际需求的网络范围。EcoLexicon 面临的下一个挑战是：针对把上述因素组织起来的知识，项目组应该如何去挖掘对其进行重复利用的潜力？项目组设想的一种方法就是：在采用语言学方式链接的开放数据云里，将 EcoLexicon 与其他知识库相连接。我们期待 EcoLexicon 更美好的未来。①

参考文献：

[1] BARSALOU L W. Grounded cognition[J]. Annual Review of Psychology, 2008, 59: 617-645.

[2] BIZER C, HEATH T, BERNERS-LEE T. Linked data: principles and state of the art[C]//17th World Wide Web Conference W3C Track. Beijing, 2008.

[3] FABER P. The dynamics of specialized knowledge representation: simulational reconstruction or the perception-action interface[J]. Terminology, 2011, 17(1): 9-29.

[4] FABER P. A cognitive linguistics view of terminology and specialized language[M]. Berlin/New York: de Gruyter, 2012.

[5] FABER P. Frames as a framework for terminology[M]//KOCKAERT H, STEURS F. Handbook of Terminology. Amsterdam/Philadelphia: John Benjamins, 2015: 14-33.

[6] FABER P, LEÓN-ARAÚZ P, REIMERINK A. Representing environmental knowledge

---

　① 原文中的研究是作为项目 FF2014-52740-P——"术语增强型翻译的认知和神经学基础"（Cognitive and Neurological Bases for Terminology-Enhanced Translation，CONTENT）——的一部分进行的，该项目由西班牙经济与竞争力部（Spanish Ministry of Economy and Competitiveness）资助。

in EcoLexicon[J]. Language for Specific Purposes in the Digital Era. Educational Linguistics, 2014, 19: 267-301.

[7] FILLMORE C J. Frames and the semantics of understanding[J]. Quaderni di Semantica, 1985, 6: 222-254.

[8] FILLMORE C J, ATKINS B T. Toward a frame-based lexicon: the semantics of RISK and its neighbors[M]//LEHRER A, KITTAY E F. Frames, Fields and Contrasts. Hillsdale: Lawrence Erlbaum Assoc, 1992: 75-102.

[9] GEEAERTS D. Theories of lexical semantics[M]. Oxford: Oxford University, 2010.

[10] LEÓN-ARAÚZ P, REIMERINK A, ARAGÓN G A. Dynamism and context in specialized knowledge[J]. Terminology, 2013, 19(1): 31-61.

[11] LEÓN-ARAÚZ P, FABER P. Causality in the specialized domain of the environment[M]//Proceedings of the Workshop Semantic Relations-II. Enhancing Resources and Applications(LREC'12). Istanbul: ELRA, 2012: 10-17.

[12] LEÓN-ARAÚZ P, FABER P, REDONDO M P J. Linking domain-specific knowledge to encyclopedia knowledge: an initial approach to linked data[C]//2nd Workshop on the Multilingual Semantic Web. Bonn, 2011a: 68-73.

[13] LEÓN-ARAÚZ P, FABER P, MARTÍNEZ S. Specialized language semantics[M]// FABER P. A Cognitive Linguistics View of Terminology and Specialized Language. Berlin: De Gruyter Mouton, 2012: 95-175.

[14] LEÓN-ARAÚZ P, REDONDO M P J, FABER P. Integrating environment into the Linked Data Cloud[C]//Proceedings of the 25th International Conference Environmental Informatics. Berlin: Shaker Verlag, 2011b: 370-379.

[15] PETERS S, SHROBE H. Using semantic networks for knowledge representation in an intelligent environment[C]//Proceedings of the First IEEE International Conference on Pervasive Computing and Communications. Washington D.C.: IEEE Computer Society, 2003: 323-337.

[16] PUSTEJOVSKY J. The generative lexicon[M]. Cambridge: MIT Press, 1995.

[17] SAMWALD M, CHEN H, RUTTENBERG A, et al. Semantic SenseLab: implementing the vision of the Semantic Web in neuroscience[J]. Artificial Intelligence in Medicine, 2010, 48: 21-28.

[18] SAN MARTÍN A, LEÓN-ARAÚZ P. Flexible terminological definitions and conceptual

frames[C]//SEPPÄLÄ S, RUTTENBERG A. Proceedings of the International Workshop on Definitions in Ontologies(DO 2013). Montreal: Concordia University, 2013.

[19] SAN MARTÍN A. La representación de la variación contextual mediante definiciones terminológicas flexibles[D]. Granada: University of Granada.

在术语知识库中完善下义关系

J. C. 吉尔－贝罗斯佩（Juan Carlos Gil-Berrozpe）和 P. 费伯（Pamela Faber）[①]

摘　要： 下义关系或者 type_of 关系是所有层级语义结构的支柱。尽管我们最近的工作重点放在了其他关系上，例如，"整体－部分"关系和因果关系，但鉴于在下义关系中隐含着属性继承性，因此，我们也一直对这种关系进行关注。正如 EcoLexicon（环境科学多语言术语知识库）所反映的那样，概念关系是设计连贯一致的概念系统的关键因素。当概念关系集合比典型的属种关系和"部分－整体"关系更为宽泛时，术语知识库自身的连贯性和动态性就可以得到增强，为此，我们就需要对下义关系和"整体－部分"关系进行完善。本文分析了如何在 EcoLexicon 中建立下义关系，同时讨论了当 type_of 关系定义得过于简单或者表示得不够系统化时可能发生的问题。作为一种解决方案，本文提出以下建议：（i）修正属性继承性；（ii）对下义关系的不同子类型进行说明；（iii）创建"伞概念"。本文着重于讨论前两个解决方案，并提出了一组可用于分解下义关系的参数。

关键词： 术语知识库，概念建模，属种关系

1　引言

近些年来，在专业语言研究中，人们已经认识到，为了使"概念建模"（conceptual modelling）更加具有客观性，我们需要一系列跨学科的方法和理论前提（León-Araúz et al. 2012）。实际上，在术语学和专业交流研究领域中，目前正在经历着一场"认知性转变"（cognitive shift）（Faber 2009），这正像在神经科学发展过程中反映出来的那样，人们对概念化组织给予了更多的重视（Faber et al. 2014）。术语是专业知

[①]　这篇文章英文名为 "Refining Hyponymy in a Terminological Knowledge Base"。原文见西班牙格拉纳达大学（University of Granada) LexiCon 研究团队（LexiCon Research Group）的出版物网站（http://lexicon.ugr.es/publications）（2016 年）。——译者注

识单元（specialized knowledge units），用于指称某个专业领域所特有的对象、事件和过程。正如语言可以反映思想一样，我们也可以把"术语结构"（terminological structure）视为是对"概念结构"（conceptual structure）的一种反映。

然而，对概念结构进行规范，必须建立在一套关于"类别"（categorization）的理论假设基础上。更具体地说，这些理论假设涉及的是：感官信息（sensory information）是否并在多大程度上为语义表示及其加工的一部分（Meteyard et al. 2012）。在这个意义上，帕特森（Patterson）等学者（2007 年）提出了一种语义表示的"超模态格式"（supramodal format），尽管它是从感官和运动输入之间的映射中派生出来的，但它却是模态不变的（modality invariant）。在术语学中，有不少学者为这种"超模态表示"（supramodal representation）之间的相互联系提出了"类别构架（类别图式）"（category schema）或者"模板"（template）（Faber et al. 2014；Roche et al. 2009；Leonardi 2010）。这种"顶层构架（顶层图式）"(top-level schema) 会对"感知输入"（perceptual input）有所限制，虽然，与此同时，它也是从感觉运动映射（sensorimotor mappings）中获得的。这种类型的"构架"有助于对所有存储的信息进行检索，而且，它也为所有的语义网络提供框架。

事实证明，在具有层级（hierarchical）和非层级（non-hierarchical）关系或者联想 / 关联关系（associative relations）的网络中配置专业概念，是术语工作的重要方面之一（León-Araúz et al. 2012）。然而，这项任务远非这么简单。因为在某些情况下，这些关系的语义因素过于模糊，这正如人们在许多的叙词表、概念图和语义网络中看到的那样（Jouis 2006）。鉴于这种事实，在术语学中，为了构建知识，我们就需要考虑多种方法。这些方法包括：扩展非层级关系、规范关系的性质，以及将语言学和人工智能领域中的新兴理论纳入到术语学里来。为了保证高质量的术语工作，我们有必要建立一种基于逻辑属性（logical property）的方法，以促进概念关系的准确组织。

2　术语知识库和概念关系

迈耶（Meyer）等学者（1992 年）认为，术语知识库（terminological knowledge bases TKB）作为术语库（term bank）和知识库（knowledge base）之间的混合体，其借助相关的概念以及（采用一种或者多种语言指称这些概念的）术语，来对某个特定领域里的专业知识进行表示。因此，术语知识库是一种反映语言加工和认知过程的产品。最为理想的状态是：术语知识库能够反映概念网络是如何在我们头脑中建立的；而且，对它们的设计能满足特定用户组的需求——无论这些用户是专家还是非专家的普通公众。

依据莱昂 - 阿劳斯（León-Araúz）等学者的观点（2013 年），术语知识库应该反映处于自然上下文语境中知识的动态化表示。因此，在设计和创建术语知识库时，我们必须兼顾到各种问题。一方面，知识领域的组织应该准确表示概念以及将它们联系起来的语义关系。另一方面，对信息的访问以及检索应该有助于人们对知识进行获取。

概念表示时会遇到一些困难，这主要源于以下事实：概念特征的选择可能会依据人们视角的不同而变化。这种概念上的多维度性（multidimensionality）可能会对从"形状"到"功能"的较大范围的属性（特性）产生影响（Kageura 1997）。因此，对概念上的多维度性进行表示，是设计术语知识库时人们所面临的主要挑战，因为仅提取一些概念并在它们之间建立起简单的关系，会导致"单维系统"（monodimensional system）的出现，而这样做是脱离现实的，并且，这样做只允许用户进行"体外的"（in vitro）[1]知识获取（Dubuc and Lauriston 1997；Cabré 1999）。

但尽管如此，对概念上的多维度性进行的表示必须遵循一定的规则。从这个意义上来说，概念（语义）关系不能按需创建，而必须系统性地从一套清单中派生出来（León-Araúz et al. 2012）。

EcoLexicon[2]是多维度术语知识库的一个实例。它是多语言的环境科学知识资源，人们可以通过用户友好的可视界面访问其内容。这个界面带有概念的、语言和图形信息等不同模块（Faber et al. 2014；Reimerink et al. 2010）（参见图 1）。EcoLexicon 面向有兴趣扩展环境科学知识以增进对专业文本的理解、促进专业文本生成的不同用户群体。例如，环境科学专家、技术作家和翻译人员。虽然我们正在逐步为 EcoLexicon 配备其他五种语言（德语、现代希腊语、俄语、法语和荷兰语），但目前，这个资源只为用户提供英语和西班牙语服务。EcoLexicon 目前总共包含 3 599 个概念和 20 070 个术语。

---

[1]　即理想化和脱离现实的。——译者注

[2]　http://ecolexicon.ugr.es

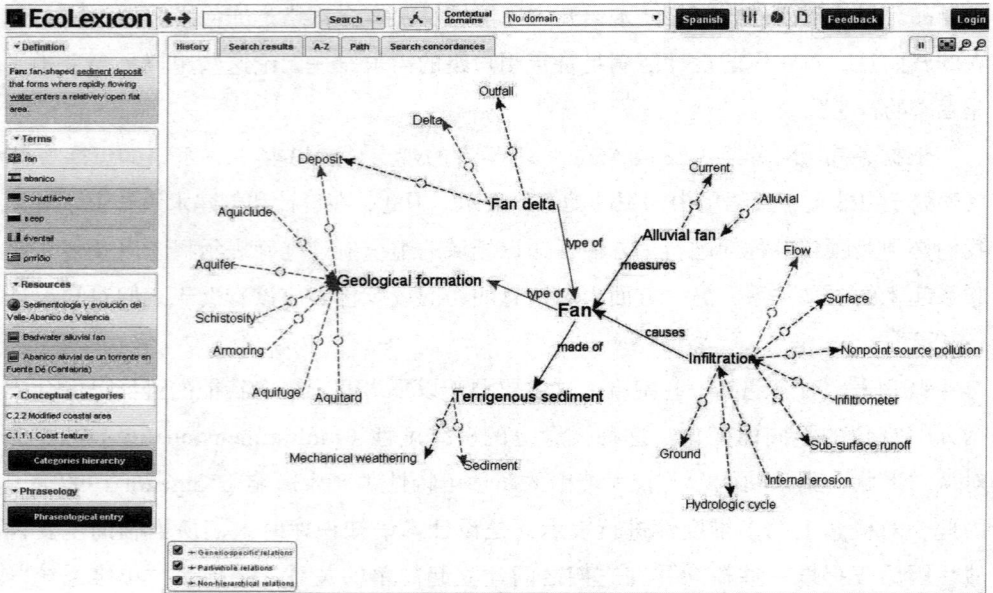

图 1　EcoLexicon 的可视界面

在 EcoLexicon 中，概念关系分为三大类：属种关系（generic-specific relation）、"部分 – 整体"关系（part-whole relation）和非层级关系（non-hierarchical relation）（见图 2）。可以看出，层级关系（hierarchical relation）在此实际上分为了两组，即下义关系（hyponymic relation）[①] 和"整体 – 部分"关系（meronymic relation）关系。在属种关系集合中仅包含了 type_of(……类)关系。相比之下，"部分 – 整体"关系集合中则包含了 part_of、made_of、delimited_by、located_at、take place_in 和 phase_of（……的部分、由……组成、由……界定、位于……、在……发生和……阶段）关系。最后，非层级关系集合包括了 affect、cause、attribute_of、opposite_of、stud、measure、represent、result_of、effected_by 和 has_function（影响、造成、……的属性、……的反面、研究、测量、表示、…… 的结果、由……影响和有……功能）关系。EcoLexicon 中所有的概念关系总共 17 个。在某些情况下，这些关系是域特定的（domain-specific）（例如测量），也就是说，术语知识库中的概念关系集合可能会由于从一个知识领域跳跃到另一个领域而有所变化。

---

① 在此指属种关系。——译者注

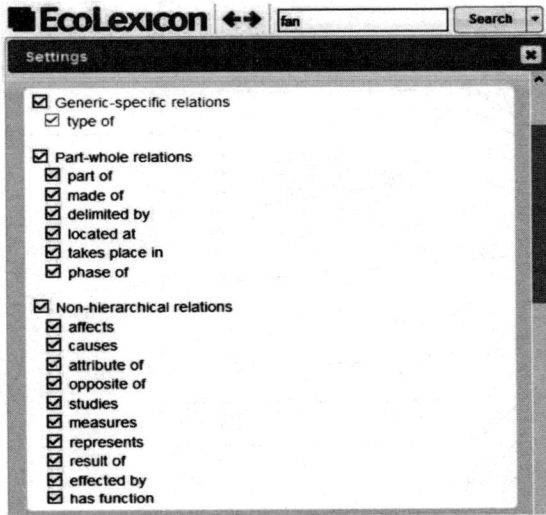

图 2　EcoLexicon 中的语义关系

3　完善 EcoLexicon 中的下义关系

当概念关系的范围比传统的属种关系和"部分 – 整体"关系更为宽泛时，术语知识库就可以获得更佳的连贯性和动态性（León Araúz et al. 2012），因此，我们需要纳入非层级关系，而且，还要对最初的下义关系和"整体 – 部分"关系的含义进行扩展。在 EcoLexicon 中，我们已经将"整体 – 部分"关系中的 part_of 划分成了子类型，如图 2 所示。例如，虽然"冷凝是水循环的一部分"（CONDENSATION is part_of the HYDROLOGIC CYCLE），但是，更准确地说，应该是"冷凝（CONDENSATION）是水循环（HYDROLOGIC CYCLE）的一个阶段"（CONDENSATION is a phase_of the HYDROLOGIC CYCLE）。我们之所以在 EcoLexicon 中做出这种区分，是基于以下的原因：（i）域特定的需求；（ii）本体推理；（iii）与传递性相关的前后一致性的要求（León-Araúz and Faber，2010）。

但是，type_of 关系仍然没有得到细分。这是 EcoLexicon 中产生各种问题的根源，例如，在同一级别上产生了不同的共同下义词（cohyponym）（请参见图 3），这就会产生噪声，以及信息过载和数据冗余等问题。另一些问题则与传递性（transitivity）和属性继承性（property inheritance）有关。例如：石灰岩（limestone）目前被同时表示为岩石（rock）和沉积岩（sedimentary rock）的下义词。解决这类问题的一种可行方案，就是对 type_of 关系进行改进。

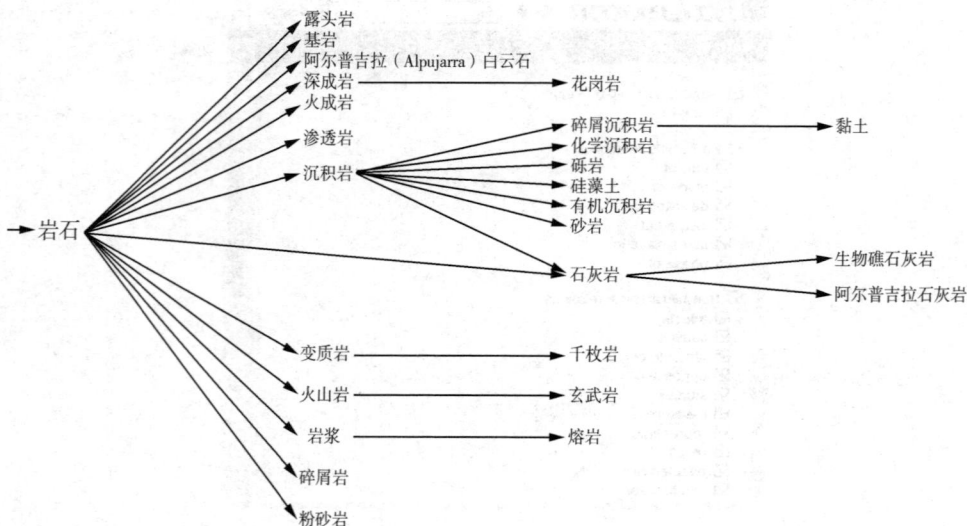

图 3　共同下义词所处的不同维度以及传递性问题

　　学者墨菲（Murphy）（2003，2006）指出，下义关系（hyponymy）是一种包含关系，与之相反的是上义关系（hyperonymy）。由于下义关系具有推断的性质，并在定义中具有重要性，而且与语法中选择性约束（selectional restriction）相关，因此，在许多词典模型中，它都具有重要意义。与"整体－部分"关系（meronymy）相类似，下义关系可以分出子类型（Murphy 2003），但这些子类型应该能够提供出有效的属种关系分类系统。根据墨菲（Murphy 2003: 219-220）的观点，最常见的分法是分为分类学意义上的下义关系（is a-kind-of 关系）和功能性的下义关系（is-used-as a-kind关系）。在某种程度上，这种"二分法"与学者克鲁斯（Cruse）（2002）称为"侧面"（facet）的理念有一定的联系。

　　另一方面，在对下义关系进行规范时，学者们发现了另一个重要现象，就是微型含义（microsenses）的存在（Cruse 2002），它们仅在特定的上下文语境中才会被激活。在 EcoLexicon 中，通过输入不同的概念作为同一个下义词（hyponym）的上义词（hyperonym），可以使微型含义变得明确。我们甚至还可以通过上下文语境域（contextual domain）的选项对查询（query）进行过滤（请参见图 4）。更准确地说，EcoLexicon 中的概念性命题（conceptual proposition）［概念－关系－概念（concept-relation-concept）］是根据它们在不同学科的子域（subdomain）中的突显度（salience）而得以触发或者受到约束的。

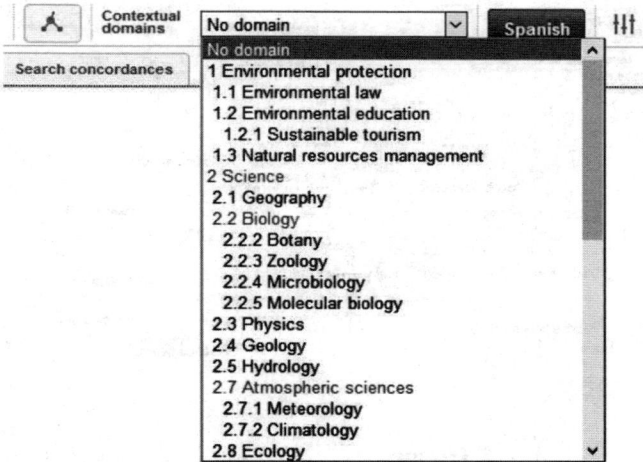

图 4　EcoLexicon 中的上下文语境域

　　这表明，同一个概念可能具有与上下文语境相关的不同上义词，它们仅选择性地反映了这个概念的某微型含义。我们可以在图 5 和图 6 中观察到这种现象，它们展示了土壤科学（Soil Sciences）域（见图 5）和地质学（Geology）域（见图 6）中关于 Sand（沙子）的不同概念网络。

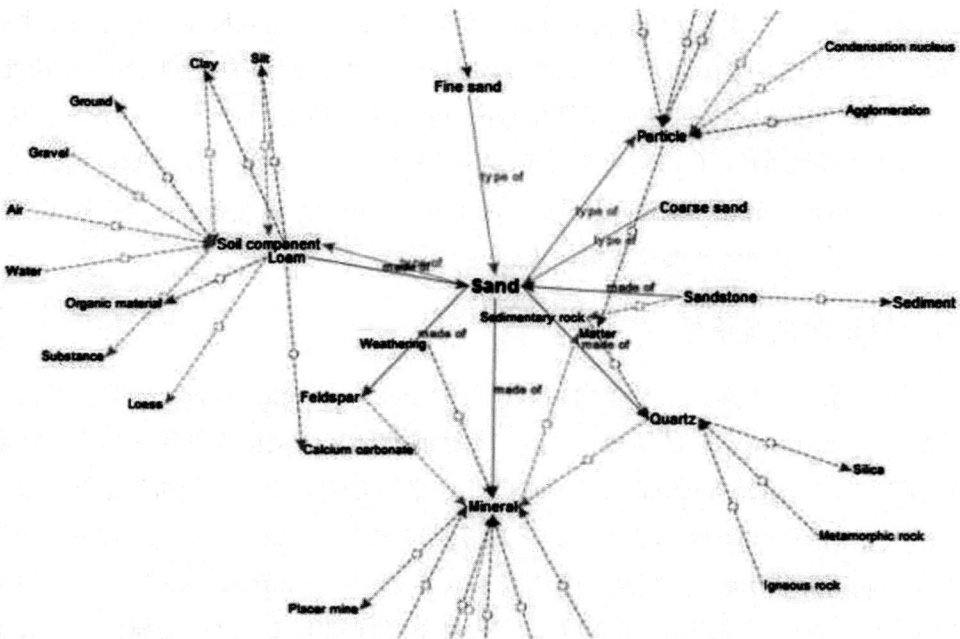

图 5　土壤科学中的 Sand 网络

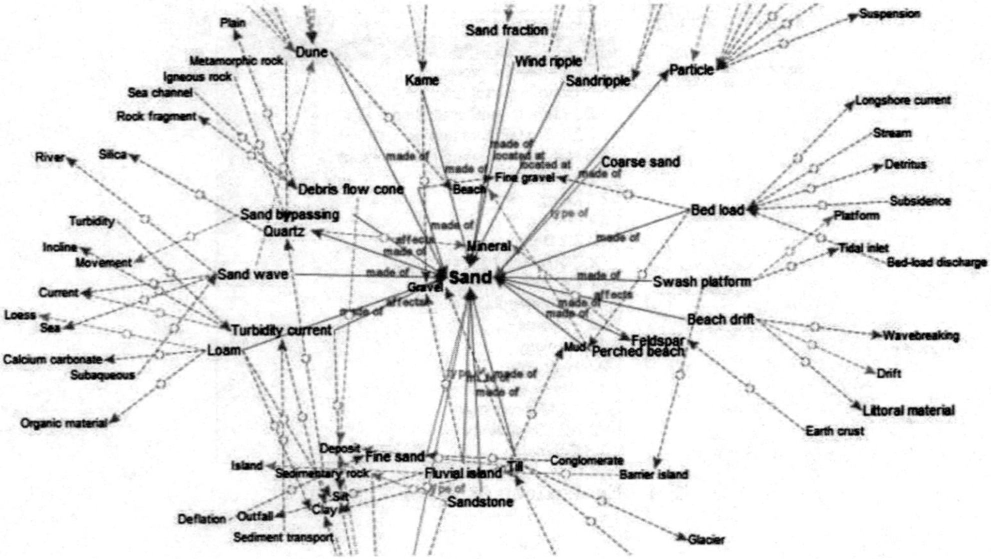

图 6　地质学中的 sand 网络

　　另外，学者格奥尔基塔（Gheorghita）和皮埃尔雷尔（Pierrel）（2012）提出，只需在定义中添加一个域（domain），人们就可以消除术语知识库中输入的含义所具有的歧义性。就 EcoLexicon 而言，我们没有将域应用于定义，而是将其应用于概念关系。但是，对于 EcoLexicon 的数据库来说，我们使用域仅能对所有关系中的2 624 个关系（占 50%）进行分类，这就说明，使用这种方法不可能达到完全的准确性。

　　此外，我们仍然需要进一步细化 type_of 关系。对此，可行性解决方案包括：（ⅰ）修正属性继承性；（ⅱ）对下义关系的不同子类型进行规范；（ⅲ）创建"伞概念"（umbrella concept）。本文着重讨论前两个方案，因为对属性继承性进行修正是在type_of 关系中划分出子类型的第一步。

3.1　修正属性继承性

　　如前所述，下义关系是单向关系，其中子概念（child concept）继承了其父概念（parent concept）的属性，不过它们也具有使其含义更为具体化的区分性属性（种差）（differentiating property）。在术语知识库中，我们可以通过"属 –种差"（genus–differentia）的定义，即在为"属"（genus）［上义词或者上位义项（superordinate）］加上一个或者多个"种差"（differentiae）（区分同义词的特征）进行明确表示的基础上，来表示上义词和下义词之间的属性继承关系（Temmerman 2000）。

尽管在事实上，我们采用这种方式成功地对 EcoLexicon 中的大多数概念进行了定义，但是，传递性方面仍然存在着问题（请参见图 3）。本文提出了一种解决方案，并以分析两种类型的概念作为例子：实体（entity）［以"岩石"（rock）为例］和过程（process）［以"侵蚀"（erosion）为例］。

3.1.1　实体概念网络中的属性继承性："岩石"

在 EcoLexicon 中，有关"岩石"这个实体的 type_of 关系网络，最初定义得并不太准确（请参见图 3）。例如，"石灰岩"目前同时被表示为"岩石"和"沉积岩"的直接下义词，而且，有两个被命名为"碎屑岩"（clastic rock）的相似实体［"碎屑岩"和"碎屑沉积岩"（clastic sedimentary rock）］，却处于两个不同级别上。为了解决这类问题，我们添加了新概念［例如，"坚岩"（solid rock）、"熔岩"（molten rock）和"白云岩"（dolomite）］以便对"岩石"的概念网络进行增强，并且重新构造属性继承关系。

表 1 显示了初始概念网络中属性继承性的示例。"玄武岩"（basalt）被定义为起源于"火成岩"（igneous rock）的岩石（rock of igneous origin），但是，它的上义词"火山岩"（volcanic rock）也被定义为一种"火成岩"。另外，尽管事实上在"火山岩"的定义中提到了"火成岩""沉积岩"和"变质岩"（igneous, sedimentary and metamorphic）这些岩石类型，但是，在初始概念网络中，只有"火山岩"的直接上义词假定成了"岩石"。

表 1　最初概念网络中的"岩石—玄武岩"（最初的定义）

> 岩石：固结或未固结的矿物或有机物质的集合体。岩石的三种类型是火成岩、沉积岩和变质岩。
>
> > 火山岩：由于火山活动，在地表附近或地表上凝固的火成岩。
> >
> > > 玄武岩：非常坚硬的火成岩石，由辉石和三斜长石组成，带有磁性或钛铁颗粒，以及瓶状绿色橄榄石颗粒。它是由地幔减压熔融形成的。

表 2 显示，在增强了的概念网络中属性继承性是如何得到改进的。在这个例子中，"玄武岩"的各种属性都得到了兼顾："玄武岩"是"火山岩"的一种类型，"火山岩"是"火成岩"的一种类型，"火成岩"是"坚岩"的一种类型，"坚岩"是"岩石"的一种类型。换句话说，"玄武岩"最终反映了自己对所有上义词所

拥有的特征的继承性。

表2　新概念网络中的"岩石—玄武岩"（改进后的定义）

> 岩石：固结或未固结的矿物或有机物质的集合体。岩石的三种类型是火成岩、沉积岩和变质岩。
>
> > 坚岩：由沉积物压缩或熔融材料凝固形成的固态岩石。
> >
> > > 火成岩：熔融岩浆在地下或地表凝固形成的坚岩。
> > >
> > > > 火山岩：由于火山活动，在地表附近或地表上凝固的火成岩。
> > > >
> > > > > 玄武岩：由辉石和三斜长石组成，带有磁性或钛铁颗粒，以及瓶状绿色橄榄石颗粒。它是由地幔减压熔融形成的非常坚硬的火山岩。

总之，我们对其余的概念关系进行了修改，并改进了术语定义，同时增加了可填补语义上的空白的新概念，最终，使"岩石"的概念网络得到了增强（参见表3）。

表3　"岩石"的增强概念网络（属种关系）

层级0	层级1	层级2	层级3	层级4	层级5
岩石 <type_of- （……类）	坚岩<type_of---	沉积岩< type_of-	石灰岩<type_of -	礁石灰岩| 阿尔普吉拉石灰岩|	
			碎屑岩<type_of -	黏土|	
			化学沉积岩<type_of	白云岩<type_of-	阿尔普吉拉（Alpujarra）白云岩|
			有机沉积岩| 砾岩| 硅藻土| 砂岩| 粉砂岩|		
		火成岩<type_of -	深成岩<type_of ---	花岗岩|	
			火山岩<type_of	玄武岩|	
		变质岩<type_of- 渗透岩| 基岩| 露头岩|	窄岩|		
	熔融岩石<type_of-|	岩浆<type_of	熔岩|		

3.1.2　过程概念网络中的属性继承性："侵蚀"

属性继承性还体现在过程类型的概念中。在这种情况下，我们也对"侵蚀"这个过程的初始概念网络进行了分析，以检查父概念与子概念之间的特征继承是否准确。检查结果表明，我们必须对某些概念进行重新定位，而且还需要改进某些下义词的定义，以便对属性继承性进行修正。

为了描绘如何在概念的定义中对属性继承性进行修正，我们做了另一种比较，以显示从"侵蚀"到"河道冲刷"（channel scour）所建立的 type_of 关系。正如在初始概念网络（请参阅表4）中观察到的那样，位于"侵蚀"第三级别上的"河道冲刷"本应继承其直接的上义词"冲刷"（scour）的特征，在这里，却被直接定义成了"侵蚀"的一种。

表4　旧概念网络中的"侵蚀—河道冲刷"（最初的定义）

> 侵蚀：地壳物质在被风、水、细菌等不同的媒介从其来源地运输时被磨损、松动或溶解的过程。
> > 河流侵蚀：河流两侧和河床基岩的侵蚀；河岸侵蚀；水道中的水流将岩石碎片分解成更小的碎片。
> > > 冲刷：在流水中的水的侵蚀，从河床和河岸挖掘和带走物质。
> > > > 河道冲刷：河床的侵蚀。

相比之下，在改进后的概念网络（请参见表5）中，属性继承性得到了很好的表达，因为每一个下义词都采用了其上义词的特征："河道冲刷"是"冲刷"的一种类型，而"冲刷"又是"河流侵蚀"（fluvial erosion）的一种类型，"河流侵蚀"又是"水侵蚀"（water erosion）的一种类型，"水侵蚀"是"侵蚀"的一种类型。因此，（处于下义关系的第四级别上的）"河道冲刷"现在直接被定义为"冲刷"的一种类型，而不是"侵蚀"的一种。

表5　新概念网络中的"侵蚀—河道冲刷"（改进后的定义）

> 侵蚀：地壳物质在被风、水、细菌等不同的媒介从其来源地运输时被磨损、松动或溶解的过程。
> > 水侵蚀：水对岩石和沉积物的侵蚀，包括剥离、搬运和沉积。
> > > 河流侵蚀：河流两侧和河床基岩的水侵蚀；河岸侵蚀；水道中的水流将岩石碎片分解成更小的碎片。
> > > > 冲刷：在流水中的的河流侵蚀，从河床和河岸挖掘和带走物质。
> > > > > 河道冲刷：河床的冲刷。

但是，前面提到的对属性继承性的修正，并不是为完善概念网络所做的唯一更改，因为我们还添加了新的概念［例如"水侵蚀"、"细沟侵蚀"（rill erosion）或者"河岸侵蚀"（streambank erosion）］。最终，我们得到了一个增强版的网络（请参见表6）。对属性继承性的修正不仅可以对内容进行增强，而且还可以表明怎样将下义词分解为子类型，如下一节所述。

表6 增强了的"侵蚀"概念网络（属种关系）

层级0	层级1	层级2	层级3	层级4
侵蚀< type_of– (……类)	水侵蚀< type_of---	河流侵蚀< type_of–	冲刷<type_of – 片状侵蚀| 细沟侵蚀| 沟状侵蚀| 河岸侵蚀	河道冲刷| 侧翼（冲刷）
		大海侵蚀 |		
	风侵蚀| 磨蚀| 人为腐蚀 冰川侵蚀 内部侵蚀 潜在侵蚀 差异侵蚀 损耗 剥蚀	风蚀| 冰川磨蚀|		

3.2 对下义关系的子类型进行规范

依据学者墨菲（2003，2006）的观点，我们可以将下义关系分成子类型，例如：分为分类学意义上的下义关系（taxonomic hyponymy）和功能性的下义关系（functional hyponymy）。依照这种观点，在概念是实体（如"岩石"）或者过程（如"侵蚀"）的基础上，ecolexicon 的概念网络还可以显示更具细粒度的子类型。

3.2.1 实体的概念网络中下义关系的子类型："岩石"

在改进后的"岩石"概念网络（请参见表3）和增强了的概念定义的基础上，我们可以建立与实体相关的、多达五个的不同下义关系子类型：

·基于形成（formation-based）的下义关系子类型：取决于下义词（所指称的实体）形成过程或者起源的 type_of 关系；

·基于成分（composition-based）的下义关系子类型：取决于下义词（所指称的实体）的成分或者组成的 type_of 关系；

·基于位置 / 地点（location-based）的下义关系子类型：取决于自然界物质情况或者下义词（所指称的实体）所处位置 / 地点的 type_of 关系；

·基于状态（state-based）的下义关系子类型：取决于下义词（所指称的实体）所处状态的 type_of 关系；

·基于属性（attribute-based）的下义关系子类型：取决于下义词（所指称的实体）的特性或者特征的 type_of 关系。

表 7 中提供了在"岩石"概念网络中这些下义关系子类型的示例。例如，"火成岩"与"坚岩"处于基于形成的下义关系中，因为"火成岩"是由熔融的岩浆凝固而形成的（formed by solidification of molten magma）；"生物礁石灰岩"与"石灰岩"处于基于成分的下义关系中，因为"生物礁石灰岩"由原地生物的遗骸组成（composed of the remains of sedentary organisms）；"火山岩"与"火成岩"处于基于位置 / 地点的下义关系中，因为"火山岩"是由于火山活动，在地表附近或地表上凝固的"火成岩"（solidified near or on the surface of the Earth）。

表7　在"岩石"概念网络中发现的下义关系的子类型示例

基于形成的下义关系：（X formation–based_type_of Y） （X 属于 Y 基于形成的类型）
·沉积岩<坚岩 ·火成岩<坚岩 ·碎屑岩<沉积岩
基于成分的下义关系：（X composition–based_type_of Y） （X 属于 Y 基于成分的类型）
·白云岩<化学沉积岩 ·有机沉积岩<沉积岩 ·礁石灰岩 <石灰岩
基于位置/地点的下义关系：（X location–based_type_of Y） （X 属于 Y 基于位置/地点的类型）
·基岩<坚岩 ·火山岩<火成岩 ·阿尔普吉拉石灰岩<石灰岩
基于状态的下义关系：（X state–based_type_of Y） （X 属于 Y 基于状态的类型）
·坚岩<岩石 ·熔岩<岩石
基于属性的下义关系：（X attribute–based_type_of Y） （X 属于 Y 基于属性的类型）
·渗透岩<坚岩

　　但是，并非所有的下义关系都可以采用子类型进行分类。某些子概念的区别性特征无法让我们确定出这类概念的下义关系子类型。例如，"花岗岩"（granite）是在其属性（纹理粗糙、色浅、坚硬）、成分（主要由石英、正长石或者微斜长石以及云母组成）以及功能（作为建筑材料）的基础上，才被看成是"深成岩"（plutonic rock）的一种类型的。遇到这类情况，我们仍然将其归类为一般分类学意义上的下义关系（general taxonomic hyponymy），或者作为非特定（non-specific）的 type_of 关系看待。

　　然而，这些子类型并不是一个封闭的下义关系列表，它们仅仅显示了到目前为止我们在"岩石"以及类似的实体概念网络中已经做出区分的下义关系。实际上，关于"水"（water），我们已经注意到，它还具有另外两类下义关系的子类型：

　　·基于功能（function-based）的下义关系：取决于下义词（所指称的实体）的功能或者使用目的的 type_of 关系。例如，"饮用水"（drinking water）属于"水"基于功能的下义关系子类型（*function-based_type_of* WATER）；

　　·基于形状（shape-based）的下义关系：取决于下义词（所指称的实体）的形状或者物理特性的 type_of 关系。例如，"非晶质霜"（amorphous frost）属于"霜"（frost）基于形状的下义关系的子类型（*shape-based_type_of* FROST）。

　　最后，我们还需要找到一定数量的实例，以确认下义关系子类型的有效性（和有用性）。

3.2.2　过程概念网络中下义关系子类型："侵蚀"

　　参照"侵蚀"的概念网络（请参阅表6），我们为其建立了多达四个的具有典型过程特点的下义关系子类型：

　　·基于作用者／施事者的（agent-based）下义关系：取决于引起下义词（所指称过程）产生的作用者／施事者（agent）或者促进者／助长者（promoter）的 type_of 关系；

　　·基于承受者／受事者的（patient-based）下义关系：取决于受下义词（所指称过程）影响的实体或者位置／地点的 type_of 关系；

　　·基于结果的（result-based）下义关系：取决于下义词（所指称过程）产生的

结果和效果的 type_of 关系；

·基于属性的（attribute-based）下义关系：取决于下义词（所指称过程）的特性或者特征的 type_of 关系。

表 8 中包含了在"侵蚀"概念网络中发现的一些示例，并显示了这类下义关系的子类型。例如，"人为侵蚀"（anthropic erosion）属于"侵蚀"基于作用者的下义关系子类型（an *agent-based_type_of* EROSION），因为它是由人类活动引起的"侵蚀"；由于"冰川磨蚀"（glacier abrasion）是"冰川床"（a glacier bed）被"磨蚀"的过程，因此，它属于"磨蚀"（abrasion）基于承受者 / 受事者下义关系子类型（a *patient-based_type_of* ABRASION）；而"细沟侵蚀"（rill erosion）属于"河流侵蚀"（fluvial erosion）基于结果的下义关系子类型（a *result-based_type_of* FLUVIAL EROSION），因为它形成了很小的渠槽。

表 8　在"侵蚀"概念网络中发现的下义关系的子类型示例

基于作用者/施事者的下义关系：（*X* agent–based_type_of *Y*） （*X* 属于 *Y* 基于作用者/施事者的类型）
·海洋侵蚀<侵蚀 ·人为侵蚀<侵蚀 ·河流侵蚀<水侵蚀
基于承受者/受事者的下义关系：（*X* patient–based_type_of *Y*） （*X* 属于 *Y* 基于承受者/受事者的类型）
·河岸侵蚀<河流侵蚀 ·冰川磨蚀<磨蚀 ·河道冲刷<冲刷
基于结果的下义关系：（*X* result–based_type_of *Y*） （*X* 属于 *Y* 基于结果的类型）
·片状侵蚀<河流侵蚀 ·细沟侵蚀<河流侵蚀 ·沟状侵蚀<河流侵蚀
基于属性的下义关系：（*X* attribute–based_type_of *Y*） （*X* 属于 *Y* 基于属性的类型）
·潜在侵蚀<侵蚀 ·差异侵蚀<侵蚀

正如表 8 所示，与过程有关的下义关系子类型和与实体有关的子类型有所不同（基于属性的下义关系子类型除外）。过程通常表现为动词的名词化，因此，它通常涉及

到作用者／施事者、承受者／受事者和结果（这些语义角色）。这不同于实体所具有的典型性语义特征——形成、成分和状态。另外，在具有典型过程特点的下义关系子类型中，基于承受者／受事者的下义关系，有时会取代基于位置／地点的下义关系，因为承受者／受事者可能是一个物理性的位置（地点）［例如，"河道冲刷"作用于"河道"（a stream bed），因此，这个过程发生在"河床"上］。

再者，过程概念网络中下义关系子类型中还存在着一般分类学意义上的下义关系（type_of 关系）。实际上，在侵蚀的概念网络中，我们可以找到许多这类的示例。例如，"剥蚀"是"侵蚀"的一种类型（a *type_of* EROSION）：它的施事者是水、冰、风和波浪，即其由水、冰、风和波浪的作用引起；其承受者／受事者是地球表面；由其产生的结果是地球表面的物质进行了重新分配。

与实体的概念网络中下义关系的子类型情况一样，这些下义关系的子类型不是一个封闭的集合，因为我们还需要做进一步的研究，以期确定出过程的概念网络中下义关系子类型的范围以及如何进行扩展。

4　结论

在本文中，我们分析了如何在 EcoLexicon（环境科学多语言术语知识库）中对下义关系进行改善。在我们的研究中，我们修正了术语知识库基本特征的理论背景，包括关注其多维度的表示形式和其对概念关系的反映。我们还研究了如何在 EcoLexicon 中建立下义关系，以及如何对不同的侧面和微型含义进行表达。同时我们发现，在优化 type_of 关系时，对属性继承性进行修正是一个预备性的但又必不可少的阶段。

这项初步研究表明，我们可以通过分析网络中的概念及其定义，对属种关系进行完善并建立下义关系的子类型。采用这种方式，我们为实体（例如，基于形成的下义关系）和过程（例如，基于作用者／施事者的下义关系）以及同时针对这两种概念（例如，基于属性的下义关系）区分出了几种下义关系子类型。

我们还展示了如何在 EcoLexicon 中实践这种改进的下义关系，以提高用户获取的信息量。我们需要研究的另一个重要课题，就是如何采用本体对关系进行形式化建模。尽管由于篇幅所限，我们不得不在此缩小讨论范围，但在未来的工作中，我们还将更深入地探讨这一课题。

另外，我们还必须邀请领域专家对不同的下义关系的子类型以及新的概念层级结构进行验证和更正。同时，我们还需要开展进一步的研究，以验证在其他的知识领域中这些下义关系子类型是否存在，而且，我们还需要为创建新的子类型建立系统化参数，并探索如何在名词性从句和复合型名词中对语义关系进行表达（Downing 1977；Nastase and Szpakowicz，2003）。

我们相信，这项研究能增强术语知识库中的概念网络并使其更具信息性。①

参考文献：

[1] CARBÉ M T. La terminología: representación y comunicación[Z]. Barcelona: Institut universitari de lingüística aplicada, Universitat Pompeu Fabra, 1999.

[2] CRUSE D A. Hyponymy and its varieties [M]//GREEN R, BEAN C N, MYAENG S H. The semantics of relationships: an interdisciplinary perspective. Dordrecht, Boston, London: Kluwer academic publishers, 2002: 3-22.

[3] DOWNING P. On the greation and use of English compound nouns[J]. Language, 1977,53 (4): 810-842.

[4] DUBUC R, LAURISTON A.Terms and contexts [M]//WRIGHT S E, BUDIN G. Handbook of terminology management,1. Amsterdam, Philadelphia: John Benjamins,1997: 80-88.

[5] FABER P. The cognitive shift in terminology and specialized translation[J]. MonTI, 2009,1: 107-134.

[6] FABER P, LEÓN-ARAÚZ P, REIMERINK A. Representing environmental knowledge in EcoLexicon[M]//BARCENA E, READ T, ARUS J. Languages for specific purposes in the digital era, 19. Berlin, Heidelberg: Springer, 2014: 267-301.

[7] GHEORGHITA I, PIERREL J. Towards a methodology for automatic identification of hypernyms in the definitions of large-scale dictionary[C]//CALZOLARI N, CHOUKRI K, DECLERCK T, et al. Proceedings of the eighth International conference on language resources and evaluation. Istanbul: ELRA, 2012: 2614-2618.

[8] JOUOS C. Hierarchical relationships"is-a": distinguishing belonging, inclusion and part/of relationships[C]// CALZOLARI N, CHOUKRI K, GANGEMI A, et al. Proceedings of the fifth International conference on language resources and evaluation.

① 　这项研究是作为项目 FF2014-52740-P——"术语增强型翻译的认知和神经学基础"（Cognitive and Neurological Bases for Terminology-Enhanced Translation, CONTENT）—— 的一部分进行的，该项目由西班牙经济与竞争力部（Spanish Ministry of Economy and Competitiveness）资助。

Genoa: ELRA, 2006: 571-574.

[9] KAGEURA K. Multifaceted/multidimensional concept systems[M]//WRIGHT S E, BUDIN G. Handbook of terminology management, 1. Amsterdam, Philadelphia: John Benjamins,1997: 119-132.

[10] LEÓN-ARAÚZ P, FABER P. Natural and contextual constraints for domain-specific relations[C]//MITITELU V B, PEKAR V, BARBU E. Proceedings of the workshop semantic relations, theory and applications. Valletta: [sn], 2010: 12-17.

[11] LEÓN-ARAÚZ P, FABER P, MONTERO MARTINEZ S. Specialized language semantics[M]//FABER P. A cognitive linguistics view of terminology and specialized language. Berlin, Boston: De Gruyter Mouton, 2012: 95-175.

[12] LEÓN-ARAÚZ P, PEIMERINK A, ARAGON A G. Dynamism and context in specialized knowledge[J]. Terminology, 2013, 19 (1): 31–61.

[13] LEONARD P M. Digital Materiality? How Artifacts Without Matter, Matter[J/OL]. First Monday, 2010,15 (6). http://firstmonday.org/article/view/3036/2567

[14] METEYARD L, CUADRADO S R, BAHRAMI B, et al. Coming of age: a review of embodiment and the neuroscience of semantics[J]. Cortex, 2012, 48(7): 788–804. doi: 10.1016/j.cortex.2010.11.002

[15] MEYER I, BOWKER L, ECK K. Cogniterm: an experiment in building a knowledge-based term bank[C]//TOMMOLA H, VARANTOLA K, SALMI-TOLONEN T, et al. Proceedings of the Fifth EURALEX International Congress. Tampere: Tampereen Yliopisto, 1992: 159–172.

[16] MURPHY M L. Semantic relations and the Lexicon: antonymy, synonymy and other paradigms[M]. Cambridge: Cambridge University Press, 2003.

[17] MURPHY M L. Hyponymy and hyperonymy[M]//BROWN K. Encyclopedia of language and linguistics, 1. New York: Elsevier, 2006: 446–448.

[18] NASTASE V, SZPAKOWICS S. Exploring noun-modifier semantic relations[C]// Anon. Fifth International Workshop on Computational Semantics. Tilburg: [s.n.], 2003: 285–301.

[19] PATTERSON K, NESTOR P J, ROGERS T T. Where do you know what you know? The representation of semantic knowledge in the human brain[J]. Nature Reviews Neuroscience, 2007,8: 976–988.

[20] REIMERINK A, LEÓN-ARAÚZ P, MAGAÑA REDONDO P J. EcoLexicon: an environmental TKB[C]//CALZOLARI N, CHOUKRI K, MAEGAARD B, et al. Proceedings of the seventh International conference on language resources and evaluation. Valletta: ELRA, 2010: 2322–2329.

[21] ROCHE C, CALBERG-CHALLOT M, DAMAS L, et al. Ontoterminology: a new paradigm for terminology[M]//DIETZ J L G. Proceedings of the International conference on knowledge engineering and ontology development. Madeira: Scitepress. 2009: 2626–2630.

[22] TEMMERMAN R. Towards new ways of terminology description: the sociocognitive approach[M]. Amsterdam, Philadelphia: John Benjamins, 2000.

规范下义关系子类型和知识模式：
基于语料库的研究

J. C. 吉尔 – 贝罗斯佩（Juan Carlos Gil-Berrozpe）、

P. 莱昂 – 阿劳斯（Pilar León-Araúz）和 P. 费伯（Pamela Faber）[①]

摘　要：术语知识库的组织依赖于对概念之间关系的识别。这就需要我们清点语义关系，并借助知识模式从语料库中提取出这些关系。在 EcoLexicon（一个基于环境科学的多语言和多模式的术语知识库）中，我们目前正在使用 17 种语义关系来连接环境科学概念。这些关系包括 6 个"整体 – 部分关系"的子类型，但仅包括 1 个下义关系子类型（type_ of 即"的_种类"关系）。然而，最近贝罗斯佩等学者经试验性研究表明，对属种关系也是可以进行细分的。有趣的是，这些初步结果说明，下义关系子类型是受概念"本体"性质制约的，在 EcoLexicon 中，这具体要看这些概念是"实体"还是"过程"。本文提出的新观点扩展了我们在下义关系子类型方面最初的研究范围，同时涵盖了属于更广泛语义类别的概念，也研究了用来提取下义关系的知识模式的行为。在这项研究中，我们使用语料库分析来探索许多属于不同类别的概念和知识模式及其与下义关系子类型之间的相关性。得益于这些"约束"，我们有可能在环境科学领域中拟定出更为全面的属种关系清单。

关键词：下义关系子类型，知识模式，语料库分析，概念性质

1　引言

近些年来，人们对术语学和专业语言学的研究一直在经历着认知性转变（cognitive shift）（Faber 2009），学者们更加关注概念的表示和知识的组织。在这一方面，术

---

① 这篇文章英文名为"Specifying Hyponymy Subtypes and Knowledge Patterns: A Corpus-based Study"。原文见西班牙格拉纳达大学（University of Granada）LexiCon 研究团队（LexiCon Research Group）的出版物网站（http://lexicon.ugr.es/publications）（2017 年）。——译者注

语学的描述性理论（Cabré 1999；Temmerman 2000；Faber 2009）反映了术语的动态现象（例如变量或者多维度性质），并强调了层级关系和非层级关系所具有的同等重要性。

对术语知识库（terminological knowledge base，TKB）进行组织的一个关键性因素在于把握好其中术语之间的关系（Barrière 2004a）。这些语义关系可以借助语料库分析和使用"知识丰富的上下文语境"（knowledge-rich context，KRC）来发现。这样的上下文语境蕴含丰富的信息，因为它们为我们提供了概念性的信息和专业领域知识（Meyer 2001），而且，通常采用"知识模式"（knowledge pattern，KP）的形式来对语义关系进行整理（Meyer 2001；Condamines 2002；Barrière 2004b；Agbago and Barrière 2005；León-Araúz 2014）。

近年来，有不少学者都针对采用半自动程序来提取知识丰富的上下文语境这一课题进行过研究（Jacquemin and Bourigault 2005；Bielinskiene et al. 2012；Schumann 2012），尤其针对具有下义关系（hyponymic relation）的"下义术语对"（hyponymic term pair）。虽然，在最近一段时期，学者们的注意力集中在研究（除下义关系之外的）其他概念关系上，例如"整体 – 部分关系"（meronymy）、功能（function）关系和因果（causality）关系（Marshman 2002；Girju et al. 2003；León-Araúz et al. 2016），但是，鉴于下义关系是一种复杂的关系，实际上，它需要我们投入更多的研究精力。下义关系作为层级关系的"骨干"（backbone），它既牵涉到"类别"（categorization）又涉及"属性继承性"（property inheritance）（Barrière 2004a）。另外，它还具有包含各种细微差别和诸多维度性的特点，这些都需要我们去做更为深入的研究（Gil-Berrozpe and Faber 2016）。

为了探索我们想法的可行性，我们进行了一项初步研究（Gil-Berrozpe et al. 2016），以确定在 EcoLexicon[①] 这个多语言和多模式的环境科学术语知识库中可以对属种关系（generic-specific relation）进行细分（Faber et al. 2014，2016）。为此，我们使用 Sketch Engine 对 EcoLexicon 的英语语料库（EcoLexicon English Corpus）[②] 进行了处理（Kilgarriff et al. 2004），其中使用了"单词草图"（Word Sketch，WS）模块。"单词草图"是语料库自动提取的关于单词语法和搭配行为的摘要（Kilgarriff et al. 2004）。在这项试验性研究中，我们对 rock（岩石）［一种"实体"（entity）］

---

① http://ecolexicon.ugr.es/.。
② 在 Sketch Engine 的开放语料库（https://the.sketchengine.co.uk/open/）中，人们可以获得这个语料库的一部分信息（2 300 万个单词）。

和 erosion（侵蚀）[一个"过程"（process）] 的分类系统（taxonomy）进行了重建，其中产生的层级结构基于我们对以下要素的分析：（i）单词草图的默认修饰词（default modifier），从而可以通过分析"多词术语"（multiword term）的构成来提取下义关系；（ii）以具有下义关系的知识模式为基础而"自定义的"（customized）单词草图，这些下义关系是在文本中明确表达出来的。结果表明，下义关系的"子类型"（subtype）是以概念的语义类别为基础的，并且受到了概念性质——它是实体还是过程——的约束。

本文旨在介绍一项关于下义关系子类型的最新研究结果，这种子类型包含属于更广泛语义类别[例如 activity（活动）、chemical element（化学元素）、landform（地貌/地形）等] 的概念，以及分析用于提取下义关系的知识模式的行为。为此，我们利用语料库分析来探索各种不同类别的概念与知识模式以及与下义关系子类型之间的相关性。这些约束性让我们得到了环境科学领域中更为全面的属种关系清单，以及更为准确的提取这些属种关系的方式。

本文的其余部分安排如下：第 2 部分简要介绍 EcoLexicon 术语知识库，并解释如何通过对下义关系的改进来增强 EcoLexicon 的概念网络；第 3 部分介绍分析与具有下义关系的知识模式和下义关系子类型有关的语义类别时使用的材料和所遵循的方法；第 4 部分中对我们的研究结果进行介绍和讨论；第 5 部分重点介绍从这项研究中可以得出的结论，并概述未来研究的计划。

2　对 EcoLexicon 中下义关系的改进

EcoLexicon 是一个基于"框架术语学"（Frame-Based Terminology，FBT）理论前提的环境科学术语知识库（Faber 2012，2015）。创建这一术语知识库的目的是通过提供不同类型的具有多模式和上下文语境的信息，为用户获取知识提供便利，以满足人们在认知、交流和语言方面的需求。虽然，我们正在往 EcoLexicon 中添加其他五种语言（德语、现代希腊语、俄语、法语和荷兰语），但目前，这个资源提供给用户的主要是英语和西班牙语版本。迄今为止，EcoLexicon 中共有 3 601 个概念和 20 212 个术语。[①] EcoLexicon 具有一个可视化的界面，其中包含针对概念、语言和图形信息的不同模块（见图 1）。一旦用户选择了一个概念，这个概念将会在一张"交互式图"（interactive map）的中心得到体现。在这一界面上同时会显示这个概念的多语言术语，以及属于同一个网络的所有概念之间的不同概念关系。

---

① 截至原文成文时间。——译者注

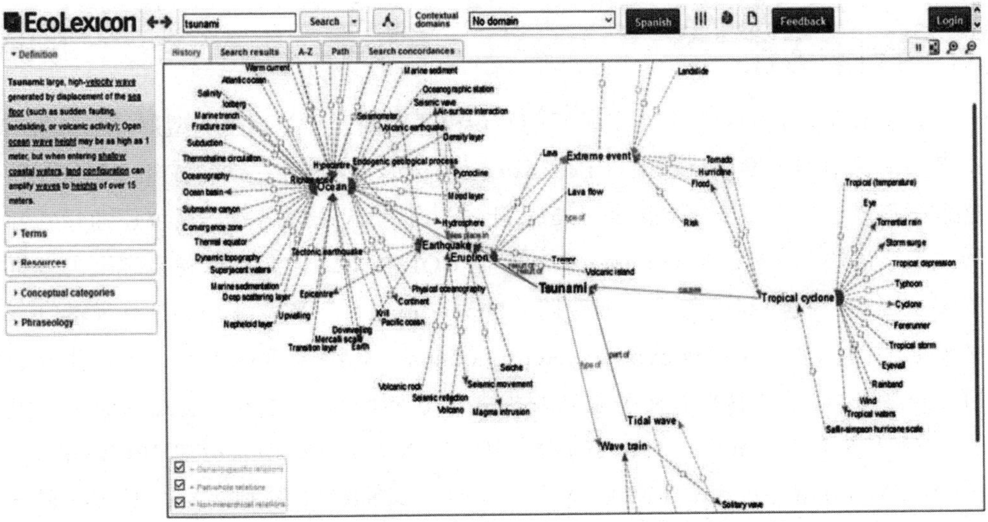

图 1　EcoLexicon 的可视界面［Tsunami（海啸）的概念网络］

　　EcoLexicon 中的概念关系分类如下：（ⅰ）属种关系（generic-specific relation）（1
种类型）；（ⅱ）部分 – 整体关系（part-whole relation）（6 种类型）；（ⅲ）非层
级关系（non-hierarchical relation）（10 种类型）。显然，现在我们需要对只具有一
种子类型的属种关系或者下义关系做更细致的表示，因为这样才可能增强其信息的
可用性，并帮助解决概念网络中的噪声（noise）、信息过载（information overload）
和数据冗余（redundancy）（Gil-Berrozpe and Faber 2016）等问题。"下义关系"
（hyponymy）是一种包含性的语义关系，其反义是"上义关系"（hyperonymy）（Murphy
2006），它可以通过对其子类型进行规范（Murphy 2003）或者通过建立"侧面"（facet）
和 / 或者"微型含义"（microsense）来得到完善（Cruse 2002）。

　　我们的试验性研究（Gil-Berrozpe et al. 2016）是基于以下标准来对下义关系进行
改进的：（ⅰ）根据概念定义修正"属性继承性"（property inheritance）；（ⅱ）创
建"伞概念"（umbrella concept）；（ⅲ）将下义关系分解为子类型。如前所述，我
们的研究结果表明，对下义关系子类型的分类，要以这个概念是实体［如 rock（岩
石）］还是过程［如 erosion（侵蚀）］为基础。例如，根据"形成"（formation）［如
sedimentary rock（沉积岩）、igneous rock（火成岩）］、"成分"（composition）［如
siltstone（粉砂岩）、sandstone（砂岩）］和"位置 / 地点"（location）［如 plutonic
rock（深成岩）、volcanic rock（火山岩）］，我们发现，诸如 rock 之类的自然实体
具有不同的下义关系集合。

3 材料与方法

在研究中，我们对具有下义关系的知识模式以及下义关系子类型进行了分析。这两种情况中的主要信息都来自 EcoLexicon 的英语语料库（67 903 384 个单词），这个语料库已经上载到了 Sketch Engine 上。除了默认选项之外，系统还通过在新的"简略语法"（sketch grammar）中存储 CQL 查询，来允许创建自定义的单词草图。因此，我们利用莱昂–阿劳斯（León-Araúz）等学者（2016）开发的"下义关系简略语法"（hyponymic sketch grammar）来编辑语料库。这些语法是以通常反映真实文本中的下义关系知识模式为基础的。这类知识模式的简单示例是"HYPERNYM *such as* HYPONYM；HYPONYM *is a kind of* HYPERNYM，HYPONYM *and other* HYPERNYM"（某种下义词*这样的*上义词；下义词*是一种……*上义词；下义词*和其他*上义词）等。这些知识模式被形式化为与词性标签（POS-tags）相结合的正则表达式，从而产生了 18 个下义关系简略语法。表 1 显示了这些知识模式的摘要版本。

表 1　下义关系知识模式（León-Araúz et al. 2016）

1. HYPONYM ,|(|:|is|belongs (to) (a|the|_) type|category|_ of HYPERNYM // 2. types|kinds|_ of HYPERNYM include|are HYPONYM // 3. types|kinds|_ of HYPERNYM range from (_) (to) HYPONYM // 4. HYPERNYM (type|category|_) (,|,|() ranging (_) (to) HYPONYM // 5. HYPERNYM types|categories|_ include HYPONYM // 6. HYPERNYM such as HYPONYM // 7. HYPERNYM including HYPONYM // 8. HYPERNYM ,|(especially|primarily|_ HYPONYM // 9. HYPONYM and|or other (types|kinds|_) of HYPERNYM // 10. HYPONYM is defined|classified|_ as (a|the|_) (type|kind|_) (of) HYPERNYM // 11. classify|categorize|_ (this type|kind|_ of) HYPONYM as HYPERNYM // 12. HYPERNYM is classified|categorized in|into (a|the|_) (type|kind|_) (of) HYPERNYM // 13. HYPERNYM (,|,|() (is) divided in|into (_) types|kinds|_ :|of HYPERNYM // 14. type|kind|_ of HYPERNYM (is|,|,|() known|referred|_ (to) (as) HYPONYM // 15. HYPONYM is a HYPERNYM that|which|_ // 16. define HYPONYM as (a|the|_) (type|category|_) (of) HYPERNYM // 17. HYPONYM refers to (a|the|_) (type|category|_) (of) HYPERNYM // 18. (a|the|one|two...) (type|category|_) (of) HYPERNYM: HYPONYM

3.1　下义关系知识模式和语义类别

当把自定义的下义关系简略语法应用于 EcoLexicon 的英语语料库时，一个仅由下义关系语汇索引（hyponymic concordance）构成的"过滤性的子语料库"（filtered subcorpus）就创建起来了。这是通过应用 CQL 查询 ［ws（".*-n","\"%w\" is the generic of...",".*-n"）］完成的。产生的子语料库共包含 938 386 个潜在的下义关系语汇索引（见图 2）。

Query .*-n, , is the generic of... 938,386 > Positive filter minerals 3,274 (38.55 per million) ⓘ

Page 1 of 164 Go | Next | Last

file429289...	Rivers also carry small rock fragments and minerals , including *clays* , which are produced
file4292891.	feldspar, mica, and, occasionally, heavy minerals such as *zircon* , tourmaline, and hornblende
file429289...	feldspar, mica, and, occasionally, heavy minerals such as zircon, tourmaline, and *hornblende*
file429289...	feldspar, mica, and, occasionally, heavy minerals such as zircon, *tourmaline* , and hornblende
file429289...	feldspar, mica, and, occasionally, heavy minerals such as zircon, tourmaline, and hornblende
file429289...	shape and generally belong to a group of minerals known as the *aluminosilicates* . These are
file429289...	*shape* and generally belong to a group of minerals known as the aluminosilicates. These are
file429289...	recombining the more reactive constituent minerals , such as micas and feldspars, while the
file429289...	recombining the more reactive constituent minerals , such as micas and *feldspars* , while the
file429289...	recombining the more reactive constituent minerals , such as *micas* and feldspars, while the
file429289...	recombining the more reactive constituent minerals , such as micas and feldspars, while the
file429289...	recombining the more reactive constituent minerals , such as micas and feldspars, while the
file429289...	.7, whereas *iron* oxides and other heavy minerals may be twice as dense. For all these reasons
file429289...	.7, whereas iron *oxides* and other heavy minerals may be twice as dense. For all these reasons
file429289...	sense, *clay* refers to a particular group of minerals , many of which occur in the clay fraction
file429289...	, clay refers to a particular group of minerals , many of which occur in the clay fraction
file429289...	in diameter. *Clay* minerals: A group of minerals found in the soil's clay fraction, generally
file429289...	in diameter. Clay *minerals* : A group of minerals found in the soil's clay fraction, generally
file429289...	regular three-dimensional pattern to form minerals such as quartz (*silicon* dioxide) or calcite
file429289...	regular three-dimensional pattern to form minerals such as quartz (silicon dioxide) or calcite

Page 1 of 164 Go | Next | Last

图 2　从下义关系子语料库中检索到的语汇索引

但是，在使用自定义的单词草图过滤了 EcoLexicon 中的下义关系语汇索引之后，我们还需要进行手动的数据提取过程。由于自定义的单词草图由 18 个语法组成，它描述了对具有下义关系的知识模式进行的各种排列和释义，因而我们有必要对这些信息进行手动收集，并对具有代表性的示例进行分析。另外，下义关系子语料库中包含很多完全相同的句子［因为在同一个语汇索引中多次显示了多个具有多功能的"上义词－下义词对"（hypernym-hyponym pair）］。因此，我们还必须从结果中消除误报的信息。

我们随机检查了下义关系子语料库中的某个部分，从中选择了一个由 3 133 个下义关系语汇索引组成的集合作为对知识模式进行分析的基础。随后，我们对提取的信息进行了分类，以便进行分析（见图 3）。

No.	Hypernym(s) [HYPER]	Hyponym(s) [HYPO]	Activated semantic category	Hyponymic pattern	Hyponymic pattern type
2635.	Acacia	Acacia tortilis, Capparis decidua	lifeform	types of HYPER, mainly HYPO	selection
1.	academic field	geography, architecture, psychology	domain	HYPO and other HYPER such as HYPO	itemization + exemplification
1585.	acid	H2SO4	element	HYPER such as HYPO	exemplification
1584.	acidic species	H2SO4, HCl, HF	element	HYPER such as HYPO	exemplification
2714.	acidic surface oxide	strong carboxylic, weak carboxylic	element	# types of HYPER, namely HYPO	enumeration + selection
692.	acidification	episodic acidification	process	HYPER *be* classified into # types: HYPO	enumeration + classification
2495.	acidification	episodic acidification	process	HYPER, especially HYPO	selection
1722.	acrylamide	N-alkylacrylamide	element	HYPER such as HYPO	exemplification
1064.	acrylic acid	alkyl acrylate, methacrylate	element	HYPER such as HYPO	exemplification
2904.	active region	swash zone	location	HYPER, such as HYPO	exemplification
1378.	active substance	clay, charcoal, diatomaceous earth	substance	HYPER such as HYPO	exemplification
405.	active volcano	Mount Spur	landform	HYPER, such as HYPO	exemplification
414.	active volcano	Mount Erebus	landform	HYPER, such as HYPO	exemplification

图 3　下义关系知识模式表的一段摘录

如图 3 所示，下义关系知识模式表（hyponymic KP table）包含以下类别：（i）语汇索引的 ID 号；（ii）语汇索引中的上义词［Hypernym（s）］［HYPER］；（iii）语汇索引中的下义词［Hyponym（s）］［HYPO］；（iv）上义词 / 下义词的语义类别（semantic category）；（v）表达属种关系的下义关系知识模式（Hyponymic pattern）；（vi）下义关系知识模式的类型（Hyponymic pattern type）。我们还制定了语义类别列表和模式类型列表，以便对信息进行分类和过滤。如前所述，我们的研究目标是考察具有下义关系的知识模式与概念的语义类别之间的相关性。因此，我们有必要创建一个语义类别清单（见 4.1 节）。

3.2　下义关系子类型和语义类别

在上文 3.1 节对知识模式的研究中，我们对"上义词 – 下义词对"的编辑是通过过滤知识模式而非关注语义类别进行的。但是，在研究下义关系子类型的情况下，我们的重点需要放在选择不同的概念类型上，以便生成尽可能全面的下义关系子类型列表。我们先前的研究表明，下义关系子类型的形成似乎取决于概念的性质（Gil-Berrozpe and Faber 2016），因此，我们希望通过使用更为精确的语义类别（例如 activity、landform、chemical element 等）来证实我们的想法。

所以，我们有必要对"上义词 – 下义词对"进行第二次编辑，但我们这一次把重点放在语义类别上。于是，我们提取了 109 个概念上义词，这些上义词属于范围较广的语义类别：32 个来自自然实体（natural entity）（类别）、32 个来自人工实体（artificial entity）（类别）、21 个来自自然过程（natural process）（类别）、17 个来自人工过程（artificial process）（类别），还有 7 个来自混合型的过程（hybrid process）（类别）［根据它们各自的"作用者 / 施事者"（agent）或者使用的方法，可以将其视为自然过程或人工过程］。然后，我们使用 Sketch Engine 中的默认修饰词单词草图，对这 109 个上义词进行了分析。于是，我们得到了一组由其修饰词来表征的下义词（见图 4）。

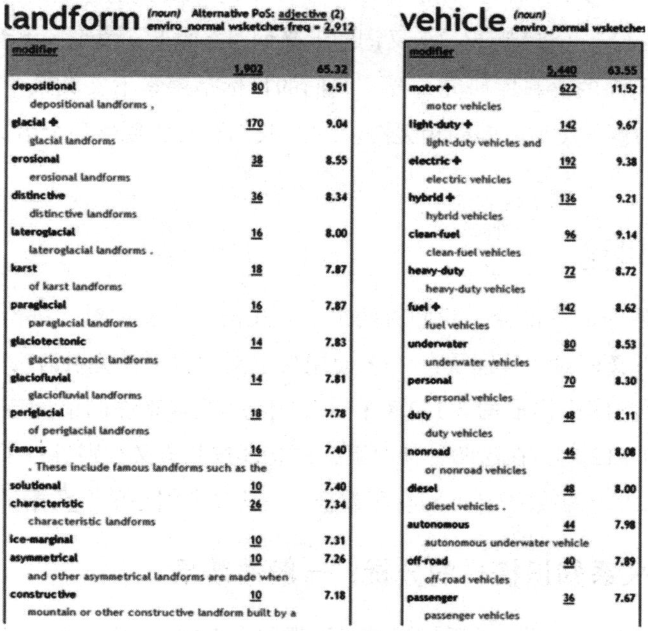

图 4　landform 和 vehicle（交通工具）的修饰词单词草图

另外，我们有必要手动选择相关信息，以避免出现不必要的术语匹配［例如：famous landform（著名的地形／地貌），见图 4 中 landform 的修饰词单词草图］。由此，我们总共提取了 1 912 个"上义词 – 下义词对"，并将其插入到一张分类表中（见图 5）。

ID	Hypernym [HYPER]	General semantic category	Hyponym [HYPO]	Specific semantic category	Hyponymy subtype
NE10	acid	natural entity	abscisic acid	element	effect-based hyponymy
NE02	element	natural entity	abundant element	element	amount-based hyponymy
HP02	contamination	hybrid process	accidental contamination	phenomenon	method-based hypoynymy
NE10	acid	natural entity	acetic acid	substance	composition-based hypoynymy
NP11	precipitation	natural process	acid precipitation	phenomenon	patient-based hyponymy
NE16	soil	natural entity	acid soil	substance	composition-based hyponymy
HP04	reaction	hybrid process	acid-base reaction	process	agent-based hyponymy
NE03	compound	natural entity	acidic compound	element	composition-based hyponymy
NP19	absorption	natural process	active absorption	process	method-based hyponymy
NE23	dune	natural entity	active dune	mass of matter	activity-based hyponymy
AP09	management	artificial process	adaptive management	activity	method-based hyponymy
NP20	radiation	natural process	adaptive radiation	process	method-based hyponymy
HP04	reaction	hybrid process	addition reaction	process	method-based hyponymy
NP08	melting	natural process	adiabatic melting	change of state	method-based hyponymy
NE21	continent	natural entity	adjacent continent	mass of matter	location-based hyponymy
NE22	land	natural entity	adjacent land	mass of matter	location-based hyponymy

图 5　下义关系子类型表的一段摘录

图 5 中的下义关系子类型表具有以下类别：（ⅰ）上义词的 ID 号；（ⅱ）上义词（Hypernym）[HYPER]；（ⅲ）上义词的一般语义类别（General semantic category）；（ⅳ）下义词（Hyponym）[HYPO]；（ⅴ）下义词的专业语义类别（Specific semantic category）；（ⅵ）源自"上义词 – 下义词对"的下义关系子类型（Hyponymy subtype）。与前面的语料库研究一样，我们的目标是探索下义关系子类型与以语义类别形式表示的概念类型之间的相关性。因此，我们有必要创建一个语义种类清单（见 4.2 节）。

4 结果与讨论

作为这项研究的一部分，我们对两组"上义词 – 下义词对"进行了分析，这两组"上义词 – 下义词对"分别是：（ⅰ）使用自定义的"下义关系语法"（hyponymic grammar）从语料库中提取的 3 133 对；（ⅱ）使用默认修饰词单词草图从单词草图数据中提取的 1 912 对。在这两种情况下，概念都按照语义类别进行了分类。虽然这两个数据集合中的大多数语义类别有所重合，但某些类别是单个数据集合所独有的。

4.1 对下义关系知识模式的分析：一般性结果

图 6 显示了为分析下义关系知识模式而提取出来的 3 133 个概念的分布。从中我们找到了 21 个语义类别。

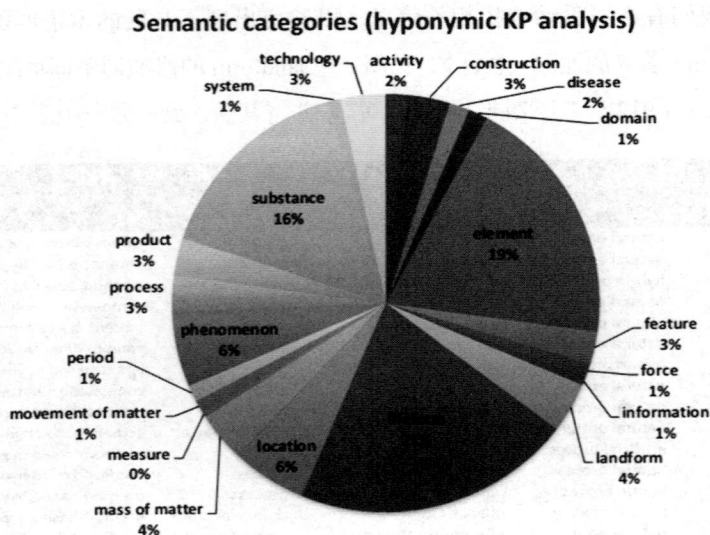

Semantic categories (hyponymic KP analysis)

technology 3% · activity 2% · construction 3% · disease 2% · domain 1% · system 1% · substance 16% · element 19% · product 3% · process 3% · phenomenon 6% · period 1% · movement of matter 1% · measure 0% · location 6% · mass of matter 4% · landform 4% · information 1% · force 1% · feature 3%

图 6 用于下义关系知识模式分析的概念语义类别

　　我们的研究结果表明，主要概念类型的语义类别为 lifeform（生命形式）、（chemical）element［（化学）元素］和 substance（物质材料），它们所占的百分比显著高于其他类别。关于下义关系知识模式，我们已经鉴定出 125 种。我们把以类似方式表达的下义关系知识模式放置在同一个类别中。图 7 显示了这 125 种模式在 10 个类别中的分布。

Hyponymic knowledge pattern (KP) types

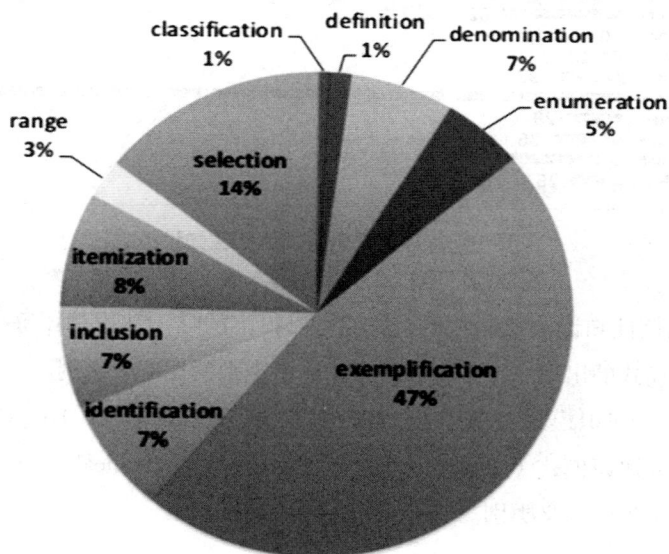

- classification 1%
- definition 1%
- denomination 7%
- enumeration 5%
- range 3%
- selection 14%
- itemization 8%
- inclusion 7%
- identification 7%
- exemplification 47%

图 7　下义关系知识模式类别

　　正如我们的研究结果所反映出来的，虽然表达任何一种形式的"示例性"（exemplification）知识模式显然是最主要的，但最常见的下义关系知识模式类型还有"选择性"（selection）知识模式和"逐项性"（itemization）知识模式。

4.1.1　下义关系知识模式与语义类别之间的相关性

　　到目前为止，我们所发现的最常见的模式是示例性知识模式（具体见图 8），它几乎占据了所分析样品的模式的一半。根据这一模式中的信息数量可知，（chemical）element、lifeform 和 substance 是其中最常见的语义类别的典型代表。处于第二位的重要类别则包括 location、phenomenon、landform 和 construction。至于其他的语义类别，我们只在相当少的语汇索引中有所发现。

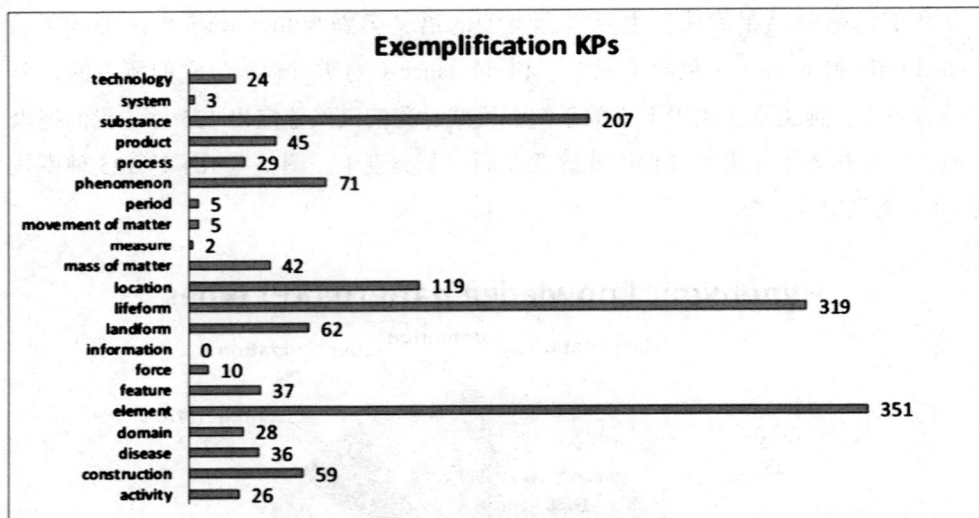

图 8　每种语义类别的示例性知识模式

　　由于示例性知识模式最常见，我们可以得出的唯一结论是：每一个语义类别的示例性知识模式的出现率都与图 6 所示的语义类别的比率成比例。

　　就选择性知识模式（见图 9）和逐项性知识模式（见图 10）以及"包含性"（inclusion）知识模式（见图 11）而言，lifeform、（chemical）element 和 substance 也是它们最常见的语义类别。

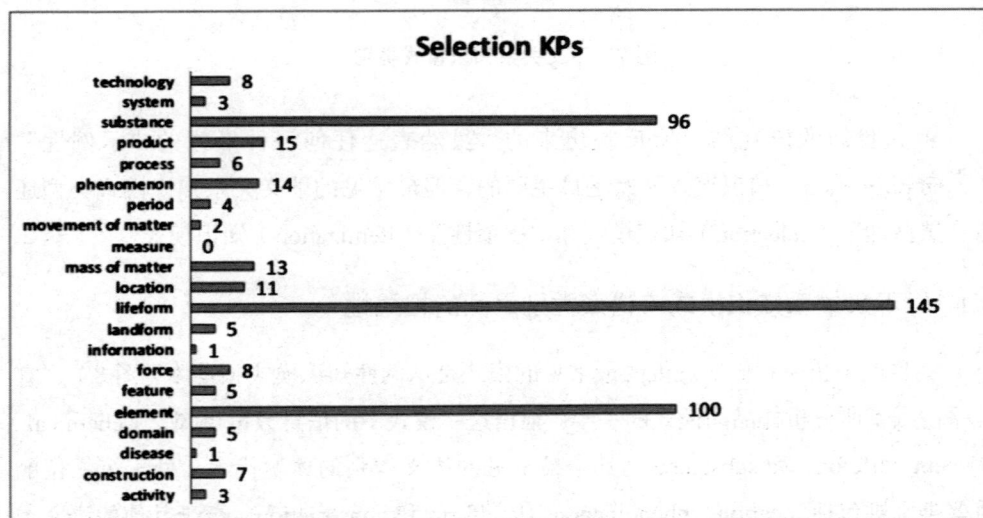

图 9　每种语义类别的选择性知识模式

Itemization KPs

technology 11
system 2
substance 48
product 15
process 1
phenomenon 7
period 0
movement of matter 1
measure 0
mass of matter 11
location 9
lifeform 48
landform 2
information 4
force 0
feature 11
element 47
domain 2
disease 2
construction 12
activity 8

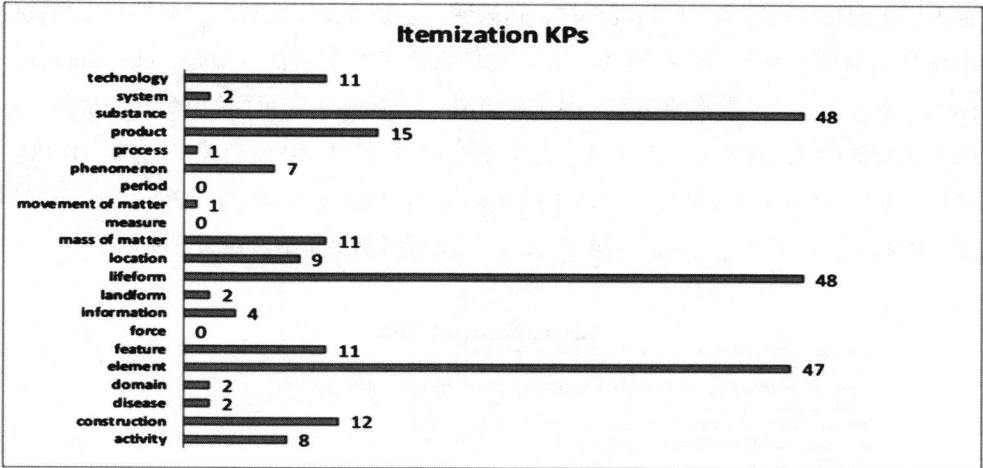

图 10　每种语义类别的逐项性知识模式

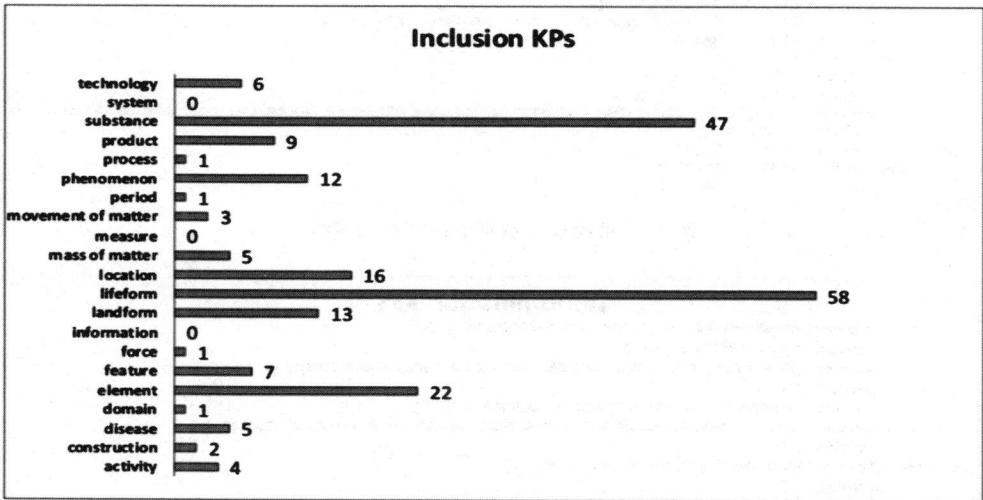

Inclusion KPs

technology 6
system 0
substance 47
product 9
process 1
phenomenon 12
period 1
movement of matter 3
measure 0
mass of matter 5
location 16
lifeform 58
landform 13
information 0
force 1
feature 7
element 22
domain 1
disease 5
construction 2
activity 4

图 11　每种语义类别的包含性知识模式

　　这些模式之所以占了优势，可能是因为运用了统计学方法——这些概念是 EcoLexicon 的英语语料库中最常见的。然而，另一种可能性也存在着：这种现象与话语/语篇（discourse）的类型和功能有关，因为语料库中的大多数文本是研究性文章，或者取自教科书和百科全书，其功能是使获取环境科学的专业知识变得方便。

　　就"识别性"（identification）知识模式（见图 12）和"命名性"（denomination）知识模式（见图 13）而言，phenomenon 类别位居第二位，仅次于（chemical）element 类别，之后是 lifeform 和 substance 类别。另外，process 和 technology 类别

也占据重要地位。与前面的情况一样，这表明，识别性知识模式和命名性知识模式的出现率也与图 6 所示的比率有关，并且它们被语义类别激活。但是，phenomenon、process 和 technology 类别的出现频率明显更高，这也表明，为了给出更好的解释，这些下义关系知识模式可能与需要识别或者命名的结构的复杂概念有关〔例如：HYPO *is a* HYPER；*a type of* HYPER *is a* HYPO；*types of* HYPER *are called* HYPO（某个下义词*是一类*上义词；*某类*上义词*是一种*下义词；上义词*的某些类型被称为*下义词）〕。

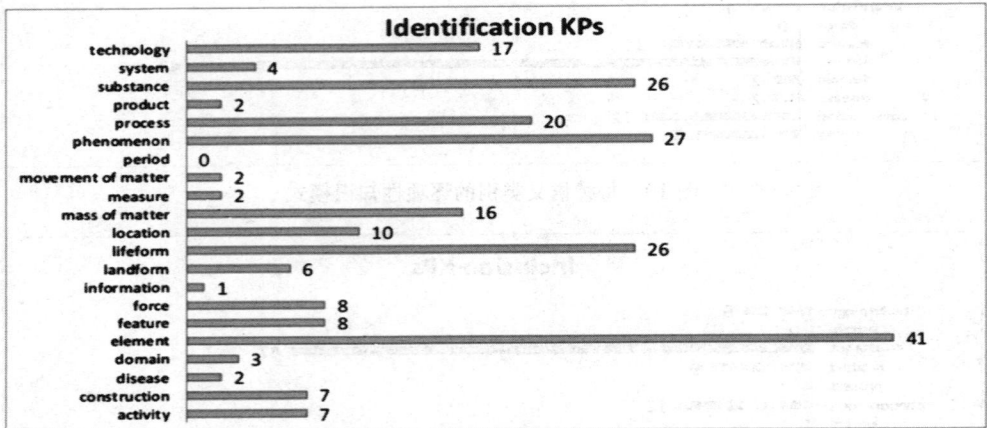

图 12　每种语义类别的识别性知识模式

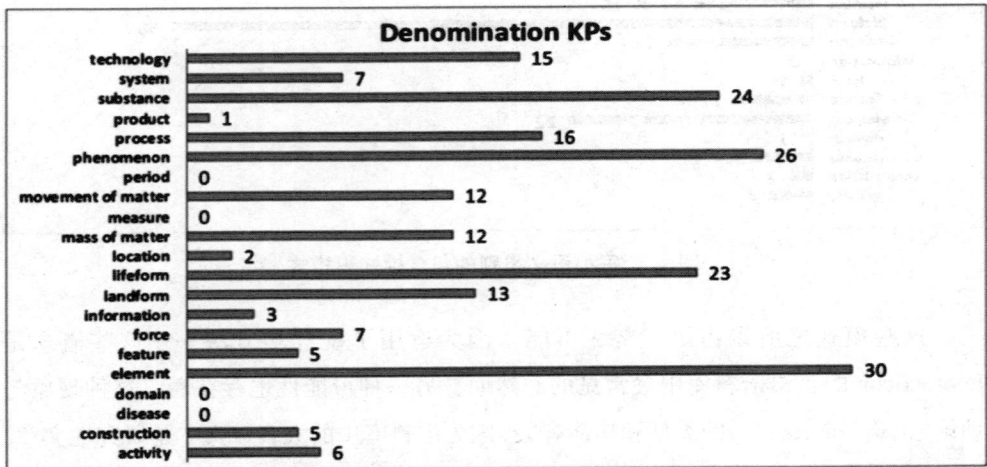

图 13　每种语义类别的命名性知识模式

对于"定义性"（definition）知识模式而言，情况也是如此（见图 14），在其中，technology 和 phenomenon 的类别共同排在第二位，位于 substance 类别之后。在这个类别中，知识模式的表达同样根据其"上位义项"（superordinate）特别定义某个概念［HYPO：*a* HYPER；HYPO：*a type of* HYPER（下义词：**一种**上义词；下义词：**一类**上义词）］。

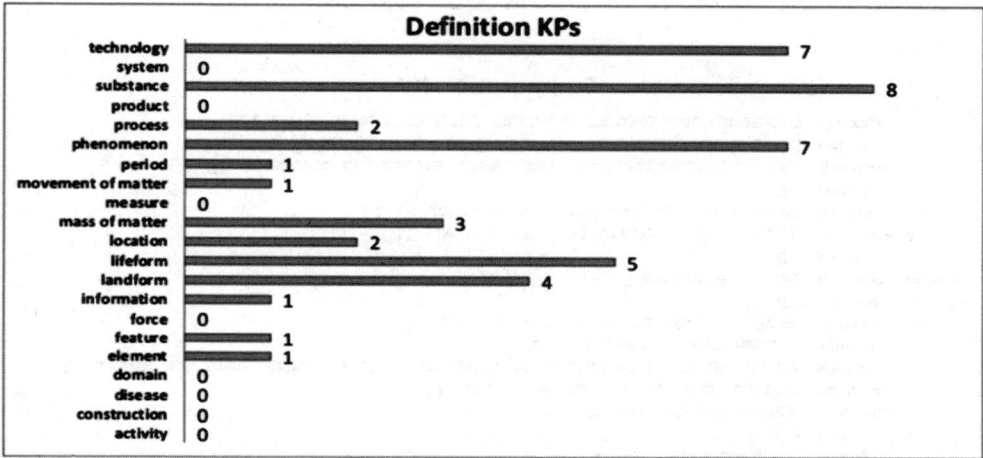

图 14　每种语义类别的定义性知识模式

至于"范围性"（range）知识模式（见图 15），另一种语义类别占据了第一位。这种下义关系知识模式的性质使其非常适合表示时间段（time period）、规模（scale）和程度（degree）｛HYPER *ranging from* HYPO *to* HYPO［从"下义词"**到**"下义词"**（这个范围）的**"上义词"］｝。毫不奇怪，measure 这个语义类别与其他模式几乎没有相关性，它经常出现在范围性知识模式中。

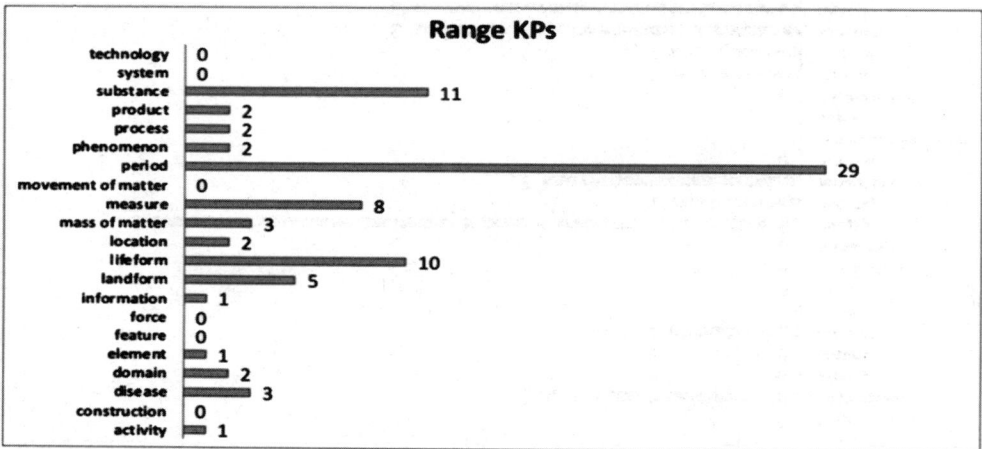

图 15　每种语义类别的范围性知识模式

最后，就"枚举性"（enumeration）知识模式（见图 16）和"分类性"（classification）知识模式（见图 17）而言，提取出任何特定的相关模式是不可能的。

我们的结果表明，枚举性知识模式与示例性知识模式相同——适用于任何概念类型。此外，鉴于分类性知识模式的数据不足，我们无法得出任何相关结论。

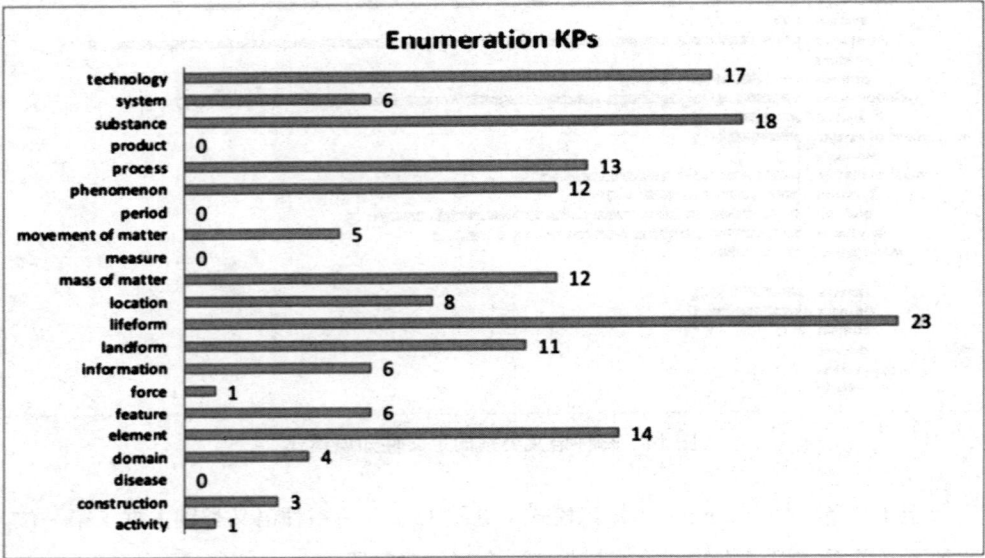

图 16　每种语义类别的枚举性知识模式

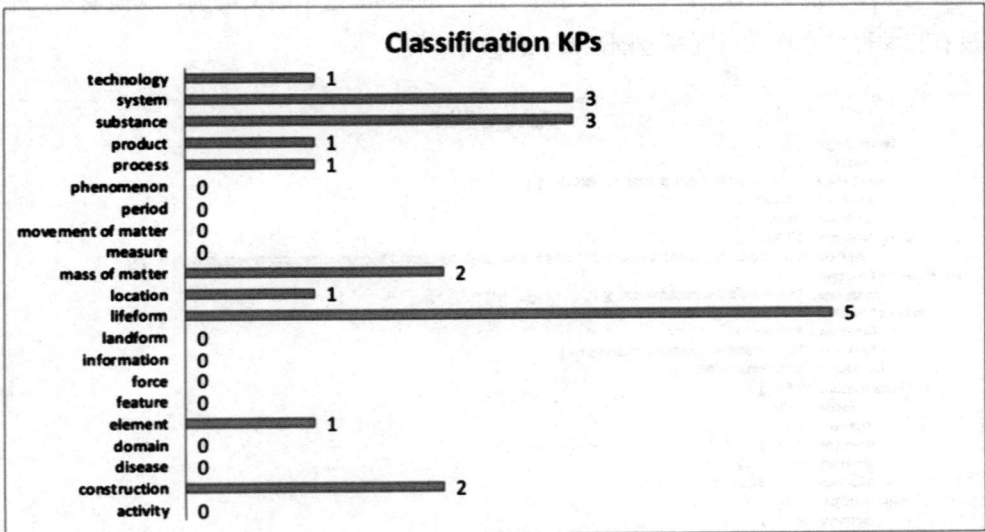

图 17　每种语义类别的分类性知识模式

4.2　下义关系子类型分析：一般性结果

图 18 显示了 1 912 个下义词在 13 个语义类别中的分布。

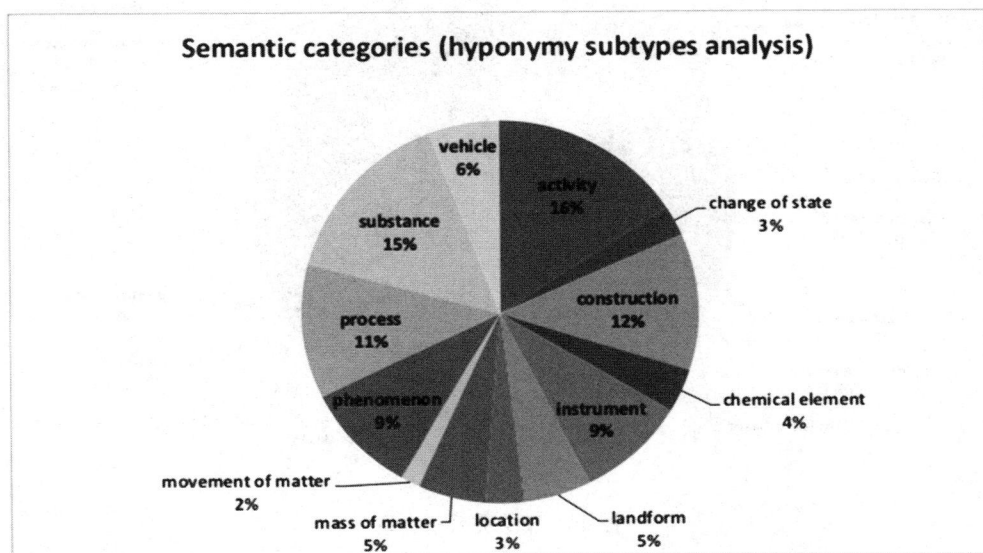

图 18　下义关系子类型分析的概念语义类别

虽然在这个分析过程中，我们识别出来的大多数语义类别与在下义关系知识模式分析中发现的语义类别相一致，但是，在这里并未出现 disease（疾病）、domain（域）、feature（特征）、force（力）、information（信息）、lifeform、measure、period（时期）、product（产品）、system（系统）和 technology 这样的类别。这一结果是手动选择过程造成的。另一方面，鉴于其他一些概念类型的出现频率较高，我们又识别出另外三种语义类别，这些类别是下义关系子类型分析中独有的：instrument（手段／设施／仪器）、vehicle（交通工具）和 change of state（状态的变化）。

我们对属种关系的分解，是以我们分析的案例所具有的共同特征为基础的。由此，我们在 1 912 个"上义词－下义词对"中识别出了 32 个不同的子类型（见图 19）。在这些子类型中，我们可以区分出"关系性下义关系子类型"（relational hyponymy subtype）（它们规范了"下义词－上义词对"的成分之间的关系）和"属性下义关系子类型"（attributional hyponymy subtype）（它们规范了下义词的固有特征）。

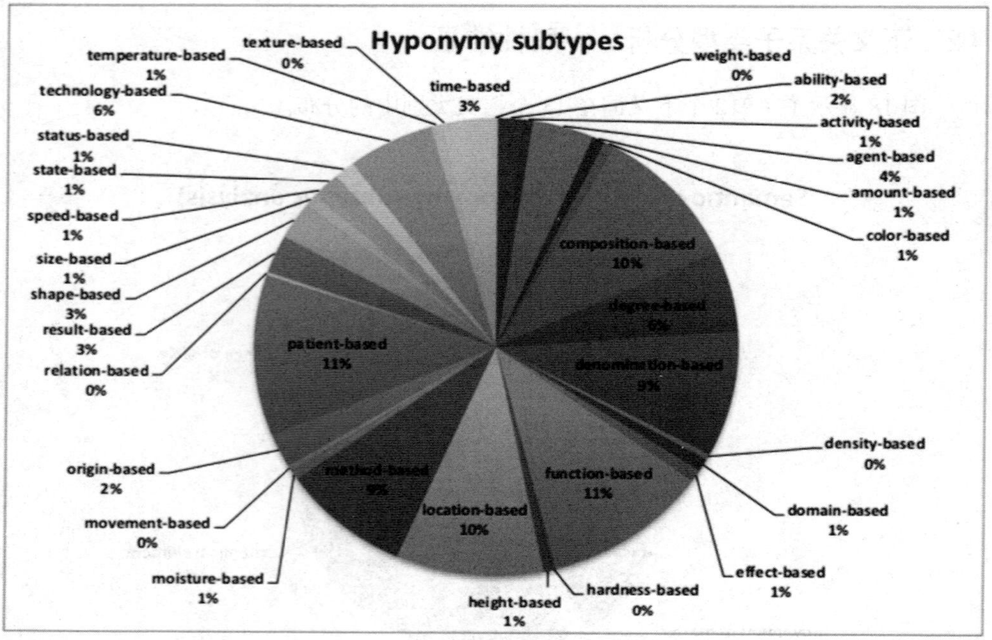

图 19　下义关系子类型

从图 19 中我们可以看出，最常被激活的下义关系子类型是关系性的，特别是 patient-based（基于承受者 / 受事者的）、function-based（基于功能的）、composition-based（基于成分的）和 location-based（基于位置 / 地点的）下义关系。与此相反，我们发现，属性下义关系子类型［例如 degree-based（基于程度的）、shape-based（基于形状的）、ability-based（基于能力的）或者 size-based（基于大小的）］则不太具有代表性。这似乎表明，当把环境科学领域的知识分为子类型时，概念之间的相互作用方式——而非单个概念所具有的内在特征——得到了更多的强调。

4.2.1　下义关系子类型与语义类别之间的相关性

为了简洁起见，在这一部分，我们重点介绍 12 种最常见的下义关系子类型，这些子类型来自 1 582 个"上义词 – 下义词对"（占样本的 83%）。它们是 patient-based、function-based、composition-based、location-based、denomination-based（基于命名的）、method-based（基于方法的）、technology-based（基于技术的）、degree-based（基于程度的）、agent-based（基于作用者 / 施事者的）、time-based（基于时间的）、result-based（基于结果的）和 shape-based 下义关系。

在基于承受者／受事者的下义关系（见图20）和基于方法的下义关系（见图21）中，activity（活动）、process、phenomenon 和 change of state 的类别均占优势。在这里没有与实体相关的（entity-related）语义类别，因为这两个下义关系的子类型都是与过程相关的（process-related）语义类别所独有的。

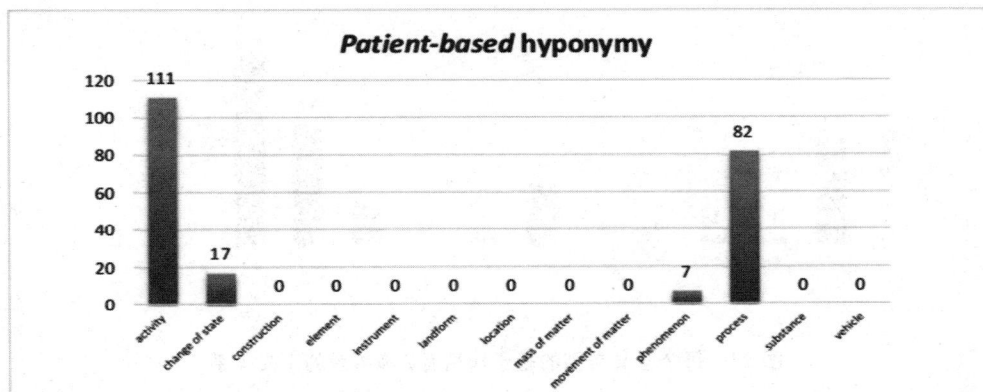

图20　每个语义类别的基于承受者／受事者的下义关系

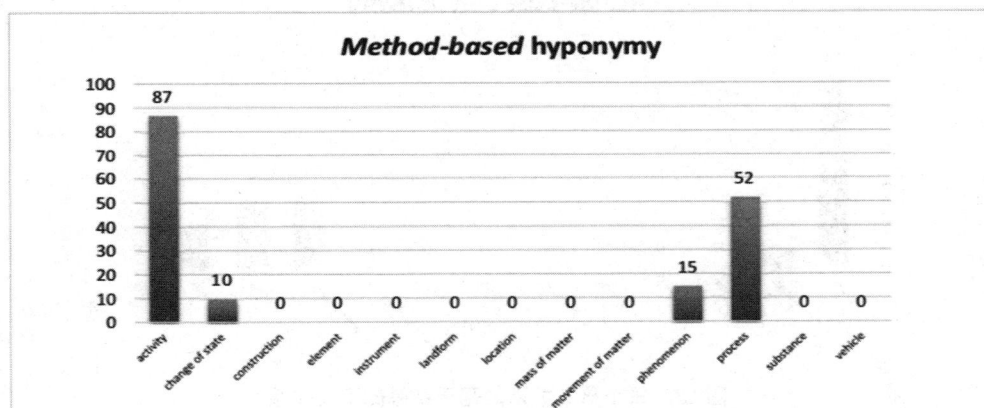

图21　每个语义类别的基于方法的下义关系

由此，我们可以发现，最频繁的语义类别是 activity 和 process，它们主要由人为或者故意的"行动"（action）和过程组成。这与 phenomenon 和 change of state 这样的语义类别形成了鲜明对比，因为这些现象和状态的变化主要由自然过程组成。这也许表明，承受者／受事者（patient）和方法（method）可以把人工过程与自然过程区分开，因为某种自然的改变不是有目的或者故意造成的。

至于基于作用者／施事者的下义关系（见图22）和基于结果的下义关系（见

图 23），其大多数的示例再次提到与过程相关的语义类别，即 activity、process 和 phenomenon 类别。

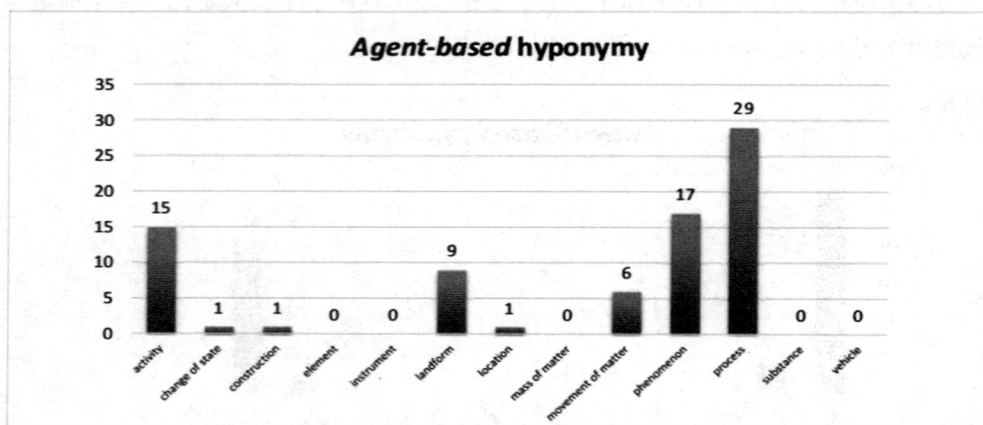

图 22　每个语义类别的基于作用者 / 施事者的下义关系

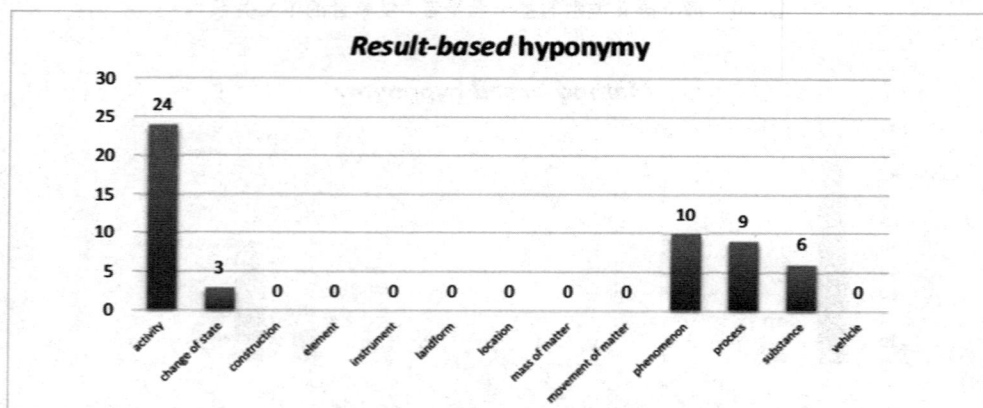

图 23　每个语义类别的基于结果的下义关系

　　有趣的是，这些下义关系的子类型还包括两个与实体相关的类别：（i）就基于作用者 / 施事者下义关系而言的 landform 类别，因为某些 landform 是以其作用者 / 施事者为特征的［例如 glacial landform（冰川地貌）、fluvial landform（流水地貌）、volcanic island（火山岛）］；（ii）就基于结果的下义关系而言的 substance 类别，因为有的时候，人们可以通过过程的结果［例如 degradation product（降解产物）、oxidation product（氧化产物）、fission product（裂变产物）］来描述物质的特征。

与此相类似，基于程度的下义关系（见图24）也大多包含与过程相关的语义类别，例如 phenomenon、activity、process 和 change of state。另外，与我们前面得到的结果相反，phenomenon 类别在此主要以 degree 为特征［例如 cataclysmic eruption（灾难性的喷发）、low-magnitude earthquake（低震级地震）、killer tornado（杀手龙卷风）等］。

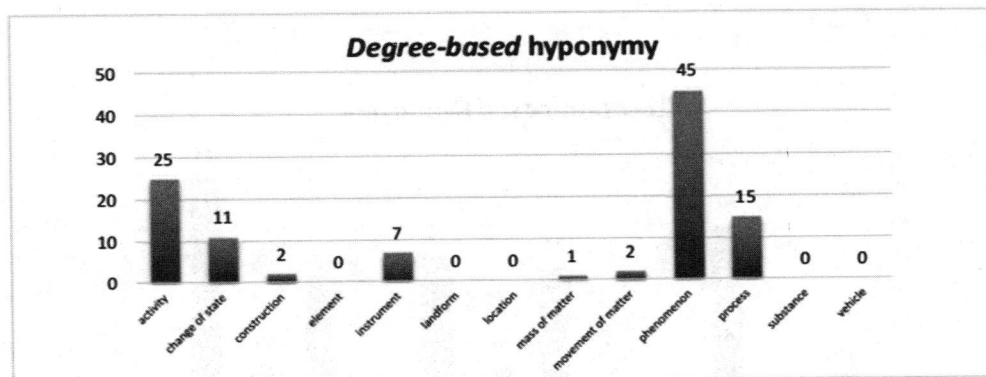

图24　每个语义类别的基于程度的下义关系

基于成分的下义关系（见图25）表明，最常出现的语义类别是涉及自然实体的类别，即 substance 和（chemical）element 类别。紧随其后的是 construction 类别，它由人工实体组成，这些"人工实体"可以通过其成分或者材料来表征［例如 wooden building（木制建筑）、rubble mound breakwater（堆石斜坡防波堤）、concrete dam（混凝土堤坝）等］。

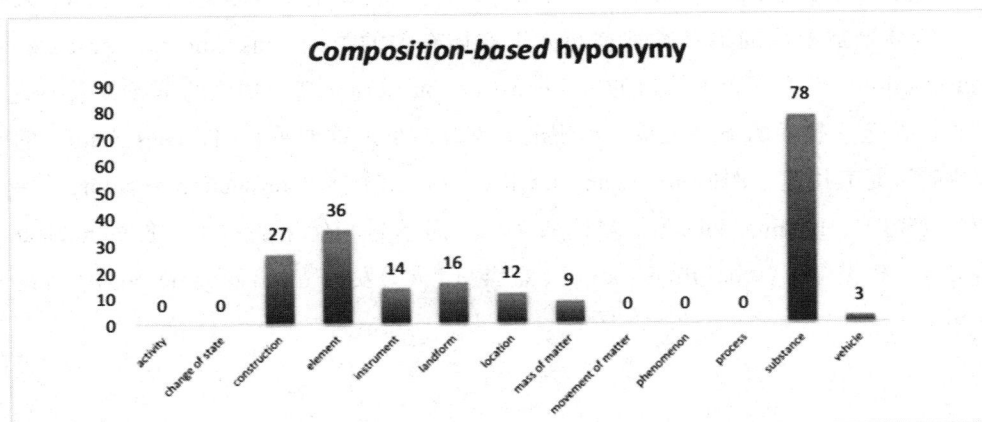

图25　每个语义类别的基于成分的下义关系

基于位置 / 地点的下义关系（见图 26）通常发生在与实体相关的（entity-related）类别中，例如 substance、construction、mass of matter（物质质量）和 landform。但是，phenomenon 类别在此也很重要，因为自然过程的特征也可以通过其发生的位置 / 地点来描述［例如 submarine earthquake（海底地震）、mountain cyclogenesis（山地风暴之发展形成）、forest fire（森林火灾）等］。

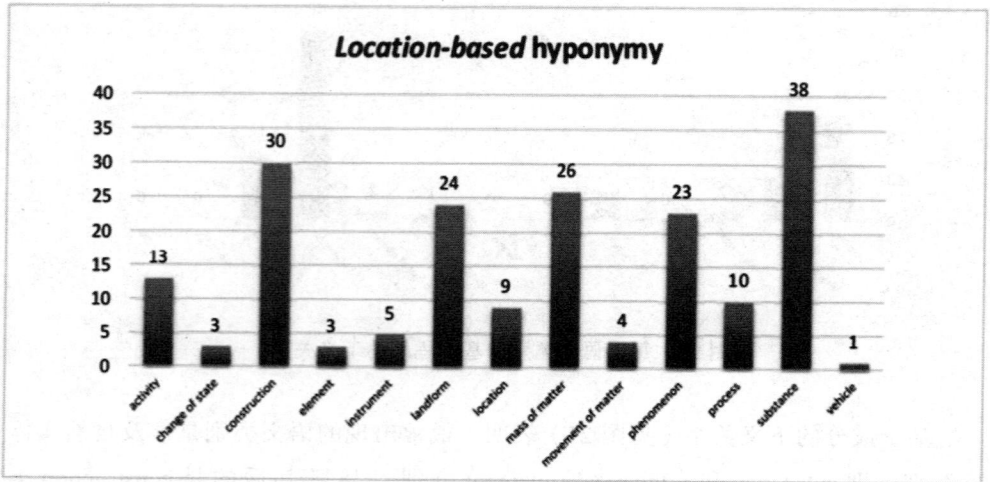

图 26　每个语义类别的基于位置 / 地点的下义关系

对于基于功能的下义关系（见图 27）和基于技术的下义关系（见图 28）来说，最频繁被激活的语义类别是与人工实体有关的类别：instrument、vehicle 和 construction。然而，令人惊讶的是，construction 类别在基于功能的下义关系中最常见，在基于技术的下义关系中出现的频率却较低。这似乎表明，construction 的识别特征是其用途［例如 processing facility（加工设施）、protection structure（保护性结构）、landing dock（上岸码头）］，而不是其使用的技术［例如 nuclear facility（核设施）、coal-fired station（燃煤站 / 火力发电站）、organic farm（有机农场）］。

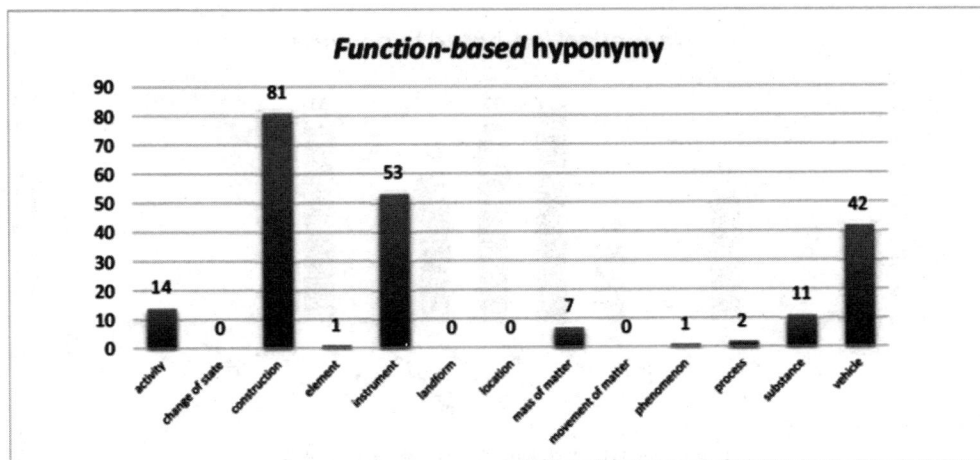

图 27　每个语义类别的基于功能的下义关系

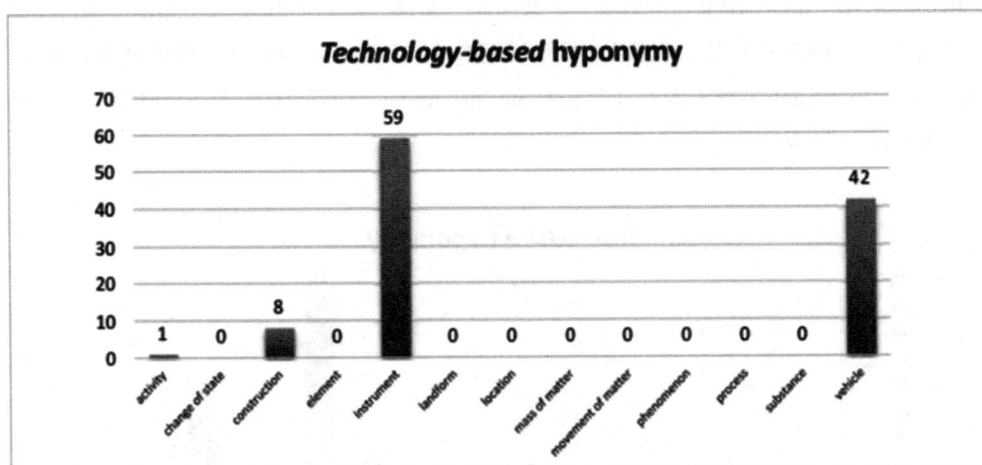

图 28　每个语义类别的基于技术的下义关系

至于基于命名的下义关系（见图 29），在此，几乎所有被激活的语义类别都是实体：landform、location、mass of matter、construction 和 instrument。 但是，phenomenon 类别与 location 类别一起排在了第二位，因为某些气象事件（meteorological event）倾向于接受指定其发生地点的命名／名称［例如 Sumatra earthquake（苏门答腊地震）、Oklahoma tornado（俄克拉荷马州龙卷风）、Sahel drought（萨赫勒干旱）］。

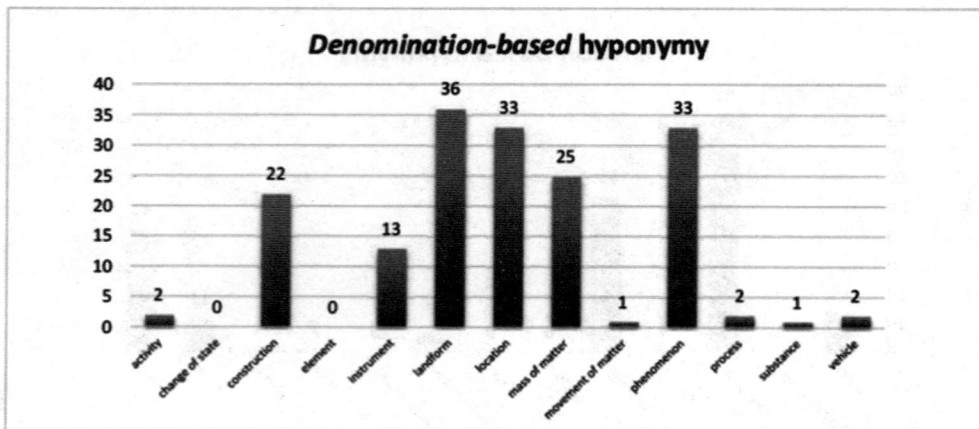

图 29　每个语义类别的基于命名的下义关系

　　基于时间的下义关系（见图 30）与自然性的语义类别有关，它们既涉及过程［现象和物质运动（movement of matter）］又涉及"实体"（物质和物质质量）。实际上，时间也是影响环境领域及其现象的自然性因素［例如 summer precipitation（夏季降水）、late-season hurricane（季末飓风）、periodic drought（周期性干旱）］。但是，它在人工概念中却很少见。

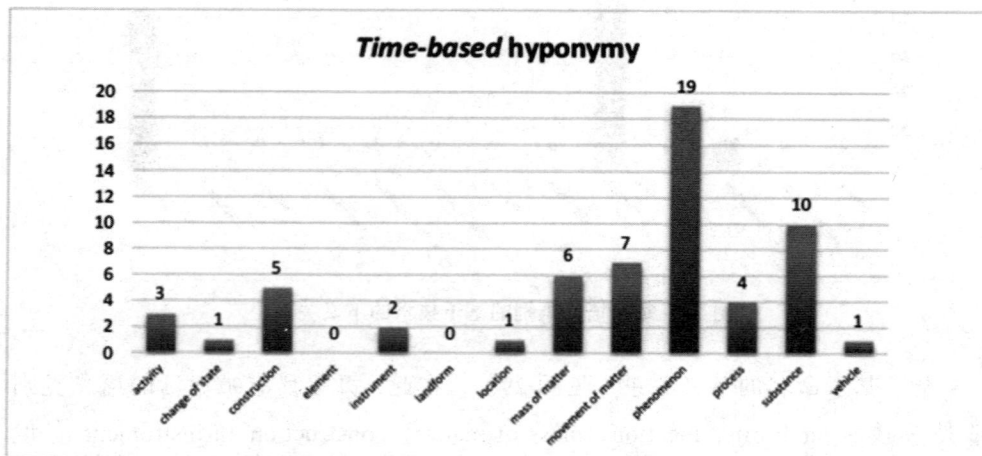

图 30　每个语义类别的基于时间的下义关系

　　最后，关于基于形状的下义关系（见图 31），最经常出现的语义类别是以下人工实体和自然实体：construction、landform 和 mass of matter。有趣的是，shape（形状）最常出现在有较大形成物［例如 star dune（沙丘）、ring dike（环形堤）、vertical breakwater（垂直防波堤）] 的情况下，而非出现在较小的形成物或者实体中。此外，图 31 中还显示了两个与过程相关的语义类别，即 movement of matter（物质运动）和 phenomenon。它们包括诸如 wedge tornado（楔形龙卷风）或者 crown fire（树冠火）之类的概念，也以从这些过程中获得的物理形状为表征。

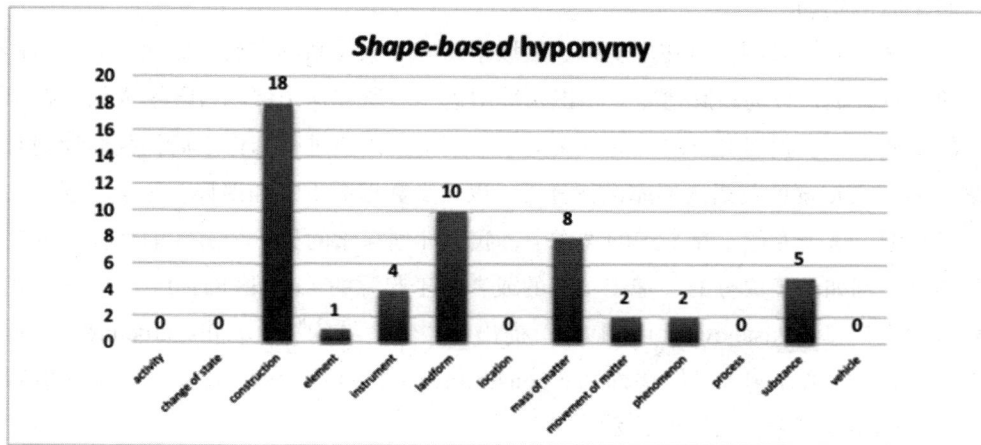

Shape-based hyponymy

图 31　每个语义类别的基于形状的下义关系

5　结论

下义关系是一种复杂的语义关系，但我们可以通过分析概念层级结构来对它进行研究。我们得到的结果显示，概念的语义类别对概念在不同下义关系子类型中的出现起到了约束作用。本项研究通过对下义关系知识模式和下义关系子类型进行分析和分类，强调了在属种关系研究中考虑语义类别的重要性。

我们的研究结果表明，某些知识模式（即示例性知识模式、选择性知识模式、逐项性知识模式和包含性知识模式）与作为科学分类基础的语义类别（生命形式和化学元素）相关联。另外，我们还发现，其他的知识模式（识别性知识模式、命名性知识模式和定义性知识模式）有更具解释性的结构，因此，它们最常与涉及各种"参与者"（participant）（现象、过程和技术）且更为复杂的语义类别相关联。所以，我们需要对它们进行更为详细的描述和解释，以促进用户读者的理解。范围性知识模式主要与"时间段"和"度量"相关联，因为这些类别通常由以时间、空间和强度等为依据的空间 / 距离来表征的"值"（value）组成。

对下义关系的分析表明，某些子类型（基于作用者 / 施事者的、基于承受者 / 受事者的、基于结果的、基于方法的和基于程度的）与跟过程相关的语义类别（活动、现象、过程和状态的变化）密切相关。另一方面，其他的下义关系子类型（基于成分的、基于技术的和基于功能的）直接和与实体相关的语义类别（物质材料、地形、构造/建筑物和手段/设施/仪器）相连接。此外，在自然概念和人工概念之间是有区别的。

这些研究结果不仅对在环境科学领域中研究下义关系具有启发意义，而且，在一般性意义上，也为在其他专业知识领域中进一步研究这个课题打开了大门。在未来的研究中，在我们对自定义的下义关系单词草图语法进行修订之后，我们计划对整个 EcoLexicon 的英语语料库进行分析，以减少数据的重复和误报。至于"下义关系子类型"这个专题，在未来的工作中，我们计划探索的另一个有趣的特征是某些子类型［例如基于成分的、基于功能的或者基于起源的（origin-based）］与学者普斯特约夫斯基（Pustejovsky）（1995）提出的"物性结构"（qualia structure）［具有形式性的（formal）、结构性的（constitutive）、目的性的（telic）以及施事者的（agentive）角色］之间的关系。

我们还有必要研究关系性下义关系子类型和属性下义关系子类型之间的区别，也需要探讨下义关系知识模式与下义关系子类型之间的相关性。所有这些与下义关系的改善有关的信息，都将有助于我们在环境科学领域中对下义关系进行更为准确的规范。①

参考文献：

[1] AGBAGO A, BARRIÈRE C. Corpus construction for terminology[C]//Proceedings of the Corpus Linguistics 2005 Conference. Birmingham, 2005: 1-14.

[2] BARRIÈRE C. Knowledge-rich contexts discovery[C]//Proceedings of the 17th Canadian Conference on Artificial Intelligence (AI'2004). London (Ontario), 2004a: 187-201.

[3] BARRIÈRE C. Building a concept hierarchy from corpus analysis[J]. Terminology, 2004b, 10(2): 241-263.

---

① 这项研究是作为项目 FF2014-52740-P——"术语增强型翻译的认知和神经学基础"（Cognitive and Neurological Bases for Terminology-Enhanced Translation，CONTENT）—— 的一部分进行的，该项目由西班牙经济与竞争力部（Spanish Ministry of Economy and Competitiveness）资助。

[4] BIELINSKIENE A, BOIZOU L, KOVALEVSKAITE J, et al. Towards the automatic extraction of term-defining contexts in Lithuanian[M]//TAVAST A, MUISCHNEK K, KOIT M. Human Language Technologies: The Baltic Perspective. Amsterdam/Berlin/Tokyo/Washington DC: IOS Press, 2012: 18-26.

[5] CABRÉ M T. La terminología: representación y comunicación[D]. Barcelona: Institut Universitari de Lingüística Aplicada, Universitat Pompeu Fabra, 1999.

[6] CONDAMINES A. Corpus analysis and conceptual relation patterns[J]. Terminology, 2002, 8(1): 141-162.

[7] CRUSE D A. Hyponymy and its varieties[M]//GREEN R, BEAN C A, MYAENG S H. The Semantics of Relationships: An Interdisciplinary Perspective. Dordrecht/Boston/London: Kluwer Academic Publishers, 2002: 3-22.

[8] FABER P. The cognitive shift in terminology and specialized translation[C]//Monografías de Traducción e Interpretación (MonTI). Valencia: Universitat de València, 2009: 107-134.

[9] FABER P. Frames as a framework for terminology[M]//KOCKAERT H J, STEURS F. Handbook of Terminology. Amsterdam/Philadelphia: John Benjamins, 2015: 14-33.

[10] FABER P. A cognitive linguistics view of terminology and specialized language[M]. Berlin/Boston: De Gruyter Mouton, 2012.

[11] FABER P, LEÓN A P, REIMERINK A. Representing environmental knowledge in EcoLexicon[J]. Languages for Specific Purposes in the Digital Era, Educational Linguistics, 2014, 19: 267-301.

[12] FABER P, LEÓN A P, REIMERINK A. EcoLexicon: new features and challenges[C]//KERNERMAN I, TROJINA I K, KREK S, et al. GLOBALEX 2016: Lexicographic Resources for Human Language Technology in Conjunction with the 10th Edition of the Language Resources and Evaluation Conference. Portorož, 2016: 73-80.

[13] GIL-BERROZPE J C, FABER P. Refining hyponymy in a terminological knowledge base[C]//Proceedings of the 2nd Joint Workshop on Language and Ontology (LangOnto2) & Terminology and Knowledge Structures (TermiKS) at the 10th Edition of the Language Resources and Evaluation Conference (LREC 2016). Portorož, 2016: 8-15.

[14] GIL-BERROZPE J C, LEÓN A P, FABER P. Subtypes of hyponymy in the

environmental domain: entities and processes[C]//Proceedings of the 10th International Conference on Terminology & Ontology: Theories and Applications (TOTh 2016). Chambéry, 2016.

[15] GIRJU R, BADULESCU A, MOLDOVAN D. Learning semantic constraints for the automatic discovery of part-whole relations[C]//Proceedings of the 2003 Human Language Technology Conference of the North American Chapter of the Association for Computational Linguistics. 2003: 1-8.

[16] JACQUEMIN C, BOURIGAULT D. Term extraction and automatic indexing[M]// MITKOV R. The Oxford Handbook of Computational Linguistics. Oxford: Oxford University Press, 2005.

[17] KILGARRIFF A, RYCHLÝ P, SMRZ P, et al. The Sketch Engine[C]//WILLIAMS G, VESSIER S. Proceedings of the Eleventh EURALEX International Congress. Lorient, 2004: 105-116.

[18] LEÓN A P. Semantic relations and local grammars for the environment[M]//JOEVA S, MESFAR S, SILBERZTEIN M. Formalising Natural Languages with NooJ 2013. Newcastle-upon-Tyne: Cambridge Scholars Publishing, 2014: 87-102.

[19] LEÓN A P, SAN M A, FABER P. Pattern-based word sketches for the extraction of semantic relations[C]//Proceedings of the 5th International Workshop on Computational Terminology. Osaka, 2016: 73-82.

[20] MARSHMAN E. The cause relation in biopharmaceutical texts: some English knowledge patterns[C]//Proceedings of Terminology and Knowledge Engineering (TKE 2002). Nancy, 2002: 89-94.

[21] MEYER I. Extracting knowledge-rich contexts for terminography: a conceptual and methodological framework[M]//BOURIGAULT D, JACQUEMIN C, L'HOMME M C. Recent Advances in Computational Terminology. Amsterdam/Philadelphia: John Benjamins, 2001: 279-302.

[22] MURPHY M L. Semantic relations and the lexicon: antonymy, synonymy and other paradigms[M]. Cambridge: Cambridge University Press, 2003.

[23] MURPHY M L. Hyponymy and hyperonymy[M]//BROWN K. Encyclopedia of Language and Linguistics, 1. New York: Elsevier, 2006: 446-448.

[24] PUSTEJOVSKY J. The generative lexicon[M]. Cambridge, MA: MIT Press, 1995.

[25] SCHUMANN A K. Knowledge-rich context candidate extraction and ranking with KnowPipe[C]//Proceedings of the 8th International Conference on Language Resources and Evaluation (LREC'12). Istanbul, 2012: 3626-3630.

[26] TEMMERMAN R. Towards new ways of terminology description: the sociocognitive approach[M]. Amsterdam/Philadelphia: John Benjamins, 2000.

环境科学领域中下义关系的子类型：实体和过程

J. C. 吉尔 – 贝罗斯佩（Juan Carlos Gil-Berrozpe）、

P. 莱昂 – 阿劳斯（Pilar León-Araúz）和 P. 费伯（Pamela Faber）①

摘　要：下义关系是许多词典模型中的核心关系。然而，当这种"一种……"（"type_of"）关系不能在知识资源中得到准确表示的时候，则会产生各种问题，例如从信息量的超载到信息传递的失败。为了解决这些问题，一种可行的方案是：把下义关系分解为一组更加精确的子类型，并对这种下义关系进行规范。本文回顾了如何在 EcoLexicon（一个以环境科学领域为基础的多语言术语知识库）中建立下义关系，并以 EcoLexicon 中所包含的概念网络以及语料库分析作为基础，提出了一组下义关系的子类型。

关键词：专业知识表示，西班牙环境科学术语知识库，下义关系，概念网络，层级结构，实体和过程

1　引言

当代术语学理论对过去较为传统的概念表示以及知识组织方法产生了较大的冲击。普通术语学理论（the General Theory of Terminology）（Wüster 1968）主要以单义性原则（univocity principle）和建立静态的标准化概念结构作为基础，而近些年来，术语学界所提出的新兴理论主张（Cabré 1999；Temmerman 2000；Faber 2009，2012）则突出强调动态化的现象（例如，变化和多维度性质）。例如框架术语学（Frame-Based Terminology）（简称 FBT）（Faber 2009，2012，2015）通过把"框架"（frame）这一理念应用于专业知识表示，从而把术语学与认知语言学联系了起来。"框架"说明的是知识结构，而这些知识结构把与人类经历中发生的事件相关的要

---

① 这篇文章英文名为"Subtypes of Hyponymy in the Environmental Domain: Entities and Processes"。原文见西班牙格拉纳达大学（University of Granada）LexiCon 研究团队（LexiCon Research Group）的出版物网站（http://lexicon.ugr.es/publications）（2018 年）。——译者注

素和实体联系了起来，并且强调层级关系（hierarchical relation）和非层级关系（non-hierarchical relation）的同等重要性（Faber 2015）。这些理念与术语工作尤其密不可分，因为在构建诸如术语知识库（terminological knowledge base）（简称 TKB）这样的知识资源过程中，对概念关系进行准确表示是必不可少的。

在所有的概念关系中，下义关系（hyponymy）在术语学中至关重要，因为它是构建分类系统（taxonomy）和概念层级结构（concept hierarchy）的基石。然而，建立下义关系却不是一件容易的事情。在多维度的概念系统中，依据不同的分类标准，子概念（child concept）共享同一个上义词（hyperonym）。这就意味着，我们可以依据对共同下义词（cohyponym）进行分类的维度，来对下义关系进行进一步的规范。此外，使用专业语料库可以为创建概念网络提供极大的便利（Barrière 2004a）。语料库分析除了为上述过程提供经验性的依据之外，它所生成的数据还可以验证和巩固从专家那里获得的（专业）信息。任何术语资源的开发，都可以通过从专业文本中自动提取下义关系对（hyponymic pair）而得到增强（León-Araúz and Reimerink 2016）。本文研究了西班牙环境科学术语知识库（EcoLexicon）中的下义关系。为此，我们分析了如何对下义关系的表示进行完善，并考察了由语料库驱动的半自动化提取方法是如何对现有的概念系统进行丰富的。

2　EcoLexicon 和下义关系

2.1　EcoLexicon：环境科学领域的术语知识库

EcoLexicon（Faber et al. 2016）是一个基于环境科学多维度的且具有动态特点的术语知识库，其理论前提是框架术语学（Faber 2012, 2015）。建造 EcoLexicon 的目的，是通过提供不同类型的多模态（multimodal）和上下文语境信息，为用户获取知识提供方便，从而满足人们在认知、交流和语言方面的需求。迄今为止，EcoLexicon 包括 3 601 个概念和 20 192 个术语。用户可以通过可供访问的可视界面对 EcoLexicon 进行搜索，这个界面提供了涉及概念、语言和图形信息的不同模块。这个术语知识库的概念关系可以分为三大类：属种关系（generic-specific relation）、部分 - 整体关系（part-whole relation）和非层级关系（non-hierarchical relation）。其中，在属种关系系列中仅包含一种关系——"一种……"（"type_of"）。相比之下，部分 - 整体关系系列则包含六种关系，而非层级关系系列包含十种关系。这种缺乏平衡的现象，则揭示出把唯一的一种下义关系①分解为各种子类型的重要性，这样才能确保对概念系统进行更精确的表示。实践证明，过去尚未在 EcoLexicon 中对"一种……"这种关系进行细分的事实，已经成为导致各种问题产生的根源，例如出现了干扰、信息过载甚至数据冗余等问题。

2.2　完善 EcoLexicon 中的下义关系

我们可以把下义关系定义为一种包含关系，它的逆命题则为上义关系（hyperonymy）（Murphy 2006）。根据学者墨菲（Murphy）的观点（Murphy 2003），下义关系成为许多词典模型中的核心关系，这主要出于以下三个原因：（i）它具有引发推断的性质；（ii）它在定义中具有重要性；（iii）它与语法中的选择性限制（selectional restriction）有关。因此，对下义关系进行细化，可以对术语工作的许多领域产生积极影响。这种积极影响可以通过对下义关系的子类型进行规范来实现（Murphy 2003）。例如，人们在分类学意义上的下义关系（taxonomic hyponymy）["一种……"关系（"is-a-kind-of" relation）]和功能性的下义关系（functional hyponymy）["用作一种……"关系（"is-used-as-a-kind" relation）]之间进行了区分，这是大家普遍接受的。

在 EcoLexicon 中，我们则需要根据以下的标准来对下义关系进行完善：（i）在概念定义中对属性继承性（property inheritance）进行更正；（ii）建立"伞概念"（umbrella concept）；（iii）建立一组更为完善的下义关系子类型（Gil-Berrozpe and Faber 2016）。在对属性继承性进行了更正并使用新概念丰富了层级结构（hierarchy）之后，一组更为精确的子类型也就得到了规范。这种规范工作最初是以概念是实体［如岩石（ROCK）］或是过程［如侵蚀（EROSION）］作为基础的。

2.2.1　实体概念网络中的下义关系的子类型：岩石

在岩石这一概念网络中（图 1），我们根据每一个概念所激活的维度，建立了五种不同的但与实体相关的下义关系的子类型。

---

① 这里指原来只有一种"一种……"关系。——译者注

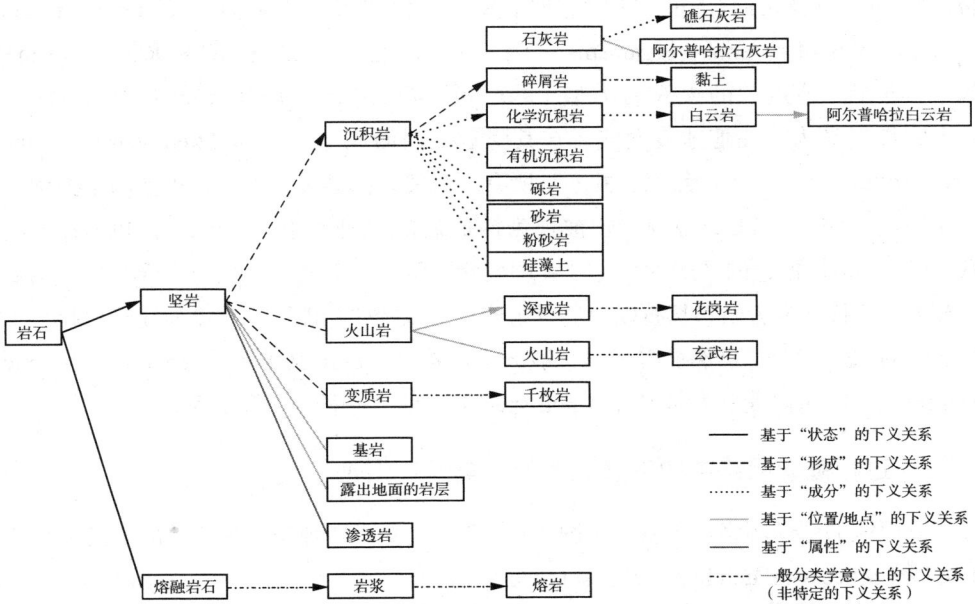

图 1　经过完善的岩石概念系统（显示为树型网络）

基于"状态"的下义关系（state-based hyponymy）：一种依赖于下义词（hyponym）（所指称实体）物质状态的"一种……"关系［例如坚岩（SOLID ROCK）］。

基于"形成"的下义关系（formation-based hyponymy）：一种依赖于下义词（所指称实体）形成过程或者起源的"一种……"关系［例如，沉积岩（SEDIMENTARY ROCK）］。

基于"成分"的下义关系（composition-based hyponymy）：一种依赖于下义词（所指称实体）成分或者组成的"一种……"关系［例如粉砂岩（SILTSTONE）］。

基于"位置/地点"的下义关系（location-based hyponymy）：一种依赖于下义词（所指称实体）物理情况或者位置/地点的"一种……"关系［例如，深成岩（PLUTONIC ROCK）］。

基于"属性"的下义关系（attribute-based hyponymy）：一种依赖于下义词（所指称实体）特点或者特征的"一种……"关系［例如渗透岩（PERMEABLE ROCK）］。

根据 EcoLexicon 中所包含的定义，火成岩（IGNEOUS ROCK）被认为是一种基于"形成"的坚岩类型（a *formation-based_type_of* SOLID ROCK），因为它被定义为"由熔化的岩浆凝固而成"（"formed by solidification of molten magma"）；礁石灰岩（REEF LIMESTONE）是一种基于"成分"的石灰岩（LIMESTONE）类型（a *composition-*

based_type_of LIMESTONE），因为它被定义为"由原地生物的遗骸组成"（"composed of the remains of sedentary organisms"）；而火山岩（VOLCANIC ROCK）是一种基于"位置/地点"的火成岩类型（a *location-based_type_of* IGNEOUS ROCK），因为它被定义为"在地球表面或者在其附近凝固而成"（"solidified near or on the surface of the Earth"）。然而，并不是所有下义关系都会被归为一种单独的子类型。以花岗岩（GRANITE）为例，它被视为深成岩的一种类型（a *type_of* PLUTONIC ROCK），是依据它的"属性"（"纹理粗糙、色浅、坚硬"）、"成分"（"主要由石英、正长石或者微斜长石以及云母组成"）以及"功能"（"作为建筑材料"）为基础的。这种例子仍然被看成是一般分类学意义上的下义关系（general taxonomic hyponymy），或者是一种非特定（non-specific）的"一种……"关系。

2.2.2 过程概念网络中的下义关系的子类型：侵蚀

以侵蚀的概念网络作为基础（图 2），我们建立了四种与过程相关的下义关系的子类型（process-related hyponymy subtype）。

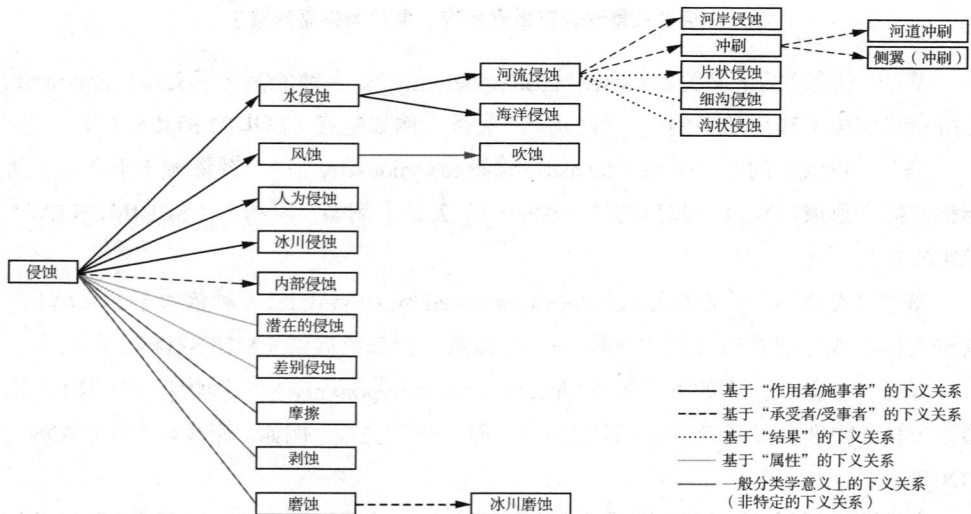

图 2 经过完善的侵蚀概念系统（显示为树型网络）

基于"作用者/施事者"的下义关系（agent-based hyponymy）：一种依赖于引起下义词（指称过程）发生的作用者/施事者或者促进者/助长者的"一种……"关系〔例如海洋侵蚀（SEA EROSION）〕。

基于"承受者/受事者"的下义关系（patient-based hyponymy）：一种依赖于受

下义词（指称过程）影响的实体或者位置 / 地点的"一种……"关系［例如河道冲刷（CHANNEL SCOUR）］。

基于"结果"的下义关系（result-based hyponymy）：一种依赖于下义词（指称过程）产生的结果和效果的"一种……"关系［例如沟状侵蚀（GULLY EROSION）］。

基于"属性"的下义关系（attribute-based hyponymy）：一种依赖于下义词（指称过程）的特点或者特征的"一种……"关系［例如，潜在的侵蚀（POTENTIAL EROSION）］。

人为侵蚀（ANTHROPIC EROSION）被认为是基于"作用者 / 施事者"的侵蚀类型（an *agent-based_type_of* EROSION），因为它的定义为"由人类活动引起"（"caused by human activities"）；由于冰川磨蚀（GLACIER ABRASION）是"冰川床的"磨蚀（the abrasion "of a glacier bed"），因此，它被认为是基于"承受者 / 受事者"的磨蚀类型（a *patient-based_type_of* ABRASION）；而细沟侵蚀（RILL EROSION）是河流侵蚀（FLUVIAL EROSION）基于"结果"的类型（a *result-based_type_of* FLUVIAL EROSION），因为它"形成了很小的渠槽"。毫不奇怪，与过程相关的下义关系的子类型不同于与实体相关的子类型（基于"属性"的下义关系除外）。过程通常是动词的名词化，因此，它通常涉及"作用者 / 施事者"、"承受者 / 受事者"和"结果"。这不同于"形成"（formation）、"成分"（composition）和"状态"（state）这些实体所具有的典型性语义特点。此外，在涉及过程的情况下，基于"承受者 / 受事者"的下义关系有时会优先于基于"位置 / 地点"的下义关系，因为"承受者 / 受事者"可能是一个物理性的"位置 / 地点"［例如，河道冲刷对河床产生了影响，于是，这个过程就发生在河床之中］。

另外，在与过程相关的子类型中，也存在着分类学意义上的（"一种……"）下义关系。例如，如果以这种过程的"作用者 / 施事者"（"由水、冰、风和波浪的作用引起"）和"承受者 / 受事者"（"地球表面"）以及产生的"结果"（"地球表面的物质进行重新分配"）作为分类基础的话，剥蚀（DENUDATION）就是侵蚀的一种子类型（a *type_of* EROSION）。

与实体的情况一样，这些与过程相关的下义关系子类型构成的集合不是封闭的，我们还需要对它们做更深入的研究，以确定它们所涉及的广度和范围。另外，我们还可以借助语料库分析，来对这些初步的研究成果进行核实并进一步推广（见第3部分）。

3　概念网络的下义词提取和扩展

在利用 EcoLexicon 中的数据对下义关系的表示进行改进之后，我们通过语料库分析对岩石的概念网络进行了探索和扩展，旨在验证这些下义关系的子类型（甚至新的子类型）是否也可以从真实的专业文本中获得。

3.1 语料库驱动的下义词提取

在语料库查询系统 Sketch Engine 强大的"单词草图"（word sketch）功能的帮助下，我们从 EcoLexicon 的英语语料库（5 900 万个单词）中提取出了上义词 – 下义词对（hypernym-hyponym pair）。单词草图是由语料库驱动而自动形成的关于单词语法以及搭配行为的摘要（Kilgarriff et al. 2004）。Sketch Engine 系统提供的默认单词草图表示不同的语言关系，但其中只有修饰词（modifier）用于提取下义词［通过分析多词术语（multiword term）］。

然而，这个系统还允许在新的"简略语法"（sketch grammar）中存储"语料库查询语言"（Corpus Query Language）（简称 CQL）来创建自定义的单词草图。因此，我们以"知识模式"（knowledge pattern）（简称 KP）作为基础开发了新语法，这类知识模式通常反映语料库中的下义关系。"知识模式"这个术语，是由学者迈耶（Meyer）在 2001 年提出来的，它指的是在真实文本命题中的被编码术语之间的词汇 – 句法模式（lexico-syntactic pattern）。传递下义关系的模式是人们最经常研究的模式，因为它们在分类（categorization）和属性继承性中起着重要作用（Barrière 2004b）。这类知识模式的一些最简单的例子是："x such as y""x is a kind of y""x and other y"（"x 和其他的 y"）等。这些模式采用与词性标签（POS-tag）相结合的正则表达式（regular expression）的形式进行了形式化，从而产生了 18 种不同的下义关系简略语法（hyponymic sketch grammar）。 在表 1 中就显示了这些知识模式的概括性版本，而表 2 则显示了转换为 CQL 简略语法的知识模式的一个例子。

表 1　下义关系的知识模式

HYPONYM ,|(|:|is|belongs (to) (a|the|…) type|category|… of HYPERNYM // types|kinds|… of HYPERNYM include|are HYPERNYM // types|kinds|… of HYPERNYM range from (…) (to) HYPERNYM // HYPERNYM (type|category|…) ranging (…) (to) HYPERNYM // HYPERNYM types|categories|… include HYPONYM // HYPERNYM such as HYPONYM // HYPERNYM including HYPONYM // HYPERNYM ,|((especially|primarily|… HYPONYM // HYPONYM and|or other (types|kinds|…) of HYPERNYM // HYPONYM is defined|classified|… as (a|the|…) (type|kind|…) (of) HYPERNYM // classify|categorize|… (this type|kind|… of) HYPONYM as HYPERNYM // HYPERNYM is classified|categorized in|into (a|the|…) (type|kind|…) (of) HYPONYM // HYPERNYM (,|() (is) divided in|into (…) types|kinds|… :|of HYPONYM // type|kind|… of HYPERNYM (is|,|() known|referred|… (to) (as) HYPONYM // HYPONYM is a HYPERNYM that|which|… // define HYPONYM as (a|the|…) (type|category|…) (of) HYPERNYM // HYPONYM refers to (a|the|…) (type|category|…) (of) HYPERNYM // (a|the|one|two|…) (type|category|…) (of) HYPERNYM: HYPONYM

表2　下义关系知识模式的一种 CQL 表示

```
1:"N.*"      ",|\("?      [tag="IN/that|WDT"]?      "MD"*      [lemma="be|,|\("]      "RB,*"*
[word="classified|categori.ed"] ([word="by"][tag!="V.*"]*)? [word="in|into"] [tag!="V.*"]* [lem-
ma="type|kind|example|group|class|sort|category|family|species|subtype|subfamily|subgroup|subclass|su
bcategory|subspecies"]? [tag!="V.*"]* 2:[tag="N.*" & lemma!="type|kind|example|group|class|sort|
category|family|species|subtype|subfamily|subgroup|subclass|subcategory|subspecies"]
```

　　表2中的语法可以进行如下解释："1"填补了上义词的角色，它必须是一个名词。然后，在它后面可以选择性地加上一个逗号或者方括号，或者加上任何的情态动词等。在这之后，我们发现，这个充当立足点的知识模式本身由下面的一些因素做了分类，即前面的词元（lemma）be 或者逗号或者方括号，可以选择性地在后面加上介词 by 和任何不是动词的单词，再加上介词 in 或者 into。然后，后面可能有任意数量（包括零）的不是动词的单词，可以选择性地后跟诸如 type、kind、example、group 等词元。接着，又可能跟着有任意数量的不是动词的单词，其后跟着"2"，即下义词，它也必须是一个名词，而且不是前面提到的那些词元。

　　下面的例子（1）和（2）是可以与上述语法相匹配的两个语汇索引（concordance）。

　　（1）温和性气候（mild climate）可以分为三种亚类型：潮湿性的亚热带气候（humid subtropical climate）、海洋性的西海岸气候（marine west-coast climate）和地中海式气候（Mediterranean climate）。

　　（2）水通常分为地表水（surface water）和地下水（groundwater）。

　　在采用默认的简略语法和新的简略语法对语料库进行编辑之后，我们则可以为任何词元提取具有下义关系的单词草图。通过这种方式，我们就可以对专业文本中的下义关系进行系统分析了。在图3中显示了针对词元 rock 的默认修饰词单词草图（modifier word sketch）以及新生效的"x is the generic of..."（"x 是……的属"）单词草图。我们可以看出，鉴于 rock 的组成，这里的（默认）修饰词单词草图指向一系列的多词术语［例如，sedimentary rock、igneous rock、metamorphic rock（变质岩）等］，它们可以解释为 rock 的下义词。与此相反，"x is the generic of..."单词草图则提供了一系列由单个单词组成的下义词（single-word hyponym）［例如，limestone、granite、basalt（玄武岩）等］。然而，当单击"+"符号时，用户则可以为多词术语生成新的单词草图，如图4所示，图4显示了 igneous rock 的单词草图。通过对这些单词草图进行浏览，我们提取出了一组具有不同粒度水平的下义词，用以重建语料库中所包含的 rock 的概念结构。

modifier			"rock" is the generic of...		
	18.175	0.53		2.818	0.08
sedimentary +	1,939	11.44	limestone +	138	10.38
igneous +	1,260	10.99	granite +	106	10.10
metamorphic +	796	10.34	basalt	64	9.42
volcanic +	624	9.56	sandstone	58	9.26
molten +	324	9.12	shale	53	9.15
old +	323	8.78	schist	32	8.49
carbonate +	261	8.69	marble	28	8.30
hard +	215	8.38	gabbro	23	8.03
solid +	254	8.33	gneiss	22	7.96
country +	173	8.15	mineral	29	7.89
plutonic +	155	8.11	andesite	21	7.89
parent +	150	7.93	rhyolite	20	7.81

图 3　rock 的下义关系单词草图

igneous rock

(rock-n filtered by igneous-j)

rock: modifier			rock: "rock" is the generic of...		
	1,260	1.00		53	0.04
intrusive	55	10.13	gabbro	7	11.00
extrusive	44	10.02	diorite	5	10.93
coarse-grained	23	8.97	granite	19	10.69
plutonic	18	8.60	basalt	10	10.12
ultramafic	12	8.06	biotite	5	10.08
mafic	9	7.56	andesite	4	10.06
silicic	8	7.52	peridotite	3	10.02
felsic	8	7.51	olivine	3	9.35
ultrabasic	7	7.42	amphibole	3	9.21

图 4　igneous rock 的下义关系单词草图

3.2　通过语料库驱动的提取功能来扩展概念系统

在运用半自动的语料库驱动功能提取了 rock 的下义词之后，我们检索到了一组全新的概念。在岩石的概念网络中，包含了 57 个新概念［例如，高级变质岩（HIGH-GRADE METAMORPHIC ROCK）、侵 入 性 超 镁 铁 岩（INTRUSIVE ULTRAMAFIC ROCK）等］。另外，依据出现的次数，我们采用首选术语对几个概念的词汇表述进行了替换［例如，把深成岩重新命名为侵入性火成岩（INTRUSIVE IGNEOUS ROCK）］。然后，我们根据下义关系的子类型对扩展了的概念网络进行分类。与此同时，我们发现了一种新的基于"功能"的下义关系的子类型［例如，烃源岩（SOURCE ROCK）指的是那些"能够从中生成碳氢化合物（烃）的岩石"］。此外，我们还根据硬度、温度、渗透性和大小等参数［例如硬岩（HARD ROCK）、渗透岩（PERMEABLE ROCK）、细粒岩（FINE-GRAINED ROCK）等］收集了足够的数据，以进一步对基于"属性"的下义关系进行规范。而且，通过对这样产生的网络进行分析，我们揭示出下面两种模式：（1）下义关系子类型的出现取决于概念本身的性质；（2）在每一种层级结构上，下义关系的子类型往往是同一种类型。这一点可以从由三种主要类型的坚岩（沉积岩、火成岩和变质岩）形成的多级层级结构中观察到。

实际上，在沉积岩的所有层级结构上（图5），其主要的关系是基于"成分"的下义关系。这不足为奇，因为沉积岩主要是通过其组成成分的性质来表现其特征的。

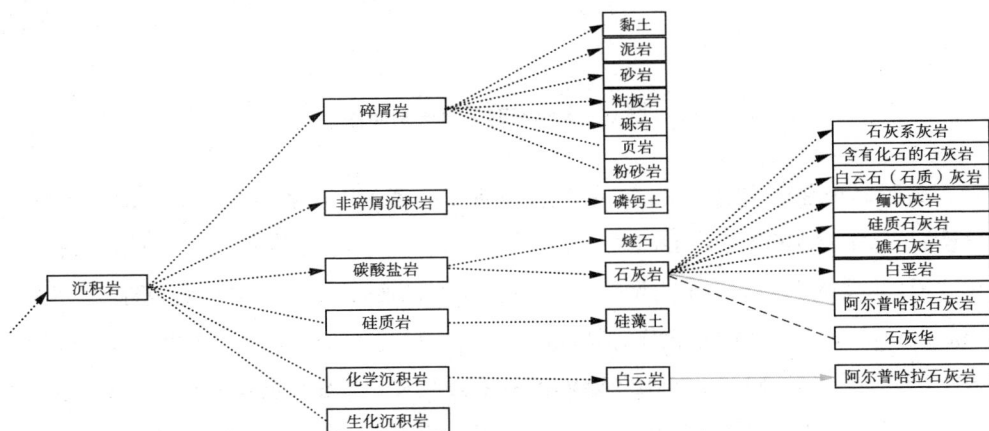

图5　沉积岩的层级关系详述

相比之下，在火成岩的层级结构中（图6），则显示出更多的下义关系子类型。然而，其中的每一种子类型都出现在不同的层级结构上：基于"位置/地点"的下义关系出现在第一层结构上；而基于"成分"的下义关系出现在第二层结构上；非特定的下义关系（non-specific hyponymy）出现在第三层和最后一层结构上。在地质学中，人们首先根据火成岩是在地球表面上形成的［喷出性火成岩（EXTRUSIVE IGNEOUS ROCK）］还是在地球内部形成的［侵入性火成岩（INTRUSIVE IGNEOUS ROCK）］进行分类。然后，再根据它们的特征性成分对其进行分类［侵入性镁铁质岩（INTRUSIVE MAFIC ROCK）、侵入性长英质岩（INTRUSIVE FELSIC ROCK）、喷出性超镁铁岩（EXTRUSIVE ULTRAMAFIC ROCK）等］。最后，在火成岩的层级结构中，也显示出一般分类学意义上的下义词［橄榄岩（PERIDOTITE）、正长岩（SYENITE）、玄武岩等］。

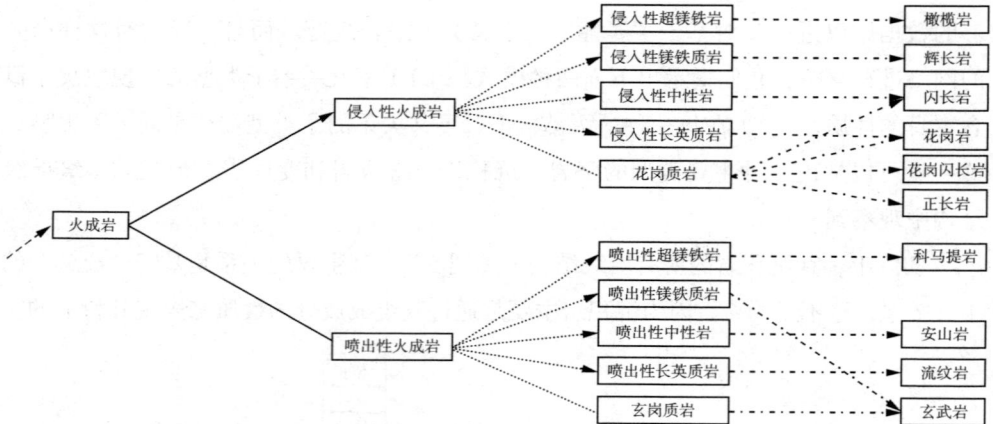

图 6　火成岩的层级关系详述

关于高级变质岩的下义词，我们仅发现了一种基于"成分"的下义词［变质超镁铁岩（METAMORPHIC ULTRAMAFIC ROCK）］。与前面的两种层级结构相反，在这里，主要的下义关系子类型是以"形成"作为基础的，因为变质岩是以称为"变质"（metamorphism）的转换过程作为特征的。然而，我们还可以把由过程造成的结果［例如叶状变质岩（FOLIATED METAMORPHIC ROCK）］及其强度（例如高级变质岩）作为基础，对基于"形成"的下义关系做进一步规范。跟火成岩的情况一样，变质岩的最后一个层级结构，也是以一般分类学意义上的下义词作为特征的。然而在这个网络中，鉴于对基于"形成"的下义关系还可以做进一步的规范，这里的下义词也就显示出了更高水平的多重继承性。

还值得注意的是，在所有的层级结构中，中间级别是由多词术语所指称的概念表示的，而最具体的级别则主要由单个词构成的术语（single-word term）表示，这与罗施（Rosch）（1978）的基本分类级别相对应。直到基本级别，先前所有的节点（node）都揭示了作为专业分类基础的不同参数的性质和状态。

4　结论和今后的工作

在这篇文章中，我们以 EcoLexicon 及其语料库数据中的概念网络作为基础，探索了如何对下义关系的子类型进行规范的问题。我们的研究分析表明，通过半自动化语料库驱动的分析，可以对概念网络进行更快捷的填充，并对其进行重建。在执行完这个过程并对概念层级结构进行了扩展之后，我们发现，在通常情况下，根据层级结构及其概念性质，我们可以对下义关系的子类型进行激活。

在未来的工作中，我们计划对在其他知识领域中是否存在下义关系的子类型进行验证。进一步的研究还将涉及邀请领域专家对完善了的概念系统进行验证。最后，我们还将对简略语法进行改进和扩展，以期为查询提供更为准确的结果。①

参考文献：

[1] BARRIÈRE C. Building a concept hierarchy from corpus analysis[J]. Terminology, 2004, 10(2): 241-263.

[2] BARRIÈRE C. Knowledge-rich contexts discovery[C]//Proceedings of the 17th Conference of the Canadian Society for Computational Studies of Intelligence on Advances in Artificial Intelligence. Berlin: Springer, 2004: 187-201.

[3] CABRÉ M T. La terminología: representación y comunicación: elementos para una teoría de base comunicativa y otros artículos[D].Barcelona: Universitat Pompeu Fabra, 1999.

[4] FABER P. The cognitive shift in terminology and specialized translation[J]. Monografías de Traducción e Interpretación, 2009(1):107-134.

[5] FABER P. A cognitive linguistics view of terminology and specialized language[M]. Berlin: Mouton de Gruyter, 2012.

[6] FABER P. Frames as a framework for terminology[J]. Handbook of terminology, 2015, 1(14): 14-33.

[7] FABER P, LEÓN-ARAÚZ P, REIMERINK A. EcoLexicon: new features and challenges[J]. GLOBALEX, 2016: 73-80.

[8] GIL-BERROZPE J C, Faber P. Refining hyponymy in a terminological knowledge base[C]//Proceedings of the 2nd Joint Workshop on Language and Ontology (LangOnto2) & Terminology and Knowledge Structures (TermiKS) at the 10th edition

①　这项研究是在项目 FF2014-52740-P——"术语增强型翻译的认知和神经学基础"（Cognitive and Neurological Bases for Terminology-Enhanced Translation, CONTENT）——的框架内进行的，该项目由西班牙经济与竞争力部（Spanish Ministry of Economy and Competitiveness）资助。

of the Language Resources and Evaluation Conference (LREC 2016). Portorož. 2016: 8-15.

[9] KILGARRIFF A, RYCHLÝ P, SMRZ P, et al. The Sketch Engine[C]//GEOFFREY W, SANDRA V. Proceedings of the Eleventh EURALEX International Congress. Lorient: EURALEX, 2004: 105-116.

[10] LEÓN-ARAÚZ P, REIMERINK A. Multidimensional categorization in corpus-based hyponymic structures[C]//ALONSO A, CRUZ L, GONZÁLEZ V. Corpus-based studies on language verieties. Bern: Peter Lang, 2016: 37-66.

[11] LEÓN-ARAÚZ P, SAN-MARTÍN A. Knowledge patterns as word sketches in Sketch Engine[C]//Proceedings of META-FORUM 2016, July 4-5, 2016, Lisbon, Portugal.

[12] MEYER I. Extracting knowledge-rich contexts for terminography[J]. Recent advances in computational terminology, 2001, 2: 279.

[13] MURPHY M L. Semantic relations and the lexicon: Antonymy, synonymy and other paradigms[M]. Cambridge: Cambridge University Press, 2003.

[14] MURPHY M L. Hyponymy and hyperonymy[M]//BROWN K. Encyclopedia of Language and Linguistics. New York: Elsevier, 2006: 446-448.

[15] ROSCH E. Principles of categorization[M]//ELEANOR R, BARBARA B L. Cognition and categorization. Hillsdale: Lawrence Erlbaum Associates Publishers, 1978: 27-48.

[16] TEMMERMAN R. Towards new ways of terminology description: The sociocognitive approach[M]. Amsterdam: John Benjamins Publishing Company, 2000.

[17] WÜSTER E. The Machine Tool. An interlingual dictionary of basic concepts[M]. London: Technical Press, 1968.

EcoLexicon 的最新进展

A. S. 马丁（Antonio San Martín）、M. 卡贝扎 – 加西亚（Melania Cabezas-García）、
P. 莱昂 – 阿劳斯（Pilar León-Araúz）和 P. 费伯（Pamela Faber）等 ①

　　摘　要：EcoLexicon 是一个环境科学多语言术语知识库。它是对框架术语学理论基础的实际应用，框架术语学是一种用于专业知识表示的认知方法。最近几年来，EcoLexicon 中增添了新的功能，这些新功能包括：EcoLexicon 英语语料库、措词模块以及具有灵活性的术语定义方法。

　　关键词：EcoLexicon，框架术语学，EcoLexicon 英语语料库，措词模块，灵活的术语定义方法

1　引言

　　EcoLexicon（http://ecolexicon.ugr.es/en/index.htm）（Faber et al.2011；Faber and Buendía，2014；Faber et al. 2016）是由西班牙格拉纳达大学的 LexiCon 研究团队（http://lexicon.ugr.es）于 2003 年开始设计和运行的术语知识库，它包含有 3 631 个概念和 20 342 个术语，采用的语言为：英语、西班牙语、德语、法语、俄语和现代希腊语等。

　　EcoLexicon 是以框架术语学（frame-based terminology，FBT）作为理论基础的实践性应用（Faber et al. 2006；Faber 2012，2015），框架术语学（下面简称 FBT）是一种运用"框架语义学"（frame semantics）的某些内容（Fillmore 1982；Fillmore and Atkins 1992）对专业知识领域实现结构化并创建非语言特定（non-language-specific）表示的理论。FBT 专注于以下方面：（ⅰ）概念组织；（ⅱ）专业知识单元的多维度性质；（ⅲ）使用多语言语料库来提取语义和句法信息。

　　这个术语知识库的目标用户包括了语言专家、领域专家以及广大公众。为它设计的表示形式，旨在帮助需要获取和理解环境科学专业概念的翻译人员、技术写作者以及环境科学领域的专家们，更便捷地翻译或者撰写专业或半专业化的文本。

---

　　① 　本文英文名为 "Recent Advances in EcoLexicon"，译自 http://lexicon.ugr.es/pdf/Sand7e_2017. pdf。原文见西班牙格拉纳达大学（University of Granada）LexiCon 研究团队（LexiCon Research Group）的出版物网站（http://lexicon.ugr.es/publications）（2017 年）。——译者注

这篇文章其余部分安排如下：第二部分简要介绍了 EcoLexicon 的界面及其各个模块；第三部分简明扼要地概述了 EcoLexicon 的最新进展，即：为其新建的英语语料库、经过改进的措词模块以及富有灵活性的术语定义方法。最后的结论部分则阐述了 EcoLexicon 对术语编纂学（terminography）的贡献。

2　EcoLexicon 的界面

用户可以通过可视界面与 EcoLexicon 进行交互活动，EcoLexicon 的界面带有提供了概念、语言和图形信息的各种模块。EcoLexicon 的用户可以对窗口进行浏览，并根据自己的需要选择最相关的数据，而不必同时查看所有的信息。

图 1 显示了 EcoLexicon 中为 Fan（扇）设计的条目。当用户打开应用程序时，界面上会显示三个区域。在顶部的水平栏里，为用户提供了对术语 / 概念（term / concept）进行访问的搜索引擎。在屏幕左侧的垂直栏里，则提供了有关搜索概念的信息，即：相关概念的定义、术语名称、与其相关的资源、一般性的概念作用以及措词用语。

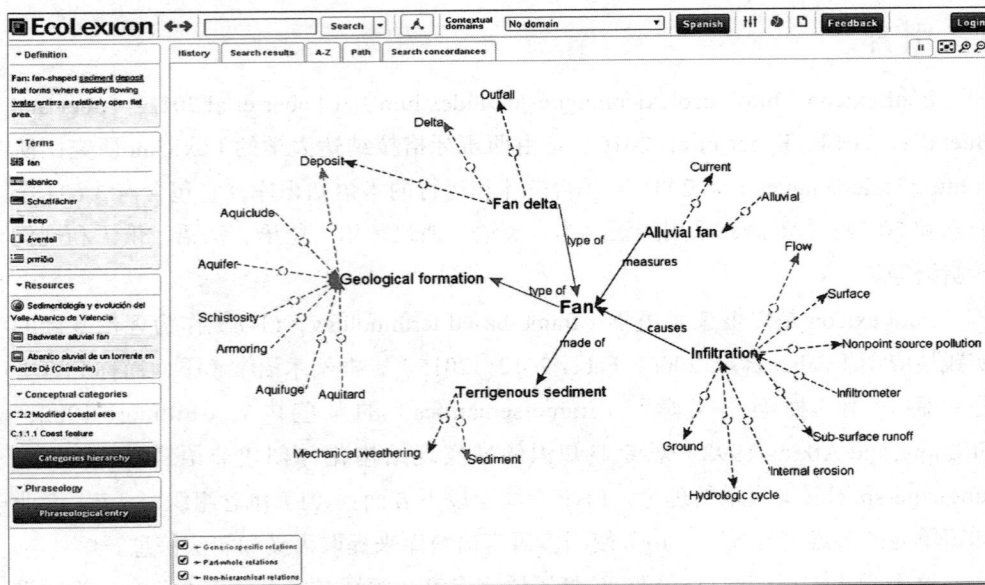

图 1　用户界面

左侧最上方的方框显示了概念的定义（请参见下面关于"灵活性的术语定义"部分）。每条定义中的词语还带有指向知识库中其指称的相应概念的超链接。在定义框下方的框中，显示了采用各种语言对所搜索的概念进行指称的术语。这份列表是依据语言和术语类型［首选术语（main entry term）、同义词、变体、首字母缩写等］进行组织的。如果用户单击这个术语，则可以找到所属语言、术语类型、词类、词性以及语汇索引等更多的语言信息。

左侧第三个方框提供了与每一个概念相关的资源［图像、文档、用户需求语言（user requirements language, URL）、视听材料等］。第四个方框则表示这个概念在环境科学领域中通常所具有的极为一般性的概念作用。

目前①，措词方框正在建设中，它显示了在不同的措词模式中这个术语最常用的动词列表（请参见下面有关"措词"的讨论部分）。在界面上方中心区域，则有可以显示以下内容的图标：（ⅰ）访问过的概念／术语的历史记录；（ⅱ）最近查询的结果；（ⅲ）所有术语的字母顺序列表；（ⅳ）两个概念之间的最短路径；（ⅴ）为搜索术语提供的语汇索引。

在屏幕的中心是一张"概念图"及其图标，这允许用户根据自己的需要对其进行配置，实现个性化。标准化的表示模式显示了一个多层级的语义网络，其他相关概念都以某种方式链接到处于中心的、用户所搜索的概念上。当用户单击概念图中的任何一个概念［例如 Fan delta（扇状三角洲）］时，这个网络都会重新进行排列。在新的概念图中，Fan delta 及其相关概念组成的集合就会处于中心位置（见图 2）。

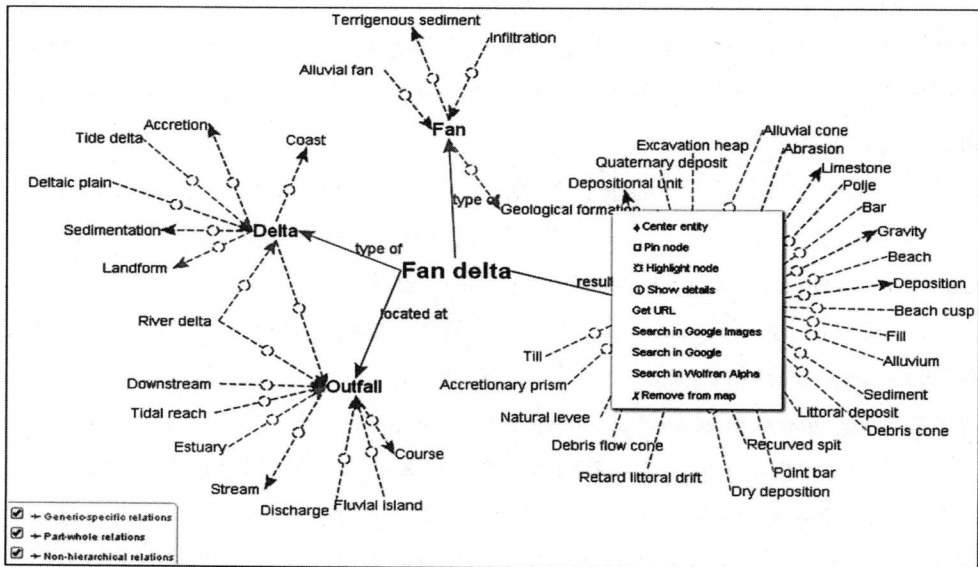

图 2 Fan delta 的概念图和上下文菜单

---

① 指 2017 年。——译者注

通过右键单击概念图中的概念，用户则可以获得一个新的小菜单。这个菜单可用于执行以下的任何操作：（i）使概念居中；（ii）通过将节点拖动到某个位置上来对其进行固定；（iii）通过在侧边栏上进行选择，用户可以得到概念的详细可视化信息（定义、相关术语、资源等）；（iv）生成可直接访问所选概念的"用户需求语言"；（v）在其他搜索引擎上搜索该概念；（vi）从概念图上将一个概念及其相关概念删除。根据用户的特定需求，上述任何一种操作都可以通过提供大量的与概念有关的信息来增强用户对概念的理解。

EcoLexicon 还包括用于实现概念图个性化的可视化图标，例如，Zoom map（缩放地图）、Zoom out map（缩小地图）和 Fullscreen（全屏）。Stop layout（停止布局）则会停用网络中概念的自动排列。这就可以让用户通过将概念拖动到所需的位置上来对概念图进行配置。

Settings（设置）这一图标，通过允许用户设定网络的深度（即网络最大化的概念级别）来自定义语义网络。同样，用户也可以决定是否希望让所有语义关系的名称可见。因为在默认情况下，"关系标签"只在当关系里包含有中心概念时才出现。

在 EcoLexicon 建造的初期，由于环境科学领域所涉及的范围广阔并具有多维度的性质，再加上 EcoLexicon 中代表概念性的命题过多，所以出现了信息过载的问题。目前，上述问题已经通过以下方式解决：（i）允许用户按照"关系类型"将过载的网络进行过滤；（ii）根据主题为用户提供将概念重新置于上下文语境中进行理解的视图；（iii）为概念提供不同的可视化访问模式（网络模式、树型模式和路径模式）。

如图 1 和图 2 中概念图的左下角所示，通过文本框可以使用户识别 EcoLexicon 中的三类概念关系：（i）下义［"……的一种"（*type_of*）］关系（hyponymic relation）［属种关系（generic-specific）］；（ii）"整体–部分"［……的一部分（*part_of*）］关系（meronymic relations）［部分–整体（part-whole）］；（iii）非层级关系（non-hierarchical relations）［具有……功能、位于、由于、引起、影响、……的结果等（*has_function, located_at, causes, affects, result_of*, etc.）］。

左下角文本框中，位于每一个标签左侧的复选框，可用于激活或者取消某种"关系类型"的可视化。这样，用户就可以使用"关系类型"对过载的网络进行过滤。通过从下拉菜单（图 1 中上部的功能区）中选择一个"上下文语境域"（contextual domains），可以可视化重置的上下文语境网络。

上下文语境重置是解决信息过载问题的一种定性方法，同时，它也可以增强多维度的表示。上下文语境重置后的网络，根据概念的关系，随视角的变化而得到重塑。概念性的命题得以激活或者受到限制，而不是使概念可能具有的所有维度都得到表示（León-Araúz et al., 2013）。

在图 3 中，Water（水）出现在与上下文无关且用户不友好的过载网络中。与此相反，图 4 则显示了土木工程领域中同一个概念的构架。在图 4 中，因为只显示了在这个领域中与 Water 相关的概念关系，因此，网络（过载的信息）大大减小了。

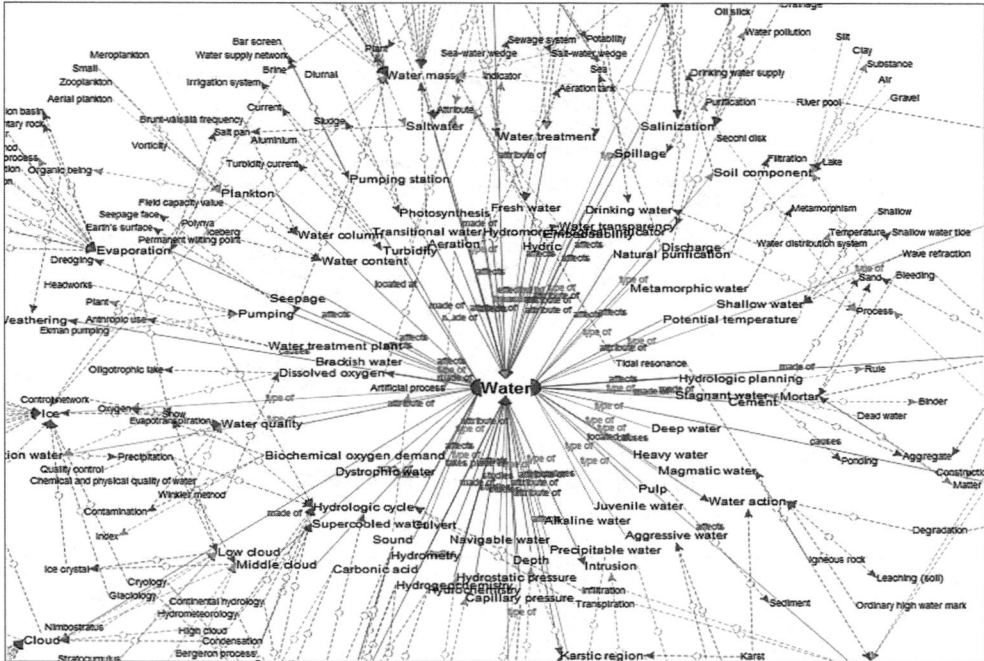

图 3　与上下文无关的 Water 的过载网络

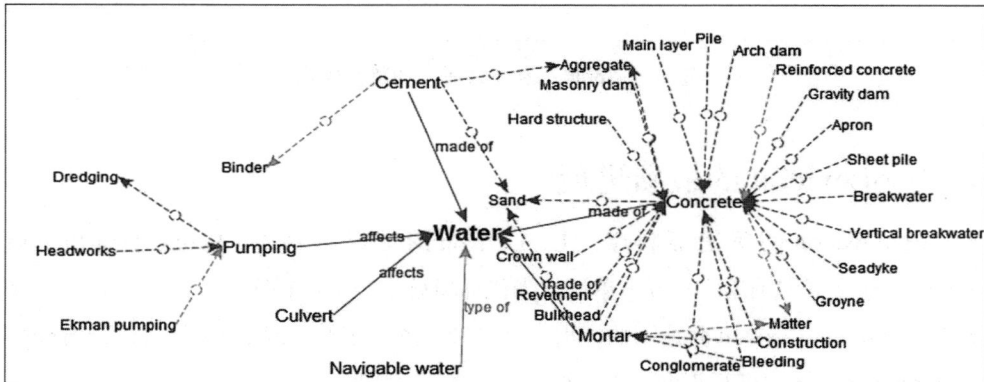

图 4　土木工程领域中涉及 Water 的网络

用户还可以在"树型模式"和"路径模式"之间进行选择。树型模式为用户输入的概念生成 *type_of* 层级结构网络（请参见图 5）。相比之下，在路径模式下，用户则需要选择两个概念，一个在路径的开头，另一个在路径的结尾。然后，应用程序计算并显示出它们之间的最短距离，例如图 6 所示的"飓风"（hurricane）和"沙子"（sand）。

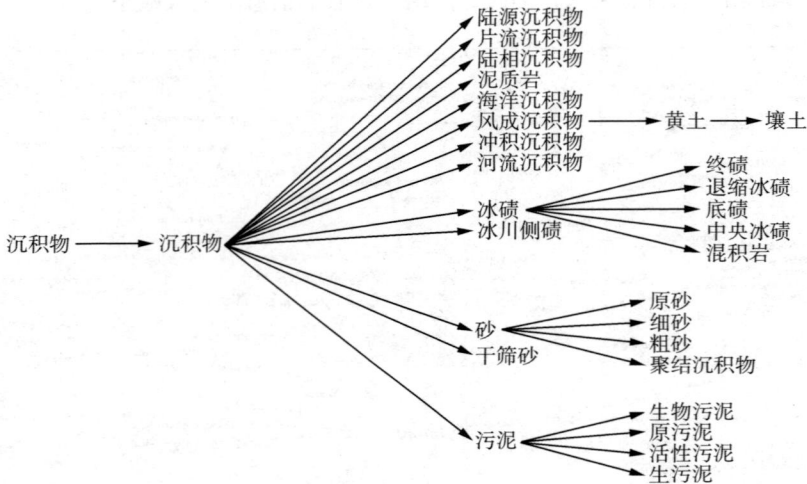

图 5　沉积物（sediment）的树型模式

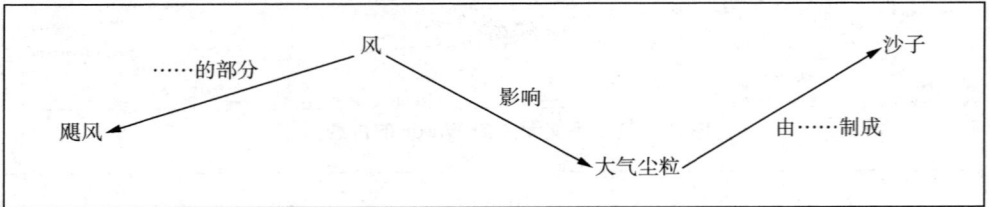

图 6　"飓风"和"沙子"的路径模式

3　EcoLexicon 的最新进展

EcoLexicon 的英语语料库： EcoLexicon 的英语语料库（EcoLexicon English corpus, EEC）是具有 2 310 万个单词的当代环境科学文本语料库。它由 LexiCon 研究团队为开发 EcoLexicon 而编制的，用户可以利用图 1 中的"搜索语汇索引"（Search concordances）选项进行查询（图 1）。

　　语料库中的每一个文本，都根据一组基于可扩展标记语言的元数据进行了标记（请参见图 7），其中一些元数据是以"都柏林核心图式"（Dublin Core Schema）作为基础的，而其他的则是为了满足研究团队的具体需求而被纳入进来的。

```
<?xml version="1.0" ?>
- <metadata xmlns:xsi="http://www.w3.org/2001/XMLSchema-instance
    xmlns:eco="http://manila.ugr.es/tags/0.1">
  - <header>
      <dc:title>Coastal Engineering Manual Part 1 Chapter 2 History of (
      <dc:creator>US Army Corps of Engineers</dc:creator>
      <eco:respon>adm</eco:respon>
      <dc:date>2002-04-30</dc:date>
      <eco:country>us</eco:country>
      <eco:domain>3.2.3</eco:domain>
      <dc:subject>coastal engineering</dc:subject>
      <dc:subject>history</dc:subject>
      <dc:subject>evolution</dc:subject>
      <dc:subject>military</dc:subject>
      <dc:subject>civil engineering</dc:subject>
      <eco:user>s</eco:user>
      <eco:text>book</eco:text>
      <dc:language>en</dc:language>
      <eco:variant>am</eco:variant>
      <eco:note />
  </header>
  <body>History of Coastal Engineering I-3-i Chapter 3 EM 1110-2-11
```

图 7　语料库元数据

　　语料库元数据允许用户根据实际因素（例如，上下文语境域和目标读者）来对语料库查询进行约束。这样，用户就可以对同一个术语在不同上下文语境中的使用情况进行比较。例如，图 8 显示了环境工程（Environmental Engineering）文本中 methane（甲烷）的语汇索引。

　　另外，现在可以在"草图引擎开放语料库"［Sketch Engine Open Corpora（https://the.sketchengine.co.uk/open/）］中免费获取 EcoLexicon 英语语料库（简称 EEC）。对语料库查询有兴趣的用户，即使没有订阅"草图引擎"也可以对其所有功能进行访问（Kilgarriff et al., 2014）。另外，用于限制查询的标签，是以下面的参数作为基础的：

　　领域：EEC 涵盖了环境科学研究所涉及的所有领域和子领域（例如，生物学、气象学、生态学、环境工程、环境法）；

　　用户：EEC 里包括的文本针对三种类型的用户（取决于专业水平）：专家、半专家、公众；

　　地区差异：EEC 里包括有美国式、英国式和欧洲式英语；

　　体裁：EEC 涵盖了多种文本体裁，包括期刊文章、书籍、网站、词典材料等；

　　编辑人员：EEC 涵盖了由学者 / 研究人员、企业人员、政府机构工作人员等编辑的文本；

　　年份：EEC 包括了从 1973 年至 2016 年的文本；

国家：EEC 里的文本依照出版的国家 / 地区进行了标记。

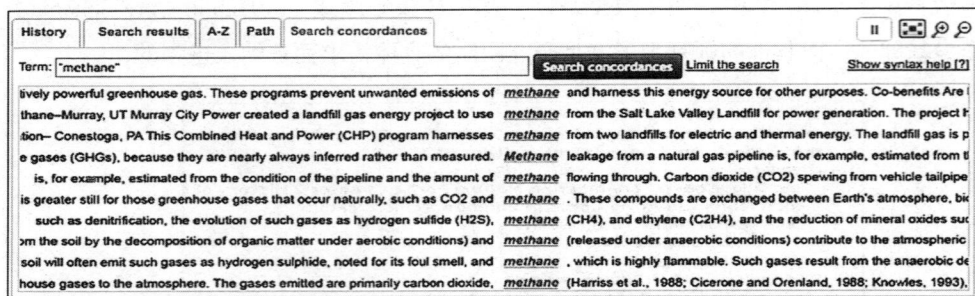

图 8　环境工程中 methane 的语汇索引

EEC 带有 Penn Treebank 标签集合（TreeTagger 版本 3.3），这个标签集合允许使用语料库查询语言（CQL）进行更为精确的查询（Schulze and Christ 1996）。它使用的默认英语"草图语法"结合了由学者莱昂 – 阿劳斯（León-Araúz）等人开发的"草图文法"（2016）。后者是为提取术语中一些最常见的语义关系（属种、部分 – 整体、位置、原因和功能）而开发的。借助这些"草图语法"，用户就可以对现成的单词草图进行访问，如图 9 所示。

细菌是一种……			……属于细菌		
	1,007	0.12		1,028	0.12
有机体	158	10.00	大肠杆菌	17	8.94
微生物（microorganism）	88	10.92	植物	14	6.85
微生物（micro–organism）	28	9.64	假单胞菌属	10	8.24
剂	18	8.09	大肠杆菌	10	8.22
分解器，分解器	15	8.83	真菌	9	7.60
岩石有……部分			岩石是……的部分		
	3,029	0.09		2,055	0.06
矿物	213	10.54	地壳	44	9.09
石英	65	9.17	土壤	34	7.97
碎片	47	8.79	地带	27	8.52
长石	45	8.79	大陆	23	8.30
斜长石	41	8.67	地区	22	7.96
火山位于……			火山是……的地方		
	318	0.04		71	0.01
星球	17	10.11	圆锥	7	11.10
岛	14	9.42	大海	3	8.23
边界	11	9.38	预兆	3	6.74
太平洋	8	8.71	地区	3	6.59
边缘	7	8.87	前身	2	9.66

海啸是……的原因		
	196	0.04
损坏	18	7.54
摧毁	12	8.74
侵蚀	7	6.70
毁灭	6	9.08
死	6	6.67

海啸由……引起		
	1,057	0.20
地震	177	11.31
山崩	68	10.73
喷发	36	9.34
水	33	7.70
移动	23	8.65

能量具有……的功能/作用		
	2,151	0.03
水	57	8.71
生产	41	8.83
加工	33	8.45
电	22	7.99
	21	8.17

能量是……的功能/作用		
	999	0.02
燃料	23	8.96
碳	14	8.12
生物量	13	8.44
浪费	13	8.20
光	12	8.28

图 9　单词草图

　　措词：EcoLexicon 包含一个措词模块（phraseological module），其中包括了动词搭配。这个模块最初关注的是每一个术语所涉及的动词短语，因为我们把动词看成是语言的词汇和句法的核心范畴（Fellbaum 1990），目前包含动词的术语资源很少。在框架术语学领域以及 EcoLexicon 的建造实践中，对"搭配"这一概念的理解比较宽泛。"动词搭配"是指以"名词 + 动词"（noun + verb）或者"动词 + 名词"（verb + noun）的模式频繁组合起来的两个或者多个的单词，在其中，名词是基础成分，而动词是搭配词（collocate）。搭配词（动词）受基础成分（名词）的含义的制约，但与此同时，搭配词也制约了可以与之结合的名词的种类（Buendía 2013）。例如，在 the volcano spits（火山喷发）这种搭配中，volcano（火山）用了一个动词来表示"某种东西被迫（从它那里）离开"［此处是 spit（喷出 / 吐出）］。但是，spit 也确实只有在名词短语中才会出现，表示某物被迫从"嘴"或者像"嘴"一样的"孔"（例如"火山口"）里"吐出"（Buendía et al. 2014）。

　　在 EcoLexicon 中，动词是根据含义进行分类的。因此，我们依据"词汇语法模型"（lexical grammar model）的论述（faber and mairal usón 1999），主要将它们分为"词汇域"（核心含义）和"子域"（含义维度）。图 10 显示了有关 hurricane（飓风）的措词条目摘录。具体而言，这里显示了核心含义"变化"的"使事情变得更糟"的维度。

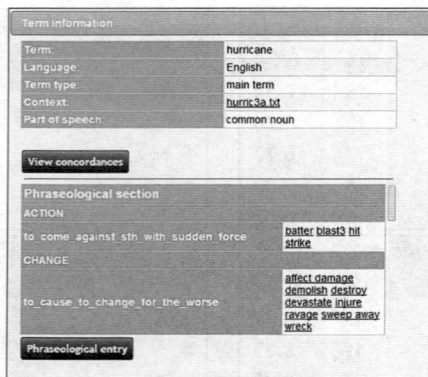

图 10　hurricane 的措词条目摘要

　　为了实现对维度的规范化［例如：TO CAUSE TO CHANGE FOR THE WORSE（使情况变得更糟）］，我们对"动词论元"（verb argument）进行了分析，并将其分配到语义类别中。在我们的方法里，"语义类别"（semantic category）是对具有相似语义和句法行为的一组术语的概括（Buendía 2013，376）。换句话说，当各种"语言实现"（linguistic realization）具有相同的论元时，我们就认为它们具有相似的含义、相同的潜在概念结构，并且显示出相似的语义和句法行为，故而，它们属于相同的语义类别。这样，当不同的动词具有属于相同语义类别的"论元"时，它们就可能会激活同一种含义。如图 10 所示，处于"TO CAUSE TO CHANGE FOR THE WORSE"这一维度上的动词是 affect（影响）、damage（损坏）、demolish（破坏）、destroy（毁坏）、devastate（毁灭）、injure（伤害）、ravage（蹂躏／摧毁）、sweep away（席卷）和 wreck（使遇难）。所有这些动词均以"自然灾害"的语义类别为第一论元，以"建筑物、地理区域或者人类"为第二论元。通过单击每一个动词，用户可以访问到用法示例，以及带有含义限制信息的注释部分。

　　目前，我们正在对 EcoLexicon 中的"措词模块"进行重新定义，以求把复杂型名词性词（CN）［例如，beach erosion control（海滩侵蚀控制）］——名词性的"中心词"（head noun）加上"修饰成分"（modifying element）（名词或者形容词），这样的表述，也包括进去（Levi 1978）。它们是专业文本中最常用的单元，然而在术语编纂资源中人们很少把它们包括在内。

　　复杂型名词性词（简称 CN）的特征是存在着隐含命题（concealed proposition），学者利瓦伊（Levi）（1978）曾经强调，我们可以从术语的形成过程中推断出隐含命题，这涉及谓词删除（predicate deletion）［例如，用 power plant（电厂）代替 a plant produces power（工厂发电）]和谓词名词化（predicate nominalization）[例如，用 power generation（发电）代替 power is generated（产生了电力）]。谓词（predicate）与其论元结构（argument structure）之间的关系，称为这个谓词的"微观上下文语境"（micro-context），这对于理解这种类型的"多词术语"（multi-word term）至关重要（Cabezas-García and Faber 2017）。

按照上述思路，处理复杂型名词性词时我们遇到的主要困难之一是：作为"名词包装"（noun packing）的结果，CN 组成成分之间的语义关系并不规范[例如，DFIG-based wind turbine（基于 DFIG 的风力涡轮机）]。因此，为了获取到 CN 的含义，我们采用了不同的方法。在传统上，首选的方法是列出一张"语义关系清单"（例如 cause, effect）。此外，可以通过"动词释义"（verb paraphrase）来对它们进行改进，例如，对诸如 malaria mosquito（疟蚊）这样的复杂型名词性词，就可以使用 carry（携带）、transmit（传染）和 spread（传播）这样的动词进行解释，以进一步说明蚊子所采取的行动（Nakov and Hearst 2006；Cabezas-García and Faber 2017）。

最新的方法结合了"知识模式"（knowledge patterns），这些知识模式在真实文本中传达语义关系[例如，such as（例如），composed of（由……组成）]，同时，我们使用了"释义"（paraphrase）以及对带有概念类别的"论元"进行的"语义注释"（semantic annotation）。换句话说，针对 dune erosion（沙丘侵蚀）这类的术语，用户可以借助"知识模式查询"（knowledge pattern query）来提取诸如 erosion affects the dunes（侵蚀影响沙丘）或者 erosion has effects on dunes（侵蚀对沙丘具有影响）这样的语汇索引。然后，通过使用"动词释义"[例如，dunes are breached by storm wave attack（沙丘因风暴袭击而遭到破坏）、heavy storm events can destroy the dunes（严重的风暴事件可能毁坏沙丘）]和带有概念类别的注释[例如，dune erosion（沙丘侵蚀）可以标注为 landform + process（"地形 + 过程"）]来补充隐藏的语义关系（Cabezas-García and San Martín 2017；Cabezas-García and León-Aráuz）。

因此，在 EcoLexicon 网站上的针对复杂型名词性词的新"措词模块"部分中，我们将提供这类多词术语形成的相关信息，这对访问"微观上下文语境"也很有益处（Cabezas-García and Faber 2017）。在"措词模块"的这一部分中，用户还可以为由多词术语引起的翻译问题找到解决办法。尤其是在复杂型名词性词比较长的情况下[例如，stall-regulated horizontal axis wind turbine（挡调节水平轴风力涡轮机）]。另外，我们期望通过对知识模式、释义和概念类别的使用，开发出一种程序，对 CN 概念组织的语义关系进行推断，并采用半自动化的方法对翻译规则和策略进行制定

（Cabezas-García and León-Araúz）。因此，在这一部分中，我们也考虑到了 CN 所具有的典型性可变因素（Cabezas-García and Faber 2017）。

鉴于在许多搭配中存在着以复杂型名词性词的形式出现的名词短语的等价形式（noun-phrase equivalent）［例如，the volcano erupts 与 volcano eruption（火山喷发）］，因此，"措词模块"是"动词子模块"（verb submodule）与"CN 子模块"（the submodule for CN）之间的连接体。这两个子模块将通过"动词释义"以及对具有概念类别的"论元"的"语义注释"而被连接起来（Cabezas-García and San Martín 2017）。另外，根据用户需求，我们将采用不同方式实现这一新的"措词模块"的可视化。例如，设置"术语视图"（term view）和"措词视图"（phraseme view），并提供双语形式的表述（英语和西班牙语）。因此，用户将可以找到有关措词单元（phraseological unit）的语言和语义信息，这将有助于他们生成符合语言习惯的文本。

灵活的术语定义：在传统意义上，术语的定义应该阐述其含义所包含的充分和必要特征。这种传统的定义方法（亚里士多德式的定义）是以存在着独立于这个术语所使用的"上下文语境"且具有稳定性的含义作为前提的。另外，它假设"术语的含义"（term meaning）［或者"语义知识"（semantic knowledge）］是与关于世界的知识（或者"百科全书式"的知识）无关的。

然而，近些年来，这种传统定义所依据的原则受到了严厉的批判（Lakoff 1987；Croft and Cruse 2004；Evans and Green 2006）。认知语言学家们声称，人们不可能对概念的充分和必要特征进行确定，因为概念的边界是模糊的，而且，并不存在所有类别成员共享的特征。此外，语义知识和百科全书式的知识之间，或者语义知识和实用知识之间，是无法进行区别的。

从认知角度来看，百科全书式的知识在含义研究中起着核心作用，因为概念总是镶嵌在"框架"之中的（Fillmore 1982）。此外，我们不认为含义是一个稳定的实体。因为它是根据上下文语境在每一次使用（术语）的"事件"中被构建出来的（Fauconnier 1994）。因此，含义和上下文语境是密不可分的（Faber and León-Araúz 2016）。

鉴于以上的原因，在 EcoLexicon 中，我们采用了"灵活的术语定义方法"（the flexible terminological definition approach，简称 FTDA）（San Martín and León Araúz 2013；San Martín 2016）。FTDA 包含了上下文维度上的特征描述，其中可以包括语言、主题、文化、意识形态以及历时的约束（San Martín 2016）。FTDA 除了以框架术语学制作定义的方法（Faber 2002；León-Araúz et al., 2012）作为基础之外，它还包括以语料库为基础的知识提取中，用于定义编写和在定义模板中进行"多维度"管理的准则（表1）。

表 1 "堤坝"的定义模板

堤坝

硬质的海岸防护结构，由混凝土、木材、钢和（或）岩石筑成，并与海岸线相垂直，其功能为：保护海岸地区，减缓沿岸物质漂流，减少并防止沿岸的运输活动对海滩的侵蚀。

……的一种	硬质的海岸防御结构；
位于……	垂直于海岸线；
由……制成的	混凝土、木材、金属、岩石；
具有……功能	海岸保护、减缓沿岸物质漂流；减少并防止沿岸的运输活动对海滩的侵蚀

与 Ecolexicon 中的概念网络重置相似，当前应用于定义的语境约束是主题性的［以领域的形式呈现，如水文（hydrdogy）、化学（chemistry）、能源工程（Energy Engineering）］。实际上，FTDA 得名于 EcoLexicon 中所运用的灵活定义的理念。更具体地说，"灵活的术语定义"由针对同一概念的一组定义组成，这些定义由一般性定义（在本例中则涵盖整个环境科学领域），以及从与这个概念相关的"子域"的角度来描述该概念的其他定义组成。表 2 显示了"氯"（chlorine）的灵活性定义的摘录。

表 2 "氯"的灵活定义

一般性的环境的

属于卤族的非金属化学元素，它在标准温度和压力下以黄绿色气体形式存在。由于它的反应活性较高，所以，它只能在天然化合物中找到，例如海水中的氯化钠（普通盐）和盐石（岩盐）中。由于它［……］。

空气质量管理

被排放的空气污染物主要是氯氟烃、氢氯氟烃、四氯化碳和甲基氯仿，它们都是消耗臭氧层的物质。当这些物质到达平流层时，紫外线辐射和化学反应将它们分解开来，并转化为氯化氢和硝酸氯。这两种化合物最终转化为氯［……］。

化学

原子序数为17的非金属卤族元素，它在标准温度和压力下为黄绿色气体。它仅天然存在于化合物中，例如海水中的氯化钠（普通盐）和盐石（岩盐）或者钾盐中的氯化钾。氯的原子量为［……］。

水处理与供应

水消毒剂，因其具有氧化能力，而常被添加到接触池中的水里以杀死或灭活病原体，这是废水处理的一部分（工作）。氯以单质形式或者以次氯酸钠（漂白剂）、次氯酸钙、二氧化氯或氯胺的形式被使用。氯［……］。）

FTDA 假设，通过消除在语义知识和实用知识之间的"人为界限"，在术语定义中对上下文语境的变化进行表示，这已经不再是仅具有可能的事情了。鉴于上下文语境的普遍存在及其对认知和语言的影响，如果我们立志于完全满足用户的需求的话，那么，根据上下文语境对由概念"激活"的特征进行表示就变得很有必要。这也要求我们要在定义中包含原型化的特征（prototypical characteristic），也就是包含那些并非总是适用于这个概念，但在给定的上下文语境中与这个概念有关的特征。同样，我们在术语定义中也不再禁止使用"百科全书式"的知识，现在，"灵活的术语定义"已经成为定义的有机组成部分。

4　结论

EcoLexicon 是一个建立在合理的理论基础上的强大术语资源。尽管它的存在已经有 15 年了，但它仍然需要继续完善，不断容纳新的知识域、概念、语言信息，甚至需要具有更多的新功能。所以，它不断地推出新功能，处于不断发展的过程中。近年来，它已经成为创造语言产品的优秀平台，同时它所创造的语言产品是创新性理论发展的实践性应用。本文对 EcoLexicon 的最新进展做了一些介绍，从中反映出它所具有的勃勃生机。由于 EcoLexicon 能够提供高质量和高效率的服务，帮助用户完成专业语言的理解和学习，因此，对于语言专家和环境科学领域专家以及广大普通公众而言，它是一个宝贵的工具。①

参考文献：

[1]　CASTRO M B. Phraseology in specialized language and its representation in environmental knowledge resources[D]. Granada: University of Granada, 2013.

[2]　CASTRO M B, MARTÍNEZ S M, FABER P. Verb collocations and phraseology in EcoLexicon[J]. Yearbook of phraseology, 2014, 5(1): 57-94. DOI:10.1515/phras-2014-0004.

[3]　CABEZAS-CARCÍA M, FABER P. Exploring the semantics of multi-word terms

①　这项研究是作为项目 FF2014-52740-P——"术语增强型翻译的认知和神经学基础"（Cognitive and Neurological Bases for Terminology-Enhanced Translation, CONTENT）——的一部分进行的，该项目由西班牙经济与竞争力部（Spanish Ministry of Economy and Competitiveness）资助。同时也从西班牙教育、文化和体育部（Spanish Ministry of Education, Culture, and Sports）（FPU 项目）获得部分资金。

by means of paraphrases[M]//CANDEL-MORA M Á, VARAGS-SIERRA C. Temas actuales de terminología y estudios sobre el léxico.Granada: Comares, 2017: 193–217.

[4] CABEZAS-CARCÍA M, FABER P. The role of micro-contexts in noun compound formation[J]. Neologica, 2017, 11: 101-118.

[5] CABEZAS-CARCÍA M, LEÓN-ARAÚZ P. In press. Multi-word terms: Disclosing the semantic relations in noun compounds[C]//9th International Conference on Corpus Linguistics. Paris: AELINCO, 2017.

[6] CABEZAS-CARCÍA M, MARTÍNE A S. Semantic annotation to characterize contextual variation in terminological noun compounds: A pilot study[C]//Proceedings of the 13th Workshop on Multiword Expressions.Valencia: Association for Computational Linguistics, 2017: 108–113.

[7] CROFT W, CRUSE D A. Cognitive Linguistics[M]. Cambridge: Cambridge University Press, 2004.

[8] EVANS V, CREEN M. Cognitive Linguistics: An Introduction[M]. Edinburgh: Edinburgh University Press, 2006.

[9] FABER P. Terminographic definition and concept representation[C]//MARA B, HALLER J, ULYRICH M. Training the language services provider for the new millennium. Porto: Universidade do Porto, 2002: 343–354.

[10] FABER P. A cognitive linguistics view of terminology and specialized language[M]. Berlin and Boston: De Gruyter Mouton, 2012.

[11] FABER P. Frames as a framework for terminology[M]//KOCKAERT H, STEURS F. Handbook of Terminology. Amsterdam, Philadelphia: John Benjamins, 2015: 14–33.

[12] FABER P, BUENDÍA M. EcoLexicon[C]//ABEL A, VETTORI C, RALLI N. Proceedings of the XVI EURALEX international congress. Bolzano: EURALEX, 2014: 601–607.

[13] FABER P, LEÓN-ARAÚZ P. Specialized knowledge representation and the parameterization of context[J]. Frontiers in Psychology, 2016, 7: 1–20.

[14] BUDENDÍA M, MARTÍNEZ S M, FABER P. Verb collocations and phraseology in EcoLexicon[J]. Yearbook of Phraseology, 2014, 5(1).

[15] FABER P, REIMERINK A. Knowledge representation in EcoLexicon[C]//TALAVÀN

N, MONJE E M, PALAZÓN F. Technological innovation in the teaching and processing of LSPs: proceedings of TISLID'10. Madrid: Universidad nacional de educación a distancia, 2011: 367-386.

[16] FABER P. EcoLexicon: New features and challenges[C]//KERNERMAN I, TROJINA I K, KREK S. GLOBALEX 2016: Lexicographic resources for human language technology in conjunction with the 10th edition of LREC. [S.l.]: [s.n.], 2016: 73–80.

[17] FABER P, USÓN R M. Constructing a Lexicon of English Verbs[M]. Berlin: Mouton de Gruyter, 1999.

[18] FABER P, MARTÍNEZ S M, PRIETO M R C, et al. Process-oriented terminology management in the domain of coastal engineering[J]. Terminology, 2006, 12 (2): 189–213.

[19] FAUCONNIER G. Mental spaces: aspects of meaning construction in natural language[M]. Cambridge and New York: Cambridge University Press, 1994.

[20] FELLBAUM C. English verbs as a semantic net[J]. International journal of lexicography, 1990, 3: 278–301.

[21] FILLMORE C J. Frame semantics[C]//The linguistic society of Korea. Linguistics in the morning calm. Seoul: Hanshin, 1982: 111–37.

[22] FILLMORE C, ATKINS B T. Toward a frame-based lexicon: the semantics of RISK and its neighbors[C]//LEHRER A, KITTAY E F. Frames, fields, and contrasts. NJ: Lawrence Erlbaum, 1992 : 75–102.

[23] ADAM K, BAISA V, BUŠTA J, et al. The Sketch engine: ten years on[J]. Lexicography, 2014, 1: 7–36.

[24] GEORGE L. Women, fire, and dangerous things: what categories reveal about the mind[M]. Chicago: University of Chicago Press, 1987.

[25] LEÓN-ARAÚZ P, FABER P, MARTÍNEZ S M. Specialized language semantics[M]// FABER P. A Cognitive Linguistics View of Terminology and Specialized Language. Berlin and Boston: De Gruyter Mouton, 2012: 95–175.

[26] LEÓN-ARAÚZ P, PEIMERINK A, GARCÍA-ARAGÓ N A. Dynamism and context in specialized knowledge[J]. Terminology, 2013, 19 (1): 31–61.

[27] LEÓN-ARAÚZ P, MARTÍN A S, FABER P. Pattern-based word sketches for the

extraction of semantic relations[M]//Anon. Proceedings of the 5th International workshop on computational terminology. Osaka: [s.n.], 2016: 73–82.

[28] LEVI J. The syntax and semantics of complex nominals[M]. New York: Academic press, 1978.

[29] NAKOV P, HEARST M A. Using verbs to characterize noun-noun relations[J]. Artificial intelligence methodology systems and applications, 2006, 4183: 233–44.

[30] SAN MARTÍN A. La representación de la variación contextual mediante definiciones terminológicas flexibles[D]. Granada: University of Granada, 2016.

[31] SAN MARTÍN A, LEÓN-ARAÚZ P. Flexible terminological definitions and conceptual frames[M]//SEPPÄLÄ S, RUTTENBERG A. International Workshop on Definitions in Ontologies. Montreal: Concordia University, 2013.

[32] SCHULZE B M,CHRIST O. The CQP User's Manual[M]. Stuttgart: Universität Stuttgart, 1996.

EcoLexiCAT：用于环境科学文本的术语增强型翻译工具

P. 莱昂－阿劳斯（Pilar León-Araúz）、

A. 雷默林克（Arianne Reimerink）和 P. 费伯（Pamela Faber）等 [①]

摘　要：尽管机器翻译和计算机辅助翻译工具（CAT）现在已经成为专业翻译人员在现实工作中必须利用的工具，但是，术语管理仍然被认为是复杂且费时的工作，并且，通常人们无法将其完美无缺地协调到翻译过程中去。大多数的术语资源在设计时，没有考虑到终端用户（例如翻译者）的实际搜索行为，在许多情况下，CAT 工具没有提供除了带有跨语言等效内容的简单词汇表之外的术语模块。另外，尽管从语料库中提取的措词信息对翻译人员有很大帮助，但在大多数的 CAT 工具中，很少设计语料库的咨询。为了解决这些问题，我们创建了一个基于 Web 的工具，用于针对"英语－西班牙语－英语"语言组合的环境科学专业文本进行术语增强的翻译。EcoLexiCAT 使用了基于 Web 的 CAT 工具 MateCat 的开源版本，并在源文本中添加了以下信息：（i）EcoLexicon，一个以环境科学为基础的多模式和多语言的术语知识库；（ii）BabelNet，一个自动构建的多语言百科全书和语义网络；（iii）Sketch Engine，一个著名的语料库查询系统。

关键词：计算机辅助翻译；术语管理；专业翻译

1　引言

在当今世界，机器翻译（machine translation, MT）和计算机辅助翻译（computer assisted translation, CAT）是专业翻译工作流程中非常重要的一部分。然而，术语管理工作仍然复杂、耗时，而且常常没有被很好地协调到翻译过程中去。此外，大多数的术

[①] 这篇文章英文名为 "EcoLexiCAT: a Terminology-enhanced Translation Tool for Texts on the Environment"。原文见西班牙格拉纳达大学（University of Granada）LexiCon 研究团队（LexiCon Research Group）的出版物网站（http://lexicon.ugr.es/publications）（2017 年）。——译者注

语工具没有考虑到终端用户（例如翻译者）的实际搜索行为（Tudhope et al. 2006；Durán Muñoz 2012），而且，CAT 工具中的大多数"术语模块"（terminological module）只是等效术语的简单列表。除此之外，尽管语料库可以为用户提供有价值的措词信息，但通常多数的 CAT 工具并不提供对语料库的访问。一个例外是，最近，SDL Trados Studio 软件中添加了 Sketch Engine 插件（可以从 SDL AppStore 获得）。但总的来说，术语管理工作的不得力，不可避免地造成了（翻译人员）在翻译质量和时间上的损失。

目前实施的"术语即服务"（Terminology as a Service, TaaS）项目[①]是改善当前状况的一个优秀的案例。TaaS 项目是一个由一些翻译技术领域的机构和公司所开发的欧洲项目，其研究人员在一个用户友好的、协作式的环境中，基于"云"，对 21 世纪的"术语"进行构想（Gornostay 2014）。他们的目标是创建一个平台，以便用户对最新的术语进行即时访问，并可以参与多语言术语数据的获取、共享和重用。TaaS 项目服务于所有类型的语言专业人员，但它特别关注作为最终用户的翻译人员的需求，所以它提供以下术语服务：（1）自动提取候选术语；（2）自动识别在不同的公共和专业术语数据库中存在的翻译等效物；（3）使用最新的术语提取和校准（alignment）方法，从并行（可比较）的网络数据中，自动获取术语库中未找到的术语翻译等效物；（4）为 CAT 工具中的术语共享和重用提供便利条件；（5）对术语数据进行集成，以改进按统计学方法设计的机器翻译系统。

作为一项改进举措，我们开发出了 EcoLexiCAT 软件，这是一个术语增强型的 CAT 工具，它可以让用户轻松地访问处于特定专业领域上下文语境中的术语。这个应用程序把专业翻译工作中的不同功能集成到了一个独立的界面上，在其中，源文本可以通过来自不同外部资源的术语信息（即定义、翻译结果、图像、复合词术语、对语料库的访问等）的交互得到丰富，这些外部资源有：（i）EcoLexicon，一个以环境科学为基础的多模式和多语言的术语知识库 (Faber et al. 2014；Faber et al. 2016)；（ii）BabelNet，一个自动构建的多语言百科全书和语义网络（Navigli & Ponzetto 2012）；（iii）Sketch Engine，一个著名的语料库查询系统（Kilgarriff et al. 2004）。

本文其余部分结构安排如下：第 2 部分从专业翻译人员的需求及其期望的角度，对术语管理进行解释；第 3 部分简要描述了基于 Web 的开源 CAT 工具 MateCat 和以此为基础的 EcoLexiCAT，并介绍了用于术语增强的外部资源；第 4 部分详细介绍了

---

① http://taas-projeot.cn/

EcoLexiCAT 及其不同的模块；最后，在第 5 部分中，我们介绍了从本研究中得出的结论，并概述了未来的研究思路。

2　翻译人员对术语管理的需求和期望

任何词典或者术语工具的设计，都应该在其结构以及内容乃至表示信息的方式上考虑到终端用户的需求，以便用户可以使用这种工具进行搜索并实现用户与工具之间的交互配合（Tarp 2013）。当翻译人员查询某种资源时，如果找不到所需要的信息，他们就会浪费时间，从而导致生产率下降［"搜索成本损耗"（search cost）；Nielsen 2008］。同理，翻译人员获取的数据过多［"信息过量"（infoxication）；Cornellà 1999］，会延长知识构建的时间，导致其理解成本（Nielsen，2008）的增加。因此，翻译人员需要在翻译过程的所有阶段上开展研究。在预翻译阶段，研究就要开始，以便更好地对原始文本及其术语进行理解；当以满足用户实用需求并寻找等效内容为目标，将原始信息译成目标文本时，也必须开展研究；最后，在修订阶段，翻译人员也必须对术语进行检查，以求在总体上保证翻译质量（Durán Muñoz，2012）。因此，对于译者而言，在词典编纂和术语资源方面的主要挑战之一，就是要在搜索成本和理解成本之间找到平衡。

学者杜兰·穆尼奥斯（Durán Muñoz 2010；2012）证实，翻译人员更喜欢通过咨询现成的资源来解决自己遇到的术语问题。根据她的研究，翻译人员最常用的资源是（按顺序排列）：双语专业词典或者词汇表、搜索引擎、术语数据库、单语专业词典和百科式搜索引擎（Durán Muñoz，2012）。穆尼奥斯提到，翻译人员不太相信多语言资源的质量，因此，对并行语料库的搜索在首选项列表中排名并不靠前。但是，当问及在术语资源的微观结构中最常见的 ISO 字段（ISO 12620:1999）的界定时，翻译人员大都认为以下内容至关重要：清晰而具体的定义、等效项、派生词和复合词、域规范、示例、措词信息、双语资源中的两种语言定义，以及缩写词和首字母缩写词（Durán Muñoz 2012）。最后，当征求他们的意见时，翻译人员认为，术语资源应该为翻译人员带来以下几点益处：（i）允许采用不同格式进行输出和（或）输入；（ii）提供更多功能以及解决棘手翻译问题的实用信息［经典功能、容易误用的术语（false friend）、词语专业性或者区域性的特定用法等］；（iii）提供其他资源的链接以改善或者增加（搜索）结果；（iv）改进搜索选项；（v）提供取自真实文本的示例。令人惊讶的是，虽然本研究调查的翻译人员对访问语料库并没有表现出太大的兴趣，但是，他们的确强调需要更多的措词信息、实用信息，以及从真实文本中摘录的例子。即使以上信息可以从语料库中提取，但翻译人员仍然会对使用语料库持保留意见，因为如果语料库搜索不能为用户提供正确的查询方法，那么它可能会花费掉很长的时间。

面向翻译的术语管理（translation-oriented terminology management）工具或者术语增强型翻译 (terminology-enhanced translation) 工具应该考虑到以上的所有内容。正如在本文第 4 部分将要介绍的 EcoLexiCAT，这种工具包括了上文提到的关键性内容，并且建立了与其他资源的链接，它具有改进了的、用于语料库分析的搜索选项，从而能为用户提供必要的实用信息和真实的文本示例。所有这些功能都可以在基于单平台并以 Web 作为基础的 CAT 环境中使用，该环境具有导入和导出不同类型和格式的文件的功能。

3　EcoLexiCAT 的资源

3.1　MateCat

MateCat 是 "机器翻译增强型计算机辅助翻译"（Machine Translation Enhanced Computer Assisted Translation）的首字母缩写。它最初是一个为期三年的研究项目，由 FBK 国际研究中心［位于意大利特兰托（Trento）］、Translated SRL、缅因大学（Université du Maine）和爱丁堡大学（University of Edinburgh）组成的联盟牵头。该项目的目的是对机器翻译和人类翻译之间的 "一体化" 进行改善（Federico et al. 2014）。在这个项目中，研究人员开发出一种计算机辅助翻译工具——MateCat 工具（MateCat Tool）。Mate Cat[①] 这一应用程序不仅是一个工业化工具，也是一个开源平台（an open source platform）。它为用户提供了现代 CAT 工具的所有功能，例如，文本编辑器——它可以把要翻译的文本划分为源句段和目标句段，并将其连同译文一起保存在翻译记忆库（translation memory，TM）中。

MateCat 作为一种 Web 服务器投入运行，并通过开放的 API 与其他服务进行交互配合。它允许用户在翻译记忆库（简称 TM）和机器翻译（简称 MT）引擎内进行语汇索引搜索（concordance search）并实现与预先存在的翻译记忆库和术语数据库进行交流，在这一过程中机器翻译供应组合 MyMemory（某两个机器翻译的组合）是

---

① http://www.matecat.com

可以免费获得的。这个工具已经在专业环境中进行了测试，并且它适用于机器翻译的研究以及教育领域（Bertoldi et al. 2013；Federico et al. 2014）。它所具有的开源版本以及高度的灵活性，使其成为开发 EcoLexiCAT 的合适选择。另外，MateCat 的功能及其操作，基本上与如今使用的大多数 CAT 工具所具有的功能和操作相同。因此，专业翻译人员无须花费大量时间去掌握如何使用这种工具，并将受益于 CAT 格式的互用性（TBX 用于词汇表、XLIFF 用于双语文件、TMX 用于 TM 等）。这样一来，他们就可以在其他类似的工具中使用翻译过程中生成的资源，并在 EcoLexiCAT 中重新使用先前存在的资源（即词汇表、双语文件和翻译记忆库）。

3.2　EcoLexicon

EcoLexicon[①] 是基于环境科学的多语言和多模式的术语知识库（Faber et al. 2014，2016）。这是框架术语学（Frame-based Terminology，FBT）的实际应用（Faber et al. 2011；Faber 2012，2015）。框架术语学是一种将框架语义学（Frame Semantics）（Fillmore 1982; Fillmore & Atkins 1992）的某些理念运用于专业知识表示的理论，用以构建"专业域"（specialized domain）并创建非语言特定的（non-language-specific）知识表示。框架术语学关注概念组织和专业知识单元的多维性质，并通过使用多语言语料库来提取语义和句法信息。

EcoLexicon 是一个内部一致的信息系统，它在宏观和微观结构上都依据概念化的、语言学的前提进行组织。目前，它含有 3 601 个概念和 20 211 个术语，所用语言为西班牙语、英语、德语、法语、现代希腊语和俄语等。这个术语资源是为语言专家和环境科学领域专家以及广大公众设计的。它服务于需要了解环境科学的专业概念以从事专业和半专业文本写作和（或）翻译的人员，例如，翻译人员、技术作家和环境科学领域的专家。

终端用户可以通过具有不同模块的可视界面与 EcoLexicon 进行互动，这些模块为用户提供概念、语言和图形信息。用户可以对窗口进行浏览，并选择查看与他们的需求最为相关的数据，而不用同时查看所有信息。图 1 显示了 EcoLexicon 中有关 Fan（扇）的条目。当用户打开应用程序时，程序中会显示三个区域。顶部的水平栏可以让用户访问术语 / 概念（term/concept）的搜索引擎。屏幕左侧的垂直栏则提供了与所搜索概念有关的信息，即概念的定义、术语名称、相关资源、一般性概念所

---

① http://ecolexicon.ugr.es/en/index.htm

起的作用和措词用语。

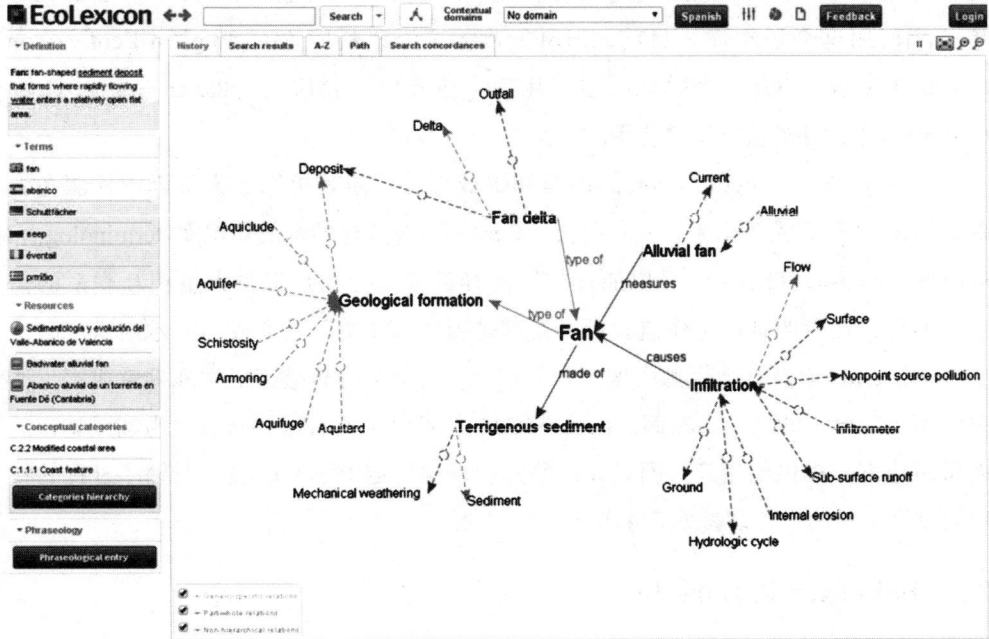

图 1　EcoLexicon 用户界面

　　每一个定义都使得类别成员的归属明确化，并反映出这个概念与其他概念之间的关系，同时指明本质的属性和特征（León-Araúz,Faber and Montero-Martínez 2012）。因此，定义是"概念图"中所示关系结构（位于屏幕中心）的语言编码。尽管用户可以根据自己的需要对概念图进行配置，但标准化的表示模式（参见图 1）是一个多级语义网络，其中的概念都以某种方式链接到位于其中心的、正在被搜索的概念上。

　　为了对语言和概念化的知识进行提取，专门针对 EcoLexicon 的专业语料库被编制出来。现在，这个语料库含有超过 5 000 万个单词，而且，每一个文本都已经根据一组基于 XML（Extensible Markup Language，可扩展标记语言）的元数据进行了标记，这些元数据包含有关文本语言、作者、出版日期、目标读者、上下文域、关键词等信息。这样做是为了向用户提供直接而且具有灵活性的语料库访问方式。它还允许用户在上下文语境域（Contextual domain）或者目标读者等语用因素的基础上，对语料库查询进行约束。这样，用户就可以对处于不同上下文语境中的相同术语的用法进行比较。用户可以首先利用搜索语汇索引选项卡（图 1 中概念图上方的中心区域菜单）来使用这个语料库。目前，EcoLexicon 英语语料库（the English EcoLexicon Corpus）（含 2 300 万个单词）也"托管"在开放语料库 ①（Sketch Engine Open Corpora）中，并免费供用户使用。

为了充分利用 EcoLexicon 的内容和组成部分，使其更好地为翻译工作服务，EcoLexiCAT 被开发了出来。一般而言，像 EcoLexicon 这样的术语知识库（terminological knowledge base，TKB），可以通过丰富多样的模式为用户提供大量相互联系的信息。但是，在专业翻译工作流程中，尤其是当"源文本"具有较高的术语密度时，在 EcoLexicon 以及其他资源中搜索相关信息，可能会导致搜索成本和理解成本（请参阅第 1 部分）的增加。然而，EcoLexiCAT 却可以把所有这些知识作为翻译流程的有机组成部分提供给用户，而且让这些知识根据特定上下文语境，在翻译过程的特定阶段展示给用户（请参见第 4 节）。

3.3 BabelNet 和 Babelfy

BabelNet② 是一个多语言的百科全书和语义网络，它是通过将某百科网站链接到词汇数据网站（WordNet）上创建起来的（Navigli and Ponzetto 2012）。它在语义关系网络中将概念和其命名的"实体"连接起来，这个网络由大约 1 400 万个条目组成。这个网络称为 Babel synset。每一个 Babel synset 代表一种给定的含义，并包含采用各种语言表达的这种含义的同义词。BabelNet 所基于的两个网站之间的集成，是通过"自动映射"（automatic mapping）实现的，并借助机器翻译来填补"资源贫乏的语言"中的词汇空缺。

BabelNet 拥有巨量的信息资源，用户可以通过开放的 API 对其进行访问，在手动构建的 EcoLexicon 资源未能包含足量的通用语言信息的情况下，或者当 EcoLexicon 中环境科学与其他专业领域相结合的文本资源不足时，人们可以把 BabelNet 看成是对 EcoLexiCAT 的宝贵补充。另外，BabelNet 的研究人员还创建了自己的程序——Babelfy③，当在特定文本的上下文语境中发现多义词时，用户可以利用

---

① http://www.sketchengine.eu

② http://babelnet.org

③ http://babelfy.org/

Babelfy 来消除歧义（Moro，Raganato and Navigli，2014；Moro，Cecconi and Navigli 2014）。

Babelfy 是一种以"图表为基础"（graph-based）的统一多语言应用程序，用于"实体连接"（针对命名"实体"的歧义消除）和"消除词义的歧义性"（对常用名词、动词和形容词进行歧义消除）。提交输入内容后，系统将提取出所有可以链接的片段，并根据 BabelNet 的语义网络列出每一个片段可能具有的含义。显然，这在处理多义术语时会对用户很有帮助。EcoLexiCAT 中，在术语与 BabelNet 进行匹配之前，Babelfy 会对源文本进行歧义消除。

3.4　Sketch Engine

Sketch Engine（Kilgarrif et al. 2004）是一个在线语料库查询系统，它具有非常高效的搜索引擎和统计学组件，以提高查询的准确性。它容纳了 300 多个语料库并采用了 60 多种语言，同时允许终端用户创建自己的语料库。该系统的一个非常有趣的功能是通过"单词草图"（word sketch）来提取信息。单词草图是所搜索术语的搭配信息的摘要，在其中，用户可以根据动词、修饰词和在真实文本中其他与之相伴的常用结构来对所搜索的术语进行分析。通过草图语法（sketch grammar）可以创建单词草图，这些语法会向语料库发起特定的查询。终端用户可以为单词草图创建自己的语法，由此可以使这个工具适应他们的特定需求。

用户可以登录账户（account），访问预加载的语料库和名为 WebBootCaT 的语料库编辑器。登录后，他们可以对语料库进行下载，并将新文档添加到语料库中去，提取域关键字，查看文本，并生成语汇索引、单词表、频率列表、搭配词和单词草图。Sketch Engine 中还"托管"了一组免费的开放语料库，用户可以使用完整的 Sketch Engine 功能对其进行查询。在 Sketch Engine 上，EcoLexicon 语料库也可以在被上传后实现自由访问，这一优势使其成为 EcoLexiCAT 的理想语料库查询系统。

4　EcoLexiCAT：术语增强型翻译工具

当用户在 EcoLexiCAT 中启动新项目时，他们首先需要访问图 2 中的项目设置界面，在此，他们可以执行以下操作：（1）对项目进行命名；（2）选择方向性（到目前为止，可以选择"英语 – 西班牙语"或者"西班牙语 – 英语"方向）；（3）在环境科学领域中选择一个特定的"域"（Domain）——所选的"域"要与组织 EcoLexicon 时所依据的"域"相一致，并包括在第一步中，以便对项目和翻译记忆库进行分类，供以后重新使用；（4）在一般分割规则和专利分割规则（patent segmentation rule）之间进行选择，以便对源文本进行相应的分割；（5）可选性地添加一个机器翻译提供商以进行后期编辑，MyMemory 是免费提供的，但是，如果用户具有其他的账户，他们还可以添加其他的供应商；（6）可选性地添加用户自己的翻译记忆库和（或）词汇表，否则，将使用存储在系统中的集体性翻译记忆库；（7）上传源文本。图中除了（3）以外，上述这些步骤都是 MateCat 中的默认选项。

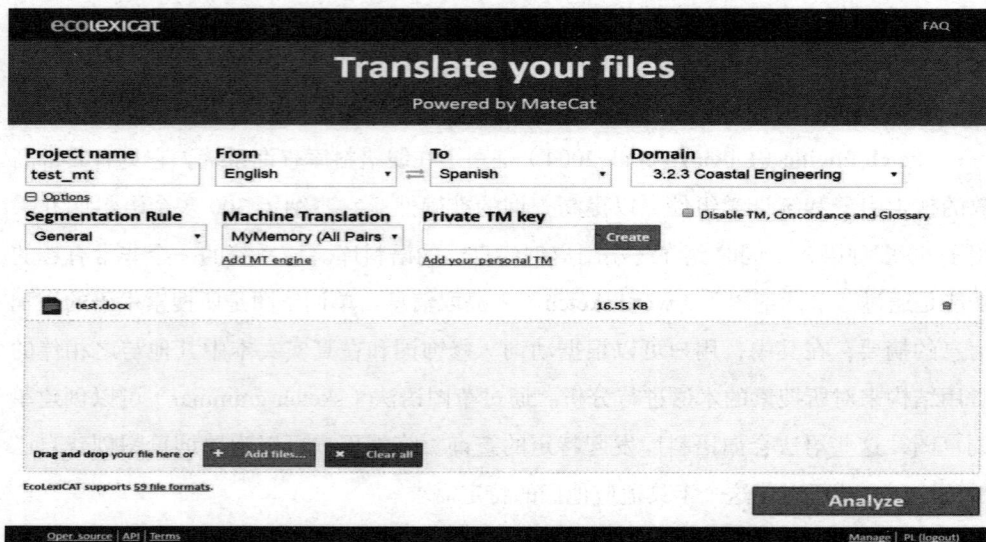

图 2　EcoLexiCAT 中的项目设置

当源文本经过处理并被转换为"双语格式"（XLIFF）之后，用户就可以对主界面（图 3）进行访问。这个界面分为两个主要部分。在左侧部分中，三个"外部资源"（即 EcoLexicon、BabelNet & Babelfy 和 Sketch Engine）为翻译过程提供"术语增强型"的支持。右侧部分是目标文本生成的地方，在这一部分中源文本在编辑器中被分为不同的部分。在编辑器的右上方，用户可以采用原始格式对目标文本或者源文本进行下载，然后以 SDLXLIFF 格式（SDL Trados Studio 的本机格式）导出双语文件，或者以 OmegaT［另一个桌面开源 CAT 工具（desktop open source CAT tool）］的本机格式导出整个项目。这些步骤与下载翻译记忆库和在项目实施期间创建词汇表一样，确保了不同 CAT 工具之间不同格式的互用性。不同 CAT 工具之间不同格式的互用是专业翻译人员经常遇到的且必须解决的问题。

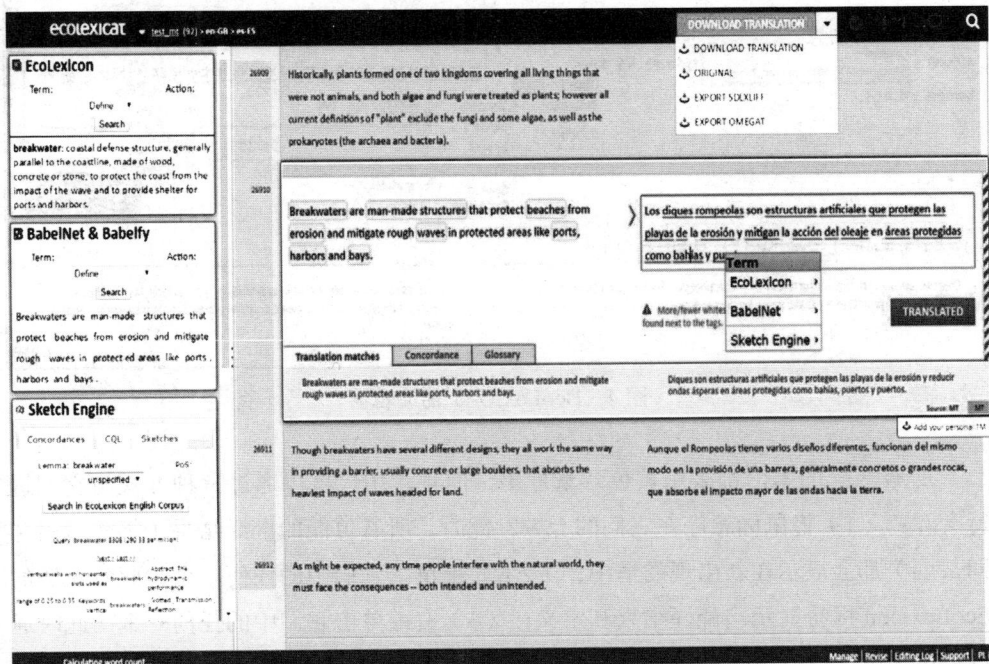

图 3　EcoLexiCAT 的主用户界面

　　图 4 显示了编辑器中的一个片段。这个编辑器为用户提供了所有 CAT 工具所必备的常规编辑功能。用户可以对片段进行拆分或者合并，将源文本复制到目标片段中去，从检测缺失空格或标签的 QA 系统中获益并创建动态词汇表条目，在翻译记忆库中搜索语汇索引，并从 TM 中先前存储的片段里获得建议，或者获得来自 MT 引擎（如果添加了）的建议。一旦某个片段得到确认，它就将存储在用户的翻译记忆库和集体性的 TM 中，这样，其他用户也可以从中受益。于是，这就把工具的运作环境转换成了协作性环境。

　　但是，EcoLexiCAT 与普通 CAT 工具之间还是有一些区别的：EcoLexiCAT 是一种"术语增强型"的翻译工具。它的编辑器与"外部术语资源"进行交互作用，从而可以为翻译人员在翻译工作流程的不同阶段提供"术语资源"帮助。尤为重要的是，源片段（the source segment）经过了来自 EcoLexicon 信息的丰富。这是通过对片段中的所有单词实现"词素化"（lemmatizing），并将它们与术语知识库（TKB）中的术语条目记录进行匹配来完成的。

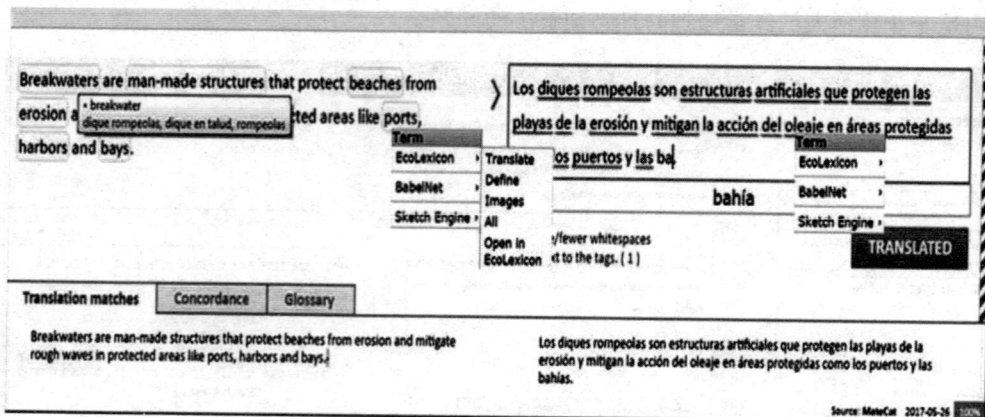

图 4　EcoLexiCAT 的编辑器

　　所有匹配的术语都采用黄色背景标出，而且，用户可以通过三种方式与它们进行交互：（1）将鼠标悬停在它们的上方，此时，所有可能的翻译结果（等效术语和同义词）都会显示在新出现的框中；（2）左键单击它们中的任何一个，此时左侧的 EcoLexicon 框将显示出翻译结果和定义；（3）右键单击它们中的任何一个，此时通过下拉菜单，可以访问左侧部分中每个资源提供的所有不同选项（参见图 5）。

　　例如，EcoLexicon 所提供的选项类似于术语知识库通常用于"文本理解"的数据类别：翻译、同义词、定义和图像。同样借助这个菜单，用户可以在浏览器中打开一个新的选项卡，以实现对 EcoLexicon 术语知识库的访问，从而对概念网络进行更为详细的分析。

　　与此相应，目标片段（target segment）被赋予预测性的特征。一旦用户开始键入与源片段中某个术语的翻译相匹配的单词时，所有具有可能性的翻译结果就会显示在下拉的列表中。另外，正如在源片段中一样，用户可以右键单击他们在目标片段中键入的任何一个术语，并以相反的语言方向，在三个资源（即 EcoLexicon、BabelNet & Babelfy 和 Sketch Engine）中进行查询。对于语料库查询而言，这一点尤其重要，因为语料库通常是文本生成阶段最有用的资源。

　　因此，在翻译过程的不同阶段，EcoLexiCAT 的外部资源都与编辑器中的片段进行着交互，由此，在完成理解"源文本"和生成"目标文本"这些任务上，翻译人员在处理术语方面得到了帮助。

　　在图 5 中，我们提供了"外部资源框"的详细视图。图 5 显示了当用户从下拉菜单的模块（即 EcoLexicon 框本身、BabelNet & Babelfy 框、源片段或者目标片段）

中请求"所有"（All）功能（即翻译、定义、图像）时，所出现的 EcoLexicon 框。用户还可以通过选择对这些功能进行查看。

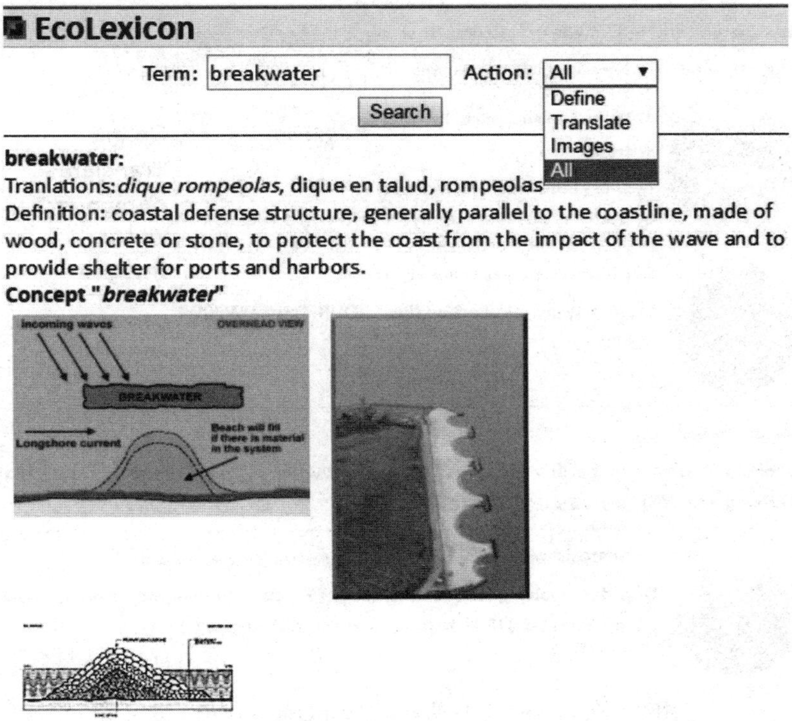

图 5　EcoLexiCAT 中的 EcoLexicon 框

在 EcoLexicon 框的下面，用户可以找到 BabelNet & Babelfy 框（图 3、6），在其中，源文本与先前由 Babelfy 算法消除了歧义的 BabelNet 网络相匹配。这样，就能够让系统提出在统计学意义上相关的翻译候选项。这是一个重要的优势，因为 BabelNet 涵盖了所有的专业领域和通用领域，因此经常会遇到歧义性问题。此外，这还有助于系统采用最合理的顺序对定义或者图像进行排列。例如，在图 6 中，虽然前三个定义对 EcoLexiCAT 的用户可能会有帮助，但是，第四个定义显然属于另外一个"域"，它显示了 erosion（侵蚀）作为术语的另一种含义 ①。

---

①　erosion（第四种定义）的含义是"糜烂"，指的是一种皮肤病（dermatosis），在图 6 中，它的定义是 disorder involving lesions or eruptions of the skin（in which there is usually no inflammation）［涉及皮肤病变或者感染加剧的皮肤疾病（通常没有炎症）］。——译者注

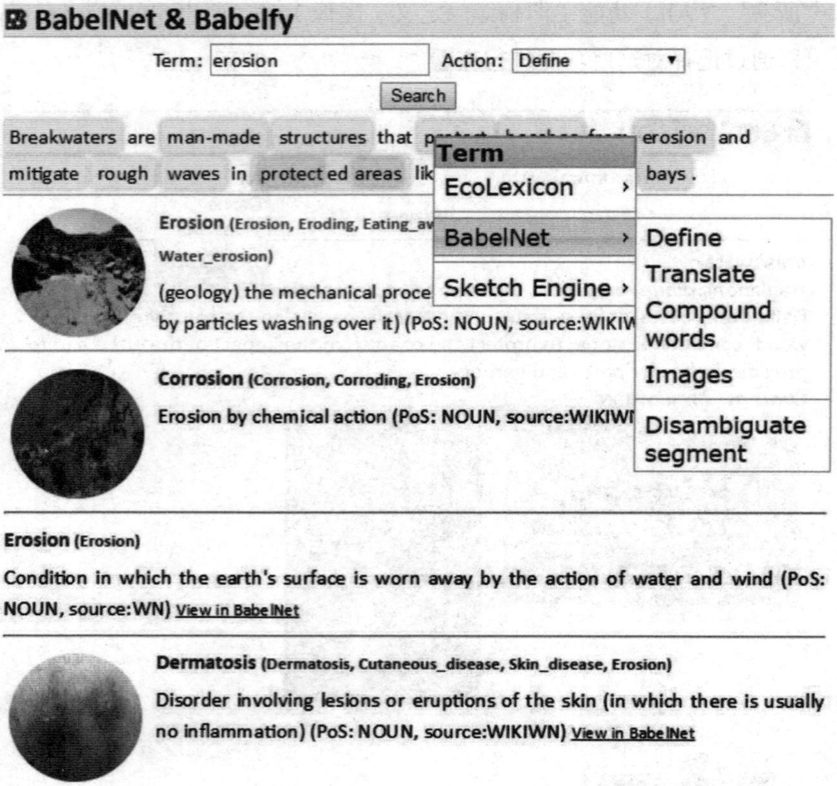

图 6　EcoLexiCAT 中的 BabelNet&Babelfy 框 – 定义

在这个框中，所有匹配的术语都以绿色背景显示，并且与 EcoLexiCAT 上的源片段中的术语相同：（1）如果用户将鼠标悬停在它们上方，则所有可能的翻译（等效术语和同义词）都显示在新出现的框中；（2）如果左键单击其中任何一个，左侧的 BabelNet & Babelfy 框就会同时显示翻译和定义；（3）如果右键单击任意一个，则通过下拉菜单用户可以访问左侧部分每个资源提供的所有选项。在 BabelNet 上，这些选项对应着翻译人员最感兴趣的数据类别：定义、翻译、复合词和图像。同样，通过定义选项，用户可以在浏览器中打开一个新的选项卡，以访问 BabelNet 中的语义网络。

对于在 EcoLexicon 中找不到的术语，BabelNet & Babelfy 框也特别有用，尤其当 EcoLexicon 中尚未包含一些条目（它们是正在开发中的资源）时，或者当出现与通用语言相关的问题时，或者当在源文本中环境科学术语与来自其他专业领域的术语相结合使用时。但是，用户应当时刻保持警惕，因为 Babelfy 程序可能会失误，甚至提供出没有考虑域特殊性的翻译候选项。作为以 WordNet（通用语言词汇数据库）的同义词集合（synset）为基础自动构建的资源，BabelNet 经常会在同一条目下为用户提供一组具有不同精确度级别的概念。

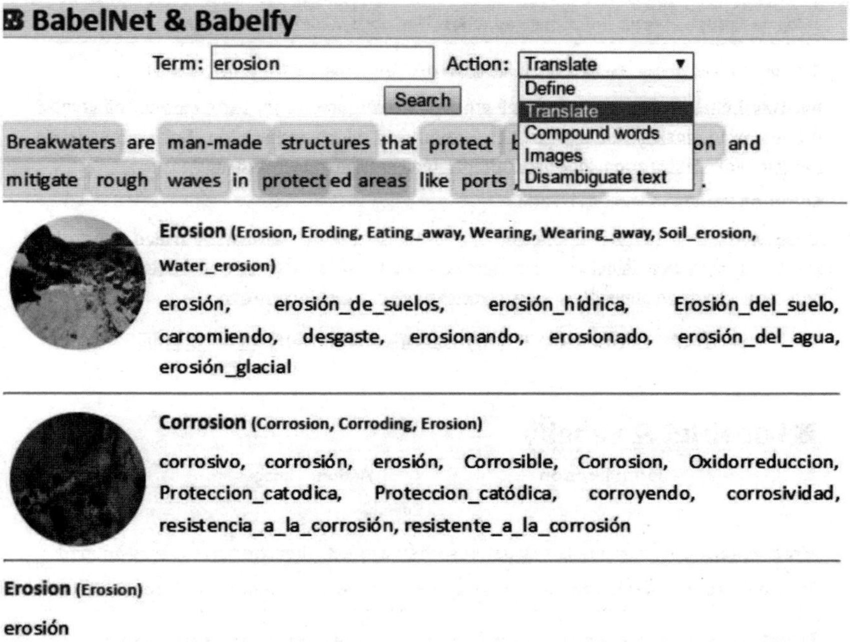

图 7　EcoLexiCAT 中的 BabelNet&Babelfy 框 – 翻译

例如，在图 7 中，翻译候选项超出了等效术语的范围，因为其中有些术语是 erosion 的"下义词"或者"派生词"。但是，如果用户谨慎使用这些信息，这些结果则可以帮助他们加强对某个"域"语义网络的了解。

为了实现这个目的，尤其是为了帮助用户完成文本制作任务，在这个框中还有另外一个选项，即"复合词"（Compound word）选项。图 8 显示了与 erosion 相关的不同复合词术语，在这里，erosion 有时是中心词［例如 beach erosion（海滩侵蚀）］，有时则是复合词的修饰词［例如 erosion control（侵蚀控制）］。用户可以对它们进行单击以访问其背后的定义。就这样，用户可以通过相互联系的不同概念和术语对资源进行浏览，从而获得对"域"的更好把握。"图像"（Image）是 BabelNet 提供的最后一个选项（图 9）。在理解和翻译复杂型概念［例如过程（process）或者实体（entity）的各个部分］的时候，图像能为用户带来极大的帮助，而且，它们可以对 EcoLexicon 提供的图像进行补充。

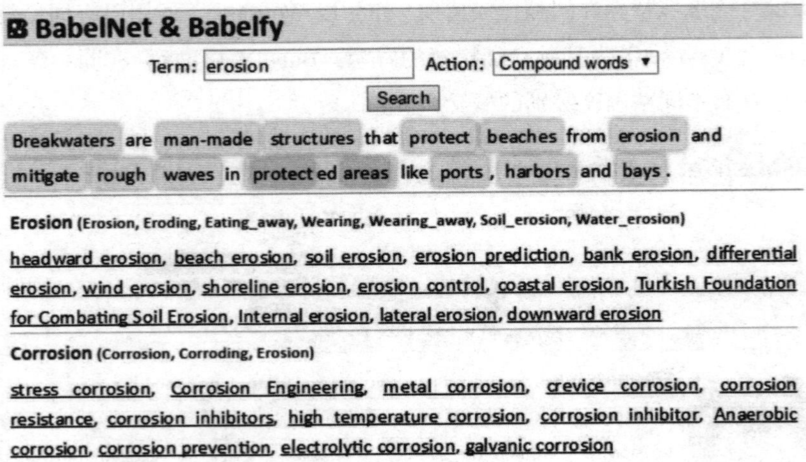

图 8　EcoLexiCAT 中的 BabelNet&Babelfy 框 – 复合词

图 9　EcoLexiCAT 中的 BabelNet&Babelfy 框——图像

在 BabelNet & Babelfy 框的下方，出现的是 Sketch Engine 框（图 3、10）。用户可以利用这个框从源片段和目标片段中选择出一个术语，并分析它在 EcoLexicon 语料库中的行为。到目前为止，只有 EcoLexicon 的英语语料库是托管在 Sketch Engine 开放语料库中的。目前，EcoLexicon 的西班牙语语料库仍处于编辑阶段，但在不久的将来，它将面向用户开放。

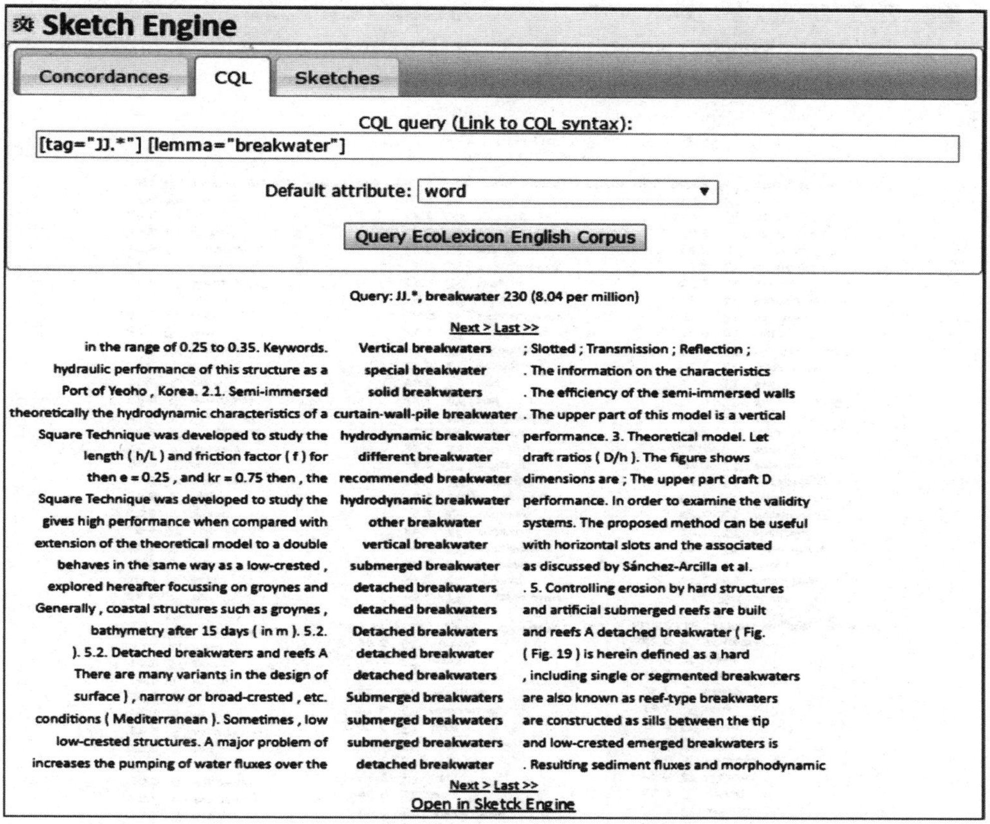

图 10　EcoLexiCAT 中的 Sketch Engine 框 – CQL 查询

　　用户可以通过基本查询或者 CQL 查询（图 10）以及单词草图（图 11）对语料库进行查询。用户可以在新选项卡中打开查询输出，它会将用户的查询发送到 Sketch Engine 开放语料库的网站上，以便进行更详细的分析。就这样，用户可以使用这种工具的所有功能［例如，上下文语境、单词列表、同义词库、草图辨异（Sketch Diff）等］，并根据语料库的标记功能（例如年份、体裁、上下文域、用户类型和语言变体）过滤更具体的查询。如前所述，这类信息在文本生成阶段对于翻译人员非常有用（例如，搜索与特定名词搭配的修饰词或者动词、查找同义词或者频繁使用的句法结构等）。除此之外，语料库还可以帮助翻译人员理解概念在某个"域"内是如何相互关联的。因此，从源片段和目标片段这两个方面，用户都能启用语料库查询。

Sketch Engine

| Concordances | CQL | **Sketches** |

Lemma: mineral PoS: noun ▼

Search in EcoLexicon English Corpus

mineral (noun)
freq=5252 (183.53 per million)

modifiers of "%w"	2151	40.96	nouns modified by "%w"	1984	37.78	verbs with "%w" as object	868	16.53
clay	210	10.97	grain	84	9.45	dissolve	82	9.73
silicate	85	10.18	deposit	137	9.37	clay	13	8.87
carbonate	55	9.09	exploration	35	8.82	leach	13	8.48
sulfide	35	8.89	nutrient	39	8.79	precipitate	11	8.34
common	73	8.6	assemblage	36	8.7	extract	17	8.1
heavy	64	8.52	dust	32	8.52	rock-forming	7	8.03
valuable	33	8.5	fertilization	27	8.51	identify	39	7.98
evaporite	24	8.45	composition	48	8.39	contain	43	7.36
ore	26	8.41	resource	80	8.34	form	50	7.23
metamorphic	28	8.29	fertilizer	29	8.25	deposit	11	7.18
accessory	20	8.2	olivine	18	8.17	mine	5	7.17
oxide	22	8.16	soil	51	7.86	exploit	5	7.06
rock-forming	17	8	salt	19	7.72	compose	6	6.82
platy	16	7.91	extraction	18	7.71	concentrate	6	6.79
iron	23	7.86	nutrition	14	7.7	transform	6	6.76
rare	19	7.81	ore	15	7.66	classify	5	6.71
soluble	17	7.65	right	17	7.56	know	24	6.66
feldspar	11	7.34	nitrogen	17	7.55	remove	14	6.66
radioactive	15	7.28	replacement	12	7.5	erode	7	6.35
serpentine	10	7.23	particle	47	7.5	occur	5	6.19
hydrous	10	7.22	matter	33	7.48	find	15	5.67
secondary	18	7.18	precipitate	11	7.4	do	7	5.51
fibrous	10	7.18	aerosol	17	7.38	grow	5	5.4
magnetic	16	7.15	owner	12	7.36	carry	5	5.01
other	139	7.12	identification	12	7.34	be	136	4.99

verbs with "%w" as subject	695	13.23	"%w" is the generic of...	1126	21.42	"%w" is part of...	544	10.36
crystallize	14	9.27	quartz	38	9.96	rock	79	10.65
melt	9	8.14	gold	26	9.4	soil	15	8.71
precipitate	6	7.99	mica	24	9.35	magma	7	8.63
dress	5	7.85	feldspar	24	9.35	melt	8	8.46
feel	6	7.61	carbonate	22	9.12	jade	6	8.46
form	19	6.9	iron	24	9.06	peridotite	5	8.18
tend	12	6.63	calcite	19	9.04	silt	5	8.13
replace	5	6.6	copper	17	8.74	crust	5	8.08
contain	16	6.57	clay	17	8.62	meteorite	6	8.07
break	7	6.57	salt	16	8.54	limestone	6	7.97
include	28	6.38	amphibole	13	8.46	planet	5	7.97
grow	6	6.19	sulfide	13	8.41	type	7	7.91
describe	6	5.56	calcium	13	8.35	earth	7	7.83
occur	14	5.37	pyroxene	13	8.28	deposit	5	7.7
remain	5	5.21	sulfur	12	8.19	material	7	7.6
become	8	5.07	zinc	11	8.19	sand	5	7.56

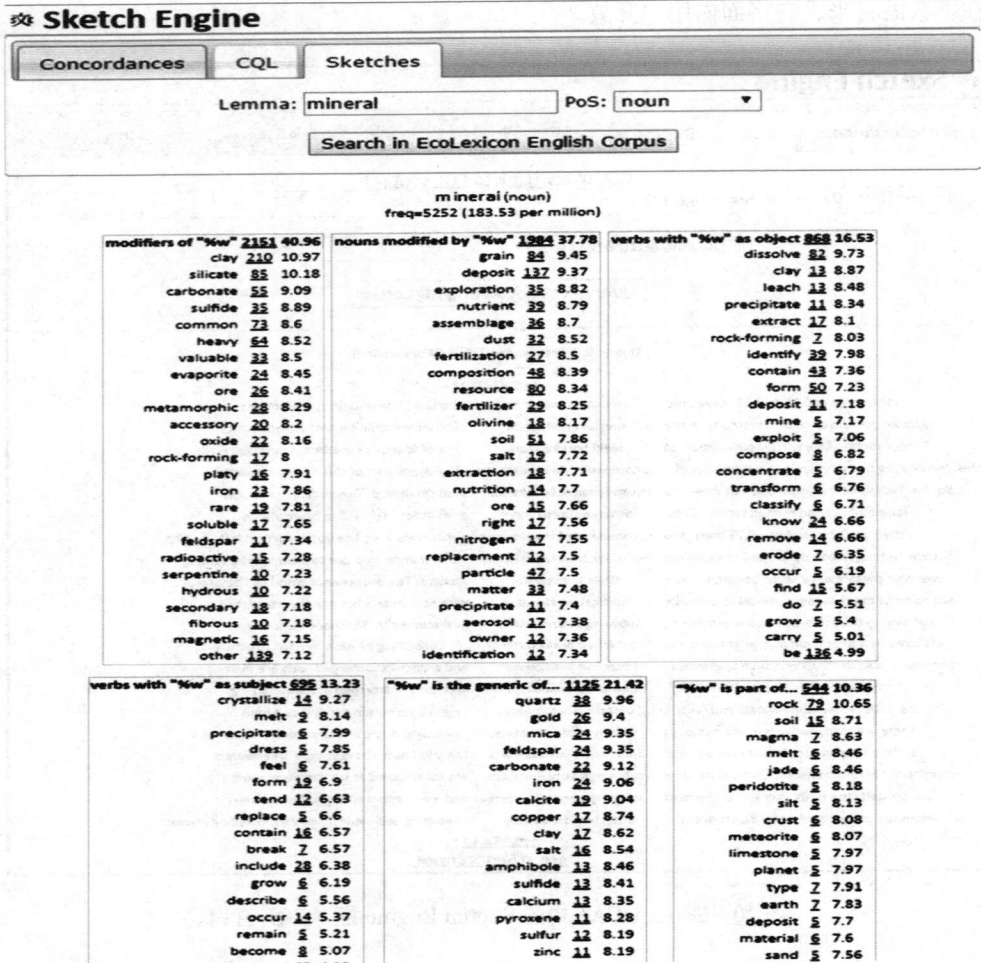

图 11　EcoLexiCAT 中的 Sketch Engine 框 - 单词草图

例如，如果使用图 10 中所显示的 CQL 查询，用户不仅可以访问到修饰 breakwater（防波堤）这一术语的形容词，而且还可以推断出，breakwater 通常是根据位置、材质、功能等因素进行分类的。除此之外，在图 11 中，Sketch Engine 默认的单词草图（例如修饰词和动词）是与一系列定制的单词草图相结合的（León-Araúz et al. 2016），这些定制的单词草图尤其适用于理解阶段，因为它们是以语义关系作为基础的，因此，它们为用户提供了知识丰富的上下文语境（Meyer 2001）。在图 11 中，为 mineral（矿物）这一术语所定制的单词草图显示了 is_the_generic_of（是……属）和 is_part_of（是……部分）这两种关系。这样，用户就可以快速访问到语料库中所有获得充分表示的概念的部分网络。

　　最后，还有其他两项由 MateCat 支持的功能，它们也可能会引起专业翻译人员以及讲师和研究人员的兴趣。当用户确认出一个片段之后，他们就可以打开自己的编辑日志（editing log）（图 12）并对自己的工作进行监控。在此包括与每一个"片段"有关的不同类型的信息，例如：（1）后期编辑所花费的时间（Time-to-edit）；（2）建议来源（Suggestion source）（来自机器翻译或翻译记忆库）；（3）源片段与建议之间的匹配百分比；（4）后期编辑工作和最终目标片段的跟踪更改。这有助于用户认识到自己作为专业翻译人员所具有的优势和存在的不足，所以，翻译学讲师和研究人员也可以利用编辑日志，提高对学生工作和 / 或工具性能的评估。

Editing Details

Secs/Word	Job ID	Segment ID	Words	Suggestion source	Match percentage	Time-to-edit	PE Effort
6.4	92	26910	21.00	Machine Translation	85%	02m:13s	33%

Segment	Breakwaters are man-made structures that protect beaches from erosion and mitigate rough waves in protected areas like ports, harbors and bays.
Suggestion	Diques son estructuras artificiales que protegen las playas de la erosión y reducir ondas ásperas en áreas protegidas como bahías, puertos y puertos.
Translation	Los diques rompeolas son estructuras artificiales que protegen las playas de la erosión y mitigan la acción del oleaje en áreas protegidas como los puertos y las bahías.
Diff View	~~Diques~~ Los diques rompeolas son estructuras artificiales que protegen las playas de la erosión y ~~reducir ondas ásperas~~ mitigan la acción del oleaje en áreas protegidas como ~~bahías,~~ los puertos y ~~puertos.~~ las bahías.

图 12　EcoLexiCAT 中的编辑日志

　　在图 13 中，"修订面板"（the revision panel）适用于翻译工作流程的最后阶段。修订者可以对所有目标片段表示认可或者进行更正。如果需要更正，修订者则可以在目标单元格中跟踪所做的更改，并采用行业中常用的度量标准对翻译质量进行评估。这类度量标准是以不同类型（即标签 / 标记问题、翻译错误、术语和翻译的一致性、语言质量和格式）的错误及其程度（即改善和造成错误）作为基础的。最后，用户可以生成质量报告，这项报告会根据修订者强调的问题自动对翻译的总体质量进行评分。因此，如果翻译学讲师想对学生的作品进行系统评分的话，也可以使用这项功能。

Breakwaters are man-made structures that protect beaches from erosion and mitigate rough waves in protected areas like ports, harbors and bays.

Los diques rompeolas son estructuras artificiales que protegen las playas de la erosión y mitigan la acción del oleaje en áreas protegidas como los puertos y las bahías.

APPROVED

| Translation matches | Concordance | Glossary | Revise |

Select the type of issue

None Enhancement Error ⑦

Tag issues (mismatches, whitespaces)
Translation errors (mistranslation, additions/omissions)
Terminology and translation consistency
Language quality (grammar, punctuation, spelling)
Style (readability, consistent style and tone)

Revision (track changes)

Los diques rompeolas son estructuras artificiales que protegen las playas de la erosión y mitigan la acción del oleaje en áreas protegidas como los puertos y las bahías.

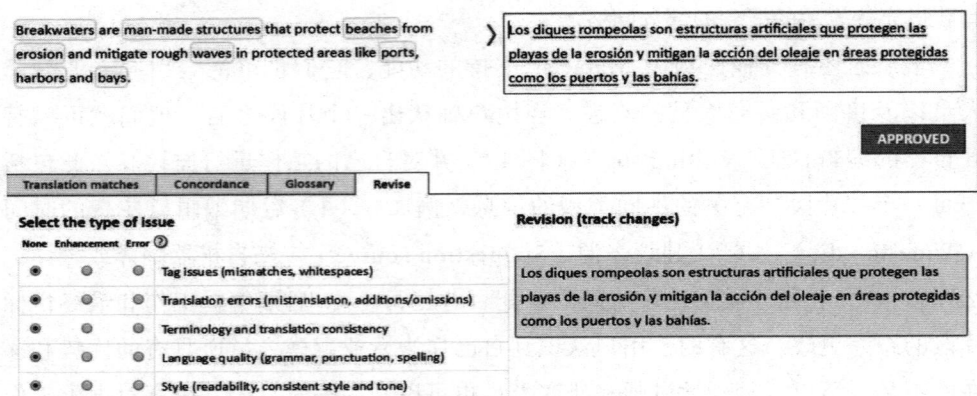

图 13　EcoLexiCAT 中的修订面板

5　结论和未来的工作

在本文中，我们对第一版的 EcoLexiCAT 做了介绍，它是一种术语增强型工具，可以在交互式的环境中，使用来自三种外部资源的术语信息，对源片段和目标片段进行丰富。这个工具的出台，旨在满足专业翻译人员对术语管理的殷切期望。但是，它仍然需要经受未来用户的评估和考验。在不久的将来，我们将进行一项旨在对 EcoLexiCAT 用户与非 EcoLexiCAT 用户的评估进行比较的研究。

但是，在我们启动评估之前，还会将其他一些特色添加到这个工具中去。EcoLexiCAT 也将会从其他外部资源那里得到丰富。最近，我们已经把欧盟多语言术语库——欧洲内部互动式术语库 [①]（Inter-Active Terminology for Europe，IATE）的一部分下载并存储到了数据库中，以便将其作为第四种外部资源，与 EcoLexiCAT 实现交互作用。IATE 也将涵盖与环境科学领域相关的英语和西班牙语条目。

此外，EcoLexicon 目前正在通过 Linked Data（关联数据）链接到其他的"百科全书式的"资源（即 DBpedia）和环境资源（即 GEMET、AGROVOC）上。一旦将术语知识库完全与语言链接开放的数据（Linguistic Linked Open Data，LLOD）相集成，由此获得的可靠且消除了歧义的百科全书式以及专业性的术语条目，也会为 EcoLexiCAT 的用户带来益处。

与此相适应，我们计划添加另一个框，以便用户可以根据自己平时查询资源时所使用的"用户需求语言"（user requirements language，URL）（例如

① http://iate.europa.eu/tbxPageDownload.do

WordReference、TERMIUM Plus、MetaGlossary 和 Linguee 等）为每一个项目自定义资源控制台。这将起到 SDL Trados Studio 插入式 Web Lookup 或者 MemoQ 网络搜索功能的作用。准备就绪后，我们还将为 EcoLexiCAT 添加上 EcoLexicon 的其他两个特色，它们是 EcoLexicon 的西班牙语语料库以及目前正在构建的新模块中的措词模式。

　　最后，当我们把所有这些特色都包含在 EcoLexiCAT 中之后，我们将把它免费提供给所有对翻译英语或者西班牙语环境科学文本感兴趣的用户。届时，用户只需要进行一下注册并说明他们的教育背景、翻译经验以及使用这个工具的目的就可以了。这样做有助于我们对用户的行为及其个人资料进行分析。而且，这也有助于我们对生成的资源（即翻译记忆库）进行分类，我们可以把这些资源用作平行语料库，从而进一步对 EcoLexiCAT 和 EcoLexicon 语料库进行丰富。①

参考文献：

[1]　BERTOLDI N, CETTOLO M. FEDERICO M. Cache-based online adaptation for machine translation enhanced computer assisted translation[C]//Anon. Proceedings of the MT Summit XIV. Nice: [s.n.], 2013: 35–42.

[2]　DURÁN MUÑOZ I. Specialized lexicographical resources: a survey of translators' needs[C]//GRANGER S, PAQUOT M. ELexicography in the 21st century: new challenges, new applications. Proceedings of ELEX2009. Louvain-La-Neuve: Presses Universitaires de Louvain, 2010: 55–66.

[3]　DURÁN MUÑOZ I. Meeting translators'needs: translation-oriented terminological management and applications[J]. The Journal of Specialised Translation, 2012, 18: 77–92.

[4]　FABER P, LEÓN-ARAÚZ P, REIMERINK A. Knowledge representation in EcoLexicon[C]//TALAVÁN E, MARTÍN M, PALFZÓN F. Technological Innovation in the Teaching and Processing of LSPs: Proceedings of TISLID, 10. Madrid: Universidad Nacional de Educación a Distancia, 2011: 367–385.

[5]　FABER P. A Cognitive Linguistics View of Terminology and Specialized Language[M].

---

　　①　这项研究是作为项目 FF2014-52740-P——"术语增强型翻译的认知和神经学基础"（Cognitive and Neurological Bases for Terminology-Enhanced Translation, CONTENT）—— 的一部分进行的，该项目由西班牙经济与竞争力部（Spanish Ministry of Economy and Competitiveness）资助。

Berlin, New York: Mouton de Gruyter, 2012.

[6] FABER P. Frames as a framework for terminology[M]//KOCHAERT H J, STEURS F. Handbook of Terminology, 1. Amsterdam: John Benjamins Publishing Company, 2015: 14-33.

[7] FABER P, LEÓN-ARAÚZ P, PEIMERINK A. Representing environmental knowledge in EcoLexicon[J]. Languages for Specific Purposes in the Digital Era. Educational Linguistics, 2014, 19: 267–301.

[8] FABER P EcoLexicon: new features and challenges[C]//KERNERMAN I, TROJINA I K, KREK S, et al. GLOBALEX 2016: Lexicographic resources for human language technology in conjunction with the 10th edition of the Language Resources and Evaluation Conference, Portorož. [S.l.]: [s.n.], 2016: 73–80.

[9] FEDERICO M, BERTOLDI N, CETTOLO M, et al. The Matecat tool[C]//Anon. Proceedings of COLING 2014, the 25th International conference on computational linguistics: system demonstrations. Dublin: [s.n.], 2014: 129–132.

[10] FILLMORE C J. Frame semantics[M]//The Linguistic Society of Korea. Linguistics in the Morning Calm. Seoul: Hanshin, 1982: 111–137.

[11] FILLMORE C J, ATKINS B T S. Toward a frame-based Lexicon: the semantics of RISK and its neighbors[M]. LEHRER A, KITTAY E F. Frames, fields and contrasts: new essays in semantic and lexical organization. Hillsdale, New Jersey: Lawrence Erlbaum associates, 1993: 75–102.

[12] GORNOSTAY T (2014). Dreams of better terminology tools[J]. Multilingual Magazine, 2014, 9: 44–45.

[13] International organization for standarization. Computer applications in terminology — Data categories: ISO 12620: 1999 [S]. Ginebra : ISO, 1999.

[14] KILGARRIFF A, RYCHLY P, SMRZ P, et al. The sketch engine[C]//Anon. Proceedings of the 11th EURALEX international congress. Lorient: EURALEX, 2004: 105–116.

[15] LEÓN-ARAÚZ P, FABER P, MONTERO MARTÍNEZ S. Specialized language semantics[M]//FABER P. A cognitive linguistics view of terminology and specialized language, 20. Berlin, Boston: De Gruyter Mouton, 2012: 95–175.

[16] MEYER I. Extracting knowledge-rich contexts for terminography: a conceptual and methodological framework[C]//BOURIGAULT D, JACQUEMIN C, L'HOMME

M C. Recent advances in computational terminology. Amsterdam, Philadelphia: J. Benjamins, 2001: 279–302.

[17] MORO A, RAGANATO A, NAVIGLI R. Entity linking meets word sense disambiguation: a unified approach[C]//SMITH N. Transactions of the association for computational linguistics , 2. Stroudsburg: Association for Computational Linguistics, 2014: 231–244.

[18] MORO A, CECCONI F, NAVIGLI R. Multilingual word sense disambiguation and entity linking for everybody[C]//Anon. Proceedings of the 13th International semantic web conference, posters and demonstrations. Riva del Garda: [s.n.], 2014: 19-23.

[19] NAVIGLI R. PONZETTO S. P. Babelnet: the automatic construction, evaluation and application of a wide-coverage multilingual semantic network[J]. Artificial Intelligence, 2012, 193: 217–250.

[20] NIELSEN S. The effect of lexicographical information costs on dictionary making and use[J]. Lexikos, 2008, 18: 170–189.

[21] TARP S. What should we demand from an online dictionary for specialized translation?[J]. Lexicographica - international annual for lexicography, 2013, 29(1): 46–162.

[22] TUDHOPE D, KOCH T, HEERY R.Terilolgy services and techology: JISC state of the art teview. acailable at: http:// www. ukoln. ac.uk/termiology/JISC-review2006.html

专业资源中的措词：
处理复杂型名词性词的一种方法

M. 卡贝扎－加西亚（Melania Cabezas-García）和 P. 费伯（Pamela Faber）①

摘　要：在英语中，人们经常使用复杂型名词性词来表达专业概念。这些措词单元大都带有被另一个要素修饰了的名词性中心词。我们研究发现，在对这类较为复杂的名词性词进行识别、解析或者消除其内部结构的歧义、获取其含义的过程中，以及在采用另一种语言对其进行翻译或者在源语言中进行重新生成的过程中，人们经常会遇到一些问题。尽管复杂型名词性词在专业语言中并不少见，但是，人们却很少把它们包含在专业资源当中。而且，即使把它们纳入其中，人们对它们的处理也并不系统。本文介绍了 EcoLexicon（http://ecolexicon.ugr.es/en/index.htm）中复杂型名词性词的表示，EcoLexicon 是一个环境科学术语知识库，在它的新措词模块中，我们将动词搭配和复杂型名词性词纳入在内。为此，我们对英语和西班牙语的"风能"语料库进行术语提取、语义分析，构建语言对应关系和定义。同时，我们向用户推荐了获取信息的不同接入点，例如，从由某个给定术语形成的复杂型名词性词、英语和西班牙语的双语视图或者复杂型名词性词中的"句法—语义"组合入手。复杂型名词性词模块的结构基于这些措词单元的语义，这样有助于规范映射规则和帮助用户更好地获取知识。

关键词：复杂型名词性词，措词，专业语言，术语知识库

1　引言

　　我们在此把"措词"（Phraseology）理解成为用户选择词汇以实现获得含义的

---

① 这篇文章英文名为 "Phraseology in specialized resources: an approach to complex nominals"。原文见 *Lexicography*［5(1)：55-83.Springer, 2018］或者西班牙格拉纳达大学（University of Granada）LexiCon 研究团队（LexiCon Research Group）的出版物网站（http://lexicon.ugr.es/publications）（2018年）。——译者注

目的趋势（Cheng et al. 2008：236），它是一个不仅在大众话语/语篇中（Bally［1909］1951；Sinclair 2000；Benson et al. 2009）而且在专业语言中（L'Homme 2009；Leroyer 2006；Buendía Castro 2013）都非常重要的领域。由于措词单元（phraseological unit）出现的频率较高，因此，在话语/语篇当中大约有 80% 的单词是与其他单元进行选择性组合的（Sinclair 2000）。

英语是一种国际交流语言（Tono 2014），在英语科技文本中，其特征就是复杂型名词性词（complex nominal, CN）（简称 CN）的出现率较高［例如 ozone depletion（臭氧耗竭）］（Sager et al. 1980；Faber 2012；Sanz Vicente 2012；Nakov 2013）。英语的复杂型名词性词一般表述为带着前置修饰词（名词或者形容词）的名词性中心词（Levi 1978）。然而，鉴于目前人们对科技文本翻译需求的剧增（Krüger 2015），我们需要对复杂型名词性词进行深入研究，以便使其适应目标语言中术语的表示模式。例如，对于西班牙语这种被本地人作为母语并由学习者在世界上讲得最多的语言之一（Instituto Cervantes 2016），其复杂型名词性词的结构是颠倒过来的。换句话说，西班牙语形容词或者介词短语组成的修饰成分位于名词性的中心词后。

这些措词单元常常在不同水平上给我们带来难题。首先，人们可能很难对它们进行识别，因为它们通常包括一般性的词汇，而且可以由许多成分组成。其次，即使把它们识别出来了，要获得它们的含义也不是一件容易的事情，因为它们经常由并置的概念组成，其语义关系也并不明确。因此，在由两个以上的术语组成的复杂型名词性词中，对其内部结构进行解析或者消除其中歧义是（专业翻译工作中）必不可少的步骤［例如，wind turbine（风力涡轮机）、power curve（功率曲线）和 wind power output fluctuation（风力输出波动）］。如前所述，鉴于术语具有不同的模式（例如，英语中的前置修饰和西班牙语中的后置修饰），在采用另一种语言翻译或者生成这些措词单元时，人们很可能遇到困难。正是由于复杂型名词性词具有复杂的性质，所以我们才有必要把它们纳入专业资源之中，更为重要的是，它们是概念系统的重要组成部分（Sager et al. 1980；Sager 1990；Sanz Vicente 2012）。但是，一般而言，措词单元通常并没有被记录在专业资源中，而且，（即使被记录在内）人们对它们的处理也常常缺乏系统性（L'Homme and Pimentel 2012；Xu 2013；Buendía Castro 2013）。迄今学者们对复杂型名词性词的研究，集中在由名词组成的含两个术语的 CN 上，这类复杂型名词性词通常被称为"名词复合词"（noun compound），大家还尚未对其他类型的 CN（即包括了形容词和其他词性的复杂型名词性词）进行深入研究。

鉴于复杂型名词性词的复杂性，本文阐述了 EcoLexicon 中对这些措词单元的表示形式。EcoLexicon 是一个环境科学术语知识库，它是对框架术语学（Frame-Based Terminology，FBT）的实际应用（Faber 2012）。我们将把复杂型名词性词作为 EcoLexicon 新型措词模块（phraseological module）的一部分，为用户提供获取信息的不同访问途径（Kwary 2012），我们从这些方面入手，例如：由给定术语形成的 CN、英语和西班牙语的双语视图、复杂型名词性词中的"句法 – 语义"组合。我们的这项研究提出了针对上述前两种设想的初步设计，即从由特定术语形成的复杂型名词性词和双语视图入手，为解决这些"多词术语"（multi-word term）给用户带来的难题提供方案。因此，复杂型名词性词在 EcoLexicon 中的表示是以它们的语义作为基础的，这是对映射规则（mapping rule）进行规范的起点，而且，这样做也有助于用户对知识进行获取（Faber 2012）。出于研究的需要，我们使用英语和西班牙语风能语料库（wind power corpus）来进行术语提取、语义分析［借助知识模式（knowledge pattern）、动词释义（verb paraphrase）和自由释义（free paraphrase）］和建立语言间的对应关系，以及构建定义，因为实践已经证明，语料库在词典编纂（lexicographic）和术语编纂（terminographic）工作中起着重要作用（Huang et al. 2016）。

初步研究表明，我们对复杂型名词性词的分析为研究措词单元的形成提供了宝贵的启发。如果想把措词单元有效地纳入到语言资源中去，人们就应该对上面这些因素加以考虑。另外，研究了其他对术语资源的可用性、功能和效率的调查评估（López-Rodríguez et al. 2012；León-Araúz and Reimerink 2018）后，我们发现，用户很赞同我们在这项研究中提出的建议，例如，将概念关系、语言等效物和同义词、措词、上下文和定义等纳入到术语知识库中去。因此，一旦我们提出的所有建议都得到了采纳，在兼顾潜在用户意见的基础上，我们将对 EcoLexicon 的复杂型名词性词模块（CN module）进行评估。

本文的其余部分组织如下：第二部分描述了专业话语／语篇中复杂型名词性词的特征；第三部分重点介绍框架术语学及其实际应用——EcoLexicon；在第四部分中，我们展示了 EcoLexicon 措词模块（phraseological module）中对复杂型名词性词的初步表示；第五部分探讨了英语和西班牙语中 CN 的形成；最后，在第六部分，介绍了可以从这项研究中得出的结论以及我们未来的研究计划。

2　专业性的复杂型名词性词（Specialized complex nominal）

不同类型的措词单元包括习语（idiom）、词语搭配（collocation）和复杂型名词性词。然而，在专业化的话语/语篇（specialized discourse）中，由于词语搭配和复杂型名词性词都为专业领域的概念结构提供了相关信息，所以，现在就过去语言学中将不同组合进行分离的观点，学者们已经提出了质疑（Meyer 和 Mackintosh 1996）。因此，在框架术语学（见第三部分）中，"术语措词"（terminological phraseme）是专业措词单元（specialized phraseological unit），它包括了词语搭配和复杂型名词性词（Buendía Castro 2013）。

尤其是复杂型名词性词［例如 global warming（全球变暖）］，在英语中，它们经常用来指称专业概念（Sager et al. 1980；Faber 2012；Sanz Vicente 2012；Nakov 2013）。这并不奇怪，因为在形态学意义上比较"贫乏"的语言（例如英语）当中，人们通常借助在名词中添加名词性或者形容词性前置修饰词的方式，来创建复杂型名词性词［例如 waste management（废物管理）］[①]。在由拉丁语演变而成的语言［罗曼语族（Romance languages）］中，如西班牙语中，修饰词置于名词性中心词的右边，而且，修饰词通常采用形容词或者介词短语的形式（Fernández-Domínguez 2016）［例如 gestion de residuos（废物管理）］。这些语言之间的差异性，更说明了人们对基于知识的术语资源具有较大的需求，尤其是在专业翻译领域中。因为翻译人员需要具备有效获取知识的能力，这种能力也是把源语言中的术语翻译成为另一种语言（的术语）的重要前提（Faber 2012）。因此，处理好复杂型名词性词尤为重要，因为 CN 的语义内容必须与目标语言中的术语形成规则相适应。

我们可以把复杂型名词性词视为压缩性知识 (compressed knowledge) 的"节点"。它们将术语系统中的概念结合起来以形成一个新的概念，因此，我们可以利用它们来提取有关概念层级结构的信息（Sager et al. 1980；Sager 1990）。换句话说，复杂型名词性词可以用来表示具有"下义关系"的概念（hyponymic concept），也就是通过给其中心词［即上义词（hypernym）］添加上以修饰词形式出现的其他术语，来实现对中心词的规范。例如，当给 pollution（污染）添加上修饰词时，就会产生诸如 oil pollution（燃油污染）和 water pollution（水污染）这类的下义词。当把两个以上的概念并置在一起时，概念上的复杂性就会增加，例如 electrically-excited synchronous generator（电动同步发电机）。长度较长的复杂型名词性词通常难以进

---

① 我们这里指的是"向心"的复杂型名词性词（endocentric CN），这是我们这项研究的重点，也是在专业文献中最常见的复杂型名词性词的类型（Nakov 2013）

行识别、解析或者歧义消除（Utsumi 2014）。

依据我们的观点，在复杂型名词性词中，概念不是随机配对的，而是其背后潜在的语义约束（underlying semantic constraint）起作用的结果（Warren 1978；Pinker 1989；Wisniewski 1997；Štekauer1998；Kageura 2002；Rosario et al.2002；Maguire et al. 2010）。这就暗示着，微观上下文语境（micro-context）对于我们进行语义分析起着至关重要的作用。为了理解"微观上下文语境"这个理念，我们可以将其设想为：一个复杂型名词性词的中心词打开了由特定概念类别填充的"插槽"（slot）（Wisniewski 1997；Rosario et al. 2002；Maguire et al. 2010）。这些类别具有的语义角色[①]，是形成复杂型名词性词（作为某个中心词的下义词）的关键因素。例如，erosion（侵蚀）打开了两个"插槽"，第一个"插槽"与"引起"（cause）"侵蚀"的"实体"（entity）有关，而第二个则与受"侵蚀""影响"（affected）的"实体"有关。与"侵蚀"原因有关的"插槽"由诸如 waterbody（水体）或者 substance（物质）之类的语义类别填充，它们扮演 agent（作用者/施事）的语义角色[例如 sea erosion（海洋侵蚀）和 chemical erosion（化学侵蚀）]。而另外那个与受"侵蚀""影响"的实体有关的"插槽"，则由诸如 landform（地形/地貌）或者 land（陆地）之类的类别填充，它们扮演 patient（承受者/受事）的语义角色[例如，dune erosion（沙丘侵蚀）和 soil erosion（土壤侵蚀）]。通过打开这些"插槽"，由中心词的含义决定了应该有哪些概念来规范它。因此，某个复杂型名词性词的微观上下文语境就通过这种"插槽填充机制"（slot-filling mechanism），将这类概念信息包括了进去，这对于理解复杂型名词性词极为重要。

除了由于概念并置而造成的复杂性之外，复杂型名词性词之所以具有复杂的语义性质，还归因于其组成部分之间的语义关系大都被省略了（Vanderwende 1994；Nakov 2013；ÓSéaghdha and Copestake 2013 等）。这在结构相似的复杂型名词性词之间尤其容易出现问题[例如在 oil pollution（燃油污染）中，这种污染是由燃油"引起"的（the pollution is *caused_by* oil），而在 water pollution（水污染）中，则是这种污染对水造成了"影响"（这种污染"影响"了水）（the pollution *affects* the water）]（Cabezas-García and León-Araúz 2018）。此外，在长的复杂型名词性词中，其内部的结构组之间可以建立不同的语义关系。例如，在（power generation） system [（发电）系统]中，则还可以形成这样的语义关系 system *has_function* power generation（系

---

① EcoLexicon 中语义角色的设置 CREST 中生成的语义角色设置（Nirenburg 2000），Eagle（1996 年）提供过的语义角色清单，Gildea 和 Jurafsky（2022 年）提供的清单（例子见图 7）极为相似。然而，我们目前正在审查这一语义角色集机迄今临时设计的语义类别清单。

统**具有产生电力的功能**）和 generation *has_result* power（**发电产生了电力这个结果**）。因此，复杂型名词性词的含义并不完全是由组合形成的（Utsumi 2014；Smith et al. 2014）。我们唯一可以从"结构"中得出的信息是：它表示了某种由中心词传达的又与修饰词相关的东西（Jespersen1942；Smith et al. 2014）。因此，在 CN 的形成中，形式的经济原则 (the principle of formal economy) 优先于语义透明性原则 (semantic transparency)，尤其是在英语中（Fernández-Domínguez 2016）。所以，为了便于用户更好地对 CN 进行理解，访问到 CN 结构背后潜在的知识是必要的。

在这一方面，生成词汇学理论（the Generative Lexicon theory）（Pustejovsky 1995）能为我们提供一些帮助，它解释了如何借助组合性（compositionality）来促进人们对词汇语义的理解。这个理论已经被学者们应用于与 CN 及其解释相关的各种研究之中。例如，学者约翰斯顿（Johnston）和布沙（Busa）（1999 年）采用"物性结构"（qualia structure）对复杂型名词性词的组合性进行了解释，布利昂（Bouillon）等学者（2012 年）则提出了基于"生成词汇学"的"复杂型名词性词注释方案"（annotation scheme for CN），拉拉帕利（Rallapalli）和保罗（Paul）（2012）这两位学者也提出了一种使用"本体"（ontology）来解释 CN 的混合型的方法，巴萨克（Bassac）和布利昂（Bouillon）（2013 年）用生成词汇学来研究复杂型名词性词（CN）中具有目的性的关系［the telic（purpose）relation］；而亚达夫（Yadav）等学者（2017 年）则将生成词汇学理论应用于 CN 语义关系的研究。

针对复杂型名词性词各组成成分之间隐含的语义关系，人们经常可以借助于一组语义关系［例如 cause（造成）、result（导致了……结果）］来对其进行明确说明。例如，在 offshore wind farm（海上风力电场）这个复杂型名词性词中，the wind farm（风力电场）*is located*（位于）offshore（海上）（Vanderwende 1994；Barker and Szpakowicz 1998；Nastase and Szpakowicz 2003；Girju et al. 2005；ÓSéaghdha and Copestake 2013 et al.）。除了罗萨里奥（Rosario）（2002 年）等学者之外，大多数学者对这类关系的研究都是以通用语言作为基础的。罗萨里奥侧重于生物医学领域的情形。然而，由于对"最佳关系集合"（the best set of relations）或者它们的部分语义表示尚未达成共识，因此，目前采用这类方法是否合适，这还有待商榷［例如，affect（影响）这类关系就未指明事物是如何受到影响的］。而且，不同的关系可以分配给同一个复杂型名词性词［例如，a museum book 可以是指 a book located at a museum（一部放在博物馆里的书）或者 a book published / affected by a museum（一部由博物馆出版 / 受博物馆影响的书）］。有的时候，一个复杂型名词性词（CN）的含义，甚至可能根本不对应于任何一种关系（Nakov and Hearst 2013；Hendrickx et al. 2013）。鉴于这些原因，耶斯珀森（Jespersen）（1942）和唐宁（Downing）（1977年）等学者认为，采用"语义关系清单"（inventory of semantic relations）不适合传达复杂型名词性词的语义。

与学者菲宁（Finin）（1980 年）提出的使用动词来表征复杂型名词性词的观点相一致，学者纳科夫（Nakov）和赫斯特（Hearst）（2006 年）提出，也可以使用包含了动词和 / 或者介词的"释义"（paraphrases）来表征 CN［例如，a bronze statue is a statue made of/handcrafted from/dipped in bronze（青铜雕像是用 / 浸入青铜制成 / 手工制作的雕像）］。采用这类的动词进行表示，则能够更好地捕捉到"关系"无法把握的语义特征（Nakov and Hearst，2013）。我们对复杂型名词性词的语义分析，是将"语义关系"和"释义"进行结合，因为我们可以通过由释义引出的特定动词，进一步规范更为抽象的语义关系（Cabezas García and Faber 2017b）。释义代表了复杂型名词性词的句子结构，从中可以产生复杂型名词性词的形成过程（Levi 1978）。这可以表现为"谓词删除"（predicate deletion）［a cyclone originates over the tropics > tropical cyclone（从"气旋起源于热带"到"热带气旋"）］和"谓词名词化"（predicate nominalization）［the weather is predicted > weather prediction（从"天气被预报"到"天气预报"）］① 这就表明，在复杂型名词性词的形成中存在着"隐性命题"，这正如在释义中所证实的。因此，我们要对 CN 进行研究就需要对其潜在的"谓词"进行分析，而这必然涉及谓词的"论元结构"（argument structure）（Faber and Mairal 1999）。论元结构反映出谓词单元（predicative unit）（通常是动词，但也指名词化的动词）所采用的论元数量、句法表达以及它们与谓词之间的语义关系。它在跨语言的对应关系中起着重要作用，因为人们把不同语言中的具有相似性的论元结构视为具有语言对等性的标志（De Clerk et al. 2013；Buendía Castro and Faber，2016）。

如前所述，复杂型名词性词经常在专业话语中出现，但是，在我们对它们进行识别、解析和挖掘其潜在的语义的时候，经常会遇到一些问题（Lauer and Dras 1994）。而且，鉴于不同语言在术语形成方式上存在着差异性，因此，在采用另一种语言对 CN 进行翻译时也可能会遇到问题。这在"英语 – 西班牙语语言对"中尤其明显。所有这些困难都凸显出，在语言资源中对复杂型名词性词进行表示具有必要性。

不过，在专业资源中很少有措词单元（L'Homme and Pimentel 2012；Buendía Castro 2013）。即使在专业资源中涉及复杂型名词性词，人们也是把重点放在由名词

---

① 学者哈利代（Halliday）（1985 年）在他的"语法隐喻"（theory of the "grammatical metaphor"）理论中也谈到了谓词名词化。

组成的含有两个术语的复杂型名词性词上，而包括形容词和其他词性词的复杂型名词性词在专业资源中往往被忽略。此外，在词典资源和术语资源中，对复杂型名词性词的处理也还不够系统化（Cabezas-García and Faber 2017a）。即使把它们包括在专业资源内，人们也很少对其进行定义。

或者在一些资源中包括了论元结构，但缺少细节来进一步阐明这个概念的含义，例如 sedimentation（沉降）这个概念，在《环境科学基础词典》（*Dictionnaire fondamental de l'environnement, DiCoEnviro*）中，它仅被表示为 "sedimentation of particle"（颗粒的沉降）。此外，人们常把复杂型名词性词按字母顺序列出［例如，在《能源词典》（*Dictionary of Energy*）中（Cleveland and Morris 2015）］。而实际上，"域结构"（domain structure）的表示应该反映出复杂型名词性词与其他术语之间的关系［例如，学者爱斯唯尔（Elsevier）编纂的《西班牙－英语、英语－西班牙语医学词典》（*Dictionary of Medicine Spanish-English English-Spanish*）（Hidalgo 2014）］。在一些词典中，人们在不同条目里，采用不同的定义对等效的复杂型名词性词（以及术语）进行表示，这样就不能反映出采用不同语言表示的相同概念的"术语"之间的关系［例如，《商业运输双语词典》（*Diccionario Bilingüe de Transporte Comercial*）（Moya 2004）］。

也有一些术语资源将复杂型名词性词仅作为缩写的"中心词术语"（head term）的"子词元"（sublemma）。如采用 p. septicémica 表示 peste septicémica（septicemic plague）（败血症）［《医学词源词典》（*Diccionario Etimológico de Medicina*）（Segura 2004）］。在其他的词典中，人们则利用所处的行不同来显示修饰词及其具有可能性的中心词，而不是对整个复杂型名词性词进行表示［例如《英语－西班牙语－英语技术词典》（*Diccionario Técnico Inglés-español español-inglés*）（Beigbeder 2006）］。就罗曼语族语言（在此指西班牙语）而言，目前仍然缺乏定期更新的专业资源，但这种资源在科学和技术领域中尤为重要（López et al. 2010）。鉴于上述原因，我们需要构建合适的专业资源，以便成功解决复杂型名词性词可能带来的各种问题，并方便人们对这些措词单元的理解和使用。

3　框架术语学和 EcoLexicon

我们的这项研究遵循框架术语学（简称 FBT）的理念，这是一种术语学的认知方法，它将专业知识表示与认知语言学联系了起来，尤其与认知语义学（Faber 2012）联系了起来。框架术语学以"词汇语法模型"（the Lexical Grammar Model）（Martín Mingorance 1989；Faber and Mairal 1999）作为基础，这是一种词汇理论，侧重于研究在专业话语/语篇中概念关系和词语搭配关系的提取和表示。此外，FBT 还结合了生成词汇学的理论前提（Pustejovsky 1995），这种理念允许我们以概念的语义关系作为基础，来对概念维度进行组织和约束（León-Araúz 2009）。最后，FBT 采用了框架语义学（Frame Semantics）的前提（Fillmore 1985，2006），即采用了"框架"（frame）的理念。知识是按照"框架"进行组织的（Minsky 1975；Fillmore 1985,2006），框架是基于经验的认知结构化工具，它为用户提供了在语言中词汇存在的背景知识和动机，以及这些词汇在话语/语篇中的使用方式（Faber 2009）。此外，框架通过对概念关系和术语组合的描述，使得术语的语义和句法行为变得清晰明确了（Faber 2009）。

框架术语学致力于：（1）概念组织；（2）术语单元的多维度性质；（3）通过使用多语言语料库来提取语义和句法信息（Faber 2009）。这种术语学方法被具体应用于 EcoLexicon 的开发当中，EcoLexicon 是以环境科学作为基础的多语言术语知识库，它是 FBT 的实际应用。EcoLexicon 于 2003 年首次开发，现在它包括 3 631 个概念和 20 342 个术语，包括英语、西班牙语、德语、法语、俄语、荷兰语和现代希腊语。与数字化词典编纂（digital lexicography）和术语编纂（terminography）（De Schryver 2003；Li 2005；Yamada 2013；Tono 2014）相一致，EcoLexicon 的可视界面具有不同的模块，这些模块为用户提供了概念、语言和图形信息，它们可以由用户根据自己的需要进行个体化选择（San Martín et al. 2017）。

另外，EcoLexicon 正在构建"措词模块"（phraseological module），这个模块经重新定义后也将把复杂型名词性词包括在内。如图 1 所示，"动词搭配"（verb collocation）是以谓词的形式提供的，这里的谓词经常与特定的术语［例如图 1 中的 hurricane（飓风）］组合在一起（Buendía Castro 2013）。措词模块是以对论元组合进行限制的语义约束（semantic constraint）作为基础的（Pinker 1989；Buendía Castro 2013）。因此，它关注谓词及其论元的概念化结构。谓词单元（predicative unit）是在词汇语法模型的"词汇域"（lexical domain）中进行组织的（Faber and Mairal, 1999），其中包含有共享相同核心含义（nuclear meaning）和句法（syntax）的动词［例如，在 CHANGE（变化）词汇域中就包括了诸如 affect 或者 damage（毁坏）这样的动词］。此外，动词论元（verb argument）配有语义类别（semantic category）［例如，NATURAL DISASTER（自然灾害）类别或者 ATMOSPHERIC DISTURBANCE（大气干扰）类别］，这些类别是对术语的概括（Buendía Castro 2013）。我们目前正在构建的"复杂型名词性词模块"（CN module）将以这种概念化组织作为基础，以期为用户提供有关复杂型名词性词的广泛信息，例如语言对应 (interlinguistic correspondence）、由某个特定术语形成的复杂型名词性词、句法和语义组合信息等。像 EcoLexicon 这样的框架表示（frame-like representation）是一种（为用户提供解决专业翻译等情况下知识获取问题的）有效方案，通过这种方式，人们可以把"措词信息"（phraseological information）和"概念化信息"有效地结合在一起（L'Homme and Robichaud 2014）。

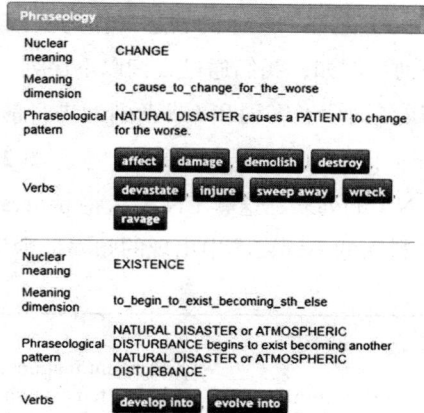

图 1　hurricane 的措词信息摘录

4　EcoLexicon 的措词模块中的复杂型名词性词表示

4.1　英语复杂型名词性词的提取与语义分析

出于研究的目的，我们用英语和西班牙语手动编辑了一个"风力发电"（wind power）语料库，每一种语言大约有 180 万个单词。语料库主要由专业文本（即期刊论文和博士学位论文）组成。我们将英语语料库传送到术语提取器 TermoStat（http://termostat.ling.umontreal.ca）（Drouin 2003）上，以便从语料库中提取出一套最常见的"单个术语"（single term）的列表。以这些"单个术语"为基础有可能生成复杂型名词性词。鉴于英语在专业交流中具有"通用语言"（the lingua franca）的地位，人们通常把专业文本从英语翻译成为其他语言（例如西班牙语），因此，我们首先把重点放在了英语上。我们发现，generator（发电机）是一个使用得非常频繁的术语，由它形成了许多复杂型名词性词。

然后，我们将语料库上载到 Sketch Engine（www.sketchengine.co.uk/）（Kilgarriff

et al. 2004，2014）上，这是一个语料库分析工具，它允许使用不同的程序对复杂型名词性词进行提取和对其进行语义分析，如下所示。Sketch Engine 中的 "单词草图"（word sketches）显示了术语的组合潜力，它概述了经常与 generator（发电机）同时出现的术语［例如 induction generator（感应发电机）和 generator torque（发电机转矩）］。然后，我们执行 CQL 查询（Categorical Query Language，分类查询）以提取中心词为 generator 的 CNs 和把 generator 作为修饰词的 CN。分类查询语言的形式（Schulze and Christ 1996）允许以规律的表达式作为基础，并结合 POS 词性标签（POS-tags）进行复杂查询。例如，我们通过查询以下序列，就可以提取出其中心词为 generator 并且可以采用名词、形容词和 / 或者副词进行前置修饰的复杂型名词性词：［tag="N.*|JJ.*|RB.*"］{1,}［lemma="generator"］。图 2 显示了我们提取的含有 34 个复杂型名词性词（CN）的列表，这些 CN 要么将 generator 作为中心词，要么将其作为修饰词，它们在语料库的不同文本中出现的频率最少为 10 次。

x + generator

asynchronous generator	permanent magnet synchronous generator
brushless electrically excited synchronous generator	self-excited asynchronous generator
conventional generator	self-excited induction generator
diesel generator	squirrel cage induction generator
direct-drive generator	switched reluctance generator
direct-drive permanent magnet generator	synchronous generator
doubly fed induction generator	variable-speed generator
electric generator	wind electric generator
electrically excited synchronous generator	wind generator
electricity generator	wind power generator
fixed-speed induction generator	wind turbine generator
gearless permanent magnet generator	wound rotor asynchronous generator
induction generator	wound rotor induction generator
permanent magnet generator	

generator + x

generator electromagnetic torque
generator side
generator speed
generator torque
generator torque control
induction generator effect
wind turbine generator system

图 2　提取出的英语复杂型名词性词

另外，我们还把这些复杂型名词性词的同义词也包括了进去，这些同义词是我们在对有关 wind power（风力发电）的在线文本和网站信息进行编辑的过程中，以及对语汇索引（concordance）进行分析的过程中，借助语料库查询中的"同义词知识模式"（例如 also called，referred to as）识别出来的。另外，我们还发现，长的复杂型名词性词通常借助缩写的形式隐藏了起来［例如 permanent magnet synchronous generator（永磁同步发电机）被表示成了 PMSG］。因此，我们也执行了 CQL 查询来查找缩略形式。

在提取了复杂型名词性词之后，我们通过"知识模式"（knowledge pattern，KP）、"动词释义"（verb paraphrase）和"自由释义"（free paraphrase）三步程序来获取其语义。"知识模式"是一种词汇句法模式（lexico-syntactic pattern），它通常在真实文本中传递语义关系（Meyer 2001；Marshman 2006）。例如，众所周知的用于表示"属种关系"（generic-specific relation）的知识模式就是 X is a type of Y（X 是 Y 的**一种**类型）［例如，wind power *is a type of* renewable energy（风能**是一种**可再生能源）］。莱昂－阿劳斯（León-Araúz）等学者曾经采用 56 个基于知识模式的"草图语法"（sketch grammar）的形式，对知识模式进行了运用（2016 年）。这种草图语法允许提取在术语中最常使用的一些语义关系：属种关系、部分－整体（part-whole）、位置／地点（location）、原因（cause）和功能（function），用于检索这些关系的大多数知识模式（KP），除了诸如 built for（为……而建）或者 built with（和……一起建）这样的知识模式［这些知识模式仅在与建造相关的域（construction-related domain）中才被发现］之外，它们并非是"域特定"（domain-specific）的（León-Araúz et at. 2016）。图 3 展示了查询结果的一段摘录，它针对的是被注释为单词草图且处于 generator（发电机）和 power（电力）之间的句子［例如旨在获取 wind power generator（风力发电机）中的语义关系］。其中，ws 表示 word sketch（单词草图）；generator-n 和 power-n 是在语料库中注释为某个单词草图一部分的术语；"\"%w\".*" 表示在基于知识模式的草图语法中经过定义了的任何一种关系。可以看出，这些知识模式揭示了 generator（发电机）的功能是 power production（发电）。

```
Query generator-n, , .*, power-n  37  >  Positive filter  10 (5.32 per million)  ⓘ
it can be seen that the power produced by a diesel  generator  is almost same, while the power produced from
        zero marginal cost makes the intermittent  generators  produce power whenever they can therefore,
            upon the wind speed, squirrel cage Induction  Generator  generates power at variable frequency. Such
The reactive power produced by the synchronous  generator  is linked with the field voltage across the
        methods such as the use of hub-mounted  generators  , which can always generate power as long as the
to the AC network. The power produced by the  generator  is initially variable voltage and frequency AC
    rotational speed to the power produced by the  generator  , also as a function of rotational speed. The
        speeds. As can be seen from the figure, gear to  generator  combination 1 would produce more power than
    factor at the generating station as needed. Generators in large, central power plants produce power at
        experimental platform, the AC synchronous  generator  directly produced 50/3 Hz electric power , and
```

图 3　generator 和 power 之间的知识模式（KP）查询结果的一段摘录：
　　［ws（"generator-n"，"\"% w \"。*"，"power-n"）］

我们也采用"动词释义"（Nakov and Hearst 2006,2013），借助其隐式谓词（concealed predicate）来进一步描述复杂型名词性词的语义。为此，我们执行了 CQL 查询，这种查询引出了连接复杂型名词性词成分的动词。图 4 显示了在 variable speed generator are operate or run（变速发电机被操作或者运行）中隐藏的谓词，它们暗示了 variable speed generator（变速发电机）采用不同速度进行运行这个事实。

Query generator, V.*, variable 24 > Positive filter 4 (1.94 per million) ⓘ		
...erator. The	generator can operate either with a fixed speed or a variable	speed. The fi:
or induction	generators can run at variable	speed. 1.1.1..
...the turbine's generator smoothly to the electrical network; allow the turbine to run at variable speed, produ		
an induction	generator can be run at variable	speed if an el

图 4　通过以下 CQL 查询获得的 variable speed generator 的"动词释义"：

$$[\text{lemma} = \text{"generator"}]\ [\ ]\ \{0,10\}\ [\text{tag} = \text{"V。*"}]\ [\ ]\ \{0,10\}\ [\text{lemma} = <s/>\ \text{中的"变量"}])$$

然而，复杂型名词性词中成分的频繁省略，通常会使"动词释义"的提取变得复杂，因为在 CN 中由隐式动词连接的某些成分通常是不规范的。因此，在对复杂型名词性词（CN）进行语义分析时，我们将"自由释义"（即在句子中共现某个复杂型名词性词的组成部分）用作最后一个步骤。图 5 显示了针对 synchronous generator（同步发电机）的"自由释义"，这个 CN 暗示了发电机的 rotor（转子）和 stator（定子）具有同步的速度。

Query generator, synchronous 17 > Positive filter 8 (4.25 per million) ⓘ		
Because the generator operation is only stable in the narrow range around the synchronous speed , the wind tur		
(a four-pole	generator operating in a 60 Hz grid has a synchronous speed	of 1800 rpm).
wind turbine	generators are four-pole machines, thus having a synchronous speed	of 1800 rpm v
...ill impel the	generator rotor to run at a speed slightly greater than synchronous,	as determined
d-connected	generators are usually either of the synchronous or	induction typ
...is is to use a	generator with switchable poles and therefore a switchable synchronous operating	speed. Anoth
...DFIG whose	generator speed is lower than the synchronous speed	operates in th
...nal speed of	generator is above the synchronous speed	, power will b

图 5　通过以下 CQL 查询获得的 synchronous generator 的"自由释义"：

$$<s/>\ \text{中的}\ [\text{lemma} = \text{"generator"}]\ [\ ]\ \{1,10\}\ [\text{word} = \text{"synchronous"}]$$
$$[\text{lemma} ! = \text{"generator"}])$$

在对复杂型名词性词的分析中，我们借助"释义"进一步规范了语义关系，从而为用户提供了复杂型名词性词的含义的更为完整的表示（Cabezas-García and Faber 2017b）。

4.2　识别西班牙语等效物

为了识别出英语复杂型名词性词的西班牙语对应关系，我们首先翻译了 CN 的中心词，以便确定西班牙语术语的中心词。因此，generator 被翻译为西班牙语 generador。然后，我们通过查询专业资源（西班牙语可再生能源文本），对这种对应关系进行了验证并且得到了证实。在单词草图中确认出 generador 最常用的修饰词之后，我们执行了 CQL 查询，以提取在西班牙语中与 generador 可以共同出现的结构。这个查询的内容如下：[lemma="generador"][tag="A.*"]?[tag="S.*"]?[tag="N.*"]?[tag="S.*"]?[tag="N.*"]?[tag="A.*"]?。 这个查询的对象是复杂型名词性词（CN），其中心词为 generador（［lemma = "generador"］），它可以由形容词（［tag="A.*"］?）或者包括名词和形容词的介词短语进行后置修饰 ([tag="S.*"]?[tag="N.*"]?[tag="S.*"]?[tag="N.*"]?[tag="A.*"]?)。图 6 显示了一张包含了我们提取的 34 个西班牙语复杂型名词性词的列表，这些复杂型名词性词以 generador 作为中心词或者修饰词，它们在语料库的不同文本中至少出现过 10 次。

generador + x	
generador asincrono	generador de inducción de velocidad fija
generador asincrono de jaula de ardilla	generador de inducción doblemente alimentado
generador asincrono de rotor bobinado	
generador asincrono de rotor devanado	generador de reluctancia conmutada
generador asincrono doblemente alimentado	generador de velocidad variable
generador convencional	generador DFIG
generador de accionamiento directo	generador diésel
generador de electricidad	generador eléctrico
generador de imanes permanentes	generador sin caja multiplicadora、
generador de imanes permanentes de accionamiento directo	generador sincrónico
generador de imanes permanentes sin caja multiplicadora	generador sincrono
generador de inducción	generador sincrono de excitación independiente
generador de inducción auto-excitado	
generador de inducción de rotor bobinado	penerador sincrono de imanes permanentes
generador sincrono de excitación independiente sin escobillas	
x + *generador*	penerador de inducción de velocidad constante
lado del generador	
velocidad del generador	generador de inducción de rotor devanado
par del generador	
efecto del generador de inducción	

图 6　提取的西班牙语复杂型名词性词

由于复杂型名词性词经常被缩写，因此，我们也使用 CQL 查询来查找西班牙语中的缩写词。最后，我们通过语汇索引分析（concordance analysis）和在文档编制过程中借助"同义词知识模式"（synonymic KP）进行语料库查询，来对同义词进行识别。这样，我们可以提取到在长度上与源术语长度不同的等效项［例如，

synchronous generator 可以翻译为 generador síncrono（同步发电机）或者 alternador（alternator）（交流发电机）]。这种现象被称为"繁殖力"（fertility），在双语术语提取中，人们并不经常考虑它（Daille et al. 2004）。这些同义词表明，目标语言中的术语并不总是由源术语组成部分的直接翻译项所组成（Daille et al. 2004）。例如，wind electric generator［风力（电动）发电机］被翻译为 generador eólico（风力发电机），它并未指明发电机是电动（electric）的。针对那些把 generator 作为中心词修饰词的复杂型名词性词，我们重复了上述查询过程。当西班牙语的复杂型名词性词在语料库的不同文本中至少出现十次的时候，它们就被视为是"候选术语"。

在提取了复杂型名词性词之后，我们在英语和西班牙语"多词术语"之间建立了跨语言的对应关系。我们借助知识模式、动词释义和自由释义（见 4.1 部分）对西班牙语复杂型名词性词进行了语义分析，以验证它们所指称的概念是否与其英语对应项所指称的概念相同①。"微观上下文语境"对于建立语言之间的对应关系来说是必不可少的，因为我们在对应的英语和西班牙语中发现了相类似的微观上下文语境（即：在两种语言的复杂型名词性词中心词的"插槽"中，填充的都是具体特定的语义类别和语义角色）。图 7 显示了 electrically excited synchronous generator（直译为：电励磁同步发电机）及其西班牙语等效物 generador síncrono de excitación independiente（直译为：独立励磁同步发电机）的微观上下文语境。这些由 generator 和 generador 打开的"插槽"，暗示着发电机转子（rotor）和定子（stator）的速度以及励磁过程。这两者都由相同的语义类别［分别为 ATTRIBUTE（属性）和 EXCITATION（激发／励磁）］填充，而且，它们具有相同的语义角色［SPEED（速度）和 STIMULUS（激发／刺激）］。然而，（在相同或者不同的语言中）指称相同概念的（不同）复杂型名词性词，却可以强调这同一个概念的不同特征。在这里，electrically excited synchronous generator（直译为：电励磁同步发电机），generador síncrono de excitación independiente（直译为：独立励磁同步发电机）这两个指称相同概念的 CN 所发生的情况就是这样。在此，英语 CN 更强调为转子提供磁化的电流（electrically），而西班牙语 CN 却强调这一事实：即这个电流是由单独的机器提供的（independiente）。因此，即使在等效关系不是很明显的情况下，我们也可以利用"微观上下文语境"来建立映射规则（mapping rule）。

---

①　由于我们尚未针对西班牙语开发基于"知识模式"的"草图语法"，因此，我们借助知识模式对西班牙语 CNs 的分析，是通过莱昂—阿劳斯等学者研发的 56 种英语草图语法（2016 年）中的知识模式的翻译及其在 CQL 查询中的使用完成的。——作者注

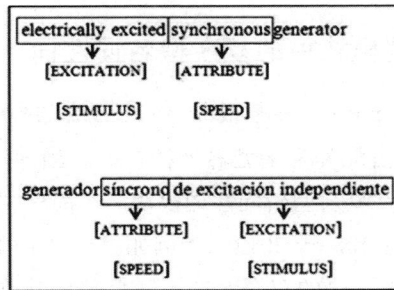

图 7 electrically excited synchronous generator 和
generador síncrono de excitación independiente 的微观语境

4.3 定义的拟定

在词典资源和术语资源中，复杂型名词性词所存在的问题之一，就是即使借助它们并置的组成成分，人们也猜测不出它们的含义；而且，人们也经常不对它们进行定义。为了解决这个问题，框架术语学提议使用"定义模板"（definitional template）（Faber et al. 2001）（参见表 1）。这个模板规范了某种类别通常建立的语义关系。这样做有利于保障定义和术语概念组织的同质性。如表 1 所示，下义词继承了上位概念的特性，并为它添加了新的特定值（例如感应发电机的转子和定子的运行速度）。

表 1 "发电机"和"感应发电机"的定义模板

发电机	
是_一种	机器
有_部分	转子，定子
有_功能	将旋转机械能转换为电能
感应发电机	
是_一种	发电机
有_部分	转子磁场的运行速度快于定子磁场的运行速度

因此，我们先前通过"知识模式"、"动词释义"和"自由释义"所获得的语义信息，就都在这些模板中得到了应用。在此也生成了基于"属"和"种差"经典结构的定义。尽管许多（传统的）术语模型没有考虑"论元结构"（L'Homme and Robichaud 2014），但是，我们研究中的定义包括了谓词性术语的论元结构，而且，我们认为，在定义过程中应该考虑到这些因素（Mel'čuk et al. 1995；Faber and Mairal 1999）。

4.4　EcoLexicon 措词模块中的复杂型名词性词

　　如前所述，在 EcoLexicon 中将很快有一个新的措词模块（phraseological module）。它将包括动词搭配和复杂型名词性词。与当前词典编纂学和术语编纂学的发展趋势相适应，这个"复杂型名词性词模块"（简称"CN 模块"）将为用户提供获取信息的不同进入点（Kwary 2012），例如：（ⅰ）由给定术语形成的复杂型名词性词；（ⅱ）英语和西班牙语的双语对照（随后我们将在 EcoLexicon 中添加其他语言）；（ⅲ）句法组合；（ⅳ）语义组合。我们这里的研究重点是"修饰词＋中心词"视图（"Modifiers＋Head"view）和英语 – 西班牙语双语视图（"EN-ES"view）。

　　用户将可以借助 EcoLexicon 主界面中的特定选项卡，或者通过术语条目来访问"CN 模块"。我们将为用户提供与术语相关的措词信息。图 8 中显示了我们对信息的设计，这里的信息首先以 CN 模块的"修饰词＋中心词"视图呈现给用户，在此以"发电机"这一条目为例。即使选项卡是采用英语显示的，用户也可以在查询期间，随时在语言模块中进行语言更改，还可以切换到其他的视图上 [例如，句法组合（Syntactic Combination）视图或者语义组合（Semantic Combination）视图]。

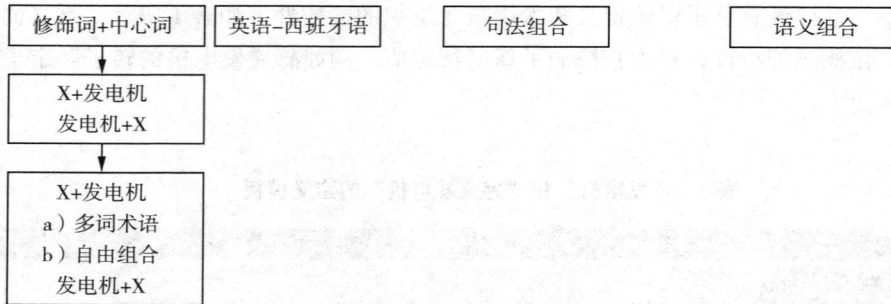

图 8　在 CN 模块的"Modifiers＋Head"视图中最先提供给用户的信息

　　如图 8 所示，用户首先必须确定他们选择这四个视图中的哪一个。在"修饰词＋中心词"视图中，他们可以访问由给定术语形成的复杂型名词性词 [例如波动＞气压波动、水深波动、海滩波动（fluctuation＞air pressure fluctuation, bathymetric fluctuation, beach fluctuation）等]。英语 – 西班牙语视图则侧重于翻译 { 例如潮汐能发电（tidal power）[英语]；潮汐能发电（energía mareomotriz）[西班牙语]}。句法组合视图（Syntactic Combination）为用户提供了形成复杂型名词性词的词类 [例如"名词＋名词＋名词"＞海平面上升、河床切应力（"N＋N＋N"＞sea level rise, bed shear stress）等]。最后，"语义组合"视图（Semantic Combinations）

提供了语义类别、语义角色和语义关系的共现［例如 RESOURCE + ENERGY > wind power, wave power, tidal power（资源 + 能源 > 风能、波浪能、潮汐能）］。用户接下来的一步，应该确定这个给定的术语（例如 generator）在复杂型名词性词中是做中心词还是修饰词。然后，用户可以关注"多词术语"或者"自由组合"，或者对两者都关注 ①。在"双语视图"中，在指定 CN 中术语的位置之前，用户首先需要对翻译的方向性（英语 – 西班牙语或者西班牙语 – 英语）进行选择。然后，用户所选的信息类型就会在界面上显示出来（请参见图 9 "修饰词 + 中心词"视图中多词术语的初始界面）。

如前所述，"修饰词 + 中心词"视图的重点放在由给定术语所形成的复杂型名词性词上，这些 CN 是经过定义并进行了语义组织的。这种语义组织存在于 CN 模块的所有视图当中，并且，它是以由这些措词单元激活的概念维度作为基础的。例如，依据发电机（generator）的励磁，发电机可以是永磁发电机（permanent magnet generators）、自励感应发电机（self-excited induction generators）或者电励磁同步发电机（electrically excited synchronous generators）。这些概念性维度是根据激活它们的 CN 出现的频率列出的。每一个维度上的 CN，也会根据其出现的频率进行组织［例如，"永磁发电机"（permanent magnet generator）要比"电励磁同步发电机"（electrically excited synchronous generator）出现的更频繁］。

在视图中，下义词会产生缩进，并在前面标上被激活的维度［例如，永磁发电机（permanent magnet generator）突出显示"励磁"（EXCITATION）和"转子和定子的速度"（ROTOR AND STATOR SPEED）的维度］。由于概念具有多维度的性质，因此，（借助）术语可以强调同一个概念的不同维度（Kageura 1997）。在 CN 中就经常出现这样的情况，复杂型名词性词可以侧重于概念的一个维度，也可以将多个维度组合起来，例如"永磁同步发电机"（permanent magnet synchronous generator）这个例子，它其实暗含着这个发电机的"励磁性"及其"转子"和"定子"的"同步速度"。由此可见，合并了多个维度的复杂型名词性词通常具有一个以上的上义词（hypernym），而且，（其自身）被包含在所有这些上义词之下［例如，"永磁同步发电机"（permanent magnet synchronous generator）缩进到"永磁发电机"（permanent magnet generator）和"同步发电机"（synchronous generator）的下方］，

---

① "多词术语"不同于"自由组合"，因为多词术语指称的是某个"域"的概念系统中所包含的概念，而且，它们与语义网络中的其他概念建立了语义关系。它们通常借助由特定的语义类别和语义角色［例如 wind energy、wave energy、solar energy（风能、波能、太阳能）等］所构成的微观上下文语境，并通过对其"插槽"进行系统化填充而形成；它们可以由缩写形式代替，而且，它们通常比"自由组合"具有更高的出现频率。而"自由组合"［例如 conventional generator（常规发电机）］则显示为一组频繁的组合，它们没有定义或者不具有直接的语言对等关系，由于它们不代表域概念系统中的概念，因此，它们在不同的语言中可以发生变化。

这样，则能显示出可以建立的不同的概念层级结构。

如图 9 所示，每一个术语都带有其同义词。虽然复杂型名词性词的变异程度很高（Cabezas-García and Faber 2017c），但是，EcoLexicon 中的 CN 模块仅包含有缩写形式，以及那些具有足够出现频率、并与这个 CN 有着明显不同语言形式的同义词。此外，我们在定义中显示了这个术语在数据库中的超链接，用户可以通过单击这个术语，来访问其术语条目或者在浮动窗口中看到它的定义。

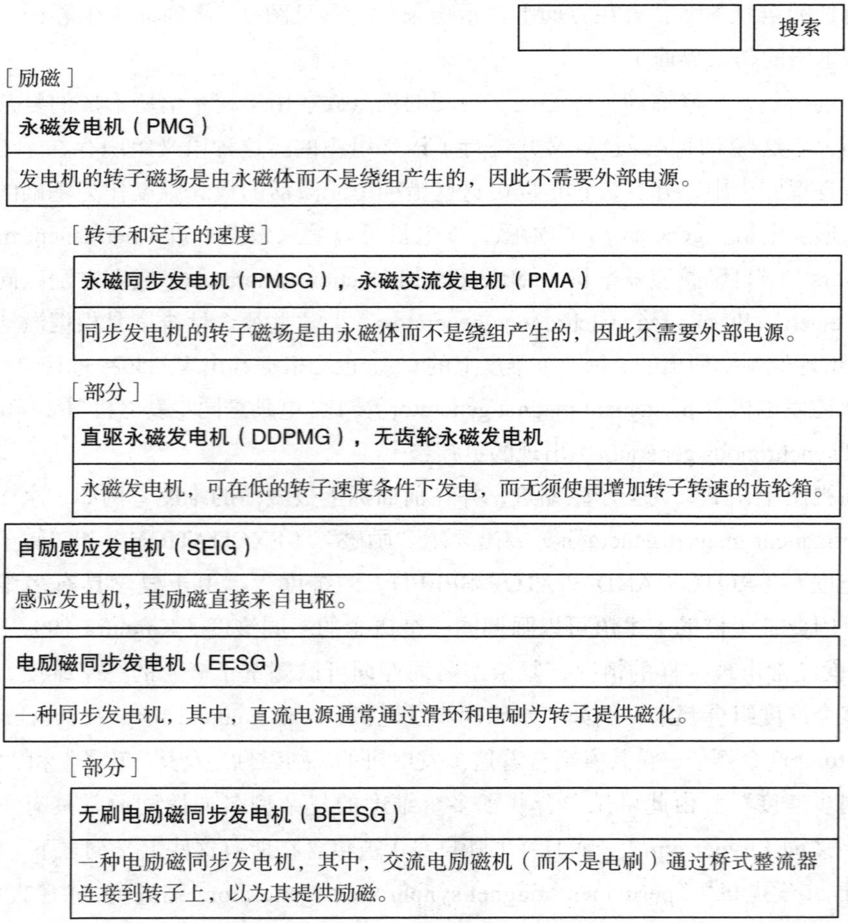

	搜索

［励磁］

永磁发电机（PMG）

发电机的转子磁场是由永磁体而不是绕组产生的，因此不需要外部电源。

　　［转子和定子的速度］

　　永磁同步发电机（PMSG），永磁交流发电机（PMA）

　　同步发电机的转子磁场是由永磁体而不是绕组产生的，因此不需要外部电源。

　　［部分］

　　直驱永磁发电机（DDPMG），无齿轮永磁发电机

　　永磁发电机，可在低的转子速度条件下发电，而无须使用增加转子转速的齿轮箱。

自励感应发电机（SEIG）

感应发电机，其励磁直接来自电枢。

电励磁同步发电机（EESG）

一种同步发电机，其中，直流电源通常通过滑环和电刷为转子提供磁化。

　　［部分］

　　无刷电励磁同步发电机（BEESG）

　　一种电励磁同步发电机，其中，交流电励磁机（而不是电刷）通过桥式整流器连接到转子上，以为其提供励磁。

图 9　在"Modifiers + Head"视图 中针对由"发电机"组成的多词术语的一段摘录

图 9 还显示了在 CN 模块中位于所有视图右上角的"搜索框"（the search box）。这个框有助于用户对某个复杂型名词性词进行检索，同时还能显示出对其邻近 CN 的搜索结果，鉴于复杂型名词性词经常难以识别，因此，"邻近搜索功能"（the proximity search）可能会对用户非常有帮助。例如，当用户输入搜索

excited generator（励磁发电机）时，界面上会出现以下包含这类术语的复杂型名词性词（CN）：自励感应发电机（self-excited induction generator）、电励磁同步发电机（electrically excited synchronous generator）、无刷电励磁同步发电机（brushless electrically excited synchronous generator）。

但是，当需要查找针对复杂型名词性词的对应翻译时，用户则应该选择"双语视图"。这个视图目前只显示英语和西班牙语的对应关系，但今后我们将对它进行扩展，以包含 EcoLexicon 中的其他语言。图 10 显示了 EcoLexicon 的 CN 模块中"双语视图"的一部分。

		Search

［**EXCITATION**］

EN	permanent magnet generators PMG
ES	generador de imanes permanentes

［**ROTOR AND SPEED**］

EN	permanent magnet synchronous generator PMSG permanent magnet alternator PMA
ES	Generador síncrono de imanes permanentes PMSG GSIP

［**PARTS**］

EN	direct–drive permanent magnet generator DDPMG gearless permanent magnet generator
ES	generador de imanes permanentes sin caja multipucadora generador de imanes permanentes de accionamiento directo

EN	self–excited induction generator SEIG
ES	generador de induccion auto–excitado GIAE SEIG

EN	electrically excited synchronous generator EESG
ES	generador sincrono de excitacion independientes

［**PARTS**］

EN	brushless electrically excited synchronous generator BEESG
ES	generador sincrono de excitacion independiente sin escobillas

图 10　由 generator 所组成的多词术语的"英语 - 西班牙语"视图摘录

　　EcoLexicon 的 CN 模块还提供了其他功能。在所有视图中可用的主要选项如下：（i）CN 组成部分之间的内部语义关系；（ii）用法示例；（iii）表示相同措词模式的动词搭配；（iv）注释；（v）EcoLexicon 中的术语条目。在这些措词单元中，CN 组成部分之间语义关系的非规范化，是比较令人头疼的问题。例如，在 direct-drive permanent magnet generator（直接驱动式永磁发电机）中，direct-drive（直接驱动）暗指这类发电机没有的齿轮箱（gearbox），因此，它是指发电机的一部分（a part of the generator），而这个部分被永磁体所驱动（is excited by permanent magnets）。在 EcoLexicon 的 CN 模块中，还提供了用法示例，这些示例有助于用户在实际的上下文语境中对 CN 进行形象化理解。就动词搭配而言，在"措词模块"中复杂型名词性词和"动词搭配部分"之间的连接，要以"微观上下文语境"作为基础。换句话说，CN 和搭配词之间的关联，其谓词要在"词汇域"（Faber and Mairal 1999）中进行组织，并辅之以由特定语义类别和语义角色填充的论元。例如，erosion control structure（侵蚀控制结构）这个复杂型名词性词和 a structure controls erosion（一种结构控制了侵蚀）这个动词搭配，它们都遵循相同的措词模式："a CONSTRUCTION［INSTRUMENT］controls［ACTION］an ENVIRONMENTAL PROCESS［PATIENT］"［一种构造（仪器／工具／设施）控制（行动）一个环境过程（承受者／受事者）］，由此还可以产生出其他更为具体的复杂型名词性词和词语搭配，如 groyne erosion（防波堤侵蚀）和 groynes control beach erosion（防波堤控制海滩侵蚀）。CN 模块还包括有用法注释（usage note），例如，在西班牙语中广泛使用的英语缩写形式［例如 PMSG（permanent magnet synchronous generator）（永磁同步发电机），它要比 GSIP（generador síncrono de imanes permanentes）在西班牙语中的使用频率更高］，或者说明某些术语所具有的多义性［例如，wind generator（风力发电机）可以指称某种 wind turbine（风力涡轮机）］或者其组件之一，也就是：这样的发电机把"旋转机械能"转换成了"电能"）。最后，用户还可以访问 EcoLexicon 中的术语条目，在这里，我们为用户提供定义、翻译、概念化网络以及图像等。在双语视图中，在辅助选项中也提供了对定义的访问，因为如前所述，这个视图的界面重点放在英语和西班牙语的对等关系上。图 11 以"修饰词＋中心词"视图为例，说明了 CN 模块的其他功能。

	Search

[ROTOR]

Squirrel-cage induction generator
SCIG

induction generator whose rotor winding is made of aluminium or copper bars embedded in the rotor magnetic core, forming a cage-like shape.

wound rotor induction gencrator
wound rotor asynchronous generator

Internal semantic relations
Usage examples
Verb collocations
Notes
Term entry in EcoLexicon

induction generator that uses slip-rings and brushes to con
converter, which controls the generator's speed and power

[GRID CONNECTION]

doubly-fed induction generator
DFIG
double fed induction generator

wound rotor induction generator that is fed from its both stator and rotor sides. The stator is directly connected to the grid while its rotor is connected to the grid through a variable frequency AC / DC / AC converter, which optimizes the operation of the turbine.

图 11　"Modifiers + Head" 视图的其他功能

　　本文介绍的 EcoLexicon 中 CN 模块的设计，可以为用户提供认知方面的帮助，尤其当用户需要与语言、专业语言、文化或者任何一种特定专业领域有关的百科全书式的知识的时候（L' Homme and Leroyer 2009），或者在交流情境中，即：当用户在某些涉及文本的活动中需要获得词典帮助的时候，例如，在阅读或者修改文本，将源文本翻译成目标语言的文本或者使用母语或者外语编写文本（L' Homme and Leroyer 2009）的时候。在这些情况下，具有不同知识背景的用户都可以对术语资源（例如 EcoLexicon）进行访问。他们可以是学科专家、专业交流中介者（例如技术作家、笔译和口译人员）、词典编纂者和术语学家 / 术语师、信息和文献专家、语言计划者、专业语言从业者（如出版商、语言老师）、语言工程和人工智能专业人士以及普通公众（Sager 1990；Cabré 1999）。总而言之，可以说，EcoLexicon 的用户是以英语或者西班牙语作为母语的用户，他们需要具备不同程度的专业知识来执行与环境科学相关的任务，以实现获得认知或者进行交流的目的（López-Rodríguez et al. 2012；León-Araúz and Reimerink 2018）。

由于 EcoLexicon 中包含有不同类型的信息，因此，它能够满足潜在用户的需求，尽管有的用户的母语不是英语或者西班牙语，但他们都有理解或者生成英语或者西班牙语文本的迫切需求。这种情况现在已经相当普遍，这是科学交流活动的一种常态（Faber 2012）。实际上，我们对 EcoLexicon 的用户评估（López-Rodríguez et al. 2012）表明，概念关系、语言等效物和同义词、短语、上下文语境和定义，这些都是对翻译人员而言最有用的信息类型。CN 模块中所展示的概念化组织也要比按字母顺序排列的信息更受用户青睐，因为这种组织方式有助于人们对知识的获取（LópezRodríguez et al. 2012）。我们的其他调查（Durán-Muñoz 2010;León-Araúz and Reimerink 2018）也得到了类似的结果，同时，这也进一步证实了把复杂型名词性词及其缩写形式和首字母缩略词纳入知识资源中的有用性。实际上，学者莱昂 - 阿劳斯（León-Araúz）和雷默林克（Reimerink）（2018 年）建议对术语资源中的搜索选项进行改进，目前，在设计不同类型的查询时，我们已经考虑到了他们的提议。鉴于上述这些原因，我们对 EcoLexicon 中 CN 模块的设计和为此提供的信息，对于使用这个资源的用户而言，将具有很大的价值，因为这种设计考虑到了"认知"和"交流"的具体情境。

5　英语和西班牙语的复杂型名词性词结构

在英语中，复杂型名词性词经常指称专业概念（Sager et al. 1980；Faber 2012；Sanz Vicente 2012；Nakov 2013）。因此，在实践中，这类措词单元给人们带来了各式各样的问题，尤其对于翻译人员、语言专业的学生（Kernerman 2007；Ding 2018）以及希望使用英语发表其科学论文的领域专家们（Sanz Vicente 2012）来说，产生的影响就更大。然而，迄今为止，学术界缺乏对专业资源中与复杂型名词性词有关的研究，尤其是缺乏针对处理英语之外的其他语言的复杂型名词性词的研究（Smith et al. 2014）。对于复杂型名词性词的形成及其内部结构的研究很少，是学者们关注的焦点（Sanz Vicente 2012）。针对由两个以上成分组成的，以及包括形容词和其他词类成分的 CN 的研究很是罕见。在本文所涉及的研究中，我们对复杂型名词性词进行了关注，其成果就是为 EcoLexicon 初步设计了"复杂型名词性词模块"（CN 模块），并较为深入地探究了英语和西班牙语中这些措词单元的形成。

英语复杂型名词性词是由名词性的中心词组成的，这个名词性的中心词不仅可以采用名词和形容词作为前置词进行修饰，在较小程度上，它还可以通过将副词和分词前置进行修饰。在我们的这项研究中，在 39 个英语复杂型名词性词中，有 18

个只采用名词作为前置词进行修饰［例如，induction generator（感应发电机）］；16个采用了形容词［例如 wind electric generator（风力发电机）］；5个在修饰词中包含了副词和／或过去分词［例如 electrically excited synchronous generator（电励磁同步发电机）］。这就说明，对于 CN 构成的研究，不仅需要考虑到它们可能由名词组成，而且还应该考虑到，它们还可能包含了形容词、副词和分词。另外，在西班牙语中，复杂型名词性词的"中心词"是借助介词短语或者形容词的后置进行修饰的。在42个西班牙语复杂型名词性词中，有21个的中心词采用介词短语后置进行修饰，这类介词短语通常由介词 de（相当于 of）引入，并且，它通常后跟名词、形容词，有时还带有副词和分词［例如，generoror de induccióbnde rotor bobinado（绕组转子感应发电机）］。另外，有19个中心词由形容词后置对其进行修饰，在有些情况下，它们还带有介词短语［例如，generador asíncrono de jaula de ardilla（异步松鼠笼发电机）］。

　　关于 CN 组成成分的数量，我们发现，英语复杂型名词性词主要由两个（12个CN）、三个（12个 CN）或者四个组成成分（组件）（13个 CN）构成，甚至还有两个 CN 由五个组成成分构成。至于西班牙的复杂型名词性词，它们由两个（14个CN）、三个（5个 CN）、四个（9个 CN）、五个（6个 CN）或者六个组件（6个CN）构成，其中有2个复杂型名词性词由七个组件构成。在西班牙语中出现这些较长的结构不足为奇，因为在由拉丁语演变而成的罗曼语族的语言中，其复杂型名词性词具有形容词和介词的后置修饰，这不同于日耳曼语言中具有典型性的名词性填充。

　　由此可见，复杂型名词性词是由潜在的谓词（underlying predicate）组成的（Levi 1978），这些谓词可以在不同语言甚至同一语言中获得不同的形式。例如，electrically excited synchronous generator（电励磁同步发电机）就具有两个隐藏起来的谓词，即 excite（excited）［激发／励磁（被激发／被励磁）］和 generate（generator）［发电（发电机）］。但是，在其对应的西班牙语 generador síncrono de excitación independiente 中，针对 excitar（激发）这个动词，在这里采用的并不是过去分词，而是这个动词的名词化词 excitación。因此，语言之间的对应词（等效词）的构成，必须以"含义"（meaning）而不是以"形式"作为基础（Buendía Castro and Faber 2016）。这也意味着，微观上下文语境对于建立语言之间的对应关系和 CN 的形成具有至关重要的意义。

　　在微观上下文语境中，我们可以认为，某个复杂型名词性词的中心词具有一个论元结构（Rosario et al. 2002）。更具体地说，这个"中心词"打开了由扮演语义角色的特定概念类别（Wisniewski 1997；Rosario et al. 2002；Maguire et al. 2010）所填充的"插槽"。这些"插槽"在中心词概念的定义中是可以察觉到的。当这些"插槽"被填充时，就会导致复杂型名词性词的形成，从而也使中心词的含义变得更加具体。例如，an electrically excited synchronous generator（一台电励磁同步发电机）是 synchronous generator in which a direct current source provides the rotor magnetization, usually via slip rings and brushes（通常通过滑环和电刷将直流电源提供给转子以实现磁化的同步发电机）。在其中，brushes（电刷）是这个定义中所使用的部件之一，因此，由它可以导致这个复杂型名词性词（CN）的下义词 brushless electrically excited synchronous generator（无刷电励磁同步发电机）的形成，这个下义词表明缺少"电刷"这个组件。

在复杂型名词性词的形成中，概念的多维度性（multidimensionality）或者从不同角度上对某个概念所具有的特征进行说明的方式（Kageura 1997），都起着重要作用（Cabezas-García and Faber 2017a）。因此，这些措词单元可以对它们所指称的概念从不同维度上进行特征的强调。例如，wound rotor induction generator（绕线转子感应发电机）和 variable speed generator（变速发电机）可以指称同一个概念，尽管前者是强调它的"转子"，而后者强调这种发电机可以在"变速"的情况下运行。多维度性也是产生长度长的复杂型名词性词的原因，在我们的研究样本中，有的英语 CN 由多达五个的成分组成，而有的西班牙语 CN 则由七个成分组成。这些长 CN 的形成通常是由其组成成分从多维度上进行组合造成的，这也与微观上下文语境的规范有关。例如，brushless electrically excited synchronous generator（无刷电励磁同步发电机）强调的是发电机中"转子"和"定子"的速度（同步）以及"励磁"［excitation（电励磁）］，并强调它缺少"电刷"（brush）这一组件［brushless（无刷）］。我们可以看出，这些较长的"字符串"特别复杂，因为我们必须识别出其内部的结构，这样才可能找出其不同部分之间所存在的语义关系。

长度长的复杂型名词性词（long CN）通常采用缩写形式（例如 PMSG，DDPMG，SCIG 等）进行压缩。也就是说，在我们的项目中，英文候选术语中的 30% 和西班牙语术语集合中的 23% 都是缩写词[①]。但是，在西班牙语中所使用的缩写词，并不总是源自西班牙语的复杂型名词性词。在西班牙语中经常含有英语缩写词［例如 SCIG，它是 squirrel cage induction generator（松鼠笼感应发电机）的缩写，

---

① 为了详细说明这些百分比，我们将候选术语集合分别增加到 56 个英语术语和 52 个西班牙语术语，而不是以前数量上的 39 个和 42 个。在过去的术语集合中，我们包括了通过 CQL 查询提取的 CN 及其同义词，但未考虑到缩写词的情况，因为当时的目的是考察完整形式的 CN 的组成部分和词类的数量。

这个英语术语要比西班牙语术语 asíncrono de jaula de ardilla 在西班牙语中更为常用］，而且，一些西班牙语术语是由英语和西班牙语成分共同构成的［如 generador DFIG（双馈感应发电机）］，在某些情况下，两种缩写词在西班牙语中并存［例如 generador de inducción auto-excitado（自激感应发电机），缩写为 GIAE 或者 SEIG］。这些特殊性（记录在 EcoLexicon 的 CN 模块中的）都是复杂型名词性词具有不稳定性的标志。这些措词单元的频繁变化，体现在它们具有大量的同义词上，特别是基于形态句法排列而产生的同义词。在英语中，在我们分析的 21 个概念中，有 19 个具有多于一个的变体，在某些情况下，（某个概念）具有多达 9 个的名称（denomination）（见图 12）。说到西班牙语，在我们分析的 21 个概念中，有 15 个由一个以上的名称所指称，其中，甚至有的概念最多有 13 个名称（见图 12）。这些同义词之间有的只具有很小的差异，例如增加或者减少"连字符"，但是，有的同义词也可以具有明显不同的形式，如 wind turbine generator system（风力涡轮发电机系统）的同义词和语言等效物（图 12）：

EN	wind turbine generator system WTGS wind turbine wind generator windmill wind energy conversion system WECS wind machine aerogenerator
ES	aerogenerador turbina eólica generador eólico sistema eólico WECS molino de viento turbina de viento aeroturbina sistema de conversión de energía eólica sistema de energía eólica AG sistema de generación eólica máquina eólica

图 12　wind turbine generator system 的同义词和西班牙语等效词

同义词之间的这种明显的差异性，通常被认为是产生"新词"（neology）的一种标志（Cabré 1999）。在西班牙语中，人们对"仿造词语"（calque）的频繁使用也表明了这一点（Cabezas-García and Faber 2017c）。西班牙语仿造词语的例子可以举出 generador de inducción doblemente alimentado（双馈感应发电机）和 generador asíncrono de jaula de ardilla（松鼠笼感应发电机），后者对转子的形状进行了隐喻。总而言之，我们的研究表明，探索复杂型名词性词的形成，是对其进行分析和在语言资源中对其进行表示（例如我们在本文中介绍的 CN 模块）必不可少的步骤。

6　结　论

在通用语言和专业话语中，措词单元由于其较高的出现率（Sinclair 2000），而占据着不容忽视的地位，与此同时，它们也给非母语的用户带来了许多困难（Benson et al. 2009；Inoue 2014）。在英语这种作为国际交流通用语言（Tono 2014）之一的语言中，人们经常借助复杂型名词性词来表达专业概念（Sager et al. 1980；Faber 2012；Sanz Vicente 2012；Nakov 2013）。但是，这些措词单元因其句法和语义复杂，所以通常不被记录在专业资源中，而且，人们对它们的处理也不是系统性的（Cabezas-García and Faber 2017a）。

本文介绍了复杂型名词性词在 EcoLexicon（www.ecolexicon.ugr.es/en/index.htm）中的表示，EcoLexicon 是一个多语言术语知识库，其重点放在环境科学领域上。我们将把 CN 整合到 EcoLexicon 的措词模块中去，这个模块已经包括了"动词搭配"，我们也将为用户提供不同的信息访问点（Kwary 2012）。这项研究把重点放在了复杂型名词性词模块（CN 模块）的双语视图上，即从特定术语和双语的角度来研究复杂型名词性词（CN）的形成。为此，我们使用英语和西班牙语的风能语料库进行术语提取，并进行语义分析（借助知识模式、动词释义和自由释义），建立语言之间的对应关系以及拟定定义。

本文介绍的"修饰词 + 中心词"视图着重显示由给定术语形成的复杂型名词性词［例如，generator > synchronous generator, induction generator, wind generator, diesel generator（发电机 > 同步发电机、感应发电机、风力发电机、柴燃油发电机等）］，这里的 CN 已经给出了定义并经过了语义化组织（图 9）。这种语义组织存在于 CN 模块的所有视图之中，并且以这些措词单元（例如，ROTOR、EXCITATION、GRID CONNECTION）所激活的概念维度作为基础。而在另一方面，双语视图侧重显示翻译内容［例如，switched reluctance generator、generador de reluctancia conmutada（开关磁阻发生器）］（图 10）。此外，在所有的视图中，我们都提供了辅助选项（secondary options），即：CN 组成部分之间的内部语义关系、用法示例、相同措词模式的动词搭配、注释和 EcoLexicon 中的术语条目，以及双语视图中的定义。

我们的主要目标是根据复杂型名词性词的语义来构建它们在 EcoLexicon 中的表示形式，这是建立映射规则和促进知识获取的基础（Faber 2012）。由此，我们研究了英语和西班牙语复杂型名词性词的形成，这对分析 CN 的语义和进行语言表示至关重要。我们发现，"前置修饰"模式在英语中很普遍，而"后置修饰"则在西班牙语中更受欢迎。在我们研究样本中，CN 都由不同的成分组成：英语中为 2 个到 5 个，而西班牙语中则为 2 个到 7 个，这是因为由拉丁语演变而成的罗曼语族语言不允许进行名词填充。另外，我们发现，CN 是由直接与微观上下文语境相联系的潜在谓词（underlying predicates）形成的（Levi 1978）。这些发现对于建立语言之间的对应关系和形成复杂型名词性词至关重要。多维度性在复杂型名词性词的形成中也起着重要作用，尤其是在长的复杂型名词性词的形成中；长 CN 通常采用缩写形式进行了压缩。最后，复杂型名词性词通常采用不同的同义词来命名相同的概念。CN 的这种高度不稳定性通常被认为是新词产生的标志（Cabré 1999；Cabezas-García and Faber 2017c）。

实践证明，我们对 CN 模块的设计以及为此提供的信息，对于术语资源使用者而言特别有价值（López-Rodríguez et al. 2012；León-Araúz and Reimerink 2018）。因此，不同的用户（例如，环境领域的专家以及语言专业的学者和学生等）都可以从我们针对 CN 表示所提出的建议中受益（Kernerman 2007；Ding 2018）。而且，我们的方法可以应用于普通词典和专业词典的编纂以及不同语言的数据库的构建，甚至可以应用于对单个词汇的分析。在未来的研究中，我们将进一步发展有关于在复杂型名词性词中进行句法和语义组合的理念。我们研究的重点之一，便是研究 CN 形成中的重复型语义模式（recurrent semantic patterns）［例如 SPEED + MACHINE（"速度 + 机器"模式）：variable speed wind turbine（变速风力涡轮机）、fixed speed wind turbine（定速风力涡轮机）、variable speed generator（变速发电机）、fixed speed generator（定速发电机）］以及它们在语义关系推断中所具有的有用性。另外，我们将使用"注释者之间的协议"（inter-annotator agreement）来评估微观上下文语境的"插槽"填充及其与建立对应关系的相关性。在 EcoLexicon 中构建好 CN 模块的所有视图之后，我们将在已有的对 EcoLexicon（López-Rodríguez et al. 2012）和其他相关术语资源（León-Araúz and Reimerink 2018）评估的基础上，再对潜在用户进行评估。

为此，我们将把潜在的用户（如翻译人员、领域专家等）分成不同的组，并给他们分配与环境科学相关的认知或者交流任务，同时要求他们使用 EcoLexicon（尤其是CN 模块）来完成这些任务。然后，我们还会要求他们填写用户概况调查表，并对工具的可用性、功能和效率进行评价（按照 ISO 9128 软件产品评估标准中所强调的），同时要求他们阐述所遇到的问题，并就丰富和改进 EcoLexicon 的 CN 模块提出他们的建议。

参考文献：

[1] BALLY C. Traité De Stylistique Française[M]. 3rd ed. Paris: Librairie C. Klincksieck,1951.

[2] BARKER K, SZPAKOWICZ S. Semi-automatic recognition of noun modifier relationships[C]//BOITET C, WHITELOCK P. Proceedings of the 17th international conference on computational linguistics,1. [S.l.]: International conference on computational linguistics, 1998: 96– 102.

[3] BASSAC C, BOUILLON P. The telic relationship in compounds[M]//PUSTEJOVSKY J, BOUILLON P, ISAHARA H, et al. Advances in generative lexicon theory. Dordrecht: Springer, 2013: 109-126.

[4] FEDERICO B. Diccionario técnico inglés-español español-inglés[M]. 2nd ed. Madrid: Díaz de Santos, 2006.

[5] VORTON B, BENSON E, ILSON R. The BBI combinatory dictionary of English[M]. 3rd ed. Amsterdam, Philadelphia: John Benjamins, 2009.

[6] BUILLON P, JEZEK E, MELLONI C, et al. Annotating qualia relations in Italian and French complex nominals[C]//CALZOLARI N, CHOUKRI K, DECLERCK T, et al. Proceedings of the 8th international conference on language resources and evaluation. Istanbul: European language resources association, 2012: 1527-1532.

[7] BUENDÍA CASTRO M, FABER P. Phraseological correspondence in English and Spanish Specialized Texts[C]//PASTOR G C. Computerised and corpus-based approaches to phraseology: monolingual and multilingual perspectives = Fraseología computacional y basada en corpus: perspectivas monolingües y multilingües. Geneva: Tradulex, 2016: 391-398.

[8] BUENDÍA CASTRO M. Phraseology in specialized language and its representation in environmental knowledge resources[D]. Granada: University of Granada, 2013.

[9] CABEZAS-GARCÍA M, FABER P. A semantic approach to the inclusion of complex nominals in English terminographic resources[M]//MITKOV R. Computational and gorpus-based phraseology. Cham: Springer, 2017: 145-159.

[10] CABEZAS-GARCÍA M, FABER P. Exploring the Semantics of Multi-word Terms by Means of Paraphrases[C]//CANDEL-MORA M A, VARGAS-SIERRA C. Temas actuales de terminología y estudios sobre el léxico. Granada: Comares, 2017: 193–217.

[11] CABEZAS-GARCÍA M, FABER P. The role of micro-contexts in noun compound formation[J]. Neologica, 2017, 11: 101-118.

[12] CABEZAS-GARCÍA M, LEÓN-ARAÚZ P. Towards the inference of semantic relations in complex nominals: a pilot study[C]//CALZOLARI N, CHOUKRI K, CIER I C, et al. Proceedings of the 11th international conference on language resources and evaluation. Miyazaki: European language resources association, 2018: 2511-2518.

[13] CABRÉ M T. Terminology: theory, methods and applications[M]. Amsterdam, Philadelphia: John Benjamins, 1999.

[14] CAIGNON P. Vocabulaire et cooccurrents de la comptabilité[M]. Montréal: Linguatech, 2001.

[15] CHENG W, GREAVES C, SINCLAIR J M, et al. Uncovering the extent of the phraseological tendency: towards a systematic analysis of concgrams[J]. Applied Linguistics , 2008, 30(2): 236–252.

[16] CLEVELAND C, MORRIS C. Dictionary of energy[M]. 2nd ed. Amsterdam: Elsevier, 2015.

[17] DAILLE B, DUFOUR-KOWALSKI S, MORIN E. French-English multi-word term alignment based on lexical context analysis[C]//LINO M T, XAVIER M F, FERREIRA F, et al. Proceedings of the fourth international conference on language resources and evaluation. Lisbon: European language resources association,2004: 919-922.

[18] DE CLERCK B, COLLEMAN T, WILLEMS D. Introduction: a multifaceted approach to verb classes[J]. Linguistics,2013, 51(4): 663-680.

[19] DE SCHRYVER G M. Lexicographers' dreams in the electronic-dictionary age[J]. International journal of lexicography, 2003, 16(2): 143-199.

[20] DING Jun. A study of Chinese medical students as dictionary users and potential users for an online medical termfinder[J]. Lexicography, 2018, 3(2): 115-136.

[21] DOWNING P. On the creation and use of English compound nouns[J]. Language, 1997, 53: 810–842.

[22] DROUIN P. Term extraction using non-technical corpora as a point of leverage[J]. Terminology, 2003, 9: 99–115.

[23] DURÁN, MUÑOZ I. Specialized lexicographical resources: a survey of translators' needs[C]//GRANGER S, PAQUOT M. ELexicography in the 21st century: new challenges, new applications. Proceedings of ELEX2009. Cahiers du Cental, 7. Louvain-La-Neuve: Presses Universitaires de Louvain, 2010: 55-66..

[24] LLISTERRI J. Expert advisory group on language engineering. Text corpora working group reading guide[M]. Pisa: Consiglio Nazionale delle Ricerche, 1996.

[25] FABER P, MAIRAL USÓN R M. Constructing a Lexicon of English Verbs[M]. Berlin: Mouton de Gruyter, 1999.

[26] FABER P, RODRÍGUEZ C I L, SÁNCHEZ M T. Utilización de técnicas de corpus en la representación del conocimiento médico[J]. Terminology, 2001, 7(2): 167–198.

[27] FABER P. The cognitive shift in terminology and specialized translation[J]. Monografías de Traducción e Interpretación, 2009, 1: 107-134.

[28] FABER P. A cognitive linguistics view of terminology and specialized language[M]. Berlin, Boston: De Gruyter Mouton, 2012.

[29] JESÚS F D. A morphosemantic investigation of term formation processes in English and Spanish[J]. Languages in contrast, 2016, 16(1): 54–83.

[30] FILLMORE C J. Frames and the semantics of understanding[J]. Quaderni di Semantica, 1985, 6(2): 222-254.

[31] FILLMORE C J. Frame Semantics[M]//GEERAERTS D. Cognitive linguistics. Basic readings. Berlin, Boston: De Gruyter, 2006: 373-400.

[32] FININ T. The Semantic Interpretation of Compound Nominals[D]. Urbana: University of Illinois, 1980.

[33] GILDEA D, JURAFSKY D. Automatic labeling of semantic roles[J]. Computational linguistics, 2002, 28: 245-288.

[34] GIRJU R, MOLDOVAN D, TATU M, et al. On the semantics of noun compounds[J].

Computer speech and language, 2005, 19(4): 479–496.

[35] HALLIDAY M A K. An introduction to functional grammar[M]. London: Arnold, 1985.

[36] HENDRICKX I, KOZAREVA Z, NAKOV P, et al. Semeval-2013 task 4: free paraphrases of noun compounds[C]//Association for computational linguistics. Proceedings of the seventh international workshop on semantic evaluation. Stroudsburg: Association for computational linguistics, 2013: 138–143.

[37] HIDALGO A. Elsevier's dictionary of medicine Spanish-English English-Spanish[M]. Amsterdam: Elsevier, 2014.

[38] CHU-REN Huang, LI Lan, SU Xinchun. Lexicography in the Contemporary Period[C]//SIN-WAI Chan. The Routledge encyclopedia of the Chinese language. Abingdon, New York: Routledge, 2016: 545-562.

[39] INOUE A. Newly observed phraseological units with noun forms of modal verbs[J]. Lexicography, 2014, 1(2): 137–157.

[40] CERVANTES I. El español: una lengua viva[J]. Informe, 2016. [2018-01-19] http://www.cervantes.es/imagenes/File/prensa/EspanolLenguaViva16.pdf.

[41] JESPERSEN O. A Modern English Grammar on Historical Principles: 4[M]. Copenhagen: Munksgaard, 1942.

[42] JOHNSTON M, BUSA F. Qualia structure and the compositional interpretation of compounds[M]//VIEGAS E. Breadth and Depth of Semantic Lexicons. Dordrecht: Springer, 1999: 167-187.

[43] KAGEURA K. A preliminary investigation of the nature of frequency distributions of constituent elements of terms in terminology[J]. Terminology, 1997, 4(2): 199–223.

[44] KAGEURA K. The dynamics of terminology: A descriptive theory of term formation and terminological growth[M]. Amsterdam: John Benjamins, 2002.

[45] KERNERMAN I. What's so good or bad about advanced EFL dictionaries[M]//GOTTLIEB H, MOGENSEN J E. Dictionary visions, research and practice: selected papers from the 12th international symposium on lexicography, copenhagen, 2004. Amsterdam, Philadelphia: John Benjamins, 2007: 139-145.

[46] KILGARRIFF A, RYCHLÝ P, SMRŽ P et al. The Sketch Engine[C]//WILLIAMS G. Proceedings of the 11th EURALEX international congress. Lorient: Université de

Bretagne Sud, 2004: 105–116.

[47] KILGARRIFF A, BAISA V, BUŠTA J, et al. The sketch engine: ten years on[J]. Lexicography, 2014, 1(1): 7–36.

[48] KRÜGER R. The interface between scientific and technical translation studies and cognitive linguistics[M]. Berlin: Frank & Timme, 2015.

[49] KWARY D A. Adaptive hypermedia and user-oriented data for online dictionaries: a case study on an English dictionary of finance for indonesian students[J]. International journal of lexicography, 2012, 25(1): 30-49.

[50] LI Lan. The growing prosperity of on-line dictionaries[J]. English today, 2005, 83(21): 16-21.

[51] LAUER M, DRAS M. A probabilistic model of compound nouns[C]//ZHANG Chengqi, DEBENHAM J, LUKOSE D. Proceedings of the 7th australian joint conference on artificial intelligence. Singapore: World scientific publication, 1994: 474-481.

[52] LEÓN-ARAÚZ P, MARTÍN A S, FABER P. Pattern-based word sketches for the extraction of semantic relations.[C]//DROUIN P, GRABAR N, HAMON T, et al. Proceedings of the 5th International Workshop on Computational Terminology. Oska: The COLING 2016 organizing committee, 2016: 73–82.

[53] LEÓN-ARAÚZ P, REIMERINK A. Evaluating EcoLexiCAT: a terminology-enhanced CAT tool[C]//CALZOLARI N, CHOUKRI K, CIERI C, et al. Proceedings of the 11th international conference on language resources and evaluation. Miyazaki: European language resources association, 2018: 2374-2381.

[54] LEÓN-ARAÚZ P. Representación multidimensional del conocimiento especializado: el uso de marcos desde la macroestructura hasta la microestructura[D]. Granada: University of Granada, 2009.

[55] LEROYER P. Dealing with phraseology in business dictionaries: focus on functions — not phrases[J]. Linguistik online, 2006, 27(2): 183–194.

[56] LEVI J. The syntax and semantics of complex nominals[M]. New York: Academic press, 1978.

[57] L'HOMME M C, LEROYER P. Combining the semantics of collocations with situation-driven search paths in specialized dictionaries[J]. Terminology, 2009, 15(2):

258-283.

[58] L'HOMME M C, PIMENTEL J. Capturing syntactico-semantic regularities among terms: an application of the Framenet methodology to terminology[C]//CALZOLARI B, CHOUKRI K, DECLERCK T,et al. Proceedings of The eighth international conference on language resources and evaluation. Istanbul: European language resources association, 2012: 262-268.

[59] L'HOMME M C, ROBICHAUD B. Frames and terminology: representing predicative terms in the field of the environment[C]//ZOCK M, RAPP R, CHU-REN H. Proceedings of the 4th workshop on cognitive aspects of the lexicon. Dublin: Association for computational linguistics and Dublin city university, 2014: 186–197.

[60] L'HOMME M C. A methodology for describing collocations in a specialized dictionary[M]//MIELSEN S, TARP S. Lexicography in the 21st century. Amsterdam, Philadelphia: John Benjamins, 2009: 237-256.

[61] RODÍGUEZ L, INÉS C, FABER P, et al. La terminología basada en marcos y su aplicación a las ciencias ambientales: los proyectos MARCOCOSTA y ECOSISTEMA[J]. Arena romanistica, 2010, 7(10): 5274.

[62] RODÍGUEZ L, INÉS C, CASTRO M B, et al. User needs to the test: evaluating a terminological knowledge base on the environment by trainee translators[J]. The Journal of Specialized Translation, 2012, 18: 57-76.

[63] MAGUIER P, WISNIEWSKI E J, STORMS G. A corpus study of semantic patterns in compounding[J]. Corpus linguistics and linguistic theory, 2010, 6(1): 49-73.

[64] MARSHMAN E. Lexical knowledge patterns for semi-automatic extraction of cause-effect and sssociation relations from medical texts: a comparative study of English and French[D]. Montréal: Université de Montréal, 2006.

[65] MARTÍN MIGORANCE L. Functional grammar and lexematics[M]//TOMASZCZYK J, LEWANDOWSKA B. Meaning and lexicography. Amsterdam: John Benjamins, 1989: 227-253.

[66] MEL'ČUK I, CLAS A, POLGUÈRE A. Introduction à la lexicologie explicative et combinatoire[M]. Louvain-la-Neuve: Duculot, 1995.

[67] MEYER I, MACKINTOSH K. Refining the terminographer's concept-analysis methods: how can phraseology help?[J]. Terminology,1996, 3(1): 1–26.

[68] MEYER I. Extracting knowledge-rich contexts for terminography: a conceptual and methodological framework[M]// BOURIGAULT D, JACQUEMIN C, L'HOMME M C. Recent advances in computational terminology. Amsterdam, Philadelphia: John Benjamins, 2001: 279–302.

[69] MINSKY M. A framework for representing knowledge[M]// WINSTON P H. The psychology of computer vision. New York: McGraw-Hill, 1975: 211-277.

[70] MOYAM I. Commercial trucking bilingual dictionary. Diccionario bilingüe de transporte comercial[M]. New York: Delmar Learning, 2004.

[71] NAKOV P. HEARST M. Using verbs to characterize noun-noun relations[J]. Artificial intelligence methodology systems and applications, 2006, 4183: 233–244.

[72] NAKOV P, HEARST M. Semantic interpretation of noun compounds using verbal and other paraphrases[J]. ACM transactions on speech and language processing, 2013, 10(3): 1-51.

[73] NAKOV P. On the interpretation of noun compounds: syntax, semantics, and entailment[J]. Natural language engineering, 2013, 19(03): 291–330.

[74] NASTASE V, SZPAKOWICZ S. Exploring noun-modifier semantic relations[C]// BUNT H C, VAN DER SLUIS I F, MORANTE R. Proceedings of The fifth international workshop on computational semantics. Tilburg: Tilbug university, 2003: 285–301.

[75] NIRENBURG S. CREST: Progress report: working paper: NMSU CRL[R]. [S.l.]: The DARPA TIDES PI Meeting, 2000.

[76] Observatoire de Linguistique Sens-Texte. Dictionnaire fondamental de l'environnement[M/OL]. DiCoEnviro, 2018. [2018-01-22] http://olst.ling.umontreal.ca/cgibin/dicoenviro/search.cgi?

[77] Ó SÉAGHDHA D, COPESTAKE A. Interpreting compound nouns with kernel methods[J]. Natural language engineering, 2013, 19: 331-356.

[78] PINKER S. Learnability and cognition[M]. Cambridge: MIT press, 1989.

[79] PUSTEJOVSKY J. The generative lexicon[M]. Cambridge: MIT press,1995.

[80] RALLAPALLI S, PUAL S. A hybrid approach for the interpretation of nominal compounds using ontology[C]//MANURUNG R, BOND F. Proceedings of The 26th pacific Asia conference on language, information and computation. Bali: Faculty of

computer science, Universitas Indonesia, 2012: 554-563.

[81] ROSARIO B, HEARST M, FILLMORE C. The descent of hierarchy, and selection in relational semantics[C]//ISABELLE P, CHARNIAK E, LIN Dekang. Proceedings of the 40th annual meeting of the association for computational linguistics. Philadelphia: Association for computational linguistics, 2002: 247–254.

[82] SAGER J C, DUNGWORTH D, MCDONALD P F. English special languages. Principles and practice in science and technology[M]. Wiesbaden: Brandstetter Verlag, 1980.

[83] SAGER J C. A practical course in terminology processing[M]. Amsterdam, Philadelphia: John Benjamins, 1990.

[84] SAN MARTÍN A, CABEZAS-GARCÍA M, BUENDÍA M, et al. Recent advances in EcoLexicon[J]. Dictionaries: Journal of the dictionary cociety of North America, 2017, 38(1): 96-115.

[85] SANZ VICENTE L. Approaching secondary term formation through the analysis of multiword units: an English–Spanish contrastive study[J]. Terminology, 2012, 18 (1): 105–127.

[86] SCHULZE B M, CHRIST O. The CQP User's Manual[M]. Stuttgart: Universität Stuttgart, 1996.

[87] SEGURA MUGUÍA S. Diccionario mtimológico de Medicina[M]. Bilbao: Universidad de Deusto, 2004.

[88] SINCLAIR J M. Lexical Grammar[J]. Darbai Ir Dienos, 2000, 24: 191-205.

[89] SMITH V, BARRATT D, ZLATEV J. Unpacking noun-noun compounds: interpreting novel and conventional food names in isolation and on food labels[J]. Cognitive linguistics, 2014, 25(1): 99–147.

[90] ŠTEKAUER P. An onomasiological theory of English word-formation[M]. Amsterdam, Philadelphia: John Benjamins, 1998.

[91] TONO Y. Lexicography in Asia: its future and challenges[J]. Lexicography, 2014, 1(1): 1-5.

[92] UTSUMI A. A semantic space approach to the computational semantics of noun compounds[J]. Natural language engineering, 2014, 20: 185-234.

[93] VANDERWENDE L. Algorithm for automatic interpretation of noun sequences[C]//

NAGAO M, WILKS Y. In Proceedings of the 15th conference on computational linguistics: vol.2. Stroudsburg: Association for computational linguistics, 1994: 782–788.

[94] WARREN B. Semantic patterns of noun-noun compounds[M]. Göteborg: Acta Universitatis Gothoburgensis, 1978.

[95] WISNIEWSKI E J. When concepts combine[J]. Psychonomic bulletin and review, 1997, 4: 167–183.

[96] XU Hai. Phraseology and English phrase inclusion and arrangement in dictionaries[J]. lexicographical studies, 2013 (5): 50-56.

[97] YADAV P, JEZEK E, BOUILLON P, et al. Semantic relations in compound nouns: perspectives from inter-annotator agreement[J]. Studies in health technology and informatics, 2017, 245: 644-648.

[98] YAMADA S. Overview of hand-held electronic dictionaries in Japan: functions, usage, and impact on print dictionary industry[M]//KARPOVA O L, KARTASHKOVA F I. Multi-disciplinary lexicography: traditions and challenges of the XXIst century. Newcastle-upon-Tyne: Cambridge scholars, 2013: 158-165.

术语知识库在专业翻译中的作用：伞概念的运用

J. C. 吉尔－贝罗斯佩（Juan Carlos Gil-Berrozpe）和 P. 费伯（Pamela Faber）^①

1　引言

复杂的知识获取过程是人们从事专业翻译或者技术写作不可或缺的先决条件，它不仅需要最佳的术语资源，而且更需要人们对专业知识进行准确表示。术语（term），是指称我们在特定领域中对对象、过程、状态和属性进行概念化的语言单元。因此，它们在人们理解、表示、传播和获取专业知识方面起着至关重要的作用。但是，由于绝大多数专业词典、叙词表和词汇表都是以术语作为基础的，而不是以概念作为基础的，因而，大多数面向翻译的术语资源都无法反映概念化的复杂性以及动态性（Faber 和 SanMartín，2010）。

毫无疑问，翻译人员需要熟练使用专业语言，这样才能翻译专业文本。而且，他们还需要知道如何访问不同的术语资源以及如何获取一定数量的概念化内容。尽管这不意味着他们需要在特定领域中拥有与该领域专家一样多的专业知识，但是，他们必须达到专业知识的最低"阈值"，这样才能保证高质量地完成翻译工作。因此，如果翻译人员可以访问到有用的知识资源并且拥有良好的文献管理和搜索技能的话，他们可以以节省成本、提高效益的方式获得专业知识。

例如，根据 L·罗德里格斯（Lopez Rodriguez）等学者的观点（2013 年），基于"本体"的术语数据库（ontology-based terminological database）可以解决与翻译、信息检索和知识管理相关的各种问题。这种观点是可能实现的，因为这类术语数据库把采用不同语言指称的相同概念的术语链接了起来，这样，在术语数据库中既显示了概念信息又显示了语言信息，同时又增强了数据间的交互操作性。

因此，词典学工具和术语学工具工具应该努力反映我们概念化周围世界实现的

---

①　这篇文章英文名为 "The Role of Terminological Knowledge Bases in Specialized Translation:The Use of Umbrella Concepts"。原文见西班牙格拉纳达大学（University of Granada）LexiCon 研究团队（LexiCon Research Group）的出版物网站（http://lexicon.ugr.es/publications）（2017 年）。——译者注

动态方式。学者泰尔塞多尔（Tercedor）等人（2012 年）指出，从专业翻译角度上看，上述资源应该同时针对用户对源文本需求（即信息访问和知识检索与获取）和目标文本需求（即知识传递和文本生成）做出响应。这就是致力于对知识进行动态和多维度表示的术语知识库（terminological knowledge base, TKB）可以成为对专业翻译极为有价值的工具的原因。

此外，在具有层级关系（hierarchical）和非层级关系（non-hierarchical）或者关联 / 联想关系（associative relation）的网络中构建专业概念，是生成现代术语资源的关键步骤之一。但是，如果在设计阶段没有利用好构建知识的方法（例如，建立概念关系的子类型、扩展非层级关系以及规范关系的属性）的话，那么，就可能出现生成的资源过于简单的问题。

事实表明，对下义关系（hyponymy）的定义过于宽泛，是术语知识库中各种问题［其中包括信息过载、产生噪音、数据冗余和（在概念关系和层级结构中出现）与传递性相关（transitivity-based）的前后不一致］的根源（Gil-Berrozpe and Faber，2016）。因为下义关系是术语资源中所有层级语义构造的"主干"，我们需要根据不同的标准对下义关系进行改进：（i）在概念定义中修正属性继承性（property inheritance）；（ii）形成一套更为完善的下义关系子类型；（iii）创建"伞概念"（umbrella concept）。本文着重研究第三种解决方案，其中涉及在中间级别（intermediate level）上引入人工概念（artificial concept），以进一步对 type_of（……类）关系进行规范。

2　术语知识库和对知识获取的增强

依据学者杜里（Dury）（2005 年）的观点，专业翻译人员分为两类：（i）科学家或者某领域专家出身，他们出于专业工作需要而成为翻译人员，并且对专业概念及概念的组成有很好的了解，但是通常缺乏翻译技能和专业翻译经验；（ii）受过语言学培训的专业翻译人员，他们具有翻译经验，但是通常缺乏专业概念及概念组成相关的信息和知识。这两类翻译人员都需要能够为他们提供语言、概念和上下文信息的知识资源，而且，这些资源需要专门满足他们的需求。

从这个意义上讲，术语知识库（简称 TKB）就是在特定领域中存储和表示专业知识，并具体反映在概念以及采用一种或者几种语言指称概念的术语上的术语资源。

另外，学者迈耶（Meyer）等人（1992 年）从认识的角度出发指出，TKB 中的概念类别（conceptual category）应该以类似于它们在人脑中相互关联的方式进行构建。因此，术语知识库是包含了语言现象和认知现象的产品。

依据概念结构构建的术语知识库，在其中，术语是依据非语言特定的（non-language-specific）标准与概念相关联的，对于专业翻译人员来说，TKB 是极为有用的资源。因为，在 TKB 中，人们不仅可以实现连贯性的交叉引用（cross-referencing），而且还可以在不改变质量和概念化设计的一致性的前提下，添加和处理语言数据（Giacomini 2014）。另外，这里的元语言（metalinguistic）和百科全书式的数据表示，有助于增强以专业翻译为目的的知识获取，因为 TKB 能够帮助翻译人员搜索到语料库的语汇索引（concordance）以及平行文本。对于翻译人员来说，这一点是一种尤其宝贵的特色，这也不足为奇，因为这一特色让翻译人员避免了额外的词典搜索和查询，而后者可能是一项十分耗时的工作。

另外，根据学者贾科米尼（Giacomini）（2015 年）的说法，任何类型的电子词典式资源（e-lexicographic resource）（包括 TKB）都应该满足以下三个要求：

（1）概念结构具有属性和可利用性，具有多极立体感（multi-level derth）和多言语关系（multi-vocal relation）的多层级深度；

（2）概念数据易于访问，可以通过概念结构和微观结构直接访问，并且具有规范化（明确说明）的关系；

（3）在概念或者术语搜索中，"概念－术语"对应关系具有前后一致性。

因此，这些标准揭示了具有"本体"（ontology）形式的概念结构的重要性。另外，任何满足这些标准的、基于本体的术语数据库，都应该反映诸如多维度性（multidimensionality）现象（Kageura 1997；Bowker 1997）以及自然的、具有上下文语境的知识动态性之类的现象（León-Araúz et al. 2013），而且，这些现象对于专业知识的表示和获取具有基础性意义。

一方面，我们可以在 TKB 中实现多维度性。这样做的方法包括：在特定的节点上（specific node）或者在整个系统中，添加或者删除某些概念或者关系；在特定节点上或者整个系统中，修改某些特征（characteristic）或者关系；用新的方法（语言、概念、图像等）来表示知识。另一方面，可以通过依据概念（术语）使用或者出现的上下文语境，或者根据用户的专业知识背景来对概念（术语）的特色和用法进行调整修改，从而实现上下文语境的动态化。

实际上，对于专业翻译人员而言，术语知识库中上下文语境信息的表示可以帮助他们强化知识获取过程，因为这有助于他们理解术语在真实文本中的用法，并帮助他们依据"上下文语境域"（contextual domain）以及使用情境为每个语段选择出最佳的术语（León-Araúz et al. 2010）。与此类似，泰尔塞多尔等学者（2012 年）也谈到过动态性（dynamicity）和多维度性之间的紧密联系。由于人们现在可以从不同角度或者"维度"上对概念进行表示，所以，无论词典编纂学（lexicographic）还是术语编纂学（terminographic）实践都应该考虑拟定更具动态化的（概念）表示形式。

此外，除了具有多维度、可访问（accessibility）等功能之外，术语知识库的另一个显著特征是多模式性（multimodality）。事实表明，将多媒体信息（例如图像）链接到 TKB 的语言、概念和上下文信息上，这有助于满足用户在接受、制作和翻译专业文本方面的需求（Prieto Velasco 2009）。这样，我们可以将 TKB 表示为可视化的叙词表 / 辞典（thesauri），并且合并多模式的信息，同时突出知识表示的多维度特征。

这些都是术语知识库的基本特征，它们大大优化了专业翻译中的知识检索过程。因此，如果设计得合理，TKB 可以为用户提供有关术语含义 [核心含义（core meaning）、次要含义（外围含义）（peripheral meaning）、扩展隐喻义（metaphorical extension）]、术语搭配和形态要素（morphological element）（组合潜力、派生潜力）的信息，以及在某些文本和语境（语域、体裁、方言、在关联网络中所处的位置）中术语的用法和被激活的信息（Tercedor et al. 2012）。

3　EcoLexicon：环境科学多语言术语知识库

EcoLexicon[①]（Faber et al. 2005，2014；Buendía Castro and Faber 2015）是一个以框架术语学理论为基础的（Faber 2009；Faber 2012），关于环境科学的多维度动态术语知识库。它通过不同类型的模式和上下文语境化的信息来满足特定用户对知识获取的需求，同时也满足用户在认知和交流方面的需求。更具体地说，EcoLexicon 面对的公众是任何想增进自己对环境科学知识的了解、加强自己对这个领域文本的

---

① 　http://EcoLexicon.ugr.es

理解以及对生成这类文本感兴趣的人（环境科学专家、技术作家、翻译人员等）。但目前 EcoLexicon 可以提供给用户的资源，采用的是英语和西班牙语这两种语言来表达，此外还有五种语言（德语、现代希腊语、俄语、法语和荷兰语）正在逐步实施。迄今为止，这个数据库共包含 3,601 个概念和 20,212 个术语。

　　用户可以通过可访问的视觉界面，使用不同的模块对 EcoLexicon 进行搜索，以获取概念、语言以及图形方面的信息（参见图1）。为满足专业翻译人员的需求，这个术语知识库允许用户执行概念搜索查询。用户一旦选择了一个概念，它就会在交互式的绘图中心被表示出来。此外，界面上还会显示出这个概念所对应的多语言术语以及所有属于同一个"上下文语境域"的概念之间的关系。

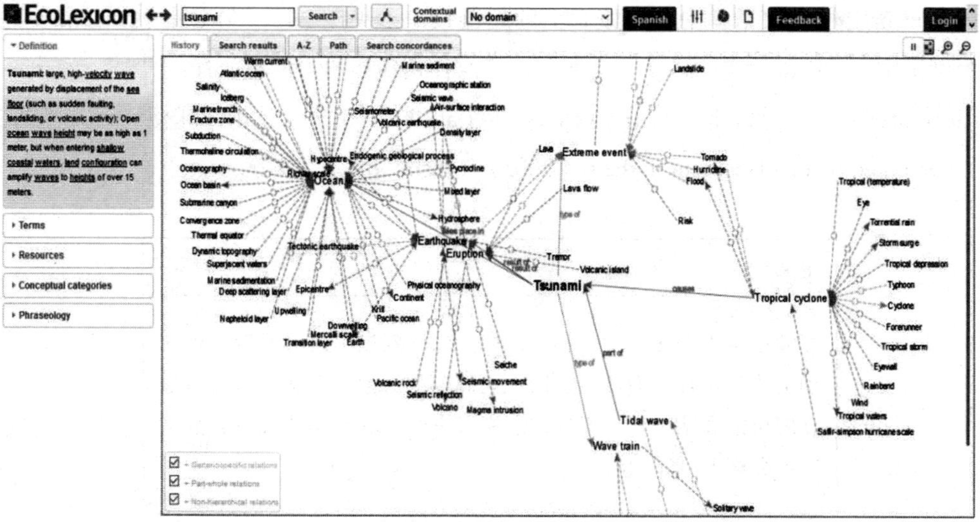

图1　EcoLexicon 中 tsunami 这一概念网络的可视化界面

　　在 EcoLexicon 中，概念关系分为三大类：属种关系（generic-specific relation）、"部分 – 整体"关系（part-whole relation）和非层级关系（non-hierarchical relation）。因此，层级关系（hierarchical relations）在此分成了两组，以便区分出"下义关系"（hyponymic relation）和"整体 – 部分"关系（meronymic relation）。而且，这里的属种关系集合只包含了 type_of（……类）关系。相比之下，"部分 – 整体"关系集合则包含有以下的子类型：part_of（…… 一部分）、made_of（由……制成）、delimited_by（受……

限制）、located_at（坐落于）、takes_place_in（在……发生）和 phase_of（……阶段）。最后，非层级关系集合则包括：affect（影响）、cause（造成）、attribute_of（……的属性）、opposite_of（……的反面）、studies（研究）、measure（测量）、represent（表示）、result_of（……的结果）、effected_by（受……影响）以及 has_function（有……功能）。

至于术语知识库的微观结构，在用户选择了一个概念之后，在界面的左侧将显示五个部分：

定义。这个部分提供了以明确的"属"（genus）[上义词（hyperonym）或者上位义项（superordinate）]加一个或者多个"种差"（differentiae）[每一个同级下义词（cohyponym）的特征有所不同]作为表示基础的术语定义，同时提供了帮助用户重新定位到数据库中其他概念上的超链接（参见图 2）。在海啸（tsunami）这个例子中，"波浪"（wave）是"属"，其他各式各样的"种差"有："大"（large）（attribute_of）、"高速"（high-velocity）（attribute_of）、"由海床位移而产生的"（generated by displacement in the sea floor）（result_of），等等。

定义
海啸：由于海床发生位移（例如突然的断层、滑坡或者火山活动造成的位移）而产生的巨大而高速的海浪；开阔的海上海浪高度可能高达 1 米，但进入沿岸浅海时，陆地构造会将波浪高度提高到 15 米以上。

图 2　"海啸"的定义部分

术语。这一部分显示了 EcoLexicon 中采用不同语言中对某个概念所形成的"词汇指称"（名称），还显示了有语类型和词性相关的信息以及语料库语汇索引列表的选项（请参见图 3）。例如，针对 tsunami，这里显示了各种语言的术语，例如，英语（tsunami 和 tidal Wave）、西班牙语（maremoto 和 tsunami）、德语（Tsunami，Flutwelle 和 Tsunami-Welle）、俄语（цунами）以及现代希腊语（θαλάσσιο σεισμικό κύμα 和 τσουνάμι）。

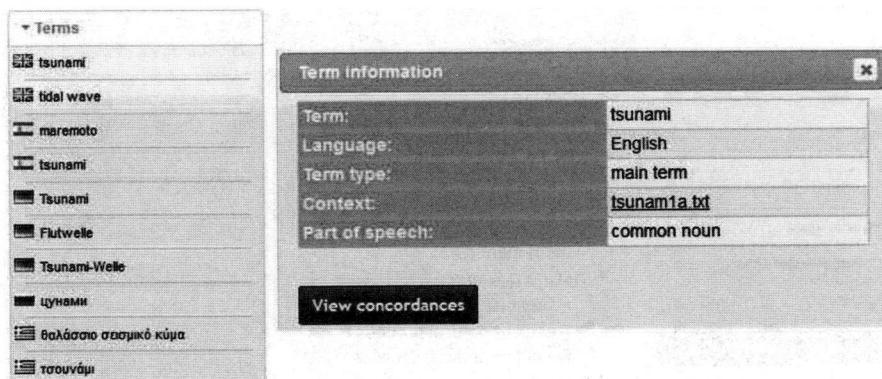

图 3　tsunami 的术语部分

资源。这一部分提供了用于所选概念的多模式资源（图像、视频、连接到外部网站的超链接）的列表（请参见图 4）。在 tsunami 这个例子中，围绕 tsunami 展示出了广泛的资源，包括高清晰度的图片或者图解、对这一主题进行详尽解释的学术网站，甚至是有关 tsunami 的卫星图像。

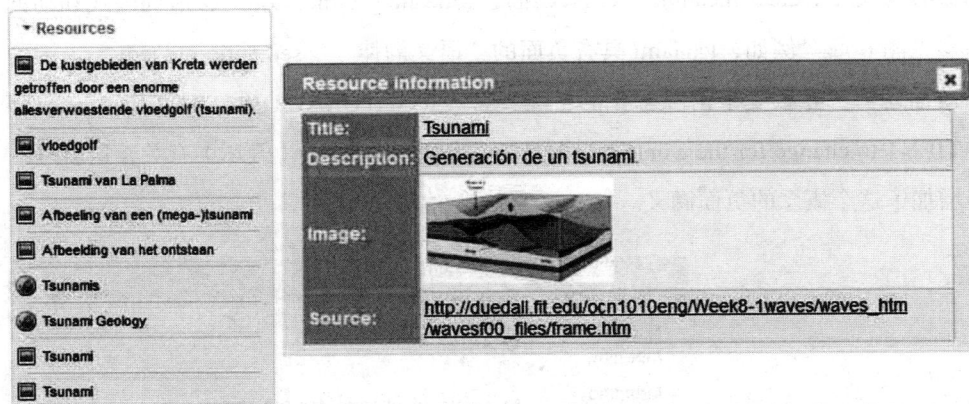

图 4　tsunami 的资源部分

概念类别。这个模块提供了一份展示不同概念类别的列表，并将概念作为其中某个类别的成员进行分类（请参见图 5）。例如，tsunami 被归类为 Physical Agent（物理作用者/施事）（A.1.5.）、Movement（运动）（B.1.1.）以及 Part of water mass（水团的一部分）（C.1.1.2.1.）。

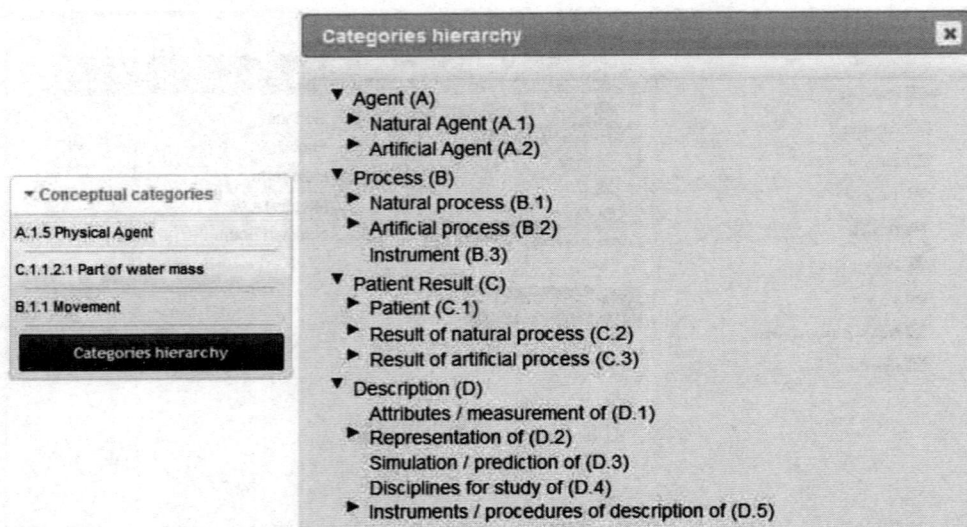

图 5　tsunami 的概念类别部分

　　措词（Phraseology）。这一部分显示了措词模块，它展示了与某一个概念相关的核心含义（nuclear meaning）、含义维度（meaning dimension）、措词模式和动词（参见图 6）。例如，tsunami 具有负面的"语义韵律"（semantic prosody），因为它被描述为"导致受事情况恶化的自然灾害"（NATURAL DISASTER that causes a PATIENT to change for the worse）。而且，它与动词 destroy（毁坏）有关，这就进一步增加了这个概念的负面涵义。

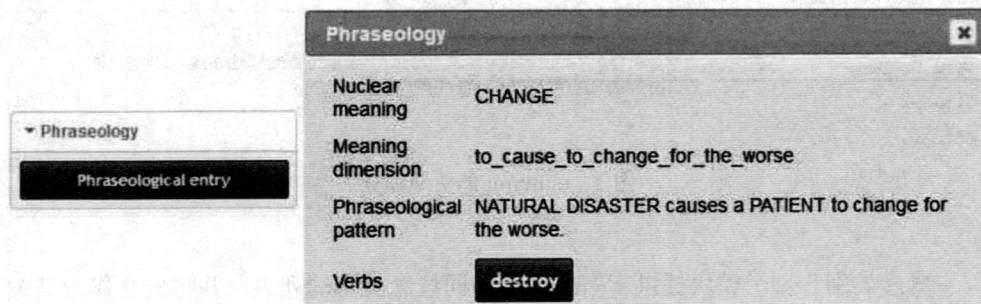

图 6　tsunami 的措词 / 用语部分

　　这些是在 EcoLexicon 的微观结构中可以找到的五个模块，它们强调了其语言学的、概念的、多模式的性质。另外，为了满足专业翻译人员的需求，EcoLexicon 还通过语料库语汇索引为用户提供了对上下文语境信息的访问。这样，通过"搜索语汇索引"（Search concordances）键，用户就可以获取含有所搜索术语的，来源于 EcoLexicon 语料库文本的上下文列表（参见图 7）。

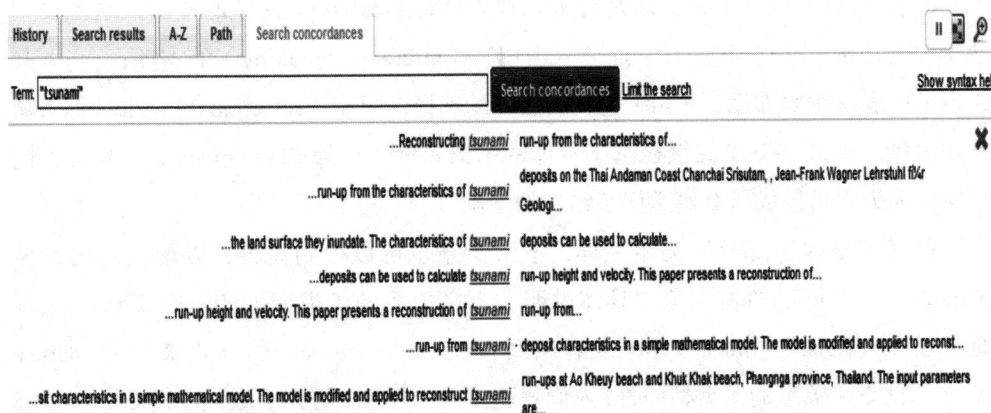

图 7　tsunami "搜索语汇索引"功能

得益于上述所有这些功能，EcoLexicon 成为了一种可增强知识获取的资源。鉴于其多方位的知识表示，它也为专业翻译提供了便利：（ⅰ）依据层级和非层级标准（hierarchical and non-hierarchical criteria）的用以编纂概念命题［概念—关系—概念（concept-relation-concept）］的概念关系；（ⅱ）通过反映核心属概念的术语定义来反映这些概念关系的重要性；（ⅲ）通过多模态资源对概念和语言信息进行补充。

另外，G·阿拉贡（García Aragón）和贾科米尼（Giacomini）等学者（2014 年）的研究，也进一步验证了这个术语资源的有效性。但是，尽管已经取得了这些成绩，我们仍然可以对 EcoLexicon 做进一步完善。毫不奇怪，这个术语知识库中所包含的大量信息是"一把双刃剑"，它们偶尔也会导致以下问题：（ⅰ）信息过载；（ⅱ）过多的噪音和数据冗余；（ⅲ）在概念关系和层级结构的传递性上产生问题；（ⅳ）在术语定义中缺乏属性继承；（ⅴ）在相同的层级水平上，存在不同类型的"同级下义词"。解决上述问题的方案之一，就是改进 EcoLexicon 中的下义关系［"……类"关系（type_of relation）］。

4 EcoLexicon 中的下义关系表示和子类型

对下义关系（hyponymy）的最基本定义是：它是一种包含关系（a relation of inclusion），其逆向为上义关系（hyperonymy）（Murphy 2006）。根据学者墨菲（Murphy）（2003 年）的观点，下义关系是许多词典／词汇（lexicon）模型的核心，这主要归结于三个原因：（i）其具有"推理 – 引用"（inference-invoking）的本性；（ii）其在定义中发挥重要作用；（iii）它与语法中的选择性限制（selectional restrictions）具有相关性。因此，下义关系在基于本体的术语资源（例如 EcoLexicon）中起着关键作用，因为它是构成所有概念层级结构的基础。

就像"整体 – 部分"关系一样，下义关系也可以得到完善，以增强对属种关系的表示。这可以通过规范（具体说明）下义关系的子类型（Murphy 2003）或者通过建立"侧面"（facet）和／或者微型含义（microsense）的方式来实现（Cruse 2002）。就下义关系的子类型而言，人们普遍接受的是：分类学意义上的下义关系["是一种……"关系（is-a-kind-of relation）]和功能性意义上的下义关系["被用于一种……"关系（is-used-as-a-kind relation）]。例如，"奶牛"与"动物"之间具有分类学意义上的关系（牛是动物），但"奶牛"与"家畜"（livestock）之间又存在着功能性关系（奶牛作为家畜发挥着作用）。另外，尽管分类学上的关系（taxonomic relation）始终是分析性的，但功能性关系（functional relation）可以更模棱两可一些，因为它们在逻辑上不是必要关系（necessary relation）（并非每一头奶牛都是家畜）（Murphy 2003）。

与不同类型的下义关系相关，学者克鲁斯（Cruse）（2002 年）提出了"侧面"这一理念。例如，他在"书"（book）的下义词（hyponym）中区分出了两个维度，并将它们分成两组："物理性对象"（physical object）（例如精装书或者平装书）和"抽象性文本"（例如小说或者传记）。在这些例子中，同一个上义词的同级下义词显示出"集合内"的不兼容性，但是，在集合之间则是兼容的（某本"书"可以同时是"小说"也是"精装本"，但"精装本"不能同时也是"平装本"）。

在另一方面，在对下义关系的规范中，另一个重要现象是微型含义的存在（Cruse 2002）。微型含义指的是某个概念的具体含义（例如，其属性、特性或者功能），它仅在特定的上下文语境中被激活，使在不同的上下文语境中的同一个概念的含义

有所不同 ①。举例而言，尽管"刀"（knife）通常具有单一性的含义，但是，人们可以将其归类到不同的领域中，并冠以各种不同的上义词（武器、工具、手术器械等）。

目前在 EcoLexicon 中，这些"微型含义"是通过概念性的命题（conceptual propositions）来表示的，这些命题可以在基于上下文语境的学科领域中被激活。例如，根据 EcoLexicon 中提供的信息，chlorine（氯）具有两个"微型含义"：一个是在水处理和供应（Water Treatment and Supply）域中，另一个是在化学工程（Chemical Engineering）域中。产生这种情况的原因是："氯"除了是"一种卤族元素"（"*a type_of*" halogen）之外，它还可以被看成是"一种水消毒剂"（"*a type_of*" water disinfectant）（见图 8）。在其他的"域"中，"氯"仅被归类为"一种卤族元素"（"*a type_of*" halogen）（见图 9）。

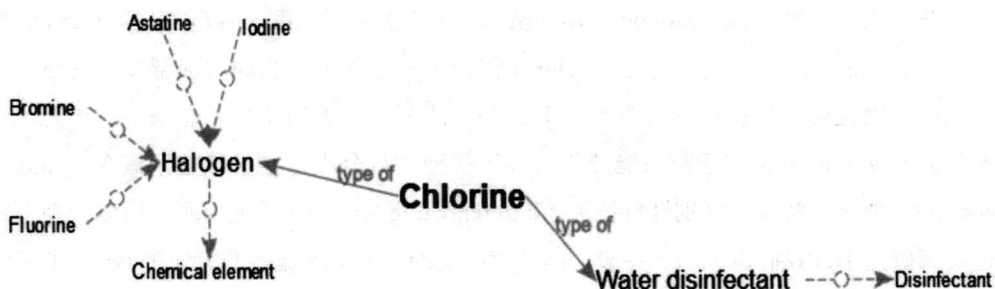

图 8 Chlorine 在水处理与供应域和化学工程域中的属种关系

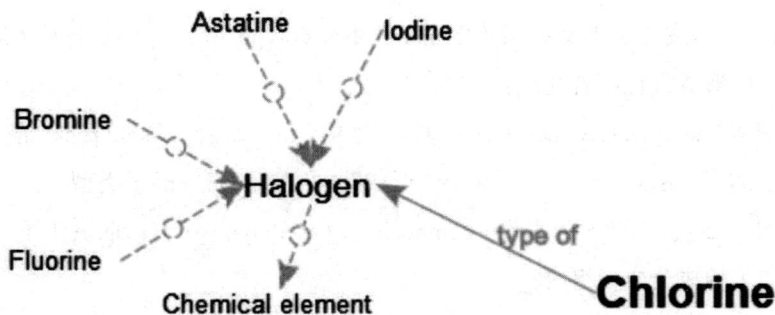

图 9 在其余上下文域中 Chlorine 的属种关系

---

① 同一个概念在不同的上下文语境中可以具有不同的"微型含义"。——译者注

　　然而，仅靠使用"上下文语境域"对概念进行分类，只能过滤、查询、显示与上下文语境相关的上义词和下义词，就改进下义关系而言，这还是不够的。换句话说，下义关系的原始意义仍然是一样的。因此，我们仍然需要采用某种方式对其进行分解，以确保对属种关系进行更准确的表示。出于这个原因，J.C. 吉尔 - 贝罗斯佩（Juan Carlos Gil-Berrozpe）和 P. 费伯（Pamela Faber）这两位学者（2016 年）以EcoLexicon 作为参考做了实例研究，他们探索了如何修正概念定义中的"属性继承"问题；并为下义关系建立了子类型。

　　一方面，将对属性继承性进行的修正，看成是从 type_of 关系中划分出"子类型"的第一步，因为在获得最终结果之前，我们必须保证概念定义的连贯性和正确性。通过这种方式，可以显示出下义词是如何继承其上义词的特征或者特性的。

　　另一方面，要在 EcoLexicon 中建立精确的下义关系子类型，需要以实体（entity）［如 rock（岩石）］和过程［如 erosion（侵蚀）］这两个概念的增强型概念网络作为基础。就这样，依据概念的类型，下义关系的不同子类型就建立起来了。但是，鉴于并非所有的下义关系都只能使用一种子类型进行分类，鉴于某些子概念（child concept）的种差特征（区别性特征）（differentiating feature）千差万别，所以，在上述实例研究中，我们也采用了一般分类学意义上的下义关系或者非特定的 type_of 关系。

　　图 10 显示了对"岩石"概念网络进行的改进，可以将其区分为多达五个与实体有关的下义关系子类型。

　　– 基于"形成"的下义关系（formation-based_type_of）：取决于下义词（所指称的实体）的形成过程或者起源：

　　·沉积岩（sedimentary rock）——基于"形成"的"坚岩"（sold rock）的子类型；

　　·碎屑岩（clastic rock）——基于"形成"的"沉积岩"的子类型。

　　– 基于"成分"的下义关系（composition-based_type_of）：取决于下义词（所指称的实体）的成分或者组成：

　　·有机沉积岩（organic sedimentary rock）——基于"成分"的"沉积岩"的子类型；

　　·生物礁石灰岩（reef limestone）——基于"成分"的"石灰岩"（limestone）的子类型。

　　– 基于"位置 / 地点"的下义关系（location-based_type_of）：取决于下义词（所

指称的实体）的物理情况或者其形成的位置／地点：

・火山岩（volcanic rock）——基于"位置"的 "火成岩"（igneous rock）的子类型；

・阿尔普吉拉（Alpujarra）石灰岩——基于"位置／地点"的"石灰岩"的子类型。

　－基于"状态"的下义关系（state-based_type_of）：取决于下义词（所指称的实体）的状态：

・坚岩——基于"状态"的 "岩石"的子类型；

・熔融岩石（molten rock）——基于"状态"的"岩石"的子类型。

　－基于"属性"的下义关系（attribute-based_type_of）：取决于下义词（所指称的实体）的特点或者特征：

・渗透岩（permeable rock）——基于"属性"的"岩石"类型。

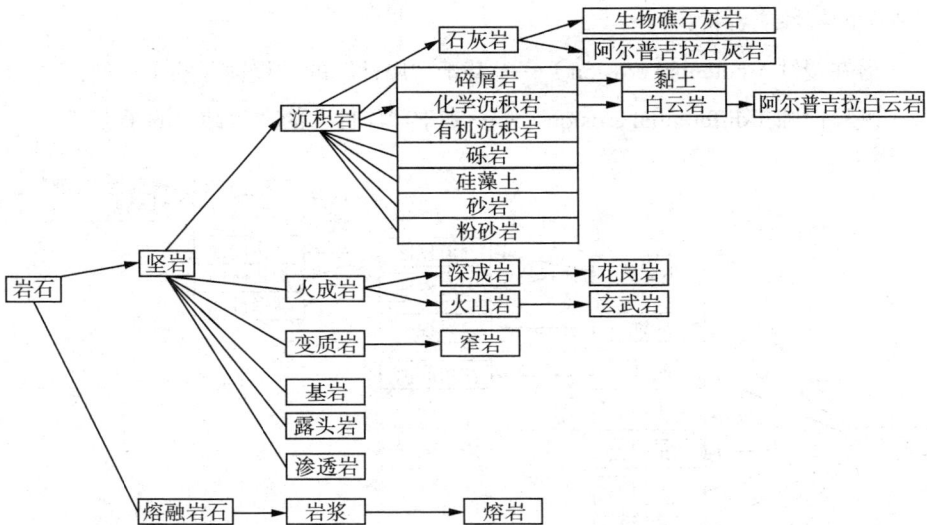

图 10　"岩石"概念网络中与"实体"有关的下义关系的子类型

　图 11 显示了改进后的"侵蚀"（erosion）概念网络，建立了多达四个与"过程"相关的不同下义关系子类型：

　－基于"施事"的下义关系（agent-based_type_of）：取决于引起下义词（所指

称的过程）的"作用者/施事"（agent）或者"促进者/助长者"（promoter）；

　　·人为侵蚀（anthropic erosion）——基于"施事"的"侵蚀"的子类型；

　　·河流侵蚀（fluvial erosion）——基于"施事"的"水侵蚀"（water erosion）的子类型；

　　– 基于"受事"的下义关系（patient-based_type_of）：取决于受下义词（所指称的过程）影响的"实体"或者"位置/地点"；

　　·河岸侵蚀（streambank erosion）——基于"受事"的"河流侵蚀"的子类型；

　　·冰川磨蚀（glacier abrasion）——基于"受事"的"磨蚀"（abrasion）的子类型；

　　– 基于"结果"的下义关系（result-based type_of）：取决于下义词（所指称的过程）产生的结果（result）和效果（effect）；

　　·细沟侵蚀（rill erosion）——基于"结果"的"河流侵蚀"的子类型；

　　·沟状侵蚀（gully erosion）——基于"结果"的"河流侵蚀"的子类型；

　　– 基于"属性"的下义关系（attribute-based_type_of）：取决于下义词（所指称的过程）的特性或者特征；

　　·潜在侵蚀（potential erosion）——基于"属性"的"侵蚀"的子类型；

　　·差异侵蚀（differential erosion）——基于"属性"的"侵蚀"的子类型；

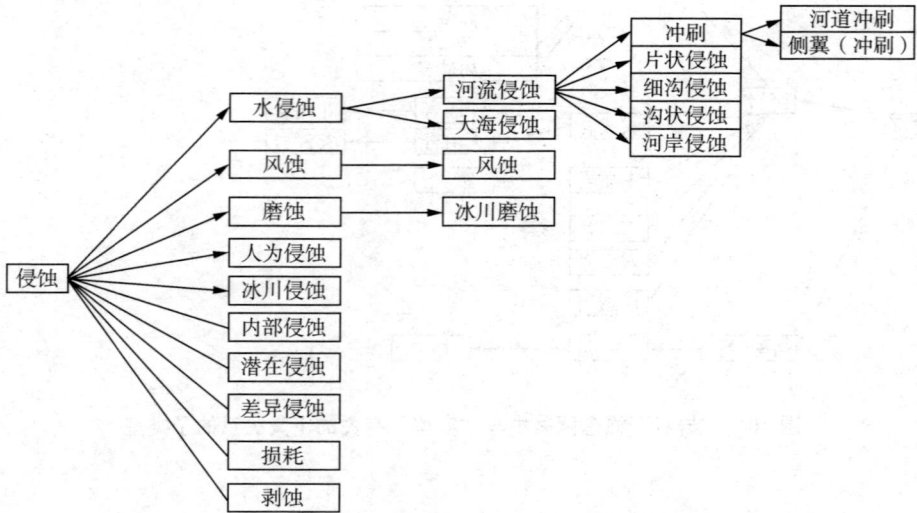

图 11　"侵蚀"概念网络中与"过程"下义关系的子类型

　　从上面可以看出，与过程相关的下义关系的子类型不同于与实体有关的子类型（基于"属性"的下义关系子类型除外）。"过程"体现的通常是动词的名词化，因此，它通常涉及"作用者/施事"（agent）、"承受者/受事"（patient）和"结果"（result）这类语义特征。而"实体"与诸如"形成"（formation）、"组成"（composition）和"状态"（state）之类的语义特征有关。此外，在涉及"过程"的情况下，基于"承受者/受事"的下义关系有时与基于"位置/地点"的下义关系相重叠，因为"受事"可能处在某个物理位置上（例如，"冰川磨蚀"（glacier abrasion）对"冰川"（glacier）造成影响，所以，它也在"冰川"中出现）。

但是，我们不应该把前面罗列的这些子类型列表视为封闭式的下义关系库存储，而只能把它们看成是在"岩石"和"侵蚀"的概念网络中已经检测到的内容。例如，在"水"（water）的概念网络中，我们还可以建立另外两种下义关系的子类型：

　　– 基于"功能"的下义关系（function-based_type_of）：取决于下义词（所指称的概念）的"功能"（function）或者"目的"（purpose）；

　　·饮用水（drinking water）——基于"功能"的"水"的子类型；

　　– 基于"形状"的下义关系（shape-based_type_of）：取决于下义词（所指称的概念）的形状或者物理特性；

　　·非晶质霜（amorphous frost）——基于"形状"的"侵蚀"子类型。

与此相应的是，我们还需要确定最小的巧合数来确认下义关系子类型的有效性和实用性。

总而言之，我们通过对网络中的概念及其定义进行分析并对属种关系进行完善，建立下义关系的子类型。这样，有助于解决数据冗余和与传递性有关的不一致的问题。鉴于用户很容易对具体的"子含义"进行确定，并且借助于具体的"子含义"可以将两个或者若干个概念与"属种关系"联系起来，因此，通过上述方式也可以增强对专业知识的表示和用户对知识的获取。但是，在 EcoLexicon 中，还存在着其他一些我们必须解决的问题，例如，信息过载和由于追求知识的可视化表示而产生的噪音问题。所以，我们仍然有必要对伞概念的创建和使用进行探索，以进一步完善 EcoLexicon 中的下义关系和概念的层级关系。

5 伞概念作为改进下义关系的一种手段

如前所述，伞概念是可以在层级结构的中间级别引入的人工概念，目的是进一步规范所表示的下义关系的意义。因此，我们使用伞概念的主要意图，是通过落实一个通常由基本形容词表征的"中间抽象概念"（intermediate abstract concept）［例如 measuring instrument（测量工具）］，来限定父概念（parent concept）与子概念（child concept）之间的联系。

在上述的实例研究中，我们评估的大多数伞概念是名词复合词（noun compounds）或者名词短语（noun phrase）。实际上，这类句法结构都带有语义成分，这就使得按照类似于下义关系的子类型（即根据组成、形成、作用等）对名词复合词进行分类成为可能。学者利瓦伊（Levi）（1978 年）曾经指出，可以从复杂型名词性词（complex nominal）［由中心名词（head noun）前面加上修饰词（modifier）组成的名词复合词，修饰词可以是另一个名词或者名词性的形容词］的成分中提取它们的"语义含义"。实际上，复杂型名词性词暗含着语义关系，因为它们都是在潜在的句子中进行谓词删除（deletion of the predicate）或者实现谓词名词化（nominalization of the predicate）后衍生而来的。因此，利瓦伊（1978 年）强调了通过谓词删除而提取的九种语义谓词（semantic predicate）［cause、have、make、use、be、in、for、from、about（造成、具有、使得、使用、存在/是、在、为、从、关于）］，以及从谓词名词化中提取出的四种语义谓词［act, product, agent, patient（行动、产品、作用者/施事、承受者/受事）］。

另外，不少学者还研究了"名词修饰词对"（noun-modifier pair）的语义关系分配问题。例如，学者罗萨里奥（Rosario）和赫斯特（Hearst）（2001 年）依据利瓦伊的理论前提及其标准，在特定域的语料库中给名词复合词分配了语义关系。这就导致了多级分类（multi-class classification），从而大大缩减了原始信息的内容。另外，学者讷斯塔塞（Nastase）和什帕佐夫斯基（Szpaczowski）（2003 年）还在词汇自身的语义和形态信息的基础上，探索了名词修饰词的语义关系。他们获取了三十个"语义关系集合"，这些语义关系随后用以对识别的数据进行表示（Nastase et al. 2006）。更具体地说，这三十个比较精确的"语义关系集合"分为五种类型：因果关系（causal）［例如 cause、effect、purpose（原因、结果、目的）］、参与者（participant）［例如 agent、object、beneficiary（作用者、对象、受益者）］、空间［例如 direction、location、location at（方向、位置/地点、位于何处）］、时间［例如 frequency、time at、time through（频率、在……何时、经历何时）］和质量［例如 manner、material、measure（方式、材料、度量）］。学者唐宁（Downing）（1977 年）还提出了名词复合词中最常见的"潜在语义关系清单"，这份清单总共由十二种关系组成：whole-part（整体 – 部分）、half-half（一半 – 一半）、part-whole（部分 – 整体）、composition（组成）、comparison（比较）、time（时间）、place（地方）、source（来源）、product（产品）、user（用户）、purpose（目的）和 occupation（职业）。

因此，对名词复合词语义关系进行识别和分配，可能是在 EcoLexicon 中定义和创建伞概念的有用方法。例如，依据名词复合词背后潜在的语义谓词，我们可以探讨一下"基于功能的"（function-based）伞概念、"基于形成的"（formation-based）伞概念以及"基于施事的"（agent-based）伞概念，这与将下义关系分解为先前描述过的子类型很类似。实际上，在 EcoLexicon 中，我们可以找到许多概念层级结构的示例，而且，这些层级结构已经通过使用伞概念得到了增强，或者将要借此得到增强。确切地说，我们这里的研究重点，是评估如何将伞概念纳入"仪器 / 工具 / 设施 / 手段"（instrument）、"过程"（process）、"化学元素"（chemical element）的层级结构中，并进行表示。

第一个示例。在"仪器 / 工具 / 设施"的原始概念层级结构（请参见表 1）中呈现出大量的信息过载，因为在这里存在着大量的链接到了同一个上位义项上的下位义项（subordinate）（68 个下义词）。基于这个原因，并考虑到 instrument 这个概念的语义性质，我们引入了五种"基于功能的"伞概念［例如，过滤仪器 / 工具（filtering instrument）、测量仪器 / 工具（measuring instrument）、记录仪器 / 工具（recording instrument）］，以便对"下义词"进行的更为准确的分类（参见表 2）。

表 1　"工具 / 仪器 / 设施"的原始概念层级结构（不包括伞概念）

| 仪器 / 工具 / 设施（68 个下义词） | 加速度计 \| 空气采样器 \| 反照仪 \| 反射计 \| 高度电子照相 \| 高度表 \| 垂直风速计 \| 风速仪 \| 风速计 \| 气压计 \| 大气放射仪 \| 自动取样器 \| 条形屏幕 \| 气压计 \| 水深计 \| 倾斜仪 \| 云室 \| 指南针 \|CTD\| 电流表 \| 脱脂机 \| 深度 \| 探测器 \| 挖泥机 \| 回声测深仪 \| 埃克曼水枪 \| 探空仪 \| 辐射计 \| 蒸发仪 \| 蒸发蒸腾计 \| 流量计 \| 湿度计 \| 阻抗计 \| 倾斜高度计 \| 渗透计 \| 自动记潮仪 \| 气象仪 \| 磁导计 \| 光度计 \| 压强计 \| 自记录雨量计 \| 雨量计 \| 干湿计 \| 雷达 \| 盐度计 \| 砂滤器 \| 透明度测定板 \| 沉积物采样器 \| 沉淀池 \| 地震仪 \| 渗透仪 \| 六分仪 \| 雪量规 \| 太阳能电池 \| 太阳能板 \| 探测气球 \| 测深锤 \| 手操测距仪 \| 准距计 \| 张力计 \| 温度计 \| 增稠剂 \| 水位尺 \| 通风温度计 \| 水采样器 \| 水位记录仪 \| 污水处理厂 |

表2　改进了的"工具/仪器/设施"概念层级结构（带有伞概念）

仪器/工具/设施（5个下义词）	过滤仪器	条形屏幕｜除油剂｜砂滤器｜筛
	测量仪器	反射计｜高空电位计｜风力记录计｜天电强度计｜指南针｜自动记潮仪｜气象仪｜自记录雨量计｜雷达｜渗透仪｜水位记录仪
	记录仪器	加速度计｜反射计｜高度计｜风速计｜无液气压计｜气压计｜水深计｜测斜仪｜顶规｜CTD｜电流表｜测深仪｜回声测深仪｜探空仪｜辐射计｜蒸发仪｜蒸镀仪｜流量计｜湿度计｜阻抗计｜倾斜高度计｜渗透计｜磁导计｜光度计｜压强计｜雨量计｜干湿计｜雷达｜盐度计｜砂滤器｜沉淀池｜渗透仪｜六分仪｜雪量规｜探测气球｜测深锤｜透明度测定板｜准距计｜张力计｜温度计｜增稠剂｜水位尺｜通风温度计｜等
	取样仪器	空气采样器｜自动取样器｜挖泥机｜埃克曼水枪｜沉积物采样器｜水取样器
	转换仪器/设施	云室｜太阳能电池｜太阳能板｜增稠剂｜污水处理厂

第二个示例。我们展示了如何运用伞概念，在涉及"过程"的概念层级结构中，改进从上义词到下义词的步骤。在过程概念层级结构的原始版本中（请参阅表3），与在 EcoLexicon 中经常看到的情况相比，为同一个上义词提供的下义词数目（共计111个）有失比例。但是，在概念层级结构的改进版本中（参见表4），由于包含了两个"基于作用者/施事的"伞概念［人工过程（artificial process）和自然过程（natural process）］，对这些关系的直观性表示变得清晰了。

表3　"过程"的原始概念层级结构（不包括伞概念）

| 过程（111个下义词） | 吸收｜适应｜堆积｜通风｜营养｜汇流｜聚集｜营养｜异常传播｜反气旋生成｜反气旋分解｜大气吸收｜大气辐射｜大气过程｜衰减｜伯杰龙过程｜生物畜积｜生物过程｜出血｜破碎｜集水区｜变化｜化学反应｜趋化性｜气候变化｜云电气化｜云播种｜凝结｜聚结｜沿海过程｜碰撞｜堆肥｜冷凝｜传导｜固结｜污染｜冷却（关闭）｜腐蚀｜循环生成｜倾析｜分解｜减少｜沉积｜脱盐｜排放｜疾病｜排水｜泄水｜风化｜清除固体废物｜淘析｜排放｜内生地质过程｜侵蚀｜误差校正｜海平面升降变化｜富营养化｜蒸发｜外源地质过程｜灌溉施肥｜施肥｜过滤｜冻结｜地理参考｜冲沟｜水动力过程｜水文过程｜入口稳定｜电离｜均衡｜浸出（土壤）｜浸出（废水）｜地下水位降低｜管理｜熔化｜滋养｜核反应｜渗透｜溢出｜臭氧消耗｜颗粒分散｜渗透｜积水｜泵送｜辐射过程｜再循环｜延缓海滩侵蚀｜延迟沿岸漂移｜植被恢复｜地下水位上升｜盐化｜取样｜选择性分选｜变浅｜固化｜解决方案｜健全｜随机过程｜升华｜持续发展｜技术｜试钻｜解冻｜处理｜排水｜控制｜调节｜积水｜内涝｜波浪产生｜波浪传播 |

表 4　改进了的"过程"概念层级结构（带有伞概念）

过程 （2个下义词）	人工过程	通风 | 流入 | 营养 * | 大气辐射 * | 衰减 * | 集水 | 变化 * | 化学反应 * | 气候变化 * | 云播种 | 堆肥 | 污染 * | 腐蚀 * | 倾析 | 减少 * | 脱盐作用 | 排出 | 排水 | 抽出 | 消除固体废物 | 淘析 | 侵蚀 * | 错误更正 | 富营养化 * | 滴灌施肥 | 施肥 | 过滤 * | 地理参考 | 水湾稳定 * | 电离 * | 浸出（废水）| 管理 | 滋养 | 核反应 | 臭氧消耗 | 泵作用 | 回收 | 延缓海滩侵蚀 | 延迟纵向漂移 | 再生 * | 盐渍化 * | 采样 | 测量（水体的深度）| 可持续发展 | 技术 | 试钻 | 处理 | 疏水 | 水位调节 新的伞概念： 大气过程 * | 辐射处理 * | 随机过程
	自然过程	吸收 | 适应 | 堆积 | 结块 | 营养 * | 异常传播 | 反气旋生成 | 反气旋 | 大气吸收 | 大气反射 * | 衰减 * | 伯杰龙过程 | 生物蓄积 | 出血 | 破碎 | 变更 * | 化学反应 * | 化学趋化 | 气候变化 * | 云电气化 | 凝结 | 冷凝 | 传导 | 整合污染 * | 冷却（关闭）| 腐蚀 * | 气旋生成 | 分解 | 减少 * | 沉积 | 疾病 | 风化 | 排放 | 侵蚀 * | 海平面变化 | 富营养化 * | 蒸发 | 过滤 * | 冷冻 | 沟蚀 | 外源地质过程 * | 电离 * | 地壳均衡 | 浸出（土壤）| 降低地下水位 | 融化 | 核反应 | 渗透 | 过度发光 | 颗粒分散 | 渗滤 | 积水 | 前积 | 再生 * | 水位上升 | 盐碱化 * | 选择性分类 | 浅水作用 | 凝固 | 溶解 | 升华 | 解冻 | 围水养护 | 水涝 | 波浪产生 | 波浪传播 新的伞概念： 绝热过程 | 大气过程 * | 生物过程 | 沿海过程 | 内生地质过程 | 外生地质过程 | 流体动力学过程 | 水文过程 | 辐射处理 *

注：标有星号（*）的概念可以同时是"人工过程"（artificial process）和"自然过程"（natural process）的下义词。在更深入的下义词级别上，我们将对它们实际上指"人工过程"还是"自然过程"的真正区别进一步进行揭示。

　　另外，在将伞概念纳入"过程"的层级关系结构之后，某些原始概念变成了新的伞概念［例如大气过程（atmospheric process）、内生地质过程（endogenic geological process）、水文过程（hydrological process）］，由此也改善了整个概念网络的层级结构。我们这里的实例研究，仅针对纳入处于较高级别上的伞概念（即"人工过程"和"自然过程"）。但是，在以后的工作中，我们还将研究这些新产生的伞概念的用法及其功能，并考虑将其包含在术语知识库之中。

　　我们分析的第三个例子是涉及"化学元素"（chemical element）的概念层级结构。如果没有伞概念，这个概念层级结构非常单薄，因为在上义词和下义词（总共 42 个）之间，没有可以用来把它们分为更为具体的子类型组的中间级别（见表 5）。但是，在化学领域中,人们可以采用不同的标准[周期(period)、基团(group)、嵌段(block)等]对化学元素进行分类,因此,我们采用了十个通用"伞概念"[例如锕系元素(actinide)、稀有气体(noble gas)、过渡金属(transition metal)]对概念层级结构上下义项的分类进行了改进(请参见表6)。

表5　"化学元素"的原始概念层级结构(不包括伞概念)

化学元素 (42个下义词)	铝｜氩气｜砷｜砹｜铍｜硼｜溴｜钙｜碳｜氯｜铬｜钴｜铜｜氟｜镓｜锗｜氦气｜氢｜碘｜铁｜同位素｜铅｜锂｜镁｜锰｜氖｜镍｜氮｜氧气｜磷｜钾氡｜钪｜硒｜硅｜钠｜硫｜钛｜微量元素｜铀｜钒｜锌

表6　改进了的"化学元素"概念层级结构(带有伞概念)

化学元素(13 个下义词)	锕系元素	铀
	碱金属	锂｜钾｜钠
	碱土金属	铍｜钙｜镁
	碱性金属	铝｜镓｜铅
	卤素	砹｜溴｜氯｜氟｜碘
	镧系元素	—
	稀有气体	氩气｜氦气｜氖｜氡
	非金属	碳｜氮｜氧｜磷｜硒｜硫
	半金属	砷｜硼｜锗｜硅
	过渡金属	铬｜钴｜铜｜铁｜锰｜镍｜钪｜钛｜钒
	氢｜同位素｜微量元素	

然而,正如表6所示,伞概念并不总是表现为多词汇术语(polylexical terms)的形式。实际上,在这个实例中,伞概念既可以是单词汇术语(monolexical terms)[例如锕系元素(actinide)、卤素(halogen)],也可以是多词汇术语[例如稀有气体(noble gas)、过渡金属(transition metal)]。大多数伞概念是名词复合词或者名词短语,这个事实意味着,我们可以相对容易地借助简单的句法和语义构造来创建这些伞概念。然而,在某些情况下,伞概念带有一个重要的组成部分,因此,只能采用一个完全不同的术语来描述它。但大多数的伞概念都是具有通用性的,它们具有的用途和功能,与从谓词删除或者谓词名词化这样的语义过程中衍生出来的名词复合词所

具有的完全相同。

我们最后一个实例研究的是关于"表示"（representation）的概念层级结构，在这里涉及的所有伞概念都是单词汇术语。因为在"表示"的原始概念层级结构中（参见表 7）具有大量的下义词（204 个），所以，我们有必要纳入一个中间分级（intermediate classification），以便在更具体的维度上对同级下义词进行重新分组。因此，我们落实了一组（18 种）与表示信息的方式［例如图形（graph）、图像（image）、模型（model）］有关的"通用伞概念"（general umbrella concept），以便对层级结构进行过滤，从而获得更为清晰的对上下义项的分类（参见表 8）。

表 7　"表示"的原始概念层级结构（不包括伞概念）

表示 （204 个） 下义词	绝热图表 | 海浪年龄 | 非地转模式 | 空气密度 | 飞机气象数据中继 | 模拟模型 | 风速图 | 大气模型 | 平均月和年降水图 | 反气旋轴 | 低压轴 | 回水曲线 | 压力场和水平场之间的平衡运动 | 平衡方程 | 基线制图 | 水深图 | 博福特尺度 | 行为模型 | 护道线 | 分叉比 | 伯恩比 | 毛细管模型 | 地形图 | 制图信息 | 摄氏温标 | 化学系统 | 气候模型 | 聚结效率 | 系数 | 等高线 | 同程线 | 同潮线 | 达西定律 | 数据模型 | 导出模型 | 设计暴雨 | 诊断方程 | 微分方程 | 数字高程模型 | 数字地形模型 | 流量曲线 | 分布式模型 | 散度方程 | 道格拉斯尺度 | 动力学方程 | 动力学 | 地球椭圆轨道 | 回波图 | 黄道面 | 生态系统 | 埃克曼螺旋 | 电势 | 经验洪水公式 | 能量方程 | 环境流体动力学代码 | 环境图 | 状态方程 | 赤道 | 平衡线 | 分点低潮 | 侵蚀模型 | 华氏温标 | 下降曲线 | 下降阶段流量关系 | 农业和开发地图 | 泡沫线 | 藤田皮尔森规模 | 未来和新兴技术 | 地理坐标系 | 地质图 | 坡度 | 丁坝系统 | 地下水流模型 | 海拔高度 | Hele-shaw 模型 | 高纬度 | 高水位线 | 水力半径模型 | 水位线 | 水文数据 | 水文模型 | 流体静力方程 | 阻抗 | 指数 | 流域综合管理模式 | 灌溉系统 | 等压线 | 等深线 | 等时线图 | 等盐线 | 等湿线 | 等水位线 | 等原线图 | 等深图 | 等原图 | 等深线 | 等温线 | 射流轴 | 开尔文温标 | 陆地模型 | 土地利用图 | 水平 | 仅流极限 | 突涌极限 | 自记水位计 | 林克蓝天等级 | 经度 | 低纬度 | 低水位线 | Lucdeme 项目 | 曼宁方程 | 营养源图 | 马古莱斯方程 | 潮汐图 | 数学函数 | 数学模型 | 麦卡利尺度 | 子午线 | 中尺度 | 元数据 | 气象图 | 微尺度 | 混合比 | 动量方程 | 莫宁·奥布霍夫方程 | 航海图 | 牛顿运动定律 | 非线性方程 | 数值模型 | 单线模型 | 运行模型 | 普通高水位线 | 正射影像 | 流出边界 | 影像图 | 物理系统 | 雨图 | 预测 | 压力 - 体积 - 温度关系 | 可能最大降水量 | 剖面图 | 协议 | 辐射通量 | 朗肯温标 | 光栅 | 评级曲线 | Réaumur 温标 | 衰退曲线 | 珊瑚礁系统 | 参考蒸散 | 折射衍射模型 | 相对蒸发 | 相对湿度 | 相对渗透率 | 里氏震级 | 山脊和隧道系统 | 路线图 | 规则 | 萨菲尔辛普森飓风等级 | 含沙量 | 卫星图像 | 海岸线 | 有效波 | 模拟 | 坡度图 | 土壤密度 | 土壤图 | 土壤饱和度 | 空间相关性 | 年平均值和月平均值的空间插值降水量 | 地下水比径流 | 比湿度 | 水位流量关系 | 星图 | 海平面状态 | 阶跃 | 储量比 | 股线 | 地层柱 | 流线 | 流管 | 天气尺度 | 自来水系统 | 趋势方程 | 深谷线 | 潮流图 | 潮汐测压效率 | 潮汐表 | 地形图 | 巨蟹座回归线 | 摩羯座回归线 |T 形图 | 城市系统 |Van genuchten 模型 | 水密度 | 水线（陆地）| 水线（船舶）| 水质模型 | 保水曲线 | 波浪气候 | 波浪方程 | 波频率 | 波陡度 | 波形

表 8　改进了的"表示"概念层级结构（带有伞概念）

表示（18 个下义词）	轴	旋风除尘器轴 / 减压轴 / 射流轴
	方程	平衡方程 / 诊断方程 / 微分方程 / 散度方程 / 动力方程 / 能量方程 / 状态方程 / 静液压方程 / 曼宁方程 / 维特 - 马古列斯方程 / 动量方程 / 莫宁 - 奥布霍夫方程 / 非线性方程 / 倾向方程 / 波动方程
	图形	风速图 / 回水曲线 / 等高线 / 流量曲线 / 回波图 / 下降曲线 / 水文图 / 线性图 / 曲线图 / 曲线图 / 比率曲线 / 衰退曲线 / t-s 图 / 保水曲线 / 波形线
	图片	卫星影像
	等距图	等压线 / 等深线 / 等时线 / 等盐度线 / 等雨量线 / 等厚线 / 等风速线 / 等温线
	纬度	高纬度 / 低纬度
	限制	护岸线 / 共排线 / 共同潮汐线 / 平衡线 / 泡沫线 / 高水位线 / 水平 / 反冲洗极限 / 上涌水位 / 低水位线 / 普通高水位线 / 流出边界 / 海岸线 / 阶梯 / 流线 / 水线（陆地） / 水线（船只）等
	经度	-
	地图	特效图 / 平均月度和年均精度图 / 地基图 / 制图 / 环境图 / 农用开发图 / 地质图 / 等时线图 / 等值线图 / 土地利用图 / 营养源图 / 营养学图 / 正射影像 / 照片图 / 轮廓图 / 路线图 / 坡度图 / 土壤图 / 星图 / 潮流图 / 地形图
	子午线	-
	模型	衰老模型 / 模拟模型 / 大气模型 / 行为模型 / 毛细管模型 / 气候模型 / 数据模型 / 衍生模型 / 风暴模型 / 数字高程模型 / 数字地形模型 / 分布式模型 / 环境流体动力学代码 / 侵蚀模型 / 地下水流模型 / 赫尔 - 肖氏模型 / 水力半径模型 / 水文模型 / 流域综合管理模型 / 土地模型 / 数学模型 / 数值模型 / 单线模型 / 操作模型 / 折射 - 衍射模型 / 模拟 / van genuchten 模型 / 水质量模型 /
	平行线	赤道 / 北回归线 / 南回归线
	路径	地球的椭圆轨道 / 黄道平面
	数据	基线制图 / 制图信息 / 海拔高度 / 水文数据 / 元数据 / 气象图 / 预测 / 饱和土壤最大预测 / 光栅 / 参考蒸散量 / 年均和月均降水量 / 层状柱 / 流管 / 海浪气候 / 海浪频率等
	程序 / 计划	航空器气象数据转送 / 未来和新兴技术 / 卢卡斯项目 / 协议
	比例	海浪年龄 / 空气密度 / 压力场与水平运动场之间的平衡 / 分叉比 / 鲍文比 / 聚结效率 / 达西定律 / 电势 / 经验洪水率 / 蓄水率 / 下降阶段 / 数学函数 / 混合比 / 牛顿运动定律 / 压力 - 体积 - 温度关系 / 辐射通量 / 相对比例蒸发 / 相对湿度 / 相对渗透率 / 土壤密度 / 空间相关性 / 特定地下水径流 / 特定湿度 / 水位流量关系 / 储水比 / 潮汐测压效率 / 水密度 / 波浪陡度
	刻度	博福特标度 / 摄氏温度标度 / 道格拉斯标度 / 华氏温度标度 / 富塔 - 皮尔逊标度 / 凯尔文温度标度 / 里克特标度 / 林盖蓝天标度 / 麦加利震级 / 中尺度 / 微尺度 / 绝对华氏温标 / 雷奥米尔温标 / 里氏震级 / 萨菲尔·辛普森飓风标度 / 海况量表 / 天气尺度
	系统	化学系统 / 动力学系统 / 生态系统 / 地理坐标系统 / 堤坝系统 / 灌输系统 / 物理系统 / 礁石系统 / 山脊和水道系统 / 自来水系统 / 城市系统

　　以上所有实例表明，我们可以把伞概念作为改进术语知识库中下义关系的一种手段，并将其作为纠正属性继承性和将下义关系进一步分解成子类型的一种补充手段。但是，我们还需要做更为深入的研究，以确定伞概念对整个 EcoLexicon 的构建可以起到积极的作用。另外，我们还有必要得出客观性的参数（针对过于抽象、信息过载、产生噪音等），以决定应该对哪些概念网络以运用伞概念的方式进行完善。虽然如此，我们的研究结果表明，采用伞概念对层级结构进行丰富，是完善下义关系的一种有前途的方法。

6　结论

　　本文讨论了术语资源在专业翻译中的重要性，这也意味着在专业翻译中存在着复杂的知识获取过程。为了更好地开展翻译工作，翻译人员不仅需要掌握专业写作和使用专业语篇的能力，而且，他们还需要拥有有效的工具来获取知识。为了给翻译人员提供便利，我们在术语知识库主要功能（可访问性、动态性、多维性和多模式性）的基础上对其实用性进行了考察。当术语知识库准确表示了上下文的信息时，它就能够让用户了解到在实际情况下术语是如何使用的。这样，术语知识库也就成了翻译人员的绝佳资源。

　　基于这种考虑，我们对 EcoLexicon 的有用性进行了评估。EcoLexicon 是以环境科学作为基础的多语言术语知识库，它可以为用户显示可访问的可视界面，并提供对概念、语言和图形信息的访问。EcoLexicon 以"视觉词库 / 辞典"（visual thesaurus）（通过"语义关系"链接"概念"）、"五个主要特色"（定义、术语、资源、概念类别和措词）和"语料库语汇索引搜索"的形式展示它的内容。更准确地说，在过去的研究中，我们探索了如何通过纠正概念定义中的属性继承性，并通过建立下义关系的子类型来对下义关系进行增强。

　　然而，在先前研究成果的基础上，我们又进一步发现，改善下义关系的第三种方法是伞概念的创建和运用。在解释了对包含有语义含义的名词复合词以及名词短语如何根据细微差别进行分类之后，我们得出结论：我们可以利用这个过程在 EcoLexicon 的各种概念层级结构中创建和运用伞概念。不过，我们观察到，伞概念不仅可以采用多词汇术语表示，而且也可以采用单词汇术语表示。因此，我们还需要开展进一步的研究工作，以确定何时需要运用伞概念以及在术语知识库中伞概念应该运用到何种程度。我们未来的工作，还将放在直接从术语知识库的语料库里自动提取出下义关系模式（hyponymic pattern）上，并将其作为仅使用"语料库查询语言"（corpus query language，CQL）来检索"下义关系对"（hyponymic pair）和可能存在的伞概念的方法。

　　总而言之，本文展示了面向翻译的术语知识库是如何增进对专业知识的表示以及检索的。另外，展示了通过改进"下义关系"而为 EcoLexicon 带来的积极效果，这项研究也把我们原来的改进工作向前推进了一步，从而为在类似的术语知识库中进行推广应用打开了大门。①

参考文献：

[1]　BOWKER L. Multidimensional classification of concepts and terms[M]//WRIGHT S E, BUDIN G. Handbook of terminology management: basic aspects of terminology management, Amsterdam. Philadelphia: John Benjamins, 1997: 133-143.

[2]　BUENDÍA CASTRO M, FABER P. EcoLexicon como asistente en la traducción[C]// CORPAS P G, SEGHIRI D M, GUTIÉRREZ F R, et al. VII congreso internacional de la asociación ibérica de estudios de traducción e interpretación: nuevos horizontes en los estudios de traducción e interpretación (comunicaciones completas) / New horizons in translation and interpreting studies (full papers). Geneva: Tradulex, 2015: 195-203.

[3]　CRUSE D A. Hyponymy and its varieties[M]//GREEN R, BEAN C A, MYAENG S H. The semantics of relationships: an interdisciplinary perspective. Dordrecht, Boston, London: Kluwer academic publishers, 2002: 3-22.

[4]　DOWNING P. On the creation and use of English compound nouns[J]. Language, 1977, 53(4): 810-842.

[5]　DURY P. Terminology and specialized translation: the relevance of the diachronic approach[J]. LSP and professional communication, 2005, 5(1): 31-42.

[6]　FABER P. A Cognitive linguistics view of terminology and specialized language[M].

　　① 　这项研究是作为项目 FF2014-52740-P——"术语增强型翻译的认知和神经学基础"（Cognitive and Neurological Bases for Terminology-Enhanced Translation, CONTENT）——的一部分进行的，该项目由西班牙经济与竞争力部（Spanish Ministry of Economy and Competitiveness）资助。

Berlin, Boston: De gruyter mouton, 2012.

[7]　FABER P. The cognitive shift in terminology and specialized translation[J]. Monti (Monografías de Traducción e Interpretación), 2009, 1: 107-134. .

[8]　FABER P, SAN MARTÍN A. Conceptual modeling in specialized knowledge resources[J]. Information technologies & knowledge, 2010, 4(2): 110-121.

[9]　FABER P, LEÓN-ARAÚZ P, REIMERINK A. Representing environmental knowledge in EcoLexicon[C]//BÁRCENA E, READ T, ARHUS J. Languages for specific purposes in the digital era, educational linguistics: 19. Berlin, Heidelberg: Springer, 2014: 267-301.

[10]　FABER P, MÁRQUEZ L C, VEGA E M. Framing terminology: a process-oriented approach[M]. Montréal: Les presses de l'Université de Montréal, 2005.

[11]　GARCÍA A A, BUENDÍA C M, LÓPEZ R C I. Evaluación de una base de conocimiento terminológica sobre el medio ambiente en el aula de la traducción especializada[M]//VARGAS S C. TIC, trabajo colaborativo e interacción en terminología y traducción. Granada: Comares, 2014: 477-487.

[12]　GIACOMINI L. Testing user interaction with LSP e-lexicographic tools: a case study on active rranslation of environmental terms[C]//RUPPENHOFER J, FAAß G. Proceedings of the 12th edition of the KONVENS conference. Hildesheim: [s.n.], 2014: 77-85.

[13]　GIACOMINI L. Management and exploitation of conceptual data and information in technical termbases: the electrotechnical vocabulary[C]//KOSEM I, JAKUBIČEK M, KALLAS J, et al. Electronic lexicography in the 21st century: linking lexical data in the digital age. Proceedings of the eLex 2015 conference. Ljubljana, Brighton: Trojina, Institute for Applied Slovene Studies/Lexical Computing Ltd, 2015:186-197.

[14]　GIL-BERROZPE J C, FABER P. Refining hyponymy in a terminological knowledge base[C]//Anon. Proceedings of the 2nd joint workshop on language and ontology & terminology and knowledge structures. Portorož: [s.n.], 2016: 8-15.

[15]　KAGEURA K. Multifaceted/Multidimensional concept systems[M]//WRIGHT S E, BUDIN G. Handbook of terminology management: basic aspects of terminology

management. Amsterdam, Philadelphia: John Benjamins, 1997: 119-132.

[16] LEÓN-ARAÚZ P, REIMERINK A, GARCÍA A A. Context-based Modelling of Specialized Knowledge[J]. Information technologies & knowledge, 2010, 4(2): 122-142.

[17] LEÓN-ARAÚZ P, REIMERINK A, GARCÍA A A. Dynamism and context in specialized knowledge[J]. Terminology, 2013, 19(1): 31-61.

[18] LEVI J. The syntax and semantics of complex nominals[M]. New York: Academic Press, 1978.

[19] LÓPEZ RODRÍGUEZ C I, PRIETO VELASCO J A, TERCEDOR SÁNCHEZ M. Multimodal representation of specialized knowledge in ontology-based terminological databases: the case of EcoLexicon[J]. The journal of specialized translation, 2013, 20: 49-67.

[20] MEYER I, BOWKER L, ECK K. COGNITERM: An experiment in building a knowledge-based term bank[C]// Proceedings of the fifth EURALEX international congress. Tampere, Finland: Tampereen Yliopisto, 1992: 159-172.

[21] MURPHY M L. Semantic relations and the lexicon: antonymy, synonymy and other paradigms[M]. Cambridge: Cambridge University press, 2003.

[22] MURPHY M L. Hyponymy and Hyperonymy[J]. Encyclopedia of language and linguistics, 2006, 1: 446-448.

[23] NASTASE V, SZPKOWICZ S. Exploring noun-modifier semantic relations[M]//BUNT H C, VAN DER SLUIS I F, MORANTE R. Proceedings of the fifth international workshop on computational semantics. Tilburg: Tilburg university, 2003: 285-301.

[24] NASTASE V, SAYYAD-SIRABAD J, SLKLOLVA M, et al. Learning noun-modifier semantic relations with corpus-based and WordNet-based features[C]//COHN A. AAAI-06: proceedings of the 21st national conference on artificial intelligence. Boston: AAAI press, 2006: 781-786.

[25] PRIETO VELASCO J A. To see or not to see: concept visualization in terminological knowledge bases[C]//Anon. 8th International conference on terminology and artificial intelligence. Toulouse: [s.n.] 2009: 220-231.

[26] ROSARIO B, HEARST M. Classifying the semantic relations in noun compounds via a domain-specific lexical hierarchy[C]//Anon. Proceedings of the 2001 conference on empirical methods in natural language processing.[S.l.]: [s.n.], 2001: 82-90.

[27] TERCEDOR M, LÓPEZ RODRÍGUEZ C I, FABER P. Working with words: research approaches in translation-oriented lexicographic practice[J]. TTR, 2012, 25(1), 181-214.

借助释义探讨多词术语的语义关系

M. 卡贝扎 – 加西亚（Melania Cabezas-García）和　P. 费伯（Pamela Faber）[①]

摘　要：多词术语（简称 MWT）是在专业领域中使用语言来表达概念的主要方式。获取这些精简命题的语义内容，是理解和翻译它们的第一步。到现在为止，大多数研究都集中在由两个术语构成的复合词上（Kim and Baldwin 2013）。然而，本文研究了海岸工程专业领域中由三个术语构成的英语和西班牙语的向心名词复合词。我们的分析涉及语义关系的解析、分类和分配。然后通过释义对多词术语的含义进行了扩展（Nakov 2013）。我们的研究结果表明，以谓词作为基础的分析，有助于规范多词术语中概念之间的关系，也有助于将这些内容映射到目标语言中的相应术语上。

关键词：多词术语，名词复合词，语义关系，释义，术语

1　引言

多词术语（multi-word term）（简称 MWT）是表达专业知识时最常用的单元（Horsella and Pérez 1991；Daille et al. 2004；Hendrickx et al. 2013）。就语法类别而言，85% 的多词术语是名词复合词（noun compound）（Nakagawa and Mori 2003）。这些单元表示并列的概念（Zelinsky-Wibbelt 2012），因此，对它们的语义内容进行去歧义化，是在上下文语境中理解并最终翻译它们的关键性步骤。

为此，在传统意义上，语义关系清单是规范语义关系含义的首选方法。但是，这种方法存在着缺点，因为它们只能部分反映这些术语的语义关系。另外，经常产生的情况是，（术语之间）各种关系都是可能存在的，人们必须在现有的许多关系清单中选择出一个（Nakov 2013）。

[①]　这篇文章英文名为 "Exploring the Semantics of Multi-word Terms by Means of Paraphrases"。原文见西班牙格拉纳达大学（University of Granada）LexiCon 研究团队（LexiCon Research Group）的出版物网站（http://lexicon.ugr.es/publications）（2017 年）。——译者注

解释复合词（compound）的自然语言处理研究历史悠久，这主要缘于人们无法通过复合词的中心词和修饰词来推断复合词各成分之间的语义关系（Ó Séaghdha and Copestake 2013）。毫无疑问，这也是使用语义关系清单方法的缺点之一。因此，我们采用了纳科夫（Nakov）和赫斯特（Hearst）（2006）提出的另一种方法。这两位学者认为，名词复合词的语义更容易通过动词和／或者介词的释义（paraphrase）来获得。我们的研究结果表明，动词释义（verb paraphrase）能够更好地反映多词术语的语义体系。例如，在指称过程（process）的多词术语中，它们规范了执行的行动（action），并且将多词术语置于语义场（semantic field）或者域（domain）的上下文语境之中。

到目前为止，大多数研究都集中在由两个术语构成的复合词（two-term compound）上（Kim and Baldwin 2013），尤其是研究如何设计在语料库中识别和自动提取它们的方法。尽管如此，我们决定对由三个术语构成的名词复合词（three-term noun compound）进行研究，因为当名词复合词是某个过程的名词化时，这些术语可以反映谓词的论元（argument）（Nakov and Hearst 2013）。从这个意义上讲，一个多词术语所包含的术语越多，它的含义也就越具体。

此外，我们需要考虑的另一个方面是，每一种语言都有其自己的术语形成模式。这就意味着，翻译人员必须首先掌握某个多词术语的潜在语义内容，然后才能正确对其进行翻译。而且，众所周知，科学技术的进步促进了新术语的创造，特别是在作为交流通用语言（lingua franca）的英语中（Humbley and García Palacios 2012）。然而，为了在全世界范围内传播科学成果，人们还需要对新术语进行翻译。因此，我们的当务之急，就是要对多词术语——英语和西班牙语中最富成效的专业单元（specialized unit）进行研究。

本文介绍的是利用动词释义获取多词术语语义内容的方法。为此，我们研究的术语是从 EcoLexicon 语料库（http://ecolexicon.ugr.es/）中提取的，并采用英语和西班牙语两种语言，尽管这两种语言的术语不一定都是等效的。这些术语指称专业的过程，表示的是精简的命题，其隐含的概念关系必须由文本接收者进行检索。我们的分析涉及解析和分类，以便对多词术语的语义结构和依赖性进行规范。然后，多词术语的含义通过动词释义进行扩展（Nakov 2013）。最后，我们将海岸工程专家给出的释义与从网络搜索引擎中提取的释义进行比较。

这项研究涉及以下内容：

ⅰ）规范组成多词术语的概念之间的关系。这需要获取潜在命题（其隐含的概念负荷必须由接收者来恢复）并研究微观上下文语境（micro-context）在术语形成中的作用（Hendrickx et al. 2013）以及语义解释；

ⅱ）规范语义场的通用动词及其下义词，并将 EcoLexicon 中的动词在语义类别中进行分类；

ⅲ）在英语和西班牙语术语之间建立映射关系。

目的是消除多词术语的歧义，并准确获取其概念负荷。

2　多词术语：名词复合词和动词释义

2.1　名词复合词

关于名词复合词，人们已经采用多种方式对其进行定义。然而，最常用的则是唐宁（Downing）（1977）提出的定义，他将名词复合词定义为一个名词序列，整个名词序列充当单个名词使用［例如，水质量管理（water quality management）或者波列传播（propagación de un tren de ondas）］。

名词复合词可以是向心的（endocentric）（例如本研究中的术语），也可以是离心的（exocentric）。在向心复合词中，"一个组成成分充当中心词，而另一个则充当其修饰词，赋予中心词以某种性质"（修饰词说明中心词的某种性质）（Nakov 2013）。而离心复合词则相反，它们缺少中心词，而且通常涉及人类的贬义性质（Nakov 2013）。

名词复合词的特有性质包括以下内容（Nakov 2013）：（ⅰ）具有中心词（headedness）（英语的向心名词复合词主要是中心词在右，而西班牙语的向心名词复合词倾向于中心词在左）；（ⅱ）透明性；（ⅲ）句法含糊；（ⅳ）语言依赖性。

另外，如前所述，名词复合词有其潜在的命题。正如利瓦伊（Levi）（1978）指出的，这些命题可以由这些多词术语的形成过程推断出来，利瓦伊对谓词删除（predicate deletion）和谓词名词化（predicate nominalization）做了区分。在通过谓词删除形成的多词术语中，修饰词通常是谓词的宾语，而该谓词已经被省略了。另一方面，在通过谓词名词化形成的多词术语中，中心词是一个名词化的动词，其修饰词是谓词的主语或者宾语。修饰词也同样有可能既代表主语又代表宾语。我们研究中涉及的大多数名词复合词都是通过上述过程形成的［例如，水位波动（water level fluctuation），摩擦耗能（disipación de la energía por fricción）等］。

总而言之，我们研究中涉及的术语是多词术语或者充当单个名词的名词序列。它们主要是向心复合词，其特征是具有中心词、透明性、句法含糊和具有语言依赖性。这些多词术语的潜在命题反映在两个主要的形成过程中：谓词删除和谓词名词化。

2.2　获取多词术语的语义：语义关系与释义

在传统意义上，语言学家使用语义关系分类法（taxonomy of semantic relation）来表达多词术语各成分之间的概念关系。为此，学者们已经创建了大量不同的清单，从粗略分类（Vanderwende 1994）到精细分组（Nastase and Szpakowicz 2003），再到域特定的清单（Rosario et al. 2002）。

尽管语义关系具有简约性（parsimony）和概括性（generalization）等优点（Hendrickx et al. 2013），但是它们也具有许多缺点。例如，人们必须确定应该使用哪一组关系；这些关系是抽象而有限的；它们只是语义学的部分反映；通常可能存在着若干种关系（Nakov 2013）。

面对这些问题，唐宁（1977）提出，名词复合词的语义不能借助任何关系进行表达。因此，在菲宁（Finin）（1980）的启发下，纳科夫和赫斯特（2006）提出了另一种解决方案，他们指出，表达名词复合词语义内容的最佳方法是借助多重释义（multiple paraphrase）。例如，疟蚊（malaria mosquito）可以利用更为精确的动词携带（carry）、传播（spread）、引起（cause）、传染（transmit）等来解释，因为这是由蚊子传染人类疾病产生的行动。这种方案的提出也与 FrameNet 项目有密切关系（Baker et al. 1998）。依照特伯特（Teubert）（2005）的观点，含义单元的概念负荷可以采用释义或者一组释义来表述。

不足为奇的是，采用释义来获取名词复合词语义内容的想法，在自然语言处理研究者中越来越流行（Butnariu and Veale 2008；Nakov and Hearst 2008；Nakov 2008）。特别是 SemEval-2010 的研究任务（Butnariu et al. 2010）更是专注于这种方法。实际上，注释者为每一个名词复合词提出释义列表，以在不同粒度水平上对其含义进行扩展。在出现释义含糊的情况下，不同的解释就得到了反映（Hendrickx et al. 2013）。

长久以来，术语工作主要着眼于名词（L'Homme 1998）。然而动词也很重要，因为它们代表了事件（event）和状态（state），而这些内容构成了我们知识的很多方面（Faber 1999）。从这个视角出发，越来越多的谓词受到了关注，这些谓词通常揭示了通向术语语义内容的路径（Butnariu and Veale 2008；Buendía 2012；等等）。另外，纳科夫和赫斯特（2013）认为，动词是英语中最常见的开放式词类之一，它们可以反映出含义的精细特征。

我们认为，这两种方法（语义关系清单和释义）是相辅相成的。尽管采用一组语义关系的方法具有一定的局限性，但是它们很有用，而且我们可以借助动词释义对其进行具体说明。

3 材料和方法

我们的研究是一项混合式的研究，其中使用了语料库和调查问卷。我们还采用了基本的定量分析对定性研究进行补充。

3.1 材料

出于研究目的的需要，我们从 EcoLexicon 上下载了一个平行语料库，这个语料库由同一领域的专业文本组成。该语料库由两个子语料库组成，一个是英语子语料库［900 万个标记（token）］，另一个是西班牙语子语料库（200 万个标记）。所有的文本都是属于海岸工程（Coastal Engineering）领域的论文。这些文本都来自高影响力的专业性杂志，例如：*Coastal Engineering*（《海岸工程》）、*Journal of Hydrology*（《水文学杂志》）、*Ingeniería del Agua*（《水工程》）以及 *Ingeniería Hidráulica y Ambiental*（《水利与环境工程》），因此均符合质量要求。

然后，我们将语料库上传到 Sketch Engine（https://www.sketchengine.co.uk/）上，它是一个在线语料库分析工具，能够帮助我们从两种语言中提取出候选术语。Sketch Engine（Kilgarriff et al. 2004）是一个开源工具，它可以处理大量文本。它可以生成单词草图、基于语料库的词库（corpus-based thesaurus）、草图辨异（sketch difference）、单词的语法以及搭配行为等。

此外，我们还招募了一组专家，他们同意参与我们的研究。这个小组由五个人组成（三男两女），平均年龄为 30 岁。他们主要是具有 3—10 年专业经验的海岸工程师、研究人员和教授。所有专家的母语都是西班牙语，但他们都精通英语。

这些专家填写了我们先前设计的调查问卷，这项调查问卷由三个部分组成，以期得出不同类型的信息。在第一部分中，我们要求他们对术语进行定义。依据萨尔达尼亚（Saldanha）和奥布赖恩（O'Brien）（2013）的观点，最好从真实的或者描述性的信息开始，这样获得的数据才会对我们的研究非常有用。在第二部分，他们必须为术语构想出动词释义。在最后一部分，专家们需要表达出他们自己的见解以及对这个问卷的看法。

作为研究的一部分，我们使用 Web as Corpus（将网络用作语料库）这种方法来提取更多的释义，并将这些结果与从专家那里获得的结果进行比较。顾名思义，Web as Corpus 是一种新型的语料库方法，运用这种方法搜索网络上的文本，就好像这些文本组成了一个巨大的语料库（Buendía 2013）一样。最初，我们曾经考虑使用WebCorp（http://www.webcorp.org.uk/live/），这是另一个将网络用作语料库，并以语汇索引（concordance）的形式显示结果的工具。然而，在对这个应用程序进行测试之后，我们发现，由于这个系统具有过多的限制，因此使用它很难获取到有效的数据。鉴于我们涉及的术语具有特殊性，而且我们需要获取大量的数据，最终我们决定使用网络搜索引擎。

除了利用其他的专业资源之外，最后，我们还在 EcoLexicon 中查找等效的术语和定义。EcoLexicon 是一个环境科学知识库，它是框架术语学（Frame-based Terminology）的实际应用（Faber 2009，2011，2012）。它以带有语义网络的词库的形式，表示环境科学领域中的概念性内容。另外，它还提供了概念、语言、管理和措辞方面的信息（Buendía and Faber 2015）。

3.2　方法

3.2.1　语料库编制和术语提取

如前所述，英语和西班牙语子语料库是从 EcoLexicon 上下载的。然而，由于西班牙语专业文本匮乏，因此，西班牙语子语料库要比英语的小。于是，我们通过 Sketch Engine 的 WebBootCaT 功能扩大了西班牙语子语料库的容量。这个工具允许用户根据输入的种子术语（seed term）在网络上快速编制一个语料库。而且，用户可以选择需要包含的网站。这个自动编制的工作补充了语料库文本的手动选择。

把语料库上传到 Sketch Engine 上之后，我们的下一步工作便是术语提取。英语术语的提取是通过 Sketch Engine 的单词列表（Word List）功能执行的。我们将搜索属性设置为词元（lemma），然后使用了三个 n 元语法（n-gram），并采用停止清单（stop list）功能将无关的单词清除掉。就西班牙语术语提取而言，我们也使用了单间列表功能。然而我们将搜索属性设置为单词（word），并且使用了五个或者六个 n 元语法。鉴于西班牙语多词术语中含有介词和冠词，因此，有必要增加西班牙语中 n 元语法的数量。

与关键词和术语（Keywords and Terms）功能相比，我们更喜欢单词列表功能，因为前者只提供了相当有限的术语列表，而且其中许多内容不是名词复合词，甚至也不是由三个术语组成的多词术语。因此，这些内容与我们的研究无关。至于所选择的术语，我们选择了指称海岸工程过程的名词复合词，而且它们都在语义上有关联。

3.2.2 语义关系的解析、分类和分配

在选择了术语之后，我们将其进行解析并放在方括号中分类。正如纳科夫（2013）所言，解析是语义分析中的关键步骤，因为句法结构标示了必须对语义关系进行分配的位置。采用方括号分类也很重要，因为它消除了因在句法上存在相互依赖性而造成的歧义（请参见表 1）。中心词（head）和修饰词（modifier）之间的区别，依靠采用括号在左或括号在右对名词复合词进行标示而得到显示（Utsumi 2014）。

表 1　用于"水质量管理"的方括号分类和解析

水质量管理	
分类（加上方括号）	［水质量］管理
解析	［名词修饰词 + 名词中心词］修饰词 + 名词中心词

接下来的一步，则是为名词复合词分配语义关系，以便更好地对其内部结构和语义内容进行理解。我们最初采用的是讷斯塔塞（Nastase）和斯帕科维奇（Szpakowicz）（2003）主张的"35 种关系分类法"（taxonomy of 35 relations），并通过 EcoLexicon

中的语义关系以及我们研究的名词复合词中其他用于解释语义网络的域特定关系对其进行增强。

表 2 显示了讷斯塔塞和斯帕科维奇（2003）提出的粗略分类以及我们研究中涉及的通用动词（generic verb），它们都表达多词术语中的行动。由于我们的多词术语是对过程进行编码，因此动词被视为处于多词术语含义的核心。

表 2　用于编纂附加的语义关系的通用动词以及动词短语

因果关系：原因，操纵
参与：研究，表示，创建 _ 的 _ 模型，参阅
质量：测量，改变，维护，降低
空间：向外 _ 运动，向上 _ 运动，移 _ 过，改变 _ 运动
时间：说 _ 未来

我们为每一个过程的参与者都设计了一组域特定的类别（domain-specific category）。必要时，我们还添加上某种属性。可以看出，涉及水（water）、负面情境（negative situation）以及运动（movement）的语义场比较普遍。表 3 列出了域特定的类别。

表 3　指称过程参与者的语义类别

水
水 _ 波
水 _ 表示
水向上 _ 运动
水向上 _ 运动 & 流 _ 过土地，
负面 _ 情境（运动 _ 水）
负面 _ 情境（遇到 _ 干扰 引起 / 造成 负面 _ 情境）
遇到 _ 干扰
运动 _ 能量
运动 _ 空气
运动 _ 船只
运动 _ 固体 _ 碎片
摩擦
土壤 _ 表面
沉积物
风
测量 _ 长度

我们研究中的语义关系，是将表2中的通用动词和表3中的语义类别进行结合的结果。尽管这些关系是域特定的（domain-specific），但是我们还是采用释义分析来进一步规范它们。

3.2.3 专家释义

我们设计了一个调查问卷，以向专家组征集多词术语的释义。在我们对这项活动进行了解释之后，专家们写出了他们的释义。然后，我们将信息整理成表格并对形成的结果进行分析。有少数释义是错误的，因此我们将其删除了。表4显示了释义分析的示例。

表4　水质监测的图例和释义分析

语义关系（ii）	X（ii）研究（ii）		水（属性良好）（ii）
释义（iii） - 语义关系（ii） - 释义（iii） - 构成完整句子的功能性词语（iv） - 多词术语：出现在多词术语中的信息（i）	（X）研究（iii）	追踪 监视 测量 控制 跟踪（iii）	（的）（iv）　水质量（iii）

多词术语（i）

可以看出，表4采用不同的序号来区分以下各项：（i）多词术语中明确显示的信息；（ii）使用的语义关系；（iii）扩展多词术语并使其含义更为明确的释义；（iv）添加功能性词语，以形成完整的句子。

据我们观察，语义关系比释义更为笼统，而且提供的信息更少。为了使语义关系更为具体，采用动词释义非常有用，因为它们提供了有价值的信息。例如，研究（study / estudiar）是心智感知（MENTAL PERCEPTION）域中的通用动词，借助它的西班牙语下义词［追踪（sigue）、监视（monitoriza）、测量（mide）、控制（controla）和跟踪（realiza un seguimiento）］，它就进一步得到了具体说明。这样，也就为多词术语提供了更为清晰的语义体系。

3.2.4　网络释义

尽管使用语料库可以减少干扰，但这种方法也不十全十美（Lapata and Keller 2005）。鉴于域的特定性质，即使使用网络（用作语料库），同样会产生一些问题。正如纳科夫和赫斯特（2013）指出的那样，即使在语言上对语料库做了更好的处理，它也无法与庞大的网络相竞争。鉴于这个原因，我们也从互联网（Internet）上检索了信息。

在从网络中提取释义时，我们的目标是通过让潜在的命题明晰化，而保留住中心词和修饰词之间的关系。为此，我们首先启动了诸如洪水风险管理（flood risk management）、洪水风险（flood risk）之类的查询。然后，我们检索了前五个结果，旨在得到语义过程中的不同参与者［作用者 / 施事者（agent）、位置 / 地点（location）等］。

其次，当潜在命题的宾语出现在多词术语中而主语不存在时，我们又进行了诸如洪水风险管理、"至 * 洪水风险"（"to *the flood risk"）以及洪水风险管理、"引出从句 * 洪水风险"（"that * the flood risk"）之类的查询。"*"运算符表示通配符替换。然后，我们访问了网络搜索引擎检索结果的前五页，用于提取语义关系中的不同动词，这些动词可用于查找我们一组类别中通用动词的下义词。

当命题的主语出现在多词术语中时，我们就搜索了波能守恒（wave energy conservation）、"波能为 *"（"wave energy is *"）或者"波能可以 *"（"wave energy can *"）类型的序列。如果未能检索到有效的信息，我们就将引号内的多词术语删除，并搜索诸如"至 * 波能"（"to * the wave energy"）之类的查询。这样，尽管产生了更多的干扰，但我们获得了更多的结果。

在提取西班牙语释义时，除了提取动词这个过程之外，当发出诸如"波列（反身）*"（"tren de ondas se *"）之类的查询时，我们遵循的是相同的过程。这种结构不仅可以代表被动句，而且可以代表反身被动句。另外，我们搜索了"（引出从句）* 波列"（"que * un tren de ondas"）以得到主语和动词。在从网络中提取出释义之后，我们对其进行了分析，并将其与海岸工程专家提出的释义进行了比较。

4 结果和讨论

通过对这些数据的分析，产生出以下结果：

1. 就多词术语的形成而言，表5中的图形显示了多词术语潜在命题的句法结构。

表5 多词术语潜在命题的句法结构

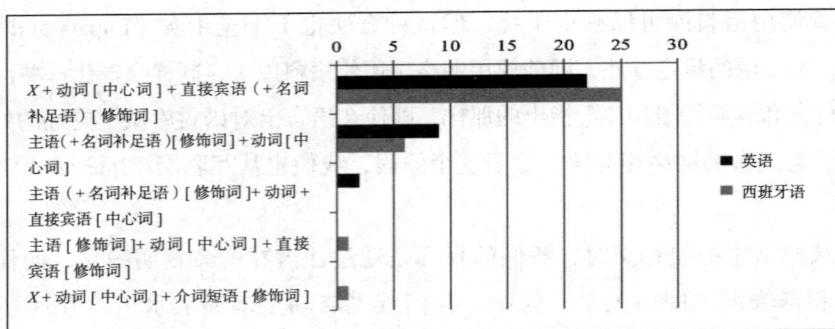

从表5中可以看出填充多词术语论元结构插槽（slot）的一般模式。在大多数情况下，修饰词表现为动词的直接宾语（由两个名词组成，其中一个是名词补语）。多词术语中第二个最重要的模式则是，修饰词（一个名词和一个名词补语）是潜在命题的主语。这样，在我们的多词术语中，最常见的补语是（潜在命题的）主语、直接宾语和名词补语。此外，值得一提的是，由于我们所研究的多词术语由三个术语组成，因此，其语义特性要比由两个术语组成的复合词更大，因为它们涉及的补语更多。

2. 几乎所有多词术语的中心词都是动词，它表现为某个环境过程的名词化，例如：波能守恒［使守恒］|wave energy conservation［conserve］|、水位波动［波动］| water level fluctuation［fluctuate］| 、边缘波传播［传播］|propagación de las ondas de borde［propagar］| 、波能耗散［耗散］|disipación de la energía del oleaje［disipar］| 等。这表明，所有的过程都具有一个隐藏的谓词，这个谓词也出现在多词术语的主要位置上，以突出其重要性。这就进一步证实了，谓词在知识传播中起着重要作用（在这里，则是谓词在专业化过程的传播中），在此，它是作为某个由若干个要素参与的域特定序列（domain-specific sequence）的载体。

3. 事实证明，由相似术语组成的多词术语通常属于相同的语义场，并且它们具有相似的组合模式（combination pattern）（Kim and Baldwin 2013；Ó Séaghdha and Copestake 2013）。相似术语之间的这些组合偏好（combination preference），不仅可以从中心词到修饰词，还可以从修饰词到中心词进行构建。例如，修饰词洪水风险（riesgo de inundación）属于"负面_情境"（"运动_水"）〔"NEG_SITUATION"（"MOVEMENT_WATER"）〕这个语义场，通常表示变化（change）的含义。另一方面，中心词保存/保护（conservation）则属于过程这个语义场，表示保持/维护（maintain）的含义，它可以成为环境科学领域内的一种语义关系。

从这个意义上讲，正如词汇语法模型（Lexical Grammar Model）（Faber and Mairal 1999）所提出的，谈词汇域（lexical domain）则更为准确一些。在词汇域中，聚合关系（paradigmatic relation）和组合关系（syntagmatic relation）相互融合。聚合关系暗示着这样一个事实，即术语共享相同的含义区域；而组合关系则指的是术语的句法行为。因此，我们可以运用这些含义区域所共享的语义信息来预测术语的句法行为（Faber and Mairal 1999）。

4. 同理，事实表明，句法依赖性（syntactic dependency）是与语义依赖性（semantic dependency）联系在一起的。换句话说，只有在修饰词之间建立了转喻关系（metonymic relation）的情况下，人们才有可能把每一个修饰词与动词所代表的中心词分别组合起来，而动词构成了多词术语的语义核心。也就是，一个修饰词代表着另一个修饰词的属性。

例如，在水质量管理（这个英语多词术语）中，由于水（water）与质量（quality）之间存在着部分 – 整体的关系，因此，可以将水管理（water management）与质量管理（quality management）结合起来。相反，如果修饰词之间的语义关系不是转喻的，将每个修饰词与中心词进行单独组合则是不可能的。例如，这种情况可以发生在"……的结果"（"result_of"）和"位于……"（"located_at"）这样的关系中，因为第二个修饰词不能代表两个修饰词。诸如海浪传播（ocean wave propagation）或者边缘波传播（propagación de las ondas de borde）就是这类情况。

平克（Pinker）（1989）、加布罗夫舍克（Gabrovšec）（2007）和桑兹（Sanz）（2012）等人提出了限制论元结构的语义约束（semantic constraint）理念，他们还指出，单词不仅可以与所选的单词相结合，还可以与所选的含义相结合。词汇语法模型（Faber and Mairal 1999）中的词汇域以及聚合关系和组合关系也基于这一主张。然而，泽林斯基 – 威伯特（Zelinsky-Wibbelt）（2012）指出，在研究修饰词怎样才能与中心词一起形成多词术语的语义方面，人们还有待深入。就这一点而言，我们的研究结果既及时，又具有创新性，因为这些研究解决了影响论元结构语义方面的问题。

5. 语义场的通用动词，例如保持 / 维护，是通过在释义中生成它们的下义词来得到规范的。这些动词有助于我们对 EcoLexicon 中的关系［例如，研究（studies）或者影响（affects）］进行规范，更有助于我们获取到多词术语的语义内容。我们研究的目的是强调微观上下文语境在语义表征中（semantic characterization）的相关性。通过明确谓词及其论元之间的关系，我们可以获取到多词术语的含义并对抽象的语义关系进行规范，从而最终有利于对多词术语进行翻译。表 6 显示了如何采用动词释义来规范通用动词的示例。

表 6　"沉积物体积守恒"释义分析

语义关系 （ⅱ）				沉积物 （属性：体积） （ⅱ）	保持 / 维护 （ⅱ）
释义 （ⅲ）	法律 （ⅲ）	确立 （ⅲ）	（连词） （ⅳ）	沉积物体积 沉积物的体积 （ⅲ）	被保存（conserved） 被保存（kept） 保持不变 （ⅲ）

多词术语（ⅰ）

可以看出，保持 / 维护这个通用动词是通过其下义词而得到具体说明的，即保存（被保存）［conserve（is conserved）］、保存（被保存）［keep（is kept）］和保持不变［remain constant（remains constant）］。由于动词是多词术语含义的核心，因此，通过释义方式可以引出这些更为具体的动词，这样有助于用户们更好地对多词术语的语义内容进行理解。

6. 从这个意义上讲，即使动词是词汇域中通用动词的下义词，它们与这个词汇域中所有多词术语的兼容性，也是取决于每一个多词术语的谓词及其论元结构的。换句话说，如果下义词［例如研究、评估（evaluate）］在语义上与多词术语中心词的潜在动词［分析（analyze）］具有相似性的话，则可以把它们用于具有相同中心词（analysis）的多词术语的释义中。例如研究和评估可用于波高分析（wave height analysis）、洪水水文分析（flood hydrograph analysis）、地表温度分析（surface temperature analysis）以及洪水风险分析（flood risk analysis）这类多词术语的释义中。

相反，在动词更为具体的情况下［例如减轻 / 缓和（mitigate）和预防 / 阻止

（prevent），这些动词是洪水风险管理的中心词管理的潜在通用动词操纵（manipulate）的下义词］，这些动词可能与所有中心词为管理的多词术语都不兼容。例如，减轻/缓和或者预防/阻止就不能与水质量管理或者水资源管理（water resource management）这样的多词术语相结合。

同理，限制或者允许某些术语组合的重要因素，则是语义韵律（semantic prosody）或者单词所具有的负面/正面联想（negative/positive association of a word）。这在洪水风险管理这个例子中显而易见，因为洪水（flood）和风险（risk）这两个修饰词虽然具有负面含义，但它们通常与正面的中心词［例如管理、分析、评估（assessment）等］结合使用，因而缓和或者减弱了这些修饰词所带来的负面影响。这也说明，尽管像管理这样的（正面）中心词和洪水风险这样的（负面）修饰词可以同时出现在洪水风险和这些修饰词中，但是，减轻/缓和或者预防/阻止这样的动词却不能与水质量或者水资源（这样的多词术语）结合使用。

如前所述，这种语义丰富性（semantic richness）可以使我们对一般性的关系进行规范。此外，它也显示了谓词及其论元之间的紧密关系。

7. 另外，在我们所研究的语言之间，存在着语际的对应关系。更具体地说，英语和西班牙语中心词或者修饰词相同的多词术语，通常与来自相同词汇域的术语结合在一起。此外，这两种语言中建立的语义关系也相同。

从表7中可以看出，中心词管理（西班牙语 gestión）主要与来自水词汇域的术语相结合。英语的例子包括水质量管理、水资源管理和集水区洪水管理（catchment flood management），而西班牙语的例子包括需水管理（gestión de la demanda de agua）、水服务管理（gestión de los servicios de agua）和水质量管理（gestión de la calidad del agua）。

表 7　语义上的语际对应

管理（英语）：X 操纵水 管理（西班牙语）：X 操纵水
传播/扩散（英语）：X 向外_运动　水_波　向外_运动 传播/扩散（西班牙语）：X 向外_运动　水_波　向外_运动

另外，与传播/扩散（propagation / propagación）的情况一样，通常在两种语言具有相同中心词的多词术语中，可以建立起相同的语义关系。传播/扩散（propagate / propagar）是一个运动（MOVEMENT）（词汇域）中的动词，属于"向外_移动"

［OUTWARD MOVEMENT（"move_outwards"）］这个维度。由此，它倾向于与"水_波"中的术语相结合，"水_波"是一种特定类型的水的表面运动，它可以由外部的作用者/施事者引起。

然而，术语的形成在英语和西班牙语中是不同的。在英语中，有更多的多词术语仅由名词修饰词组成；而西班牙语的多词术语往往带有形容词修饰词。因此，许多等效的多词术语未能包括在我们的候选术语之内，因为我们的研究对象是由三个术语组成的名词复合词。为了进行翻译，（两种语言术语之间的）对应关系只能以语义内容作为基础。

8. 在进行解析和采用方括号进行分类时，我们都观察到，在每一种语言中都有一种统一的模式。如桑兹（2012）所述，在英语中，修饰词被放在（中心词的）左边（括号在左），这称为修饰词前置（pre-modification）；而在西班牙语中，修饰词出现在（中心词的）右边（括号在右），即修饰词后置（post-modification）。修饰词由两个术语组成，其中一个通常是名词补语（noun complement）（在西班牙语中由介词 de 引导）。这是在翻译多词术语时，翻译人员必须考虑的宝贵信息。表 8 显示了对 flood risk management 和 gestión del riesgo de inundación（洪水风险管理）这两个等效术语进行的解析和方括号分类。我们可以把英语中通常出现的修饰词前置模式与西班牙语中典型的修饰词后置模式相比较。

表 8　英语的修饰词前置和西班牙语的修饰词后置

洪水风险管理（英语）	
分类（加上方括号）	［洪水风险］管理
解析	［名词_{修饰词} + 名词_{中心词}］_{修饰词} + 名词_{中心词}
洪水风险管理（西班牙语）	
分类（加上方括号）	管理［洪水风险］
解析	名词_{中心词} + ［介词 + 冠词 + 名词_{中心词} + 介词 + 名词_{修饰词}］_{修饰词}

9. 专家给出的释义以及从网络中提取的释义，为我们提供了在多词术语中未能呈现出来的附加信息，从而也对多词术语的含义进行了扩展。按照这个方法，正如费伯（Faber）和迈拉尔（Mairal）（1999）指出的那样，"对动词的描述必然要包括对其论元数量、其强制性（obligatoriness）和语义特征的说明"。这样，就多词术语的上下文语境信息而言，释义所提供的附加信息则很有帮助，而且这有助于对它们进行翻译。表 9 显示了用于"波高分析"的释义分析，其中提供了附加的信息。

表9　用于"波高分析"的释义分析

语义关系（ii）	X （ii）	研究 （ii）	水_波 （属性：高度） （ii）		
释义（iii）	X （iii）	分析 观察 评估 （iii）	（冠词） （iv）	波浪高度 （iii）	在一个研究区域 （位置／地点） （iii）	在一段时间内 （时间） （iii）

多词术语（i）

在 wave height analysis 这个多词术语中，没有体现有关 wave height analysis 过程的位置和时间（time）信息。然而在表9中，从网络搜索引擎中提取的释义则提供了这方面的数据，这些数据对于动词和微观上下文语境的描述至关重要（Faber and Mairal 1999）。表9中的示例显示，在一段时间内（during a period of time）和一个研究区域内（in a study area），人们用 X 对波高进行了分析／观察／评估（the wave height is analyzed/observed/assessed by X），这就使得这个多词术语的含义变得非常明确了。这些数据要比仅根据语义角色／关系对多词术语进行描述富含更大的信息量。

10. 我们把专家们给出的释义与从网络搜索引擎中提取的释义进行了比较，结果发现，它们都非常有用，因为它们都让抽象的语义关系得到了具体说明，并且它们也方便了人们获取多词术语的语义内容。然而相比之下，专家的释义要具体得多，也更容易获得。网络带来的问题是产生干扰，这使得对有用信息的提取复杂化了。但是，通过这两种方式所获得的数据是相辅相成的，它们为人们提供了有关多词术语含义的更为详细的图景。

11. 我们的研究表明，上下文语境与对多词术语的解释具有明显的相关性（Meyer 1993）。尽管理论语言学（theoretical linguistics）非常重视在上下文语境中对名词复合词进行解释，但是计算语言学（computational linguistics）却在很大程度上对此方面有所忽略（Nakov 2013）。得益于专家们提供的多词术语定义、释义以及上下文语境（从语料库的语汇索引中获得），我们的研究证实，多词术语可以是多义性的，这就解释了为什么上下文语境对于准确解释多词术语起着至关重要的作用。

举例而言，在某些情况下，由于缺乏上下文语境，专家们就无法（正确）理解多词术语的含义。结果，专家们提议的一些释义就与有些多词术语的（实际）含义不相符。错误的释义会增加人们理解多词术语的难度，也会给对多词术语进行语义分析带来困难。

上下文语境对解释多词术语所起的重要作用，在 control de la línea de flotación（水线控制）这个多词术语中体现得很明显。在这个例子中，受益于专家所提供的定义，我们可以观察到这个多词术语编码（表示）的两种含义：测量（measure）和操纵/操作。然而，由于缺乏上下文语境，一些专家并未在其释义中反映出这个多词术语的多义性。表 10 显示了海岸工程专家给出的"水线控制"定义，其中三条涉及测量的含义，而另外两条涉及操纵/操作的含义。

表 10　"水线控制"的定义

水线控制：
—— 制定措施以测量水位并将其应用于船舶设计中。
—— 面向港口可操作性的水位高度测量。
—— 水位测量。
——（利用）吃水线在浮体上标记出或者分离浮出部分与淹没部分。
—— 保持物体（例如船舶）的浮力在值或阈值之间。

与英语相比，西班牙语中多词术语结构的变化更为频繁［例如波能分散（dispersión de la energía del oleaje）和波能分散（dispersión de la energía de una ola）］。另外，西班牙语多词术语中冠词和介词的使用并不统一。从这个意义上讲，Sketch Engine 在提取英语多词术语（3 个 n 元语法）方面更为有效，因为使用它最多可以提取 6 个 n 元语法。由于西班牙语多词术语中存在冠词和介词，它们的长度可能在 5—7 个 n 元语法之间。因此，（利用 Sketch Engine）我们有很多次无法提取到完整的多词术语，故而不得不查看索引。

5　结论

本文为研究多词术语的语义问题提供了一种视角，特别是针对由三个术语构成的名词复合词。它们是域特定文本中最多的单元，因此，对其含义进行准确评估是理解专业文本的必要步骤。检索这些单元的语义内容对于将它们翻译成目标语言尤其至关重要，因为这些单元很少在术语资源中出现。

由于我们通过动词释义对指称过程的专业知识单元进行了考察，因此，我们分析多词术语的视角具有创新性。这些释义编码了我们研究的多词术语的潜在命题。从这个意义上讲，通过对微观上下文语境进行分析，可以检索出多词术语的含义，这些微观上下文语境有助于我们深入了解多词术语的形成及其在上下文语境中的语义解释。依据纳科夫和赫斯特（2013）的观点，我们认为，在多词术语的谓词 – 论元结构（predicate-argument structure）中规范语义关系，是人们理解多词术语含义的最好方式。这项工作是通过专家拟定动词释义，以及从互联网上检索其他动词释义进行的。这些释义中的信息用于进一步增强我们的语义关系集。

我们的研究结果表明，由相似术语组成的多词术语通常属于相同的语义域，并且具有相似的组合模式。组合偏好可以是从中心词到修饰词，也可以从相反方向上进行。另外，我们发现，句法依赖性与语义依赖性相关联。与此类似，我们还提出了能够使修饰词与中心词相结合形成多词术语的语义方面的内容。

尽管术语形成（term formation）在英语和西班牙语中有所不同，但我们仍然观察到了某些语际对应关系。从这个意义上来说，在上述两种语言中，中心词相同的多词术语通常与来自相同词汇域的术语结合在一起。

我们研究的另一个重要结果是，上下文语境与对多词术语的解释存在着相关性。我们发现，多词术语可以是多义性的，因此，扩展上下文语境对于理解它们至关重要。这些研究结果证实，动词作为传播专业知识的一个载体，它们在多词术语中起着主要作用。

未来的研究计划包括：研究由名词和形容词构成的多词术语，并分析与多词术语及其结构相关的特定词汇域中的动词，以及使用平行语料库查找可以添加到EcoLexicon 中的等效多词术语。我们的海岸工程文本语料库也将被用来设计一种提取释义的方法以及将语义上下文语境实现形式化的方法，以更准确地表示知识。①

参考文献：

[1] BAKER C F, FILLMORE C J, LOWE J B. The berkeley framenet project[C]// Proceedings of the 17th International Conference on Computational Linguistics, Université de Montréal, Canada. 1998: 86-90.

[2] BUENDÍA-CASTRO M. Verb dynamics[J]. Terminology, 2012, 18(2): 149-166.

[3] BUENDÍA-CASTRO M. Phraseology in specialized language and its representation in environmental knowledge resources[D]. Granada: Universidad de Granada, 2013.

[4] BUENDÍA-CASTRO M, FABER P. EcoLexicon como asistente en la traducción[C]// CORPAS-PASTOR G, SEGHIRI-DOMÍNGUEZ M, GUTIÉRREZ-FLORIDO R, et

① 这项研究是在项目 FF2014-52740-P——"术语增强型翻译的认知和神经学基础"（Cognitive and Neurological Bases for Terminology-Enhanced Translation, CONTENT）—— 的框架内进行的，该项目由西班牙经济与竞争力部（Spanish Ministry of Economy and Competitiveness）资助，西班牙教育部也向第一作者提供了一项 FPU 补助。最后，我们要感谢安达卢西亚环境科学中心（Centro Andaluz del Medio Ambiente）海岸工程领域专家们的参与。

al. VII Congreso Internacional de la Asociación Ibérica de Estudios de Traducción e Interpretación:Nuevos horizontes dos Estudos de Traducción e Interpretación (Comunicaciones completas): Conferencia AIETI7, January 29-31, 2005, Málaga, Spain. Geneva: Editions Tradulex, 2015: 195-203.

[5] BUTNARIU C, VEALE T. A concept-centered approach to noun-compound interpretation[C]//Proceedings of the 22nd International Conference on Computational Linguistics, August 18-22, 2008, Manchester, UK. Stroudsburg: ACL, 2008: 81-88.

[6] BUTNARIU C, KIM S N, NAKOV P, et al. Semeval-2010 task 9: The interpretation of noun compounds using paraphrasing verbs and prepositions[C]//Proceedings of the Workshop on Semantic Evaluations: Recent Achievements and Future Directions, June 4, 2009, Boulder, Colorado. Stroudsburg: ACL, 2009: 100-105.

[7] DAILLE B, DUFOUR-KOWALSKI S, MORIN E. French-English multi-word term alignment based on lexical context analysis[C]//Proceedings of the Fourth International Conference on Language Resources and Evaluation, May 26-28, 2004, Lisbon, Portugal. 2004:919-922.

[8] DOWNING P. On the creation and use of English compound nouns[J]. Language, 1977, 53(4): 810-842.

[9] FABER P, MAIRAL-USÓN R. Constructing a lexicon of English verbs[M]. Berlin: De Gruyter Mouton, 1999.

[10] FABER P. Conceptual analysis and knowledge acquisition in scientific translation[J]. Terminologie et traduction, 1999 (2): 97-123.

[11] FABER P. The cognitive shift in terminology and specialized translation[J]. Monografías de Traducción e Interpretación, 2009(1): 107-134.

[12] FABER P. The dynamics of specialized knowledge representation: Simulational reconstruction or the perception-action interface[J]. Terminology, 2011, 17(1): 9-29.

[13] FABER P. A cognitive linguistics view of terminology and specialized language[M]. Berlin: De Gruyter Mouton, 2012.

[14] FININ T. The semantic interpretation of compound nominals[D]. Urbana: University of Illinois, 1980.

[15] GABROVŠEK D. Connotation, semantic prosody, syntagmatic associative meaning: three levels of meaning?[J]. ELOPE: English Language Overseas Perspectives and Enquiries, 2007, 4(1/2): 9-28.

[16] HENDRICKX I, KOZAREVA Z, NAKOV P, et al. SemEval-2013 task 4: Free paraphrases of noun compounds[C]//Second Joint Conference on Lexical and Computational Semantics (*SEM), Volume 2: Proceedings of the Seventh International Workshop on Semantic Evaluation, June, 2013, Atlanta, Georgia. ACL, 2013(2): 138-143.

[17] HORSELLA M, PÉREZ F. Nominal compounds in chemical English literature: Toward an approach to text typology[J]. English for Specific Purposes, 1991, 10(2): 125-138.

[18] HUMBLEY J, GARCÍA-PALACIOS J. Neology and terminological dependency[J]. Terminology, 2012, 18(1): 59-85.

[19] KILGARRIFF A, RYCHLY P, SMRZ P, et al. The Sketch Engine[C]//Proceedings of the 11th EURALEX International Congress, July 6-10, 2004, Lorient, France. 2004: 105-116.

[20] KIM S N, BALDWIN T. A lexical semantic approach to interpreting and bracketing English noun compounds[J]. Natural Language Engineering, 2013, 19(3): 385-407.

[21] LAPATA M, KELLER F. Web-based models for natural language processing[J]. ACM Transactions on Speech and Language Processing, 2005, 2(2): 1-31.

[22] LEVI J. The syntax and semantics of complex nominals[M]. New York: Academic Press, 1978.

[23] L'HOMME M C. Caractérisation des combinaisons lexicales spécialisées par rapport aux collocations de langue générale[C]//European Association for Lexicography. Euralex'98 Part 2, August 4-8, 1998, Liège, Belgium. 1998: 513-522.

[24] MEYER R. Compound comprehension in isolation and in context: The contribution of conceptual and discourse knowledge to the comprehension of german novel noun-noun compounds[M]. Tübingen: Niemeyer, 1993.

[25] NAKAGAWA H, MORI T. Automatic term recognition based on statistics of compound nouns and their components[J]. Terminology, 2003, 9(2): 201-219.

[26] NAKOV P, HEARST M. Using verbs to characterize noun-noun relations[C]//Artificial Intelligence: Methodology, Systems, and Applications 12th International Conference, September 12-15, 2006, Varna, Bulgaria. 2006: 233-244.

[27] NAKOV P, HEARST M. Solving relational similarity problems using the web as a corpus[C]//Proceedings of the 46th Annual Meeting of the Association for Computational Linguistics, June 15-20, 2008, Columbus, Ohio. 2008: 452-460.

[28] NAKOV P, HEARST M. Semantic interpretation of noun compounds using verbal and other paraphrases[J]. ACM Transactions on Speech and Language Processing, 2013, 10(3): 1-51.

[29] NAKOV P. Paraphrasing verbs for noun compound interpretation[C]//Proceedings of the LREC'08 Workshop: Towards a Shared Task for Multiword Expressions, June 1, 2008, Marrakech, Morocco. 2019: 2-5.

[30] NAKOV P. On the interpretation of noun compounds: Syntax, semantics, and entailment[J]. Natural Language Engineering, 2013, 19(3): 291-330.

[31] NASTASE V, SZPAKOWICZ S. Exploring noun-modifier semantic relations[C]//Fifth international workshop on computational semantics (IWCS-5), January 15-17, 2003, Tilburg University, Tilburg. Tilburg: Tilburg University, 2003: 285-301.

[32] Ó SÉAGHDHA D, COPESTAKE A. Interpreting compound nouns with kernel methods[J]. Natural Language Engineering, 2013, 19(3): 1-26.

[33] PINKER S. Learnability and cognition[M]. Cambridge: MIT Press, 1989.

[34] ROSARIO B, HEARST M A, FILLMORE C. The descent of hierarchy, and selection in relational semantics[C]//Proceedings of the 40th Annual Meeting of the Association for Computational Linguistics, July 7-12, 2002, University of Pennsylvania Philadelphia, Pennsylvania. ACL, 2002: 247-254.

[35] SALDANHA G, O'BRIEN S. Research methodologies in translation studies[M]. Manchester: St Jerome Publishing, 2013.

[36] SAHS-VICENTE L. Approaching secondary term formation through the analysis of multiword units: An English-Spanish contrastive study[J]. Terminology, 2012, 18(1): 105-127.

[37] TEUBERT W. My version of corpus linguistics[J]. International journal of corpus linguistics, 2005, 10(1): 1-13.

[38] UTSUMI A. A semantic space approach to the computational semantics of noun compounds[J]. Natural Language Engineering, 2014, 20(2): 185-234.

[39] VANDERWENDE L. Algorithm for automatic interpretation of noun sequences[C]//COLING 1994 Volume 2: The 15th international conference on computational linguistics, August 5-9, 1994, Kyoto, Japan. 1994: 782-788.

[40] ZELINSKY-WIBBELT C. Identifying term candidates through adjective-noun constructions in English[J]. Terminology, 2012, 18(2): 226-242.

微观上下文语境在名词复合词形成中的作用

M. 卡贝扎－加西亚（Melania Cabezas-García）和 P. 费伯（Pamela Faber）[①]

摘　要：科学技术进步产生新的概念，由此也出现了指称它们的新术语（Štekauer 1998；Cartier and Sablayrolles 2008）。在通常情况下，人们首先是采用英语来创建术语（Sanz Vicente 2012），因为英语是通用的交流语言。在专业语篇中，术语普遍是名词复合词（Nakov 2013）。很显然，要对知识进行传播，人们就必须对这些多词术语进行翻译。然而，鉴于它们在不同语言中形成的方式不同，而且这些单元的句法－语义具有复杂性（Sanz Vicente 2012），因此，涉及名词复合词的问题通常比较棘手。但是，解决名词复合词的语义问题是必要的，因为名词复合词通常是不同语言中术语形成的基础。本文描述了谓词－论元结构（即微观上下文语境）在风力领域西班牙语新词名词复合词中的作用，因为论元结构代表了句法和语义之间的界面。为此，我们对英语和西班牙语中等效名词复合词的微观上下文语境进行了比较。我们的研究结果表明，西班牙语中的新词名词复合词是根据英语对应物的句法－语义模式形成的，这突显了论元结构在术语形成中的作用。

关键词：新词，名词复合词，微观上下文语境，术语形成，术语

1　引言

在科学和技术领域，过程暗示着新概念的发展，因此产生了指称新概念的新术语（Štekauer 1998；Cartier and Sablayrolles 2008）。我们可以在西班牙风力领域中找到新术语的例子，风力的出现频率自从二十世纪八十年代开始呈指数增长。这就导致了西班牙语新术语的产生，以满足话语社区的需求（Štekauer 1998）。

术语最初形成的过程通常由英语这个通用的交流语言开始（Sanz Vicente

---

① 这篇文章英文名为 "The Role of Micro-contexts in Noun Compound Formation"。原文见西班牙格拉纳达大学（University of Granada）LexiCon 研究团队（LexiCon Research Group）的出版物网站（http://lexicon.ugr.es/publications）（2017 年）。——译者注

2012）。在专业领域中，这些新术语一般会表现为名词复合词的形式（Nakov 2013）。然而，由于新术语的句法–语义复杂性以及在不同语言中术语的形成模式不同，因此新术语的翻译通常是不确定的（Sanz Vicente 2012）。鉴于语义是形成名词复合词的驱动力之一，要在含义的基础上进行翻译，就有必要研究名词复合词的语义。然而在源语言和目标语言中，人们很少关注有关单词形成过程的研究（Fernández-Domínguez 2016）。

本文通过对比一组西班牙语和英语中新词名词复合词等效物的潜在微观上下文语境（即谓词和谓词论元、辅助词之间的关系），来描述风力领域中西班牙语名词复合词的形成。因此，我们使用动词释义来明确和获取名词复合词的语义。以实现探索新词名词复合词形成中微观上下文语境的作用以及将术语知识和新词纳入到 EcoLexicon（http://ecolexicon.ugr.es/）术语知识库中（Faber 2012）的目的。

2　新词名词复合词（neological noun compound）

如前文中所述，科学技术的进步产生了新的概念，从而也产生了新的术语，以满足话语社区对命名的需求（Štekauer 1998；Cartier and Sablayrolles 2008）。按照卡布雷（Cabré）（1993 年）的观点，这些新词的主要特征可以由以下四种标准表示。

·历时标准（diachronic criterion）：新词是最近被创造的单元。

·词典编纂标准（lexicographic criterion）：新词是词典中没有出现的词素（lexeme）。

·心理学标准（psychological criterion）：说话人发觉新词是新的。

·系统不稳定性标准（systematic instability criterion）：新词在形式上或者语义上是不稳定的。

新词（neology）与术语的最初形成和二次形成直接相关（Sager 1990）。初级术语（primary term）的创建暗示了某种语言中某个概念的形成，而二次术语（secondary term）的形成可以指为某个现有概念创建一个新的术语，这可能是（i）在单语社区中对术语进行修改而造成的，或者（ii）由于知识转移到缺少相应术语的话语社区而产生的结果（Sager 1990）。

我们研究关注的是目标语言（即西班牙语）中二次术语的形成，这种目标语言在术语上依赖于源语言（即英语）（Humbley and García Palacios 2012）。正如瓦伦蒂斯（Valeontis）（2004）所强调的那样，当在二次术语形成中命名概念时，人们必须运用到源语言中使用过的过程。这种考虑被称为模拟规则（analogue rule）。

从英语二次形成（西班牙语）新术语（的过程）是与多词术语（multi-word term）（简称 MWT）的转移紧密相关的（Sanz Vicente 2012），多词术语是源语言中最富有成效的单元（Štekauer 1998），它们也是新词形成（neological formation）的主要形式（Guilbert 1973）。而名词复合词（noun compound）又是专业语言中最常见的单元（Sanz Vicente 2012； Nakov 2013）。

名词复合词是起着单个名词作用的名词序列（a sequence of nouns）（Downing 1977），例如风力（wind power）或者环境影响评估（environmental impact assessment）。这些单元通常由受其他名词或者形容词修饰的中心名词组成，而这些起修饰作用的名词或者形容词为中心词的概念增添了特征，而且往往放在英语中心词的左侧［即前置修饰（premodification）］和西班牙语中心词的右侧［即后置修饰（postmodification）］，有时也采用形容词或介词的形式（Sanz Vicente 2012）。然而，名词复合词的这种典型的由词素堆积（this packing of lexemes）构成的形式，却导致了它在句法和语义上具有歧义性，因为名词复合词各成分之间的语义关系，并不是直接通过其表面形式而表示出来的（Nakov 2013）。

名词复合词可以是向心的（endocentric）或者离心的（exocentric）。在向心名词复合词中，一个术语是中心词，另一个则是其修饰词（Nakov 2013）［例如 power generation（发电）］。而在离心名词复合词中，多词术语大都不是这个名词复合词组成要素的下义词，因此，这个多词术语似乎没有中心词（Bauer 2008）［例如 saber tooth（剑齿）］。向心名词复合词的特征是它们具有中心词（headedness）、具有透明性（transparency）、句法含糊（syntactic ambiguity）以及具有语言依赖性（language-dependency）（Nakov 2013）。

我们可以把名词复合词的形成作为对这类多词术语进行句法 – 语义分析的起点，因为它们具有潜在命题。根据利瓦伊（Levi）（1978）的观点，这些命题可以从两个过程中推断出来，即谓词删除（predicate deletion）［例如 water column（水柱）］和谓词名词化（predicate nominalization）［例如 energy transfer（能量转移）］。

谓词与其论元（argument）之间的关系被称为微观上下文语境（micro-context），谓词的论元是强制性的，并组成了动词和辅助词（adjunct）（语法中的修饰成分）

（选择性的补语）的含义（Tesnière 1976）。对上下文语境（context）的研究是必不可少的，因为谓词作为句子句法 – 语义的核心，它只有通过其补充结构才能获得成功的表达。

3 材料和方法

在采用框架术语学（Frame-based Terminology）的理论前提下（Faber 2012；Faber 2015），我们手动编辑了一个有关风力的文本语料库。它由一个含有 552 872 个标记（token）的西班牙语子语料库和一个由 540 075 个标记组成的英语子语料库组成。这个语料库中包含的文本是博士学位论文以及来自专业期刊的文章，所有这些文本最初都是采用一种语言编写的。

我们使用语料库分析工具 Sketch Engine（https://www.sketchengine.co.uk/）来编辑语料库并对语汇索引条（concordance line）进行分析，以求对含义进行验证，访问微观上下文语境和对等效术语进行搜索。由于我们的研究重点是西班牙语的新词名词复合词，因此，我们把这种语言的子语料库上传到术语提取器 TermoStat（http://termostat.ling.umontreal.ca/）上。并将搜索设置为复杂术语（complex terms），由此生成了一张含有 6 005 个西班牙语候选术语的列表。

接下来的一步，就是选择出由三个术语组成的名词复合词（three-term noun compound），从而把列表缩减为含有 484 个候选词。然后从这些候选词中，我们将目标锁定在那些指称过程（process）的对象（191 个）上，因为过程在概念结构中起着主要作用，虽然它们通常受到的关注要比实体（entity）少（L'Homme 2015）。这一清理步骤是以语汇索引条和定义作为基础的。

根据卡地亚（Cartier）和萨布罗勒斯（Sablayrolles）（2008 年）的观点，要确定某个术语是否具有创新性，这绝非易事。鉴于这个原因，我们基于两个标准来对西班牙语的新词术语进行选择：（i）在形式上或者语义上具有不稳定性（Cabré 1993）（示例参见图 1）；（ii）发生频率从零（或者几乎为零）上升到一个峰值（Cabré and Nazar 2012）。基于第一个标准，我们将同一组中涉及相同概念的名词复合词进行了分类。这样，我们就把研究对象限制在依照 12 个概念进行分组的 132 个复合词上。图 1 显示了可以指称 wind farm construction（风力发电场建设）的西班牙语名词复合词所具有的不稳定性。

implantación de parques eólicos	establecimiento de parques eólicos
construcción de parques eólicos	construcción de parques aerogeneradores
construcción del parque eólico	emplazamiento de instalaciones eólicas
instalación de parques eólicos	instalación de centrales eólicas
instalación del parque eólico	construcción de centrales eólicas
emplazamiento de parques eólicos	instalación de turbinas eólicas
emplazamiento del parque eólico	instalación de centrales eoloeléctricas
ubicación del parque eólico	instalación de generación eólica
despliegue de parques eólicos	

图 1　用于指称 wind farm construction 的西班牙语名词复合词的不稳定性

　　然后，依据第二个标准，我们使用网络数据集在网络图书中观察了我们名词复合词出现频率历时性上升的最终结果。根据这些数据，我们将清单限制在包含 124 个西班牙语新词名词复合词上。当我们发现，在最近几年 [即从 20 世纪 80 年代风力行业（the wind power industry）飞速发展开始] 里或者当它们没有出现在网络数据集里，有一些多词术语的出现频率是呈大幅度增加的，因为这被视为它们具有不稳定的指标（即出现次数少于 50 次的词项不会被这个工具显示出来）的时候，我们就认为这些多词术语是新词。

　　一旦在西班牙语中确定出了新词名词复合词，我们便开始寻求其英语对应物，以便对二次术语的形成进行分析。鉴于这些新词名词复合词通常不会在（术语）资源中出现，因此识别英语等效术语的工作首先需要在专业资源 [例如 Termium Plus（http://www.btb.termiumplus.gc.ca/）] 中搜索出西班牙语修饰词。

　　在对修饰词进行翻译之后，我们使用 Sketch Engine 在英语子语料库和一个大约含有 200 亿个标记的英语参考语料库中分析了这些修饰词的共现模式（co-occurrence pattern）。进行这些搜索，是为了找到与这些修饰词相结合的英语中心术语，从而形成一个多词术语。例如，要查找 construcción de parques eólicos（wind farm construction）这一多词术语的等效英语术语，我们就在 Termium Plus 中查找修饰词 parque eólico，在这里找到了诸如 wind farm 或者 wind power plant（风力发电场）这样的等效英语术语。然后，我们在 Sketch Engine 中对这些英语修饰词的语汇索引进行分析。

在语料库中可以以不同的方式搜索中心词术语：

（i）在单词草图（word sketch）中，显示了语料库里通常与这个术语相伴随的单元。例如，有关 parque eólico（wind farm）的单词草图，就提供了通常与这些修饰词一起出现的中心词术语。然后，表达相关含义（PROCESS_OF_CONSTRUCTION）的中心词术语就被识别了出来；

（ii）作为搜索模式语言的正则表达式（regular expression），它允许我们在语料库中搜索特定的单元（例如，一个修饰词后面跟着一个名词，而这个名词可能是中心词）；

（iii）与修饰词一起出现的动词，并以其名词化形式（nominalized form）传达所需要的含义。

图 2 显示了对“wind farm + noun”（“风力发电场 + 名词”）进行搜索得到的一些语汇索引条，我们是使用正则表达式执行操作的，目的是查找到中心词术语。可以看出，在这里确认出了有关 construcción de parques eólicos 的三种等效英语名词复合词：wind farm construction、wind farm installation 和 wind farm implantation。同理，针对 parque eólico 的其他等效项，我们也重复了这类搜索。中心词也放置在了介词结构的左侧［例如 construction of wind farms（风力发电场的建设）］。如此这般，我们就能得出更好的对应关系。

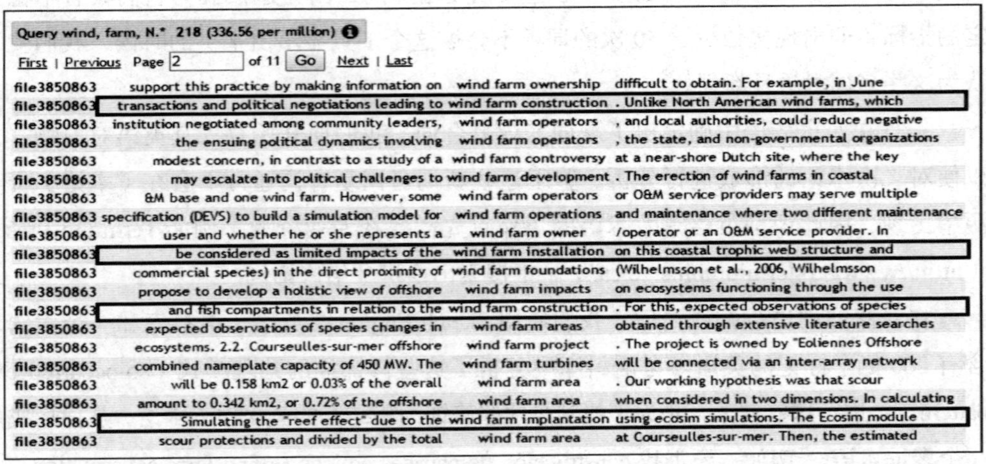
Query wind, farm, N.* 218 (336.56 per million)

First | Previous Page 2 of 11 Go Next | Last

file3850863	support this practice by making information on	wind farm ownership	difficult to obtain. For example, in June
file3850863	transactions and political negotiations leading to	wind farm construction	. Unlike North American wind farms, which
file3850863	institution negotiated among community leaders,	wind farm operators	, and local authorities, could reduce negative
file3850863	the ensuing political dynamics involving	wind farm operators	, the state, and non-governmental organizations
file3850863	modest concern, in contrast to a study of a	wind farm controversy	at a near-shore Dutch site, where the key
file3850863	may escalate into political challenges to	wind farm development	. The erection of wind farms in coastal
file3850863	&M base and one wind farm. However, some	wind farm operators	or O&M service providers may serve multiple
file3850863	specification (DEVS) to build a simulation model for	wind farm operations	and maintenance where two different maintenance
file3850863	user and whether he or she represents a	wind farm owner	/operator or an O&M service provider. In
file3850863	be considered as limited impacts of the	wind farm installation	on this coastal trophic web structure and
file3850863	commercial species) in the direct proximity of	wind farm foundations	(Wilhelmsson et al., 2006, Wilhelmsson
file3850863	propose to develop a holistic view of offshore	wind farm impacts	on ecosystems functioning through the use
file3850863	and fish compartments in relation to the	wind farm construction	. For this, expected observations of species
file3850863	expected observations of species changes in	wind farm areas	obtained through extensive literature searches
file3850863	ecosystems. 2.2. Courseulles-sur-mer offshore	wind farm project	. The project is owned by "Eoliennes Offshore
file3850863	combined nameplate capacity of 450 MW. The	wind farm turbines	will be connected via an inter-array network
file3850863	will be 0.158 km2 or 0.03% of the overall	wind farm area	. Our working hypothesis was that scour
file3850863	amount to 0.342 km2, or 0.72% of the offshore	wind farm area	when considered in two dimensions. In calculating
file3850863	Simulating the "reef effect" due to the	wind farm implantation	using ecosim simulations. The Ecosim module
file3850863	scour protections and divided by the total	wind farm area	at Courseulles-sur-mer. Then, the estimated

图 2　搜索的语汇索引条［词素 =“wind”］［词素 =“farm”］［标签 =“N.*”］

我们也借助万维网（Web）对搜索进行了补充。正如卡地亚和萨布罗勒斯（2008）指出的那样，在依据新词出现的位置数量和类型进行验证方面，使用万维网搜索引擎（Web search engine）非常有用。因此，我们就使用网络搜索引擎来确认可能存在的英语等效物。为了确保其可靠性，仅当英语术语出现在专业资源中时，我们才对它们进行考虑。

在确定出英语中的等效术语之后，我们最后的步骤是获取微观上下文语境，以便对论元结构进行跨语言的比较，同时分析它们在西班牙语新词形成中所起的作用。微观上下文语境体现了句法和语义之间的界面，它是确定最初的英语术语与其西班牙语等效术语之间接近程度的关键。

为了获取到多词术语的语义内容，在传统意义上，语义关系清单是更好的选择，尽管这样的类别可能会带来诸如以下的问题：只选择最恰当的分类；其性质抽象而且有限；在同一个多词术语中可能存在不止一种的关系（Nakov 2013）。为了解决这些问题，特伯特（Teubert）（2005）、纳科夫（Nakov）和赫斯特（Hearst）（2006）提出，确定名词复合词语义关系的最佳方法是借助多重释义（multiple paraphrase）。这种方法很有用，因为名词复合词代表了命题的句法缩合（Levi 1978；Kocourek 1991）。

因此，正如学者卡贝扎－加西亚（Cabezas-García）和费伯（Faber）建议的那样，借助释义来对语义关系进行规范，是研究名词复合词的宝贵手段。在我们的研究中，我们使用 Sketch Engine 对释义进行分析，这样，我们就能够获得谓词定量和定性的价态（valence）（即论元的数量及语义特征），以及名词复合词的句法－语义依赖关系。检索到的信息用于在语义上对每一个概念进行描述。

图 3 显示了英语名词复合词"风力预测"（wind power prediction）的释义。可以看出，这种以谓词作为基础的方法可以通过论元结构的语义识别来描述[①]概念，虽然这一点在名词复合词中并不总是能够完全体现出来。但我们在西班牙语新词等效物中对句法－语义信息进行的比较，却是以这个过程作为基础的。

基于灰色模型的［风］［自然_力］［能］［受事者］预测［方法］［手段1］［15］用于预测［风力涡轮机］［手段2］的［可用有功功率］［受事者］。

另外，实施风速的间隔估计并采用［风力涡轮机］［手段2］的运行概率来预测［风］［自然_力］［能］［受事者］的［非参数方法］［手段1］提供了另一种建模方法。

［风速变化模型］［手段1］对于估算在典型［地点/场所］［位置/地点］上的［风］［自然_力］［能（量）潜力］［受事者］至关重要。

手段 1 测量一种主题
　　手段 2 从自然力中产生一个受事者

图 3　对"风力预测"及其概念的语义描述的释义

---

① 研究中所使用的语义角色是根据语义学方法专门设计的。

4 结果和讨论

通过分析英语和西班牙语名词复合词中的微观上下文语境，我们可以深入了解新词名词复合词的形成。我们发现，在风力领域中，在由三个术语组成的、表达过程的西班牙语名词复合词中，新词占据着很大的比例。也就是说，在这些单元中，有 65% 表现出系统上的不稳定性，而且产生出现频率急剧上升的情况，这可以被看作是新词指示器（neology indicator）（Cabré 1993；Cabré and Nazar 2012）。之所以会产生出现频率上升的情况，据网络数据集的数据显示，在 20 世纪 70 年代，对风力的利用开始在整个西班牙扩展。在接下来的几十年中，风力利用呈指数增长（示例见图 4）。由此则导致了新术语的创建。

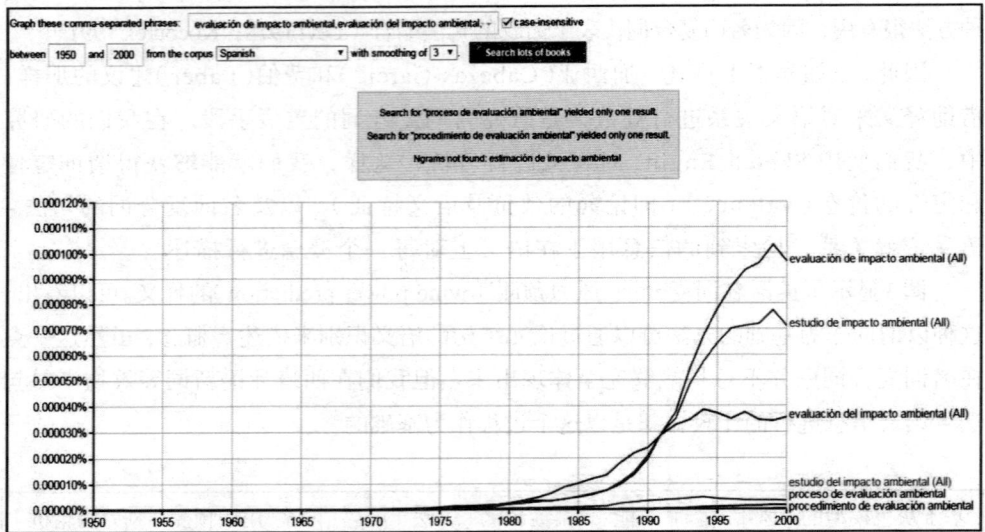

图 4　网络数据集所显示的有关英语多词术语 environmental impact assessment **的西班牙语等效物**：evaluación de impacto ambiental, estudio de impacto ambiental, evaluación del impacto ambiental, estudio del impacto ambiental, proceso de evaluación ambiental **和** procedimiento de evaluación ambiental

这是二次术语的创建，因为西班牙语名词复合词是在以前存在的英语术语的基础上创建的。通过对微观上下文语境的分析，我们可以获得名词复合词的句法 – 语义界面。这样，在等效的多词术语中就确定出了类似的论元结构。

图 5 显示了例如英语 wind farm construction 以及西班牙语 construcción de parques eólicos 这类名词复合词所表达的概念的语义描述。这种概念化是借助动词释义获得的，而动词释义揭示了名词复合词的潜在命题。可以看出，上述两种语言中的名词

复合词都具有相同的论元结构。换句话说，它们具有相同数量的论元，并且动词插槽（verb slot）都由语义相似的单元所填充。此外，这些释义都显示了辅助词，例如时间（TIME）、位置 / 地点（LOCATION）、作用者 / 施事者（AGENT）、目的（PURPOSE）和结果（CONSEQUENCE）。

某个主题安置在某个地点 / 位置上
　　某种手段 / 设施从某种自然力中产生出一个受事者

[[[风] 力 [自然_力] 发电。场] [手段/设施] 开发商] [施事者] 一直不愿意在 [更稳定的沿海高原] [位置/地点] 上建造 [[风] 力 [自然_力] 发电场] [手段]。

在 [城市地区] [位置/地点] 安装 [[风力] [自然_力] 涡轮机] [手段] 时，必须考虑这两个参数。

[在早期] [时间]，[[风] [自然_力] 电场] [手段/设施] 通常是在 [岸上] [位置/地点] 建造的。

今天，已经进行了一项精确而可靠的研究，以确定建造 [风力] [自然_力] 发电 [受事者] 场] [手段/设施] 以 [满足 [钦博拉索省] [位置/地点]] [目的] 现有需求的可能性。

[[风] [自然_力] 能] [受事者] 投资也 [对 [[风力] [自然_力] 发电场] [手段/设施] 所在城市 [位置/地点] 的预算产生了显著影响] [结果]。

截至 2009 年底，装机容量仅为 1 072 兆瓦，其中 50%[在 2009 年] [时间] 完成，当时在六个 [国家] [位置/地点] 建造了新的 [[风力] [自然_力] 发电场] [手段/设施]。

图5　"风力发电场的建设"的英语释义和语义描述以及表达相同过程的其他术语（见上半图）；西班牙语的对应释义（见下半图）

我们采用上述方法，对这里指称了12个概念的所有名词复合词都进行了分析。我们发现，多词术语的论元结构在上述两种语言中都是相同的，有四个概念例外。四个例外的概念显示，指称它们的西班牙语名词复合词与其英语等效物的对应关系略有变化。与此最相关的例子就是 estudio de emplazamiento eólico（wind site assessment）（风力地点评估）。西班牙语多词术语的中心词（estudio）是带有语义关系 [研究（STUDIES）] 的动词名词化，其第一个修饰词（emplazamiento）（最接近中心词的术语）暗示着位置 / 地点（LOCATION），并且第二个修饰词（eólico）[西班牙语 viento（风）的形容词] 指的是"自然 _ 力"（"NATURAL_ FORCE"），从中可以获取能量。在这个例子中，尽管西班牙语多词术语与其英语等效物的概念没有不同（参见图6），但是在两种语言中，填充名词复合词插槽的论元并不总是相同的。即使有些英语名词复合词与西班牙语名词复合词

具有相同的论元，但大多数的英语等效物具有不同的论元｛例如 wind [NATURAL_FORCE] power [PATIENT] prospecting [STUDIES]；wind [NATURAL_FORCE] -energy [PATIENT] site [LOCATION] assessment [STUDIES]；［wind [NATURAL_FORCE] farm］[INSTRUMENT] site [LOCATION] selection [STUDIES]｝。

某个主题被研究

（这个主题）是某个位置 / 地点，在此，由某种手段 / 设施从某种自然力中产生出一个受事者

图 6　多词术语 estudio de emplazamiento eólico 和等效术语
wind site assessment 的语义描述及其等效物

　　尽管存在着这些微小的差异，但是这并没有改变两种语言中名词复合词所共有的概念化。可以说，在这一领域中，西班牙语的新词名词复合词仿造了英语对应物的句法 – 语义结构，因为几乎所有的概念都是由两种语言中相同形式的名词复合词表达的。

　　西班牙语仿造词语（calque）的句法 – 语义能力，已经通过论元类型［定性价态（qualitative valence）］所证实，这些论元大部分填充了两种语言中名词复合词的插槽。因此，所有英语和西班牙语名词复合词的中心词都被具有语义关系的名词化动词所占据，因为中心词术语决定了由名词复合词｛electric power forcast [MEASURES]，predicción [MEASURES] de la potencia eléctrica｝指称的概念。另外，所有的修饰词［除了 atmospheric model forecast / predicción del modelo atmosférico（大气模型预测）之外］都表示了隐藏了的概念命题的受事者（PATIENT）主题（THEME）[①]。因此，在风力领域中，表达过程的英语和西班牙语名词复合词，表示了某个过程以及接受相关行动（action）的实体。

　　此外，受事者 / 主题包含次要概念性命题（secondary conceptual proposition）（示例请参见图 3、5 和 6），这些命题在英语和西班牙语修饰词中的表示相同。换句话说，两种语言中的第一个和第二个修饰词[②]的插槽都采用相同的论元进行了填充。从图 7 和图 8 中可以看出，第一个修饰词主要由次要概念命题的受事者 / 主题填充［例如 energía（能量），power（动力）］，而在较少情况下则由手段 / 设施（INSTRUMENT）［例如 turbina（涡轮机），generator（发电机）］填充。至于第二个修饰词，则通常是"自然_力"（"NATURAL_FORCE"）［例如 eólico，wind（风）］，其次是

---

　　① 受事者和主题都受到谓词的作用，不同之处在于，受事者可以经历变化，而主题不受变化的影响。

　　② 为了确保语言之间的真实对应，我们只考虑了具有前置修饰词的英语名词复合词，因为在采用介词后置进行修饰的英语复合词中修饰词的顺序发生了变化。

"……类的受事者"（"TYPE_OF PATIENT"）［例如 reactiva, reactive（反作用的）］。一般看来，英语的第二个修饰词更多的是由受事者 / 主题填充的，而不是由"TYPE_OF"（"……类的"）关系填充。然而，这种概念化关系是由四个术语组成的英语名词复合词［例如 wind power plant establishment（风力发电站的建立）］的第二个修饰词所特有的。实际上，这是对繁殖力现象（the phenomenon of fertility）的一种反映［参见戴勒（Daille）等人 2004 年的文章］，这暗示了源语言和目标语言中等效术语的长度会有所不同（例如 wind production > producción de energía eólica）。

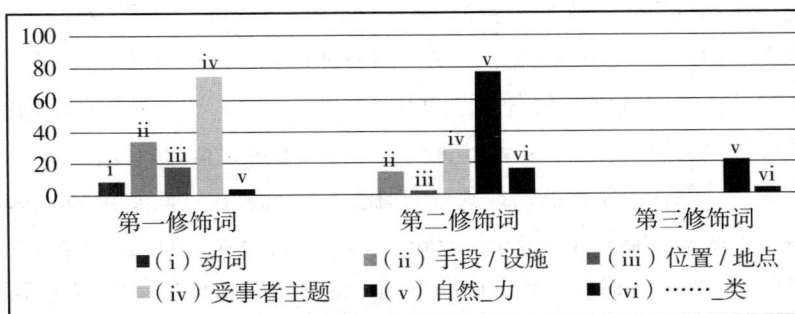

图 7　英语修饰词的语义表征

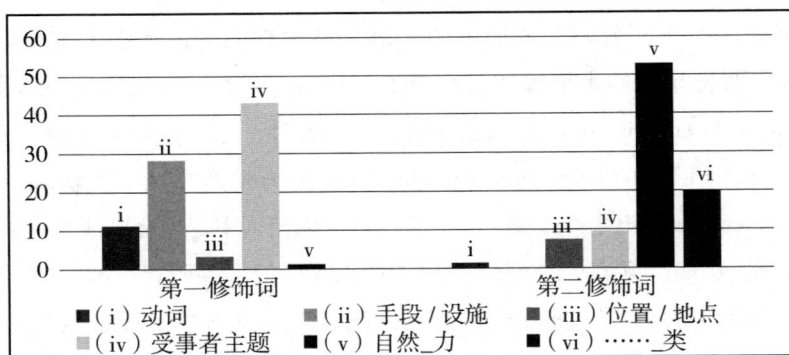

图 8　西班牙语修饰词的语义表征

我们的研究结果表明，西班牙语新词名词复合词与其英语等效物具有相同的句法 - 语义模式。如前所述，它们都强调了受事者 / 主题角色，尽管同一个概念由两种类型的名词复合词指称［meteorological variables prediction / atmospheric model prediction 和 predicción de variables meteorológicas / predicción del modelo atmosférico（气象变量预测 / 大气模型预测）］。在其中，某些修饰词具有受事者 / 主题角色

（meteorological variables prediction 和 predicción de variables meteorológicas），而另一些修饰词则具有手段／设施的语义角色（例如 predicción del modelo atmosférico 和 atmospheric model prediction）。在英语和西班牙语中，我们都发现了这一点，这表明西班牙语新词仿造了英语术语的形成步骤。

　　另外，这种类型的名词复合词为利瓦伊（1978）的有关论断提供了支持。利瓦伊认为，在英语中，隐含命题的直接宾语和主语在名词复合词的修饰词中比较常见（因为这些复合词的修饰词是命题的主语），在西班牙语中，这一点也得到了证实。因此，罗珀和西格尔的第一姊妹原则（the First Sister Principle of Roeper and Siegel）（1978年）确定，从动词派生出来的复合词（deverbal compound）包括了在动词右边最先出现的词素（即在第一姊妹位置）。在我们的研究中，这一原理是这两种语言名词复合词所遵循的一般规则，我们优先考虑受事者／主题（经常出现在动词的右侧）这一语义角色［例如 X predicts wind power > wind power prediction （X预测风力 > 风力预测）］。然而，指称前面提到过的概念的多词术语（如 predicción del modelo atmosférico 和 atmospheric model prediction）却并不符合姊妹原则，因为这些复合词包括出现在动词左侧的词素［即 an atmospheric model predicts X（大气模型预测X）］。所以，若谈到句法－语义之间的相关性问题，我们可以说，西班牙语新词名词复合词复制了其英语对应物的句法－语义相关性。

　　就西班牙语新词名词复合词中的术语形成过程而言，其中大多数都是语义仿造，这与西班牙语的术语形成过程具有一致性［例如 wind energy exploitation > explotación de la energía eólica（风能开发）］。有时，这也导致派生出了简化的形式［例如 prediction of electric power production（电力生产预测） > predicción de la producción eléctrica（电生产预测）］。在西班牙语新词中，也会出现（对英语进行）改编的情况。例如，英语名词 wind 变成了西班牙语的形容词 eólico，尽管直接使用 wind 的西班牙语等效物（viento），也不会带来语言表达习惯上问题。另外，在针对 wind power sector development（风力行业发展）这一英语多词术语的西班牙语等效术语 desarrollo de proyectos eoloeléctricos 中，我们也能看到另一种改编。具体说来，借助希腊语的前缀 "eolo-"，西班牙语形容词 eoloeléctrico 包含两个论元［"自然 _ 力"（"NATURAL_FORCE"）和受事者（PATIENT）］。此外，某些西班牙语名词复合词呈现出了明显的新的概念特征。例如，针对英语术语 wind farms，在等效的西班牙语术语中，人们使用了 parque（park）代替了 granja（farm），这就进一步扩展了这个概念的含义。

西班牙语中首选的多词术语是传达最透明含义的多词术语［例如，针对英语术语 wind site assessment，人们选择了 caracterización de área eólica（风区特征描述），而不是 estudio de prospección eólica（风勘察研究）作为等效的西班牙语术语］。然而，某些概念的最常见的名词复合词与英语中明确建立的名词复合词相吻合［例如 environmental impact assessment / EIA（环境影响评估 / EIA）＞ evaluación de impacto ambiental（环境影响评估）］。 应该注意的是，在许多情况下，通过使语义关系隐藏的动词明确化，则可以增强多词术语的清晰度。一个例子就是 predicción de la producción eléctrica（prediction of electric power production）（电力生产预测），其中，两个动词是以名词化的形式［predicción（预测）和 producción（生产）］出现的。由此，则突显了微观上下文语境在新词术语形成中所起的重要作用。

尽管西班牙语新词具有透明性，但是我们发现，仿造词语在专业语篇中要比在其他信息丰富的文本中更为普遍，由于信息丰富的文本要求具有更高的清晰度，而这种清晰度并非总是通过仿造词语来实现。例如，在我们的语料库中，explotación de la energía eólica（wind energy exploitation）（风能开发）的出现次数（14 次）要比 uso de la energía eólica（wind energy use）（风能使用）的出现次数（5 次）更多一些，尽管网络搜索显示出后者的出现次数更高（explotación de la energía eólica：87 200 次；uso de la energía eólica：741 000 次）。

众所周知，就英语和西班牙语名词复合词的形态学系统（morphological system）而言，英语名词复合词是中心词在右（right-headed）（修饰词前置），而西班牙语名词复合词是中心词在左（left-headed）（修饰词后置）。然而在英语中，也确实有使用中心词在左的介词结构的情况。就词性（part of speech）而言，在英语中可能存在着不少组合可以用于形成名词复合词，而且大多数都可以用作构成名词性组成成分（nominal component）的首选。如图 9 所示，由"N（名词）+ N + N"和"N + of +（art.）（冠词）+ N + N"形成的复合词很普遍。与此相反，西班牙语名词复合词则具有更多的同质性，并且其形容词形式要比英语更常见（见图 10）。尤其是西班牙语名词复合词更倾向于具有"N + de +（art.）+ N + Adj.（形容词）"的模式。另外，西班牙语的形容词修饰词传达了多种语义关系，但在英语中，由于需要名词包装（noun packing），这些语义关系就被省略掉了。在 energía eólica（wind power）这个例子中，我们就可以看到这种情况，在这里建立了一种来源（SOURCE）关系，这在英语中并不总是很明显。

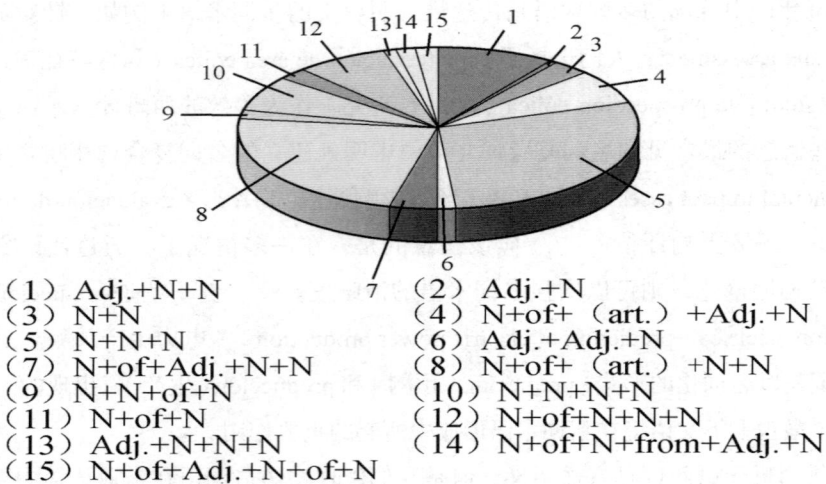

（1）Adj.+N+N　　　　　　　（2）Adj.+N
（3）N+N　　　　　　　　　　（4）N+of+（art.）+Adj.+N
（5）N+N+N　　　　　　　　　（6）Adj.+Adj.+N
（7）N+of+Adj.+N+N　　　　　（8）N+of+（art.）+N+N
（9）N+N+of+N　　　　　　　　（10）N+N+N+N
（11）N+of+N　　　　　　　　 （12）N+of+N+N+N
（13）Adj.+N+N+N　　　　　　 （14）N+of+N+from+Adj.+N
（15）N+of+Adj.+N+of+N

图 9　英语名词复合词的词性

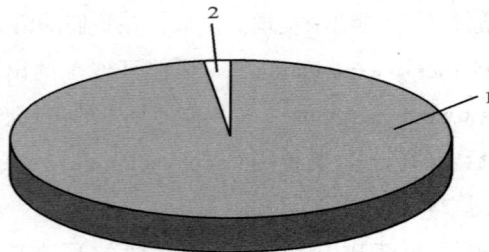

（1）N + de +（art.）+ N + Adj.
（2）N + Adj.+ Adj.

图 10　西班牙语名词复合词的词性

尽管在西班牙语新词名词复合词中，人们似乎没有在语法上进行仿造（grammatical calque），但是这两种语言在构成模式上都很匹配，并且在西班牙语介词复合词（Spanish prepositional compounding）和英语的"N+ N"复合词之间，存在着密切的对应关系（Fernández-Domínguez 2016）。因此，尽管西班牙语名词复合词与目标语言的术语形成模式相适应，但是，它们往往会重复英语名词复合词的语法结构。

5　结论

鉴于科学和技术的进步通常产生了名词复合词的新术语，因此，本篇研究对西班牙语中新词名词复合词的形成进行了关注（Nakov 2013）。尤其是借助动词释义我们研究了微观上下文语境所起的作用（Teubert 2005；Nakov and Hearst 2006），因为这些单元的潜在命题在其形成中起着重要作用（Levi 1978），并影响了这些单元句法 – 语义的复杂性。

为此，我们采用英语（初级术语的形成语言）（Sanz Vicente 2012）和西班牙语（目标语言）编写了一个风力语料库。然后，根据其形式或者语义上的不稳定性（Cabré 1993）以及出现频率大幅上升的状况（Cabré and Nazar 2012），我们确定出西班牙语的新词名词复合词。接下来则是寻找它们的英语等效物，以便对名词复合词的论元结构进行跨语言比较。

我们的研究结果证实，对微观上下文语境的分析为研究新词名词复合词提供了有价值的信息。在风能领域中，有 65% 的西班牙语新词都是在由三个术语组成并指称专业化过程的西班牙语名词复合词中发现的。另外，在西班牙语新词复合词中也存在着句法 – 语义仿造词语，其名词化谓词的定量价态和定性价态都与英语等效物相似。因此，西班牙语的术语形成过程反映了它们的语义仿造能力以及适应性。与此同时，我们还观察到了（术语形成）对具有透明性的名词复合词存在着优先权（具有透明性的名词复合词更容易形成术语）。

总而言之，西班牙语中的新词名词复合词是一种句法新词（syntactic neology）（Guilbert 1973），它们通常是借助英语的句法 – 语义仿造词语而产生的。因此，微观上下文语境是研究术语形成的基础。鉴于新术语在不断变化的世界中具有相关性，我们研究的最终目标是要把新词纳入到 EcoLexicon 这个术语知识库中去。①

参考文献：

[1] BAUER L. Les composés exocentriques de l'anglais[J]. La composition dans une perspective typologique, 2008: 35-47.

[2] CABEZAS-GARCÍA M, Faber P. Exploring the semantics of multi-word terms by means of paraphrases[J]. Temas actuales de Terminología y estudios sobre el léxico, 2017: 193-217.

[3] CABRÉ M T. La terminología. Teoría, metodología, aplicaciones[M]. Barcelona: Empúries, 1993.

① 这项研究是在项目 FF2014-52740-P——"术语增强型翻译的认知和神经学基础"（Cognitive and Neurological Bases for Terminology-Enhanced Translation, CONTENT）—— 的框架内进行的，该项目由西班牙经济与竞争力部（Spanish Ministry of Economy and Competitiveness）资助，西班牙教育部也向本文的第一作者提供了一项 FPU 补助。

[4] CABRÉ M T, NAZAR R. Towards a new approach to the study of neology[J]. Neologica, 2012(6): 63-80.

[5] CARTIER E, SABLAYROLLES J F. Néologismes, dictionnaires et informatique[J]. Cahiers de lexicologie, 2008, 2(93): 175-192.

[6] DAILLE B, DUFOUR-KOWALSKI S, MORIN E. French-English multi-word term alignment based on lexical context analysis[C]//Proceedings of the Fourth International Conference on Language Resources and Evaluation, May 26-28, 2004, Lisbon, Portugal. 2004: 919-922.

[7] DOWNING P. On the creation and use of English compound nouns[J]. Language, 1977(53): 810-842.

[8] FABER P. A cognitive linguistics view of terminology and specialized language[M]. Berlin: De Gruyter Mouton, 2012.

[9] FABER P. Frames as a framework for terminology[J]. Handbook of terminology, 2015, 1(14): 14-33.

[10] FERNÁNDEZ-DOMÍNGUEZ J. A morphosemantic investigation of term formation processes in English and Spanish[J]. Languages in Contrast, 2016, 16(1): 54-83.

[11] GUILBERT L. Théorie du néologisme[J]. Cahiers de l'Association internationale des études françaises, 1973, 25(1): 9-29.

[12] Humbley J, GARCÍA-PALACIOS J. Neology and terminological dependency[J]. Terminology, 2012, 18(1): 59-85.

[13] KOCOUREK R. La langue française de la technique et de la science[M]. Wiesbaden: Brandstetter, 1991.

[14] L'HOMME M C. Predicative lexical units in terminology[M]//Language production, cognition, and the Lexicon. Berlin: Springer, 2015: 75-93.

[15] LEVI J. The syntax and semantics of complex nominals[M]. New York: Academic Press, 1978.

[16] NAKOV P, HEARST M. Using verbs to characterize noun-noun relations[C]//Artificial Intelligence: Methodology, Systems, and Applications 12th International Conference, September 12-15, 2006, Varna, Bulgaria. 2006: 233-244.

[17] NAKOV P. On the interpretation of noun compounds: Syntax, semantics, and

entailment[J]. Natural Language Engineering, 2013, 19(3): 291-330.

[18] ROEPER T, SIEGEL M. A lexical transformation for verbal compounds[J]. Linguistic inquiry, 1978: 199-260.

[19] SAGER J C. A practical course in terminology processing[J]. A Practical Course in Terminology Processing, 1990: 105-270.

[20] SANZ-VICENTE L. Approaching secondary term formation through the analysis of multiword units: An English-Spanish contrastive study[J]. Terminology, 2012, 18(1): 105-127.

[21] ŠTEKAUER P. An onomasiological theory of English word-formation[M]. Amsterdam: John Benjamins Publishing Company, 1998.

[22] TESNIERE L. Eléments de syntaxe structurale[M]. Paris, Klincksieck, 1976.

[23] TEUBERT W. My version of corpus linguistics[J]. International journal of corpus linguistics, 2005, 10(1): 1-13.

[24] VALEONTIS K. The "Analogue Rule" a useful terminological tool in interlingual transfer of knowledge[C]//2nd Terminology Summit, November 26-27, 2004, Barcelona, Spain. 2004.

多词术语中的语义韵律和语义偏好

M. 卡贝扎－加西亚（Melania Cabezas-García）和 P. 费伯（Pamela Faber）[①]

摘　要：在专业文本中，人们经常使用以名词复合词（简称 NC）形式出现的多词术语（简称 MWT）（Nakov 2013）。它们由并置的术语及其潜在的语义结构组成，这些语义结构限制了论元的组合（Pinker 1989）。然而，由两个以上术语组成的名词复合词却很少受到关注。本文研究的重点是海岸工程中英语和西班牙语所使用的由三个术语组成的具有向心结构的名词复合词。为了探索这些多词术语中语义偏好和语义韵律的存在，我们从海岸工程语料库中提取了一组术语。这些多词术语的结构已经消除了歧义性，而且它们组成成分之间的语义关系也已经做了规范。动词释义也已经从领域专家那里和网络中获取，而且做了语义分析。研究结果表明，语义偏好和语义韵律在多词术语的形成中起着重要作用，在将专业文本翻译成另一种语言时，人们应该对此予以考虑。

关键词：术语，专业翻译，多词术语，名词复合词，语义偏好，语义韵律

1　引言

以名词复合词（noun compound）（简称 NC）形式出现的多词术语（multi-word term）（简称 MWT）通常用于指称专业性的概念（Nakov 2013）。它们的特征是多个术语并列，并且存在限制论元组合的潜在语义结构（Pinker 1989）。这些语义约束（semantic restriction）与语义偏好（semantic preference）或者词语搭配（collocate）的语义类别密切相关［例如，动词 commit（犯；做）往往与表示犯罪或者社会不可接受的行为的单词一起出现，例如 commit suicide（自杀）；Stubbs 2001］；也与语

---

①　这篇文章英文名为 "Semantic Prosody and Semantic Preference in Multi-word Terms"。原文见西班牙格拉纳达大学（University of Granada）LexiCon 研究团队（LexiCon Research Group）的出版物网站（http://lexicon.ugr.es/publications）（2019 年）。——译者注

义韵律（semantic prosody）或者词语搭配的正面／负面性质密切相关［例如，动词 tackle（处理）通常与负面的词项同时出现，如 tackle a problem（解决一个问题）；Bednarek 2008］（Sinclair 1996；请参见下面第2.2部分）。我们过去对专业名词复合词（specialized NC）的形成及其含义的研究（Cabezas-García／Faber 2017）已经证实，在这些多词术语中存在着语义约束。因此，本文所阐述的研究，着重于探讨语义约束以及语义偏好和语义韵律在名词复合词成分选择中所起的作用。

到目前为止，由两个以上的术语（及其语义）构成的名词复合词一直很少受到研究者的关注。当人们的研究纯粹针对习语（idiom）和搭配（collocation）时，大家常常会把语义偏好和语义韵律忽略掉（Bednarek 2008）。在科学和技术文本当中，人们也没有考虑过上述问题（Stubbs 2009）。尽管如此，多词术语中的语义偏好和语义韵律问题还是值得研究的，因为在通用语言和专业语言中都存在着正面或者负面的信息。

这也与如何翻译这些单元有着紧密联系。即便科学领域中的通用语（lingua franca）是英语，社会对科学和技术文本翻译的需求也是与日俱增的（Krüger 2015）。因此，在英语和罗曼语族的语言（例如西班牙语）之间建立起映射规则，这会（对翻译工作）非常有用，因为在这些语言中，对多词术语如何进行翻译，是科学和技术翻译工作所面临的主要问题之一（Pecman 2014）。

举例而言，在英语中，名词复合词是通过"堆叠"名词创建起来的，但是当把多词术语翻译成罗曼语族的语言时，人们则必须明确语言组成成分之间的关系。更具体地说，当把 direct drive permanent magnet generator（直接驱动永磁发电机）翻译成西班牙语 generador de imanes permanentes sin caja multiplicadora（不带变速箱的永磁发电机）时，这个西班牙语术语就带有更负面一些的含义，因为它把 generator（发电机）描述成是 sin caja multiplicadora（不带变速箱的）。由此可见，翻译这类多词术语绝非易事。出于这种原因，我们针对一组彼此相关的多词术语，对其中的语义偏好和语义韵律问题进行了研究，期望能为更好地完成多词术语的翻译工作提供一些有用的见解。

但是，目前，我们针对语义偏好和语义韵律的研究，还主要是集中在英语术语上。涉及其他语言的对比性研究，几乎还没有开展起来（Xiao／McEnery 2006；Dam-Jensen／Zethsen 2008）。西班牙语的情况也是如此，曼代（Munday）（2011）（研究西班牙语术语的语义偏好和语义韵律）则属于少数的例外。虽然就描述专业知识而言，涉及语义偏好和语义韵律的信息可能具有重要作用，但是在现实中，人们却很少能在词典编纂和术语编纂资源里找到这类的信息（Stubbs 2001；Hoey 2005；Dam-Jensen / Zethsen 2008；Buendía-Castro / Faber 2015）。

本文探讨了海岸工程领域中由三个术语组成的具有向心结构的英语和西班牙语多词术语，例如 wave energy propagation 和 propagación de la energía del oleaje（波能传播）。我们对一组多词术语的含义进行了分析，并对中心词（head）及其修饰词（modifier）之间的语义关系进行了规范。此外，我们还分析了它们的语义偏好以及语义韵律，以期确定出英语和西班牙语（多词术语）之间可能具有的对应关系。

本文的其余部分结构如下：第二部分对名词复合词以及语义偏好和语义韵律进行了概述；第三部分概括了对语义偏好和语义韵律进行分析的方法；在第四部分中，我们介绍并讨论针对英语和西班牙语多词术语的研究结果；最后，在第五部分，我们总结了可以从这项研究中得出的结论。

2 从基于框架的视角看待名词复合词中的语义偏好和语义韵律

2.1 名词复合词

正如波能守恒（wave energy conservation）这个名词复合词所体现的那样，名词复合词被定义为用作单个名词（a single noun）的名词序列（Downing 1977）。大多数这样的复合词都是一种向心结构，其中一个是中心词，而另一个则是修饰词，它赋予中心词以某种属性（Nakov 2013）。向心名词复合词是中心词的下义词（hyponym）〔例如，波能守恒是守恒（conservation）的一种子类型〕。当一个名词复合词不是其组成要素之一的一个下义词时，这个名词复合词就被认为是离心的（exocentric）（Bauer 2008）。火彩虹（fire rainbow）就属于这种情况，这种现象既不是火也不是彩虹，而是当光通过冰晶发生折射时才产生的现象。

名词复合词的含义一直是许多学者研究的重点（例如 Downing 1977；Levi 1978；Warren 1978；Vanderwende 1994；Rosario / Hearst / Fillmore 2002；Nakov 2013）。这些学者对名词复合词的理解，取决于他们能够获取名词复合词潜在谓词（predicate）的程度（Levi 1978）。这些谓词指称着行动（action）、过程（process）、事件（event）和状态（state），它们提供了一个框架（frame），并把行动的典型性参与者都联系了起来。这说明，我们应该从隐藏在名词复合词背后的谓词及其论元结构（argument structure）的角度，来对它们进行研究

（Faber / Mairal 1999）。

　　这些隐藏起来的命题，可以通过形成名词复合词的两个主要过程而推断出来，也就是谓词删除（predicate deletion）和谓词名词化（predicate nominalization）（Levi 1978）。在通过谓词删除而形成的名词复合词中［power plant（电厂）而不是 a plant produces power（工厂产生了电力）］，被省略的谓词的宾语通常是修饰词。在谓词名词化中［energy storage（能量存储），而不是 energy is stored（能量被存储了）］，名词复合词的中心词是名词化了的动词（nominalized verb），这个名词复合词的修饰词或者是谓的主语，或者是谓的宾语，而有些名词复合词则兼具这两种功能［例如 cyclone detection algorithm（气旋检测算法）＞ an algorithm detects cyclones（一种算法检测气旋）］。名词复合词的潜在命题采用带有论元（argument）的谓词形式（Tesnière 1976）。有些学者最近的研究表明，动词释义（verb paraphrase）代表了名词复合词的句子结构，并且它使名词复合词的潜在命题变得清晰。因此，动词释义是帮助理解名词复合词语义的最有效的方法（Nakov / Hearst 2013）。

　　然而，论元并不是随机组合而成的，因为论元的共现（co-occurrence）是语义约束的结果（Warren 1978；Pinker 1989；Maguire / Wisniewski / Storms 2010）。这一点在名词复合词的微观上下文语境（micro-context）中显而易见。在微观上下文语境中，某个名词复合词的中心词具有一个论元结构（Rosario / Hearst / Fillmore 2002）。换句话说，中心词打开了由属于具体概念类别［例如设备 / 仪器（INSTRUMENT）或者实质（SUBSTANCE）］的词素（lexeme）所填充的插槽（slot）（Rosario / Hearst / Fillmore 2002；Maguire / Wisniewski / Storms 2010），这些插槽具有某种语义角色［作者者 / 施事者（AGENT）、受事者（PATIENT）等］。一个名词复合词的微观上下文语境就包含了这类语义信息。例如，generation（发电）（这个中心词）就打开三个插槽：（1）使 generation 发生的作用者 / 施事者（通常为设备 / 仪器）插槽；（2）所产生的受事者［通常为能源（ENERGY）］插槽；（3）产生受事者的来源（SOURCE）［通常为自然资源（NATURAL RESOURCE）或者人造资源（ARTIFICIAL RESOURCE）］插槽。这种微观上下文语境就促成了专业名词复合词或者多词术语的形成，例如 tidal energy generation（潮汐能发电）、diesel generation system（柴燃油发电系统）或者 electricity generation technology（发电技术）。

　　从认知语言学的角度来看，埃文斯（Evans）和格林（Green）（2006）强调指出，谓词名词化就是一个明显的示例，它说明在名词类别和动词类别之间的边界是模糊的。另外，针对名词复合词的组成性（compositionality）问题也需要进一步开展研究，因为人们通常很难根据中心词和修饰词的表面形式来推断某个名词复合词组成成分之间的概念关系（Ó Séaghdha / Copestake 2013）。纳科夫（Nakov）（2013）曾经以 museum book 为例说明过这个问题。尽管名词复合词的含义似乎由其组成成分决定，但实际上，情况并非如此，因为 museum book 可能意味着 "a book about a museum"（关于博物馆的书）、"a book on display in a museum"（在博物馆展出的书）或者 "a book published by a museum"（由博物馆出版的书）。这种歧义性也出现在域特定（domain-specific）的多词术语当中，因此，它为翻译人员成功找到合适的翻译对应关系带来了障碍。由此可见，对上下文语境（context）进行说明极为重要。尽管词汇单元（lexical unit）具有语义潜能，但是只有在上下文语境中，它们才可能获得含义（Fauconnier 1994）。正是出于这个原因，我们对语义偏好和语义韵律的研究就不能与上下文语境相脱离。

2.2 语料库语言学（Corpus Linguistics）中的语义韵律和语义偏好

"语义韵律"这一概念是由辛克莱（Sinclair）（1987）首次提出来的，后来洛（Louw）（1993）对其进行了广泛传播。辛克莱（1991）观察到："许多单词和短语的用法，往往都是在特定的语义环境中出现"。例如，happen（发生）这个单词通常都与诸如事故之类的不愉快事物相关联。他的这一主张随后得到了语料库数据的支持（Stewart 2010）。在辛克莱（1987）和洛（1993）之后，语义韵律得到了诸如斯塔布斯（Stubbs）（2001）、肖/麦克内里（Xiao / McEnery）（2006）、莫雷/帕廷顿（Morley / Partington）（2009）、斯图尔特（Stewart）（2010）和唐/伦德布拉（Tang / Rundblad）（2015）等学者的关注。然而，这些学者的重点主要放在研究句子、习语和搭配上。专业文本中复杂名词形式的语义韵律尚未得到深入的探讨。

语义韵律是由辛克莱（1991）提出的、组成扩展型词汇单元（extended lexical unit）的类别之一，此外还包括了搭配、集成综合（colligation）和语义偏好。扩展型词汇单元在科学和技术翻译中至关重要（Monzó Nebot 2015；Buendía-Castro / Faber 2015），它暗示了词汇单元会发生共现，因此，学者们的注意力也就从单一的词素转移到了只能借助上下文语境才能进行研究的更大的含义单元上（Dam-Jensen / Zethsen 2008）。尽管语义韵律有时会与语义偏好相混淆（Bednarek 2008），但辛克莱（1996）指出，语义偏好是单词搭配的语义场（semantic field），而语义韵律则暗示了这些搭配的正面/负面特征。尽管语义偏好和语义韵律是不同的，但是它们也可以互相影响，这是因为单词的语义偏好集合决定了它的语义韵律（Partington

2004）。例如，danger，risk，peril 和 hazard 都是经常与 fraught with（充满了）一起
出现的（表示危险的）词汇单元，fraught with 这个谓词带有负面的语义韵律（Morley
/ Partington 2009）。然而，我们也不应该将语义韵律与评估（evaluation）相混淆。
语义韵律是指词语搭配的正面 / 负面性质，而评估针对的是某一个词项（item）本身
的正面 / 负面特征。

　　因此，语义韵律体现了人类对实体（entity）进行分类的好恶倾向（Morley /
Partington 2009）。确实，有时为了产生惊人的效果（例如为了具有讽刺意味），说
话者 / 作家可能会故意把语义韵律忽略掉（Louw 1993；Hoey 2005）。然而，如果是
说话者 / 作家根本就没有意识到语义韵律的重要性，那么由此造成的结果就太不幸了
（Hoey 2005）。而且，这可能是产生翻译错误的来源。例如，［在 utterly ridiculous（荒
唐至极）中］utterly（全然 / 彻底地）具有负面的韵律（Louw 1993）。然而，在西
班牙语中，completamente 和 totalmente 这类表示"完全地 / 全部地 / 彻底地"的词汇，
却通常与表示正面的词项一起出现［例如 completamente gratuito（completely free）（完
全免费）］。这一点在翻译过程中不能忽略。

　　尽管语义偏好和语义韵律很重要，但是，人们通常并没有把它们包含到词典
条目中去（Stubbs 2001；Hoey 2005；Dam-Jensen / Zethsen 2008）。幸运的是，人
们可以通过语料库分析获得这一类的信息（Stewart 2010）。语义偏好、语义韵律
和语料库语言学确实是相互依存的，因为这些语义现象是语料库语言学中的重要课
题，同时，这门学科是研究扩展型词汇单元的关键（Xiao / McEnery 2006；Stewart
2010；Tang / Rundblad 2015）。然而，获取语义偏好和语义韵律的最佳方法究竟是
语料库还是人类的直觉，针对这一问题目前仍然存在着争议（Louw 1993；Sinclair
2003）。鉴于含义（meaning）超越了词素的水平（the lexeme level）（Dam-Jensen
/ Zethsen 2008），因此，我们有必要对更大的语言结构进行关注（Stubbs 2001；
Dam-Jensen / Zethsen 2007）。在此，我们同意美国语言学家菲尔莫尔（Fillmore）
（1991）的观点，（语料库和人类的直觉）这两种（获取语义偏好和语义韵律的）方
法都是必要的。语料库和人类的直觉作用具有互补性，因为通过直觉这一触发器可以
激活对语料库的搜索（过程），它有助于人们对数据加工进行确定（Stewart 2010）。

2.3　框架术语学

　　本文的研究理论框架是框架术语学（Frame-Based Terminology）（简称 FBT）。
框架术语学将认知方法运用于术语学中，它直接将专业知识表示（specialized

knowledge representation）与认知语言学（cognitive linguistic）和认知语义学（cognitive semantic）联系了起来（Faber 2012, 2015）。而且，它与术语学的交流理论（the Communicative Theory of Terminology）（Cabré 1993,1999）以及术语学的社会认知理论（the Sociocognitive Theory of Terminology）（Temmerman 2000，2001）共享很多相同的前提，例如，它们都对在真实文本中使用的术语进行研究。除此之外，框架术语学还结合了词汇语法模型（the Lexical Grammar Model）（Martín Mingorance 1989；Faber / Mairal 1999）和框架语义学（Frame Semantics）（Fillmore 1985, 2006）的理论假设。这种研究运用词汇语法模型的前提，对专业语言中的概念关系和搭配关系进行提取和表示。在框架术语学中，多词术语的含义是通过对构成这些单元潜在的谓词 – 论元结构（predicate-argument structure）进行语义说明获取的。框架语义学（Fillmore 1985，2006）有助于对（术语和概念的）多维度性质（León-Araúz 2009）以及对更大的知识配置进行表示。

　　框架术语学是将知识组织在框架之中的，这些框架是以经验作为基础的表现，它们可以（为用户）提供背景知识和动机，以激发词汇在语言中的存在和这些词汇在语篇（discourse）中的使用方式（Faber 2009）。专业知识单元（specialized knowledge unit）或者术语是在上下文语境中获得其含义的，在这里，更具体地说，是在一个框架中突出它们在过程、活动（activity）或者事件中的角色，并与同一个框架中的其他概念建立联系。用户对某个实体或者一组实体的了解，依赖于获取到激活正确知识结构所需要的信息，在结构中词汇或者术语得以加工。通过运用框架对概念关系和术语组合（term combination）进行描述，术语的语义行为变得更为明确（Faber 2009）。尽管框架术语学最初是受菲尔莫尔（1985，2006）词汇框架（the lexical frame）的启发［这些词汇框架是依赖于语言的（language-dependent）］，但是在框架术语学中，以类似框架的形式进行的知识表示（the frame-like representation），适应的则是专业知识单元的结构，并且它们是非语言特定的（non-language-specific）（Faber 2015）。因此，它们与明斯基（Minsky）对人工智能中的框架看法相类似（1975），这最初也启发了菲尔莫尔（1977），并且它们被描述为代表模式化情形（stereotyped situation）的数据结构（León-Araúz 2009）。

　　框架术语学专注于以下方面：（i）概念组织；（ii）术语单元的多维度性质；（iii）从多语言语料库以及专业知识资源和专家那里提取的语义和句法信息（Faber 2009）。框架术语学的实际应用是 EcoLexicon（www.ecolexicon.ugr.es），它是一种以环境科学为基础的术语知识库，我们目前正在对它进行扩展，旨在进一步包括诸如多词术语的扩展型含义单元（extended unit of meaning）。

3　资料与方法

我们采用自上而下（top-down）和自下而上（bottom-up）的方法以便获取一组多词术语的含义，并对这些单元中的语义偏好和语义韵律进行研究。首先，我们以自下而上的方式从英语和西班牙语海岸工程学语料库（Coastal Engineering corpus）中以及使用 Sketch Engine 中的 EnTenTen 和 EsTenTen 语料库中提取所需的数据。我们从海岸工程学语料库中提取出了候选术语，并对它们的语汇索引（concordance）进行了分析。与此同时，我们利用通用语言语料库来对语义偏好和语义韵律进行分析。然后，我们通过自上而下的方法，从专业知识资源和专家那里获取信息，对这种语料库方法进行了补充。

3.1　语料库编辑和术语提取

我们从 EcoLexicon 上下载了一个可进行比较的海岸工程学语料库。它由一个包括 900 万个标记（token）的英语语料库和一个包括 200 万个标记的西班牙语语料库组成。语料库中的文本源自影响力较大的专业期刊中的论文［*Coastal Engineering*（《海岸工程》）、*Ingeniería hidraúlica y ambiental*（《环境工程学》）等］。然后，我们把海岸工程学语料库上传到 Sketch Engine（https://www.sketchengine.co.uk/）上（Kilgarriff et al. 2004；Kilgarriff 2014)。由于西班牙语子语料库要比英语子语料库小，因此，我们已经通过 Sketch Engine 的 WebBootCat 功能对其进行了扩展，这项功能可以利用网络快速编辑一个语料库。被选为候选术语的多词术语指称的全都是海岸工程中的过程（36 个英语多词术语和 46 个西班牙语多词术语）。为了更好地对语义偏好和语义韵律进行检测，这些多词术语具有相同的中心词或者相同的修饰词。

我们使用 Sketch Engine 的单词列表（Word List）功能来提取术语，这个功能允许对（术语）组成成分的数量进行规范（明确说明）。针对英语，我们将搜索属性设置为词元（lemma），n 元语法（n-gram）的数量为 3。相比之下，针对西班牙语的术语提取，我们将搜索属性设置为单词（word），因为通过词元进行的提取无法显示文本中自然出现的术语形式[①]。针对罗曼语族语言中的后修饰，n 元语法的数量

---

　　① 在西班牙语中，就单词构成而言，在词元上的区别要比在英语中的大［例如，del（of the）这样的约束形式，依据词元进行搜索，则会显示出它们分解后的形式 de+el］。

设为 5 或者 6，因为它们通常采用介词短语的形式，例如 control de la contaminación del agua（water pollution control）（水污染控制）。最后，我们使用停止列表（stop list）功能来剔除不相关的单词。

3.2　结构性的歧义消除（structural disambiguation）和基于谓词的语义关系分配（assignment of predicate-based semantic relation）

一旦术语被选择出来，我们就对它们进行分析并放在括号中分类。这种结构性的歧义消除有助于我们对名词复合词中的内部结构群（internal group）进行识别（Nakov 2013）。例如，water table fluctuation（地下水位变动）的内部结构是［water table］fluctuation。然后，我们确定名词复合词组成成分之间的语义关系。

我们所采用的方法，是将传统意义上的语义关系清单与一组处于上位义项（superordinate）的通用语言动词结合在一起。因为我们这里所有的多词术语都是对过程进行编码的名词化，因此动词对理解这些含义至关重要。出于这个原因，我们为一组通用动词（generic verb）［例如，change（变化），move（移动），use（使用），say（说）］附加了语义关系。这些通用动词被看成是具有层级结构（hierarchically-structured）的语义类别，其成员具有相同的核心含义。

与我们过去的研究相比（Cabezas-García / Faber 2017），那个时候，纳斯塔斯 / 斯帕科维奇（Nastase / Szpakowicz）（2003）把构成多词术语的潜在动词按照五种粗略的语义关系［因果关系（CAUSALITY），参与者（PARTICIPANT），质量（QUALITY），空间（SPATIAL），暂时性（TEMPORALITY）］进行了分类，在研究中，我们则把通用动词放在词汇语法模型（简称 LGM）的词汇域（lexical domain）中进行组织（Faber / Mairal 1999）。

在词汇语法模型中，词汇域是对语义空间的细分，它是对这个语义空间组成成员的含义定义（meaning definition）进行"因式分解"后而得到的，并由语料库进行了验证。在这些词汇域中处于上位义项的术语（superordinate term），在语义上则被认为是接近原语（primitive）或者概念不变量（conceptual invariant）。我们这里形成的词汇语法模型词汇域，是分析了 12 000 个动词的定义结构之后产生的结果。我们首先针对的是英语，然后是西班牙语（Faber / Mairal 1999）。结果产生了以下的通用语义类别及其上位义项术语：存在（在，发生）［EXISTENCE（be, happen）］，变化（成为，改变）［CHANGE（become, change）］，拥有（有）［POSSESSION（have）］，演讲（说，说话）［SPEECH（say, talk）］，情绪（感觉）［EMOTION （feel）］，动作（做，制作）［ACTION（do, make）］，认知（知道，思考）［COGNITION（know, think）］，动作（移动，走，来）［MOVEMENT（move, go, come）］，物理感知（看到，听到，品尝，闻到，触摸）［PHYSICAL PERCEPTION（see, hear, taste, smell, touch）］，操纵（使用）［MANIPULATION（use）］，接触/撞击（击中，中断）［CONTACT / IMPACT（hit, break）］，位置（放，在）［POSITION（to put, to be）］。其他的词汇域则包括指称灯光（LIGHT），声音（SOUND），身体功能（BODY FUNCTIONS），天气（WEATHER）等的动词。我们的基本前提是，由同一个词汇域或者其子域中的动词共享的语义信息，可用于预测这些谓词的句法行为（Faber / Mairal 1999）。

多词术语的微观上下文语境还包括谓词论元的定性价态（qualitative valence），这些谓词论元已经在域特定的语义类别中进行了分类。图 1 显示了类别集合以及属于它们的术语示例。

水：水质量，水资源，水位，地下水位 / 承雨线脚
水 _ 波（浪）：波高，水波，激波，海浪
水 _ 表示：洪水水位图
水向上 _ 运动：上升
水向上 _ 运动 & 运动 _ 漫过土地：淹没
负面 _ 情境（运动 _ 水）：洪水风险
负面 _ 情境（遇到 _ 干扰引起负面 _ 情境）：暴风雨破坏
遇到 _ 干扰：风暴潮
运动 _ 能量：能（量）流
运动 _ 空气：气流
运动 _ 船只：船道
运动 _ 固体 _ 碎片：. 泥沙输移
摩擦：摩擦
固体 _ 表面：表面粗（糙）度
沉积物：沉积物体积
风：风压
测量 _ 长度：长度规

图 1　指称了动词定性价态的语义类别

在必要之处我们还添加上了属性。例如，在 wave height analysis（波浪高度分析）中，height（高度）这一属性就被添加到了"水 _ 波"语义类别中，以便对这一类语义标签进行进一步的规范。

在图 1 中，词汇语法模型词汇域中的通用动词组合及其语义类别生成了概念性

的命题，这些命题使得微观上下文语境更为明晰，而且也有助于对多词术语的含义进行说明。例如 X 研究"负面_情境"（"运动_水"）这类的命题，它被词汇化为诸如 flood risk analysis（洪水风险分析）和 flood risk assessment（洪水风险评估）这样的多词术语，这样有助于表达它们的含义。

3.3 释义分析

进行释义分析（paraphrase analysis）可以对前一阶段的语义关系和语义类别进行进一步的规范（具体说明）。动词释义是采用句子形式对多词术语进行表示，其含义则基于多词术语的潜在谓词（Nakov 2013）。例如 dune erosion（沙丘侵蚀）可以被解释为"dunes are eroded / breached / destroyed / degraded / damaged"（沙丘被侵蚀 / 断裂 / 破坏 / 退化 / 损坏）（参见表 1）。

表 1　"水质监测"的释义分析

概念命题	X 研究			水（属性：良性）
释义	（X）研究	追踪 监视 测量 控制 跟踪	（的）	水质量

多词术语

为了形成动词释义，我们招募了一组专家（三名男性和两名女性，平均年龄为 30 岁）。参与者都是具有 3—10 年专业经验的海岸工程师、研究人员和教授。这些专家的母语都是西班牙语，而且他们精通英语，都供职于安达卢西亚地球系统研究所（the Andalusian Institute of Earth System Research）。他们为此都填写了调查问卷，我们要求他们对术语进行定义，提供使潜在命题变得明确的动词短语，并表达他们对调查问卷的意见。鉴于存在一些拼写或者语法错误，专家们提供的一些释义我们没有采用。

更多的释义则是我们从作为语料库使用的网络上提取的，因为即使是从语言学角度上看，加工得再完美的语料库释义，也无法与庞大的网络提供的释义相抗衡（Nakov / Hearst 2013）。我们已经发现，诸如 WebCorp（http://www.webcorp.org.uk/live/）这样用来生成语料库语汇索引的工具具有太多的局限性。因此，我们使用网络搜索引擎以便获取大量的数据。

为了从网络上提取释义，我们首先对 flood risk management（洪水风险管理）和 flood risk（洪水风险）进行搜索，以期引出带有诸如作用者 / 施事者（AGENT）或者位置 / 地点（LOCATION）这样语义角色的术语。这个过程取决于在多词术语中起补充作用的成分在语法上是宾语还是主语。当它明显是一个宾语的时候，例如，在 flood risk management 中［在这里，flood risk 是动词 manage（管理）的直接宾语］，我们就继续搜索 flood risk management，"to * the flood risk" / "that * the flood risk"，以引出可以具体说明多词术语含义的主语和谓词。如果在多词术语中起补充作用的是一个主语，例如 wave energy conservation［在此，wave energy（波能）是动词 conserve（守恒）的主语］，我们则搜索 wave energy conservation，"wave energy is *" / "wave energy can *" 以引出不同的动词。当未检索到任何信息时，搜索就变更为 "to * the wave energy"。在所有情况下，我们都参考了前五个结果页面。

相同的过程也用于获取西班牙语的释义。然而，为了提取通用动词，我们进行了诸如 "tren de ondas se *" 这样的查询，这种查询可以找到采用西班牙语表示的有关 wave train（tren de ondas）（波列）的被动句和反身被动句。我们还搜索了 "que * un tren de ondas" 以引出主语和动词。另外，我们还对从网上提取的释义形式进行了分析（参见表 1）。

在分析中，我们尽量包含较为广泛的信息：（i）多词术语中的信息；（ii）显示多词术语语义的概念性命题（X study WATER – attribute: GOODNESS）；（iii）扩展了多词术语含义的释义［例如 un estudio monitoriza la calidad del agua（a study monitors water quality）（一项研究监测水质）］；（iv）功能词［de la（of the）］。

语义关系［例如，study（研究）］可以通过它们的下义词得到进一步规范（具体说明）。释义对于获取中心词的含义特别有用，中心词在这里是环境科学领域中表示过程的名词化动词。诸如 seguimiento de la calidad del agua（water quality monitoring）（水质监测）这类的多词术语的含义，不仅可以通过语义关系（例如，study）进行表示，而且还通过释义来表达，这些释义传达了潜在动词的其他细微差别［例如在 un estudio sigue / monitoriza / mide / controla / realiza un seguimiento de la calidad del agua（a study monitors / measures / controls water quality）（一项研究监测 /

测量 / 控制水质）中所体现的］。同时，隐式谓词论元（implicit predicate argument）也就此得到了明确。例如，这类论元表明，水质量监测是通过一项研究（estudio）实现的。

3.4 语义韵律和语义偏好分析

在根据语义关系和释义对多词术语的含义进行编码之后，我们分析了它们的语义偏好和语义韵律。我们把具有相同中心词的多词术语以及具有相同修饰词的多词术语放在了同一个组里（英语 9 组，西班牙语 7 组）。

为了对语义韵律进行检测，我们对通常与中心词或者修饰词进行搭配的术语标示出正（＋）、负（－）或者中性（？）标签。这些正面、负面或者中性标签也被分配给了中心词或者修饰词，以显示这些词项的内涵。这种评估分类是以不断反思和观察文本信息，诸如关注语汇索引条中带有正面或者负面色彩的标记［例如，在"从……受益"（benefit from）和"受……喜爱"（favoured by）之后，通常跟着带有有益处色彩的词项］作为基础的。我们还从 EcoLexicon 和其他专业资源的定义中提取评估信息，尽管这些资源缺乏有关评估的特定信息，但我们可以将其用作可从中获得评估信息的概念性资源。例如，在 Termium Plus（http://www.btb.termiumplus.gc.ca）中，潮汐波（tidal wave）的定义是"很大的且具有破坏性的波浪，它通常是由海洋中的巨大扰动，例如，海底地震或者火山爆发引起的"（"very large and destructive wave, generally caused by a tremendous disturbance in the ocean, such as an undersea earthquake or volcanic eruption"）。因此，这个使用了例如破坏性（destructive）和干扰性（disturbance）这类负面词汇的定义，就让我们为这个术语分配了一个负面的标签，这个术语是 tidal wave propagation（潮汐波传播）这个多词术语的一部分。我们对多词术语在其他情况下的含义也做了引出。这样有助于我们在整体上对这个多词术语正面、负面或者中性的性质进行确定，并检测是否应该把对这个多词术语特定组成部分的评估传递给它的所有部分。

与我们过去只使用专业语料库进行研究（Cabezas-García / Faber 2017）不同，在这项研究中对语义韵律的分析，还以在通用语言语料库（Sketch Engine 中的 EnTenTen 和 EsTenTen 这两个子语料库）中进行的可复制的语汇索引分析[①]（replicable concordance analysis）作为基础。这个通用语言语料库由大约 190 亿个英语单词和超过 90 亿个西班牙语单词组成。其建造目的是获得更广泛的结果，并对从前面观察反

---

① 为此，我们分别查找了与中心词和修饰词有关的定义以及语汇索引。

思的文本信息和专业资源中引出的概念的正面、负面或者中性性质进行验证。

至于语义偏好，我们已经标示了每一个搭配词所属的词汇域或者概念类别。我们为名词化的动词分配了词汇域［例如，管理（management）属于操纵（MANIPULATION）词汇域］，而为非谓词性名词（non-predicating noun）分配了概念类别［例如，洪水水位图（flood hydrograph）属于"水_表示"（"WATER_REPRESENTATION"）概念类别］。表 2 显示了语义偏好和语义韵律的分析示例。

表 2 对"洪水风险"修饰词的语义偏好和语义韵律分析

修饰词：洪水风险（-）			
中心词	评估	+	认知 / 心理感知
	评估	+	操作
	评估	+	认知 / 心理感知
语义偏好：认知 / 心理感知 语义韵律：+			

最后，借助于 EcoLexicon，我们在英语和西班牙语等效的多词术语之间建立了映射关系（mapping relation），以探索关于语义偏好和语义韵律的语言对应关系。

4 结果与讨论

我们的研究结果表明，无论是从中心词到修饰词，还是从修饰词到中心词，在多词术语中都存在语义偏好和语义韵律。换句话说，当中心词与正面 / 负面的修饰词共现时，就会建立起正面 / 负面的语义韵律；当修饰词与正面 / 负面的中心词一起出现时，情况同理。当中心词与来自特定语义类别的修饰词结合在一起［例如，当中心词跟与水相关的水、"水_波"（"WATER_WAVE"）或者"水_表示"（"WATER_REPRESENTATION"）语义类别的修饰词结合使用］时，以及当修饰词与属于某个词汇域［例如变化（CHANGE）］的中心词相结合时，我们就会发现语义偏好的存在。

许多具有相同中心词的多词术语中都存在语义韵律，即英语中为 67%，西班牙语中为 75%。我们也观察到，在大多数具有相同中心词的多词术语中存在语义偏好：英语为 83%，西班牙语为 100%。另一方面，我们还发现，在这两种语言中，修饰词相同的多词术语 100% 都对中心词表现出一定的语义韵律。至于语义偏好，我们发现，在共享相同修饰词的英语和西班牙语多词术语中，有 67% 具有语义偏好。因此，在共享相同中心词或者修饰词的多词术语之间，并没有发现显著的差异性。在上述两种语言中，从中心词到修饰词或者反过来，都具有这些语义现象。在表3和表4中，我们列出了对中心词耗散［disipación（dissipation）］和修饰词洪水风险［riesgo de inundación（risk of flooding）］的语义韵律和语义偏好分析。

表3 中心词"耗散"的语义韵律和语义偏好分析

修饰词：耗散（+－？）			
中心词	波能	+	能量
	摩擦能	+	能量
语义偏好：能量 语义韵律：+			

表4 修饰词"洪水风险"的语义韵律和语义偏好分析

修饰词：洪水风险（－）			
中心词	感知	？	一般性感知
	适应	+	变化
	改变	？	变化
	减少	+	变化
	预防	+	变化
语义偏好：变化 语义韵律：+			

我们可以观察到，这些较大的含义单元也出现在（过去）不被认为具有语义偏好和语义韵律的专业知识单元里。表3就显示了中心词耗散［disipación（dissipation）］的语义韵律和语义偏好分析，disipación（dissipation）是disipar（dissipate）（耗散）这个动词的名词化。而且我们还发现，可以根据disipación与其他要素的组合来对其进行正面、负面或者中性的评估。在海岸工程学中，它通常与正面的术语结合使用，因此在这里它具有积极的语义韵律。另外，disipación还显示出对能量（ENERGY）这一语义类别的语义偏好，因为能量通常是disipar（dissipate）的实体。

　　到目前为止，人们对语义偏好和语义韵律的研究，是以基于动词及其搭配的语义网络作为基础的（例如 Sinclair 1991；Stubbs 2001；Xiao / McEnery 2006；Morley / Partington 2009）。然而我们的研究表明，这些语义现象也可以在相反的方向上出现，也就是出现在带有正面 / 负面动词的名词补语中。

　　表 4 显示了对修饰词洪水风险［riesgo de inundación（risk of flooding）］的分析，这个词具有负面的涵义，但它通常与正面动词的名词化形式一起出现，这就在部分上减轻了修饰词的负面影响。例如，其可能的中心词之一 adaptación（adaptation）（适应 / 调整）的语汇索引，就突出了它的正面性质，例如在 medidas para lograr la adaptación（measures to achieve adaptation）（实现适应的措施）或者 estrategias de adaptación（adaptation strategies）（适应策略）中所反映的。因此，鉴于这些修饰词与正面动词的共现，riesgo de inundación（risk of flooding）这个修饰词就具有了正面的语义韵律。更具体地说，在表 4 的 5 个动词中，有 3 个是正面的，而另外 2 个则是中性的。这些动词还确定了 riesgo de inundación 对变化这一词汇域的语义偏好。

　　在水这个类别以及与水有关的概念上，语义偏好的特点体现得比较明显。我们的研究表明，在英语中，26 个非谓词性名词中有 16 个是与水有关的概念，例如水，"水 _ 波"或者"水 _ 表示"。西班牙语中的情况也是如此，在 22 个非谓词性名词中有 15 个是与水有关的。鉴于我们涉及的是专业知识领域，因此，出现这种情况并不令人惊讶，自然，海岸工程学不只是对水进行关注，它还涉及其他更为广泛的语义类别。不管怎样，知识领域、文本类别以及语域（register）信息（Hoey 2005；Xiao / McEnery 2006；Bednarek 2008；Stewart 2010；Tang / Rundblad 2015），都会对语义偏好和语义韵律产生影响。

　　正如我们的研究结果所反映的，对某些术语正面 / 负面的评估是跟它们与多词术语其他组成成分的组合有关系的。这就意味着，中性术语可以得到正面或者负面的评估，因为它们是与多词术语的另一个组成成分并存的。由此，这就突显出微观上下文语境所具有的相关性，并且这也证实了上下文语境对多词术语的解释具有重要意义（Meyer 1993）。

　　举例而言，正如其定义所表明的那样，fluctuation（波动）具有中性的评估，它指的是变动，但未指明任何正面或者负面的特征。然而，当它与修饰词［甚至是中性的，例如 water level（水位）或者 water table（地下水位）］组合起来使用时，fluctuation 就会产生带有负面性的细微差别。这主要是由以下事实造成的：某些实体（例如水位）的波动会产生负面的影响。因此，整个名词复合词就获得了负面的评估，因为动词会把其评估传递给整个名词复合词。关于这一点，我们将在后面讨论。对 water level fluctuation（水位波动）的负面评估可由 issue（流出）、cause（造成）、control（控制）、affected by（由……影响）或者 avoid（避免）等动词反映出来（参见图 2）。①

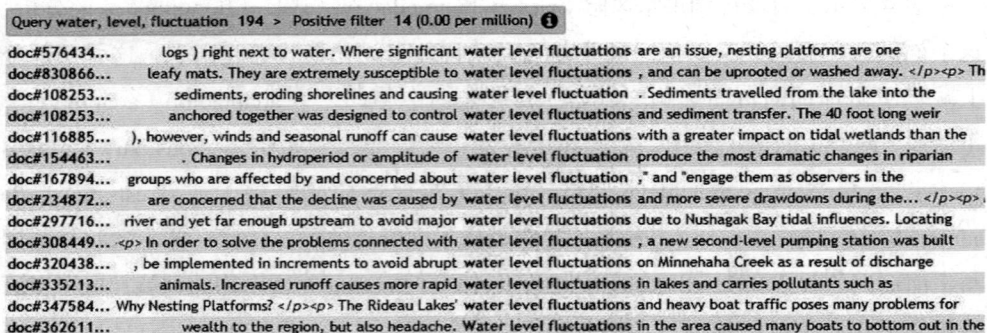

图 2　EnTenTen 语料库中有关 water level fluctuation 的负面语料库语汇索引

　　其他的术语，例如 propagación（propagation）（传播），视其搭配词而定，可以是正面、负面或者中性的。具体而言，当被传播的实体是有益的［例如 energía del oleaje（wave energy）］时，中心词 propagación 就是正面的；而当搭配词是不利／有害的［例如 ola de un tsunami（tsunami wave）（海啸波）］时，它就是负面的；而当传播没有任何正面或者负面的影响［例如 tren de ondas（wave train）（波列）］时，中心词 propagación 则为中性。这些示例突显出进行精确概念组织的有用性，经过这种组织，当把概念与具有一定评估性质的概念结合在一起时，这些概念的评估可能会有所不同［例如在 propagación 或者 reduction（减少）中所反映的］。

　　但应该强调的是，一个多词术语的组成部分并不一定要获得其他组成成分的内涵意义（connotation）。我们认为，中心词或者修饰词的正面／负面含义不一定传递给其他成分。换句话说，如果中心词具有正面评估，即使修饰词具有负面特征，中心词也不会自动变为负面。

　　gestión del riesgo de inundación（flood risk management）（图 3）以及 prevención del riesgo de inundación（flood risk prevention）（洪水风险预防）就属于这种情况。在 prevención del riesgo de inundación 中，其中心词 prevención（预防）具有正面的评估。实际上，由西班牙皇家学院（the Real Academia Española）（http://dle.rae.es）

---

　　①　在观察了海岸工程学语料库以及通用语言语料库的不同文本中传递负面性的大量语汇索引后，我们证实了多词术语的负面性。

对这个多词术语所作的定义，就突出了其规避风险的功能。当然，正如在 EsTenTen 语料库中所反映的，其修饰词［riesgo de inundación（flood risk）］是负面的，在这里，把洪水风险看成是一个需要去避免和减轻的问题。由此可见，当一个术语与正面或者负面的术语同时出现时，这个术语并不一定必须获得另一个术语的内涵意义（Partington 2004；Bednarek 2008）。在这里，这与洛（Louw）（1993）的一些观点相抵触，他认为，当某个词项与正面 / 负面的词项共同出现时，作为一种结果，它会带上某种情绪色彩。

多词术语组成成分之间的边界还与嵌套现象（the phenomenon of nesting）有关，霍伊（Hoey）（2005）将其作为词汇启动（预备）理论（theory of lexical priming）的一部分进行介绍。嵌套（nesting）是指某个启动（预备）组合或者单词组合的每个组成成分之间的不同搭配。这些成分不会互相影响或者不会对启动（预备）产生影响。

关于对整个多词术语的评估，莫雷和帕廷顿（Morley / Partington）（2009）指出，如果某个词项与其搭配词之间存在着对立或者贬低的关系，那么这个组合就不会获得搭配词所具有的正面 / 负面评估。在我们的研究中，动词被认为是多词术语含义的核心。换句话说，多词术语具有正面或者负面的评估是取决于它的动词，而动词可以放置在多词术语的不同位置上（图 3）。我们这里所有的多词术语（36 个英语多词术语和 46 个西班牙语多词术语），都证实了这一点。尽管在过去的研究中，我们曾经强调过动词与多词术语形成的相关性（Cabezas-García / Faber 2017），但是，本文的这项研究则更深入了一步，并且把谓词研究应用于对多词术语的评估之中。

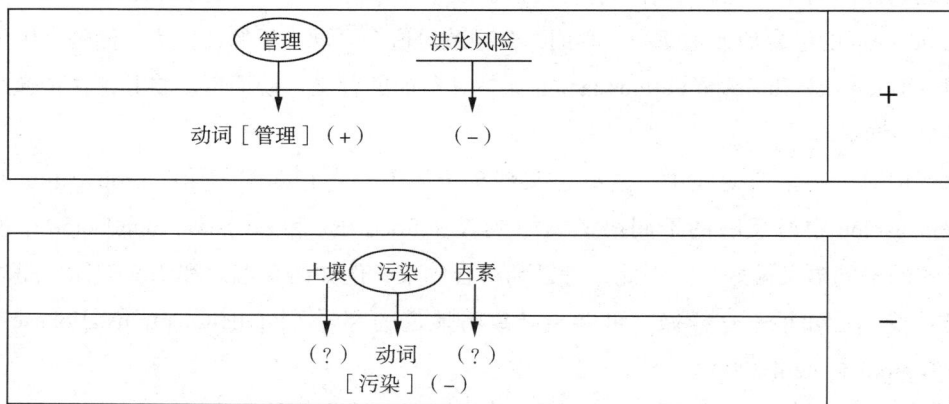

图 3　动词在多词术语评估中的作用

语义偏好和语义韵律作为词汇单元含义的一部分，在翻译时人们必须对其予以考虑。在英语和西班牙语的多词术语中我们都观察到了这些语义现象。在等效的术语之间通常也能发现语义对应现象。如图 4 所示，共享相同中心词或者修饰词的多词术语通常与来自相同语义类别的术语组合，并具有相同的语义韵律。在上述两种语言中的情形都是如此。

传播（扩散）（英语）
语义偏好：水 _ 波
语义韵律：？

传播（扩散）（西班牙语）
语义偏好：水 _ 波
语义韵律：？ –

洪水风险（英语）
语义偏好：认知 / 心理感知
语义韵律：+

洪水风险（西班牙语）
语义偏好：变化
语义韵律：+

图 4　语义偏好和语义韵律的语言间对应

可以看出，英语的中心词 propagation 和它的西班牙语等效词 propagación 都对属于"水 _ 波"类别的词项具有语义偏好，这些类别主要是中性的。另一方面，修饰词 flood risk 及其西班牙语等效词 riesgo de inundación 具有正面的语义韵律，因此它们倾向于与正面术语共现。所以，在一些多词术语中，flood risk 和 riesgo de inundación 的组合加上正面的中心词，会导致对这个多词术语的评估为正面的，因为即使 flood risk 和 riesgo de inundación 保持其负面的含义，动词也会将其评估传递给整个多词术语。

但是，在语言对应中，这些语义现象可能不一定相匹配（如在 propagation 和 propagación 中所反映的不同语义韵律或者在 flood risk 和 riesgo de inundación 中所反映的不同语义偏好）。因此，考虑到组合约束，例如语义偏好和语义韵律，是相当重要的。如果不这样做，可能会导致不地道的翻译（infelicitous translationese）（Tognini-Bonelli 2002）。

由此可见，成功的翻译工作要依靠人们对源语言单元含义各个方面的了解。这就涉及要对某些（不同语言）术语之间可能存在的语义偏好和语义韵律差异进行处理，因为这些术语的功能起初可能是可以进行类比的（Tognini-Bonelli 2002）。因此，对语义偏好和语义韵律进行分析有助于建立映射关系，特别是因为这种类型的语义现象可以解释多词术语的组合受限。

我们还发现，例如作用者/施事者（AGENT）或者受事者（PATIENT）这样的语义角色会对语义韵律和语义偏好产生影响。修饰词"风暴潮"（storm surge）这一示例就突显了语义角色在这个修饰词获得负面评估方面所起的重要性。我们观察到依赖于修饰词语义角色的两个维度。当"风暴潮"是过程的起点时（被理解为作用者/施事者），就激活了第一个维度。在这种情况下，修饰词就获得了负面的语义韵律，并出现了带有负面评估的术语，例如"升高"（elevation）和"淹没"（inundation），这是"风暴潮"带来的不利后果。这种负面的韵律在释义中是显而易见的，在这里，在诸如"造成"（cause）和"导致"（lead to）等动词的后面，通常跟着负面的概念（Hoey 2005；Xiao / McEnery 2006；Dam-Jensen / Zethsen 2008）。更具体地说，风暴潮造成（causes）洪水或者风暴潮导致（leads to）水位升高。我们还观察到指称动作（MOVEMENT）这一名词化动词的中心词的语义偏好。

在第二个维度上，"风暴潮"（被理解为受事者）接受由过程表示的行动。在这些情况下，由于"风暴潮"与具有正面评估［例如预测（prediction）］的中心词相结合，因此，在这里就存在着正面的语义韵律。从这个意义上讲，它暗示了减轻"风暴潮"负面影响的有益行动。此外，我们还观察到了指称动作（ACTION）这一名词化动词的中心词的语义偏好。表5显示了"风暴潮"的语义偏好和语义韵律的双重维度。

表5　修饰词"风暴潮"的语义偏好和语义韵律分析

修饰词：风暴潮（–）			
中心词	升高	–	运动
	预测	+	言语/说话
	建立模型	+	行动
	模拟	+	行动
	淹没	–	运动
维度1（因修饰词的行动而产生的结果） 语义偏好：运动 语义韵律：–			
维度2（减轻/阻止这些结果而采用的方法） 语义偏好：行动 语义韵律：+			

如前所述，由于"风暴潮"与负面的术语（动词名词化）同时出现（当 storm surge 是作用者 / 施事者时）而没有得到负面评估。因此，对整个多词术语的评估是正面的还是负面的，这是视动词而定的。

总而言之，我们这项研究的结果强调了语义偏好和语义韵律与多词术语的组合潜力有关。我们可以通过分析微观上下文语境来探索这些语义现象，这在以前的研究（Cabezas-García / Faber 2017）中，我们已经针对不同的目的，即含义的获取（meaning access）和表征（characterization），进行过讨论了。

5　结论

本文侧重的是对多词术语语义内容的研究。目的是确定在海岸工程学领域的一组英语和西班牙语多词术语中语义偏好和语义韵律的存在。为此，我们使用了海岸工程学语料库来进行术语提取和语汇索引分析，并使用通用语言语料库来分析语义偏好和语义韵律。随后，利用有关的专业资源以从中获取评估所需要的信息，并从海岸工程专家那里以及从网络中获取相关多词术语的定义和释义，我们又对这种方法进行了补充。我们依据的是纳科夫和赫斯特（Nakov / Hearst）（2013）的观点，即获取多词术语含义的最佳方法是通过动词释义，因为它们揭示了多词术语的潜在命题。虽然（传统）术语学通常只关注名词（Buendía-Castro / Faber 2015），但是，通用语言的动词可以对多词术语的含义进行阐明。我们的研究表明，使用动词释义可以为探讨这些单元的语义体系提供有益的启发，并有助于具体说明多词术语组成成分之间的语义关系。

多词术语的语义内容是值得人们探讨的课题，因为它们在专业文本中很常见（Nakov 2013）。然而，迄今为止，由两个以上的术语组成的多词术语却很少受到研究者的关注。本文的研究对其语义韵律和语义偏好进行了分析，并且发现，它们在上述多词术语的含义中是存在的。

对词汇的语义偏好和语义韵律的认识，对于外语专业的学生、翻译人员或者任何希望采用另一种语言撰写文本的人来说都非常重要。因为在翻译时，翻译者不仅必须知道源文本和目标文本中的表示性含义（denotative meaning），而且还必须知道它们的评估性含义（evaluative meaning），因为掌握对词汇的评估非常重要，只有这样才可能使生成的目标文本符合语言规范的要求（Bednarek 2008；Dam-Jensen / Zethsen 2008；Stewart 2010）。鉴于语义偏好和语义韵律通常并不出现在定义当中，因此语料库语言学为分析多词术语的用法提供了宝贵资源。

在这项研究中，我们已经发现，在多词术语中存在着语义偏好和语义韵律。在从（以名词化中心词形式出现的）动词到修饰词以及从修饰词到动词这两个方向上，语义偏好和语义韵律都可能存在。换句话说，中心词或者修饰词与属于特定语义类别的正面 / 负面词项是共现的。就我们所知，这一点是以前未曾探索过的。

另外，当某些术语与多词术语的其他组成成分结合起来的时候，它们可以获得正面 / 负面 / 中性的评估。然而，这并不意味着中心词或者修饰词的正面 / 负面性质会自动传递给多词术语的其他成分。对这个多词术语为正面 / 负面 / 中性的总体评估，是依据动词的不同而定的。

我们已经观察到语义偏好和语义韵律的语言对应关系，尽管它们在英语和西班牙语（的多词术语）中并不总是匹配的。因此，在翻译或者生成其他语言的文本时，人们应该考虑到组合约束问题。另外，我们还发现，语义角色（例如 AGENT 或者 PATIENT）对多词术语组成成分的语义偏好和语义韵律也会产生影响。

在未来的研究中，我们计划使用并行语料库来查找等效的多词术语，并探索这些单元的语义偏好和语义韵律的对应关系问题，目的在于将其包含在 EcoLexicon 的措辞模块中去。

参考文献：

[1]　BAUER L. Les composés exocentriques de l'anglais[M]//La composition dans une perspective typologique. Arras: Artois Presses Université, 2008: 35-47.

[2]　BEDNAREK M. Semantic preference and semantic prosody re-examined[J]. Corpus Linguistics and Linguistic Theory , 2008, 4(2): 119-139.

[3]　BUENDÍA-CASTRO M, FABER P. Phraseological units in English-Spanish legal dictionaries: a comparative study[J]. Fachsprache: Internationale Zeitschrift für Fachsprachenforschung-didaktik und Terminologie, 2015, 37(3/4) : 161-175.

[4]　CABEZAS-GARCÍA M, FABER P. Exploring the semantics of multi-word terms by means of paraphrases[J]. Temas actuales de Terminología y estudios sobre el léxico, 2017: 193-217.

[5]　CABRÉ M T. La terminología: teoría, metodología, aplicaciones[M]. Barcelona: Empúries, 1993.

[6] CABRÉ M T. La terminología: representación y comunicación[M]. Barcelona: Institut Universitari de Lingüística Aplicada, Universitat Pompeu Fabra, 1999.

[7] DAM-JENSEN H, ZETHSEN K K. Pragmatic patterns and the lexical system—A reassessment of evaluation in language[J]. Journal of Pragmatics, 2007, 39(9): 1608-1623.

[8] DAM-JENSEN H, ZETHSEN K K. Translator awareness of semantic prosodies[J]. Target. International Journal of Translation Studies, 2008, 20(2): 203-221.

[9] DOWNING P. On the creation and use of English compound nouns[J]. Language, 1977: 810-842.

[10] EVANS V, GREEN M. Cognitive linguistics[M]. Edinburgh: Edinburgh University Press, 2006.

[11] FABER P. The cognitive shift in terminology and specialized translation[J]. MonTI. Monografías de Traducción e Interpretación, 2009(1): 107-134.

[12] FABER P. A cognitive linguistics view of terminology and specialized language[M]. Berlin: Mouton de Gruyter, 2012.

[13] FABER P. Frames as a framework for terminology[M]//Handbook of Terminology. Amsterdam: John Benjamins Publishing Company, 2015: 14-33.

[14] FABER P, MAIRAL-USÓN R. Constructing a lexicon of English verbs[M]. Berlin: De Gruyter Mouton, 2012.

[15] FAUCONNIER G. Mental spaces: Aspects of meaning construction in natural language[M]. Cambridge: Cambridge University Press, 1994.

[16] FILLMORE C J. Scenes-and-frames semantics[J]. Linguistic Structures Processing, 1977(5): 55-81.

[17] FILLMORE C J. Frames and the semantics of understanding[J]. Quaderni di semantica, 1985, 6(2): 222-254.

[18] FILLMORE C J. Corpus linguistics or computer-aided armchair linguistics[C]// Directions in corpus linguistics. Proceedings of the Nobel Symposium 82, August 4-8, 1991, Stockholm, Sweden. Berlin: Mouton de Gruyter, 1992, 82: 35-59.

[19] FILLMORE C J. Frame semantics[J]. Cognitive linguistics: Basic readings, 2006, 34: 373-400.

[20] HOEY M. Lexical priming: A new theory of words and language[M]. Abingdon:

Routledge, 2012.

[21] KILGARRIFF A, RYCHLÝ P, SMRZ P, et al. The Sketch Engine[C]//Proceedings of the 11th EURALEX International Congress, July 6-10, 2004, Universit de Bretagne-Sud, Lorient. 2004: 105-116.

[22] KILGARRIFF A, BAISA V, BUŠTA J, et al. The Sketch Engine: ten years on[J]. Lexicography, 2014, 1(1): 7-36.

[23] KRÜGER R. The interface between scientific and technical translation studies and cognitive linguistics[M]. Berlin: Frank and Timme, 2015.

[24] LEÓN-ARAÚZ P. Representación multidimensional del conocimiento especializado: el uso de marcos desde la macroestructura hasta la microestructura[M]. Granada: Universidad de Granada, 2009.

[25] LEVI J. The syntax and semantics of complex nominals[M]. New York: Academic Press, 1978.

[26] LOUW B. Irony in the text or insincerity in the writer? The diagnostic potential of semantic prosodies[M]//Text and technology: In honour of John Sinclair. Philadelphia: John Benjamins Publishing Company, 1993: 157-176.

[27] MAGUIRE P, WISNIEWSKI E J, STORMS G. A corpus study of semantic patterns in compounding[J]. Corpus Linguistics and Linguistic Theory, 2010: 6(1): 49-73.

[28] MINGORANCE L M. Functional grammar and lexematics in lexicography[M]// Meaning and lexicography. Amsterdam: John Benjamins Publishing Company, 1990: 227-253.

[29] MEYER R. Compound comprehension in isolation and in context: The contribution of conceptual and discourse knowledge to the comprehension of german novel noun-noun compounds[M]. Tübingen: Niemeyer, 2010.

[30] MINSKY M. A framework for representing knowledge[M]//The Psychology of computer vision. New York: McGraw-Hill, 1974: 211-277.

[31] MONZÓ-NEBOT E. (Re) producing habits in international negotiations: a study on the translation of collocations[J]. Fachsprache: International Journal of Specialized Communication 2015, 37(3/4): 193-209.

[32] MORLEY J, PARTINGTON A. A few frequently asked questions about semantic—or evaluative—prosody[J]. International Journal of Corpus Linguistics, 2009, 14(2): 139-

158.

[33] MUNDAY J. Looming large: A cross-linguistic analysis of semantic prosodies in comparable reference corpora[M]//Corpus-based translation studies: Research and applications. London: Continuum, 2011: 169-186.

[34] NAKOV P. On the interpretation of noun compounds: Syntax, semantics, and entailment[J]. Natural Language Engineering, 2013, 19(3): 291-330.

[35] NAKOV P, HEARST M. Semantic interpretation of noun compounds using verbal and other paraphrases[J]. ACM Transactions on Speech and Language Processing, 2013, 10(3): 1-51.

[36] NASTASE V, SZPAKOWICZ S. Exploring noun-modifier semantic relations[C]// JEROEN G, ELIAS T, HARRY B, et al. Fifth international workshop on computational semantics, January 15-17, 2003, Tilburg University, Tilburg. Tilburg: Tilburg University, 2003: 285-301.

[37] Ó SÉAGHDHA D, COPESTAKE A. Interpreting compound nouns with kernel methods[J]. Natural Language Engineering, 2013, 19(3): 331-356.

[38] PARTINGTON A. "Utterly content in each other's company": Semantic prosody and semantic preference[J]. International journal of corpus linguistics, 2004, 9(1): 131-156.

[39] PECMAN M. Variation as a cognitive device: How scientists construct knowledge through term formation[J]. Terminology, 2014, 20(1): 1-24.

[40] PINKER S. Learnability and cognition[M]. Cambridge: MIT Press, 1989.

[41] ROSARIO B, HEARST M, FILLMORE C J. The descent of hierarchy, and selection in relational semantics[C]//Proceedings of the 40th Annual Meeting of the Association for Computational Linguistics, July 7-12, 2002, University of Pennsylvania Philadelphia, Pennsylvania. ACL, 2002: 247-254.

[42] SINCLAIR J. Looking up: An account of the COBUILD project in lexical computing and the development of the Collins COBUILD English language dictionary[M]. London: Collins, 1987.

[43] SINCLAIR J. Corpus, concordance, collocation[M]. Oxford: Oxford University Press, 1991.

[44] SINCLAIR J. The search for units of meaning[J]. Textus: English Studies in Italy, 1996, 9(1): 75-106.

[45] SINCLAIR J. Preface[M]//BARBARA L T. Practical applications in language and computers. Frankfurt am Main: Lang, 2003: 7-11.

[46] STEWART D. Semantic prosody: A critical evaluation[M]. New York: Routledge, 2010.

[47] STUBBS M. Words and phrases: Corpus studies of lexical semantics[M]. Oxford: Blackwell publishers, 2001.

[48] STUBBS M. The search for units of meaning: Sinclair on empirical semantics[J]. Applied linguistics, 2009, 30(1): 115-137.

[49] TANG C, RUNDBLAD G. When safe means "dangerous": A corpus investigation of risk communication in the media[J]. Applied Linguistics, 2017, 38(5): 1-23.

[50] TEMMERMAN R. Towards new ways of terminology description: the sociocognitive approach[M]. Amsterdam: John Benjamins Publishing Company, 2000.

[51] TEMMERMAN R. Sociocognitive terminology theory[M]//MARÍA T C, JUDIT F. Terminología y cognición. Barcelona: Institut Universitari de Lingüística Aplicada, 2001: 75-92.

[52] TESNIÈRE L. Eléments de syntaxe structurale[M]. Paris: Klincksieck, 1976.

[53] TOGNINI-BONELLI E. Between phraseology and terminology in the language of Economics[M]//Phrases and phraseology: Data and descriptions. Bern: Peter Lang, 2002: 65-83.

[54] VANDERWENDE L. Algorithm for automatic interpretation of noun sequences[C]// MAKOTO N, YORICK W. COLING 1994 Volume 2: The 15th International Conference on Computational Linguistics, August 5-9, 1994, Kyoto, Japan. 1994: 782-788.

[55] WARREN B. Semantic patterns of noun-noun compounds[M]. Göteborg: Acta Universitatis Gothoburgensis, 1978.

[56] XIAO R, MCENERY T. Collocation, semantic prosody, and near synonymy: A cross-linguistic perspective[J]. Applied linguistics, 2006, 27(1): 103-129.

EcoLexicon 中的本体知识增强

J. C. 吉尔 – 贝罗斯佩（Juan Carlos Gil-Berrozpe）、

P. 莱昂 – 阿劳斯（Pilar León-Araúz）和 P. 费伯（Pamela Faber）①

摘　要： 当代学者对概念如何在人脑中进行表示和组织的研究，催生了诸如"扎根认知"和"具身认知"这样的神经认知理论。这些理论极大影响了语言学和术语学的深入研究。在这种理论背景下，概念化、分类和知识组织成了以认知作为导向的术语学理论的基础，这些术语学理论，例如框架术语学，强调与具体情境相联系的知识结构的重要性。框架术语学的实际应用是 EcoLexicon，它是一个基于环境科学的动态术语知识库。这个术语资源中的概念是域特定的，并置身于环境事件当中，环境事件这个模型通过为概念分配不同的角色而使概念相互关联。然而，在 EcoLexicon 的环境事件中，过去并不包括旨在从本体意义上对这些概念进行注释的特定类别类型。因此，本文旨在研究在 EcoLexicon 中进行本体知识增强的过程。而且，这个过程主要是以多维度的方法作为基础，并且是在语义分级中对概念进行分类的。由此，EcoLexicon 不仅在分类方面，而且也通过对概念类别模块进行重新设计，从而在本体上得到了增强。这里涉及对现有类别层级结构的改进，并增加了旨在描述概念和类别组合潜能的新功能（即概念组合功能以及本体视图）。

关键词： 概念类别；概念化；分类；本体；环境科学知识

1　引言

根据经典认知理论，知识表示（knowledge representation）是位于语义记忆中的无模态数据结构（amodal data structure），它与大脑中可以进行感知、行动和

---

① 这篇文章英文名为 "Ontological Knowledge Enhancement in EcoLexicon"。原文见西班牙格拉纳达大学（University of Granada）LexiCon 研究团队（LexiCon Research Group）的出版物网站（http://lexicon.ugr.es/publications）（2019 年）。——译者注

内省的模态系统完全隔离（Barsalou 2008）。然而，当代包括扎根认知（grounded cognition）（Barsalou 2010；Kiefer and Barsalou 2013）和具身认知（embodied cognition）（Gallese and Lakoff 2005；Martin 2007；Meteyard et al. 2012）在内的认知理论，则提出了一种在我们头脑中更加具有关联性的知识描述。

扎根认知理论认为，诸如环境、情境、身体和模拟等因素，对于在大脑模态系统中将认知表示情境化是必不可少的（Barsalou 2010）。同样，具身认知理论认为，身体是主要的扎根机制（grounding mechanism），人们所有的认知过程都依赖于感知和行动（Meteyard et al. 2012）。与此相应，概念的具体化是在这种意义上实现的：它们的概念化特征是在基于经验的人脑感觉和运动区域中得到表示的（Kiefer and Pulvermüller 2012）。毫不奇怪，每一个持认知视角的学科都关注概念是如何在头脑中得到表示并进行组织的（Mahon and Caramazza 2009），或者换句话说，这类学科都关注概念化的信息是如何在头脑中分类的。

这些基于扎根认知或者具身认知的概念化方法与语言学和术语学领域特别相关，因为近十年来，在这些学科中都发生了认知性转变（cognitive shift）（Faber 2009）。这种认知性转变特别影响了有关专业知识表示、类别组织以及概念描述的术语学研究。术语学是一门结合了语言学和认知方面知识的学科，这不足为奇，因为术语是在专业知识文本框架内具有概念含义的语言要素（linguistic element）（Faber 2009）。所以，词典资源和术语资源都应该借鉴心理学研究的各个方面或者细节。

因此，基于认知的术语学理论必然也受到当代认知理论的启发。这些术语学理论声称：专业概念不是孤立被激活的，而通常是在具有典型性的情境和事件背景中被上下文语境化了（Faber and San Martín 2010）。例如，当感知一个实体（entity）时，人们也会感知到它所处的空间，包括施事者（agent）、受事者（patient）或者影响它的事件（event）。此外，脑成像实验（brain-imaging experiment）已经证实，对潜在行动的模拟（simulation of potential action）与实体和事件的概念化有很大的关系，在这里，甚至包括专业语言文本中提到的那些行动（Faber et al. 2014）。

鉴于认知科学对术语学的影响，我们有必要对术语资源中所展示的本体信息进行增强或进一步发展，以便为用户提供针对概念及其描述的更为准确的表示。这将产生更具表达能力的形式化本体（formal ontology），它不仅通过促进知识表示和知识获取而使人类用户获益，它还通过提供更高程度的互操作性和实用性使非人类用户（non-human user）受益。在大多数情况下，这个过程始于采用特定的方式对资源中所包含的知识进行构建，这也是分类在此起着关键性作用的原因。实际上，对知识进行分类是不可避免的，因为任何一个概念都可以被包含在一系列按层级关系组织（hierarchically-organized）的类别之中（Murphy and Lassaline 1997），它的范围可以从一般级别到具体级别。

在这种背景之下，本文讨论了在 EcoLexicon（http://ecolexicon.ugr.es/en/index.htm）环境科学术语知识库中进行本体知识增强的过程。这个过程主要基于多维度的方法将概念分类为语义分级。由此，我们不仅通过这种分类在本体上对 EcoLexicon 进行了增强，还通过对先前概念类别模块的重新设计，这涉及改进类别层级结构并实施新的功能（即概念组合功能和本体视图），对 EcoLexicon 进行增强。

2 环境科学知识中的概念分类

神经科学的一些特色，例如概念化、分类和知识组织，是框架术语学（Frame-based Terminology）（简称 FBT）的基础，框架术语学是一种以认知作为导向的术语学理论，它强调采用框架（frame）进行表示以及与具体情境相联系的知识结构（knowledge structure）的重要性（Faber 2015）。框架术语学将专业知识表示与认知语言学和语义学相结合，从心理学和语言学模块这两个方面开展研究。框架是框架术语学的基石，它们通常被定义为某种知识结构，其中包含了有关概念级别的信息，并根据人类经验把与特定场景或者情境相关联的实体和事件联系起来（Faber 2015）。由此，任何的科学或者技术文本中都包含专业知识单元，这些知识单元可以激活域特定（domain-specific）的语义框架（semantic frame），而这些语义框架是与具体的域和用户的知识背景相联系的。

框架术语学主要的实际应用，就是以术语资源形式出现的 EcoLexicon（Faber et al. 2016）。EcoLexicon 是一个基于环境科学的动态术语知识库，它的每一个条目（记录）都可以为用户提供包括概念、语言、措辞和多模式等方面的广泛信息。当前，EcoLexicon 包含约 4 500 个环境科学概念和 23 500 个术语，配备有七种语言（英语、西班牙语、德语、法语、荷兰语、现代希腊语和俄语），并计划加入汉语、葡萄牙语和阿拉伯语。此外，EcoLexicon 中最重要的功能之一就是它的通用视图（general view），其中显示有概念网络（conceptual network），以展示概念之间是如何通过不同的语义关系［属种关系（generic-specific relation）、部分－整体关系（part-whole relation）和非层级关系（non-hierarchical relation）] 进行相互关联的。

2.1　环境事件（Environmental Event）

根据框架术语学观点，概念网络是以其潜在的域以及一个封闭的、由层级结构和非层级结构的语义关系组成的清单作为基础的（Faber et al. 2009）。这些是构建 EcoLexicon 时我们所使用的主要理论前提，目标是从语料库分析中提取概念关系和概念的组合潜力。

在 EcoLexicon 中，用户可以依照一般和具体的关系结构对知识进行访问。最基本的级别是环境事件（简称 EE）。在这个框架中，环境实体（environmental entity）的一般类别通过谓词进行连接，这些谓词对这些实体可以参与的状态、过程和事件进行编码（Faber 2015）。正如莱昂 – 阿劳斯（León-Araúz）等人所述（2012），环境事件包含了与一般性的环境科学知识相关的概念、语义角色和类别的基本含义。另外，环境事件还在上层水平（the superordinate level）上把通用类别（属类别）（generic category）连接起来，并为可用来将上下文语境信息限制到最相关程度的子框架（subframe）（的建立）提供基础。

如图 1 所示，环境事件具有可以启动过程的两种类型的 agent（施事者），即 natural agents（自然施事者）（无生命）和 human agents（人类施事者）（有生命）。

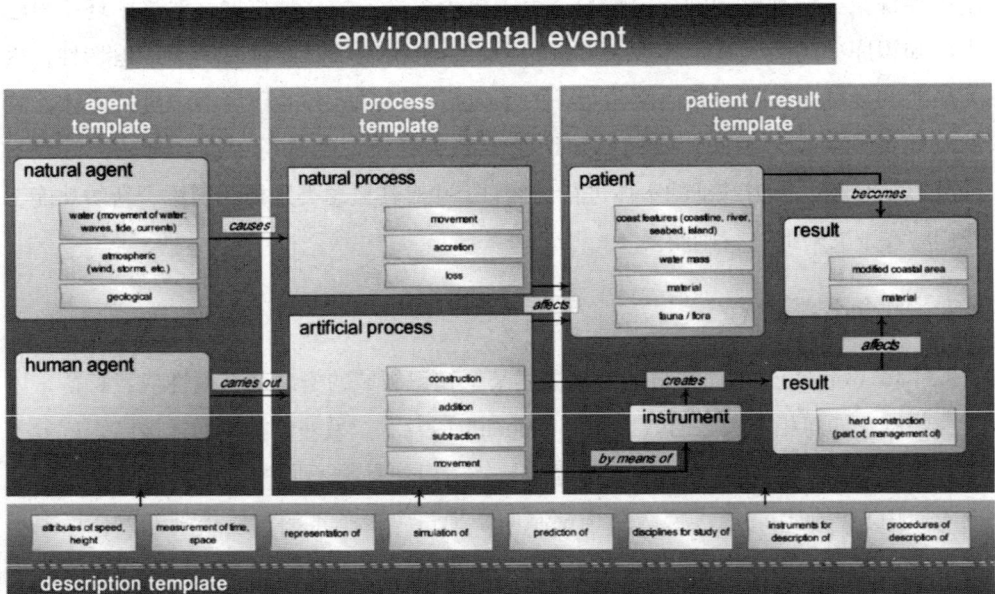

图 1　环境事件

一方面，自然力（例如水的运动）在特定的位置（location）上造成 natural processes（自然过程）的发生［例如 river erosion（河水侵蚀）］，这里通常有一些 patients（受事者）［例如 riverbed（河床）］，作为（自然力作用的）一种 result（结果），它们可能会发生某些变化［例如变质（deterioration）、尺寸或者形状的改变）］。而在另一方面，人类也可以采用某些 artificial processes（人工过程）［例如 construction（建造）］来改变通常由自然过程产生的 effects（影响／效果／结果）［例如 protection（保护）］，或者通过使用某些 instruments（设备／仪器／设施／手段）［例如 defence structures（防御结构）］来产生新的影响（效果／结果）。

然而，就环境科学知识的概念表示而言，我们不能简单地通过把这些通用的语义角色（generic semantic role）分配给概念来实现，就好似所有这些角色都属于一个具有普遍性的事件类型一样（León-Araúz et al. 2012）。实际上，我们必须考虑到（概念所处的）语境化（contextualization），因为一个概念与其他概念相互作用的方式会影响到人们对它分类的方式（Evans and Green 2006）。因此，我们最初把环境事件用作宏观结构，以便进一步设计与上下文语境相关的微观结构［例如，海岸工程学（coastal engineering）、气象学（meteorology）、海洋学（oceanography）］。

近年来，EcoLexicon 的内容已经得到了广泛扩展，其中纳入了大量的概念和语义信息，这些信息足以让我们把所有的内容相互关联起来，从而超出了最初在环境事件框架中所观察到的特定情况。由于概念含义上的这种扩展，对这个环境科学术语知识库中的类别在本体意义上进行增强，这种需求已经具有明显的迫切性，因为最初的环境事件仅包括语义角色，而不包括可以对所有的环境概念进行本体注释的具体类别类型。因此，我们对知识库中的所有概念都进行了深入分类，这是对 EcoLexicon 赖以作为基础的本体进行的修订，并对其概念类别模块增添了新的功能，我们将在下文对此进行阐明。

2.2　概念分类过程

本体（ontology）通常被认为是描述某个知识领域的概念及其属性或者特征，以及这些概念如何相互关联的数据库（Weigand 1997）。另外，本体通常被组织成分类的层级结构，而且倾向于越具有普遍性越好，以便针对不同的应用需求可以将它们投入使用和再使用。这类层级结构都倾向于把三个最基本的本体类别安置在最上层水平上：实体（ENTITIES）或者对象（OBJECTS）、过程（PROCESSES）或者事件（EVENTS），以及属性（ATTRIBUTES）或者特性（PROPERTIES）（Mahesh and Nirenburg 1995；Moreno-Ortiz and Pérez-Hernández 2000）。

在这种理论背景下，我们着手实施了旨在对环境科学知识进行基于本体［例如环境本体（Environmental Ontology）（简称 ENVO）（http://www.obofoundry.org/ontology/envo.html）］的分类项目（Buttigieg et al. 2013，2016）。具体地说，环境本体自我定义为"以社区作为主导的开放型项目，这个项目旨在提供一种本体，以规范与多个生命科学学科相关的、广泛的环境科学知识，并通过开放的参与模型，满足所有需要使用本体分级来注释数据的人们的术语需求"（Buttigieg et al. 2013）。尽管这个项目最初把重点放在对生物群系（biome）、环境特征（environmental feature）和环境材料（environmental material）的表示上，但它一直在不断扩展，以期囊括与众多相互交织的领域相关的本体信息（Buttigieg et al. 2016）。

与此相类似，EcoLexicon 中的概念分类过程也遵循环境本体本体推理的前提，从而使概念类别和层级结构适应 EcoLexicon 中所包含的环境科学知识的特定需求。由于环境科学具有动态性的特点（León-Araúz et al. 2012），因此我们必须考虑到概念性质的多面性，因为根据其显著性特征，它们可以属于不止一个的类别（Kageura 1997）。出于这个原因，我们从多维度的角度进行概念的分类过程。

我们建立了一系列属于不同自上而下（top-down）分类级别的语义分级（semantic class），以确定特异性（specificity）程度（Murphy and Lassaline 1997）和概念相似性程度（Hahn and Chater 1997），因此每一个概念都可以采用一个类别进行标记，以显示其与本体相似要素（ontologically-similar element）的相互关系。这些语义分级主要以概念定义和 EcoLexicon 语料库中的上下文语境信息作为基础，但也与环境本体中的本体分级（ontological class）进行了对照（Buttigieg et al. 2013，2016）。由此，增强型的 EcoLexicon 类别系统就建立了起来，并按照层级结构进行了组织（图 2）。

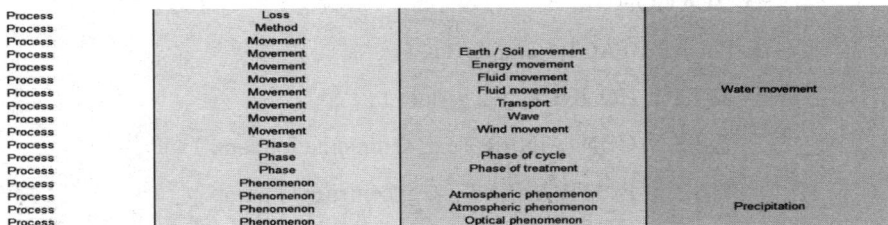

图 2　类别层级结构示例

通过这种方式，EcoLexicon 中的 4 500 个概念被分为 152 个类别，并分布在五个分类级别上。首先，最一般的级别由三个初始本体类别（starter ontological category）

组成（Mahesh and Nirenburg 1995；Moreno-Ortiz and Pérez-Hernández 2000）：

　　A：属性（ATTRIBUTE）——实体和过程的特性；

　　E：实体（ENTITY）——物质和精神对象；

　　P：过程（PROCESS）——事件随着时间的推移而扩展，并涉及不同的参与者。

　　然而，根据概念的本体性质，我们可以将其分为多达五个具体级别的子级，如涉及制造物（CREATION）概念的类别层级结构所示：

［E: 实体

　　E-1：制造物

　　　　E-1.1：工件（例如直流母线）

　　　　　　E-1.1.1：管道（例如风道）

　　　　　　E-1.1.2：容器（例如沉淀池）

　　　　　　E-1.1.3：仪器（例如 离心泵）

　　　　　　　　E-1.1.3.1：测量仪器（例如加速度计）

　　　　　　　　E-1.1.3.2：记录仪器（例如反照仪）

　　　　　　　　E-1.1.3.3：采样仪器（例如自动采样器）

　　　　　　　　E-1.1.3.4：转换仪器（例如太阳能电池）

　　　　　　E-1.1.4：车辆（例如挖泥船）

　　　　E-1.2：软件（例如计算机应用程序）

　　　　E-1.3：结构（例如码头）

　　　　　　E-1.3.1：建筑（例如炼燃油厂）

　　　　　　E-1.3.2：防御结构（例如礁石防波堤）

［E: ENTITY

　　E-1: CREATION

　　　　E-1.1: ARTIFACT（e.g. dc bus）

　　　　　　E-1.1.1: CONDUIT（e.g. duct）

　　　　　　E-1.1.2: CONTAINER（e.g. sedimentation tank）

　　　　　　E-1.1.3: INSTRUMENT（e.g. centrifugal pump）

　　　　　　　　E-1.1.3.1: MEASURING INSTRUMENT（e.g.accelerometer）

　　　　　　　　E-1.1.3.2: RECORDING INSTRUMENT（e.g. albedograph）

　　　　　　　　E-1.1.3.3: SAMPLING INSTRUMENT（e.g. automatic sampler）

　　　　　　　　E-1.1.3.4: TRANSFORMING INSTRUMENT（e.g. solar cell）

　　　　　　E-1.1.4: VEHICLE（e.g. dredger）

　　　　E-1.2: SOFTWARE（e.g. computer application）

　　　　E-1.3: STRUCTURE（e.g. pier）

　　　　　　E-1.3.1: BUILDING

　　　　　　E-1.3.2: DEFENSE STRUCTURE（e.g. reef breakwater）］

　　另外，对于那些具有多维度性质的概念（Kageura, 1997），我们则依据在其定义和语料库中观察到的显著性特征（salient feature），并根据需要，尽可能多地分为多个类别层级结构。例如，"港口"（port）是一个最具多方面含义的概念之一，我们根据以下四个类别对它进行了分类：

　［·概念：港口

　　·定义（来自 EcoLexicon）：沿着河流或者海岸放置，可以使轮船和小船免受暴风雨和汹涌海水的侵袭，并且在此可以往船上装卸货物。它可以是天然的或者人造的。

　　·概念类别：

　　　·E－1.3：结构

　　　·E－4.1：人工地理特征

　　　·E－4.2：自然地理特征

　　　·E－12.1.2：设施

［·**Concept**: port

　·**Definition (from EcoLexicon)**: place along a river or seacoast that gives ships and boats protection from storms and rough water, and where ships can load and unload cargo. It can be natural or artificial.

　·**Conceptual category**:

　　·E-1.3: STRUCTURE

　　·E-4.1: ARTIFICIAL GEOGRAPHIC FEATURE

　　·E-4.2: NATURAL GEOGRAPHIC FEATURE

　　·E-12.1.2: FACILITY］

　　图 3 显示了用于归纳分类过程的分类表（categorization table）的一个片段。第一列包含所分析的概念；第二列指出这个概念是否是多维度的；第三列描述了

应用于某个单个概念的类别号；其余的列则包含应用于每一个概念的自上而下的类别。

sheet pile	NO	FIRST CATEGORY:	Entity	Part	Part of structure
taiga	NO	FIRST CATEGORY:	Entity	Geographic feature	Natural geographic feature
stem	NO	FIRST CATEGORY:	Entity	Part	Part of lifeform
thallus	YES	FIRST CATEGORY: SECOND CATEGORY:	Entity	Part	Part of lifeform
slope	NO	FIRST CATEGORY:	Entity	Part	Part of landform
continental slope	YES	FIRST CATEGORY: SECOND CATEGORY:	Entity	Space Part	Layer Part of landform
grain size	NO	FIRST CATEGORY:	Attribute	Physical attribute	Size
drum	YES	FIRST CATEGORY:	Entity	Creation	Structure
sieve	NO	FIRST CATEGORY:	Entity	Creation	Artifact
sieving	YES	FIRST CATEGORY: SECOND CATEGORY:	Process Process	Elimination Phase	Phase of treatment
tank	YES	FIRST CATEGORY:	Entity	Creation	Structure
aeration tank	YES	FIRST CATEGORY: SECOND CATEGORY:	Entity	Creation	Artifact Structure
calibration tank	YES	FIRST CATEGORY: SECOND CATEGORY:	Entity	Creation Creation	Artifact Structure Artifact

图 3　分类表的示例

从本体角度来看，有 16 个类别与属性相关联，有 93 个与实体相关联，有 43 个与过程相关联。

3　EcoLexicon 中的本体视角

EcoLexicon 中的本体增强过程，主要是以多维度的方法在语义分级中对概念进行分类。由此产生的结果，不仅可以改善 EcoLexicon 中所包含的所有环境科学知识的结构及其组织，而且还可以为用户提供新的实际应用和功能，以便最终用户可以对本体信息进行充分利用。从本质上说，在 EcoLexicon 中实现的本体增强型功能如下：（ i ）本体视图在通用视图中显示的概念网络上添加了一个选项；（ ii ）新的概念类别模块，包括修订了的类别层级结构和概念组合功能。

3.1　本体视图

在 EcoLexicon 的通用视图中包括一系列要素，它们在用户友好的界面上显示了数据库所包含的所有信息，这个界面有助于用户访问不同类型的数据。有关每个条目的主要信息被分为五个模块：（ i ）定义模块（definition module），里面的术语定义以"属"（genus）和"种差"（differentiae）作为基础进行了表述；（ ii ）术语模块（term module），采用可使用的不同语言信息为概念提供词汇化名称；（ iii ）资源模块（resource module），具有图像、视频和超链接等多模式资源；（ iv ）概念类别模块，其中包含概念所属的类别列表；（ v ）措辞模块（phraseology module），其中包含关于概念和术语的措辞模式和搭配信息。另外，这个术语知识库还提供了其他功能，包括用户可以在 EcoLexicon 语料库中搜索特定的语汇索引，并在数据库中提取有关信息的统计信息。

EcoLexicon 最显著的特色就是其动态性的可视化概念网络显示，在其中，概念被多语言指称的名称（denomination）所围绕，概念之间通过语义关系相互关联。在 EcoLexicon 中，我们区分了三种不同类型的语义关系：属种关系（type_of）、部分－整体关系（part_of, made_of, delimited_by, located_at, takes_place_in, phase_of）以及非层级关系（affects, causes, attribute_of, opposite_of, studies, measures, represents, result_of, effected_by, has_function）。

得益于 EcoLexicon 的本体增强过程，通过实现被称为本体视图的可选功能（图 4），其中概念网络的可视化显示也得到了改进。作为概念分类的结果，EcoLexicon 中的每一个概念都与 152 个类别中的一个或者多个（类别）发生联系并做了标记，从而允许容纳所有相关的信息，以便最终用户可以依据概念的本体性质来观察概念的组合潜力。

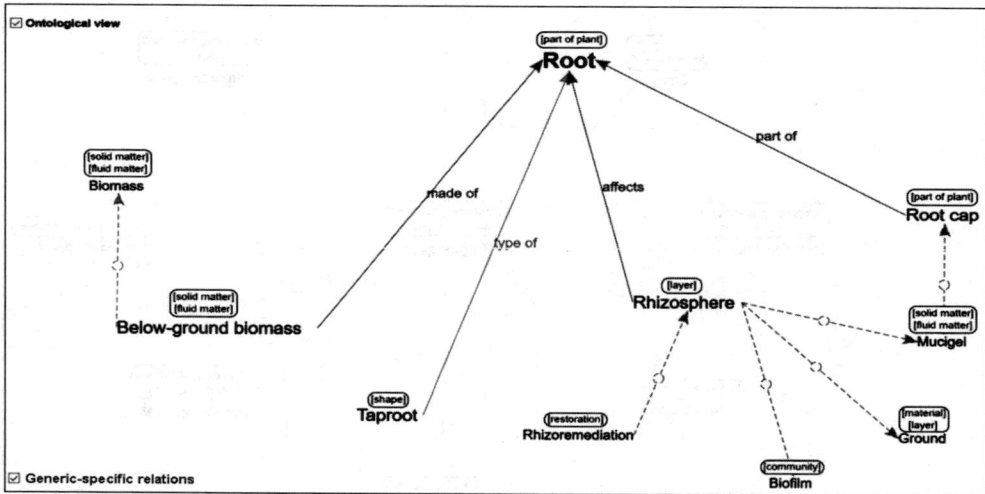

图 4　本体视图［概念：root（根）］

在图 5 中，本体视图功能已经被激活，因此弹出了一系列方框（bubble），它们标记各个概念并指明每个概念所属的概念类别。得益于这种功能，用户可以就所选概念的组合潜力进行一系列观察。例如，有趣的是，经过观察，我们可以确认 solar cell（太阳能电池）［属于 transforming instrument（转换仪器）和 part of instrument（仪器的一部分）这个概念类别］通过属种关系而与之相关的其他概念共享完全相同的类别：这些概念是 amorphous cell（非晶电池）（属于 transforming instrument 和 part of instrument 概念类别）、crystalline solar cell（晶体太阳能电池）（属于

transforming instrument 和 part of instrument 概念类别）以及 thin-film solar cell（薄膜太阳能电池）（属于 transforming instrument 和 part of instrument 概念类别）。同样，由于 solar cell 被归类为 part of instrument，因此它在较大概念类别中的隶属关系就通过部分－整体关系进行了表示，例如 photovoltaic system（光伏系统）［属于 transforming instrument 和 system（系统）这个概念类别］和 solar panel（太阳能电池板）（属于 transforming instrument 这个概念类别）。最后，我们发现，通过非层级关系连接到 solar cell 上的概念：energy（能量）［属于 energy（能量）和 measurement（测量）概念类别］和 solar radiation（太阳辐射）［属于 energy movement（能源运动）概念类别］，确实与这个概念作为一种 transforming instrument 的性质有关。

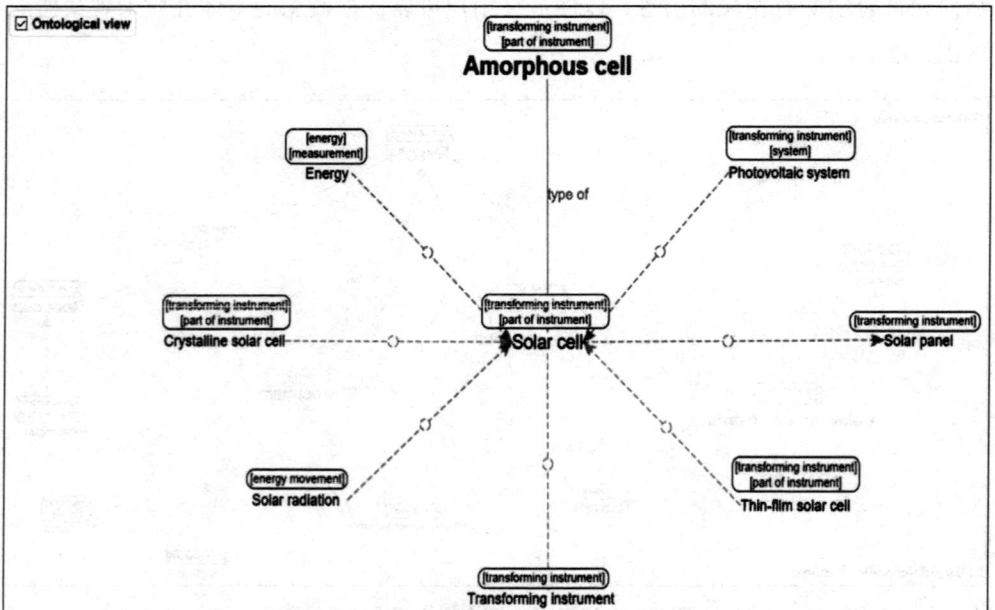

图 5　本体视图（概念：amorphous cell）

3.2　概念类别模块

　　EcoLexicon 中最初的概念类别模块仅根据环境事件中所指称的语义角色来对概念进行分类（Faber 2015；León-Araúz et al. 2012）。因此，在我们实施了概念分类过程之后，还有必要对这个模块进行重新设计。在这里主要涉及两个主要变化：（i）类别层级结构功能的修改和更新；（ii）概念组合功能的实施。图 6 显示了选择 port 这一概念时的概念类别模块。这里展示了四个概念类别［E-1.3: Structure（E-1.3:

结构），E-4.1: Artificial geographic feature（E-4.1：人工地理特征），E-4.2: Natural geographic feature（E-4.2：自然地理特征）和 E-12.1.2: Facility（E-12.1.2：设施）］以及类别层级结构和概念组合按钮。

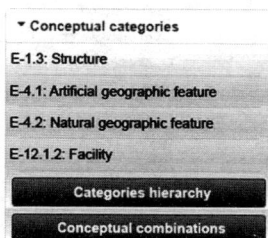

图 6　概念类别模块（概念：port）

3.2.1　类别层级结构

这个新模块的增强型概念类别层级结构的功能，体现在一份按层级结构组织的、包含了所有 152 个语义分级的列表上。用户可以通过单击左侧的三角形来对每个类别中的成员进行访问，如果将列表放大则可以查看到更具体的子类别（图 7）。当选择某个类别之后，则会弹出一个新窗口，其中包含了所有属于这个类别的概念。这样，用户就可以轻松地访问 EcoLexicon 中的每一个条目、其中的信息以及与本体相关的概念了（图 8）。例如，在图 8 中，显示了按字母顺序排列的属于 Defense structure（防御结构）类别的概念。如果用户单击其中任何一个概念［例如，cofferdam（围堰）、dike（堤防）］，EcoLexicon 就可以让用户看到与这个条目有关的所有信息。

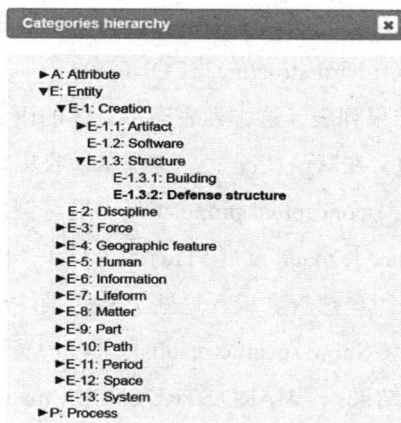

图 7　类别层级结构功能（类别：DEFENSE STRUCTURE）

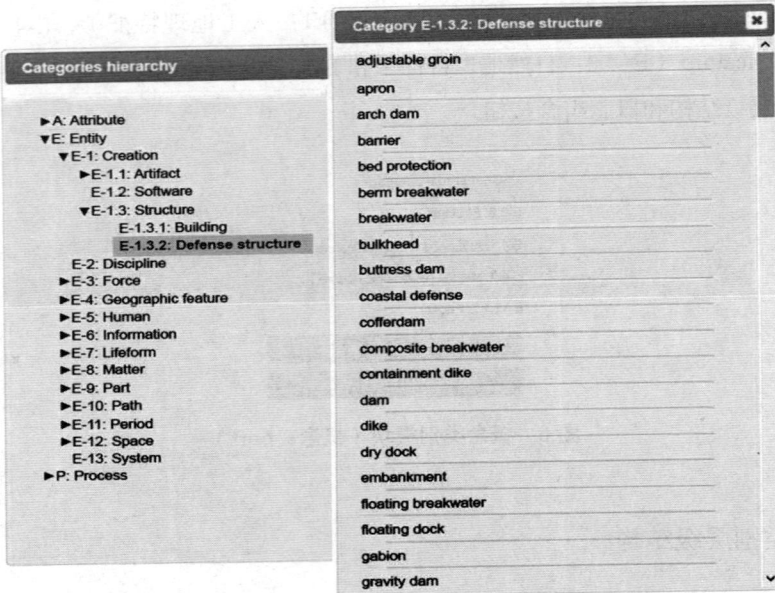

图 8　带有示例的类别层级结构功能（类别：DEFENSE STRUCTURE）

3.2.2　概念组合

在新概念类别模块的概念组合功能中，用户可以执行简单查询或者高级查询功能。图 9 显示了针对 hard structure（硬结构）这一概念进行简单查询的查询屏幕（the query screen）和结果屏幕（the results screen）。简单查询框（the simple query box）可用于执行近似搜索（a proximity search），当用户输入不同的字母时，这个功能会使用可利用的概念自动完成这次搜索。正如结果屏幕所示，系统自动将用户的搜索转换为查询表达式｛hard structure［CONCEPT］｝｛硬结构［概念］｝，并在 EcoLexicon 中显示出结果列表，这张列表通过具体的语义关系显示出所查询的概念与其他概念的组合潜力。在默认情况下，这些结果收集在由语义关系链接的概念类别所构成的概念化命题（conceptual proposition）里。例如，图 9 中的第四个结果显示为"［Defense structure］made of［Material］"｛"由［材料］制成的［防御结构］"｝，但是，如果用户想查看编入这些类别的具体概念，他们就必须单击位于这个概念命题旁边的"+ Show specific results"（"+ 显示具体结果"）选项，于是，将显示出查询的实际结果："HARD STRUCTURE made of CONCRETE"（"由混凝土制成的硬质结构"），"HARD STRUCTURE made of STEEL"（"由钢制成的硬质结构"），"HARD STRUCTURE made of QUARRY STONE"（"由菱形岩石制成的硬质结构"）等。

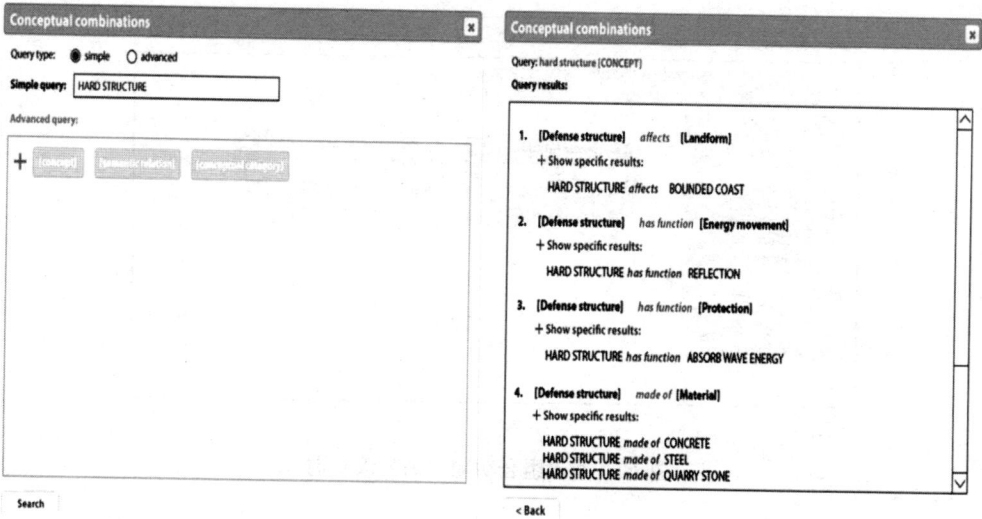

图 9 在概念组合功能中使用表达式"hard structure［CONCEPT］"的简单查询（左侧）及其查询结果（右侧）

另一方面，高级查询（the advanced query）提供了一系列的特殊性（particularity），这样，用户就可以执行更为复杂的搜索。如图 10 所示，高级查询基于三个要素：（i）概念；（ii）语义关系；（iii）概念类别。通过单击"+"符号旁边的框，用户就可以按任意顺序向查询中添加任意数量的要素，因为这种查询允许进行要素的自由组合［例如，"category + relation"（"类别 + 关系"）、"concept + relation + category"（"概念 + 关系 + 类别"）、"category + relation + category"（"类别 + 关系 + 类别"）等］。同样，用户也可以删除任何一个要素。概念框（concept bubble）具有一个自由文本框，在里面可以键入任何内容，而语义关系框（semantic relation bubble）和概念类别框（conceptual category bubble）都仅显示一个参数选择列表（picklist），其中罗列了 EcoLexicon 中所包含的所有关系或者类别。然而，用户也可以在语义关系框和概念类别框中选择选项 ANY（任意哪一个）。实际上，使用参数选择列表显示出所有具有可能性的选择，这是用户查找和选择最适合自己的查询选项的最简便方法。另外，在每一个框中都包含 AND 和 OR 按钮，如果用户希望在同一个位置上查找多个概念、关系和 / 或类别的话，这些按钮将非常有用。

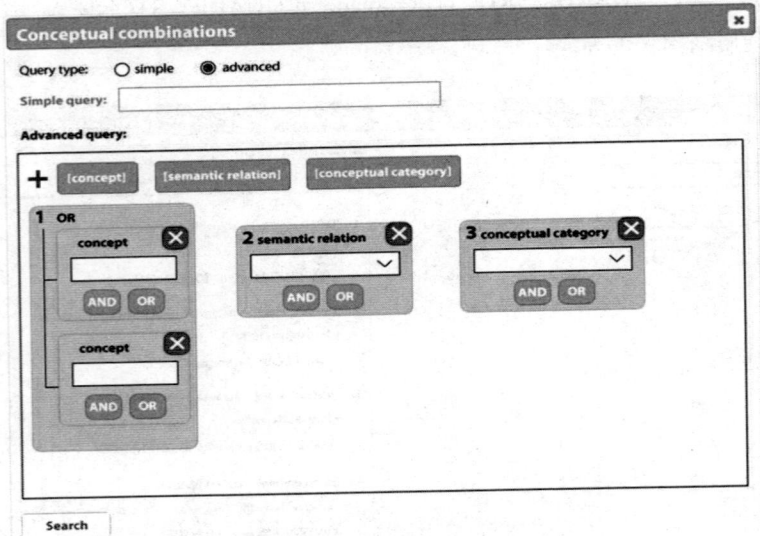

图 10　概念组合功能中的高级查询

图 11 显示了针对"Water movement［CATEGORY］+ any［SEMANTIC RELATION］+ Natural water body［CATEGORY］"｛"水运动［类别］+任何［语义关系］+天然水体［类别］"｝这个高级查询的查询屏幕和结果屏幕。为了执行这个搜索，用户必须选择 Query type（查询类型）旁边的 advanced（高级）选项，这将激活高级查询框（advanced query box），用户将在这里生成一个概念类别框，以便选择 Water movement；再生成一个语义关系框以选择 ANY；生成概念类别框以选择 Natural water body。结果，这一表达式显示出了一系列的结果，其中包括通过任何语义关系把属于 Water movement 类别和 Natural water body 类别的概念连接在一起的概念命题。例如，第一种情况是概念性命题"［Water movement］affects［Natural water body］"｛［水运动］影响［自然水体］｝，包括"FLOOD CURRENT affects BAY"（"洪水对巴伊湾的影响"）、"TIDE affects TIDAL RIVER"（"潮汐对潮汐河的影响"）以及"REGRESSION affects SEA"（"退潮对海的影响"）等这样的例子。

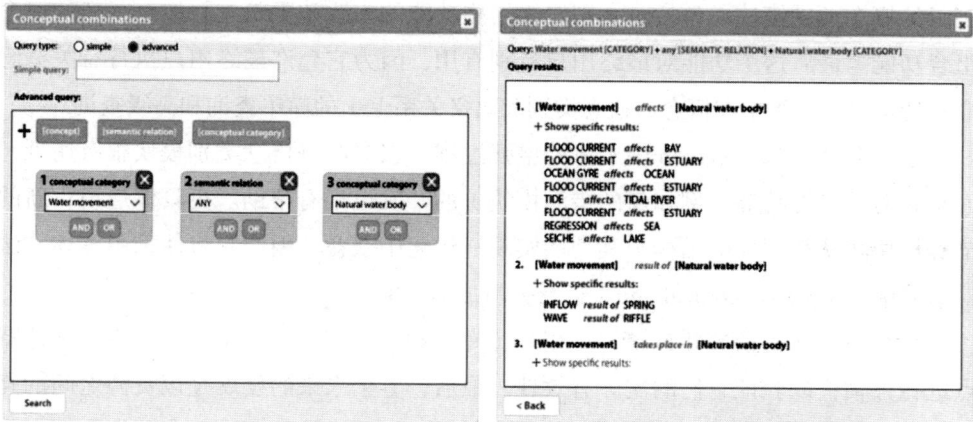

图 11 使用"水运动 [类别] + 任何 [语义关系] + 天然水体 [类别]"表达式在概念组合功能中进行的高级查询（左侧）及其查询结果（右侧）

4　结论

当代的认知理论极大地影响了语言学和术语学的最新研究。由于术语是根据上下文语境传达概念信息的语言单元，因此我们不能孤立地对其进行分析，而必须将其置于作为大脑不同模态系统交互作用的具体环境情境的一部分中进行分析。在开发术语资源的具体情况下，我们必须重点关注如何在大脑中对概念进行表示和组织，或者换句话说，我们必须关注如何对概念信息进行分类。

另外，认知对术语的影响也促使我们必须对语言资源和术语资源中的本体信息进行增强，因为这是描绘更为准确的概念及其信息表示所不可或缺的。通过对知识获取进行促进和提供更高程度的互操作性，更具表达能力的形式本体可以使人类用户和非人类用户都得到益处。正是在这种意义上，我们在 EcoLexicon 中实施了增强本体知识的过程，这主要建立在将其 4 500 个概念归类为 152 个语义类别的基础上。由此，我们确立出分布在多到五个分类并按自上而下顺序排列的语义类别，并以此确定出特异性和概念相似性的程度，旨在针对每一个概念都可以采用某个类别进行标记，而且，这个类别显示了这个概念和其他与本体相关的概念之间的相互关系。

因此，我们不仅改善了 EcoLexicon 中所包含的环境知识的结构及其组织，而且还为用户提供了新的概念应用和功能，而这些应用和功能都可以从已经生效的本体信息中得到体现。我们从概念分类过程中获得的两个新功能是：（ⅰ）本体视图，这是对在通用视图中显示的概念网络的可选性增强，展示了概念的组合潜力；（ⅱ）修订了的概念类别模块，包括对类别层级结构功能的修改和更新，并加入了新的概念组合功能。最后这个功能对最终用户特别有用，因为它允许最终用户执行有关概念命题特定组合（集中在概念、概念类别和语义关系上）的简单查询和高级查询。

总而言之，EcoLexicon 中本体的增强过程不仅对改进概念类别模块很有用处，而且它对补充性功能（例如新的措辞模块）的开发也很有帮助。更具体地说，新的措辞模块将从类别层级结构与其功能实现一体化中获益，因为它将使采用本体方法对措辞单元（phraseological unit）进行分析成为可能。

我们下一步的研究将邀请一些用户（专家和非专家）对本文提出的主要本体特点进行评估，以验证它们的实际有效性。最后，鉴于未来的发展是以资源之间的互操作性作为基础的，因此，我们有必要对如何在 EcoLexicon 衍生出来的资源——EcoLexicon 语料库和 EcoLexiCAT（EcoLexicon 的术语增强型翻译工具）中实现概念分类进行探讨。所以，我们计划进行类别注释（category annotation）以丰富 EcoLexicon 语料库，并且把从概念类别模块中获得的本体信息显示在 EcoLexiCAT 界面上。未来的工作还将关注如何通过关联数据（Linked Data）与外部资源共享 EcoLexicon 中的本体知识（León-Araúz et al. 2011a；León-Araúz et al. 2011b）。[①]

参考文献：

[1] BARSALOU L W. Grounded cognition[J]. Annual review of psychology, 2008, 59(1): 617-645.

[2] BARSALOU L W. Grounded cognition: Past, present, and future[J]. Topics in cognitive science, 2010, 2(4): 716-724.

[3] BUTTIGIEG P L, MORRISON N, SMITH B, et al. The environment ontology: contextualising biological and biomedical entities[J]. Journal of biomedical semantics, 2013, 4(1): 1-9.

[4] BUTTIGIEG P L, PAFILIS E, LEWIS S E, et al. The environment ontology in 2016: bridging domains with increased scope, semantic density, and interoperation[J]. Journal of biomedical semantics, 2016, 7(1): 1-12.

① 这项研究是在项目 FFI2017-89127-P ——"面向翻译的环境文本术语工具"（Translation-Oriented Terminology Tools for Environmental Texts，TOTEM））—— 的框架内进行的，该项目由西班牙经济与竞争力部（Spanish Ministry of Economy and Competitiveness）资助，同时西班牙教育部和专业培训部也向本文的第一作者提供了 FPU 资金（参考 FPU16 / 02194）。

[5] EVANS V, GREEN M. Cognitive linguistics[M]. Edinburgh: Edinburgh University Press, 2006.

[6] FABER P. Frames as a framework for terminology[J]. Handbook of terminology, 2015, 1(14): 14-33.

[7] FABER P, SAN MARTÍN A. Conceptual modeling in specialized knowledge resources[J]. Information Technologies and Knowledge, 2010, 4(2): 110-121.

[8] FABER P, LEÓN-ARAÚZ P, PRIETO-VELASCO J A. Semantic relations, dynamicity, and terminological knowledge bases[J]. Current Issues in Language Studies, 2009, 1(1): 1-23.

[9] FABER P, LEÓN-ARAÚZ P, REIMERINK A. Representing environmental knowledge in EcoLexicon[M]//BÁRCENA E, READ T, ARÚS J. Languages for Specific Purposes in the Digital Era. Cham: Springer, 2014: 267-301.

[10] FABER P, LEÓN-ARAÚZ P, REIMERINK A. EcoLexicon: new features and challenges[C]//KERNERMAN I, KOSEM I, KREK S, et al.Proceedings of GLOBALEX 2016: Lexicographic Resources for Human Language Technology in conjunction with the 10th edition of the Language Resources and Evaluation Conference, May 24, 2016, Potorož. Portorož: ELRA, 2016: 73-80.

[11] GALLESE V, LAKOFF G. The brain's concepts: The role of the sensory-motor system in conceptual knowledge[J]. Cognitive neuropsychology, 2005, 22(3,4): 455-479.

[12] HAHN U, CHATER N. Concepts and similarity[M]. Lamberts K, Shanks D. Knowledge, concepts and categories. Cambridge: MIT Press, 1997: 93-131.

[13] KAGEURA K. Multifaceted/Multidimensional concept systems[M]//WRIGHT S E, BUDIN G. Handbook of Terminology Management: Basic Aspects of Terminology Management. Amsterdam: John Benjamins Publishing Company, 1997: 119-132.

[14] KIEFER M, BARSALOU L W. Grounding the human conceptual system in perception, action, and internal states[M]//PRINZ W, BEISERT M, HERWIG A. Action science: Foundations of an emerging discipline. Cambridge: MIT Press, 2013: 381-407.

[15] KIEFER M, PULVERMÜLLER F. Conceptual representations in mind and brain: Theoretical developments, current evidence and future directions[J]. Cortex, 2012, 48(7): 805-825.

[16] LEÓN-ARAÚZ P, FABER P, MAGAÑA-REDONDO P J. Linking domain-specific knowledge to encyclopedic knowledge: an initial approach to linked data[C]//Proceedings

of the 2nd Workshop on the Multilingual Semantic Web (The 10th International Semantic Web Conference), October 23, 2011, Bonn, Germany. 2011: 68-73.

[17] LEÓN-ARAÚZ P, FABER P, MONTERO-MARTÍNEZ S. Specialized language semantics[M]//FABER P. A cognitive linguistics view of terminology and specialized language.Berlin: De Gruyter Mouton, 2012: 95-176.

[18] LEÓN-ARAÚZ P, MAGAÑA-REDONDO P J, FABER P. Integrating environment into the Linked Data Cloud[C]//PILLMAH W, SCHADE S, SMITS P. Proceedings of the 25th International Conference on Informatics for Environmental Protection, September 5-7, 2011, Ispra, Italy. Aachen: Shaker Verlag, 2011: 370-379.

[19] MAHESH K, NIRENBURG S. A situated ontology for practical NLP[C]//Proceedings of tthe Workshop on Basic Ontological Issues in Knowledge Sharing, International Joint Conference on Artificial Intelligence, August 20-25, 1995, Montreal, Canada. 1995: 1-10.

[20] MAHON B Z, CARAMAZZA A. Concepts and categories: a cognitive neuropsychological perspective[J]. Annual review of psychology, 2009, 60(1): 27-51.

[21] MARTIN A. The representation of object concepts in the brain[J]. Annual review of psychology, 2007, 58: 25-45.

[22] METEYARD L, RODRÍGUEZ-CUADRADO S, BAHRAMI B, et al. Coming of age: A review of embodiment and the neuroscience of semantics[J]. Cortex, 2012, 48(7): 788-804.

[23] MORENO-ORTIZ A, PÉREZ-HERNÁNDEZ C. Reusing the Mikrokosmos ontology for concept-based multilingual terminology databases[C]//Proceedings of the Second International Conference on Language Resources and Evaluation, May 31-June 2, 2000, Athens, Greece. 2000: 1061-1067.

[24] MURPHY G L, LASSALINE M E. Hierarchical structure in concepts and the basic level of categorization[M]//LAMBERTS K, SHAHKS D. Knowledge, concepts, and categories. Cambridge: MIT Press, 1997: 93-131.

[25] WEIGAND H. Multilingual Ontology-Based Lexicon for News Filtering—The TREVI Project[C]//MAHESH K. Ontologies and Multilingual NLP: Proceedings of the 15th International Joint Conference on Artificial Intelligence, August 23-29, 1997, Nagoya, Japan. San Francisco: Morgan Kaufmann Publishers, 1997: 138-159.

术语扩展含义分析可以揭示动词语义框架的结构

J. M. U. 戈麦斯 – 莫雷诺（José Manuel Ureña Gómez-Moreno）

和 P. 费伯（Pamela Faber）①

　　摘　要：通过禁用针对通用语言的一个动词子事件的两个传统性约束，戈德堡（Goldberg）表明：（ⅰ）一个动词可以同时说明方式和结果或者位置的变化；（ⅱ）一个动词所描述的侧面事件不必与被诱发的背景框架事件具有因果关系。我们的这项研究，进一步发展了戈德堡的主张，并进一步证明了，单个的动词可以同时满足（ⅰ）和（ⅱ）。为此，本文分析了两个多义性的术语动词及其论元，它们是在从环境科学专业知识领域自然运作的文本语料库、提取的语汇索引中出现的。这些动词及其论元的含义，已经在费伯等人所描述的"环境事件框架"中得以形式化。本文将通用语言中这些动词的基本含义与其扩展了的术语性含义进行比较，以确定含义的扩展如何构建和约束由动词的每一个子含义所诱发的基于事件的语义框架。在所比较的含义对的语义框架组成和性质上，我们发现了惊人的差异性。在满足了标准（ⅰ）和（ⅱ）的多义性动词中所出现的这种语义框架的不对称性，进一步丰富了戈德堡关于动词语义和事件结构解释的理论。

　　关键词：动词的方式和结果 / 地点变化，单动词的子事件结构，基于框架的术语多义性，语义框架结构表示，语料库分析

1　引言

1.1　动词的词汇语义和事件结构解释

　　在传统意义上，有一些动词仅指称简单的事件［例如，阅读（read）］；也

---

　　①　这篇文章英文名为 "What the Analysis of Extended Meaning of Terms Can Reveal about Verb Semantic Frame Structure"。原文见西班牙格拉纳达大学（University of Granada）LexiCon 研究团队（LexiCon Research Group）的出版物网站（http://lexicon.ugr.es/publications）（2020 年）。——译者注

存在表示两个在时间上完全重叠的子事件的动词〔例如，炒（sauté）这个动词，它涉及加入少量脂肪的加热事件（a heat-with-a-small-amount-of-fat event）和搅拌事件（a stirring event）〕；以及包括了足以导致新状态或者新事件产生的事件的动词｛例如，粉碎（smash），它需要把某种力量贯注到某种坚硬的物体上〔导致/造成事件〕（causing event），造成的结果是，这个物体被分裂成了许多碎片〔结果事件〕（resulting event）｝。在后一种情况下，这些动词涉及的是复杂性事件（complex event），其中的子事件是具有因果相关性的，而不论这些事件是侧面框架（profile frame）还是背景框架（background frame）的一部分。根据学者克罗夫特的观点（Croft）（1991，2005），这是在一个动词的词汇化中，两个子事件可以共存（co-exist）的唯一方式。换句话说，由单个动词所指称的子事件，它们之间的组合受到了某种约束，根据这种约束，两个子事件之间总是存在着因果相关性。

词汇化动词的含义受到的另一个常见约束，就是动词只能指定（具体说明）方式（manner）或者结果（result），而不能同时指定这两个方面（Levin and Rappaport Hovav 2006；Rappaport Hovav and Levin 2010）。因为由单独一个词根（root）对方式和结果这二者或者位置的变化进行规范是不允许的（Rappaport Hovav and Levin 2010）。至少在英语中，我们只能使用方式动词（manner verb）来表示非分级（non-scalar）的变化〔如，笑（laugh）、横扫（sweep）、啃/小口咬（nibble）〕。另外，结果动词（result verb），诸如冻结/冻僵（freeze）、清洁（clean）和遮盖（cover），则是指称一个分级的/定向性的变化（a scalar/directed change）〔即子阶段（sub-stage）或者分级（关系）（scalarity）之间具有一种顺序关系〕。

戈德堡（Goldberg）（2010）证实，上述这两种约束并不总是适用的。正如她所观察到的，有许多英语动词的侧面事件（profiled event）与其背景框架中的事件不具有因果关系，并且方式和位置的变化也可以在某些方面上进行组合，因为这两个侧面（facet）往往作为一个单独的文化认同单元（a single culturally recognized unit）而共现（同现）（co-occur）。例如，"欺骗/出卖"（double-cross）这个动词，它勾画了一个在基于了解的合作事件或者状态发生之后的背叛事件（an event of betrayal）。这种背叛不是由信任状态（state of trust）引起的，而且这种背叛也没有造成信任状态的发生。由于戈德堡考虑到了词汇语义因素（lexical semantic factor），从而她识别出了同时编码了方式和结果的动词，而学者拉帕波特·霍瓦夫（Rappaport Hovav）和列文（Levin）（2010）则更多地重视语法因素（grammatical factor）的重要性[①]。例如，就"攀登"（climb）这个动词而言，根据其三种原型含义之一，这个动词既需要定向性的运动（directed motion）［向上（upward）］，又牵涉到方式［攀爬（clambering）］。而拉帕波特·霍瓦夫和列文这两位学者只考虑到这个动词的两种情景（scenario）（要么将其作为方式动词，要么将其作为要求定向运动的动词）。另一个例子是"高速直线滑雪"（schuss）这个表示滑雪的术语，它的意思是有意而且非常快地（方式）径直滑雪下坡［位置的定向变化（directed change of location）］（Goldberg 2010）。戈德堡得出的结论是，实际上，适用于这些动词类别（verb category）的唯一约束是，组合在单个动词中的两个子事件（sub-event）或者方式和结果这两个被编码的方面，必须构成一个连贯且确定的语义框架，这被称为"常规框架约束"（Conventional Frame Constraint）。

本文的研究是将戈德堡的认知语言学主张应用于环境科学领域术语性动词的含义上。具体而言，我们进一步发展了戈德堡（2010）关于动词词汇含义（lexical meaning of verb）的理论，并证明了专业语言中的一个谓词不仅可以编码方式和结果，而且还可以编码两个子事件，即侧面子事件（profiled sub-event）和背景子事件（background sub-event），它们在时间和因果关系上并不相关。我们的研究证实，戈德堡所提出的针对词汇化动词语义和事件结构解释的两个独立性主张（即①关于方式和结果组合的主张；②关于两个在时间和因果关系上不相关的子事件的主张），在环境科学领域的不少专业性动词上都得到了混合体现。

1.2　框架术语学：科学语言语篇中动词 – 论元的语义表征

谓词（predicator）的核心词汇含义（core lexical meaning）是描述其语义内容和获取其解释（construal）潜在事件结构的核心。然而，为了实现上述目的，配价模式（valency pattern）（句子的动词分布）也是必不可少的，尤其是在构建动词的定义模板（definitional template）的时候。这一事实则突显出，论元结构和动词词汇语义之间的密切关系具有重要性。因此，我们需要一个形式化的表示模型（a formal representational model）来编纂这种关系。

在专业语言中，语法结构和动词的含义之间存在着紧密联系（因此，为了进行语义和概念化描述，我们就需要确定出术语的论元结构，这具有重要意义），这也

---

①　拉帕波特·霍瓦夫和列文（2010）认为，方式动词和结果动词的论元模式（argument pattern）有所不同。方式动词所描述的行动（action）可以被扩充，从而可以对事件做进一步的说明；而结果动词却不能利用来自另一个域的子事件进行扩充。

是框架术语学（简称 FBT）的重要理论前提之一，我们利用这种方法从概念化的角度对环境科学知识领域进行了构建（Faber 2011；Faber et al. 2006，2012）。框架术语学使用了菲尔莫尔的框架（frame）理念的改良版（Fillmore 1982，1985；Fillmore and Atkins 1992），并利用从 EcoLexicon 语料库（请见第 2 节）中提取的信息，以一个基本的原型域事件框架（prototypical domain event frame）［或称行动－环境界面（action-environment interface）］和一个封闭的层级和非层级语义关系清单作为基础（Faber 2011），而将环境科学知识表示为概念化网络。这个事件框架（event frame）被称为环境事件模板（Environmental Event Template）（图 1）。

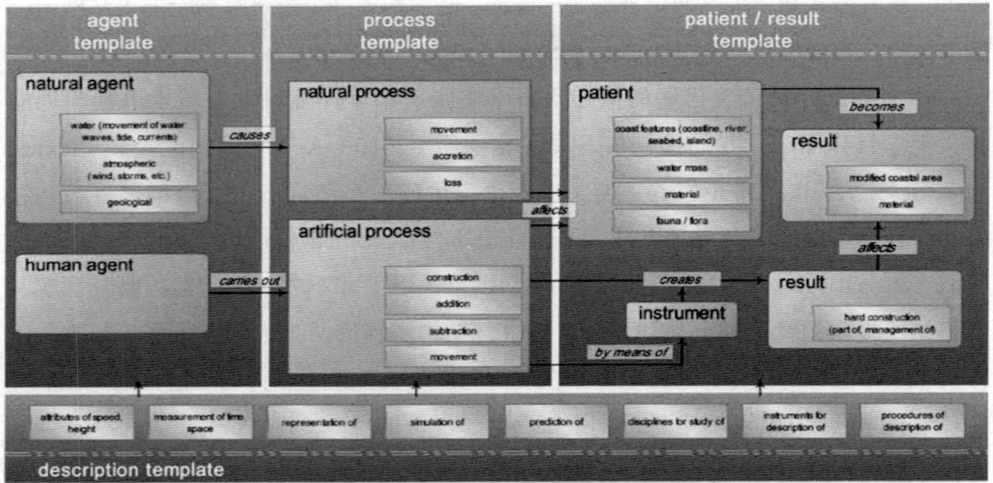

图 1　环境事件模板（Faber 2011）

将框架术语学应用于本文的研究对象，这样做是合理的。因为就概念化表示（conceptual representation）和语言表示（linguistic representation）这二者而言，框架术语学是一个稳固的模型，这有助于我们为事件结构的解释（event-structure construal），例如戈德堡的语言学方法，补充更加严格的、语义丰富的（semantically-laden）方法。具体地说，我们可以把框架术语学的框架视为情境知识结构（situated knowledge structure），它们在语言上反映在术语定义里所编纂的词汇关系之中。这些框架具有动态性的上下文语境（Faber 2011；Faber et al. 2005），在其中，框架术语学规范了专业语言单元（specialized language unit）的语义、句法和语用行为。框架术语学以概念模板的形式提供类似框架的表示，这些模板以编码在专业文本中的知识作为基础（Faber 2011，2012）。因此，我们有必要强调，框架语义学（Frame

Semantics）（与框架术语学有所交织的理论框架）是不受限制的，我们不能将其等同于 FrameNet（框架网络），因为框架语义学为自然语言含义的系统化描述提出了更为广泛的分析工具。框架语义学研究语言形式是如何唤起或者激活与概念结构内在相关的框架知识的，并研究被激活的框架又是如何被整合到对包含了这些形式的段落理解中去的。这个过程包含了对非语言信息（non-linguistic information）的整合。

　　本文以 EcoLexicon 语料库作为依托，这个语料库由自然运作的环境科学文本组成，同时以环境事件模板作为基础，为从语料库中提取的术语性动词集合所激活的概念数组（array of concept）分配语义角色。因此这项任务意味着，我们需要确定所分析动词的原型论元结构，并探索它们在环境科学领域中的组合潜力。作为一种以事件作为导向（event-oriented）的模型，框架术语学强调对概念化的动态性进行表示的重要性和必要性，这就需要我们对事件类型进行分类（Faber 2011）。正如下文将要显示的，事件类型的正式表达是我们研究的核心。事实上，本文的研究还考虑了（对）背景事件（background event）（的解释）以及在动词语义框架中它与侧面事件的关系，这样也就进一步丰富了框架术语学的编码系统。

　　尤其富有启发性的是，语料库动词的专业含义是其在日常语言中基本含义的多义性扩展。从框架语义学和构式语法（Construction-Grammar）的角度来看，关于语言多义性的研究涉及词汇语义和论元实现（lexical-semantic and argument realization）（Boas 2008；Iwata 2005；Nemoto 2005），这是一个重要的研究领域。例如，耐默托（Nemoto）（2005）对一个动词的含义与不同句法模式的交互作用进行了研究，他表明，戈德堡有关论元结构的理念(1995 年)过于宽泛，因为它不能完全解释动词的所有子含义（sub-sense）。在研究英语中因位置交替而产生的多义性来源时，岩田（Iwata）（2005）得出结论：尽管一个多义性动词的含义结构层（constructional layer of meaning）对其语义特征描述来说非常重要，但是我们更应该注意动词的语义框架所起的作用，因为它促成了对动词进行的多重解释〔菲尔莫尔等在对通用语言描述的研究中（Fillmore 1982，1984；Fillmore and Atkins 1992）以及费伯等（Faber，2011；Faber et al. 2006，2012)在对专业知识表示的研究中，也得出了相同的结论〕。

　　从框架语义学角度来研究域特定（domain-specific）的动词多义性，在这方面的术语学研究相对较少。为了填补这一空白，本文所展开的研究表明，在环境科学领域中，对具有多义性的术语性动词及其论元进行基于上下文语境的分析，这不仅可以对激活了动词的子事件进行识别和描述，而且可以揭示出所比较的含义对（pair of senses）的语义框架在事件组成中所存在的根本差异。[①] 因此，除了证明方式和结果的整合以及两个在时间和因果上不相关的子事件可以在单个动词的语义中共存之外，我们的这项研究还表明：由多义性动词的子含义所激发的语义框架，在其组成成分的质量和数量上可能有所不同。因此，这种对多义性动词含义差异（polysemic verb sense difference）的研究，是对戈德堡（2010）的动词语义学和事件结构解释理论的又一个贡献。[②]

本文的其余部分结构如下：第 2 节对语料库做了描述，并解释了用于上下文语境化语言开发（数据检索和加工）的方法。接下来，第 3 节呈现了对两个语料库动词及其论元的语义和概念化侧面的深入分析。这项分析涉及：动词的概念化内容作为相互关联的语义角色在 EcoLexicon 事件框架模板中的分配。第 4 节给出了这项研究得出的结论。

2.　材料和方法

2.1　数据

框架术语学利用语料库和词典数据来构建构成环境科学知识领域专业概念的定义模板。针对术语性动词而言，则是通过检查这些动词在自然运作的文本中出现的论元，来确定构成其定义模板一部分的核心和外围的主题性要素。接下来，在动态化的环境事件框架（Environmental Event frame）里，这些概念性材料被编纂成相互关联的语义类别。

出于我们研究目的的需要，我们使用了 EcoLexicon 的英语语料库（EcoLexicon

---

① 我们基于框架的多义性分析方法把这种现象理解为"含义的扩展机制"，通过这种机制，某个词汇项（lexical item）在通用语言和专业语言中都可以使用，而不受比喻思维（隐喻和转喻）的因果关系影响。参见沙利文（Sullivan）（2013）基于框架的针对隐喻 – 诱导和转喻 – 诱导表达和结构的详细阐述。

② 需要指出的是，虽然从词汇语义学（lexical semantic）和结构语义学（constructional semantic）的角度来解释事件结构的确是一种有效的策略，但是，对事件的解释（event construal）却是一个由不同的构造格式（constructive format）所产生的多面性过程（a polyhedral process）。事实上，在认知研究中，有一种趋势是将事件视为动态的施事现象（agentive phenomena），而不是将其视为简单附加在特定动词和论元结构构造上的含义袋（pocket of meaning）。因此，事件是动态的，因为它们不是简单而又现成地存在于那里，等着人们去看到、认识或者描述，而是我们应该如何去理解它们（Schwartz 2008）。此外，支持在认知语言学框架内采用情境模拟（situated-simulation）方法来研究含义问题的学者们认为［参见Barsalou 2003；Bergen and Chang 2005 年关于"内嵌式构式语法"（Embodied Construction Grammar）的观点］，结构的含义包括了模拟及其产生的推理。在这种基于模拟的语言理解方法中，结构只需对模拟参数进行规范，从而让当前的上下文语境和更加丰富且具体化的世界性知识的特征去影响理解和交流行为的结果。从逻辑上讲，这应该是一个在另一篇论文中讨论的话题。

English Corpus）（简称 EEC），它是一个包含 2 310 万个单词的当代环境科学文本的专业知识库［涵盖（海洋）生物学、气象学、生态学、地质学、水文学、环境工程学和环境法等子学科］。EEC 由 LexiCon 研究小组[①]编写而成，用于开发 EcoLexicon（Faber et al. 2016；San-Martín et al. 2017），它是一个以环境科学领域作为基础的术语知识库。EEC 中的文本是根据一组基于 XML 的元数据采用标签手动注释的。这些标签允许用户根据概念和语用因素对语料库查询进行约束（更多有关注释系统和标签及其用途列表的信息，请参阅 León-Araúz 等学者 2018 年撰写的相关文章）。我们的这项研究也使用了"英语网络 2015"语料库（enTenTen15 语料库）［English web 2015（enTenTen15）corpus］，它包括从因特网（Internet）上提取的含有 15.1 万亿（15.1 trillion）个单词的文本，用于丰富语料库搜索并在必要时对结果进行备份。

　　在 Sketch Engine 上，EEC 和 enTenTen15 语料库都被用作开放型资源，Sketch Engine 是一个在线词汇分析软件应用程序，它自动从选定的语料库或者从在线系统上的一组语料库中检索单个和多个单词的词汇项。

2.2　数据加工和分析策略

　　Sketch Engine 生成一份从 EEC 中提取的动词频率列表［单词列表（Word list）］。我们从列表中选择出 100 个最频繁使用的动词进行检查（图 2）。那些因其潜在的多义性质而在通用语言和专业语言中都可以使用的术语性动词，被我们挑选了出来，并作为分析的候选物。而为了这一目的，Sketch Engine 搜索（Sketch Engine Search）具有让用户借助复杂的过滤功能来限制对语料库的搜索的设计。这个软件的默认过滤选项是单词类别搜索功能（word-category search function），这项功能允许我们只查询系统中的动词。在标签 – 驱动数据自动检索的基础上，搜索功能得到了进一步的开发。"域"（Domain）和"用户"（User）这两个功能特色分别用于约束概念因素和语用因素（见第 3 节）。为了过滤同时存在的文本（co-text），"语汇索引"（Concordance）和"单词草图"（Word Sketch）功能，为我们提供了有关所搜索的由单个或者多个单词组成的词汇单元的搭配和语法行为（参见图 3 和图 4，以动词 spew 为例）。

[①]　西班牙格拉纳达大学的这个研究小组主要研究术语学、词典学、科学翻译和词汇语义学（也包括隐喻研究）。LexiCon 研究小组建立了针对环境科学和医学的大型专业多语言知识库和本体（即 EcoLexicon 和 OncoTerm），从而为术语学家（术语师）、词典编纂者，语言学家和翻译者提供极大的支持。Lexicon 网页可见 www.lexicon.ugr.es。

WORDLIST Coastal Engineering

verb (2,507 items | 1,157,055 total frequency)

Lemma	Frequency	Lemma	Frequency	Lemma	Frequency
1 be	330,616	11 follow	8,040	21 take	5,938
2 have	40,254	12 measure	7,879	22 require	5,898
3 use	31,638	13 increase	7,857	23 represent	5,789
4 show	17,412	14 do	7,629	24 compare	5,541
5 give	10,606	15 consider	7,628	25 define	5,516
6 include	10,429	16 occur	7,476	26 present	5,515
7 see	9,333	17 find	7,255	27 describe	5,467
8 provide	9,237	18 make	6,578	28 apply	5,211
9 base	8,304	19 determine	6,303	29 calculate	5,120
10 obtain	8,219	20 develop	6,259	30 predict	4,925

图 2　Sketch Engine 显示的 EEC 中最常见的动词出现频率列表

我们检查了这一组语言信息，以确定出这些动词的术语性含义并确定它们在环境科学领域中最常见的论元。如图 3 和图 4 所示，在 spew 这个具体示例中，这个动词的定义模板（包括核心论元的参与者）可被表述为“通过陆地或者水中的地质孔洞或者隙缝，例如火山和海底开孔，喷出气态的、热解的（如岩石、熔岩、火山灰）或者呈热液（热水）的物质”［“to eject gaseous, pyrolytic (e.g. rock, lava, ash) or hydrothermal (hot water) materials by land or aquatic geological openings or apertures, such as volcanoes and sea vents”］。

Left context	KWIC	Right context
into the air in what is known as a geyser. Deep-ocean vents	spew	out water rich in many minerals such as iron , lead , and cop
the midocean ridge system , where hot hydrothermal vents	spew	heated nutrient-rich waters into the benthic realm. In these
on columns can reach 28 miles (45 km) in height , and they	spew	hot turbulent mixtures of ash , gas , and tephra into the atm
st-moving flows and liquid rivers of lava , lava fountains that	spew	fingers of lava trailing streamers of light hundreds of feet int
conduits to form hot black and white smoker chimneys that	spew	the nutrient rich waters at temperatures of up to 680oF (35
the midocean ridge system , where hot hydrothermal vents	spew	heated nutrient-rich waters into the benthic realm. In these
on columns can reach 28 miles (45 km) in height , and they	spew	hot turbulent mixtures of ash , gas , and tephra into the atm
st-moving flows and liquid rivers of lava , lava fountains that	spew	fingers of lava trailing streamers of light hundreds of feet int
conduits to form hot black and white smoker chimneys that	spew	the nutrient rich waters at temperatures of up to 680oF (35

图 3　Sketch Engine 显示的 spew 这个术语性动词的语汇索引样本

modifiers of "spew"	objects of "spew"	subjects of "spew"	"spew" and/or ...	prepositional phrases
forth ...	finger ...	vent ...	heat ...	"spew" into ... ...
back ...	lava ...	fumarole ...	expand ...	"spew" from ... ...
still ...	ton ...	volcano ...		"spew" in ... ...
	smoke ...	boiler ...		"spew" by ... ...
	sulfate ...	eruption ...		"spew" about ... ...
	mixture ...	basalt ...		
	vapor ...	fragment ...		
	debris ...	ash ...		
	volcano ...	lava ...		
	co2 ...	pollutant ...		

图 4　Sketch Engine 显示的 spew 这个术语性动词的单词草图

　　EEC 根据用户的专业水平，为三类用户（即专家、半专家、普通公众）提供文本。除了利用这项规范之外，我们还在 enTenTen15 语料库中搜索一些被检查的动词，通过检索语汇索引和单词草图数据来识别它们所具有的通用语言含义。此外，我们还通过查询词汇条目的词典定义来补充语料库数据报告。图 5 显示了 spew 的语言上下文语境（扩展了的 enTenTen15 语料库语汇索引），它显示了这个动词作为 vomit（呕吐）的同义词而与身体相关的通用语言含义。

her was caked in goup and the spare one was still in the washing from the holiday. So, as Daddy snored away, Mummy changed Babba and was then woken on the hour as she no doubt missed her swaddlie security blanket – well you shouldn't have spewed on it should you! At 4am, I decided to put her in a zip up sleeping bag with a sash to swaddle her. It was the answer to my prayers. She finally settled. Thirty minutes later, I regretted this. Her painful cry woke

图 5　通用语言动词 spew 在 Sketch Engine 上的上下文语境信息（扩展了的语汇索引）

　　《柯林斯英语词典》（Collins English Dictionary）给出的 spew 的第一种意思是："（生理学）不由自主地把（胃里的东西）从嘴里吐出；呕吐"［"（Physiology）to eject（the contents of the stomach）involuntarily through the mouth; vomit"］。这一定义确认了 spew 与 vomit 同义，再结合语料库数据检查，我们能够确定出 spew 这个动词的核心论元（core argument）。与 spew 的术语性含义不同，在通用语言中，其核心论元指的是人类或者动物施事者（agent）从他 / 她 / 它的嘴里排出身体中的某种液体。

找到所选动词的多义性基础，从而确定其语义特征，采取这种平行的方式有助于（i）在环境事件框架内将术语性动词的定义模板成分分配到语义类别中；（ii）建立起它们之间的相互关系。借助这个复杂的过程，我们可以验证动词是否符合戈德堡的方式和结果的标准（manner and result criterion）（2010），并确定其语义框架中子事件的数量，同时确定单个语义框架中的背景事件和侧面事件是否在时间和因果关系上是不相关的（戈德堡的第二个标准）。如前所述，将这些标准组合在同一个动词中，这是这项研究对戈德堡理论的第一个贡献。为了进一步发展这个理论，本文对符合条件的动词进行了分析，以便根据一个动词词汇化的子事件数量，来寻找不对称的语义框架。这个测试需要在（动词的）通用语言含义和扩展了的环境科学含义之间进行比较。

鉴于篇幅限制，上面提到的所有任务，我们都在下面第 3 节对动词的分析中进行阐述。

3　结果与讨论

本节介绍对动词 cement 和 scour 的分析。这两个动词都满足本文前面提到的条件。结合这项研究的主要目的，我们对分析结果进行了讨论。

3.1　cement

EEC 的语料库语汇索引和关于 cement 的单词草图表明，这个动词出现在环境知识领域的三个子领域中：环境工程学（environmental engineering）、土壤科学（soil science）［土壤学（pedology）或者土壤形成（soil formation）和土壤生态学（edaphology）］和海洋生物学（marine biology）。

cement 在环境工程学文本中的用法（见图 6 中扩展了的语汇索引）是通过使用 Sketch Engine 上的"域"过滤功能来订制语料库查询而获得的，它使我们能够创建和搜索只与这个专业知识子领域有关的子数据集。我们发现，cement 在这个专业子领域中的含义对应于这个动词在日常交流中所具有的最基本含义，这在《柯林斯英语词典》的通用语言词典定义中得到了证实："（建筑）用水泥进行接合、用作涂层涂抹或者覆盖"［"（Building）to join, coat or cover with cement"］。这部词典将名词 cement（水泥）定义为"一种将煅烧的石灰石和黏土研磨成细粉并与水混合后浇注成固体块，用以制成砂浆或者混凝土的建筑材料"（"a building material made by grinding calcined limestone and clay to a fine powder mixed with water and poured to set as a solid mass for making mortar or concrete"）。另一种定义如下："一种硬化后用作黏合剂的建筑材料"（"A building material that hardens to act as an adhesive"）〔《美国传统词典®英语语言词典》（*American Heritage®Dictionary of the English Language*）〕。这些语言信息激活了一个丰富的语义框架，其中嵌入了 cement 的基本含义。我们把这个语义框架与 cement 在海洋生物学中扩展含义的语义框架进行了比较。

surge overflow and wave overtopping is necessary to assure a viable and safe levee system (Sills et al. , 2008). As one of the levee strenghtening methods , roller compacted concrete (RCC) is a combination of sand and gravel having a controlled gradation to which cementing materials such as cement and pozzolan are added ([American Society of Civil Engineers , 1994a] and [Perry , 1998]). The materials are blended with water to a damp consistency , spread with earth-moving equipment in layers

图 6　Sketch Engine 显示的 cement 作为环境工程学领域中动词的上下文语境信息

为了在海洋生物学子领域中检索关于 cement 的数据，我们通过将语料库搜索的"域"功能设置为海洋学（Oceanography）、生态学（Ecology）和生物学（Biology）进行过滤，后者还包括了一些较窄的知识子领域，例如动物学（Zoology）和微生物学（Microbiology）。"用户"特色（User feature）也被设置为专家（Expert），以便只处理专业术语。这个选项使我们能够根据专业水平（即专家、半专家和普通公众）来过滤语料库数据。进行这种过滤旨在检测到高度专业化的定义和概念描述。

在海洋生物学的子领域中，我们发现，cement 这个动词可以指称不同的事件类型，这具体取决于所涉及的生物〔例如双壳类（bivalve）、多毛类（polychaete）和珊瑚（coral）〕。我们的研究探讨了与珊瑚胶结（coral cementing）相关的科学含义，其动词 cement 显示出，它汇集了所有被测试的语义和概念化标准。在图 7 中，Sketch Engine 显示的上下文语境信息，给出了在海洋生物学文本中 cement 与 coral 相关的用法。

growth phases are recorded between 125 ka and 30 ka. Overall the record of dated transgressive reef growth episodes extends back to at least 340 ka. During rising seas , reefs can accumulate at rates exceeding 10 m per thousand years. This involves a huge bulk of cemented biological framework , principally coral and coralline algae , and even larger quantities of associated sediments. However , once reefs reach sea level , or sea level rise slows and stabilises , this growth slows. From here the

图 7　Sketch Engine 显示的 cement 作为为海洋生物学领域中动词的上下文语境信息

通过对这个动词的单词草图进行研究，并检查了包含有关海洋生物学研究论文详细描述及其解释在内的 EEC 语汇索引，我们构建了 cement 在海洋生物学意义（珊瑚）上的定义模板，其中包括了论元和语义概念的具体方面。这些描述提供了关于由 cement 表达的活动、行为方式（manner of action）和结果的信息，以及在海洋生物学子领域中这个动词所诱发的实体。例如，下面从学术研究论文中提取的上下文信息（1）和（2）表明，cement 指定了一种特定类型海藻（algae）的行动和结果，这种海藻将珊瑚骨骼聚合在一起，并形成一个单一的固体结构。因此，这种含义上的扩展是由动词的多义性质所许可的，它是在拓扑结构（topology）的基础上产生的，借助这个拓扑结构也形成了一个物理结构，它具有坚固且均匀构型的延伸和膨胀了的表面（见图 8）。

图 8　由珊瑚微藻类基于钙化的胶结作用（cementation）而形成的珊瑚礁

（1）珊瑚礁大部分由造礁珊瑚（石珊瑚）构成，其骨骼构成了珊瑚礁的钙质框架，而珊瑚藻则将其胶结起来。［Coral reefs are mostly constructed by scleractinian corals, whose skeletons constitute the calcareous framework of the reef and the coralline algae **cementing** it.（Titlyanov and Titlyanova 2002）］

（2）壳状珊瑚藻的钙化对珊瑚礁的形成和维持至关重要。珊瑚藻与邻近的下层基质相结合，并提供一个钙化组织屏障，以防止侵蚀。［**Calcification** by crustose coralline algae is crucial to the formation and maintenance of coral reefs （Wray 1971; Littler 1972）. Coralline algae bind adjacent substrata and provide a calcified tissue barrier against erosion. （Chisholm 2000）］

由此可见，这是一种非常具体的海洋生物胶结作用（sea biotic cementation），其事件结构的解释需要在环境事件模板中对其概念化的参与者进行准确描述，并做随后的编纂整理。如前所述，一个恰当的基于框架的编纂过程，就意味着要对方式和结果以及对经动词词汇化了的背景子事件和侧面子事件的性质、细节和相互关系做出规范。根据戈德堡（2010）的观点，cement 是一个结果动词，因为它涉及梯状分级的变化（a scalar change）（从分离的材料到单个团块或者连续体的排序关系）。具体来说，它是一个成就动词（完成性动词）（accomplishment verb），因为它涉及走向顶点（最终状态）的渐进性；或者如克罗夫特（Croft）所述（2012），它描述了朝着最终状态的可测量的渐进变化（incremental change）。这里的"渐进"（incremental）应该解释为邻近下层基质的逐渐附着，以及通过钙化作用珊瑚骨骼最终连接在了一起，我们会在下面做进一步的解释。根据布雷乌（Breu）的观点（1994），他根据构成谓词外观特征（aspectual feature）基础的边界，对动词进行了更加细致的分类，cement 是一种逐渐终结的动词（a gradually terminative verb）［例如 drown（淹死）］，因为它涉及"耗尽一个固有的'数量'，而不涉及行动终止的时间或然性"。正如他继续解释的那样，针对这种固有的边界（inherent boundary），则通常会产生一种最终的结果（end result）。cement 在这种情况下，则是珊瑚活动的耗尽造成了珊瑚之间完全连接了起来。

与此同时，cement 也是一个涉及非分级关系的方式动词（Goldberg 2010），根据这个动词的专业性含义，该动词隐含着某种方式，通过它而将离散的项（珊瑚骨骼）结合在了一起，并形成一个锻造的或者统一的结构。具体地说，这种统一是由寄生在珊瑚上的珊瑚藻（如水藻和孢子虫）与海水、非有机碳颗粒和碎屑（如半消化的食物残渣）之间发生特殊的物理化学作用而产生的（Round 1984；Titlyanov and Titlyanova 2002）。所有这些元素都由珊瑚微藻（coral microalgae）进行了化学处理和加工，珊瑚微藻将它们相互黏附在一起，并通过钙化过程将它们转变成一种坚实的膨胀物质（见图 8）。这种坚硬的材料作为支架或者平台，将珊瑚骨骼连接和绑定在了一起。这种自然上演的过程与戈德堡（2010）的主张完美地结合在了一起，她声称："创造性动词通常允许方式和结果（的存在），因为创造本身就是一种结果"（"verbs of creation generally allow both manner and result, since the creation itself is a type of result"）。的确，cement 就是这么一种动词，它既牵涉了创造的方式（它指定了事件内部阶段的性质和形态），也牵涉到创造的结果。

我们对动词 cement 在海洋生物学中方式－结果一体化（manner-result integration）的识别和分析，揭示了在珊瑚黏合（coral binding）（它导致了胶结这一结果和随后出现的珊瑚礁）与单个珊瑚骨骼之间形成的密切关系。根据上下文（3）的解释，并兼顾到上下文（2）中的叙述，就珊瑚礁的建造（珊瑚连接起来形成一个坚硬的、扩大的平台）而言，珊瑚虫（与海葵和水母有关的无蒂、微小、柔软的动物）及其共生的珊瑚藻，首先需要建造起单独的、自立的、杯状的钙化骨骼，在这里珊瑚虫和海藻建起了它们稳固的家园。

（3）造礁珊瑚（石珊瑚）构筑起文石骨骼，这是一种碳酸钙（$CaCO_3$）的多晶型物，依靠碳酸根离子进行了钙化。[Scleractinian corals **build** skeletons of aragonite, a polymorph of calcium carbonate ($CaCO_3$), and rely on carbonate ions for **calcification**. (Drenkard et al. 2013)]

图9展示了珊瑚骨骼的特点，并为读者提供了视觉上的直观性和形象化的说明。

图9　珊瑚虫和珊瑚微藻建造的碳酸钙骨骼

由此可见，珊瑚虫和珊瑚微藻之间的关系，对于通过钙化作用形成珊瑚骨骼和珊瑚之间的黏合来说是至关重要的。接着得出的结论是，珊瑚骨骼钙化是胶结过程的一个重要阶段，胶结过程包括了邻近下层基质的钙化。我们可以认为，cement（胶结）在此涉及两个非因果性相关的（non-causally related）、截然不同的子事件的时间序列。第一个子事件，背景框架，由珊瑚虫（一种腔肠动物）及其共生的珊瑚微藻构成钙质骨骼，人们在海底可以利用肉眼辨认出这些骨骼。一旦构建好单个的骨骼，共生的微藻通常会将骨骼胶结成一个统一的框架或者单一的结构。这是第二个子事件（侧面子事件），这是一个独立描述的现象，在时间上与第一个子事件没有重叠。前面强调的都是通常发生的情况，但是，骨骼结构的形成并不一定会导致（它们）胶结形成珊瑚礁，因为有一些珊瑚，例如楯形石芝珊瑚（Fungia scutaria），它们在天性上是独居的，而非群居的（Bucher et al. 2015）。

我们可以把 cement 这个动词与通用语言中的谓词［如返回（return）］以及其他专业知识领域中的动词［如法律中的上诉（appeal）］进行比较，这些动词也会引发在时间上不重叠的非因果性相关的子事件（Goldberg 2010）。例如，"上诉"需要以一个复杂的背景框架作为先决条件，这个框架涉及导致有罪判决的审判，而且，这个动词还侧面勾画出为重审而提交法律文件的后续行动。这一行动并不一定要在法官做出判决之后才发生，因此这两个子事件之间并没有因果关系。与此同理，在海洋生物学领域中，具有专业性的 cement 这个动词也以事件 A［骨骼构建（skeleton construction）］和随后的事件 B［骨骼相互黏合（binding skeletons together）］作为前提，事件 B 不是由事件 A 引起的，因为骨骼的构建并不一定导致珊瑚礁的胶结。

对 cement 的两种含义进行比较所激活的复杂的语义 – 概念关系网络，我们可以利用它们的语义框架直观地进行表示。这些框架包含了事件中的参与者及其各自的语义角色（即施事者、受事者和手段）（图 10）。在这个图式中，对方式和结果这些因素也进行了表示。图式中从左到右的箭头表示从基本的通用语言含义向扩展的术语含义进行的延伸。

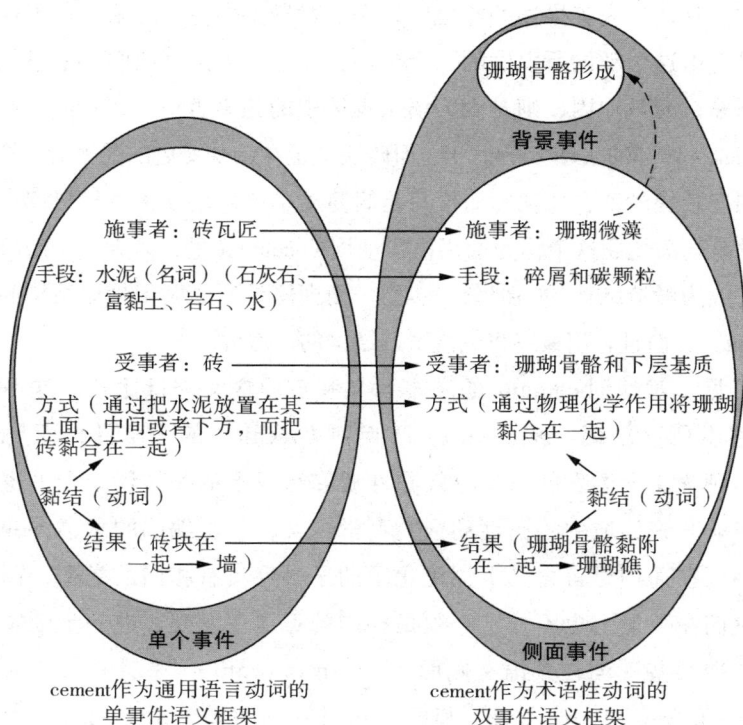

图 10　由 cement 的通用语言含义和海洋生物学含义诱发的语义框架之间成分的相关性

值得注意的是，术语性动词 cement 的背景子事件（单个珊瑚骨骼的形成过程）没有加入到跨框架的映射（cross frame mapping）集合中，因为这个子事件在作为通用语言动词 cement 的语义框架中不存在自然的对应物。正如从语料库提取出的上下文信息（1）—（3）所示，cement 的海洋生物学含义在其语义框架中激活并词汇化了两个独立但紧密相关的子事件。在这个框架中，作为其中一个组成成分的微藻是一个在两个子事件（图 10 中的虚线箭头）中都发挥作用的施事者，因为这些生物不仅将珊瑚钙质结构结合在了一起（子事件 B），而且还帮助珊瑚虫通过钙化来构建这样的结构（子事件 A）。在 cement 的语义中，与侧面事件框架（profiled event frame）一样，其背景子事件框架（background sub-event frame）的性质也是复杂的，而且它还涉及多重施事者级联（cascade of multiple-agent）和在很长一段时间内发生的物理化学反应。所以，cement 的背景事件框架所具有的这一特性，是符合戈德堡（2010）的主张的，即尤其是在动词的情况下，背景框架可能涉及随着时间流逝而展开了的复杂性事件。

相比之下，cement 作为通用语言动词的语义框架并不包括与这个动词所表达的事件同质的、具体且完美描述的并可以识别的背景子事件。结果，也不存在侧面子事件，而只有由这个动词所引发的一个事件。在这个语义框架中，子事件之间不存在必然的联系，究其原因，则是因为语义框架中的施事者——砖瓦匠（bricklayer）是砖块（brick）外部的实体（entity），而砖块是正在接受变更的受事者。换句话说，那砖瓦匠制造砖块的潜在想法（而不只是简简单单地采用硬化的材料把砖块连接在一起）并没有词汇化到这个作为通用语言动词的 cement 里，因为作为施事者的砖瓦匠不会最终成为锻造结构的一部分。然而，珊瑚藻是形成珊瑚骨骼结构的共同施事者（co-agent），而且它们最终将成为锻造结构的一部分。

由此可见，对动词 cement 的基本含义和扩展含义进行比较，这不仅有助于识别和描述由所述动词（said verb）所唤回（recall）的子事件，而且还有助于揭示由这两种含义所激发的语义框架在性质和组成上的差异性。合乎逻辑的推论是，特定专业知识领域中术语性动词的科学含义，它所编码的子事件并不一定要与由这个动词在通用语言含义上词汇化了的子事件具有相同的类型，而且更为重要的是，它们在数量上也不一定必须是相同的。这一发现，进一步证实了我们的上述主张，即某些动词在其语义侧面（semantic profile）中具有将行为 – 结果结构（manner-and-result structure）和两个在时间和因果关系上无关的事件框架实现一体化的能力。

有了上面提供的比较全面的语义和概念材料，我们现在可以结合着 cement 这个动词在环境事件模板中原型论元的语义，将其具有侧面性的概念元素（profiled conceptual element）实现形式化，而这些概念元素构成了这个动词在海洋生物学意义上词汇含义的基础。这种编码由这个动词所激活的背景事件框架进一步得到了丰富。图 11 显示了在一个"自然驱动"（Nature-driven）[而不是"人类驱动"（Human-driven）] 的宏观模板中，包含了其相应子模板的各种语义角色，它们之间的相互关系清晰可见。

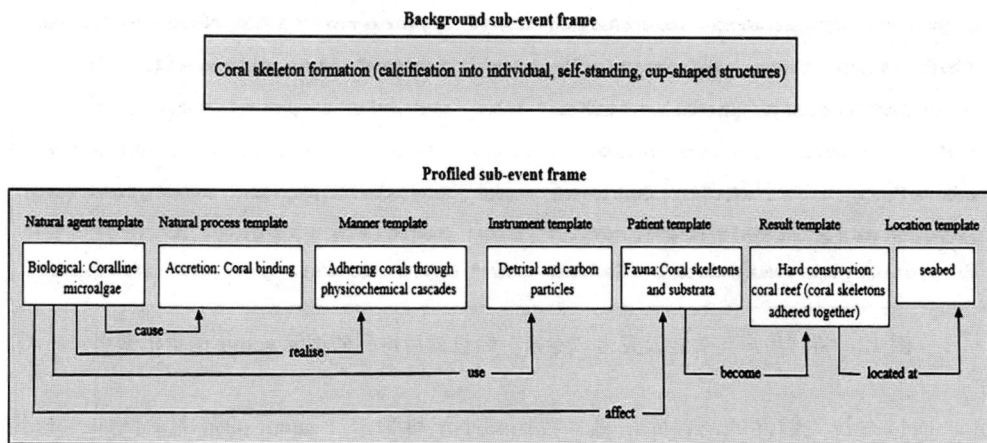

图 11　环境事件模板包括了由海洋生物学意义上的动词 cement 的语义编码了的概念化参与者。这个模板包括由 cement 词汇化了的背景子事件框架和侧面子事件框架

由于方式和结果被视为动词语义中重要且独立的值（value），因此在环境事件模型中，这两者都具有自己的子模板。这意味着，标准的受事者 / 结果子模板被分解成了两个单独的子模板。我们对环境事件传统模型的另一个调整是，在"自然诱发"的事件系统（Nature-induced event system）的"结果模板"（Result template）中，也可以出现"坚硬结构"（Hard construction）这个语义类别。而在标准的环境事件模型中，我们仅把这个类别视为"人类驱动"的事件系统的一部分（见图 11）。

3.2　Scour

scour 是第二个被分析的语料库动词。我们采用了与 cement 相同的方法程序来对 scour 进行分析，以充分说明 scour 作为通用语言动词和术语性动词的语义和概念性基础。为了更好地识别作为环境科学动词的 scour 的核心论元结构，并检测其定义模板中的概念化参与者，在第一次 EEC 查询中，我们将"用户"功能设置为"专家"

级别。在较广泛的语言学角度上，我们搜索了词元 scour，所有由其作为词素或者词干而衍生的词形 – 屈折变化、时态和原形不定式动词形式。图 12 提供了在环境科学知识领域中 scour 作为术语性动词使用的文本证据。

ssive rainstorms , the rills gradually become deeper. They	scour	the soil to form distinct gullies , which can no longer be obs
nsity , and Sf is an empirical slope factor. Rill erosion is the	scouring	and transport of soil by a concentrated flow of water (Sch
ete lining of channels (or conveyance in pipes) to prevent	scouring	, clogging , and stagnation of the water as well as animal w
e eighteenth century most of the world 's oceans had been	scoured	by explorers who took a strong interest in the whale popula
f the Earth 's surface by water is called water erosion. The	scouring	of a waterfall 's edge is another powerful example of water
ckwash. Depending on the strength of the surf , swash can	scour	sand , pebbles , and even rocks off the surface of the beac
n sō1 have been recorded and are responsible for both the	scouring	of the channels and the deltaic reefs at both ends of them.
ween the Pompeys hard-line reefs offshore. Such currents	scour	away sediments , progressively depositing them in less en
e in the GBR and is accompanied by extreme currents that	scour	sediments away , exposing rubble , stones and rock. Offsh
idal range below 1 meter). Near-shore currents. Sediments	scoured	from the seabed are transported away from their original loc

图 12　将"用户"功能设置为"专家"经过滤后得到的词元 scour 的语汇索引

通过查找关键性的语料库信息，我们缩小了科学定义 scour 的范围。例如，上下文信息（4）提供了在沉积学（sedimentology），地质学（geology）、海洋学和海洋工程学（marine engineering）的子领域中对 scour 这个动词的描述，如短语 a current of water or air（一股水流或者气流）所示。正如艾伦（Allan）（2003）所解释的那样，根据被移走的材料的重量和大小，我们可以说出三种类型的 scour：夹带（entrainment）[砾石（gravel）]、剥离（stripping）[泥浆（mud）] 和刻蚀（corrasion）[重碎片（heavy debris），如岩石（rocks）]。由于篇幅限制，在上下文信息（4）中只包括对 entrainment 的描述。

（4）scour 是一种一般性的沉积过程，它通过水流或者气流对某种表面施加直接或者间接作用而导致表面持续下降。这个过程通常具有不同的表现，并产生一系列独特的形式，被称为冲刷痕迹（scour marks）或者侵蚀痕迹（erosional marks）。差异性溶解，至于 [……]。scour 的机制为（Allen 1982a）：①夹带作用（entrainment）；②剥离（stripping）；和 ③刻蚀（corrasion）。夹带作用影响由沙子或者小石子组成的表面，并且可以看到颗粒一个一个地被去除，这是由于运动流体施加的剪切力和压力的直接作用所致，这些作用可能会由于颗粒返回而撞击河床从而增加了冲击性。（Allan 2003）[**Scour** is a general sedimentary process which brings about the sustained lowering of a surface by the direct or indirect action upon it of a current of **water or air**. The process normally acts differentially, resulting in a range of distinctive forms, called scour or erosional marks. Differential solution, as of [...] The mechanisms of scour (Allen 1982a) are: ① entrainment；② stripping; and；③ corrasion. Entrainment affects surfaces composed of sand or gravel, and sees particles removed one by one as the result of the direct action of the shear and pressure forces exerted by the moving fluid, to which may be added impacts due to particles already in transport as they return toward and strike the bed.（Allan 2003）〕

这项研究分析了动词 scour 在海洋学和海洋工程学子领域中的使用情况，重点研究了专业性的下义词概念潮汐冲刷（tidal scour）。这个概念指的是一种由强潮汐流所产生的特定类型的冲刷作用，这种冲刷作用通过清除近岸沉积物和形成深孔和沟渠而造成海底侵蚀（Shaw et al. 2012）。当把这个概念缩小到海岸环境范围内时，在这种情况下的典型冲刷类型是夹带作用，因为海岸通常由砾石和沙子（包括颗粒、卵石、鹅卵石和大卵石）组成。

通过检查语汇索引、单词草图和词典条目，我们获得了 scour 这个动词的基本通用语言含义及其概念性轮廓。例如，图 13 显示了从 enTenTen15 语料库中提取的扩展了的语汇索引，它给出了关于 scour 的一般性含义的文本证据。

from version 5.1 to 5.6 on a very important database cluster. During the past two weeks I have spent something along the lines of 20 hours making my old apartment ready for inspection by the landlord. My weapons were cleaning agents, a mop, cleaning cloths, **scouring** pads, assorted solvents, spackling paste and an eraser. I didn't have to paint the place. Today my hard

图 13　显示 scour 的通用语言含义的语汇索引

在《柯林斯英语词典》中，scour 这个动词的前两个意思是：(ⅰ)通过洗涤和磨擦，例如使用砂布来清洁或者擦亮（表面）（"To clean or polish (a surface) by washing and rubbing, as with an abrasive cloth"）；（ⅱ）清除污垢或者使污垢得以清除（"To remove dirt from or have the dirt removed from"）。如下所示，通过将通用语言含义和术语性含义进行比较，我们可以清晰地看到 scour 这个动词在含义上的扩展。基于上述的数据，我们通过创建 scour 的语义框架并将两种含义的内容关联起来，而对其术语性含义和通用语言含义进行了比较（图 14）。

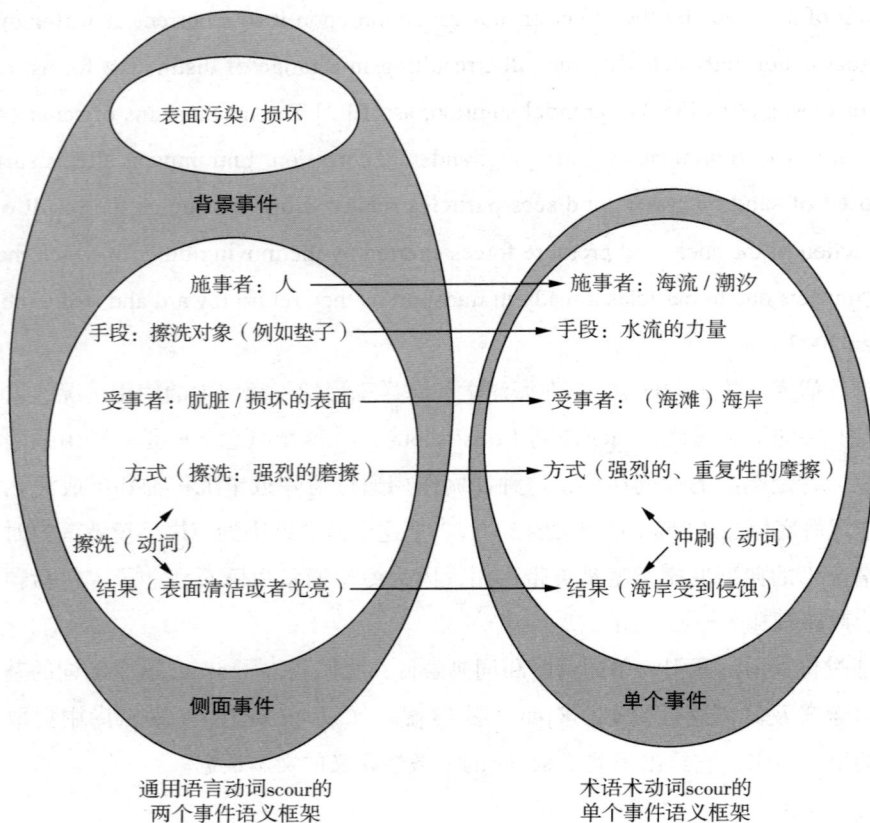

图 14　由 scour 的通用语言含义和沉积学意义上
含义所激发的跨语义框架各成分之间的相关性

这种框架结构能够让我们识别出这个动词两种含义之间的基本趋同性，更有趣的是，我们还可以辨别出它们之间的差异性。就两者的趋同性而言，《柯林斯英语词典》中的两个定义表明，这个动词的词汇化在两种含义上都存在着方式和结果［状态变化（change of state）］这两个侧面，这样则加强了从通用语言含义向专业语言含义扩展过程中的论元。在通用语言中，scour 指的是强烈的擦洗，换句话说，就是要对污渍或者损坏的表面进行剧烈、反复的擦拭（rub）①。以使其变得干净和/或者光亮（结果）。换句话说，擦洗（scouring）会使表面（以前被弄脏或者损坏）变得清洁/光亮。

---

① 作为 scour 的上义词，在《柯林斯英语词典》中，对动词 rub 的定义，仅指是的方式，而不是指结果：
"通过圆周运动或前后运动对（某物）施加压力和摩擦"［"To apply pressure and friction to（something）with a circular or backward and forward motion."］。

潮汐冲刷（tidal scouring）是一种夹带作用，它涉及强大的自然力或者海水流对海岸表面的反复磨擦（一种摩擦），由于砾石和沙子被移走而导致侵蚀的发生。当实体具有语法上的直接宾语（DIRECT OBJECT）角色和语义上的受事者角色的时候，这个动词表示结果的值（resultative value）就会被激活，从而需要这个承受了行动影响（effect）的实体（受事者）的状态发生变化。这种结构可以包括也可以不包括其他的语法结构，例如宾语补足语 smooth（光滑的）［见上下文信息（5）］和 wider（更宽的）［见上下文信息（6）］，它们承担了结果这一语义角色。

（5）以红色、棕色、棕褐色和白色的每一种阴影对其进行了着色和分层，就好像是众神用手绘制的一样。风吹雨打磨平了表面，刻出了峡谷、沟壑和洞穴。（It is colored and layered in every shade of red, brown, tan, and white, as if painted by the hands of the gods. The wind and rain has **scoured** the surfaces **smooth**, carving out canyons and gulleys and caverns.）

（6）模型结果表明：在洪水期间，高顶长码头导致积水，然后水又流到码头附近。这与增加的落潮所带来的高速度相结合，导致冲刷出一条更宽的、向西南偏南（简称SSW）方向移动的二级河道，并将泥沙淤积区域进一步向码头以南扩展。［The model results showed that during flood flow the high crested long jetty causes water to pile up then flow out next to the jetty. This in-conjunction with the high velocities from the increased ebb flow resulted in **scouring** a secondary channel **wider**, directed south southwest (SSW) and extending the area of sediment deposition further south of the jetty.］

论元结构为事件的概念化提供了有价值的思路（Fillmore and Kay 1993; Nemoto 2005）。正如耐默托（Nemoto）（2005）在他对动词和论元结构多义性的研究中指出的，我们有必要考虑到"单个动词有多少特异性属性可被视为与这个动词的含义有关，又有多少（特异性属性）可视为根据其他事实是可以被解释的"（how much of the idiosyncratic properties of an individual verb can be thought of as associated with the meaning of that verb and how much can be thought of as explainable in terms of other facts）。在这个基础上，如果选择采用以 scour 作为谓词的因果动机结构（caused-motion construction），就会有新的论元参加进来，如上下文信息（7）和（8）中的介词短语"辅助词"（prepositional-phrase ADJUNCTS）。这些辅助词在解释事件结构时具有位置（LOCATION）这一语义角色。这种论元结构的重新排列，也就导致了事件表征方式的变化。具体来说，就是从结果/状态的变化（result/change of state）（见上下文信息5和6）转变成了位置的变化（change of location）。

（7）综上所述，本发明提供了一种膜测试探针，该探针被设计用来从电接触垫上擦去氧化物，从而能够在膜和被测半导体器件（简称 DUT）之间形成有效的电接触。［In conclusion, this invention provides a membrane test probe designed for **scouring** oxides **off electrical contact pads**, thus enabling formation of an effective electrical contact between the membrane and a semiconductor device under test (DUT).］

（8）一旦波浪耗尽能量，它就会以反冲的形式回流到冲浪带。根据海浪的强度，海浪可以把沙子、卵石甚至岩石从海滩表面冲刷走。（Once swash runs out of energy, it flows back toward the surf zone as backwash. Depending on the strength of the surf, swash can **scour** sand, pebbles, and even rocks **off the surface of the beach**.）

scour 这个动词所体现的可替换的事件解释，则证实了（i）针对由术语性动词编码的某些事件类型，并不存在明确的默认性解释（尽管我们总是可以建立一个，至少为了便于阐述）；（ii）语法上下文语境在这方面起到的作用，正如通用语言动词描述所起到的作用一样（Croft 2012）。不管怎样，针对 scour 的事件解释所发生的变化，不会对我们的观点（Goldberg 2010）造成损害，即单个动词可以对方式、结果这二者或者位置的变化实现词汇化。或者，这一观点之所以被强调，是因为 scour（这个动词的词汇化）不仅限于只是结果或者只是位置的改变。相反视情况而定，它可以编码其中的一个或者另一个。

当谈到确定被招募的子事件数量时，在 scour 的基本含义和扩展含义之间就出现了差异。在通用语言动词 scour 的语义框架中所诱发的背景子事件是"表面变污／产生凹痕"（surface staining/denting），因为"擦洗表面"（scour a surface）不具有任何意义，如果之前这个表面没有沾染上脏东西（油脂、污垢、灰尘），或者这个表面没有由于不良或者过度使用而被小孔或者划痕损坏了的话（见图 13 中的语汇索引）。这些脏污的物质和物理缺陷都不是（这个表面的）固有成分，而只是与被清洗的物体（例如锅或浴缸）本身无关的或者外来的因素。因此，"表面变污／产生凹痕"这个背景子事件是产生 scouring 这个侧面子事件的必要条件。然而，这两个子事件之间并不存在因果关系，因为"表面变污"并不一定导致"表面擦洗"的发生；而且，这两个事件在时间上也并不重叠。这与戈德堡关于"返回"的论述同理："离去"（going）是"返回"（returning）发生的先决条件，但是"离去"并不一定导致"返回"的发生。

相比之下，在"潮汐冲刷"（tidal scour）的意义上，术语性动词"冲刷"（scour）只激活了它的侧面事件。这意味着，这个动词没有将背景子事件词汇化，因为沙子和砾石（通常是通过夹带而被冲刷走的物质）是海岸固有的组成部分，因此，scour 这个动词在冲刷发生之前不会诱发什么预定的背景事件。"人为的擦洗"（human scouring）意味着抵消先前执行的动作或者随时间重复的一串儿动作（弄脏和／或者磕碰表面），而在"潮汐冲刷"（tidal scouring）这种情况下，在本质上，scour 这个动词并没有对先前的行动进行编码。scour 这个动词的两种含义在事件结构上的这种不对称性，在图 14 中表现得很明显。有趣的是，我们之所以选择 scour 进行分析，一个主要原因就是，与 cement 不同，在由 scour 这个动词的通用语言含义所引发的语义框架中，两个子事件——背景子事件和侧面子事件都在发挥作用。相比之下，cement 仅在这个动词的术语性含义上（域特定）才触发了上述两种类型的子事件，而在其通用语言含义上则没有。

事实上，污垢不是烹饪锅的固有成分（i），而砾石和沙子则是海岸的一部分（ii），这些都是常识。因此，我们的这项研究以 scour 为例，为在科学语篇中多义性动词也可能受到世界性知识（world knowledge）的制约提供了证据。实际上，用户在专业交流中对事件的把握，在句子加工和理解中起着核心作用（Faber 2011）。然而，在本研究所分析的例子中，只有在上述事实（i）的情况下，作为背景的世界性知识才是由 scour 这个动词的语义在语言上进行编码／驱动的。

在多义性的背景下，也有学者通过形式化的共同谓词（copredication）的方法（针对同一对象有两个或者更多的谓词）来研究世界性知识与其和纯词汇材料之间关系的相关性。例如，在生成词库理论（Generative Lexicon Theory）中，阿舍（Asher）和普斯特约夫斯基（Pustejovsky）（2013）利用"点对象"（dot object）的理念来解释对象（object）的两种组成类型（例如，偶然事件）是如何突显这个对象的不同、不兼容的方面／维度的，他们考虑到了两种点元素类型（dot element type）中的任何一种都许可使用的谓词表达。这是在一个清晰编码的系统中完成的，这个系统将谓词的语言和非语言信息形式化了。

4　结论

本研究在环境科学专业语言语篇中进一步发展了戈德堡（2010）关于动词语义和事件结构解释的理论。术语学研究往往局限于研究名词，因此，这个领域对动词的研究相对较少。从框架语义学的角度对具有多义性的术语进行研究，这更是少之又少。在以 EcoLexicon 环境科学语料库作为依托、并以框架术语学（Faber 2011；Faber et al. 2006，2012）作为理论前提的基础上，我们的研究填补了上述的研究空白。

通过对多义性动词 cement 和 scour 及其论元结构的语料库分析和语境分析,我们发现,有一类术语性动词:(ⅰ)其含义涉及方式、结果或者位置变化;(ⅱ)其侧面事件与它们的背景子事件框架不存在因果性或者时间上的关系。我们的结论强调了一个事实:(ⅰ)和(ⅱ)在单个动词的语义当中是结合在一起的。这个结论是对戈德堡(2010)理论的贡献,因为在对待动词语义和进行事件解释描述时,她的理论在传统上是分别处理(ⅰ)和(ⅱ)的。

本研究的结果对戈德堡(2010)理论做出的另一个贡献,就是揭示了由动词的通用语言含义和专业语言含义所激活的子事件在数量上存在着根本差异。具体而言,我们研究发现,某个术语性动词在同一个语义框架内可以对侧面事件和与之不存在因果关系的背景事件都实现词汇化,而这同一个动词的通用语言用法却只能对侧面事件实现词汇化(例如 cement)。反向现象也证明是存在的(例如 scour)。在以框架术语学作为理论前提的环境事件框架模板中,将 cement 的专业性含义所诱发的背景子事件和侧面子事件进行形式化,则可以使这个编码系统变得更为全面和强大。与耐默托(2005)和岩田(2005)等学者的观点相类似,我们的研究表明,戈德堡(2010)关于由特定动词激活的背景语义框架(background semantic frame)和侧面语义框架(profiled semantic frame)的见解,还应该对扩展了的含义进行更为全面的解释,因为这些含义支持了与给定动词相关的不同语义框架的出现。而框架语义学方法对实现这一目标是非常有用的。①

参考文献:

[1] ALLAN J. Scour, scour marks[M]//MIDDLETON G, CHURCH M, CONIGLIO M, et al. Encyclopedia of sediments and sedimentary rocks. Dordrecht: Kluwer Academic Publishers, 2003: 594-569.

[2] ASHER N, PUSTEJOVSKY J. A type composition logic for generative lexicon[M]// PUSTEJOVSKI J, BOUILLON P, ISAHARA H, et al. Advances in generative lexicon theory. Dordrecht: Springer, 2013: 39-66.

[3] BARSALOU L. Situated simulation in the human conceptual system[J]. Language and

① 这项研究是在项目 FFI2017-89127-P "面向翻译的环境文本术语工具"(Translation-Oriented Terminology Tools for Environmental Texts)和项目 FFI2017-86359-P "用英语和西班牙语进行行动、思考、说话和感受的方式"(Maneras de actuar, pensar, hablar y sentir en inglés y español)的框架内进行的。这两个项目均由西班牙政府的经济与竞争力部(Ministry of Economy and Competitiveness of the Spanish Government)资助。

cognitive processes, 2003, 18(5, 6): 513-562.

[4] BERGEN B, CHANG N. Embodied construction grammar in simulation-based language understanding[M]//ÖSTMAN J O, FRIED M. Construction grammar(s): Cognitive and cross-language dimensions. Amsterdam: John Benjamins Publishing Company, 2005: 147-190.

[5] BOAS H. Towards a frame-constructional approach to verb classification[J]. Revista Canaria de Estudios Ingleses, 2008, 57: 17-47.

[6] BREU W. Interactions between lexical, temporal and aspectual meanings[J]. Studies in Language, 1994, 18: 23-44.

[7] BUCHER M, I WOLFOWICZ P, VOSS E, et al. Induction of gametogenesis in the cnidarian endosymbiosis model Aiptasia sp[J]. Scientific Reports, 2015, 5(15677): 1-11.

[8] CHISHOLM J R M. Calcification by crustose coralline algae on the northern Great Barrier Reef, Australia[J]. Limnology and Oceanography, 2000, 45(7): 1476-1484.

[9] CROFT W. Syntactic categories and grammatical relations: The cognitive organization of information[M]. Chicago: University of Chicago Press, 1991.

[10] Croft W. Aspectual and causal structure in event representations[M]. Manuscript. Albuquerque: University of New Mexico, 2005.

[11] CROFT W. Verbs: Aspects and causal structure[M]. Oxford: Oxford University Press, 2012.

[12] DRENKARD L A, COHEN D, MCCORKLE S, et al. Calcification by juvenile corals under heterotrophy and elevated CO_2[J]. Coral Reefs, 2013, 32(3): 727-735.

[13] FABER P. The dynamics of specialized knowledge representation: Simulational reconstruction or the perception-action interface[J]. Terminology, 2011, 17(1): 9-29.

[14] FABER P. A cognitive linguistics view of terminology and specialized language[M]. Berlin: Mouton de Gruyter, 2012.

[15] FABER P, LEÓN-ARAÚZ P, REIMERINK A. EcoLexicon: new features and challenges[C]//CALZOLARI N, CHOUKRI K, DECLERCK T, et al. Proceeding of the X GLOBALEX conference: Lexicographic resources for human language technology in conjunction with LREC, May 24, 2016, Portorož, Slovenia. Portorož: European Language Resources Association, 2016: 73-80.

[16] FABER P, MÁRQUEZ C, VEGA M. Framing Terminology: A process-oriented approach[J/OL]. Meta: Translators' Journal, 2005, 50(4) [2005-12-04]. https://www.erudit.org/fr/revues/meta/2005-v50-n4-meta1024/ 019916ar/

[17] FABER P, MONTERO-MARTÍNEZ M, CASTRO-PRIETO R, et al. Process-oriented terminology management in the domain of Coastal Engineering[J]. Terminology, 2006, 12(2): 189-213.

[18] FILLMORE C. Frame semantics. In the linguistic society of Korea[M]//THE LINGUISTIC SOCIETY OF KOREA. Linguistics in the morning calm. Seoul: Hanshin, 1982: 111-137.

[19] FILLMORE C. Frames and the semantics of understanding[J]. Quaderni di semantica, 1985, 6(2): 222-254.

[20] FILLMORE C, ATKINS B. Toward a frame-based lexicon: The semantics of RISK and its neighbors[M]//LEHRER A, FEDER-KITTAY E. Frames, fields and contrasts: New essays in semantic and lexical organization. Hillsdale: Lawrence Erlbaum, 1992: 75-102.

[21] FILLMORE C, KAY P. Construction grammar coursebook[M]. Berkeley: University of California, 1993.

[22] GOLDBERG A. Constructions: A construction grammar approach to argument structure[M]. Chicago: University of Chicago Press, 1995.

[23] GOLDBERG A. Verbs, constructions and semantic frames[M]//RAPPAPORT-HOVAV M, DORON E, SICHEL I. Syntax, lexical semantics, and event structure. Oxford: Oxford University Press, 2010: 39-58.

[24] IWATA S. The role of verb meaning in locative alternations[M]//FRIED M, BOAS H. Grammatical constructions: Back to the roots. Amsterdam: John Benjamins Publishing Company, 2005: 101-118.

[25] LEÓN-ARAÚZ P, SAN-MARTÍN A, REIMERINK A. The EcoLexicon English corpus as an open corpus in sketch engine[C]//ČIBEJ J, GORJANC V, KOSEM I, et al. Proceedings of the XVIII EURALEX international congress lexicography in global contexts, July 17-21, 2018, University of Ljubljana, Ljubljana. 2018: 893-901.

[26] LEVIN B, HOVAV M R. Constraints on the complexity of verb meaning and VP structure[J]. Between, 2006, 40: 234-253.

[27] NEMOTO N. Verbal polysemy and frame semantics in construction grammar[M]// FRIED M, BOAS H. Grammatical constructions: Back to the roots. Amsterdam: John Benjamins Publishing Company, 2005: 118-136.

[28] HOVAV M R, LEVIN B. Reflections on manner/result complementarity[M]//HOVAV M R, DORON E, SICHEL I. Syntax, lexical semantics, and event structure. Oxford: Oxford University Press, 2010: 21-38.

[29] ROUND F E. The ecology of algae[M]. Cambridge: Cambridge University Press, 1984.

[30] SAN-MARTÍN A, CABEZAS-GARCÍA M, BUENDÍA-CASTRO B, et al. Recent advances in EcoLexicon[J]. Dictionaries: Journal of the Dictionary Society of North America, 2017, 38(1): 96-115.

[31] SCHWARTZ R. Events are what we make of them[M]//SHIPLEY T, ZACKS J. Understanding events: From perception to action. Oxford: Oxford University Press, 2008: 54-62.

[32] SHAW J, TODD B J, LI W Y, et al. Anatomy of the tidal scour system at Minas Passage, Bay of Fundy, Canada[J]. Marine Geology, 2012, 7(7): 123-134.

[33] SULLIVAN K. Frames and constructions in metaphoric language[M]. Amsterdam: John Benjamins Publishing Company, 2013.

[34] TITLYANOV E, TITLYANOVA T. Autotrophic organisms: 2. Pathways and mechanisms of adaptation to light[J]. Russian Journal of Marine Biology, 2002, 28(1): 16-31.